CHRISTOPH GRISSEMANN
DIRK STERMANN

SPEICHELFÄDEN
IN DER BUTTERMILCH

GESAMMELTE WERKE I

TROPEN

Die hier versammelten Texte sind zuerst in den Büchern »Als wir noch nicht von Funk und Fernsehen kaputt gemacht geworden sind?«, »Immer nie am Meer«, »Willkommen in der Ohrfeigenanstalt«, »Be Afraid Honey, it's ... FM4. Die geheimen Anstalts-Tagebücher von Stermann und Grissemann«, Folge 1 und 2 erschienen. Die *Wiener*-Kolumnen sind mit freundlicher Genehmigung der Zeitschrift *Wiener* abgedruckt.

Tropen
www.tropen.de
© 2011 by J. G. Cotta'sche Buchhandlung
Nachfolger GmbH, gegr. 1659, Stuttgart
Alle Rechte vorbehalten
Printed in Germany
Umschlag: Klett-Cotta-Design
Illustration: HildenDesign / Max Meinzold
Gesetzt aus der Minion in den Tropen Studios, Leipzig
Gedruckt und gebunden von CPI – Clausen & Bosse, Leck
ISBN 978-3-608-50404-0

Zweite Auflage, 2011

Inhalt

ERINNERUNGEN

———————

Als wir noch nicht von Funk und Fernsehen
kaputtgemacht geworden sind

Als wir noch nicht von Funk und Fernsehen kaputtgemacht geworden sind,

hielten wir uns oft in Hallenbädern auf, gegenseitig.

Wenn einer irgendwas vorhatte, hielt der andere ihn auf. Wir kamen aber selbstverständlich nicht wie die anderen Badegäste zum Schwimmen ins Hallenbad, sondern um Handtücher zu gucken. Wir trugen uns nämlich schon seit Jahren intensiv mit dem Gedanken, uns selbst ein Handtuch zu kaufen, ein kleines. Große kamen nicht in Frage, man wirft ja nicht sein Geld zum Fenster raus! Nein, nein, so eine Geldanlage wollte wohlüberlegt sein. Darum kauften wir erst einmal ein Jahresabo für das Hallenbad, um uns ungestört verschiedenste Handtücher in Aktion ansehen zu können. Da gab es blaue, rote, weiße und wieder rote! Leider half es nichts, nach drei Jahren täglichem Hallenbadbesuch gaben wir's auf. In der Zwischenzeit war uns ein richtiger kleiner Hallenbart gewachsen. Bis heute konnten wir uns für kein kleines Handtuch entscheiden. Das akute Problem des Sich-Abtrocknens lösten wir auf eine sehr konventionelle Art: wir kauften uns einfach ein Tier mit einem Fell, an dem wir uns trockenreiben konnten. Wir entschieden uns nach 23jähriger Debatte für einen Kompromiss, und zwar: einen Kolibri. Nach dem Duschen also nahmen wir den Kolibri aus seinem vorgewärmten Käfig und rubbelten uns mit ihm unsere Körper trocken.

Der Schnabel schmerzte manchmal sehr, aber das größere Problem war, dass, wenn einer sich trockengerieben hatte, das arme Tier ja klitschnass war, sodass sich der andere mit dem nassen Kolibri abtrocknen musste, und sich mit einem nassen Kolibri abzutrocknen ist – sind wir uns ehrlich – fast unmöglich. Also musste ein zweiter Kolibri her. Es gab aber keinen mehr im Tiergeschäft, also nahmen wir einen Fisch, aus Sparsamkeitsgründen den billigsten, den wir kriegen konnten, eine alte Sardine. Aber auch die Sardine hatte abtrocknungstechnisch, um ein Modewort zu benutzen, ihre Tücken. Denn trocknete man sich mit der Sardine ab, stank man nach Fisch, sodass man noch einmal duschen musste, in der Hoffnung, dass dann der Kolibri frei war, respektive trocken. Uns blieb nichts anderes übrig, obwohl wir am

Hungertuch nagten, als ein drittes Tier zu kaufen, eine Wasserschildkröte. Da aber gab es wieder einen ganzen Köcher an Problemen, denn die Wasserschildkröte lebt ja im Wasser; will man sich mit ihr abtrocknen, muss man sie selbst zuerst einmal abtrocknen! Wir fanden Gott sei Dank einen cleveren Dreh. Wir holten die Wasserschildkröte aus dem Bassin, trockneten sie mit der Sardine ab, die wir vorher mit unserem Hungertuch gerieben hatten, und zwar trocken, aber sowas von! Mit der Sardine rieben wir die Wasserschildkröte trocken, die dann natürlich nach Fisch stank, sodass nicht mehr an ein Abtrocknen unserer nassen Körper zu denken war. Wir kauften uns notgedrungen und zähneknirschend mit hängenden Schultern und Wasser in den Beinen ein viertes Tier, ein sogenanntes »Handtuch«, mit dem es bis heute keine weiteren Probleme gab. Vielleicht kaufen wir uns irgendwann wieder einmal einen Kolibri, aber vorher, vorher lassen wir uns noch ordentlich von Funk und Fernsehen kaputtmachen.

Als wir noch nicht von Funk und Fernsehen kaputtgemacht geworden sind,

trugen wir Hundekostüme und machten oft am Straßenrand ein Häufchen Elend. Wir arbeiteten als lebende Litfaßsäulen für ein Chinarestaurant, deswegen die Hundekostüme. Die Spezialität war Hund in Essig. Der Hund lebte und war auf einem lebensgroßen Tablett festgebunden, dann wurde Essig über ihn gegossen. Kniehoch stand der Hund im Essig, dann wurde serviert. Das Gericht galt als Köstlichkeit. Mit lebensgroßen Löffeln schlurften die Gäste den Essig, der Hund war reine Zierde. Unsere Aufgabe war es, nach dem Abräumen des Tabletts die Hunde zu waschen. Die Hunde stanken sehr nach Essig, bis heute fragen wir uns nach dem Grund. Wir vermuten, die Hunde stanken deshalb nach Essig, weil Essig über sie gegossen worden war. Wahrscheinlicher aber ist, dass Hunde schon mit diesem Essiggeruch auf die Welt kommen. Aber wer kann das schon sagen in einer Zeit, in der es allein in Deutschland fast fünf Millionen Arbeitslose gibt?

Wir lebten mit den Hunden in einer Wohnung, die keine Decke hatte, keinen Boden, kein Klavier, keine Lampe, keine Schreibutensilien und keine Lade, wo die Socken drin sind. Kurz, wir lebten im Freien. Wir lebten wie Waterloo und Robinson auf dieser Insel, ganz ursprünglich mit langen Haaren und langen Fingern, wir haben viel gestohlen damals. Aber nur Sachen, die uns gehörten. Überall stank es nach Essig. Wir hielten uns gegenseitig die Nase zu. Auf die Idee, dass sich jeder selbst die Nase zuhalten könnte, kamen wir nicht. Aber wer kommt schon auf solche Ideen in einer Zeit, in der der Faktor Menschlichkeit viel zu lang kommt? Wir hassten alles damals, vor allem Hunde, Essig und das Leben im Freien. Dass wir selten gute Laune hatten, steht auf einem anderen Blatt Papier, das erst noch geschrieben werden muss. Obwohl wir im Freien wohnten, legten wir großen Wert auf Etikette. Kamen die Hunde nachhause, mussten sie sofort die Schuhe ausziehen und beten. Auch wir falteten unsere Hände und machten aus ihnen so kleine japanische Ziervögel und Schiffe. Das freute die Hunde, um nicht zu sagen, dass die Hunde eine Mordsgaudi hatten. Natürlich rochen auch unsere Hände nach Essig, das trübte die Freude, die wir uns aber nicht nehmen ließen. Die Hunde träumten davon, ein Musical aufzuführen, nämlich »Cats«, deswegen mussten wir 43 Katzenkostüme nähen. Und tatsächlich: nach einer Probezeit von zwei Monaten kam es zu einer interessanten Vorstellung. Die Hunde nahmen es uns krumm, dass wir in einem Leserbrief an eine Lokalzeitung die Aufführung zerrissen. Es kam zu Schlägereien und wüsten Beschimpfungen: »Sahara, du Trottel. Gobi, go home!« Gott sei Dank starben die Hunde dann an Katzenpest. Wir legten sie in Essig ein und begruben sie. Der Job im Chinarestaurant hatte sich somit erledigt. Wir gaben pflichtbewusst unsere Hundekostüme zurück und mit einer Frühlingsrolle rückwärts verließen wir fröhlich pfeifend das Lokal. Auf zu neuen Abenteuern! Vielleicht arbeiten wir irgendwann mal wieder in einem Chinarestaurant, aber vorher, vorher lassen wir uns noch ordentlich von Funk und Fernsehen kaputtmachen.

Als wir noch nicht von Funk und Fernsehen kaputtgemacht geworden sind,

waren wir regelmäßig in der ganzen Welt mit Kind und Kegel unterwegs. Da wir aber keine Kinder und Kegel hatten, ganz zu Schweigen von Geld um zu verreisen, saßen wir immer nur allein zuhause und hörten Musik von Leonardo da Vinci. Da Leonardo da Vinci aber niemals in seinem Leben komponiert hat, hörten wir nichts. Eine gegrillte kleine Garnele war unser einziges Haustier damals. Jahrelang bemühten wir uns, ihr Pfötchengeben beizubringen, aber das schaffte es nicht, dieses kleine gegrillte Mistvieh. Die Garnele konnte überhaupt nichts, außer ein paar Fremdsprachen, einen dreifachen Flickflack am Trampolin und mit den Händen bezaubernde Schattenspiele an die Wand werfen. Außerdem war sie zu ausdauerndem Geschlechtsverkehr fähig, die kleine gegrillte Garnele. Wir konnten das alles nicht. Dafür konnten wir beide Pfötchengeben, so wurden wir drei ein perfektes Team. Wenn Frauen zu Besuch kamen, gaben wir beide Pfötchen, und die kleine gegrillte Garnele vögelte mit dem Besuch bis weit nach Mitternacht. Am Morgen gaben wir artig Pfötchen und verabschiedeten die Damen, während die kleine gegrillte Garnele im Schlafzimmer Salti machte, Fremdsprachenkurse für ausländische Mitbürger gab, was von uns immer wieder kritisiert wurde. Denn sinnvollerweise hätte sie ausländischen Mitbürgern Deutsch beibringen sollen oder Inländern Fremdsprachen. Aber ach, wir trauten uns nichts zu sagen, sondern gaben immer nur brav Pfötchen. Die kleine gegrillte Garnele hatte uns völlig in der Hand, sie war ein Despot. Immerhin sorgte sie für unseren Lebensunterhalt. Sie ging einkaufen, kochte für uns und fotografierte uns in obszönen Posen. Die kleine gegrillte Garnele hatte kreisrunden Haarausfall und gelbe Zähne. Beim Schuheanziehen im Mai 76 bekam sie einen Schlaganfall, das heißt, sie schlug uns windelweich, und wir kamen ins Krankenhaus. Unsere Pfötchen waren gebrochen. Unsere einzige Fähigkeit war somit dahin, und für die kleine gegrillte Garnele waren wir uninteressant geworden. Sie kam uns einmal besuchen, um mit den Krankenschwestern eine Sauerei zu machen. Heute lebt die kleine gegrillte Garnele in Brasilien und will dort den illegalen Musik-Vertrieb bekämpfen. Von solchen Aufgaben konnten wir nur träumen. Damals, im Krankenhaus, die Pfötchen geschient und gegipst.

Vielleicht werden wir irgendwann mal wieder mit einer sex- und macht-hungrigen gegrillten Garnele eine Wohngemeinschaft gründen, aber vorher, vorher lassen wir uns noch ordentlich von Funk und Fernsehen kaputtmachen.

Als wir noch nicht von Funk und Fernsehen kaputtgemacht geworden sind,

beschäftigten wir uns monatelang mit der traurigen Tatsache, dass zwar gleichzeitig zwei Nieren versagen können, aber man nie und nimmer an mehr als einem Schnupfen gleichzeitig leiden kann. Wir experimentierten viel damals. Wir stellten uns tagelang in einen befreundeten Kühlraum, kamen raus und hatten was? Richtig. Lediglich einen lumpigen Schnupfen. Wir waren wütend auf die Schöpfung, das Wunder des Lebens nannten wir fortan nur mehr die Wunde des Lebens, da hatte Gott sich ja wohl mächtig verkalkuliert. Aber eine gute Sache hatte die Seite doch, denn in dem Kühlraum lebte ein junges schuldiges Kind, das rührende Treatments für Gewaltpornos verfasste. Es lebte dort schon seit mehr als 80 Jahren, durch die Kälte war es jung und straff geblieben. Es war ein Bub, der ein aufregendes Leben hatte. Sein Vater hatte ihn vor 80 Jahren in den leeren Kühlraum gesteckt. Punkt. Das war sein Leben. Wir waren sofort von diesem Kind so fasziniert, dass wir den Kühlraum verließen und nie mehr an dieses öde Kind dachten, bis es an unserer Tür klopfte, zwölf Jahre später, und bei uns einzog. Durch dieses Kind begannen wir, wieder an Gott zu glauben und die Schöpfung in mehrstündigen ausgelassenen Gospelsongs zu preisen. Denn dieses Kind litt unter sage und schreibe zwölf Lungenentzündungen gleichzeitig und hatte Gelbsüchte zum Saufüttern, mindestens 36, aber, und das freute uns am meisten, der kleine Bub hatte vier Schnupfen zur gleichen Zeit. Das Kind starb dann 1973 an der Ruhr. 1974 an der Seine und 1975 an der Donau. Es vermachte uns ein bezauberndes Drehbuch für einen Gewaltporno, mit dem wir nicht nur den Einstieg ins Mediengeschäft schafften, sondern zweimal den Adolf-Grimme-Preis gewannen. Na ja, vielleicht machen wir uns wieder irgendwann einmal Gedanken über die Schöpfung, aber vorher, vorher lassen wir uns noch ordentlich von Funk und Fernsehen kaputtmachen.

Als wir noch nicht von Funk und Fernsehen kaputtgemacht geworden sind,

arbeiteten wir in der Buchhandlung »Belinda«, die auch gleichzeitig eine Herrenboutique und ein Schlachthaus war. Herrenhosen, Bücher und tote Tiere – welch ein Leben. Unser Tag begann mit dem Schlachten von Tieren: Kühe, Hirsche, Garnelen, Maikäfer und Muscheln. Nur mit den zahlreichen Mundbakterien hatten wir Mitleid, als sie auf die Schlachtbank geführt wurden. Wir schlachteten sie aber trotzdem gern. Einmal sollten wir eine Hornisse schlachten. Unser Chef Belinda zog die Hornisse an den Haaren in den Schlachthof rein, wo wir schon mit blutigen Händen und blutunterlaufenen Augen warteten. Die Hornisse zog sich aus und schien sich in ihr Schicksal zu fügen. Sie setzte sich brav vor uns auf einen kleinen Schemel und wartete auf unser Hackebeil. In dem Moment hörten wir die Türglocke und hielten inne. Ein Herr hatte das »Belinda« betreten und erkundigte sich nach einer Herrenhandtasche und einem Buch von Dario Fo. Befremdet blickte der Herr auf die vor Angst mit den Knien schlotternde nackte Hornisse und auf unsere blutunterlaufenen Ohren, Wangen und Hände, in denen die beiden Hackebeile ruhten. Plötzlich wurde uns klar, dass wir mit unserem Beruf unzufrieden waren. Wir hatten einfach keine Lust mehr, Herrenhandtaschen und Bücher zu verkaufen, wir wollten schlachten, schlachten, schlachten. Mit unseren blutunterlaufenen Mündern brüllten wir den Herrn an und fletschten unsere blutunterlaufenen Zähne. Er wurde ohnmächtig und wir zogen ihn an den Haaren neben die schweißgebadete Hornisse. Unsere blutunterlaufenen Schuhe hinterließen hufeisenförmige Abdrücke. Kopfschüttelnd trat unser Chef Belinda auf uns zu und dann ein und hielt die Entlassungspapiere unter unsere blutunterlaufenen Nasen. Wir hatten den Bogen überspannt. Das Schlachten von Kunden war untersagt. Wir und die Hornisse flogen raus. Sie rannte davon und arbeitet heute in der metallverarbeitenden Industrie. Wir wurden arbeitslos, es war herrlich, endlich waren wir unsere Arbeit los. Fortan lebten wir im Wald, sehr ursprünglich. Mit Schwarzweißfernseher und Trimm-Dich-Geräten, mit denen wir die Gegend unsicher machten. Wir ernährten uns von den Abfällen der Tiere. Weggeworfene Wurstsemmeln, Eierschalen, Taschentücher, Chips und Coladosen. Eine ausgewogene Ernährung, die uns guttat. Unsere Bäuche und Achseln waren nicht mehr blutunterlaufen, im Wald wurden wir wieder zu Menschen. Jetzt wollten wir von den Tieren noch Schreiben und Lesen lernen und dann einen Neuanfang in der Stadt wagen. Bei einem Maulesel nahmen wir Deutschunterricht, im Gegenzug durften er und seine Familie jeden Dienstag bei uns fernsehen. Die Dienstagabende waren immer wunderschön, der Maulesel brachte immer etwas zu trinken und seine Tochter mit. Am liebsten schauten der Maulesel und seine Tochter »Dalli Dalli«, wegen der Bienenwaben-Dekoration, die uns alle an das fröhliche Leben und Treiben im Wald und auf der Wiese erinnerte. Alles, was wir heute sind, verdanken wir dem Maulesel und seiner Tochter, und vielleicht kehren wir irgendwann wieder in den Wald zurück, aber vorher, vorher lassen wir uns noch ordentlich von Funk und Fernsehen kaputtmachen.

Als wir noch nicht von Funk und Fernsehen kaputtgemacht geworden sind,

da versuchten wir das Wort »Wüstenschiff« als Synonym für »Kamel« zu etablieren. Immer wenn in Büchern oder Zeitungsartikeln von »Kamelen« geschrieben wurde, sandten wir Protestbriefe an die Verlage mit der Forderung, »Kamel« bitteschön durch »Wüstenschiff« zu ersetzen. Uns wurde aber kein Gehör geschenkt, und so lebten wir taub in den Tag hinein und verdingten uns als Callboys für asthmakranke Aristokratinnen. »Ab und zu ne von und zu, wenn sie zahlt, die blöde Kuh!«, mit diesem Spruch warben wir auf unseren Visitenkarten. Die Damen waren sehr kurzatmig, darum bewunderten sie uns, sie bewunderten unseren langen – Atem.

Auf diese Weise lernten wir viele Adelsgeschlechter kennen, primäre und sekundäre, da gibt es ja unglaubliche Hierarchien! Zum Beispiel, wenn es Sie interessiert, ist ein König viel mehr wert als ein Pferd! Wir staunten selbst nicht schlecht, was wir für Spezialisten geworden waren, nachdem wir uns durch den ganzen europäischen Hofadel gebumst hatten. Unsere katastrophalen Umgangsformen verboten es aber leider, dass wir nach vollzogenem Akt noch Kontakt zur Welt des Adels hielten. Wir mussten sofort nach unserer Liebesarbeit in den Schweinestall zurück, während unsere asthmakranken Kundinnen feudale Feste feierten, sie waren ja anscheinend etwas Besseres als wir, ja, ja, ja! Im Schweinestall ging es gemütlich zu. Gemeinsam mit den anderen Arbeitern und Bauern, die sexuell ausgebeutet wurden, träumten wir von einem eigenen Staat. Wir planten die sexuelle Revolution; wir träumten von einem Orgasmus mit menschlichem Antlitz! Und dann tatsächlich: im Frühjahr kam es zum Putsch. Wir putschten das ganze Schloss. Frühjahrsputsch, bis alles blitzeblank war. Wahrscheinlich würden wir heute noch bei den Gräfinnen arbeiten, hätten wir uns nicht beim ungeschützten GV angesteckt. Ja, wir hatten jetzt auch Asthma und wurden sofort rausgeschmissen. Eine Zeit lang hielten wir uns als bezahlte Groupies der Bands »The Kings« und »The Lords« ganz gut über Wasser, auch ganz kurz bei »Queen«, bis wir Freddy Mercury mit Asthma ansteckten. Wir verdammten

Wüstenschiffe, hätten wir doch verhütet, dann hätten wir Schlimmeres verhüten können! Ja, vielleicht arbeiten wir wieder irgendwann mal als Callboys für asthmakranke Adelige, aber vorher, vorher lassen wir uns noch ordentlich von Funk und Fernsehen kaputtmachen.

Als wir noch nicht von Funk und Fernsehen kaputtgemacht geworden sind,

da spielten wir oft Karten. (Nicht wirklich, wir spielten es nur). Wir arbeiteten damals als Vorstandsvorsitzende. Unsere Aufgabe bestand darin, vor den Sitzungen auf den Sesseln zu sitzen, um sie für die Chefs zu wärmen. Geld war damals kein Problem, wir hatten ja gar keines. So wie andere Leute Aufmerksamkeit erregen, erregte uns die Aufmerksamkeit anderer Leute. Am erregendsten war es für uns, wenn sich zwei Jäger aufmerksam miteinander unterhielten. Das war das, was wir unseren persönlichen »Hochstand« nannten. Wir mochten alles an Jägern, alles! Die weißen Uniformen, den Mundschutz, die Apparaturen und ihre süßen Schwestern. Als man uns einmal mit dem Flugzeug überfahren hat, wurden wir zur Beobachtung ins Spital eingeliefert. Aber ehrlich, viel gab's da nicht zu beobachten. Am tollsten waren noch die Oberjäger, die wir bei der Visite beobachteten. Nach zwei Wochen wurden wir aus dem Spital entlassen; scheinbar waren wir nicht gut genug. Unser Selbstbewusstsein war im Keller. Und wir selbst fanden uns auf dem Dach wieder, um runterzuspringen. Genau an der Stelle hatten wir eine Idee: wir wollten bis drei zählen, und wenn sich bis dahin nichts Wesentliches verbessert hätte, wollten wir springen. Bei zwei veränderte sich tatsächlich etwas. Wir bekamen Schweißausbrüche, Herzrasen, Panikattacken und Schwindelgefühle. Wir hatten also unsere Krise überstanden und waren ganz die Alten. Leider hatten wir nichts zum Anstoßen, darum stießen wir einfach auf. Und wenig später fanden wir einen neuen Job. Wir beide wurden Dummies bei Autocrashtests, ein ruhiger und sensibler Beruf. Aber wie es das Schicksal so wollte, endete jede Einzelne unserer Autofahrten in einer Wand. Es war frustrierend, wir kamen überhaupt nicht von der Stelle! In einer Kreativsitzung regten wir an, die Wände endlich zu entfernen, aber mit diesem Vorschlag prallten wir erneut ab. Schließlich einigte man sich auf einen Kompromiss: die Wände kamen weg, dafür fuhren die Autos jetzt gegen uns. Wir beide fühlten uns überfahren und kündigten. Und zwar an, dass wir bald aussteigen werden, obwohl wir gar nicht mehr im Auto saßen. Gott, waren wir verwirrt damals! Wir sahen nur noch die Nachteile dieses Berufs, also die Teile, die nach so einem Crash von uns übrig blieben: abgerissene Arme, Beine, Finger … Ja, vielleicht arbeiten wir wieder mal in der Autoindustrie aber vorher, vorher lassen wir uns noch ordentlich von Funk und Fernsehen kaputtmachen.

Als wir noch nicht von Funk und Fernsehen kaputtgemacht geworden sind,

da fanden wir in der Seidenmalerei ein Ventil für unsere aufgestauten Aggressionen. Dann zerbrachen wir die Pinsel und gingen in die Küche, um dort vor Wut zu kochen. Wir bereiteten Miesmuscheln zu und fühlten uns auch so. Nachdem wir die Schalen aufgegessen hatten, hielten wir uns an die italienische Übersetzung des Wortes Miesmuscheln, »cozze«. Das alles kann wohl nur einer verstehen, der schon einmal frisch verliebt war, und wir waren damals gleichzeitig in eine Synchronschwimmerin verliebt, gleichzeitig. Verstehen Sie diese Ironie?

Die Frau hieß wie der Mann, der vorgab unser Fleischhauer zu sein, sie half in der Fleischhauerei auch manchmal aus. Seine Frau konnte es nicht gewesen sein, sie sah ihm nämlich gar nicht ähnlich. Vielleicht war es seine Schwester, egal, wir wollten ihr nah sein und verbrachten den ganzen Tag in der Fleischhauerei. Um nicht aufzufallen, verkleideten wir uns als zwei Schweinehälften. Der Laden hatte aber nur einen Haken, also mussten wir zu zweit auf einem hängen, eine, wie uns schien, sehr diskrete, intelligente, reife und erwachsene Art, einer Frau seine Zuneigung zu zeigen. Um 17 Uhr verließ das Objekt unserer Begierde die Fleischhauerei, um im Schwimmbad zu trainieren. Wir hängten uns ab und folgten ihr auffällig, das heißt wir schrien wie am Spieß, fragten sie ständig nach der Uhrzeit und erzählten ihr schweinische Witze, das alles im Schweinehälftenkostüm. Wir vermuten, sie hat sich dabei in uns verliebt. Sie rief nämlich die Polizei, es muss also was Ernstes für sie gewesen sein. Es war aber auch wirklich schwer, sich damals nicht in uns zu verlieben, wir waren so interessant! Wir konnten auswendig mehr als zwanzig ordinäre Witze erzählen und auf Kommando rülpsen, und einmal ehrlich: Wer kann sich diesem Zauber schon entziehen? Die Synchronschwimmerin konnte. Nach drei Jahren vergeblicher Liebesmüh und 46 Anzeigen wegen Belästigung zogen wir uns die Schweinehälftenkostüme endgültig aus und verliebten uns kurze Zeit später gleichzeitig in eine Simultandolmetscherin. Verstehen Sie diese Ironie?

Vielleicht holen wir irgendwann wieder die Schweinehälftenkostüme vom Dachboden, aber vorher, vorher lassen wir uns noch ordentlich von Funk und Fernsehen kaputtmachen.

Als wir noch nicht von Funk und Fernsehen kaputtgemacht geworden sind,

da war ein kleines Maiglöckchen das Einzige, was uns ein bisschen Freude bereitete, neben Weibern, Alkohol, Geld und Sex. Dieses kleine Maiglöckchen nannten wir Mike, weil es uns so an den Boxer Mike Tyson erinnerte. Diese Wucht und dieser Elan, Sie verstehen. Es war die Zeit, als wir Frischmilch unhaltbar fanden. Beruflich kamen wir schön voran, aber privat stagnierte alles: immer noch die gleiche Mutter, den gleichen Bruder, vom Geburtsort und der Herkunft ganz zu schweigen. Das machte uns fahrig und unzufrieden, sodass wir uns ganz auf den Beruf konzentrierten. Wir führten damals ein Pelzgeschäft für Kinder, es hieß »Pelzebub«. Wir verkauften dort Pelze von Leoparden, Bibern, Löwen und Schnecken. Unser Verkaufshit war der sogenannte Greenpeace-Pelz: Ein Pelz mit einem roten Streifen bemalt. Das war das Echtheitszertifikat: nur ein Pelz mit einem roten Streifen war ein echter Greenpeace-Pelz. Mit den Gewinnen unseres Ladens »Pelzebub« eröffneten wir uns die nächste Marktlücke: ein Obstgeschäft für Herren: wir nannten es »Adamsapfel«, dort gab es Melonen, süße Früchtchen, junges Gemüse, Glocken und ordentlich Holz vor der Hütte. Ein Schlaraffenland für richtige Männer. Im »Adamsapfel« verkehrte häufig Dr. Lothar Laken. Ein Professor für Geistes- und Gespensterwissenschaften. Ein unheimlich interessanter Mann, der uns die Welt der Parapsychologie näher brachte: Putzen, Fußball und Trinken. Es war toll, damals im »Pelzebub« und im »Adamsapfel«. Aber privat? Gut wir hatten Spitzenweiber, einen Freundeskreis von insgesamt 80 000 unglaublich guten Freunden, wir wohnten in Schlössern, alle Welt bewunderte und liebte uns, aber sonst? Nichts da, gar nichts, absolute Leere. Wir hatten zwar dutzende Hobbys und interessierten uns für praktisch alles außer Origami, aber daneben? Nichts, war Schweigen und Ebbe. Immerhin ging es uns gesundheitlich hervorragend und wir hatten immer Spaß und konstruktive Gespräche, aber sonst? Absolute Leere, ein tiefes Loch. Eines stand fest, wir mussten uns umbringen, wenn's da nicht mehr gab. Das sollte schon alles gewesen sein? Zuerst brachten wir probehalber unsere Wäsche um, wir kauften einen Strick und hängten sie auf. Wir beerdigten die tote Wäsche auf dem Friedhof der Namenlosen, wir waren ja nicht so blöd und gaben unserer Unterwäsche Namen. Wir ließen ein Requiem komponieren und ein Herr von Huber Trikot hielt die Grabrede und wir lasen sie vor. Also er hielt sie in der Hand, Sie verstehen? Nach unserer Wäsche sollte es jetzt uns an die Wäsche gehen, wir hielten uns schon den Strick an die Schläfen und wollten abdrücken … aber da erblickten wir wieder Mike, unser Maiglöckchen, das konnten wir ihm nicht antun, so lebten wir also gegen unseren Willen weiter … na ja, vielleicht riechen wir irgendwann wieder einmal versonnen an einem Maiglöckchen, aber vorher, vorher lassen wir uns noch ordentlich von Funk und Fernsehen kaputtmachen.

Als wir noch nicht von Funk und Fernsehen
kaputtgemacht geworden sind,

nannte man uns Daniela und Margit, weil wir damals so hießen, vor unserer Geschlechtsumwandlung, vor unserer zweiten wohlgemerkt. Ursprünglich hießen wir ja Christian und Dieter. Da wir aber nie zeitgleich operiert wurden, sondern einer immer eine Woche später als der andere, nannte man uns auch kurze Zeit Daniela und Dieter und Dirk und Margit oder so, man verliert da gern den Überblick. Wir arbeiteten damals in einem Heim für schwer erziehbare Senioren, die meisten hatten keine Eltern mehr, waren schon jahrelang nicht mehr in der Schule gewesen.

Das Problem war, dass es für die Senioren keine Freizeitangebote gab, kaum Seniorenzentren, so war es kein Wunder, dass sie Alkohol tranken und Zigaretten rauchten. Auch körperlich waren sie in schlechtem Zustand, Falten, schlechte Zähne, schlechte Haltung. Außerdem hatte keiner der Senioren einen Job. Bevor sie zu uns ins Heim kamen, lungerten sie grüppchenweise im Park herum, mit Stöcken bewaffnet und uniformiert: grauer Anzug, Hornbrille. Sie kennen diese unheimlichen Pensionistenbrillen, mit denen sie uns Jugendliche in Angst und Schrecken versetzen, diese Brillen, hinter denen die Augen so riesengroß werden. Einer, nämlich Elmar, nahm einmal seine Brille ab und seine Augen waren ohne Brille noch größer. Elmar hatte auch eine angsteinflößende Art zu reden: »Hallo, ich bin Elmar!« Uuaah, da schauderte uns. Wir spritzten ihn nieder, wenn er mit dieser röchelnden Stimme sprach. Das schien ihn zu langweilen, denn er schlief sofort ein. Manche unserer Senioren sahen richtig gefährlich aus, mit Glatze und so. Grundsätzlich bestand unsere Aufgabe im Heim für schwer erziehbare Senioren darin, alles niederzuspritzen, was sich bewegt, aber die meisten bewegten sich eh kaum mehr. Und schwerhörig waren die! Wir mussten sie ständig anbrüllen. Was uns traurig machte war, mitansehen zu müssen, wie perspektivlos sie waren, sie waren die »No future«-Generation. Aber – na bravo! – medikamentensüchtig. Irgendwann hielten wir diese destruktive Art nicht mehr aus, wir ließen uns geschlechtsumwandeln und stolperten in ein neues Abenteuer. Vielleicht betreuen wir wieder einmal schwer erziehbare Senioren, aber vorher, vorher lassen wir uns noch ordentlich von Funk und Fernsehen kaputtmachen.

Als wir noch nicht von Funk und Fernsehen kaputtgemacht geworden sind,

arbeiteten wir als Sterbebegleiter bei einer privaten russischen Fluggesellschaft. Es war der einzige Job, den wir damals bekamen. Eine Herausforderung, waren wir beide psychologisch doch völlig ungeschult. Unsere Aufgabe bestand darin, im Falle eines Absturzes an Bord die Passagiere beim Sterben zu begleiten. Ihnen die letzten Sekunden so angenehm und amüsant wie möglich zu gestalten. Wir hatten für diesen Fall ein Programm mit führenden russischen Kabarettisten erarbeitet. Es war eher ein Programm zum Schmunzeln, wir zielten nicht auf die schnellen Pointen ab, wir wollten, dass den Leuten ihr Lachen im Halse stecken bleibt.

Wir wurden ausschließlich in uralten, schlecht bis gar nicht gewarteten Maschinen eingesetzt, mit unerfahrenen Piloten und potthässlichen Stewardessen. Aber es war die billigste Airline des Landes und darum immer knackevoll, wie der Pilot. Wir trugen graue Uniformen mit schwarzen Armbinden, saßen in der ersten Reihe und verhielten uns unauffällig. Immer bereit für unsere launige Sterbebegleitung, aber leider kamen wir nie zum Einsatz. Nie stürzte eine Maschine ab, und deshalb bekamen wir auch keine Gage. Im Vertrag stand großgedruckt: Geld nur nach getaner Arbeit, aber wir wollten ja besonders schlau sein und hatten nur das Kleingedruckte gelesen. Wir kündigten und flogen in den Westen mit einer billigen bulgarischen Fluglinie. Kurz vor Warschau stürzten wir ab, die beiden bulgarischen Sterbebegleiter boten eine mitreißende Vorstellung mit vielen Pointen und brilliant choreographierten Slapstick Einlagen. Leider kamen unsere Kollegen bei dem Absturz ums Leben, weil sie nicht angeschnallt waren. Alle anderen Passagiere überlebten nicht nur, sondern fühlten sich nach dem Absturz sogar wohler als vorher. Bei einer 76jährigen verschwand das Rheuma, und ein 84jähriger Rollstuhlfahrer konnte nach dem Flugzeugabsturz wieder gehen. In Polen wollten wir unsere Großmutter besuchen, wir klingelten an ihrer Tür, sie machte aber nicht auf. Da fiel uns ein, dass wir sie ja vor zwei Jahren für einen Witz verkauft hatten. Wir weinten, aber nicht um unsere Großmutter, sondern weil uns der Witz einfiel, für den wir sie verkauft hatten. Er war so witzig, dass uns die Tränen runterliefen. Lachen und Weinen, wie nah liegt das beisammen! Unsere verschacherte Großmutter brachte uns auf eine großartige Geschäftsidee. Damals fanden an jeder Ecke in Polen illegale Hundekämpfe statt, wo man auf die einzelnen Köter wetten konnte. Durch die Inflation dieser Kämpfe aber ließ das Interesse langsam nach. Etwas Neues musste her, in der illegalen Wettszene. Das Zauberwort war: illegaler Großmutterkampf.

Wir trainierten alte Frauen und ließen sie dann aufeinander los. Es war ein Bombenerfolg in ganz Osteuropa, mit den Kampfomas verdienten wir enorm viel Kohle. Alles lief großartig, bis eines Tages bei einem großen Killeroma-Event unsere eigene Oma auftauchte und uns mit einem Regenschirm zurück nach Österreich prügelte. Na ja, vielleicht arbeiten wir irgendwann mal wieder als Sterbebegleiter für Fluglinien, aber vorher, vorher lassen wir uns noch ordentlich von Funk und Fernsehen kaputtmachen.

Als wir noch nicht von Funk und Fernsehen kaputtgemacht geworden sind,

arbeiteten wir in dem katholischen Pudelsalon »Die Zehn Gebpfote«. Ein dummer Name für ein Geschäft, wo man Pudel kämmt, aber jetzt mal ehrlich, gibt es kluge Namen für katholische Pudelsalons? Wären »Papst Pius IV.«, »Pudel von Nazareth« oder »Drittes Wauwautikanisches Konzil« klüger? Uns war's scheißegal. Wir hätten auch in einem katholischen Pudelsalon gearbeitet, der »Scheiterhäufchen« heißt. Wir hatten früher einmal kurz bei einem evangelischen Katzenpräparator gearbeitet. Das Geschäft hieß »Katzechismus«. Wir waren einiges gewöhnt. Im Salon »Die Zehn Gebpfote« waren wir für die Pudelkleidung zuständig. Wir verkauften selbstgemachte Pudelpullover, Pudelmützen, Pudelstiefelchen, Pudeldessous. Vor allem rote Pudel-BHs waren der Renner. Pudeldamen haben sechs Zitzen, deswegen mussten sie immer drei BHs kaufen. Wir wurden stinkreich und lobten den Herrn. Durch unseren Erfolg wurden wir arrogant und lebten über unsere Verhältnisse. Mit anderen Worten: Unsere Freundinnen lebten einen Stock unter uns, wir also einen über unsere Verhältnisse. Wir liebten die beiden Frauen, konnten uns aber ihre Namen nie merken. Wer kann denn noch den Überblick behalten in diesem Julia-Tanja-Klara-und-Nicola-Dschungel? Wir nannten sie der Einfachheit halber Mike und Krüger. Weil beide so blöd waren und so lange Nasen hatten. Wir liebten sie. Weil sie zwar ekelhaft waren, auf der anderen Seite aber zermürbend uninteressant. Wir schwiegen uns die ganze Zeit an, bis sich auch das erschöpfte und wir gar nichts mehr sagten. So lebten wir also mit Mike, Krüger und den Pudeln. Da keimte ein Wunsch in uns auf. Wir wollten zwar weiter über unsere Verhältnisse leben, aber nicht mehr länger unter unseren Möglichkeiten, denn über uns wohnten zwei Klassefrauen, die heiß auf uns waren. Da war einiges möglich. Sie hießen Nicola und Tanja, zwei wunderschöne Namen, die sich sofort in unser Gedächtnis einbrannten. Wir zogen hinauf und lebten fortan weit über unsere Verhältnisse Mike und Krüger. Wir waren voller Lust und Leidenschaft. Wir hatten ständig Lust, Fußball zu schauen, und spielten leidenschaftlich gern nächtelang Karten.

Alles hätte so schön sein können, aber leider trennten sich Nicola und Tanja von uns. Sie konnten es einfach nicht ertragen, dass wir im Bett viel besser waren als sie. Unser altes Kardinalproblem, wir waren einfach zu gut im Bett.

Wir verließen Europa und bekamen über unsere guten katholischen Verbindungen einen neuen Job in Südamerika. Eine Missionarsstellung. Hier konnten wir brillieren, das hatten wir wirklich drauf. Na ja, vielleicht arbeiten wir wieder mal für die katholische Kirche, aber vorher, vorher lassen wir uns noch ordentlich von Funk und Fernsehen kaputtmachen.

Als wir noch nicht von Funk und Fernsehen kaputtgemacht geworden sind,

waren wir noch richtige Kinofreaks.

Jeden Morgen trafen wir uns in der Backstube von Pääivi Väähälen, einem finnischen Bäcker, von dem wir uns sofort angezogen fühlten, weil er so unsympathisch war. Außerdem fühlten wir uns von Väähälen angezogen, weil er uns einkleidete. Wir trugen in dieser Zeit ausschließlich schwarz-weißkarierte Bäckerhosen und weiße Kittel. Wenn jetzt der Eindruck entstehen sollte, dass wir, bevor wir von Funk und Fernsehen kaputtgemacht geworden sind, Bäcker gewesen sind, so ist das grotesk. Natürlich waren wir keine Bäcker, wir sind nur einfach gern von 5 Uhr morgens bis 6 am Abend in voller Bäckermontur in der Backstube gesessen. Dort war immer schlechte Stimmung und das hat uns fasziniert. Am schönsten war es immer, wenn Pääivi Väähälen durchdrehte und uns gegen die Wand schmiss, bis wir leise aus dem Kopf bluteten. Wir denken heute noch gerne daran zurück.

Jeden Tag Punkt 18 Uhr zogen wir uns um, hinkten glücklich aus der Backstube und gingen ins Lichtspieltheater.

Wir lieben diesen Ausdruck. Lichtspieltheater – was für ein Wort für einen Ort, an dem es immer dunkel ist! Wir waren so richtige Kinofreaks. Jeden Tag schauten wir uns ein Anderes an, machten uns Notizen über Bausubstanz, Statik und Inneneinrichtung. Mit einem Zentimeterband maßen wir alles ab, fotografierten die sanitären Einrichtungen, verglichen die Anzahl der Sitze mit der in anderen Kinosälen und kurz bevor der Film anfing, verließen wir beseelt das Lichtspieltheater. Wir waren Kinofreaks, die Filme waren uns scheißegal. Nach Einbruch der Dunkelheit – wir lieben diese Redewendung »Einbruch der Dunkelheit«, weil sie so kriminell klingt. Übrigens auch sehr gut sind Gänsefüßchen. Die besten Gänsefüßchen sind die, die man nicht begreifen kann. Einige Beispiele: Knalleffekt »im« Sensationsprozess. Oder: Verbrecher Tony Wegas riss alten Frauen Handtaschen »weg«.

Des Nachts jedenfalls betätigten wir uns damals als Hundefänger. Wir waren richtig gut. Meistens war es so, dass »Stermann« schmiss und »Grissemann« fing. Begonnen haben wir mit dünnen Hunden und einem Abstand von vier Metern. Im Laufe der Zeit steigerten wir uns. Am besten kann man übrigens Pudel werfen und fangen. Für Hundefängeranfänger ist der Pudel ideal. Heute könnten wir, wenn wir wollten, problemlos einen ausgewachsenen Rottweiler 300 Kilometer weit werfen und fangen.

Vielleicht machen wir's mal wieder, aber vorher, vorher lassen wir uns noch ordentlich von Funk und Fernsehen kaputtmachen.

Als wir noch nicht von Funk und Fernsehen
kaputtgemacht geworden sind,

da waren wir an den Rollstuhl gefesselt. An den Rollstuhl des Hausmeisters. Jeder war an einen Reifen gefesselt. Wenn der Hausmeister dann mit seinem elektrischen Rollstuhl losfuhr, tat das höllisch weh, aber wir ließen uns nichts anmerken, wir wollten nicht behindertenfeindlich wirken. Blutüberströmt und mit den Nerven am Ende warteten wir sehnsüchtig darauf, dass er stehenblieb. Leider blieb er damals sehr selten stehen, denn er trainierte für die Special Olympics, für den Marathon.

Gegen 20 Uhr kettete er uns los und wünschte uns höflich einen guten Abend. Wir versuchten das Beste aus dem Rest des Tages zu machen. Wir gingen, obwohl uns das Fleisch aus der aufgeplatzten Haut hing und Reifenspuren quer über die offenen Wunden liefen, noch ein gemütliches Bier trinken und zwei, drei Runden Biliard spielen.

Überflüssig zu erwähnen, dass uns in diesem Zustand selbstverständlich kein Gasthaus und erst recht kein Billardcenter reingelassen haben. Mit anderen Worten: Wir haben nie ein gemütliches Bier getrunken und auch nie zwei, drei Runden Billard gespielt. In Wahrheit war es so, dass uns der Hausmeister nach dem Abketten mit Bier überschüttet hat und uns mit zwei, drei gigantischen Billiardqueues in die Küche prügelte, um uns dort an den glühenden Toaster zu ketten. Wir konnten nachts wegen der starken Verbrennungen an unseren Händen kaum schlafen. Das machte den Hausmeister regelmäßig wütend, dass wir morgens immer so unausgeschlafen waren. Um uns zu disziplinieren, kettete er uns jeden Morgen an den 6.17 Uhr-Zug Wien–Basel–Wien, aus seinem Behindertenabteil winkte er uns fröhlich zu. Oft fragten wir uns, warum wir das alles mit uns machen ließen. Nun, es lag wohl daran, dass damals der Hausmeister der einzige Mensch in unserem Umfeld war, der uns einigermaßen nett behandelte, und wir wollten diese Freundschaft nicht durch unnötige Kritik aufs Spiel setzen. Wir hätten durch Widerworte wahrscheinlich auch die gemeinsamen Spielnachmittage gefährdet. Das hübscheste war das Würfelspiel. Alles, was man, laut unserem

Hausmeister, dafür braucht, ist ein Würfel und eine Eisenstange. Einer – in unserem Fall jedesmal der Hausmeister – hat eine Eisenstange, und die anderen, also wir, haben einen Würfel. Würfelten wir zum Beispiel eine Vier, schlug uns der Hausmeister viermal mit der Eisenstange in »unsere blöde Fresse«, wie er es reichlich uncharmant ausdrückte. Aber so war er nun mal: rauhe Schale, rauher Kern.

Der traurigste Tag in unserem Leben war der Tag, an dem unser Hausmeister starb. Es war ein schrecklicher Tod. Der Tag hatte ganz harmonisch begonnen. Er hatte uns angekettet, unsere Hände verbrannt und wollte wieder würfeln, dieser verspielte Lausbub. Wir würfelten eine Sechs nach der anderen, und der arme Teufel hatte alle Hände voll zu tun, uns in unsere blöden Fressen zu schlagen. Er wirbelte mit der Eisenstange, dass es eine Art hatte. Unser Blut spritzte, dass es eine Freude war. Doch dann passierte das Unfassbare. Der arme Kerl hatte wohl mit der Stange zu kräftig ausgeholt. Er fiel aus dem Rollstuhl und ertrank kurze Zeit später in unserer Blutlache.

Wir konnten nichts tun, wir waren ja festgekettet. Bis heute verzeihen wir uns nicht, dass der freundliche Hausmeister unseretwegen gestorben ist.

Vielleicht lassen wir uns irgendwann wieder einmal an einen Rollstuhl fesseln, aber vorher, vorher lassen wir uns noch ordentlich von Funk und Fernsehen kaputtmachen.

Als wir noch nicht von Funk und Fernsehen
kaputtgemacht geworden sind,

spielten wir in tschechischen Kinderfilmen untergeordnete Rollen. Meistens wurden wir als Magd eingesetzt. Der Regisseur zog uns Schürzen an und flocht uns Zöpfchen, in die Hände bekamen wir kleine Strohkörbchen. Man sah uns in all den Jahrzehnten nur einmal ganz kurz im Hintergrund eines Zeichentrickfilms. Wir liebten Zeichentrickfilme, vor allem pornographische Zeichentrickfilme, die nicht gezeichnet waren, sondern echt. In den Drehpausen standen wir oft mit unseren Körbchen, Zöpfchen und Schürzchen vor einem kleinen Schwarzweißfernseher in der Statistengarderobe und guckten Porno, zusammen mit Pan Tau.

Pan Tau war es auch, der uns auf die Idee brachte, europäische Haustiere in exotische Länder zu schmuggeln. Er, Tau, schmuggle schon seit Jahren Pudel nach Madagaskar und Hamster nach Sri Lanka und habe sich damit eine goldene Nase verdient. Und tatsächlich, seine Nase war aus echtem Gold. Wir bewunderten ihn, winkten aber ab und sagten: »Nee, du, lass mal, ist keine so gute Idee, wir möchten lieber hier mit unseren Zöpfen und Schürzen Porno gucken, nee, du.« Die Sache war uns einfach zu heiß. Wir blieben beim Film und bewarben uns bei einem Dokumentarfilm über neue japanische Computertechnologien, dort konnten sie aber angeblich keine männlichen Märchenmägdedarsteller brauchen. Damit hatte niemand rechnen können.

Wir verließen die ČSSR wutentbrannt und legten einen Zahn zu. Wir hatten also jetzt 33. 33 kleine gelbe Beißerchen. Und der Neue war ein ganz besonders steiler Zahn, den wir an Pornoproduktionen vermieteten, davon konnten wir ganz gut leben. Mit dieser Frau im Mund hatten wir einmal im Monat Zahnfleischbluten. Damit es nicht auffiel, tranken wir damals viel Tomatensaft.

Während sie Karriere machte, wurden wir immer einsamer und geselliger. Vielleicht arbeiten wir irgendwann mal wieder als Mägde in tschechischen Märchenfilmen, aber vorher, vorher lassen wir uns noch ordentlich von Funk und Fernsehen kaputtmachen.

Als wir noch nicht von Funk und Fernsehen kaputtgemacht geworden sind,

da waren wir große Anhänger der Theorie: »Reserviert-Schildchen auf Gasthaustischen ruinieren das Wohlbefinden auf Dauer«. Auch der Theorie: »Bei häufigen Bordellbesuchen verpufft das Geld« verdanken wir viele wertvolle Diskussionen. Wir waren echte Theoretiker. Wir philosophierten viel, zum Beispiel darüber, wie scharf die Tussi wieder aussieht und wie man Rudi untern Tisch saufen kann. Wir fühlten uns als intellektuelle Elite damals: Wir prügelten uns in Bahnhofskneipen und hatten viel Vergnügen daran, in Scherzartikelläden zu kotzen. »Kleiner Scherz«, sagten wir dann. »Sie haben doch sicher Verständnis dafür!«

Rudi war unser Lehrmeister. Er verstand es meisterhaft, die Aufmerksamkeit interessanter Leute auf sich zu ziehen. Rudi konnte zum Beispiel mit geschlossenen Augen, mit der bloßen Zunge am Reifenprofil die Automarke erkennen. Noch begeisterter waren wir, wenn Rudi mit geschlossenen Augen nur mit der Zunge die Dioptrinstärke von Brillen älterer Herren bestimmte. Unsere Ausflüge ins Seniorenheim waren legendär. Es gab praktisch nichts, was er mit seiner stark belegten Zunge nicht erkennen konnte. Das Alter eines Kindes, die Bildschärfe eines TV-Gerätes und ob die Mandeln eines Menschen so entzündet waren, dass sie operiert werden mussten.

Beinahe wäre Rudi ziemlich berühmt geworden. Er hatte sich bei »Wetten, dass …« beworben mit einer seiner einfachsten Übungen. Todsichere Wette. Er wollte mit geschlossenen Augen, nur mit der Zunge zehn Nachrichtensprecher erkennen. Leider kam es nie zu diesem Experiment, denn als Rudi am Vortag im Hotel die Voltstärke seines Rasierapparates mit der Zunge rausfinden wollte, starb er. Für uns galt es nun, ohne Lehrmeister auszukommen. Seine Zunge tragen wir noch heute in einem kleinen Herrenhandtäschchen mit uns herum. Halten Sie uns für pervers, aber noch heute geben wir Rudis Zunge jede Nacht einen Zungenkuss. Vielleicht beschäftigen wir uns wieder einmal mit Theorie, aber vorher, vorher lassen wir uns aber noch ordentlich von Funk und Fernsehen kaputtmachen.

Als wir noch nicht von Funk und Fernsehen kaputtgemacht geworden sind,

arbeiteten wir jahrelang an der Entwicklung eines Eiskastens, in dem man auch backen kann. Wir verzweifelten nach sechs Jahren intensiver Bastelei und nervenzerfetzender Diskussion an der scheinbaren Unmöglichkeit dieses Unterfangens. Drei Tage nach dem offiziellen Ende unserer Bemühungen präsentierte unser Pfarrer auf der Elektronikmesse den sogenannten Eisofen, ein simples Gerät, in dem man gleichzeitig backen und Lebensmittel kühlen kann. Der Pfarrer war ein Genie: Er erfand nicht nur den Eisofen, sondern auch den Flugzug, die dunkle Lampe, die in zu hellen Räumen Dunkelheit schafft, und die weltberühmte Schuheinlage, die einen kleiner macht. Auf diese Weise sehr reich geworden, beschloss der Pfarrer, sich zurückzuziehen. Er entwickelte eine Maschine, die ihn ununterbrochen nach hinten zieht. Nach unseren Berechnungen dürfte er sich zurzeit durch Australien ziehen lassen. Wir haben nie wieder etwas von ihm gehört, mal abgesehen von der Tatsache, dass wir täglich mehrmals mit ihm telefonieren und in heftigem Briefwechsel stehen. Wir besuchen ihn auch so oft wir können, aber sonst haben wir nie wieder etwas von ihm gehört. Es ist schon traurig, wie Beziehungen auseinandergehen, wenn nichts anderes mehr bleibt als extremes Interesse für den anderen, massive sexuelle Anziehung und große Anteilnahme. Wenn man praktisch verschmilzt zu einer Einheit, das ist schon traurig, kalt und einsam, aber gut, es gibt noch andere Dinge im Leben, zum Beispiel Enttäuschung, Wut und Hass, an diesen drei Säulen kann man sich immer aufrichten.

Wir bekamen damals einen neuen Pfarrer in unserem Dorf. Er war Kriegsverbrecher und Tierquäler, aber sonst eigentlich ganz okay. Ein brutaler Menschenfeind, mit dem man sich prima unterhalten konnte. Schnell fanden wir einen gemeinsamen Nenner: die Liebe zu Wachsfiguren. Der Pfarrer fertigte eine Wachsfigur von unsererem Bademeisters an. Leider sah sie dem Bademeister überhaupt nicht ähnlich, sondern Adolf Hitler, was uns bestürzte. Wir sahen fortan unseren blonden, langhaarigen Hippiebademeister mit ganz anderen Augen an und kamen immer mit Schäferhunden ins Schwimmbad. Das sollte auch unserem Leben eine positive Wendung geben. Durch die Beschäftigung mit den Schäferhunden kamen wir auf eine Idee: Für Blinde gab es eigene Blindenhunde, für Sehende aber gab es nichts Besonderes, hundemäßig. Das war die Marktlücke, die uns Dollarzeichen in die Augen schießen ließ. Wir begannen mit der Züchtung von Seh-Hunden. Pro Tag verkauften wir etwa zwölf Millionen Köter. Das viele Geld nutzten wir für einen guten Zweck. Wir unterstützten uns selbst. Wir kauften uns die Rechte an dem Eisofen. Blöderweise funktioniert das Ding nicht. Noch heute sind wir in blauen Arbeitskitteln dabei, an dem Gerät herumzubasteln und stundenlange Diskussionen zu führen, damit das Scheißding endlich grillt und friert zugleich. Na ja, vielleicht werden wir irgendwann mal wieder schlechte Wachsfiguren bestaunen, aber vorher, vorher lassen wir uns noch ordentlich von Funk und Fernsehen kaputtmachen.

Als wir noch nicht von Funk und Fernsehen kaputtgemacht geworden sind,

waren wir Straßenkartenmaler. Jeden Sonntag tauchten wir die Straßenkarten in ein Tintenfass und malten mit ihnen die schönsten Bilder. Unser Lieblingsmotiv waren Männer mit Schuppenflechte, wenn uns dieses Motiv langweilig wurde, malten wir die Herren der Schöpfung mit Psoriasis. So war sonntags immer etwas los.

Unsere Bilder fanden Anklang, und zwar in keiner beschissenen Galerie dieses Landes. Erst als wir begannen, Epileptikerinnen zu porträtieren, erzielten wir keinen nennenswerten Erfolg, obwohl es doch so schwer ist, Epileptikerinnen zu zeichnen, halten sie doch nie still. So wurden wir zu Kulturpessimisten und wollten etwas ganz Anderes einschlagen, vor allem die Zähne von Kulturschaffenden. Wir waren so gut drauf damals, wir hatten so viel negative Energie in uns, dass wir ohne Dunkelkammer Fotos entwickeln konnten. Wie es der Zufall wollte, lernten wir niemanden kennen, der uns weiterhalf. Und wie durch ein Wunder traten wir auf der Stelle, aber als wir schon jede Hoffnung aufgegeben hatten, da passierte auch nichts. Wir hatten die tollsten Träume damals, wir träumten, dass uns einer nachläuft und irgendwo runterschmeißt. Wir standen damals unter einem enormen Druck. Es war eine riesengroße Lithographie, die über uns an der Wand hing. Darauf stand geschrieben: »Wenn ihr Geld und einen guten Job braucht, ruft mich an, euer Onkel.« Onkel Jet Set Shatterhat, wir hatten ihn völlig vergessen. Wir riefen ihn sofort an, er vermachte uns eine Firma. Die Firma »Schwindel«, sie stellte Etiketten her. Stolz meldeten wir uns am Telefon, wie es sich gehört, mit: »Etiketten Schwindel!« Das Geschäft ging relativ gut, aber doch so schlecht, dass wir ständig Hunger hatten. So wurden wir Wirtschaftspessimisten, was so viel hieß wie, dass wir sehr pessimistisch waren, wenn es darum ging, dass wir in einer Wirtschaft was zu essen kriegen, ohne Geld. In unserer Wut entsorgten wir …

TAGEBÜCHER

Unveröffentlichtes und streng Geheimes

Die geheimen Tagebücher
von berühmten Persönlichkeiten

Dieter Bohlen und Verona Feldbusch

Heft 1

Mönchen, 1.10.98

Volles Jucken inner Fresse und so oder so wegen dem Rasieren oder so oder was ne. Verona schnarcht volle Kanne oder so ne und ä wenn se wach wird oder so ne dann muss ich mich tierisch um den Feldbusch wieder kümmern und so ne. Wird voll viel Action oder so. Geil eh!

München 1.10. Oktober

Lieber Tagebuch! Dieter schnarchst noch. Meinen Feldbusch juckt tierisch weil das rasieren. Den Dieter sein Geschnarche ist total süß und macht mir ganz scharf. Werde heute Abend Gästin sein bei ein Abendessen vom Thomas den Dieter sein Schwuchtelkumpel. Eklig aber voll süßer!

Mönchen, 2.10.98

Boa Schluss jetzt oder so mir kommte Kotzen oder was oder so! Polier allen alle Fressen oder so! Thomas, dieses Noraarschloch und so ne, sacht mir doch tierisch eins rein und so, dass meine Matte, dass meine schönen blonden Haare voll und so die Arschlochhaare sind oder was voll Scheißhaare oder so! Beim Abendessen oder so sagt die Norasau oder so mir mitten in die Fresse und so ja »Dieter« ne und so »deine Haare oder was ne sind voll scheiße oder wie« sacht die blöde Sau oder so ne und boa eh oder so oder so ich mach jetzt oder was mach ichn jetz oder wie überhaupt ne mit Scheiß-matte im nächsten Video oder wie ne ne. Ne ne ne den Scheiß ne ne ne oder was ne ne ich kotz auf die Welt oder was ho und so oder du Scheißtagebuch-arschloch und so ne un nu jetz fick ich mich erst mal ins Knie!

43

München 2.10. Oktober

Voll gemein von den Thomas! Der Didi ist voll am Geflennen. Auch das Geficken war voll von den Heulen heute. Was wurde passiert, lieber Tagebuch? Den Thomas hat zu der Dieter gesagt: »Deinen blondes Mittelscheitel ist voll doof. Wie ein Feldbusch von irgendeine Frisörtuss!« Das wurde voll so Gemeinheit! Jetzt ist ich gefragt, ihn helfen wegen den Bohlenhaars. Wenn ich nicht den Tag bevor heute mein Feldbusch rasiert wäre, dann könnte meine Feldbuschhaare voll süß auf sein Kopf kleben! Armen Dieter.

Heft 2

Mönchen, 12.10. 98

Ich kack und kotz gleich oder hab oder so oder boa eh. Ich scheiß jetzt voll aufs Heiraten und so ne aber, aber son super Überbeschisskackkotz oder so ne hab ich noch nie oder was oder wie erlebt oder so und so ne Verona oder so ne! Ne, sagt die einfach ne und so und wenn ich sag oder so »wir heiraten Puppe« oder so boa ne. Voll mega die super tierische voll abgekotzte und so!

München, 12.10. Oktober

Ich bin gestern mit Dieter elfmal geficken. Total süß die Geficken waren gewesen. Dann habt Dieter mir gefragen gestellt wie ob ich seine Hand anhalten kann. Wie was? Nichts verstanden, dann geficken. Mein Feldbusch schlafen, süß. Dieter sagt er will die Ehe. Wenn ich die Schlampe in die Händen kriege! Ich hat gebrüllt: Ne, die kriegste nur unter meine Leichen!

Mönchen, 13.10.98

Ah, ich kotz die ganze Bude ab eh. Verona oder so ne is total megaheiße Puppe und so ne aber voll die eifersüchtige scharfe Braut und so ne boa eh. Auf wen schnall ich nicht oder so! Ah, hab voll umsonst den kotzscheißkack Ehering gekauft oder was oder wie oder was ne. 80 000 Mark und so ne, ich kotz den voll oder was ne ich kotz bald ganz Arschlochmajorka voll oder was und so ne Arschloch!

München, 13.10. Oktober

Den Dieter ist immer so schlecht um den Magen. Ich mach mir Sorgen machen um den seine kranke Gesundheit. Total süß den Ring für meinen Hand!

Dieter wollen mich geheiratet, aber ich will auch also geht nicht. Ich habe eine selbständige Frau, kannst mich um meinen Feldbusch ganz allein kümmert! Brauche nicht niemanden Mann so. Das war mir klar gewest. Tschüs, ich geh jetzt meinem Feldbusch bürsten!

Heft 3

Mönchen, 19.10.98

Boa eh voll den Megakackstress mit Naddel und so ne und dann noch diese ganze Kackklaviermusik während ich schreibe im Hintergrund was. Alles nur wegen dem Rumgemache mit der Feldbusch und so und nu oder was wie soll ich hier eh wie soll ich boa eh wie erklären oder was ihr das ne und so voll eh. Voll eh die kotz kack Megastress Arschloch boa voll die saure ne die ne Naddel oder was ne wegen dem andern Weib eh oder so ne boa eh und so!

München, 19.10. Oktober

Lieber Tagebuch! Den Dieter ihre Ex, die wo mit dem dir vorher bevor ich zusammen geficken, die wo da Naddel heißt und wo mit ihrem Namen ist, ist voll die eifersüchtige gehabt. Wegen dem mir mit den Dieter immer rumgeficken, von wegen dem er mit meinem Feldbusch immer so gern fönt, war die jetzt sauer gehabt wie ich mit der Dieter gesegt habt! Ich kann sie so gut verstanden wegen dem Männern, die immer nur stets mit den andern Frauen im Bett geschlafen habens Naddel!

Mönchen, 20.10.98

Boa Mist Scheiß oder was wie ne Naddel oder was ne hat mir oder wie meinen goldenen Zahnputzbecher voll boa eh voll vor die Badezimmertür gestellt oder was ne mega zum Abkotzen eh. Und meine Zähne oder was, voll die gelben ne, die werden voll gelb oder was ne eh und so und wie ist das dann voll mit gelben Zähnen im nächsten Video oder was boa eh Arschloch eh! Voll am Stinken aus m Maul oder wie nur wegen der ihren megakotzigen voll Eifersucht oder was und so und wie boa eh voll kotz eh ich kotz die alle voll eh wenn ich oder so voll aus dem Maul stink oder was wegen der Alten eh?

München 20.10. Oktober

Igitt! Dem Dieter sein Mund war voll gerochen wie ein Iltis aus den Mund! Total gelber Zahne, lieber Tagebuch! Da hat ich den Dieter aber mal gesagt »Dieter! Mit so einen riechen will ich nicht geküssen mit dich auf mein Mund und schon gar nicht geficken!« Den Dieter hat gehängt in den Zahn auch noch eine Gurkenstück! Grün in Mund, nein halt! Wenn dem Dieter uns nicht den Mund und den Zahn pflegt tut, dann wird es bald aus gehabt sein mit den lieben mit ihn und ich!

Mönchen 21.10.98

Eh! Supermega Vollgekotze! Die eine Alte und so wirft mich voll mega raus und so und die andere oder so will mich nicht mehr voll oder was an sie ranlassen und so weil ich voll am Stinken bin oder was aus dem Maul oder wie. Wixe, voll das Abgekacke jetzt ne nix als Ärger, boa ich geh da bald da voll nach Majorka voll kotzen und so mit den Weibern oder was ne, und dann oder so hab ich auch noch so einen voll ekligen Scheißgeschmack im Maul oder so dass ich und so voll loskotzen könnte eh voll widerliche Megakacke fürn Popstar ausn Maul stinken nach Kotze oder was ne du eh. Treff heute Abend oder so Verona oder was, muss mir da vorher was einfallen lassen wegen dass sie nicht mega abkotzt wegen meinem Gestank eh.

München, 21.10. Oktober

Süß den Dieter! Holte mich der doch eben abgeholt für eine Abendessen in den Achtsternenrestauront mit die vielen Haube Köcher. Bei den angeklingle an meiner Türschild haste ich zuerst gedenkt ihm sein Maul gestinke wegen muss ich sofort ins losgebrechen fallen. Aber dann sahte ich ihn durchs Türschlitz mit dem seinen Motorraddings da, das der Dieter über sein Kopf auf den Kopf angezieht bei dem wenn er mit sein Motorrad losgefährt. Helm! Seinem Helm, genau lieber Tagebuch, dem Dieter hatte gehabt den Helm auf ihren Kopf, dass es nicht so aus am stinken riecht! Voll süß und lecker in den Hauben essen. Ich glaubte, ich liebe ihm doch! Dann eben endlich wieder geficken, endlich wieder geficken mit den sein Helm. Voll scharf! Glücklich rüft: »Verona tschuß!«

46

Heft 4

Boa eh! Superarschloch Morgen und so ne, voll der Arschloch Abkackwelt-
sparkotztag morgen und so oder so ne ne, ha ne äh ne und so wa ne. Muss
jetzt voll die mega Scheißdreckkohle oder was und so auf die Bank oder was
tragen und so oder wie wegen Weltspar-Megakacktag oder was! Boa ich kotz
den so die Scheißbank voll oder was! Der Arschlochbankbeamte oder wie,
der kriegt voll die mega Bohlenkotze in die Fresse gerotzt oder so eh aber
volle eh echt eh! Scheiß Kohle, viel zu viel und so ne, kotz voll die Kohle voll
oder was ah Wald eh.

München, 29.10. Oktober

So eine Mist! Total unsüße Ärger! Den Dieter seiner Geld tut das Dieter
doch immer voll süß versteckt in einen Verstecke. Den Dieter seine Geldver-
stecks ist voll süß. Zum Beispiel in seinen Gitarre steckt ganz vieler Scheine,
in dem Thomas hinten auch. In den Thomas hinten hat der Dieter ganz viel
süß reingesteckt. Lieber Tagebuch, nach dem geficken heute am morgens hat
den Knuddeldieter voll die Millions in mein Feldbusch vergraben. Jetzt bin
ich den Dieter voll sein süßes Sparschwein!

Mönchen, 30.10.98

Boa eh ich bin voll auf 180 oder so oder was ne, voll die Arschloch Mega-
kack-Kotzabrechnung gemacht oder so ne und eh voll abgekotzt oder so
ne, weil nämlich in der Buchhaltung oder so ne mega acht Millionen fehlen
oder was! Wo ist die Arschlochkohle eh oder was und so eh? Voll am flennen gewesen ich oder so ne, voll die Naddel angekotzt oder so ne, ob die alte
kack Puppe vielleicht wieder die Bohlenkröten gefressen hat oder was oder
so und so ne, nee. Es gibt nur noch eine Kackmöglichkeit oder was. Vielleicht hab ich Megaarschloch nach Poppen die Knete in Veronas Feldbusch
gesteckt oder was, boa eh eins ne. Echt eh! Ich kotz bald ganz Europa voll
oder was!

München, 30.10. Oktober

Voll der geile ich nachn poppen mit n Dieter! Endlich ist den Dieter glücklich war. Beim Geficken hat den Dieter supersüß ganz ganz vielen Kröten

aus mein Feldbusch rausgezogen. Eklig, so ein Gekröte im Feldbusch. Quak quak, lieber Tagebuch! Jetzt wird alles gut gewesen werden sein.

Heft 5

Mönchen, 1.11.98

Boa eh! Voll am Dampfen und so ich oder so ne, voll den Megastressabkackscheiß und so heute oder was ne! Boa eh voll am abkotzen oder so wegen dem Thomasarschloch oder so ne! Heute ne oder so ne oder wo so ne da oder was und da ruft die Sau an oder so ne, will voll die mega Abkochfresserei heute hier und so bei mir oder so oder was ne. Ich hier bei mir oder was als Oberkocharschloch? Ich kotz gleich eh! Will der zu mir ja mit seiner Nora oder was ne voll zum Abendessen und so ne. Wie denn eh? Ich kann doch voll nur die Bohlenbohnen oder was kochen eh, voll zum abkotzen eh und mega furzen dann oder was oder so!

München, 1.11. November

Lieber Tagebuch! Heute wieder »Veronas Welt« aufzeichnen. Bin noch ganz nass von den Schweißen wegen die Lichterlampen, der was notwendig ist für den Drehen. Total mir feucht überall, ich dusch jetzt gleich mal süß unter die Brausen. Den Dieter ist gekocht heute, wir kommen allen den Thomas den Naddel den Nora und mich. Uns allen geht essen zu Dieter, hm leck! Ein Hoffnung hab ich hoffe hoffentlich gekocht den Dieter nicht wieder Gebohne, sonst gestinkt er mir wieder auf den Feldbusch während das geficken!

Mönchen, 1.11.98

So. Ich kotz jetzt alle Pfannen voll und so. Mach voll megageil die Bohlenpfannensuperkotztour 98 oder was und so ne. Voll die Superscheiße und so oder so. Ich oder was ne und so hau voll die Megaabkotzbohnen oder was ne ins Supermegaabkackarschlochwasser und so ne. Voll die Scheiße dann passiert oder so ne. Voll abgebrannt die Arschlochbohnen oder was und jetzt? Und jetzt oder was, nur weil ich und so nicht voll den Megaaufpasser gemacht hab ne, voll vergessen ne auf den Scheiß und so ne wegen dem Meganaddelgebumse ne, voll die Arschloch Superscheiße jetzt ne und gleich ne, gleich oder was ne da klingeln die Arschgeigen oder so ne und gibt nix oder was! Ich kotz den voll die Teller voll dann ham sie was zu fressen!

So kennte ich dem Dieter nicht und niemand auch nicht. Den Bohlenbohnen ist nicht gut geklappt. Die sind total am verbrennt gewesen und konnte man auf keinen Fall nicht gegessen wirst. Ba eklig! Den Dieter hat geflennen, dann voll am ausgerastete! Den armer Thomas und sein Nora, was müssen gedenkt die! Die Dieter hast gebrochen über die Teller von das beide, hat gestinken und gerockt wie Erbrochenen, war ja auch! Um 10 bin ich aufgesteht fast aufgesprangen, hab mein Feldbusch eingepacken und bin weggerennen. So nie mit mich möchte ich nicht! Wenn den Dieter was über mir liegt muss er mich sich verzeihen entschuldigt!

Heft 6

Voll auf Urlaub gewesen oder was voll die Hitze und so in Majorka oder was und so ne voll die megasuper Kiste und so aber jetzt hier oder was voll die Abkotzkacke voll am dampfen und so oder was wegen dem Riechkolben von Verona oder was, die mega Vollverstopfung im Rüssel die und so ne, voll am rumschneuzen die Alte von wegen Nase voll oder was, total uncoole Kacke hier eh am dampfen total eh ich könnt total voll abkotzen oder was ja wegen der mit ihrer roten Schneuzrübe oder was mitten in der Fresse! Ne du.

Lieber Tagebuch! Vor sex Monate einen halben Jahr hab ich mich mir meine Nase wird umoperieren geworden. Total süßes kleines Nase jetzt, so schöner als wie von ein römisches Statutenkopf von ein Denkenmal, nur funzkioniert nicht! So am besser wegen dem warum die das den Rotz nicht rausgekommen gewollte, obwohl schneuz. Den Dieter ist gehabt sauer war weil wegen ich immer falsch genast. Dieter willte mir mein Feldbusch schneuzen. Süß, aber sauer, den Dieter!

Ich kotz der Oberkackwelt gleich den ganzen Kosmos voll oder was. Die Puppe oder was ja kriegt voll das Arschlochschneuzen nick mehr hin oder wie und so eh! Die Alte ist bis oben oder was voll mit Rotz und so voll megakackabgefahren dieser Megaschnupfenrotz und was ne, is voll der Antiarschlochabkackhit eh! Voll am Flennen gewesen ich oder so weil bei der Alten und so nix mehr megamäßig durchrinnt oder was. Boa eh. Ich knall der bald einen vor den Latz oder was!

Lieber Tagebuch! Ich hast Angst vor wegen der Dieter, er ist so assegriv! Er wird mir geprügelt wollen, weil ich nur durch mein Feldbusch schneuzen kannen. Mir selbst, ich sind den ganzen allen voll peinlich. Dem Rotz, dass dem nie nicht keinmal aus den süßen Nase rausgefließt und abgeschnuzt! Doofen Nasenotteraption von die neues Nase! Hoffentlich hoffe ich, dass ich mir bald die kranke Gesundheit wieder in die Ordnung geholt hast wollen. Tschüüs!

Heft 7

Mönchen, 23.11.98

Voll die Megakacke am Dampfen und so wegen der superscharfen Alten ihrem Abkackgeschenk oder was für Arschlochweihnachten und so ja. Voll am hyperrätseln ich oder was oder so wegen dem Megaabkotzscheißgeschenk, voll am Flennen gewesen oder was ich schon oder wie ja, die megablöde Dumpfkuhsau interessiert sich doch für nix und so oder was! Nur so für Latexscheiß und Lackkack oder was! Hat sie doch schon 100 000 Megakotzabkackkleider! Blöde Kacke das oder was! Ich kauf der blöden Kotztüte ne Kotztüte oder was, die soll mal schön so blöde Kuhauge unterm Baum machen oder wie! Scheißweihnachten! Ich kotz der was untern Weihnachtsbaum!

München, 23.11. November

Lieber Tagebuch! Wie froh ich mir auf das heiliger Nacht! Bald geschließt ich jeden Tag ein Fenster zu in meiner Adventkalenden. So süß das Dieter willt mich voll süß geschenkten mit ein geschenkt. Was es sein gewesen ist wäre mich noch gar nicht gewisst gewollt. Vielleicht den Minilack von Servace dem Naggi, dem totgeschießt total gemein in seiner Kopf in Mami in den ASU, den vereinigen Stätten von Imarika oder Erika? An 34. Dezerember, als ich dann den Geschenkt ausgeverpackt überm Baum und ich mir meine froh gefreute Vollfrohfreude ausgefreut hatte sein, dann wird bei Dieter voll die Latte sein und dann lieber Tagebuch muss geficken machen! Volle frohe Nacht die heiligen mit mein frohen Feldbusch!

Heft 8

Boa eh! Ich ja voll am Sodbrennen oder was ja totale Megakacke oder wie eh ich voll am Rülpsen wegen dem scheiß Megaabkotzfickdreckfressen in der Pommesbude oder was da gestern, da wo der Arschlochanders oder was ja da voll die scheiß Fuckautogrammstunde oder wie ausgemacht hat in Leipzig oder was da voll hinter dem eisernen Dingsda eh! Boa eh ich fast geflennt eh. Weil das da so voll Scheiße war. Der Anders, der is ja wohl voll vor die Pumpe geflitzt oder was, so ne Scheiße auszumachen eh! Boa. Und ich oder was? Muss da voll den Grinser machen vor den Wixern in der Pommesbude oder wie und ständig mein »Bohlen« auf die Autogrammkarten schreiben oder was, nee! Ich ja hab zu meinem Schwuchtelkumpel gesagt ja »Eh Thomas eh! Mach ich nich mehr oder was! Voll zu anstrengend, voll fürn Arsch! Ich nehm nur noch Vordrucke oder was und tu dann so oder was als würd ich meinen Scheißbohlennamen draufkritzeln mit meiner Scheißklaue!« Morgen oder was hat der Pisskopf schon wieder einen Termin ausgemacht oder wie bei son kack gacker Hühnerrestaurant oder wie in Österreich oder was mitten im Wald bei Wien oder wie boa eh ich kotz den sowas die Bude voll aber voll!

München, 16.12. Dezember

Lieber Tagebuch! Ich wirst entzuckt gewesen gewirst weil wegen den Dieter, den mich mit ihn selbst mitgenommen hast zu ein total süßen Autorengrammstunde in den DDDR. In einen Restaurant hast den Dieter und den Schwuchtelthomas ihre Namens unter auf einen Karten geschrieben, beiden ihre beiden Namen, den Dieter Bohlen und den Schwuchtelthomas Anders, also nicht anders, sondern den hieß doch so Anders! Den Dieter hat total süß gesauert gewesen wegen dem dass den Schreiben von sein Bohlennamen so total angestrengt war. Ganz öfter musste er schreiben, zehnmal oder vierzigmal oder hundertmal oder tausendmal oder fünfhundertmal »Bohlen« mit den Schreiberkugel auf den Autorengrammzettel! Süß. Ich hatte ein roten Kleider an von Lars Kalafeld oder Karl Lederfalk, wo total süß allen meinen Brüstenbusen so rauskommen. Die Männern wollten auch allen, dass ich Autorengrammen gegeben habe hab ich eben auch überall »Bohlen« draufgeschriebt! Da bin ich sehr stolzer gehabt. Total süß, was ich mit den Dieter alles gerlebt!

Mönchen, 17.12.98

Totale Linke oder wie, war überhaupt nich in Wien oder was voll fürn Arschloch nach Wien geflogen oder wie eh! Sin jetz hier nur noch Megahyperabkotzvollidioten oder was oder wie um uns rum oder was? Dann voll zurückgeflogen nach München eh, son Hals ich ja, fast geflennt vor kotzen oder was! Und dann da hier überall voll die Hühner an der Wand oder was nur Hühner ein Huhn nochn Huhn eh das war das totale Hühnerding eh! Aber voll eh. Und dann eh is mitten in der Autogrammstunde und so auch noch voll deren Chef oder was gestorben boa eh scheiß Tag oder was. Und wir oder wie? Sitzen da voll am Bohlen- und Andersschreiben und dann stirbt deren Koch eh oder was? Boa eh. Ich ja dann voll am Flennen gewesen, vor den Leuten eh zum Kotzen, super uncool! Dem Scheißanders dann voll eins auf die Mütze gegeben! Und der Feldbusch, der fahr ich auch noch mal voll über ihren Feldbusch eh! Ich oder was, heulen oder wie? Ha. Megadampfscheiße.

München, 17.12. Dezember

Lieber Tagebuch! Ich bin ergreift und beschüttert, total trauerig ist den Tag gewest in ein Wienerwürstchenwald. Erst total gemein falsch gefliegt nach Wien, dann zurückgefliegt nach München, dann erst mal lecker Hähner gegesst in den richtigen Restaurationsgastraststatt. Dann habte ich den Dieter meinen Filzstifte geausgeliehen für sein Namen zum auf die Zettel bei den Autorengrammstunde zum draufschreiben. Und dann, lieber Tagebuch, kam den Kellnerinfrau und sagt, den Turnvater Jahn ist von uns gegangen. »Wohin?«, hat ich noch fragte. »In der Himmel«, sagt die Kellnerinfrau. Da hat den Dieter total süß zum Flennen losgeheulte. Und dann, weil ihm so traurig gewar, hatte den Dieter noch den Thomas voll eins auf die Rübe geschlug, weil ihm so flennen war! Ich bin auch gleich wenn ich noch darüber daran gedacht hatte ein Kloß im Hals. Nein, heute war das ist kein süßer Tagen gehabt. Guter Nacht!

Dolezal und Rossacher

L. A., Bel Air Hotel, 27.4.1979
Dolezal massiert im Nebenzimmer Frank Zappa die Füße. Zappa glaubt noch immer, dass wir ein Video von ihm drehen können. Er weiß nicht, dass wir vom Filmedrehen überhaupt keine Ahnung haben und seit Jahren von den Dolezal-Rossacher-Imitatoren Dechatshofer und Burböck gedoubelt werden. Ich werde langsam nervös. Burböck kommt und kommt nicht. Dolezals Imitator ist schon da, wieder mal typisch, Dolezal hat immer die besseren Imitatoren! Wo bleibt mein Imitator Burböck nur? Wenn er kommt, geht's sofort los. Hoffentlich können wir Zappa bis dahin mit Akupunktur hinhalten! Muss dringend Burböck anrufen.

London, 4.8.82
Streit mit Dolezals Imitator Dechatshofer, der mich für Burböck hält. Dolezal könnte die Sache aufklären, hat aber wieder ein neues Sakko kennengelernt. Dolezals Sakkogeschichten gehen mir langsam auf den Geist! Burböck möchte nach dem Bowie-Dreh von mir Akupunktur lernen, um mich dann ganz zu ersetzen. Die Sache wird langsam gefährlich, muss mir dringend einen neuen Rossacher-Imitator suchen!

Mailand, 13.11.84
Katastrophe! Dolezal und sein Imitator Dechatshofer sind gemeinsam zum Nanini-Dreh gegangen, so ein Fehler darf einfach nicht passieren! Wahrscheinlich fliegt das Ganze jetzt auf, und wir werden wieder Akupunkteure. Ich kann nicht mehr. Probleme auch mit meinem neuen Imitator, er spricht kein Deutsch. Aber egal, Interviews gibt eh immer nur Dolezal beziehungsweise Dechatshofer. Mir ist langweilig allein im Hotel. Dolezal probiert wieder Sakkos an und behauptet neuerdings, dass aus den Resten von Michael Jacksons Gesichtsoperationen Lionel Richie gemacht worden sei. Mir ist schlecht.

Mein Gott, wer bin ich eigentlich? Lange halte ich das Versteckspiel nicht mehr aus. Dolezal wird immer öfter mit Kleopatra verwechselt. Ich selbst habe gestern vier Stunden lang geglaubt, ich sei David Hasselhoff! Das ganze Zimmer ist voll mit Sakkos, ich bin am Ende. In der Früh bei der Polizei gewesen, Gegenüberstellung. Zappa, Bowie, Turner und Nanini waren da und alle unsere Imitatoren. Auch Burböck, das Schwein! Zappa, Bowie, Turner und Nanini haben Dolezal und mich nicht als Dolezal / Rossacher identifizieren können! Werden morgen ausgeliefert. Fax an »X-Large« unterwegs. Müssen unsere Namen ändern, schlage vor: Torpedo Twins.

James Last

James Last, der graumelierte Herr, den wir alle kennen und schätzen als Band-leader einer stinkfaden Kapelle, dieser nette ältere Herr mit dem blonden Bart, dieses Abbild eines Orchesterspießers, dieses Symbol deutscher Orchesterschei-ße, er ist gar nicht der Schnarchkopf, der er vorgibt zu sein. Nein, die geheimen Tagebücher des James Last wurden uns zugespielt, und zwar von einem lang-jährigen Tubisten seines Scheißorchesters, und dieses Tagebuch zeichnet ein wahrlich schockierendes Bild von James Last:

Ludwigshafen, 3. Oktober
Esse mittlerweile nur mehr Lebendes, heute schon einen Lastkraftwagen-fahrer, fünf Hechte und meine dritte Geige verspeist. Außerdem weiß keiner, dass ich fliegen kann. Durch halb Hannover geflogen und dabei geträumt, Costa Cordalis am ganzen Körper zu rasieren. Mein Gott, wer bin ich eigent-lich?

Kongresshaus Zürich, 6. November
Zusammen mit 60 Nacktschnecken im Hotel Residenz übernachtet, dann wieder Jauche getrunken und in eine Hühnerfarm eingebrochen. Alles Ge-flügel gerissen. Ich möchte wieder fliegen, nackt über Zürich fliegen, diese verspießten Schweizer schocken! Beginne langsam, mich selber aufzufressen. Ich liebe einen Indianer und bin an Tollwut erkrankt, und außerdem habe ich acht Hoden. Fürchte, es werden noch mehr werden. Mein Gott, was soll ich nur tun? Was fehlt mir?

Baden-Baden, 19. November
Habe sechs Menschen gegessen, alle lebend, und dazu 18 Liter Stierblut ge-trunken. Kann nicht mehr fliegen. Alles aus. Im Affenkäfig übernachtet, am ganzen Körper wachsen Pferdehaare. Kann mein Image nicht mehr lange halten.

Hansjörg Jäkle

Bischofshofen, 22.12.1999

Beim Training heute gestoppte 6 Sekunden zu spät vom Schanzentisch. Mit anderen Worten, einfach runtergeplumpst. 5 m tief aber nur 0,5 m weit, kein Telemark, Noten zwischen 0 und 0,0. Bundestrainer Rudolf Hess hat gelacht, als ich im Schnee lag. Das Schwein hasst mich, er hat mit der Fahne gewunken, als gerade Orkan Lothar von allen Seiten kam. In der Nacht mit Ville Kantee geschlafen und dabei an Miyahira gedacht.

Garmisch-Partenkirchen, 23.12.1999

Habe heute Morgen vor der Qualifikation mit Miyahira geschlafen, aber dabei an Ville Kantee gedacht. Bin ständig unzufrieden. Hatte ausgerechnet während des Probesprungs eine 2-Sekunden-Erektion, sodass es in der Videoanalyse nicht wie ein V sondern wie ein W aussah. Außerdem massive Anlaufgeschwindigkeitsprobleme. War langsamer als der Schanzenhausmeister, der parallel zu mir die Treppen runter ging!

Innsbruck, Bergisel 5.1.2000

Habe gestern Nacht mit Miyahira und Wille Kantee geschlafen und dabei an Jussi und Matti Hautamäki gedacht. Meine Schi sind katastrophal gewachst, bin 5 m vor dem Schanzentisch stehengeblieben. Dann ist mir von hinten Primoz Peterka reingeknallt, dadurch bin ich doch noch runtergefallen und mit 2 m in die Wertung gekommen. Noch keine müde Mark verdient heuer. Die Sponsoren wollen mir die Schi wegnehmen. Na gut, dann werd ich halt runter laufen müssen!

Hinterzarten, 16.1.2000

Bin in der Quali heute aus lauter Unkonzentriertheit auf der Hinterseite der Schanze runtergesprungen. Bin in den Wald geplumpst, ich Esel. Alle haben mich ausgelacht. Habe erfahren, dass RTL meine Sprünge nicht mehr übertragen will, dafür hat sich aber die Sat.1-»Wochenshow« die Rechte an meinen Sprüngen gesichert. Mein Selbstbewusstsein ist im Keller, nachdem ich bei einem Prominenten-Benefiz-Juxspringen gegen Ottfried Fischer verloren habe. Die Einnahmen kamen übrigens mir zugute. Habe mit dem Springen heuer erst 48,50 Mark verdient. Der DSV hat mir den Springeranzug weggenommen, weil ich, wie es in einer Presseerklärung heißt, den Sport angeblich ins Lächerliche ziehe! Springe jetzt mit dem warmen Fischgrätmantel meines Schwagers.

Oberzarten, 17.1.2000

Habe heute die Anlaufspur zerstört, weil ich im V-Stil runtergefahren bin. Anschließend in der Luft den Telemark gemacht. Krieg den richtigen Bewegungsablauf nicht mehr hin! Immerhin 8 ½ m, allerdings gestürzt, weil sich der Fischgrätmantel um die Schier gewickelt hat. Die FIS hat heute beschlossen, dass, wenn ich im Wettkampf über 9 m springe, die Jury sich zusammensetzten muss, um den Anlauf radikal zu verkürzen. Ich weiß nicht, ob ich lachen oder weinen soll. Bin aufs morgige Springen gespannt, der DSV hat mir gerade die Schi weggenommen. Versuche es morgen zum ersten Mal mit zwei Pfannen von meiner Schwägerin.

Unterzarten, 18.1.2000

Bin aufgeregt, bin gleich dran. Mein Gegner im K.O.-Springen ist dieses lächerliche Maskottchen, ein geistig behinderter Rentner im Bärenkostüm. Nachdem mir der DSV auch Helm und Handschuhe weggenommen hat, musste ich umdisponieren. Um meinen Kopf zu schützen, hab ich die Dunstabzugshaube meiner Schwägerin aufgesetzt. Statt der Handschuhe hab ich mir zwei Zigarettenpackungen auf die Hände gesteckt, dazu der Fischgrätmantel und die zwei alten Pfannen. Es kann losgehen. Muss jetzt noch mal im Geist den Bewegungsablauf durchgehen. Also: im Telemark runterfahren, am Schanzentisch die Hocke machen, und im V-Stil landen, oder? Scheiße. Ich weiß es nicht mehr, und ich trau mich nicht zu fragen! Komm, Jäkle, einfach runter!

Die geheimen Reisetagebücher
von Stermann und Grissemann

Berlin

Teil 1

Berlin, 6.12.97, Hotel Taunus

Ich überlege ernsthaft, mich von Stermann zu trennen.

Er ist so unfassbar primitiv. Aus seinem Zimmer 106 dringt ekelhafter Gestank, ich vermute, er schlachtet wieder. Seine Lieblingsbeschäftigung zurzeit ist es, täglich im Hotelzimmer Federvieh zu schlachten. Anschließend liest er laut die lächerlichen Texte diverser Pornogazetten. Sein Lieblingsheft heißt *Möpse*. Er kauft es unverhohlen an dem Zeitungskiosk, wo ich mir täglich meine *Süddeutsche Zeitung* und den Pfeifentabak kaufe. »Einmal *Möpse*«, brüllt er betrunken, an seinen unrasierten Wangen kleben Federn und Blut. Ich selbst arbeite mit Castorf an meiner Brecht-Interpretation, die in vier Wochen an der Volksbühne eine – toi toi toi – wunderbare Premiere feiern wird.

Grissemann widert mich an. Er hat sich bei einem offensichtlich Drogenabhängigen namens Charlie in einem sogenannten Studio Frauenbrüste auf den Bauch tätowieren lassen. Wenn andere dabei sind, fasst er sich ständig auf den Bauch und lacht dreckig dazu. Ich komme aus dem Erröten gar nicht mehr raus. In meinem gemütlichen Zeitungskiosk, wo ich bei meinem Freund Alexander täglich Fachzeitungen und französische Zigaretten kaufe, hat Grissemann gestern sein Wasser nicht mehr halten können. Selbstverständlich habe ich dafür gesorgt, dass Alexanders Hose in die Reinigung kommt. Ich selbst habe mit dem Berliner Senat vereinbart, das Heim für Asylantenkinder der dritten Generationen am 16. im feierlichen Rahmen zu eröffnen. Zu diesem Anlass muss unbedingt mein Sonett fertig werden. Arbeit ruft.

Hat das alles nie ein Ende? Der freundliche, gebildete Hoteldirektor bat mich in sein Büro, um mir, während sein Blick ständig peinlich berührt auf den Boden gerichtet war, mitzuteilen, dass Stermann heute früh laut schnarchend nackt auf dem hoteleigenen Parkplatz gefunden wurde. In seinem Mund steckte ein Herrenmagazin mit dem Titel *Megamöpse*. Unter ihm befand sich eine Jauche aus Blut, Bier und Hühnerresten. Stermann liegt im Krankenhaus, und sein Zimmer 106 lasse ich auf meine Kosten erneut desinfizieren. Ich selbst bin sehr zufrieden mit meinem Interview, das ich *Theater Heute* gab, wo ich mich vehement für werkgetreue Inszenierungen des deutschen Sprechtheaters einsetzte. Außerdem wollten mir gestern nacht einige hervorragende Verse gelingen in meiner Lieblingsdiszplin British poetry – in sooth I do not know, why I am so glad – ach ja, die Zeilen geben mir Kraft, ruhig zu sein.

Muss Grissemanns Eltern informieren. Seit gestern Abend sitzt dieser arme Mensch, diese verlorene Seele, in der Strafanstalt Moabit. Zu recht, wie ich finde, ist er doch gestern betrunken durch das Glasdach der Galerie »Feinstein« gefallen, wo gerade meine Vernissage »Poesie am Wegesrand – Bilder in Moll« eröffnet wurde. Dieses – entschuldigen Sie den infamen Ausdruck – dieses Schwein Grissemann, beschmutzte nach seiner lautstarken Landung eines meiner Werke und diverse Hosen meiner Künstlerfreunde. Außerdem »pinkelte« er in die Mirabellenbowle, die meine Freundin, die Kunstsenatorin, kunstvoll angerichtet hatte. Ein Schwarm von Fliegen umgab sein Haupt, und er begann, alle Damen im Raum unsittlich zu berühren. Ich rief die Polizei und ließ ihn abführen. Stunden der Scham folgten. Ich selbst fand nach seiner Verhaftung endlich wieder Muße und die notwendige innere Ausgeglichenheit, mich ganz dem Klang des Windes hinzugeben.

Teil 2

Berlin, Hotel Taunus, 4.1.98

Das Fass ist voll. Stermann hat alles Menschliche verloren. Heute Morgen saß er nackt auf dem Brandenburger Tor und fraß wie ein alptraumhaftes Monster Berge von Kröten und Tauben. Dann fiel er im Delirium hinunter und blieb kurze Zeit besinnungslos liegen, um wenig später blutverschmiert in einem Waldstück zu verschwinden. Mein Gott, wie soll ich das meiner französischen Lektorin Françoise de Berceau erklären, die mein Werk »Urbane Eleganz im Berlin des ausgehenden Jahrtausends« veröffentlichen will? Habe gerade erfahren, liebes Tagebuch, dass Stermann von Tierärzten eine Betäubungsspritze bekommen hat und in der Tierklinik Potsdam liegt. Ich werde ihn wohl oder übel in den nächsten Tagen abholen müssen. Ich selbst verfasse wieder satirische Lieder im Hexameter, und ich zaudere tagein, tagaus, ob ich mich bereit fühle, den frühen Rilke ein zweites Mal zu entdecken.

Liebes Tagebuch, nie schrieb ich Dir erzürnter als nun! Heute Morgen, als ich vor dem Brandenburger Tor durch den UNICEF-Botschafter Dr. Nbong Ndiwabdua die goldene Humanitas-Medaille überreicht bekam und gerade in der Mitte meiner als bemerkenswert empfundenen und dankbar aufgenommenen Rede angekommen war, hörte ich von weitem schon das fürchterliche Grölen von Grissemann und seinen neuen Rockerfreunden. Grissemann trug diesen jämmerlichen Wikingerhelm und schrie: »Nackte Weiber, nackte Weiber ham die allergeilsten Leiber!« Liebes Tagebuch, ich errötete so, dass Autos vor mir stehenblieben! Dann begannen Grissemann und seine neuen Rockerfreunde auf mein Rednerpult zu – Entschuldigung – zu urinieren! Meine armen Freunde von der UNICEF wurden über und über mit Bier beschüttet. Grissemann sitzt nun in Untersuchungshaft und schläft seinen Rausch aus. Ich muss ihn wahrscheinlich in den nächsten Tagen wohl oder übel abholen. Ich selbst stehe kurz vor der Vollendung meines Oratoriums »In horto gaudeamus«. Das Lateinische will mir schon recht flüssig aufs ewig geduldige Papier. Arte, Arte, warte!

Berlin, geliebtes Hotel Taunus, 5.1.98
Ich bin fertig mit diesem Irren, endgültig fertig! Ich weiß, dass es Stermann sehr schwerfällt, mit dem vermeintlich schwachen Geschlecht in Kontakt zu treten, aber dass er zusammen mit zwei anderen geistig Verwirrten, die von ihm offensichtlich bezahlt wurden, in ein Frauengefängnis einbricht, weil – wie er es sagte – »die Puppen dort wenigstens nicht weglaufen können«, das ist die Höhe und gleichsam der Tiefpunkt. Die Frauen verbarrikadierten sich im Hochsicherheitstrakt vor ihm. Er und die anderen beiden Kerle hockten bei der Festnahme nackt vor dem Hochsicherheitstrakt und verspeisten

mitgebrachte Tauben und Kröten. Es war so abstoßend. Ich selbst bin glücklich über den Gewinn des Prix Nostalgia für mein Nachschlagewerk »Traditionelle flämische Lyrik neu interpretiert«. Außerdem gibt mir der Schein der Kerze Kraft und Wärme für meinen kritischen Essay über Hegel. Oh, wieviel Ruhe braucht ein wacher Geist?

Endgültig alles aus, endgültig alles vorbei. Mir zittert der Federkiel bei der Niederschrift dieser Zeilen. Der liebe Alexander, bei dem ich täglich nicht nur Tinte, Feder und Schnupftabak erstehe, sondern den ich auch als gelehrigen Schüler in mein großes Herz geschlossen habe, ich gab ihm Kraft und Mut für seine erste öffentliche Lesung in einem Kulturhaus. Ich habe alles in die Wege geleitet und hielt die Begrüßungsrede, in der ich launig, aber bestimmt Alexanders Talent hervorhob, trotz aller jugendlichen Unreife dann und wann. Alexander bedeutete dieser Abend so viel! Um so härter traf ihn, dass Grissemann zu Beginn seiner Lesung volltrunken durchs Glasdach fiel, direkt auf Alexanders Großmutter, die Grissemann unter sich begrub. Als sich die alte Dame zu Recht beschwerte, stopfte Grissemann ihr mit Alexanders Texten das – wie er es nannte – »Maul«; es war so widerlich und abstoßend! Ich selbst finde kaum die nötige Ruhe, um der Querflöte zu dienen, doch, liebes Instrument, ich werde in mich hineinhorchen, auf der Suche nach der echten Stille!

Zürich

Zürich, Hotel Scheuble, 13.3.98

Ich muss leise schreiben, haben aus Versehen ein Doppelzimmer gebucht, Stermann sitzt neben mir und pierct sich gerade seine Muttermale, schaut sich grunzend einen widerwärtigen Gewaltporno an und hat mir Prügel angedroht, falls ich auch nur ein Mucks von mir gebe. Unnötig zu erwähnen, dass er mir die Hände an den Heizungskörper gefesselt und mir eine Melone in den Mund gesteckt hat. Gott sei Dank, liebes Tagebuch, habe ich einst in Japan die Kunst des Fußschreibens gelernt. Ich habe die heutigen Ereignisse noch nicht wirklich verarbeiten können. Stermann ist ja überzeugter Atomkraftbefürworter der ersten Stunde. Er hat heute, angeblich bezahlt von der französischen Atomlobby, in der Altstadt Atommüll gegessen. Vier kleine Fässer. Anschließend ließ er sich von seinem besten Zuhälterfreund, Blut-Bruno, in einer gepanzerten Limousine ins Schlachthaus fahren, um eine alte Wette einzulösen. Er brach innerhalb von 2.30 Minuten 80 Stieren das Genick. Ich empfinde gar nichts mehr, nicht einmal mehr Ekel. Sein ganzer Körper ist voll getrocknetem Stierblut. Die ganze Zeit über brabbelt er ein und denselben Satz immer wieder vor sich hin: »Heute nur die Stiere, morgen alle Tiere!« Ich selbst hätte wohl nie meine mir so »Heilige Johanna der Schlachthöfe« am Zürcher Neumarkttheater so intensiv inszenieren können, hätte ich bereits gewusst, was Stermann verbrach. Gestern noch habe ich ergriffen die goldene Dürrenmatt Feder entgegennehmen dürfen, für meine Übersetzung der frühen Max Frisch Prosa ins Rätoromanische. Das Übertragen Schweizer Meister in andere kostbare Sprachen bereitet mir mehr und mehr Freuden. Urs Widmers Gesamtausgabe in der Sprache der Hopi-Indianer ist in hoffnungsfrohem Werden und baldigem kräftigen Sein. Erlaube mir, lieber Urs, die ein oder andere kleine Verbesserung im Original. Spät übt sich, wer ein Meister bleiben will.

Seit ich mit Grissemann in Zürich in einem Doppelzimmer bin, habe ich die Angst vor Hölle und Fegefeuer verloren. Während Grissemann schnarcht, muss ich ununterbrochen in die angsterfüllten, weit aufgerissenen Augen der drei Schweizer Transsexuellen blicken, die Grissemann am Transenstrich gekauft hat. Die drei sind etwa 70 und wimmern leise. Sie haben berechtigte Sorge, dass Grissemann wieder explodiert. Neben dem Bett stehen drei riesige Fässer mit Sauerkraut, in denen der Zürcher Bürgermeister und seine beiden Söhne stecken, alle drei narkotisiert. Was passiert da, liebes Tagebuch? Und was soll das vierte Fass im Badezimmer? Wen steckt er da hinein, die drei greisen Transsexuellen oder gar mich? Der von mir bezahlte Aufenthalt in der Klinik hat offensichtlich nichts gebracht. Im Gegenteil, wenn nun der liebe Magister Sprüngli vom Internationalen Roten Kreuz plötzlich vor der Tür stünde, wie erklärte ich ihm all das? Mir bliebe wohl nichts Anderes übrig, als mich selbst zu richten in jenem Augenblick. Gestern noch dieser prachtvolle Abend, erfüllt von meinem Klarinettenspiel, sah ich da Tränen der Freude in Sprünglis Augen? Es tat so wohl, als der letzte Ton verklungen war, den Beifallssturm zu hören, bis in die frühen Morgen, es war der längste Applaus, den die Zürcher Oper je vernahm. Und die herrlichen Gespräche im Wintergarten mit den alten Freunden der UNESCO, Tränkl, Tombrollo, Karensky-Wolkenstein, und der liebe alte Doktor N'dongo. Der Höhepunkt des herrlichen Abends sollte das Geschenk des lieben Sprünglis sein: meine Partitur in Marzipan auf eine große Torte gezaubert von einem Konditormeister, dem lieben Schwingli. Gerade als ich die Torte anschneiden wollte, umgeben von lieben und teuren Gesichtern, gab es ein lautes Klirren, und Grissemann stürzte durch das Glasdach direkt kopfüber in meine Torte. Liebes Tagebuch, wie schmerzt mich das. Wie tief ist bestimmter Menschen Abgrund? Wieviel Ertragen kann der Mensch vertragen – wisst ihr es Sterne, oder du, Mond, schönste Sichel am Firmament? Ruhe, dich zu finden, wird mir langsam viel zu laut.

Amerika

Stermann nervt mich mit seinen sexuellen Vorlieben. Er ist ständig auf der Suche nach Frauen, die aussehen wie Max Schautzer, also Halbglatze, Hut und keine Ausstrahlung; und das allerschlimmste: er findet ständig welche. Ich selbst widme mich meinen wissenschaftlichen Schriften, gehe viel ins Theater und halte meine Vorträge nach Plan.

Grissemann liest ständig *Bravo* und macht schweinische Witze auf Kosten der kolumbianischen Empfangsdamen. Mir ist das peinlich, ich muss mich ständig rechtfertigen. Ich selbst habe endlich wieder Zeit, Klavier zu spielen und ein wenig zu komponieren. Anregender Briefwechsel mit Václav Havel und Karlheinz Böhm.

Los Angeles, 6.8.97

Stermann ist so beschämend provinziell. Er hat sich eine Trachtenlederhose angezogen, einem meiner amerikanischen Gelehrtenfreunde Bier ins Gesicht geschüttet und meiner bezaubernden Bekannten Adele, die hier in Amerika zurzeit große Ballett-Erfolge feiert, laut ins Gesicht gerülpst! Alle sind angewidert von ihm, ich halt das nicht mehr aus! Ich selbst redigiere zurzeit einen Fachartikel über Kirchenarchitektur in Neu-Mexiko und halte mich durch die Lektüre neuerer französischer Philosophie geistig fit.

Ich glaub es nicht. Grissemann hat sich auf seine Wampe ein Bierglas tätowieren lassen, das er grölend jedem zeigt. Musste die Probe mit dem New Artist Orchestra Los Angeles abbrechen, weil Grissemann besoffen durchs Glasdach fiel und neben der Harfe besinnungslos liegenblieb. Irgendwann kann ich nicht mehr. Ich selbst muss noch ein Bild für die morgige Ausstellung meines Gesamtwerks in Öl malen; Ich freue mich sehr darauf! Ich freue mich auch, dass mein Regenwald-Projekt mit den Erlösen der Ausstellung finanziert werden kann.

Es ist nicht zu fassen. Musste Stermann aus dem Gefängnis freikaufen! Er ist unter Drogeneinfluss nackt auf einem Schwein über den Sunset-Boulevard geritten. Beim Abendessen im Mondrian mit den Lektoren meines neuen Lyrikbandes stürzte er plötzlich schwitzend, dampfend und nackt mit diesem Schwein herein, schlachtete es und aß es roh vor den erschreckten Augen meiner lieben Kollegen auf. Ich selbst muss mich ganz auf meine übermorgen startende Rundfunkreihe »Die einhundert interessantesten Romanfragmente südostasiatischer Frauenliteratur« vorbereiten.

Ich reise ab! Grissemann wusste genau, was mir meine Rede vor der Welthunger-Konferenz bedeutet, und was macht er? Mietet sich besoffen einen Hubschrauber, lässt sich aus dem Hubschrauber fallen und stürzt wieder durchs Glasdach! Landet inmitten meiner Kollegen, mit einem Cheeseburger im Mund, und dann übergibt er sich, vor all den Leuten aus der Dritten Welt und brabbelt: »Ich bin so voll, ich kann nicht mehr papp sagen!« Ich selbst spiele wieder Laute und dichte mittelhochdeutsche Miniaturen.

Las Vegas, 12.8.97

Stermann dreht durch; er hat heute eine 79jährige ostdeutsche Volksmusikantin im Suff geheiratet. Stermann meinte, sie habe Ähnlichkeit mit dem Schlagzeuger der Kinderpop-Gruppe Hanson. Stermanns Pädophilie wird immer skuriller. Kann man es Pädophile nennen, wenn man eine 79jährige ostdeutsche Volksmusikantin scharf findet, weil sie so aussieht wie ein hübscher kleiner Junge? Stermann betrog sie noch in der Kapelle mit ihrer 62jährigen Tochter. Es war so würdelos. Ich selbst verfasste eine 60seitige Rede zu Ehren Georges Batailles, die ich anlässlich meiner Ehrenprofessur an der Académie française im nächsten Herbst halten werde. Außerdem viele intensive Stunden und Gespräche in meinem Lyrik-Zirkel an der Westküste.

Grissemann ist psychisch krank. Er zeigt sich Tieren nackt. Auch Insekten. Das Schlimmste aber ist, dass er, kurz nachdem ich ihn aus dem Gefängnis freigekauft hatte, während der Eröffnungsfeier meines Heims für obdachlose Kinder laut grölend durchs Glasdach fiel und mit einem toten Kalb im

Arm lallend zwischen den verängstigten Kindern landete. Ich selbst finde wenig Zeit für mein Geigenspiel und meine alte Liebe, den Ausdruckstanz, weil ich jede freie Stunde meinen afrikanischen Brunnenprojekten opfere.

München

München, Hotel am Goetheplatz, 23.10.98
Liebes Tagebuch, ich halte diese Geräusche aus dem Badezimmer nicht mehr
aus. Stermann hat ja hier in München bei Dr. Fieberzahn insgesamt 41 Penis-
vergrößerungsoperationen machen lassen, gestern war die 41te. Stermann
ist gerade im Badezimmer und penetriert die Waschmaschine, es ist an Wür-
delosigkeit nicht mehr zu übertreffen. »Sonst passt nix mehr!«, brüllt dieser
obszöne Teufel in Menschengestalt ständig zu mir herüber. Noch schlimmer war aber, dass er gestern vor dem »Ratskeller« auf der Straße chilenische
Straßenmusikanten mit einer Augusto-Pinochet-Maske so sehr erschreckt
hat, dass zwei Musiker ohnmächtig wurden. Ich selbst bin fast zu aufgewühlt,
um Hexameter um Hexameter aufs Papier zu hexen, sanft und zart, wie es
unser aller Meister, die deutsche Sprache, täglich aufs Neue fordert, nein her-
ausfordert! Ein beiläufiger Blick aus dem Fenster. Oh Nacht, was liegst du
fragil auf den Giebeln der Stadt, oh Nacht, gib Acht!

Als Dante die Hölle beschrieb, da musste er unvollständig bleiben, weil
Grissemann noch nicht auf der Welt war. Was ich die letzten Tage hier mitmachen muss, ist jenseits jeder Beschreibung. Grissemann verlangt in jedem
Hotel nach einem Wasserbett, nur, was macht dieses – ja, ich muss es sagen –
dieses Schwein dann? Er schüttet das Wasser aus der Matratze und füllt Erbrochenes hinein. Grissemann hat extra für dieses widerwärtige Unterfangen jedesmal, wenn wir auf Reisen sind, sechs schwere Säcke Erbrochenes
mit. Ich muss beruflich endlich von diesem Geistesgestörten loskommen! Im
Zimmer stinkt es unerträglich. Grissemann schnarcht auf seinem Erbrochenen, und ich, ich selbst komme kaum dazu, meinen stolzen Zweireiher fürs
Nobelpreisträgeraspirantentreffen heute abend zu putzen, und grüble weiter
über die Sinnhaftigkeit traditioneller politischer Seidenmalerei. Ach kriti-
scher Geist, der du in mir wohnst und, ja, innewohnst!

Kuba

Es muss ein böser Traum sein, welcher Teufel reitet Stermann? Habe mich schamesrot ins Hotelzimmer zurückgezogen, während Stermann durchs Hotelfoyer kriecht und eine kaum vorstellbare Spur hinterlässt aus zerbissenen Kampfhähnen. Stermann hat heute Vormittag den Kampf mit 16 Hähnen aufgenommen und sie alle totgebissen. Kreidebleich haben die kubanischen Veranstalter bei diesem schrecklichen Schauspiel zugesehen, viele Zuschauer haben sich übergeben, Kinder weinten. Mit blutunterlaufenen Augen schrie er besoffen immer wieder: »Ich fresse euch alle!« Da war nichts Menschliches mehr. Mit dem Blut der toten Hähne bemalte er dann seinen ungeheuren Bauch und steckte sich die 16 abgerissenen Hahnenkämme ins Haar und torkelte ins Revolutionsmuseum, wo er lallend vor einer Che-Guevara-Büste eine Wärterin zwang, mit ihm zusammen durch ein Megafon den obszönen Gassenhauer »Olé, wir fahren ins Puff nach Barcelona« zu grölen. Dank meiner großzügigen Bestechungsgelder sehen die kubanischen Behörden noch von einer Ausweisung ab. Ich selbst übersetze in spiritueller Verbundenheit mit dem von mir so geliebten José Martí dessen Werk »Nuestra América« ins Plattdeutsche. Außerdem lausche ich dem zarten inspirierenden Rauschen des Ficus major, der im Innenhof mein freundlicher Nachbar ist. Fühlst du, was ich fühle, großer, stummer Bruder Baum?

Ein drittes Mal werde ich meine Schweizer Bank nicht bitten, große Geldsummen zu überweisen, um Grissemann freizukaufen. Dieser Kretin hat es nicht verdient, jemals etwas Anderes als Wasser, Brot und Schläge zu bekommen, wobei man über Wasser und Brot auch noch diskutieren könnte, liebes Tagebuch. Zusammen mit einer erbarmungswürdigen Gruppe oberösterreichischer Sextouristen hat Grissemann mit einem selbstgebauten drei Meter großen rot-weiß-roten Holzphallus die Hörsäle der philosophischen Fakultät der Universität Havanna verwüstet, weil er wütend darüber war, dass es in der Bibliothek nicht sein Lieblingsmagazin *St. Pauli Nachrichten* gab. Anschließend stieg er mit seiner unmenschlichen Horde aufs Dach der Universität und bewarf Schulkinder mit Erstausgaben von Ernest Hemingway. Das ließ ihn endlich das Gleichgewicht verlieren, und er stürzte durch das Glasdach der Aula, um besinnungslos und Alkohol dampfend auf einer Fidel-Castro-Büste seinen Rausch auszuschlafen. Ich selber, der ich just zu diesem Zeitpunkt in der Aula meine Rede vor kubanischen Intellektuellen halten durfte, sehe mich außerstande, Christoph Grissemann als menschliches Wesen zu akzeptieren. Kann ich unter diesen Umständen wirklich meine Dvořák-Interpretation am Flügel noch meistern, wird mir die Hand nicht zittern, wenn ich mein Querflöten-Kolloquium vor ausgesuchten Mitgliedern der hiesigen Musikakademie halte? Oh, Musen! Drückt mich fest an euren Busen, dass ich meine Tränen der Abscheu in euch betten kann.

Los Angeles

Stermanns Erbärmlichkeit macht mich zunehmend fassungsloser. Er ist jetzt aus dem Hotel ausgezogen und lebt in einem Wildschweingehege am Rande der Stadt mit zehn Wildschweinen zusammen, denen er MSV Duisburg-Trikots übergezogen hat. Ich fürchte, er schläft mit einem der Wildschweine. Ich selbst genieße die Auseinandersetzung mit dem politischen Gedicht des 18. Jh., Herwegh, Richter, von Bläuel, ach, wie geben mir eure Zeilen Kraft. Ach ja, Hawking hat mir gratuliert zu meiner Arbeit über die Philosophie der Physik.

Grissemann muss weg, so viel steht fest. Als ich heute eine Pressekonferenz in Pasadenas größtem Glashaus gab – es ging um bedrohte Kulturpflanzen –, donnerte, wie nicht anders zu erwarten, Grissemann durch das Dach und blieb ohnmächtig in einem aztekischen Gummibaum hängen. Ich kann, will und laut meinem Arzt darf ich auch nicht länger über Grissemann nachdenken. Ich selbst bin mit dem Requiem fast fertig, habe Pina Bausch für die neue Produktion »Der grüne Pinsel« abgesagt und werde mich jetzt ans Signieren der Repros machen.

Von Graz bis Innsbruck

Grissemann schläft seit Tagen seinen Rausch aus und steht nur zweimal am Tag auf, um literweise Bier in sich hineinzuschütten. In der Früh hat er eine Interviewerin zu sich gelassen, aber nichts geredet, sondern nur geschlafen. Die arme Frau hat nur Schnarchen auf der Kassette. Das Interview lief trotzdem auf Ö1, kam angeblich ganz gut an. Die Ö1-Frau glaubte, in sein Schnarchen eine Kritik an der Buchpreisbindung hineininterpretieren zu können. Nach 30 Minuten fiel er aus dem Bett und schlug dabei mit dem Kopf an die Marmorplatte des Nachttisches. Dieses Geräusch wird heute als Nachrichtengong auf Ö1 verwendet. Durch die Gehirnerschütterung bekam Grissemann einen Brechreiz und übergab sich hektoliterweise in das kleine Handtäschchen der Kulturredakteurin. Das Krokodilledertäschchen mit dem skurrilen Inhalt soll nun beim Steirischen Herbst ausgestellt werden. Was die Drecksau anfasst, wird zu Gold. Ich halte das nicht mehr aus. Ich wollte ja auch etwas Interessantes in das Mikrofon sagen, aber die Frau schaltete das Mikrofon sofort aus, zog mich aus, warf mich auf die Marmortischplatte und hatte ruckzuck 46 Orgasmen in zwei Minuten. Ich weiß auch nicht, aber irgendwie fühle ich mich immer öfter zu sehr auf meine Schönheit und meinen Körper reduziert.

Liebes Tagebuch! Unfassbar. Nach unserem Auftritt in der Metzgerei Huberbauer – es war eine geschlossene Vorstellung für sechs geistig verwirrte Fleischhauerlehrlinge – zählte ich tatsächlich 18 Frauen zwischen 18 und 79, die alle gleichzeitig an Stermanns eitrigem Beinfurunkel saugten, während er mit seinen herpesinfizierten Pestlippen den Bürgermeister, dessen Frau und deren Söhne verwöhnte! Stermanns sexuelle Ausstrahlung ist mir ein vollkommenes Rätsel, wiegt er doch inzwischen wieder ohne Hoden 114 Kilo und mit Hoden 134. Die Frauen reißen sich um Andenken, Stermanns so genannte »Erotik-Souvenirs«, Bartschuppen, Nissen und Ohrenschmalz und in kleine Fläschchen abgepackte morgendliche Augendrecksäckchen! Meine

Eifersucht lässt mich bald zum Mörder werden. Ich selbst werde als sexuelles Wesen inzwischen gar nicht mehr wahrgenommen und kann wieder nur als Kunstgenie punkten. Wenn ich zu einer Frau sage: »Puppe, ich würde gerne mit dir schlafen!«, dann fragt sie zurück: »Und wie geht die zweite Zeile, du Gott der Lyrik?« Habe gerade erfahren, dass meine Blinddarmoperation auf arte und 3sat übertragen worden ist. Der Blinddarm selbst wurde sofort nach Kärnten überführt, wo er im nächsten Jahr dem Sieger des Ingeborg-Bachmann-Preises als Pokal überreicht wird.

Innsbruck, 14.3.2000

Heute Morgen hat Grissemann aus Eifersucht versucht, mich umzubringen. Er schlug mit allem auf mich ein, was er in die Hand kriegen konnte. Ein zufällig anwesender Kritiker der *Zeit* filmte alles auf Video mit und bezeichnete das primitive Eindreschen auf mich als »das glanzvolle Comeback des Aktionstheaters der 70er Jahre«. Grissemanns ekelhaftes ordinäres Schreien während der Schläge erscheint im Spätsommer als CD in einer Auflage von 5 000 000 Stück. Um 11 Uhr kam André Heller. Grissemann lag wie immer betrunken unterm Bett und schaute das RTL-Familienduell mit Werner Schulze-Erdl. Heller bot Grissemann an, mit genau diesem Programm eine Welttournee zu machen. »Sie, verehrter Herr Grissemann, sind für mich der größte Dekonstruierer des Banalen! Sie, unter einem Bett liegend, eine billige deutsche Gameshow schauend! Folgen Sie mir, erschaffen wir für die Welt ein neues Universum des Geldes!« Grissemann reagierte überhaupt nicht, sondern speichelte eine Spinne unter dem Bett ein. Die Spinne ertrank in Grissemanns Spucke. André Heller schoss ganz viele Fotos, die er in einem riesigen Pavillon auf der EXPO zeigen will. Als ich André Heller ansprechen wollte, wurde ich noch vor dem ersten Wort von fünf wild gewordenen Stewardessen der Tyrolean Airways vergewaltigt. Heller schien von mir angeekelt zu sein.

Unfassbar. Das Schwarze unter Stermanns Fingernägeln wird in japanischen Sexshops als Aphrodisiakum feilgeboten, und vor lauter Erschöpfung schläft Stermann inzwischen wirklich, wenn er mit Frauen schläft! Stermann hat mir gestern seine Groupiebriefe gezeigt. Die meisten Frauen sind bereit, ihn zu teilen, zehntausende würden sich sogar mit einer Pore zufrieden geben!

Das statistische Zentralamt hat in einer neuen Studie herausgefunden, dass es in Österreich nur mehr 14 Frauen zwischen 16 und 96 gibt, mit denen Stermann noch keinen Körperkontakt hatte. Ein international renommierter Veterinärmediziner hat gestern während eines Kongresses Stermann die Potenz einer ganzen Mammutherde bescheinigt. Stermann befand sich während des Vortrags übrigens unter dem Rednerpult und hat gar nicht zugehört, weil er damit beschäftigt war, dafür zu sorgen, dass es in Österreich nur mehr 13 Frauen zwischen 16 und 96 gibt, die noch keinen Sex mit ihm hatten.

Malediven

Liebes Tagebuch, ich glaube, Stermann muss sterben. Er hat eine Thrombose auf dem Flug hierher bekommen, aber das ist gar nicht das Schlimmste. Auch das Wetter hier ist total schlecht! Stermann liegt im Nebenzimmer und schreit. Was soll ich denn tun? Im Flugzeug hab ich gerufen, »Ist ein Arzt an Bord?«, und da haben alle nur betreten zu Boden geschaut, obwohl 200 Ärzte an Bord waren, alle auf dem Weg zu einem Ärztekongress auf den Malediven. Tja, Stermann ist sehr unbeliebt, offensichtlich weltweit. Liebes Tagebuch, ich denke, es ist wohl das Beste, ihn einfach in Ruhe sterben zu lassen. Mein Gott, er schreit, dass die Wände wackeln. Ich selbst sitze gerade gutgelaunt auf einem Trimmdich-Fahrrad und beobachte die Prostituierte, die ich mir als Nacktputzerin aufs Zimmer bestellt hab.

Liebes Tagebuch, ich habe auf dem Flug hierher eine Thrombose vorgetäuscht und schreie jetzt wie am Spieß, um Grissemann zu ärgern. In wenigen Momenten müsste Grissemanns Trimm-Dich-Fahrrad explodieren, ich habe nämlich Sprengstoff in den Sattel geschummelt. Leider hab ich den genauen Namen der Geschlechtskrankheit der Prostituierten vergessen, die ich für Grissemann engagiert habe. Irgendwas mit A und vier Buchstaben, keine Ahnung. Ja, ich selbst bereite mich auf meinen ersten Tauchgang vor, indem ich viel Wasser trinke.

Liebes Tagebuch, durch ein kleines Missgeschick, auf das ich nicht näher eingehen möchte, ist mein Gesäß in Mitleidenschaft gezogen worden. Und irgendwie, na ja, mein Immunsystem ist auch nicht mehr das, was es einmal war. Stermann ist heute hier auf den Malediven von einem Aushilfspriester und zwei Neckermann-Menschen begraben worden. Ich konnte leider nicht hingehen, weil ich eine Einladung bekommen habe zu einer Inselrundfahrt auf einem sogenannten »Bananenboot«.

Grissemann ist heute nackt am Nudistenstrand Bananenboot gefahren. Ein jämmerlicher Anblick! Nur mit Arschfragment am Plastikboot, herrlich! Ich habe ihn mit einem Feldstecher beobachtet. Der Dummkopf Grissemann glaubt ja, ich wäre tot. Begraben wurde natürlich nicht ich, sondern die Prostituierte, die heute Morgen an ihren insgesamt zwölf Geschlechtskrankheiten gestorben ist. AIDS war dabei noch das Sanfteste! Ich fliege in wenigen Minuten nach Wien zurück. Grissemann habe ich alle Wertsachen gestohlen, und sein Rückflugticket hab ich mir ausbezahlen lassen. Außerdem wird heute, wenn Grissemann in seinem Zimmer den Lichtschalter bedient, die ganze Bude in die Luft fliegen.

Teneriffa

Liebes Tagebuch, wir sind mit dem Flugzeug abgestürzt. Stermann hat dem Piloten trotzdem applaudiert. Mir ist nichts passiert, weil ich mich – wie immer – in den Flugschreiber eingeschlossen habe, der ja unversehrt bleiben muss, damit man die Ursache eruieren kann. Ich kann den Trick nur empfehlen. Stermann liegt mit schweren Verbrennungen im Krankenhaus. Habe ihn heute Morgen besucht, er brennt noch immer. Ich selbst masturbiere den lieben langen Tag im abgedunkelten Hotelzimmer. Teneriffa ist herrlich!

Teneriffa, 3.1.2001

Bin mit dem Krankenhaus hier in Los Cristianos äußerst zufrieden. Urlaub ist und bleibt die schönste Zeit im Jahr! Da meine Hände ja eingegipst sind, obwohl sie völlig unversehrt sind, musste ich mit dem Kopf die letzten Flammen auf meinem Körper ersticken. Eine herrliche Ruhe ist das hier. Meine Mitpatienten im Zimmer sind leider tot. Die Decke wurde ihnen über den Kopf gezogen, und an ihren großen Zehen baumeln kleine Schildchen. So ein kleines Schildchen hängt übrigens auch an meiner Zehe. Bald ist Besuchszeit, wäre nicht schlecht, wenn mich mal ein Arzt besuchen würde! Dass bei der Visite kein Arzt kam, dafür hab ich Verständnis, da müssen die Burschen ja einiges machen, die Visite nämlich. Als ich gestern bewusstlos war, hat Grissemann mein Essen und meine Medikamente aufgegessen.

Teneriffa, 4.1.2001

Liebes Tagebuch, habe die ganze Nacht in den Vorhang eingewickelt durchonaniert. Ein wunderschöner Fleck, diese Insel! Habe eine Nachricht von Stermann unter der Tür durchgeschoben bekommen, ich möge ihn doch besuchen kommen. Als hätte ich nichts Besseres zu tun. Ich fahre doch nicht extra nach Teneriffa, um Stermann im Krankenhaus zu besuchen! Nein,

nein, ich mach mir heute einen schönen Tag im Hotelzimmer. Ich mach das Licht aus, lege mich nackt auf den Bauch in die Badewanne und vergnüge mich dann mit dem Wasserausguss. Ach Teneriffa, Insel des Glücks!

Teneriffa, 5.1.2001

Mir ist kalt. Ich wurde mit den drei anderen in einen eiskalten Regalraum geschoben. Brrr! Scheinbar um mich zu wärmen, hat mir ein freundlicher Pfleger die Decke über den Kopf gezogen. Hoffentlich kommt Grissemann mich bald besuchen, hier hole ich mir ja eine Lungenentzündung! Nebenan dürfte eine Tischlerei sein. Ich höre abwechselnd Hobel-, Säge- und Glockengeräusche, anscheinend ist dort auch eine Kirche. Ach, malerisches Teneriffa, wie lieb ick dir!

Sankt Moritz

Liebes Tagebuch, heute erster Skitag. Habe mich für Stermann sehr geschämt. Aus übertriebener Angst vor einer Lawinenkatastrophe hat sich der pummelige Flachländer drei Bernhardinerhunde um den Körper gebunden. Während Stermann mühsam mit dem Schlepplift den Berg hinaufgezogen wurde, bissen ihm die Vierbeiner in Gesicht und Penis. Blutüberströmt erreichte das deutsche Dickerchen die Bergstation. Hier brach sich mein unsportlicher und völlig untrainierter Kollege beim Schuhe-Zubinden Rückgrat und leider auch Genick. Stermann liegt seit heute morgen im Tiefschnee, während ich beim Versuch, ein eisiges Brückengeländer abzulecken, mit der Zunge kleben blieb. Die Bergrettung hat mit einer Motorsäge das betreffende Stück aus dem Geländer geschnitten. Angezogen in der Hotelsauna stehend, warte ich darauf, dass sich das Eisenstück von meiner Zunge löst. Ach St. Moritz, Perle der Alpen!

Liebes Tagebuch, mir ist kalt. Ich blute, bin bewegungsunfähig und eingeschneit. Die drei Hunde, die ich umgeschnallt habe, haben mich bis zum Schluss in Bauch und Beine gebissen, bis sie vor wenigen Minuten endlich in der extremen Kälte hier oben erfroren sind. Sie haben mir riesige Stücke aus meinem Brustkorb gerissen. Mein Herz liegt offen neben mir. Sonst aber ist St. Moritz genauso, wie ich es mir vorgestellt habe: Pistenzauber und Après-Ski.

Sankt Moritz, 7.1.2001

Ulkig! Stermann ist mit einer Überlebenschance von nur 5 % ins Krankenhaus eingeliefert worden. Ich werde mich persönlich dafür einsetzen, dass die Maschinen abgeschaltet werden. Stermann soll in Würde sterben können. Zuerst muss ich mich aber um mich selber kümmern. Habe die ganze Nacht Laternenpfähle geleckt. Stehe jetzt wie immer in der Sauna und warte, dass der Eisenpfahl von meiner gierigen Zunge fällt. Sobald der Laternenpfahl abfällt, mach ich mich unverzüglich daran, die Kufen des riesigen Snowmobils zu lecken, das auf mich und meine gierige Zunge schon seit Stunden in der eisigen Kälte wartet!

Liebes Tagebuch, mir geht es so mittelprächtig. Habe mich immerhin mit dem freundlichen Leichenwäscher ganz gut unterhalten. Er hat mir erzählt, dass mich ein merkwürdiger kleiner Mann besuchen wollte, der aber nicht durch die Tür passte, weil er ein Snowmobil vor dem Gesicht kleben hatte. Das war wohl Grissemann, die alte Eisenzunge. Heute Morgen wurde mir in einer Alarmaktion ratzekahl alles amputiert, bis auf ein Bein. Ich liege jetzt in einer mit Formalin gefüllten Vase, und eine Horde von Medizinstudenten starrt mich mit Wasser in den Augen an. Wohl noch nie einen Prominenten gesehen, was? Na denn: Ski Heil.

Mombasa

Mombasa, 1.2.2001

Liebes Tagebuch, Stermann ist an einer Fischvergiftung erkrankt, obwohl er doch ein Mensch ist. Beim Tauchen hat er einen an Ebola erkrankten Kugelfisch geschluckt. Stermann ist bewusstlos und hat in dem restlos überfüllten Krankenhaus leider nur mehr einen Stehplatz bekommen. Die Drecksau macht immer nur Probleme. Schon im Flugzeug, als seine Halsschlagader platzte, da platzte mir der Kragen, und ich habe ihn so lange mit dem Sicherheitsgurt gewürgt, bis die Blutung aufhörte, weil ja kaum mehr Blut im Körper war. Die Foto-Safari, auf die ich mich so lange gefreut hatte, war ein ziemlicher Flop. Das einzige Tier, das mir vor die Linse kam, war das Krokodilledertäschchen der deutschen Touristin, die im Bus neben mir saß. Ach, wildes, ursprüngliches Afrika!

Liebes Tagebuch, aus Platzmangel knie ich inzwischen auf einer Urinschüssel in der Intensivstation. Mir sind Fliegen aus den Augen rausgeflogen. Ich habe Angst. Und seit Stunden beobachte ich einen meterlangen Wurm, der aus meiner Nase kommt. Mein Vertrauen in die Ärzte wächst nicht unbedingt, seit ein österreichischer Mitpatient von mir an einem verstauchten Fuß verstorben ist. Ein unfreundlicher nackter Pygmäe ist der Oberarzt hier. In der Urinschüssel liegen übrigens fünf blutende Ratten, die mit letzter Kraft an meinen Knien nagen. Etwas unangenehm ist mir mein Kot, der mir unkontrolliert aus dem Hintern fällt, leider direkt auf den schönen Dutt der Witwe meines verstorbenen österreichischen Mitpatienten.

Mombasa, 3.2.2001

Liebes Tagebuch, habe heute am Frühstücksbüffet im Hotel eine schwarzgekleidete österreichische Seniorin mit stinkenden Haaren kennen gelernt. Dieser ekelhafte Geruch hat mich irgendwie an Stermann erinnert. Hoffentlich stirbt er nicht. Diese ganze Bürokratie rund um die Überstellung der Leiche würde mich total nerven. Dass sich dieser unhöfliche Germane nicht nach meinem Wohlbefinden erkundigt, war ja vorauszusehen. Ich habe mich übrigens verliebt, in die bezaubernde Frau eines Massai-Kriegers. Wir wollen Kinder jagen und Tiere kriegen.

Oh Gott! Habe gerade von der TUI-Reiseleitung erfahren, dass Grissemann mit mehreren Speeren im Bauch neben einer afrikanischen Hütte in einem Wasserloch gefunden worden ist. Angeblich hat sich eine Frau gegen seine plumpen Anmachsprüche zur Wehr gesetzt. Er ist schwer verletzt des Landes verwiesen worden. Ich selber bin wieder gesund, nachdem mir ein Exorzist einen geriebenen Pavian-Penis in die Hirnanhangsdrüse gespritzt hat. Ich bin quietschfidel und freue mich über meine Dauererektion.

Rhodos und Duisburg

Rhodos, 1.8.2001

Liebes Tagebuch, während ich mich im Flugzeug übergeben habe, hat mein chinesischer Sitznachbar einen so köstlichen Witz gemacht, dass ich während des Kotzens laut lachen musste. Es handelte sich um einen politisch korrekten, sexistischen Witz, den ich als Linker in meinem Tagebuch leider nicht wiedergeben kann. Das Flugzeug landete mit 46 stündiger Verspätung, weil wir an den Grenzen lange warten mussten. Mein lieber arbeitsuchender chinesischer Mitpassagier flog übrigens gleich von Griechenland in die Schweiz weiter, weil er so viel von »Job SUI« gelesen hat. Im Shuttlebus bekam ich weder einen Sitz- noch einen Stehplatz. Freundlicherweise durfte ich aber huckepack auf den Schultern des Busfahrers Platz nehmen. So war die Fahrt sehr schön, aber auch sehr lang. Im Prospekt hatte ja schon gestanden, »das Hotel liegt etwas außerhalb«. Damit, dass es im Landesinneren von Albanien liegt, war allerdings nicht zu rechnen. Egal, ich mach das Beste draus! Bis morgen, liebes Tagebuch.

Duisburg, 1.8.2001

Ich habe vom Fremdenverkehrsamt Duisburg einen Blumenstrauß bekommen, weil ich der erste Nachkriegstourist bin. Bin im Stadthotel Hotel Stadt Duisburg untergebracht, das nur nachts als Hotel benutzt wird. Tagsüber wird hier in riesigen Fässern Stahl gekocht. Das Fremdenverkehrsamt hat mir freundlicherweise ein Besichtigungsprogramm zusammengestellt. Als einziger Programmpunkt ist vorgesehen, dass ich morgen das Fremdenverkehrsamt besichtige. Im Werbeprospekt Duisburgs (eine DIN-A5-Seite) sind zwei Abbildungen zu sehen: eine Eisenstange und das schöne Tuberkuloseheim, das im Volksmund hier »Hustensaft« genannt wird. Die Sehenswürdigkeiten sind doch eher rar gesät. Vielleicht hätte ich doch nicht gleich sechs Wochen Duisburg buchen sollen.

Rhodos Tirana, *2.8.2001*

Trotz Reservierung ist mein Hotel leider überbucht. Habe die letzte Nacht auf den Schultern eines mongoloiden Küchenjungen geschlafen, der, während ich schlief, die Küche putzte. Ich fühl mich irgendwie gerädert. Nicht zuletzt, weil mehrere Kakerlaken in meine Ohren gekrochen sind und sich dann durch das Trommelfell gefressen haben. Zum Frühstück gab es Innereien. Ich fürchte menschliche, weil an einigen noch Kleidungsfetzen klebten. Weil es im gesamten Hotel kein Wasser gibt, hat der freundliche aber strenge Hotelmanager mir dreimal ins Gesicht gespuckt. Er sagte: »Dusche und Trinkwasser zugleich!« Na ja, andere Länder, andere Sitten! Sieben Mitglieder meiner Reisegruppe haben sich mit ihren Schnürsenkeln erwürgt. Wir Übriggebliebenen kauern jetzt gerade nackt in einem abgedunkelten Keller und warten darauf, dass der Urlaub endlich zu Ende geht. Ich überlege ernsthaft, mich eventuell beim Reisebüro in Wien zu beschweren.

Duisburg, 2.8.2001

Durch das Stahlkochen in meinem Hotel ist es in meinem Zimmer so heiß, dass sich mein Briefpapier ständig von allein entzündet. Ich selber bin mit Brandblasen übersät. Der durchschnittliche Duisburger sieht aus wie Niki Lauda. Ich wollte heute mal in die Natur, raus ins Freie. Der freundliche Hotelbesitzer hat mich in sein Büro geführt, wo ein Zimmerkaktus steht. Dort saß ich gemütlich den ganzen Tag auf einer Decke, mit Picknickkorb. An der Wand hängen als Zierde Röntgenbilder von lungenkrebskranken Mitarbeitern des Hotels. Draußen regnet es seit Jahren in Strömen. In den Lacken sitzen hustende Kinder. Ich denke oft an Grissemann und seinen Traumurlaub in Griechenland.

Kärnten

Velden am Wörthersee, 4.8.2001

Habe heute Grissemann mit Hannes Jagerhofer bekannt gemacht. Als Jagerhofer »Servus!« sagte, bekam Grissemann Krebs und fiel übersät mit eitrigen Metastasen von der Tribüne direkt in den heißen Sand des Beachvolleyball-Turniers. Ein aufmerksamer Platzwart, der genau so aussah wie die herzensgute Oma von Adolf Hitler, hat ihn sofort mit Fußtritten neben die Außenlinie befördert, sodass das interessante Spiel nicht unterbrochen werden musste. Wir anderen Prominenten regten uns über Grissemann so auf, dass wir ihm die Chemotherapie verweigerten. Ich selbst erlebte noch einen wunderbaren Abend im Kreise meiner Liebsten, der Riess-Passer Susi, dem Westenthaler Pezi, dem Jagerhofer Hannes und dem Antel Franzi. Wir kürten ein Mädel aus dem Gurktal zur »Miss Deutschland« und tranken so viel, bis dem Antel Franz so schlecht war, dass er aussah wie die Riess-Passer Susi! Als dem braungebrannten Solarien-Pezi einfiel, dass wir den Grissemann Christoph im siedendheißen Sand vergessen hatten, da mussten wir noch bis spät in die Nacht in den schönen Kärntner Himmel lachen.

Liebes Tagebuch, ich kann viel aushalten, aber was zu weit geht, geht zu weit. Stermanns Anbiederung an die Kärntner Ekel-Schickeria lässt mich verzweifeln. Für die Ausgabe der Kärntner *Kronenzeitung* ließ er sich nackt mit dem Kärntner Landeshauptmann und dem Schlagersänger Al Bano beim Kasnudelkochen fotografieren! Heute Morgen wurde ihm die goldene Ehrennadel Kärntens verliehen. Seitdem jagt er sich stündlich mit dieser Nadel Koks in die Venen. Stermann liegt gerade nebenan in seinem Wasserbett und penetriert lautstark den Trompeter der »Kastelruther Spatzen«. Dazu grölen beide im ekstatischen Vollrausch »Hey Baby« von »DJ Ötzi«. Ich halte das alles nicht mehr aus und ernähre mich nur noch von Antidepressiva. Ich war Pilze und Beeren sammeln, um mich abzulenken. Plötzlich hatte ich, als ich dachte, einen schönen Knollenblätterpilz fürs Giftterrarium gezogen zu haben, den Riechkolben der Riess-Passer Susi in der Hand! Und da sprangen sie alle aus dem Dickicht hervor, der Antel Franzi, der Lauda Niki, der Jürgens Udo, der Retzer Otto und der Hinterseer Hansi. Ich flüchtete ins Hotelzimmer und stellte sofort einen achtseitigen Antrag auf Abschiebung aus Österreich. Meinetwegen können sie mir auch Mund und Nase zukleben, ich atme, wenn nötig, auch aus den Ohren, Hauptsache raus aus Österreich!

Velden, 5.8.2001

War heute mit dem Antel Franz und dem Jagerhofer Hannes im Kärntner Landestheater. Wir haben den Antel Franz, um ihn zu ärgern, mit dem Leichenwagen abgeholt. »Thomas Bernhards Heldenplatz« hieß die Indoor-Show, die sie dort gaben. Nur ein Riesenflop. Kein Schaum, kein Sand, keine Weiber und kein Schampus. Und die Schauspieler sind auf der Bühne noch nicht einmal im Go-Kart gesessen! Völlig zu Recht hat Jörg Haider am Ende niemandem auf der Bühne einen Pokal überreicht. Wir hatten trotzdem unseren Spaß. Wir soffen Red Bull mit Wodka und Red Bull, jeweils zu einem Drittel, eine Kreation vom Jagerhofer Hannes. In der Nachbarloge saß Grissemann, zusammen mit Hellmuth Karasek von »Literarischen Quartett«, seinem alten Kumpel. Der 131jährige Antel Franz kletterte rülpsend rüber und fragte, ob man in dieser »Scheißbude hier« vielleicht Szegediner Krautfleisch kriegen kann, als Catering für die After-Show-Party im Leichenwagen. Kaum erblickte Grissemann meinen alten Freund Antel, bekam er so hohes Fieber, dass Antel ihn gleich als Warmhalteplatte mit in den Leichenwagen nahm.

Liebes Tagebuch, mein Abschiebungsantrag ist abgelehnt worden. Nach Genua ins Gefängnis darf ich auch nicht. Ich muss hier bleiben, in Österreich. Bald wird Hannes Jagerhofer Bundespräsident sein. »Es muss ja nicht immer ein alter Mensch sein«, hat Susanne Riess-Passer gesagt. Aber wenn man mich fragt, wär's auch ganz schön, wenn es wenigstens ein Mensch wäre. Stermann kuschelt gerade mit zwei SS-Veteranen, die er bei einer Mister-Universum-Wahl kennengelernt hat, wo sie als Scherzkandidaten für Lacher sorgen sollten. Stermann fühlt sich hier in Kärnten pudelwohl. Mit seinen beiden Liebhabern plant er einen geilen Beach-Bücherverbrennungs-Event. Die Welt ist am Zugrundegehen, liebes Tagebuch. Ich versuche, Dich vor den Flammen zu retten.

Radio-Tagebücher von Stermann und Grissmann

Radio Eins

7.1.2002

Ich weiß nicht, wie lange mein Körper die Arbeit bei Radio Eins noch aushält. Habe mittlerweile über 50° Fieber. Im Funkhaus wurde ja aus Kostengründen noch nie geheizt, das sind wir alle gewöhnt. Aber seit einigen Tagen hat der Chef die Redaktionsräume auch noch an eine Metzgerei als Tiefkühlhalle vermietet. Minus 12°! Auf den Schreibtischen gefrorene Schweinehälften. Anfänglich haben wir gedacht, dass die Mieteinnahmen vielleicht uns Mitarbeitern zugute kommen, aber Pustekuchen. Über Megafon hat der Chef verkündet, dass wir das Geld brauchen, um die immer noch zu hohen Heizkosten einzudämmen.

Habe mich sehr erschrocken, als im Studio ein Bison vor mir stand. War aber nur Cheftechniker Redlich, der sich für 12 000 Euro einen warmen Fellmantel aus acht Bisons hat anfertigen lassen. Unser Chef Lehnert trägt einen wärmenden Ganzkörperanzug, der aus den Wimpern von 24 000 Schneehasen hergestellt wurde. Das soll das Beste sein, was es auf dem Extremklamottenmarkt zurzeit gibt! Alle anderen von uns mussten unsere Wintermäntel und -jacken in einer großen PR-Aktion der Afghanistan-Hilfe spenden, auch Pullover und lange Hosen. Wir arbeiten alle halb nackt und versuchen, uns mit Schreibmaschinen zu wärmen. Das hat doch alles mit Radiomachen im herkömmlichen Sinne nichts zu tun.

8.1.2002

Liebes Tagebuch! Die Zustände bei Radio Eins sind eines öffentlich-rechtlichen Senders nicht würdig. Nach der Vermietung der Redaktionsräume an eine Metzgerei als Tiefkühlhalle ist das Arbeiten für uns alle unerträglich geworden. Ein Kollege der Wetterredaktion wurde in der Früh von einer herunterfallenden Rinderhälfte erschlagen, und Stermann hat sich an einem

86

messerscharfen Eiszapfen die Halsschlagader verletzt. Sein Blut tropfte auf eine Kiste mit Rippchen. Laut Cheftechniker Redlich, dem hinterhältigen Erfüllungsgehilfen von Senderchef Lehnert, muss Stermann jetzt die Rippchen ersetzen. Ich selber wurde von einem Metzgerlehrling zu den Wildschweinen gehängt. Ich hatte einfach keine Kraft, mich zu wehren. Die Nachrichtensprecher konnten die Nachrichten nicht verlesen, denn die Lippen waren ihnen zugefroren.

Endlich kann ich wieder sehen! Grissemann hat mir mit einem Eiskratzer die Augen freigemacht. Aber der Anblick meiner verdienten Kollegen macht mich traurig, wie sie da blau und zitternd zwischen hunderten von gefrorenen Tieren kauern. Mehrere Kollegen werden vermisst, wahrscheinlich liegen sie unter dem Riesenberg Gänse. Ich bin froh, dass ich einen Bekannten beim Privatradio habe. Ich habe ihn in seinem Sender angerufen, und er hat seinen Hörer ganz dicht an die Zentralheizung bei ihnen gehalten. Ich hatte wirklich das Gefühl, dass es warm aus dem Hörer bläst! Aber so wie es aussieht, haben wir das Schlimmste noch vor uns. Der Chef verhandelt gerade mit einer Firma, die Embryonen einfriert. Wenn die mehr zahlen als der Metzger, dann wird's wirklich hart. Embryonen werden bei minus 100° aufbewahrt! Das hat doch alles mit Radiomachen überhaupt nichts mehr zu tun.

9.1.2002

Um Werbekunden zu zeigen, dass Werbung auf Radio Eins funktioniert, wurden alle Mitarbeiter verpflichtet, sämtliche Produkte zu kaufen, für die bei uns geworben wird. Zu diesem Zweck hat ein privater Kreditvermittler ein eigenes Büro bei Radio Eins bezogen. Außerdem wird uns ein Makler beraten, wie wir halbwegs günstig an Lagerhallen kommen. Wir brauchen ja sehr viel Platz für all die Produkte. Stermann, der Schleimer, hat bereits die gesamte Produktpalette der gestrigen Werbeblöcke gekauft! Dafür hat er vom Senderchef Lehnert einen goldenen Radio-Eins-Aufkleber bekommen. Ich hab noch nichts und bekam deshalb heute Früh von Cheftechniker Redlich ein Ohrfeigengewitter und einen Radio-Eins-Einkaufskorb, mit dem ich sofort nach der Arbeit los muss. Mensch, das hat doch alles mit Radiomachen überhaupt nichts mehr zu tun!

Ich freue mich auf das Wochenende, weil da keine Werbung läuft. Dann kann ich endlich in Ruhe Lagerhallen besichtigen. Ich bin auch froh, dass ich nicht bei Sat.1 arbeite oder ProSieben, da wär ich ja nach einem Werbeblock schon pleite! Obwohl der freundliche Kreditvermittler uns allen diese Angst nimmt. Geld bekommen wir unbegrenzt von dem netten Goldkettchenträger, im Verhältnis 1:2. Er gibt uns einen Euro, und wir geben ihm zwei zurück. Das sei, so sagt er, genau so wie mit Mark und Euro, da würden wir uns schon dran gewöhnen. Man muss in seiner Arbeit eben flexibel sein. Grissemann, die faule Sau, kümmert sich nur um die Sendung. Als käme es darauf an! So bekommt er nie einen goldenen Radio-Eins-Aufkleber!

10.1.2002

Unsere Presseausweise wurden eingezogen und gegen Kundenkarten getauscht. Die Kollegen fahren nur noch Einkaufswagen durch die Redaktionsräume. Chef Lehnert ist sehr zufrieden mit seiner Idee, Werbung auf Radio Eins für die Firmen und Agenturen dadurch interessant zu machen, dass alle Mitarbeiter sämtliche Produkte kaufen, für die auf Radio Eins geworben wird. Die Büchersendung hat alle Bücher aus den Regalen entfernt und stattdessen hunderte von Prospekten eingeordnet. Cheftechniker Redlich überprüft alle Kassenbons und Rechnungen für eingekaufte Waren. Er zieht diese Quittungen ein, damit Radio Eins sie von der Steuer absetzen kann. Der Sender rechnet auf diese Weise mit einer Steuerrückzahlung von mehreren Millionen. Für uns Mitarbeiter ist das eine schwierige Zeit. Während der Arbeit müssen wir zum Sender-Kredithai, nach der Arbeit müssen wir einkaufen gehen und nachts zur Schuldner-Beratung. Das hat doch alles mit Radiomachen gar nichts mehr zu tun.

Ich habe gerade eben eine furchtbare Information bekommen. In der nächsten Woche gibt es 15 Werbespots für Lastkraftwagen und 23 Einschaltungen für Fertigteilhäuser! Das schaff ich nicht. Ich bin vor Cheftechniker Redlich auf die Knie gefallen, dem Handlanger des Chefs, ich habe gefleht, ich habe gejammert! Er hat mir eine Ohrfeige gegeben, aber mir schließlich doch erlaubt, dass ich das Suppengemüse, das im Moment beworben wird, nicht kaufen muss. Ein schwacher Trost nur, aber immerhin.

Gestern waren Betriebsratswahlen bei Radio Eins. Stimmberechtigt waren der Chef Lehnert und Cheftechniker Redlich. Gewählt wurde Cheftechniker Redlich, weil der Chef sich nicht selbst gewählt hat. Wir anderen Mitarbeiter haben erst kurz nach Schließung der Wahllokale erfahren, worum es überhaupt geht. Stermann und ich waren gerade dabei, eine neue Senkgrube für das Angestellten-Plumpsklo auszuheben, als unser neuer und alter Betriebsratsvorsitzender Redlich uns das Wahlergebnis kundgab. Er zwang uns, unter einer Ohrfeigengewitterandrohung, ihm zu gratulieren. Dann pinkelte er in unsere frische Senkgrube, was wir mit einem »Vielen Dank, Herr Obertonmeister!« quittieren mussten.

Grissemann und ich müssen heute schon den ganzen Tag den hinterhältigen Cheftechniker Redlich mit einer Gewerkschaftssänfte über das Radiogelände tragen. Ich kann kaum mehr, denn neben Redlich sitzt seine neue Flamme, die 150 Kilogramm schwere neue Sekretariatsangestellte Frau Böllermann. Die ist eigentlich untragbar. Er will bei ihr offenbar Eindruck schinden und schindet doch nur uns! Obertonmeister Redlich hält einen orangefarbenen Radio-Eins-Palmenwedel in der Hand. Die jungen Kollegen von Radio Fritz von gegenüber starren die ganze Zeit ungläubig zu uns herüber. Na wartet, ihr kommt auch irgendwann noch zum Erwachsenenradio! Aber es stimmt schon, mit Radiomachen im eigentlichen Sinn hat das alles nichts mehr zu tun.

Eben war der Betriebsarzt da. Wir haben uns alle wie die Tiere auf die Medikamente gestürzt. Aus Kostengründen wurde ja schon vor Monaten die Kantine geschlossen. Der Betriebsarzt hat versprochen, Karlheinz Böhm von uns zu berichten, vielleicht kann der mal irgendwelche Hilfsgüter abzwacken. Seit sich vor zwölf Tagen ein entkräfteter Kollege bei dem Wort »Bruttosozialproduktsteigerung« fast versprochen hätte, haben wir alle Stubenarrest. Zwölf Tage ohne richtige Nahrung, denn Büroklammern kann man ja wohl kaum als ausgewogene Ernährung bezeichnen! Der Hunger nagt an uns, dieses kleine fette Hundebiest von Cheftechniker Redlich, ein Rauhaardackel. Hat Obertonmeister Redlich ihn »der Hunger« genannt, um sich lustig über uns zu machen? Dieser Köter knabbert jedenfalls ständig an uns herum. »Wahrscheinlich, weil ihr nur noch Haut und Knochen seid!«, hat der Chef gesagt. Stermann, der völlig abgemagert ist, wurde gestern von Cheftechniker Redlich in ein Waldstück geschmissen, und der Hunger lief ihm freudig nach. Mensch, das hat doch alles mit Radiomachen gar nichts mehr zu tun!

Beim Betriebsarzt wurde festgestellt, dass die Waage mehr wiegt als ich. Bei offenem Fenster muss ich ans Mikrofon angebunden werden, um nicht wegzufliegen. Und ich gehöre noch zu den körperlich robusteren Mitarbeitern bei Radio Eins! Nach einem langen Gespräch mit dem Betriebsarzt hat Chef Lehnert zugestimmt, dass für uns die Kantine geöffnet wird. Feierlich entfernte der Chef die schwere Eisenkette von der Tür und öffnete kurz die Tür. Dann knallte er sie schnell wieder zu und hängte die Kette wieder davor. Ich muss jetzt schließen, liebes Tagebuch, denn es ist wieder Sprechertraining. Seit zwölf Tagen üben wir alle immer wieder im Chor das Wort »Bruttosozialproduktsteigerung«. Wenn sich auch nur einer ein einziges Mal dabei verspricht, kommen wir alle hier nie mehr raus, hat Obertonmeister Redlich gesagt und sich genüsslich die Currywurst reingeschoben.

13.1.2002

Liebes Tagebuch, ich bin noch immer schweißgebadet, und mein Puls will sich nicht beruhigen. Aber wir haben es geschafft. Heute Morgen hat uns Cheftechniker Redlich über Megafon eine neue Anweisung von Senderchef Lehnert durchgegeben: die 70 Mitarbeiter von Radio Eins wurden aufgefordert, jeden einzelnen Jugendlichen in Berlin und Brandenburg innerhalb von acht Stunden zu interviewen. »Der Chef will keinen einzigen Menschen unter 18 sehen, dem kein Mikrofon vor die Schneuzrübe gehalten wird!«, brüllte Obertonmeister Redlich. 985 000 Interviews in acht Stunden im ganzen Sendegebiet! Stermann und ich haben das gesamte deutsch-polnische Grenzgebiet übernommen. Wir haben so geschwitzt, dass die Ureinwohner dort dachten, es habe wieder einen Oder-Neiße-Dammbruch gegeben!

Ich will nie mehr in meinem Leben einen Jugendlichen sehen! Der Chef hatte uns instruiert, dass wir mit den Jugendlichen auf du und du sein müssen.

»Denkt ans Image, die müssen glauben, ihr seid die coolsten Säue des Landes!«, hatte er gesagt. Nun, das Durchschnittsalter von uns Radio-Eins-Mit-
arbeitern liegt bei 52,4. Viele von uns sind unfruchtbar und haben keine
jüngeren Geschwister. Wie sollen wir da wissen, wie man mit Jugendlichen
einen gemeinsamen Nenner findet? Grissemann und ich haben heute, um
uns einzuschleimen, mehrere hundert Pillen geschluckt und fast 5000 Joints
geraucht. Dazu hat jeder von uns etwa 900 Liter getrunken, Bier und Schnaps.
Wir haben uns gegenseitig mehrmals den Magen auspumpen müssen, wegen der vielen »N'Sync-Platten«, die wir uns anhören mussten. Liebes Tagebuch, das hat doch alles mit Radioarbeit praktisch gar nichts mehr zu tun!

FM4

2003

2.11.

Große Aufregung. Heute Vormittag hat Senderchefin Eigensperger befohlen, dass sich von nun an alle FM4-Mitarbeiter zur Begrüßung auf den Mund küssen müssen, um die Stimmung im Team zu verbessern. Nun hat der Sender an die 60 Mitarbeiter. Das heißt, jeder Einzelne Redakteur muss 59 Münder küssen, ehe er mit der Arbeit beginnen kann. Wie unglaublich zeitaufwendig das ist, hat die Chefin wohl unterschätzt. Das Zwangsgeknutsche heute früh hat über drei Stunden gedauert. Ob das die Stimmung hebt, ist fraglich, mir jedenfalls ekelt vor den ganzen Schlabbermäulern, zumal der eine oder andere sexuell ausgehungerte Redakteur versucht hat, mir die Zunge in den Mund zu schieben – und über Kollege Stermanns aggressive Herpesinfektion auf Ober- und Unterlippe wird bei der nächsten Krisensitzung auch gesprochen werden müssen …

Mir gefällt der Begrüßungskuss-Befehl der Senderchefin. Hätte sogar noch einige Verbesserungsvorschläge. Zur morgendlichen Begrüßung sollten wir FM4-Mitarbeiter uns nicht nur küssen, sondern auch noch gegenseitig die Bäuchlein streicheln und die ganze Zeremonie dann mit einem zärtlichen, aber bestimmten Po-Klaps abschließen. So zieht endlich sowas wie menschliche Wärme in den durch und durch zynischen FM4-Alltag ein. Hach, freu ich mich auf morgen! Ich werde der erste im Büro sein und heute Abend vor dem Spiegel einen perfekten Kussmund üben.

3.11.

Wahnsinn. Jetzt drehen hier langsam alle durch. Um dem Intellektuellensender FM4 ein glamouröseres Image zu verpassen, hat Chefcontroller Blumenau, der übrigens seit Tagen so gekleidet ist wie David Bowie in der Ziggy-Stardust-Phase, angeregt, dass jeder Mitarbeiter Autogrammkarten von sich herstellen lässt. Selbstverständlich auf eigene Kosten. Obwohl noch kein einziger Hörer in den neun Jahren, die FM4 besteht, jemals von irgendeinem

Moderator ein Autogramm verlangt hat, tragen jetzt selbst die ukrainischen Raumpflegerinnen ein ganzes Set Autogrammkarten mit sich herum. FM4 ähnelt immer mehr der geschlossenen Abteilung eines psychiatrischen Krankenhauses. Größenwahnsinnige Wetterredakteure kommen mit Bodyguards ins Büro, Kantinendamen geben Pressekonferenzen zum Thema »meine Bockwurst ist die beste«, und Patrick Pulsinger, einer der wenigen wirklichen Stars von FM4, hat sich die größte Autogrammkarte der Welt anfertigen lassen: Das gute Stück ist 11 m lang und 5 m breit und lehnt draußen an der Mauer. Danach gefragt hat noch kein Mensch …

Nachdem ich unzweifelhaft den größten Sexappeal von allen FM4-Mitarbeitern habe, soll ich das offizielle FM4-Gesicht werden.

Ich fühle mich geehrt. 20 000 Plakate mit meinem lachenden Gesicht sollen in die Stadt geklebt werden. Wir alle brüten noch darüber, welcher flotte Spruch zusätzlich aufs Poster kommen soll. Der vor Neid fast platzende Kollege Grissemann hat vorgeschlagen: »Das Radioelend hat viele Gesichter – wie finden Sie meins?« Wurde natürlich abgelehnt. Na ja, wird sich schon was finden. Wir bei FM4 machen uns jedenfalls selbst zu Stars, das hat bei den Deppen von Bro'Sis schließlich auch geklappt. Ein Trendforscher aus Polen hat Grissemann übrigens das geringste Starpotential bei FM4 bescheinigt, woraufhin Senderchefin Eigensperger ihm die Autogrammkarten weggenommen hat. Man überlegt, Grissemann in die FM4-Wäscherei strafzuversetzen.

4.11.

Senderchefin Eigensperger hat Geburtstag! Gestern Nachmittag spielten sich rührende Szenen im Chefbüro ab. Chefcontroller Blumenau überreichte Senderchefin Eigensperger eine Schokoladentorte, in der fünf Kerzen steckten. Dazu mussten wir Mitarbeiter »We Are The Champions« singen. Ein Hohn, wenn man an die Hörerzahlen denkt. Nun, die durchs Dauerrauchen etwas lungenschwache Chefin hat es nach mehreren verzweifelten Versuchen nicht geschafft, alle Kerzen auszublasen. Um die Wahrheit zu sagen, keine Einzige. Wortchef Pieper hat dem traurigen Schauspiel dann ein Ende bereitet, indem er der Chefin auf den Rücken klopfte, sodass diese mit einem ohrenbetäubenden Hustenanfall die Kerzen zum Erlöschen brachte. Die Chefin hat die Kerzen ausgehustet und dann die ganze Torte allein aufgegessen. Happy birthday.

Die FM4-Redakteure wurden in internen Mitteilungen dazu gezwungen, Senderchefin Eigensperger zum Geburtstag großzügige Geschenke zu machen. Jedes Geschenk musste über 3500 Euro kosten. Viele FM4-Mitarbeiter haben ein halbes Jahr lang gespart, um sich das leisten zu können. Eigensperger sagte im Vorfeld, sie verlange als Geschenke Waffen oder andere Quälwerkzeuge, Autos, Immobilien oder Aktien. Wer zu fantasielos sei, könne ihr auch einen Scheck oder Bares überreichen. Heute war es soweit, die Mitarbeiter unter 30 überreichten die Geschenke. Auf Knien mussten sie einzeln ins Großraumbüro der Chefin rutschen und ihr mit einer demütigen Geste das Geschenk vor die Füße legen. Zum Dank bekamen sie von Chefcontroller Blumenau anschließend eine schallende Ohrfeige und ein barsches: »Und jetzt wieder raus. Zack! Zack!« zugeschrien. Geburtstage haben immer eine eigene, herrliche Stimmung.

5.11.

Gestern Nachmittag fand die große Geburtstagsparty der Senderchefin am Funkhausparkplatz statt. Eingeladen waren alle FM4-Mitarbeiter und deren Familien. Die Stimmung hielt sich in Grenzen – was vielleicht daran lag, dass Chefcontroller Blumenau ein absolutes Alkohol-, Nikotin- und auch Redeverbot aussprach, um seine angespannten Nerven nicht zu strapazieren, wie er meinte. Zu essen gab es für jeden Redakteur eine Manner-Schnitte. Wortchef Pieper steckte sie höchstpersönlich in die Journalistenmünder. Dann hielt die Senderchefin eine vierstündige Rede durch ein Megafon, in der sie ihre eigenen Stärken und die Schwächen ihrer Untergebenen hervorkehrte. Die Hälfte der Belegschaft brach in Tränen aus. Als Unterhaltungseinlage kletterte dann ein offensichtlich betrunkener rumänischer Pantomime auf die kleine Bühne und stellte pantomimisch eine Wasserleiche dar. Tja, und dann war das schöne Geburtstagsfest auch schon beendet. Der strenge Blumenau peitschte die Kollegen zurück an die Schreibtische.

Dass nicht mal zum Geburtstag der Chefin in diesem Sender ein bisschen Menschlichkeit zugelassen wird, macht mich langsam wütend. Chefin Eigensperger hatte ja am Ende ihrer Rede gemeint, dass jeder Mitarbeiter auf seinem Schreibtisch ein Geschenk vorfinden werde. Wir haben uns alle wie die Schneekönige gefreut, aber dann war die Enttäuschung doch wieder groß. Jeder FM4-Mitarbeiter hat das gleiche Geschenk bekommen, nämlich Scheuklappen. Wie sie Pferde tragen. Damit soll die Konzentration auf die eigene Arbeit erleichtert werden, heißt es. Wie demütigend ist das denn? Fehlen nur noch Kanonenkugeln, die uns an die Beine gekettet werden, um uns so zu Überstunden zu zwingen … Irgendwann kann auch ich nicht mehr …

6.11.

Schon seltsam. FM4 feiert in einem Monat neunjähriges Bestehen, und kein einziger Glückwunschbrief von Hörern flattert in die Redaktion. Ich habe mir heute die Post der letzten Tage angesehen: Die übliche Tonne offene Rechnungen, gezählte 60 Drohbriefe von Chefcontroller Blumenau an die 60 Mitarbeiter und das Herrenmagazin *Ostdeutsche Wahnsinnsmöpse*, das die Chefin für die sexuell frustrierte männliche Belegschaft abonniert hat. Aber kein einziges Geburtstagstelegramm, keine müde Zeile von wegen: »Macht weiter so – Ihr seid Spitze!« Das darf doch nicht wahr sein! Ich befürchte langsam, dass wir hier nur in dem Glauben gehalten werden, FM4 sei ein echter Radiosender – es dringt offensichtlich gar nichts nach draußen! Vielleicht ist das Projekt FM4 ja tatsächlich nur ein staatlich organisiertes Beschäftigungstherapieprogramm für schwererziehbare Erwachsene. Hört uns irgendwer da draußen? Hallo?!?

Kollege Grissemanns Befürchtung, FM4 sei nur eine Art Fake-Radiostation, konnte ich schnell widerlegen. Als ich mir die Post ansah, fiel mir ein Brief in die Hände, den Grissemann in der Aufregung wohl übersehen hatte. Den Brief hat eine Frau Hildegard Schwaninger aus Mayerhofen in Tirol geschrieben. Der Beweis dafür, dass wir hier nicht ins Nichts senden! Trotzdem bietet der Brief von Frau Schwaninger auch nicht viel Grund zur Freude. Frau Schwaninger schreibt, sie sei Frontsängerin der Schweinerockband »The Schwaningers«, und sie verbitte sich, dass ihre neue CD auf FM4 gespielt werde. Sie möchte unter keinen Umständen, dass ihre Musik mit diesem Sender assoziert werde. Meine Güte, es wird nicht leichter, liebes Tagebuch!

»Irgendwann brech ich vor Arbeit zusammen«, hat mir gestern Praktikant Schindler zugeflüstert und mir dann erzählt, was passiert ist. Gestern Nacht mussten alle FM4-Mitarbeiter zu einer achtstündigen technischen Schulung. Und das deshalb, weil Mathias Zsutty den Studio-CD-Player ruiniert hat, indem er statt einer CD versehentlich eine Kinderpizza hineinsteckte. Die Chefin war ganz schön sauer, schließlich hat FM4 nur einen CD-Spieler. Freeman und Larkin, zwei verdienstvolle FM4-Helden, mussten unter scharfen Anweisungen von Chefcontroller Blumenau das Ding von Zwiebeln, Kapern, Tomaten und Salamischeiben befreien, ehe der Sender das Musikprogramm wieder aufnehmen konnte. Der Pizzatäter Zsutty holte sich seine Strafe direkt im Chefbüro ab. Die Chefin bestellte beim Pizzaservice zehn Pizze Diavolo, die alle in Zsuttys angsterfülltem Gesicht landeten.

Nach einem kleinen Fauxpas mit dem CD-Spieler wurden alle Redakteure zu einem Technikkurs zwangsverpflichtet. Ich habe den heulenden und verzweifelten Zsutty begleitet. Wir lernten noch einmal, dass – 1. – die Mikrofone nicht in volle Cappuccinobecher getaucht werden dürfen, dass – 2. – panierte Schweineschnitzel nichts im DAT-Recorder verloren haben, und dass man – 3. – in einem CD-Brenner keinen Schnaps brennen kann. Die Schulung war wirklich quälend für den lieben Zsutty, da seine Augen höllisch weh taten, weil mehrere Pepperonischeiben in seiner Netzhaut hingen. Das hat doch alles mit Radiomachen nichts mehr zu tun.

Gestern wurde ein Zehneuroschein auf der Toilette gefunden. Das hat für große Aufregung gesorgt, denn noch nie hat ein kleiner FM4-Mitarbeiter soviel Geld auf einem Haufen gesehen. Keiner hat sich getraut, den Schein anzufassen, geschweige denn einzustecken. Dann kam Chefcontroller Blumenau und hat die Leute angebrüllt, sie sollten aufhören, den Geldschein anzustarren, und zurück an die Arbeit gehen. Als ich eine Stunde später wieder klammheimlich auf die Toilette schlich, war der Zehneuroschein weg. Der Chefcontroller hat wohl einen guten Platz für ihn gefunden. Unerklärlich, wer diesen Schein besessen haben könnte. In den Redakteurs-Geldtaschen befinden sich doch normalerweise nur ganz kleine rote Münzen. Ich selbst kann von Glück und Reichtum sprechen, wenn mich eine 2-Cent-Münze aus meinem Portmonee anlacht.

Redakteur Edlinger, ein geiziger und unnahbarer Kollege, der eine unbedeutende Nachtsendung co-moderiert, ist am Boden zerstört. Sein ganzes Geld sei weg, sagt er. Fünf lange Jahre habe er auf diesen verdammten Zehneuroschein gespart, und er Esel verliert ihn einfach. Er müsse ihm beim Wasser Abschlagen aus der Unterhose gerutscht sein. Weil er in der ständigen Angst lebe, hier in der Redaktion von seinem Kollegen Ostermayer beklaut zu werden, bewahrt Edlinger alles Wertvolle in seiner Unterhose auf: Kugelschreiber, Zigaretten, Kaugummi, Teebeutel, Schuhcreme und altes Weißbrot. Und eben den leider verschwundenen Zehneuroschein, den er heute unter polizeilichem Geleitschutz von der Bank abgehoben hat, um ein neues Leben zu beginnen; um sich endlich aus der Knechtschaft von FM4 zu befreien. Na ja – jetzt warten weitere fünf knüppelharte Jahre hier auf Herrn Edlinger.

9.11.

Liebes Tagebuch, ein Kollege von Ö3 war da. Er hat sich fürchterlich aufgeführt. Ich will keine Namen nennen, aber es war Robert Kratky. Er hatte acht weibliche Groupies dabei, blutjung, jünger sogar noch als die durchschnittliche FM4-Praktikantin, also nicht mal minderjährig. Unter dem Geglucke der Ö3-Schicksen klapste er allen FM4-Mitarbeitern gönnerhaft auf den Po, auch dem fast 60jährigen Fritz Ostermayer und dem alten Stermann. Tina 303 von »La Boum de Luxe«, die am Boden kauerte, hielt er für eine Sandlerin und steckte ihr 20 Euro in den Ausschnitt. Dann zog er sich seine Schuhe aus, italienische Schuhe aus reinem Kaviarleder, schon die Schnürsenkel seien mehr wert, als unser ganzer Alternativsender, krähte er unter dem beifälligen Lachen der Groupies. Er befahl dem armen Mathias Zsutty, ihm die Zehennägel zu schneiden. In Ermangelung einer Nagelschere musste Zsutty dem Ö3-Star die Nägel akkurat abknabbern. Es war schrecklich, aber niemand traute sich, den erfolgreichen Radiokollegen in die Schranken zu weisen. Schließlich ist Robert Kratky in der ORF-Hierarchie etwa 20 000 Stufen über jedem FM4-Mitarbeiter angesiedelt. Also biss Zsutty angewidert in den Ö3-Fuß. You're not at home, you're at work, baby.

Liebes Tagebuch, mit hängendem Kopf macht Thomas Edlinger ununterbrochen neuen frischen Kaffee für den Starkollegen, aber nie ist Kratky zufrieden. »Nicht frisch genug! Ich will einen frischen Kaffee!«, schreit er den zitternden Edlinger vom »Sumpf« an. Alle anderen müssen sich in einer Schlange anstellen, um ihn um ein Autogramm zu bitten. Den Mädchen schreibt er auf die Brüste, den männlichen FM4-Mitarbeitern auf die Stirn. Durchs Fenster sieht man unterdessen Wortchef Pieper das neue Cabriolet von Kratky waschen. So ein Auto haben wir alle noch nie gesehen. Gegen Kratkys Cabrio wirken alle anderen Cabrios wie Kellerabteile oder Gefängniszellen. Das Auto hat mindestens eine Milliarde Euro gekostet. Unser FM4-Dienstwagen sieht dagegen wie ein Dreirad aus. Kein Wunder, es ist ja auch ein Dreirad.

10.11.

Liebes Tagebuch, nach unten treten und nach oben buckeln, so lautet das Credo aller Mitarbeiter bei FM4. Mustergültig vorgemacht wird uns das von Chefcontroller Blumenau. Er öffnet hier im Funkhaus in der Argentinierstraße der Chefin Eigensperger bereits die Tür, wenn die gerade in ihrem Grinzinger Villenviertel ins Auto steigt. Natürlich steht er mit ausgestreckter Hand da, bereit, der Chefin die Hand zu schütteln, wenn sie eine Stunde später eintrifft. Den kleinen FM4-Mitarbeitern hingegen stiehlt er die Pausenbrote und schikaniert, wo er nur kann. Gestern aber hat das Schicksal Rache geübt. Als er Kollegen Trischler aus der Redaktion trat, weil ihm dessen Pausenbrot nicht schmeckte, knallte er mit seinem Fuß versehentlich gegen die Wand. Er schrie laut auf und ließ sich auf ORF-Kosten mit einem Privathubschrauber ins AKH fliegen. Hier stellte man tatsächlich eine leichte Prellung am kleinen Zeh fest. Die Stunden, in denen der grausame Chefcontroller weg war, waren die schönsten seit Bestehen des Senders. Perestroika und Glasnost waren ein Scheiß dagegen. Leider vergingen die Stunden wie im Flug, und als wir den Hubschrauber wiederkommen hörten, wussten wir: Das wird schrecklich.

Liebes Tagebuch, seit Blumenaus Fußverletzung muss Stefan Trischler ihn während der Arbeitszeit huckepack tragen. Blumenau gibt ihm die Schuld, weil der Unfall ja schließlich passierte, als er ihn treten wollte. Chefcontroller Blumenau trägt eine schwarze Reiterkappe und hält eine Gerte in der Hand. Hin und wieder steckt er dem armen Trischler ein Stück Zucker in den Mund – aber nicht, um ihm eine Freude zu machen, sondern weil er weiß, dass Trischler Diabetiker ist. In Blumenaus Dienstvideorecorder liegen Aufzeichnungen von Dressurwettbewerben. Er sitzt auf Trischler und stellt mit ihm alle Szenen nach. Schneller Trab, leichter Trab, Pirouetten, Traversen. Das wäre alles nicht so schlimm, wenn er Trischler nicht gesattelt und gezäumt hätte. Die Riemen schneiden in der Lendengegend fürchterlich ins Fleisch. Trischler arbeitet wie ein Pferd. Be afraid honey, it's FM4!

11.11.

Liebes Tagebuch, seit Tagen sitzt Chefcontroller Blumenau huckepack auf dem Kollegen Trischler und reitet mit ihm durch den Wienerwald. Die frische Luft tue ihm gut, sagt Blumenau. Stefan Trischler muss über Hindernisse springen: Bäche, Hecken und von Blumenau extra aufgestellte Ochser. Blumenau trägt jetzt neuerdings eine Bundesheer-Uniform: Military-Reiten. Trischler muss eine Perücke mit Rosshaar tragen und ein Pferdegebiss, das er sich selbst in einem Scherzartikelgeschäft besorgen musste. Blumenau striegelt ihn auch vor und nach jedem Ausritt mit einer Drahtbürste. Trischlers Haut ist vollständig aufgerissen, und in den Wunden sind feine Rosshaare, die zu dauernden Entzündungen führen.

Liebes Tagebuch, Chefcontroller Blumenau ist sehr wütend auf Trischler, weil sie beim letzten Ausritt im Wald von einem echten Pferd überholt worden sind. Der andere Reiter sah überrascht aus, als er an dem FM4-Gespann vorbeiritt. Wahrscheinlich, weil Trischler so viel Schaum vor dem Mund hatte. Blumenau ist davon überzeugt, dass Trischler genauso gut wie ein Pferd sein könnte, wenn er nachts nicht im Bett liegen, sondern im Stall stehen würde. Er ist mit Trischler zu einem Gestüt geritten und hat den Besitzer überredet, den armen Stefan heute Nacht zwischen den anderen Pferden stehen zu lassen, in einer Gemeinschaftsbox. Dort gibt es Wasser in Eimern und faulige Steckrüben. Na ja, immer noch besser als das FM4-Kantinenessen.

Liebes Tagebuch, unser neues Sendestudio ist da. Die ganze Technik ist noch eingepackt in großen Ikea-Kartons. Wir dachten erst, die Verpackung sei nur für den Transport gewesen, ein Studio von Ikea erschien uns unmöglich. Bis uns von Chefcontroller Blumenau die Ikea-Steckschlüssel in die Hände gedrückt wurden. Tatsächlich, Studio und Equipment sind von Ikea: Ingemar nennt sich dieses Steckstudio – und wie immer bei Ikea passt nichts zusammen. Schrauben fehlen, Muttern und Kabel. So können wir unmöglich arbeiten. Die Bauanleitung ist schwedisch, Blumenau hat es direkt bei Ikea in Schweden gekauft, weil es so billiger ist. Leider kann von uns niemand schwedisch. Vielleicht mit ein Grund, warum Ingemar eher an ein riesiges Bett erinnert, als an ein funktionierendes Radiostudio.

Liebes Tagebuch, da das Ikea-Rundfunkstudio nicht funktionierte, Blumenau aber unser altes Studio an ein slowakisches Schrottunternehmen verkauft hat, mussten wir innerhalb von wenigen Minuten ein improvisiertes Studio bauen. Aus Kleiderhaken, Äpfeln, einer Glühbirne und einem elektrischen Nasenhaarschneider haben wir ein Provisorium zurechtgezimmert, mit dem man in Wahrheit besser senden kann, als mit unserem alten Studio. Probleme macht noch der Plattenspieler. Das Einzige, was wir dafür finden konnten, war eine Flunder als Plattenteller und eine Zigarette als Tonarm, als Nadel verwenden wir einen Zahn der Flunder. Der Plattenspieler funktioniert zwar, aber alle Platten stinken jetzt unerträglich nach Fisch.

Liebes Tagebuch, endlich kommt mal ein Hautarzt. Seit Anbeginn des Senders leiden wir alle unter furchtbaren Ausschlägen. Rote Flecken und Pusteln in allen Größen und Formen bedecken die Mitarbeiterkörper. Die Vermutung liegt nahe, dass irgendetwas mit dem Gebäude nicht stimmt, weil es ja aus gestohlenem Schutt des AKWs Tschernobyl und des asbestverseuchten Berliner Palasts der Republik errichtet wurde. Wir haben es damals eigenhändig bauen müssen; Bauarbeiter weigerten sich trotz ABC-Kleidung und Sauerstoffmaske, auch nur in die Nähe des billigen Baumaterials zu gehen. Wir schmuggelten die Bausteine einzeln in Sackerln im Zug nach Wien. Obwohl ja die anderen Fahrgäste gar nicht wissen konnten, was sich in den

Sackerln befand, schnappten viele nach Luft und hatten Schaum vor dem Mund. In einer Nacht-und-Nebel-Aktion haben wir den vierten Stock im Funkhaus errichtet, natürlich ohne Baugenehmigung, die hätten wir ohnehin nie bekommen. Ob es an diesem kontaminierten Baumaterial liegt, dass wir alle aussehen wie eine bizarre Mischung aus Maikäfer und Niki Lauda?

Liebes Tagebuch, der Grad der Asbestverseuchung und Radioaktivität im FM4-Trakt ist nicht messbar. Die Messgeräte versagen den Dienst, die Nadel schlägt so weit aus, dass sie abbricht. Daran kann es also nicht liegen, dass wir wie sprechende Pusteln aussehen. Der Hautarzt hat auch eine ganz andere Diagnose gestellt: Ekel. Wir ekeln uns einfach vor der Arbeit bei FM4. Und dagegen gibt's nichts in der Apotheke, dagegen hilft nur die Kündigung, die aber durch Knebelverträge verunmöglicht wird. Also hat der liebe Herr Doktor eine andere Behandlungsmethode entwickelt. Am FM4-Eingang steht jetzt ein großes Fass mit Cortisonsalbe, in das wir vor Arbeitsbeginn mit dem ganzen Körper eintauchen müssen. An dem Fass ist ein großes Warnschild angebracht: »Be afraid – FM4!«

14.11.

Liebes Tagebuch, FM4 ist ein Alternativ-Sender. Das heißt, hier arbeiten Menschen, die keine andere Alternative haben, wenn sie beim Radio arbeiten wollen, bzw. wenn sie überhaupt arbeiten wollen. Das weiß natürlich die Chefetage, und deshalb werden FM4-Mitarbeiter auch schlechter bezahlt und behandelt als Zwangsarbeiter. Es gibt nur einen Kollegen, der es fast geschafft hätte, auf dem freien Arbeitsmarkt unterzukommen: Praktikant Albert Farkas. Der kochbegabte Albert war in der engeren Wahl für einen Aushilfsjob in einer niederösterreichischen Melkkolonne. Natürlich wurde er dann nicht genommen, aber immerhin war er in die engere Wahl gekommen! Auf jede freie Stelle in Österreich und Osteuropa bewerben sich die Kolleginnen und Kollegen. Thomas Edlinger ist sogar extra zu einem Vorstellungsgespräch nach Wladiwostok gefahren. Die haben Leute gesucht, um Sümpfe freizulegen, und er versuchte, die Chefs dort davon zu überzeugen, dass er Berufserfahrung habe, weil er bei FM4 »Im Sumpf« moderiert. Aber schon bei der Erwähnung des Namens »FM4« schmissen ihn die Russen raus. FM4 – the only alternative – aber nur für die Mitarbeiter.

Liebes Tagebuch, Gerald Votava ist sehr geknickt. Er hat sich im Prater um einen Job als lebende Dose beworben. Aber der Dosenschießstandbesitzer hat sich für sechs Kollegen von Radio Wien und vier von Krone Hitradio entschieden. Wir versuchten, ihn wieder aufzubauen: »Ist doch nicht so schlimm, Gerald, ist doch auch kein Traumjob im klassischen Sinn, beworfen zu werden und umzufallen!« »Natürlich nicht,« schluchzte er, »aber immerhin besser als bei FM4!« Tja, da sind uns dann die Argumente ausgegangen.

15.11.

Liebes Tagebuch, es ist absurd. Da machen wir Jahr für Jahr Aktionen für »Licht ins Dunkel«, dabei hätten wir selbst es am nötigsten, Spenden zu bekommen. Das gibt sogar die Caritas zu. Aber weil wir ja scheinbar auch irgendwie zum ORF gehören, dürfen wir keine Almosen kriegen, von wegen: Rechtsweg ausgeschlossen. Außerdem, so heißt es, kriegen wir ja eh vom ORF Almosen. Laut eines Berichts der Welt-Nothilfe rangiert FM4 weltweit auf Platz acht, was große Not betrifft. Wir haben zum Beispiel seit acht Jahren nur einen einzigen Bleistift für 50 Mitarbeiter. Durch das ewige Anspitzen ist er natürlich weg. Weggespitzt. Wir schreiben seit vier Jahren mit dem Anspitzer. Wir haben eine Plastik-Kinder-Schreibmaschine, die uns von einem ukrainischen Kinderheim geschenkt wurde. Überhaupt ist es immer wieder schön, dass uns heimlich von Hilfsorganisationen kleine Spenden erreichen. Ein alter Ofen hier, ein Kasten aus Orangenkisten da. Trotzdem sind die Zustände bei FM4 katastrophal, aber wir dürfen nie fragen: »Ist da jemand?« Für FM4 ist niemand da. Na ja, you're not at home, you're at work, baby.

Liebes Tagebuch, das Dach ist nicht bloß undicht, es ist schlicht und einfach weg. Der Wind pfeift durch die Plastikplanen, die wir als Mauerersatz aufgehängt haben. Wir hatten das letzte Mal Strom, als Bruno Kreisky als Kanzler angelobt wurde – und das letzte Mal fließendes Wasser, als Triest noch zu Österreich gehörte. Bei FM4 ist es so kalt, dass, wenn man spuckt, die Spucke in der Luft gefriert und als Brocken auf die Erde fällt. Ich fürchte, selbst wenn man uns helfen wollte: so viel Licht gibt es gar nicht, um unser Dunkel aufzuhellen. Aber trotzdem habe ich mich gefreut, als das CARE-Paket aus Äthiopien kam.

Liebes Tagebuch, dicke Luft bei FM4. Duncan Larkin, Stuart Freemann und die anderen »Englischsprachigen« wollen bei diesem Spiel nicht mehr mitmachen, bei dieser großen Medienlüge. Sie sind selbstverständlich allesamt Österreicher, bei FM4 arbeitet kein einziger Engländer, kein Amerikaner, kein Kanadier, kein Schotte, und es hat auch noch nie ein Ire den Sender betreten. Wieso auch, wo wäre der Anreiz? Bei jedem Piratensender in Irland kann man das Zehnfache verdienen, in Amerika verdienen Praktikanten von Indianer-Reservats-Radiosendern am Tag so viel wie wir hier im Monat, und in England kriegt man fürs Radiohören mehr als wir fürs Radiomachen. Sie sind alle so wenig englischsprachig, wie Ivan Rebroff Russe ist. Aber sie müssen so tun, weil Chefin Eigensperger glaubt, dass FM4 so internationaler und cooler klingt. Wie es den Kollegen mit ihrer Lebenslüge geht, danach fragt keiner.

Liebes Tagebuch, Duncan Larkin zum Beispiel heißt eigentlich Dieter Bettlaken und kommt aus einer kleinen burgenländischen Gemeinde. Ein mit ihm befreundeter Winzer hatte einmal eine Affäre mit dem Butler von Prince Charles, das reichte schon, um ihn in den Augen von Chefin Eigensperger zum Briten zu machen. Der arme Dieter Bettlaken, bzw. ja jetzt Duncan Larkin, leidet von allen Englischsprachigen am meisten, weil er gar kein Englisch kann. In einem fünftägigen Crashkurs hat ein zwangsverpflichteter schottischer Tourist versucht, ihm die wichtigsten Grundbegriffe beizubringen. Aber der arme Duncan / Dieter tut sich mit Sprachen sehr schwer. Er steht jedes Mal schweißgebadet im Studio und versucht sich durch die Sendungen zu kämpfen. Es ist Angstschweiß, literweise.

FM4 steckt mitten in den Weihnachtsvorbereitungen. Aus dem Funkhaus, das 24 Fenster hat, soll ein riesiger lebendiger Adventskalender werden. Eine Idee vom rührenden Wortchef Pieper. Jeden Tag wird ein Fenster geöffnet, in dem dann ein nackter Kollege mit Kerze auf dem Kopf erscheint. Der arme Kollege muss bis zum Heiligen Abend im Fenster stehen und den Vorbeigehenden zurufen: »FM4 wünscht frohe Weihnachten!«, und zweimal in die Hände klatschen. Wer nicht mitmacht, fliegt raus, heißt es aus der Chefetage.

Jeder fürchtete sich davor, schon am 1. Dezember eingesetzt zu werden. Ärzte haben ausgerechnet: wenn man im Winter 24 Tage lang nackt in einem offenen Fenster steht, liegt die Überlebenschance nur bei 49 %! Außerdem – warnen Feuerexperten – ist die Gefahr sehr groß, dass wegen der brennenden Kerzen das Haar Feuer fängt. Stermann brannte bei den Proben lichterloh. Das hat doch alles mit Radiomachen nichts mehr zu tun.

Verdammt. Ich arme Sau habe die Acht gezogen. Das heißt, ich muss ab dem 8. Dezember für 16 Tage im offenen Fenster stehen. Ich weine, während ich dies schreibe. Diese Aktion ist so idiotisch, weil die Fenster alle in den Hof rausgehen, wo uns überhaupt niemand sehen kann. Der Einzige, dem wir frohe Weihnachten wünschen können, ist Brutus, der Ö1-Wachhund, der im Hof angekettet den ganzen Tag wie ein Irrer bellt.

Die Kerze wurde mir bereits vom Chefcontroller auf den Kopf geschnallt. Sie wiegt 22 Kilogramm und tropft wie eine Wahnsinnige. Wachs rinnt mir in Nacken und Augen. Ich sehe nichts mehr. Ich habe so Angst vor Weihnachten. Am 24. übrigens soll Gerald Votava als Christkind verkleidet im riesigen Dachfenster erscheinen. Grissemann, das arme Schwein, soll in dieser vertrottelten Inszenierung den Stern von Bethlehem geben. Der Österreicher wird, von einem Kran getragen, 100 Meter über Christkind Votava schweben und ihn mit einem Halogenscheinwerfer anstrahlen. Das hat doch alles mit Radiomachen nichts mehr zu tun.

18.11.

Heute Morgen wurden Äxte an die Mitarbeiter verteilt, um einen Christbaum aus dem Wald zu schlagen. Einige frustrierte Mitarbeiter haben versucht, sich mit der Axt selbst zu erschlagen. Der größenwahnsinnige Chefcontroller Blumenau will den größten Christbaum Österreichs vor dem Funkhaus stehen sehen. Der Baum soll mindestens so hoch sein wie der Millenniumstower. Als Kollege Jordan einwarf, solch hohe Bäume gebe es in Europa nicht, hatte er schon die harte Hand von Blumenau im Gesicht. Konkret ist der Auftrag, so viele Bäume übereinander zu stecken, dass diese protzige Größe erreicht wird. Mit kleinen orangefarbenen Zipfelmützen haben wir Mitarbeiter uns in den Wald begeben, um dort 150 Tannen zu fällen, die wir im Hof versuchen aufeinander zu stecken. Der Chefcontroller selbst hat 5000 riesige Weihnachtskugeln herstellen lassen, auf denen sein grinsendes Konterfei abgebildet ist. Das hat doch alles mit Radiomachen nichts mehr zu tun.

Schrecklich. Furchtbar. Die schlimmste Vorweihnachtszeit, die ich jemals erlebt habe. Im Wald liegen Pi mal Daumen 20 Finger von FM4-Kollegen. Während unserer illegalen Waldrodungsaktion befanden wir uns in ständigem Kleinkrieg mit Naturschützern und uneinsichtigen Förstern, die sich erst zurückzogen, als Grissemann mit seiner Axt einen keifenden Förster enthauptete. Dabei ist Weihnachten doch das Fest der Liebe. Das FM4-Gelände ist von einem massiven Polizeiaufgebot umstellt. Wir lassen uns davon aber nicht beirren und machen mit den Weihnachtsvorbereitungen weiter. Wir haben die 150 Bäume ineinander gesteckt, aber es ist unmöglich, den riesigen Baum aufzustellen; vor allem, weil wir von der Polizei mit Schlagstöcken und Wasserwerfern bearbeitet werden. Das hat doch alles mit Radiomachen nichts mehr zu tun.

19.11.

Wir alle konnten uns nicht erklären, warum seit Wochen unzählige Lastwagenlieferungen mit Schuhen, Stiefeln und Socken eintrafen, die alle vor dem Funkhaus von Senderchefin Eigensperger und Chefcontroller Blumenau entgegengenommen wurden. Naiverweise dachten wir, die Lieferung sei für uns bestimmt, weil wir doch seit einem Jahr bloßfüßig arbeiten müssen, um den Teppich nicht zu beschmutzen – aber weit gefehlt. Wie Spitzel Thomas Edlinger herausgefunden hat, ist das ganze Schuh- und Strumpfwerk für den 6. Dezember bestimmt, an dem ja der Nikolaus Geschenke bringt, die er in Schuhe und Strümpfe steckt. Eigensperger und Blumenau werden 12 000 Paar Schuhe und fast 50 000 Socken vor die Tür stellen. Von uns bloßfüßigen Dienern wird erwartet, die Schuhe und Socken mit großzügigen Geschenken zu füllen, weil es den Nikolaus ja nicht gibt. Wir müssen neue Kredite aufnehmen. 60 000 Geschenke wollen erstmal finanziert sein.

Die meisten Kollegen haben eine chronische Blasenentzündung durch das ständige barfuß Gehen. Außerdem sind die Füße wund, nicht nur wegen der ständigen Schläge auf die Fußballen, sondern vor allem durch die vielen

Glassplitter der Wodkagläser, die Chefcontroller Blumenau nach schöner alter russischer Tradition nach dem Austrinken auf den Boden knallt. Gestern waren zwei moslemische Extremisten im Funkhaus, die aber sofort aus Angst und blankem Entsetzen vor Blumenau die Flucht ergriffen. Das gibt uns allen hier zu denken. Der Chefcontroller verfolgte sie und ließ sie nicht gehen, ehe die armen Extremisten kleine feine orientalische Geschenke in einen christlichen Socken steckten. Das hat doch alles mit Radiomachen nichts mehr zu tun.

20.11.

Chefcontroller Blumenau hat sich gestern mit dem Boxer Graciano Rocchigiani und dem Hannoveraner Adeligen Prinz Ernst August getroffen, um sich über das Thema »Konfliktlösung« auszutauschen. Ernst August schenkte Blumenau einen Schirm, den er gleich an Kollegen Schindler ausprobierte. Der Schirm funktionierte, aber Schindlers rechtes Ohr jetzt leider nicht mehr. Die Köche aus der Kantine spotten, Schindlers Ohr sehe aus wie Zürcher Geschnetzeltes. Blumenau hat wortwörtlich die Schirmherrschaft über FM4 übernommen. Sonst war der Tag sehr ruhig, was nicht zuletzt daran liegt, dass alle Mitarbeiter, die nicht gerade »on air« arbeiten, geknebelt auf ihren Bürostühlen zu sitzen haben.

Chefcontroller Blumenau unterschreibt gerade eine Autogrammkarte für Richter Gnadenlos. Ich habe gestern heimlich einen Brief aus England gelesen, der an den Chefcontroller adressiert war. Ein Brief von Margaret Thatcher, in dem sie ihn wörtlich als die »eigentliche eiserne Lady« bezeichnet. Senderchefin Eigensperger liegt – wie immer – schnarchend in ihrer Hängematte, während Praktikant Schindler vor Kälte und körperlicher Schwäche in seinem Sessel kauernd jammert. Überhaupt sehen sämtliche Mitarbeiter aus wie diese kleinen nackten Schoßhunde, die angebunden vor Supermärkten vor sich hin zittern. Vor jeder Hilfe von außen schirmt uns Blumenau im wahrsten Sinne ab.

21.11.

Statt der seit Jahren versprochenen Gehaltserhöhung haben die jungen FM4-Mitarbeiter alle zusammen eine Familienpackung Prozac bekommen. Und sie dürfen pro Tag fünf Minuten die Schreibtischlampe anmachen, als Lichttherapie gegen die erdrückenden Depressionen. Und endlich dürfen sie, wenn sie von Chefcontroller Blumenau oder der Senderchefin angebrüllt werden, weinen – ohne Konsequenzen. Stummes Weinen allerdings nur. Lautes straffreies Weinen hat man ihnen für Sommer 2004 in Aussicht gestellt. Es wird also besser. Aber wann wird es endlich so weit sein, dass sie straffrei aus Erschöpfung umfallen dürfen? Na ja, man sollte nicht gleich nach den Sternen greifen.

Hier beim ORF gab es seit 1945 keine Gehaltserhöhungen. Noch immer wird der klassische FM4-Mitarbeiter mit Lebensmittelkarten bezahlt (die man seit über 50 Jahren nicht mehr einlösen kann) und mit Nylonstrumpfhosen. Redakteure, die am Wochenende Sendungen machen, bekommen zusätzlich amerikanische Kaugummis. FM4-Mitarbeiter erkennt man daran, dass sie noch immer in ausgebombten Wohnungen leben. Wenn Fritz Ostermayers Frau nicht das Knopfgeschäft ihrer Eltern übernommen hätte, müsste er nicht nur am Abend betteln gehen. Ostermayers Frau backt Plätzchen aus Kartoffelschalen. Er selbst pflanzt Tabak an und hat angekündigt, morgen mit dem Handwagen zu einem Bauern aufs Land zu fahren, um die Eheringe gegen zwei Steckrüben einzutauschen.

23.11.

Kollege Stermann und ich sind sehr stolz, weil wir von einer unabhängigen Jury in Andorra den Staatspreis für Radiounterhaltung bekommen haben. Neben uns hat sich für den Radiopreis noch der 84jährige Hobbykarikaturist Hartmut Pechlahner beworben, der aber schlüssigerweise disqualifiziert wurde, weil er ja nicht beim Radio arbeitet. Es ist der erste und – ohne FM4 nahe treten zu wollen – sicher auch der letzte Preis, den FM4 jemals gewinnen wird. Eigentlich müsste das unsere Position im Sender stärken, aber das Gegenteil ist der Fall. Die vor Neid zerfressenen Kollegen Votava und Haipl haben heute in der Kantine versucht, uns zu vergiften, indem sie uns einfach das Kantinenessen vorsetzten. Das hat doch alles mit Radiomachen nichts mehr zu tun.

Ich bin sehr stolz. In Anerkennung unseres Preises hat uns Senderchefin Eigensperger heute vor versammelter Mannschaft jeweils eine Erdnuss überreicht, einen Schmatz auf die Stirn gegeben und uns anschließend mit einem sanften Po-Klaps an die Arbeit zurückgeschickt. Grissemann stolziert seitdem wie ein Pfau durch die Redaktionsräume. Während ich diese Zeilen schreibe, prügeln die Kollegen Votava und Haipl, beide übrigens meilenweit von jedem Radiopreis der Welt entfernt, den erfolgreichen Grissemann windelweich. Ich nutze diese Aufregung, um auch Grissemanns Erdnuss zu vertilgen. Das hat doch alles mit Radiomachen nichts mehr zu tun.

24.11.

Die Gesundheitspolizei hat gestern die ORF-Kantine unter Quarantäne gestellt, nachdem mehrere tote Ratten gefunden worden sind. Die Ratten sind an der Gulaschsuppe elendiglich zugrunde gegangen. Die Kantinenbetreiber zeigten sich uneinsichtig und überrascht darüber, dass ihr Essen solche Auswirkungen hat. Sie selber allerdings bringen ihr Essen von zuhause mit, was uns immer schon verdächtig vorkam. Aus den Bratwürsten kriechen grüne Würmer, der Salat bewegt sich, und die Kartoffeln zerfallen zu schwarzem Schlamm, sobald man sie berührt. Aus den Fischen steigt eine gelbe Säure auf. Jeder Klebstoff ist nährstoffreicher als die ätzende Brühe, die sich Tagessuppe nennt. Das Gesundheitsamt hat die beiden Köche festgenommen und direkt nach Den Haag überführt, wo sie in einem Schnellverfahren vor dem Internationalen Gerichtshof ihrer gerechten Strafe entgegenschlottern. Das musste mal gesagt werden, auch wenn das mit Radiomachen überhaupt nichts zu tun hat.

Wir FM4-Mitarbeiter sind die einzigen ORF-Mitarbeiter, die trotz Quarantäne weiterhin in der Kantine essen müssen. Wir klettern über die Absperrungen und dann durchs Klofenster an den Schildern mit den Totenköpfen vorbei direkt in die Küche. Hier habe ich bei den Milchflaschen etwas Spektakuläres entdeckt. Auf den Frischmilchpackungen sind Fußball-WM-Sammelbilder angebracht mit den Konterfeis von Ernst Happel, Gerhard Hanappi und Sepp Herberger. Tatsächlich ist die Frischmilch am 21. Juni 1954 abgelaufen! Auf einem Schwarzbrot fand ich eine Nachricht von einem Soldaten, der 1866 bei der Schlacht von Königgrätz dabei war; im Quark hat man eine Haarlocke von Robespierre gefunden! Das hat doch alles mit gesunder Ernährung nichts mehr zu tun – und mit Radiomachen sowieso schon lange nicht mehr.

26.11.

Liebes Tagebuch, wie du ja weißt, werden nächstes Jahr der Brandenburger ORB und der Berliner SFB fusionieren. Der Sender wird dann RBB heißen. Rundfunk Berlin-Brandenburg. RBB, so kürzt sich allerdings auch die Rinderbesamungsanstalt Brandenburg ab. Was den Senderchef Lehnert auf eine verhängnisvolle Idee brachte. Mit dem Leiter der Rinderbesamungsanstalt vereinbarte Chef Lehnert eine Kooperation: Falls es einen Rinderengpass geben sollte, schickt Radio Eins kräftige, potente Redakteure in Brandenburgs Ställe. Ich erspare mir jetzt Details, weil es einfach zu widerlich ist. Als Gegenleistung wird die Besamungsanstalt mit dem Radio Eins-Programm beschallt, um so neue Hörerkreise zu erschließen. Das darf doch alles nicht wahr sein.

Als Ersten hat es wieder mal mich getroffen. Ich werde morgen von einem Viehtransporter abgeholt, mit verbundenen Augen in die Prignitz geschafft und dort in verschiedenen Ställen eingesetzt.

1.12.

Liebes Tagebuch, ökonomische Zwänge führen bei FM4 zu ökologischem Umdenken. Nachdem uns wiederholt der Strom abgeschaltet wurde, haben wir jetzt im Gebäude auf Wind- und Wasserkraft umgerüstet. Alle paar Meter stehen jetzt mannshohe Windräder, die wir selbst gebaut haben – aus Altmetall und gefährlichem Sondermüll. Tatsächlich haben wir es geschafft, dass sie funktionieren. Würden. Wenn es Wind gäbe. Es reicht einfach nicht, dass die jungen Mitarbeiter vor den Rotorblättern stehen und blasen. Den Kollegen platzen die Adern an den Schläfen, aber heraus kommen trotzdem 0 Kilowattstunden Strom. Es ist zum Verzweifeln.

Liebes Tagebuch, Wasserkraft: saubere und erneuerbare Energie, klingt schön, aber wie soll das Indoor funktionieren? Noch dazu, wo uns vor Jahren das Wasser abgestellt wurde? Ostermayer, Edlinger und die grobschlächtigen Kollegen von »Projekt X« haben die unteren drei Etagen des FM4-Trakts in vier Wochen zu einem großen Auffangbecken für einen Stausee umgebaut und aus Altpapier und Kompost ein handbetriebenes Wasserkraftwerk gebaut. Aber: das Wasser fehlt. Im Becken sammeln sich zwar Blut, Schweiß, Tränen und Bierreste von den Kollegen, aber höchstens zwei Meter tief. Das reicht nicht. Wer also nicht vor den Windrädern steht und bläst, muss hier unten spucken. Einige haben so viel Körperflüssigkeit abgegeben, dass sie in einer Art Wachkoma liegen.

2.12.

Liebes Tagebuch, Zahnärzte sterben statistisch gesehen früher, weil sie bei ihrer Arbeit ständig in angsterfüllte Gesichter blicken müssen. So gesehen, müssten Zahnärzte FM4-Mitarbeiter bei weitem überleben, denn wir blicken in keine angsterfüllten, sondern panische Kollegengesichter. Edvard Munchs »Der Schrei« wirkt gegen unseren Praktikanten Albert wie ein romantisch verklärter »don't-worry-be-happy«-Typ. Mathias Zsutty ist noch depressiver. Er ist schwärzer gekleidet, als es Johnny Cash je war. Cash war gegen ihn ein bunter Paradiesvogel, nicht nur modisch, auch seelisch. Am traurigsten sind bei FM4 die Kollegen der »Morning Show«, weil sie mit Tränen in den Augen fröhlich sein müssen. Gute Laune verbreiten trotz Angst im Nacken. Denn hinter ihnen steht während der Sendung der Fürst der Finsternis, Chefcontroller Blumenau.

Liebes Tagebuch, gegen Chefcontroller Blumenau strahlt Ötzi menschliche Wärme aus. Nicht der DJ, sondern der Eismann. Ich kann mich aber auch daran erinnern, wie einmal der DJ bei FM4 war. Er wollte scheinbar seinen Burgersong promoten und war voll auf irgendeiner Partydroge. Als Blumenau das Studio betrat, stockte der DJ mitten im Satz und begann mit Angstschweiß auf der Stirn Mozarts Requiem zu summen. Blumenau nennt seine beängstigende Ausstrahlung »natürliche Autorität«. Na ja, im Fall des dicken Tiroler DJs fand ich das eigentlich ganz gut, denn dessen Gesang macht mir fast noch mehr Angst als der Fürst der Radiofinsternis.

3.12.

Liebes Tagebuch, bald beginnt ein neues Jahr. Man blickt zurück. Auch wir bei FM4 lassen das vergangene Jahr jetzt noch einmal Revue passieren. Wir haben zum Beispiel die Hörerzahlen verzehnfacht, indem wir an die offizielle Zahl eine Null hängten. Grund zum Feiern also. Wir Mitarbeiter haben im Gegensatz zum Vorjahr 50 % Personalkosten eingespart, ein neuer ORF-Rekord, während Chefin Eigensperger und Chefcontroller Blumenau ihre Ausgaben um 200 % gesteigert haben, auch Rekord. Zwei Gründe mehr zu feiern. Aus diesem Grund haben die Chefs Hummer und Sekt ins Funkhaus kommen lassen. Die Mitarbeiter stehen um den Tisch herum, an dem Eigensperger und Blumenau sitzen, und prügeln sich um die Schalen. In die leeren Sektflaschen füllen sie Wasser, das – mit den Sektrückständen vermischt – zumindest erahnen lässt, wie der Sekt schmeckt.

Liebes Tagebuch, Kollege Andreas Schindler hat mir erzählt, dass er einmal nachgerechnet hat, wieviel er im vergangenen Jahr gearbeitet hat: er war 361 Tage im Funkhaus, im Schnitt arbeitet er 19 Stunden pro Tag, exklusive Pausen, wobei »Pausen« auch solche Momente sind, in denen er atmen muss oder nachdenken. Das macht 6859 Stunden. Also hat er es wieder nicht geschafft, zu den 20 Mitarbeitern des Jahres zu gehören. Dafür braucht man mindestens 8500 Stunden. Ein Jahr hat 8760 Stunden. Also darf man pro Jahr höchstens 260 Stunden Pause machen. Schindler hat schwarze Augenringe, die bis zu den Brustwarzen reichen, und Tränensäcke, die den Boden berühren. Er ist 19 und hat den Gang eines Mannes aus dem 19. Jahrhundert. Er arbeitet erst seit drei Jahren bei FM4. Wie schnell man doch einen Mann brechen kann.

4.12.

Liebes Tagebuch: »Welche guten Vorsätze habt Ihr für das nächste Jahr?« So steht es auf einem FM4-Rundschreiben. Es gibt drei Antworten zur Auswahl, von denen man zwei ankreuzen soll: a) weniger Freizeit, b) weniger Mitbestimmung, oder c) mehr Respekt vor Autoritäten. Mathias Zsutty schrieb unter seinen Fragebogen »Liebe und Geborgenheit«. Ich will nicht wissen, was dieses freche Verhalten für Konsequenzen nach sich ziehen wird. Auch Wortchef Pieper schoss deutlich übers Ziel hinaus. Er schrieb auf den Fragebogen: a) und b) kann ich nicht ankreuzen, weil das nicht möglich ist. Weniger Freizeit und weniger Mitbestimmung gibt es auf dieser Welt nicht. Deshalb kreuze ich nur c) an: mehr Respekt vor Autoritäten. Ich schätze mal, dass ihm der Tag Jahresurlaub gestrichen wird, womit sich dann auch seine Anmerkung auf jeden Fall bewahrheiten dürfte.

Liebes Tagebuch, es war bestürzend mitanzusehen, wie Kollege Freeman auf den Tisch stieg und eine Rede hielt. »I have a dream«, sagte der 74jährige Kollege. »I have a dream. Ich träume von einer Welt, in der Redakteure ihre Chefs angstfrei ansprechen können. In der Redakteure schlafen dürfen, wenn sie müde sind. In der ein Redakteur in seinem Arbeitsleben wenigstens einmal gelobt wird. I have a dream. Ich träume von Kantinen, in denen man angstfrei alles essen kann, von Radioanalysen, vor denen man sich nicht fürchten muss. Von professionellem Radio. Kurz, ich träume davon, den Sender zu wechseln.« Man hörte nach dieser Rede nur einen klatschen, nämlich Chefcontroller Blumenau, dem beim Klatschen die Wangen von Freeman zwischen die Hände gerieten.

5.12.

Liebes Tagebuch, alle bei FM4 sind völlig erschöpft. Um die Lautstärkeregler am Mischpult zu schonen, müssen wir Moderatoren seit Tagen brüllen. Chefcontroller Blumenau hat gehört, dass man Kosten sparen kann, wenn man das Mikrofon auf »leise« stellt. Damit die Hörer uns dennoch hören können, müssen wir fünfmal so laut sprechen wie normalerweise. Um das zu üben, hat Chefkoordinator Blumenau ein Trainingsprogramm zusammengestellt, das unsere Stimmbänder stärkt. Er legt uns 40-Kilogramm-Gewichte auf den Hals, die wir mittels unserer Stimmbänder in die Höhe stoßen müssen. Wir müssen dabei Halsschienen tragen, damit die Stimmbänder nicht aus ihrer Verankerung reißen. Das Haustelefon wurde abgeschafft, so dass wir uns im gesamten Funkhaus schreiend miteinander verständigen müssen.

Liebes Tagebuch, bei jeder Sendung kommt inzwischen eine Polizeistreife, um uns wegen Ruhestörung anzuzeigen. Trotz schallisoliertem Studio reden wir so laut, dass nicht nur Anzeigen aus dem 4. Bezirk kommen, sondern auch aus Bezirken von der anderen Donauseite. Eine Funkstreife kam aus Wiener Neustadt, weil sich dort jemand von dem Geschrei belästigt fühlte. Wir habe alle inzwischen so dicke Hälse, dass wir zwei Meter lange Schals brauchen, um den Hals wenigstens zur Hälfte zu bedecken.

Liebes Tagebuch, FM4 ist eine Mischung aus Altersbosheit und Kindergarten. In dieser Welt prallen Pubertät und Greisentum aufeinander. Die einen können nicht mehr, die anderen noch nicht. Das ist mir wieder einmal klar geworden, als Duncan Larkin und Praktikant Albert gemeinsam eine Sendung vorbereiten wollten. Duncan kann wegen des grauen Stars nicht mehr lesen, Albert kann noch nicht lesen, weil er, wie so viele andere, für FM4 viel zu früh die Schule verlassen hat. Ich glaube, er war sieben, als er zu uns kam. Tauchte er nicht sogar genau an Duncans 75. Geburtstag auf? Jedenfalls ist ihrer beider Leseschwäche der Grund dafür, dass in der »Morning Show« nie etwas Aktuelles thematisiert wird. Sie können schlicht und ergreifend die Zeitungen nicht lesen, die Wortchef Pieper ihnen jeden Morgen um halb fünf ins Studio knallt. Duncan und Albert werfen sich dieses Grundproblem lautstark gegenseitig vor. Jedesmal, während eine Platte läuft, schreien und pöbeln sie sich an.

Liebes Tagebuch, hab ich dir schon erzählt, dass ich draufgekommen bin, dass bei FM4 niemand einen ordentlichen Schulabschluss hat? Scherzhaft sagt Grissemann ja immer, ich hätte nur die kleine Matura: drei Jahre Volksschule und eine Tanzstunde. Aber … das stimmt! wieso wir es dann trotzdem schaffen, ein halbwegs intelligentes Image zu haben, liegt an einigen Ö3-Werbestrategen und ORF-Image-Gurus, die FM4 so positioniert haben, auch wenn uns Mitarbeitern das geistige Rüstzeug fehlt, zu begreifen wie. Martin Blumenau ist angeblich sogar in der Tanzschule sitzengeblieben. Aber niemand traut sich, ihn danach zu fragen, aus Angst vor einem Gewaltausbruch. Denn so lernfähig sind FM4-Mitarbeiter doch: reize niemals, nie Chefcontroller Blumenau!

Liebes Tagebuch, zwei Damen vom Jugendamt haben gerade eben zwölf junge Mitarbeiter mit Gewalt aus der Redaktion geschafft. Die zwölf waren schon seit Monaten nicht mehr in der Schule. Offenbar sind Marie, Karl, Jenny, Albert und wie sie alle heißen, allesamt unter 14. Was nicht so verwunderlich ist. Ältere würden für diesen Hungerlohn wohl kaum arbeiten. Ich habe erfahren, dass Albert z. B. 50 Euro im Monat bekommt. Chefin Eigensperger hat ihm erklärt, dass ihre elfjährige Enkelin auch nicht viel mehr Taschengeld monatlich bekommt. Nun ja, liebes Tagebuch, die Enkelin der Chefin hat aber auch sicher keinen 20-Stunden-Arbeitstag. Aber wie heißt's so schön intern: you're not at home, you're at work, baby.

Liebes Tagebuch, die beiden neunjährigen Zwillinge, die niedere Dienste bei der Technoshow »La Boum de Luxe« verrichten, haben heimlich mit UNICEF telefoniert. Scheinbar ist Nachtarbeit für Kinder selbst bei einem Jugendsender verboten. Dabei müssen die Zwillinge gar nichts Anstrengendes tun. Nur nachts Alkohol von der Tankstelle holen und hin und wieder für Gast-DJs Drogen besorgen. UNICEF wirft FM4 aber vor allem vor, dass die Neunjährigen bei »La Boum de Luxe«-Auswärtsspielen in verrauchten Clubs um 6 Uhr morgens das Equipment abbauen müssen, nachdem sie die ganze Nacht am Tresen Bier und Soundselections verkauft haben. Heinz Reich, Chef von »La Boum«, argumentierte, dass moderne Technik ja gar nicht so viel wiege, aber das war den Leuten von UNICEF wurscht. Sie brachten die Kleinen in ein Kinderheim. Na ja, da treffen sie immerhin ehemalige Kollegen wieder.

8.12.

Liebes Tagebuch, FM4-Chefin Eigensperger hat zum ersten Mal seit Jahren wieder mal FM4 gehört, und ihr ist aufgefallen, dass wir Moderatoren zu ernst klingen, zu freudlos. Wir versuchten, ihr den Zusammenhang zwischen diesem Eindruck und den Arbeitsverhältnissen hier zu verdeutlichen, wurden aber mit einem Ohrfeigengewitter von Chefcontroller Blumenau abgewürgt. Die Chefin sagte, wir könnten jederzeit mit Problemen kommen, aber nicht zu ihr. Dann knallte sie einen Senderbefehl auf den Tisch und ging Golf spielen. Der kleine Wortchef Pieper lief als Caddy schweißgebadet mit der mehrere hundert Kilo schweren Golftasche hinterher. In der Anweisung steht, dass wir – Zitat – »mit einem Augenzwinkern« moderieren sollen. Und dass Blumenau das kontrollieren würde. Tatsächlich müssen wir jetzt beim »on air«-Sprechen ständig mit den Augen zwinkern. Ich fürchte, Chefkoordinator Blumenau hat die Anweisung zu wörtlich genommen: Claudia Unterweger wurde gerade mit einem Krampf im Auge ins AKH gebracht.

Liebes Tagebuch, weil Mirjam Unger eben vergessen hat, während einer Plattenmoderation mit den Augen zu zwinkern, hat Blumenau den armen Gerald Votava dazu verdonnert, neben ihr zu stehen und ihre Augen manuell zum Zwinkern zu bringen. Er muss jetzt im Sekundentakt ihre Augen zumachen und wieder öffnen. Es scheint ihm furchtbar peinlich zu sein, aber wenn er es nicht macht, hat Blumenau ihm angedroht, mit ihm zum Golfplatz der Chefin zu fahren und ihn dort abzuschlagen. Das hat Blumenau schon einmal mit Thomas Edlinger gemacht. Edlinger flog einige Meter weit und landete im Sand. Mirjam Ungers Auge ist durch die ständige Belästigung schon blau angelaufen und geschwollen.

13.12.

Liebes Tagebuch, natürlich müssen wir alle sparen, aber der diesjährige Weihnachtsbaum ist wirklich deprimierend. Eine Art Besenstiel aus Holzimitat. Unser Weihnachtsbaum liegt neben dem Eingang auf dem Boden, weil wir auch kein Geld für einen Baumständer haben. Auch der Besuch der Heiligen Drei Könige war enttäuschend. Chefcontroller Blumenau hatte den Besuch feierlich angekündigt, und viele der jüngeren Kollegen hatten sich wirklich gefreut. Alle standen wir am Tor, Weihnachtslieder singend – und dann kam ein Pizzabote, der auf indisch irgendetwas Abfälliges nuschelte. Der Pizzadienst heißt »Second Mouth«; sie verkaufen nur gebrauchtes Essen. Und so haben wir dann bei der Weihnachtsfeier kalte, abgenagte Pizzaränder auf den Schreibtischen gehabt. Das Einzige, was weihnachtlich wirkt, ist der miefige Stallgeruch im Funkhaus. Es riecht nach Schweiß und Vieh, weil wir die Hälfte des Gebäudes an eine polnische Gänsemästerei vermietet haben.

Liebes Tagebuch, rührend. Elisabeth Scharang hat einen Stern auf den Besenstiel gesteckt. Der Stern von Bethlehem. Den *Stern* hat sie im Altpapier von Radio Wien gefunden, wir haben ja schon seit Jahren keine Zeitschriften mehr. Zu teuer und lenkt nur von der Arbeit ab, heißt es. Blumenau kann einem wirklich alles vermiesen. Ich denke, er will unsere Weihnachtsstimmung gezielt zerstören, weil er ja nicht an Gott glaubt, sondern nur an den Teufel. Ich wette, wenn der Teufel einen Sohn hätte, der im Nachbarstall auf die Welt gekommen wäre, wir hätten hier seit Monaten ein rauschendes bacchisches Fest. Aber so? Na ja, was soll's. Warum sollte unsere Weihnachtsfeier etwas mit Weihnachten zu tun haben? Die Arbeit bei FM4 hat ja mit Radiomachen auch nichts zu tun.

14.12.

Liebes Tagebuch, wir müssen jeden Tag Advent feiern, und zwar: die Ankunft des Herrn Chefcontroller. Blumenau ist wütend und fühlt seine Autorität untergraben durch die Feierlichkeiten rund um das Jesuskind. Er duldet keine Götter neben sich. Deswegen hat er uns aufgetragen, eine Art Gegenbibel und Gegenweihnachtsgeschichte zu verfassen: das, wie er sagt, »Neueste Testament«. Der Begriff »Hofberichterstattung« trifft bei diesem Text nicht zu, weil das viel zu untertrieben klingt. Wir müssen Blumenau zu einem Gott machen. Alleine seine Geburt umfasst bis jetzt 3000 Seiten. Eine kurze Zusammenfassung: Blumenau gibt Gott die Erlaubnis, ihn auf die Erde zu setzen, er erblickt das Licht der Welt im Raum Salzburg, 2500 heilige Könige kommen ihn zu preisen, in dem Stall stehen Millionen von Schafen und Kühen, Maria ist Marlene Dietrich, die Krippe ist ein französisches Himmelbett, er ist so schön, dass es trotz Nacht hell wird. Uns allen ist übel bei soviel Lobhudelei.

Liebes Tagebuch, unser Vater im Chefcontrollerbüro, geheiligt werde dein Name. Liebe deinen Nächsten nicht, sondern nur den Chefcontroller. Ich komme mir vor wie im Irrenfunkhaus. Und Blumenau ist nie der liebende, mitfühlende Gott, sondern immer nur der Strafende, wir nennen ihn intern nur noch »the living Fegefeuer«. Wenn einer von uns Mitarbeitern bei der Bibelerstellung nicht demütig genug den Chefcontroller glorreich beschreibt, wird er von Blumenau eigenhändig nicht ans, sondern ins Kreuz geschlagen. Es ist wirklich das Allerschlimmste, wenn Atheisten Göttlichkeit in sich spüren. Unklar ist noch, wie man die Religion nennen soll – Blumismus oder Chefcontrollertum.

15.12.

Liebes Tagebuch, ich fürchte mich vor dem 24. Dezember, denn da gibt's Iltis. Roh. Statt eines Weihnachtsbratens. Der Iltis wird in der Musikredaktion gehalten und gemästet. Es stinkt dermaßen im ganzen Funkhaus, dass man vor lauter Ohmacht kaum mehr zu Potte kommt. Außerdem ist der widerliche Nager aggressiv bis in die Augen. Der ungeduldige und ewig hungrige Blumenau hat schon mal probehalber in den Iltis reingebissen, was den nicht unbedingt freundlicher werden ließ. »Hm, lecker Iltis«, sagte der Chefcontroller mampfend und entzückt. Letztes Jahr gabs Stinktierragout – unser Weihnachten riecht, aber anders als auf Weihnachtsmärkten und an Punschständen. Unser FM4-Punsch ist die reinste Kloake, nach altem Blumenau-Rezept wird unser Punsch gemacht aus geronnener Schafsmilch, Fernet und Rindermagensäure. Bei Erhitzung entstehen so giftige Dämpfe, dass der Iltis jault. Was hat das alles noch mit Weihnachten zu tun?

Liebes Tagebuch, der Fleischfresser Blumenau hat uns mit Keksen aus Wurst überrascht. Sterne, Monde, Glocken und Krippen aus Fleischwurst. Und auch der Adventkalender ist, sagen wir mal, originell. Er hat den Kühlschrank in 24 Fächer aufgeteilt. Hinter jedem Türchen liegt ein Stück Fleisch, hinterm 24. wahrscheinlich wieder wie im vergangenen Jahr ein Braten, letztes Jahr war's ein Eichhörnchenbraten, den sich Blumenau ganz ins sabbernde Maul gesteckt hat und unzerkaut schluckte. Mein Gott, wenn ich da an meine Kindheit denke, wie schön war's damals! Und wie schrecklich ist's heut! Mir hat der Weihnachtsiltis in den Hals gebissen. So kommt nur schwer etwas wie Weihnachtsstimmung auf.

16.12.

Liebes Tagebuch, wer bei FM4 arbeitet, gilt als schwer vermittelbar. FM4 nennt man auch den »Vierten Arbeitsmarkt«. Gegen uns finden Leute aus geschützten Werkstätten im Nu einen normalen Job. Mirjam Unger hat's erst jetzt wieder am eigenen Leib erfahren müssen. Sie leidet ja seit Jahren darunter, dass man bei FM4 kein Geld verdient, sondern symbolisch am Monatsende einen Stein bekommt, den man theoretisch ja, so die Geschäftsführung, verkaufen und zu richtigem Geld machen könnte. Aber wer kauft schon stinknormale Kieselsteine? Also beschloss sie naiverweise, sich woanders zu bewerben. Der grinsende Typ beim Arbeitsamt hielt sich die vollgefressene Wampe, als sie in der Rubrik »Qualifikation« FM4 angab. Er gab ihr die Telefonnummer einer rumänischen Schlepperbande, die suchen immer mal sogenannte Dummies, die bei Nacht auffällig über die grüne Grenze laufen, um die Grenzbeamten abzulenken. Aber nicht mal die Schlepper nahmen sie. Muss sie also weinenden Herzens weiter bei FM4 arbeiten.

Liebes Tagebuch, Zita Bereuter ist traurig. Ich habe sie getröstet, dabei ist sie selbst schuld. Wie kann sie ernsthaft auf die Idee kommen, sich für wissenschaftliche Tests als Testperson zu bewerben? Ich verstehe die Kollegen einfach nicht. Wie Pawlowsche Hunde versuchen sie immer und immer wieder, aus dem FM4-Zwinger auszubrechen, anstatt sich einfach in ihr Schicksal zu fügen. Andreas Ederer hat mir erklärt, das liege am Überlebenswillen, der dann riesige Kräfte freisetzt – und schwupps, schon traut man sich auf den freien Arbeitsmarkt. Und wofür? Andreas hat sich als Probepatient für blinde Zahnmediziner beworben und ist es nicht geworden. Christian Davidek hat sich als Reptilienfutterersatz beworben, Andreas Schindler als Leihmutter für Roys Tiger, Andreas Grünewald als menschlicher Schienenersatz. Wenn nicht nur Züge, sondern auch Busse ausgefallen wären, hätte er Passagiere tragen müssen – aber alle sind sie nicht genommen worden. Kein Verwendungszweck für FM4-Mitarbeiter, niemals und nirgendwo. FM4, Zufluchtsort der Gescheiterten.

17.12.

Senderchefin Eigensperger bat die Mitarbeiter, ihre Weihnachtswünsche ans Christkind bei ihr im Chefbüro abzugeben. Dieser seltene Anflug von Menschlichkeit hat vor allem den älteren Mitarbeitern Tränen in die Augen getrieben. Alle griffen sofort ergriffen zum Briefpapier. Fritz Ostermayer bat schriftlich erneut um die Erlaubnis, wenigstens viermal im Jahr alkoholisiert auf Sendung gehen zu dürfen, der schrullige Moderator Hermes wünscht sich mehr Bewegungsfreiheit beim Moderieren, der Exzentriker möchte im nächsten Jahr während des Moderierens mit Hilfe eines Hakens an der Studiodecke fledermausgleich von der Decke hängen, Praktikant Schindler wünscht das Entfernen der Fußfessel, und New York-Korrespondent Smash wünschte sich via E-Mail eine Geldüberweisung von zumindest 110 Dollar, um wenigstens ein Zehntel seiner Crackschulden zu bezahlen. Ich selbst, so formulierte ich in meinem Brief, wünsche mir endlich, endlich einen kompetenteren, stärkeren, schlagfertigeren, intelligenteren Sidekick für »Salon Helga«.

Schlau ist sie, unsere Chefin. In einem gruppendynamisch hochinteressanten Experiment teilte sie alle Weihnachtswünsche – gemischt in einer Lostrommel – wieder an die Mitarbeiter aus, mit der Bitte, den Wunsch zu erfüllen, der sich im Kuvert verbirgt. Grissemann hat Ostermayers Wunsch gezogen und ist mit Fritz sofort polternd in die Kantine abgerauscht. Mirjam Unger zersägt gerade die Fußfessel von Praktikant Schindler, und Musikchef Makossa überweist per Internet-Banking dem armen Smash sein Drogengeld. Ich … na ja … Dreimal darfst du raten, Tagebuch … Ich muss dem blöden Schwein Grissemann einen Nachfolger für mich selbst suchen. Ich hasse Weihnachten … Dieses Fest ist echt das Letzte.

18.12.

»Gerade zur Weihnachtszeit ist es unsere verdammte Pflicht, den Mitarbeitern, die die Lebensmitte weit hinter sich gelassen haben, besondere Aufmerksamkeit zukommen zu lassen«, flötete Senderchefin Eigensperger vorgestern in der obligaten Krisensitzung um 5 Uhr früh. Gemeint waren zuallererst die gebrechlichen Kollegen Freemann, Larkin, und Stermann. Alle drei sind seltsam mumienhaft alterslos, aber irgendwo zwischen 55 und 85 angesiedelt. »Vorschläge?«, fragte Eigensperger in die Runde der müden Gesichter. Chefcontroller Blumenau regte an, man könne doch prophylaktisch schon mal Nachrufe für die Schublade schreiben. Das habe man beim Papst auch gemacht. Der Vorschlag wurde wegen Geschmacklosigkeit abgelehnt. Man einigte sich nach erbitterter Diskussion darauf, für die drei älteren Herren ein eigenes Weihnachtsfest in einer tschechischen Kuranstalt zu organisieren. Als Geschenk werden Stützstrümpfe, Wundsalben und Gehhilfen überreicht.

Ich weiß nicht, wer das angeordnet hat, aber immer, wenn die Kollegen Freeman, Larkin und ich auf den Gängen in den FM4-Redaktionsräumen jungen Mitarbeitern begegnen, knien diese nieder, falten die Hände, schließen die Augen und singen: »Ich hab Respekt vor schlohweißem Haar.« Diese dumme STS-»Großvater«-Hymne hat auch schon mal einer angestimmt. Mir ist das unangenehm, fühl ich mich im Kopf doch noch recht jung. und der Atem reicht auch noch locker, um die 30 Meter vom LiveStudio zum WC zurückzulegen. Dass ich beim FM4-Weihnachtsfest als Weihnachts-

119

mann gehen soll, hat mich gefreut. Auf die Frage, wo ich die Verkleidung herbekomme, haben Frau Unger und Herr McGill losgeprustet und gemeint: »Gesichtsmaske ist nicht notwendig, ein roter Morgenmantel reicht.« ... Ich bin hochgradig verunsichert.

19.12.

Liebes Tagebuch. Im Ranking der Berufe mit den schlechtesten Imagewerten steht FM4-Redakteur an 256. Stelle. Ein katastrophales Ergebnis, wenn man bedenkt, dass zum Beispiel der klassische Crackdealer auf Platz 217 zu finden ist. Selbst der politisch oder religiös motivierte Selbstmordattentäter hat es vor uns in die Liste geschafft. Wir sind Letzte geworden. Zusätzlich wurde bekannt, dass die neuen FM4-Plakate, die vor Monaten in die Stadt geklebt worden sind, Angst vor allem bei Kindern und Schwangeren auslösen. Die abgebildeten FM4-Hörer verfehlten ihre Wirkung vollkommen. Es kam zu einer bedenklichen Anhäufung von Epilepsie-Anfällen, plötzlicher schmerzhafter Übelkeit und Nasenbluten bei vorbeispazierenden Passanten. Was tue ich hier? Ich habe Angst.

Nach Lektüre der niederschmetternden Studie hat die blass gewordene Senderchefin Eigensperger sofort zum Megafon gegriffen und ein Millionen Dezibel starkes »Image aufpolieren, aber zack-zack!« ins Großraumbüro geplärrt. Was genau damit gemeint ist, erfuhren wir in der internen Mitteilung, die uns Chefcontroller Blumenau – übrigens grotesk als Mickey Mouse verkleidet – um die Ohren schlug: Alle Redakteure müssen ab sofort verkleidet als Märchen- oder Zeichentrickfigur auf die Straße treten. Auch im Büro müssen Verkleidung und Maske anbehalten werden. Dieser ganze lächerliche Mist soll sympathisch und freundlich auf die Menschen wirken. Gerlinde Lang muss als Bugs Bunny durch die Straßen hoppeln, Fred Schreiber muss den Hinkelstein als Obelix auch beim Moderieren am Rücken tragen, und ich selbst schwitze ganz schön in meinem rosaroten Schweinchen-Dick-Kostüm. Bizzarer geht's nicht mehr, liebes Tagebuch: Senderchefin Eigensperger thront als prächtiges Einhorn auf ihrem Chefsessel, während der arme Kollege Grissemann als trauriges Bambi auf allen Vieren durch die Redaktion keucht. Das ist doch alles nur ein Traum, oder?

Liebes Tagebuch, die soziale Ächtung ausnahmslos aller FM4-Leute nimmt bedenkliche Formen an. Eine Studie hat den FM4-Redakteur als Beruf mit mieseren Imagewerten als den des Menschenschleppers oder Serienmörders ausgewiesen. Auf der Straße spotten uns Kinder aus, selbst Polizisten bespucken uns. Kollege Stermanns Kopf wurde gestern in der Kantine von einer weiblichen Reinigungskraft in den Gulaschtopf getaucht. Was haben die Leute nur gegen uns? Um die öffentliche Stimmung gegenüber FM4-Mitarbeitern zu verbessern, sollen wir uns ab jetzt an die goldene Pfadfinderregel – jeden Tag eine gute Tat – halten.

Das gefällt uns. Kollegin Mirjam Unger bemalt, während ich diese Zeilen schreibe, gerade Steine mit schwererziehbaren afghanischen Senioren; der liebe Herr Edlinger von der Büchersendung liest im Blindenheim Baden aus dem Naddel-Schmöker vor, und meine Wenigkeit begleitet heute Abend Diabetespatienten ins Zucchero-Konzert … Hoffentlich wird mir das nicht wieder als zynisch ausgelegt. Na ja. Ich bin guter Hoffnung.

Meine Fresse. Menschlichkeit hin oder her, soziales Engagement schön und gut – aber dass ich armes Schwein von der Senderchefin ausgerechnet dazu verdonnert worden bin, in der Bulimieklinik Salzburg drei Tage lang Gebäudereinigungsdienste zu verrichten, das ist schon brutal. Schließlich bin ich Radiokomiker! Was soll das? Na gut, ich steh das schon durch, und wenn das Ganze dazu führt, dass die Hörer draußen endlich erkennen, dass wir hier absolute Supergutmenschen sind, dann ist es ja nicht ganz umsonst. Ich muss aufhören, liebes Tagebuch: Auf Zimmer 19 übergeben sich zum fünften Mal heute die essgestörten Zwillingsschwestern. Ich muss dort mit dem Putzlappen für Ordnung sorgen. Bis morgen.

Liebes Tagebuch. Mangel und Entbehrung sind die beiden zentralen Wörter hier bei FM4. Das ist nichts Neues, ich weiß. Aber wie weit sich die grausame Schraube der Selbstdemütigung drehen lässt, war mir nicht bewusst. Seit gestern ist es den jüngeren Kollegen verboten, a) Schuhwerk zu tragen, und b) mit dem ganzen Fuß aufzutreten. FM4-Mitarbeiter dürfen im Büro ausschließlich auf den Zehenspitzen gehen. Der Hintergrund der seltsamen Anweisung: Chefcontroller Blumenau will in absoluter Ruhe im Chefzimmer arbeiten und nicht von seinen Untergebenen belästigt werden. Längst unterhalten sich die Leute hier im Büro nur noch in Gebärdensprache. Und wenn es einer wagen sollte, sich leisest zu räuspern, taucht schon grimmigen Blickes Blumenau auf und hält den Zeigefinger an den Mund: »Pst!«

Wo soll das alles enden?

Liebes Tagebuch, ich muss leise schreiben. Das leichte Kratzen der Füllfeder am Papier kann den lärmempfindlichen Chef in den Wahnsinn treiben. Wir alle müssen uns im Büro im Zeitlupentempo bewegen, damit um Gottes Willen kein Luftzug entsteht, der eventuell zu hören ist. Man hat den Eindruck, lauter Geistesgestörte arbeiteten hier: bloßfüßig auf Zehenspitzen schweben die Leute mehr oder weniger im Schneckentempo durch die Gänge. Die Stille ist so unheimlich. Kein Husten ist zu hören, kein Am-Bart-Kratzen, nichts!

Als gestern Vormittag eine Wimper von Wortchef Pieper auf den Boden knallte, schreckten wir alle mit angstgeweiteten Augen hoch und dachten, die Welt gehe unter.

28.12.

Liebes Tagebuch, ich, Christoph Mark Grissemann, zähle mit meinen 31 Jahren weißgott nicht zu den Allerjüngsten; bin aber damit im unteren Altersdrittel aller FM4-Mitarbeiter. Jugendradio? Dass ich nicht lache! Ich darf dir, liebes Tagebuch, kurz die FM4-Chefetage vorstellen: Wortchef Pieper – 42, in ständiger augenärztlicher Behandlung. Knallt mit seinen 12 Dioptrien jeden Morgen gegen alle Kästen, bis er sich ächzend an seinem Schreibtisch niederlässt. Sieht von hinten ein bisschen wie Leon Askin aus. Chefcontroller Blumenau – 49, absolutes Faktotum, Aubesetzer, spricht mit seiner Mutter am Telefon Lateinisch. Von Altersbosheit zerfressen. Sieht von der Seite ein bisschen wie Josef Meinrad mit Brille aus. Senderchefin Eigensperger – 53, seit zwei Jahren Großmutter, hat mit meinem Vater 1968 Ö3 miterfunden; gemütliches Tantchen, sieht von Weitem ein bisschen wie Christiane Hörbiger nach einem Saufgelage aus. Was das »Morning Show«-Seniorenduo Freeman und Larkin betrifft, beide jenseits der 65, so munkelt man scherzhaft, dass die beiden erst den Sargdeckel öffnen müssen, um sich in ihre Rollstühle zu quälen. Haben beide den gleichen Altenpfleger: Hermann, 45. Steht ständig mit einem Erste-Hilfe-Set vor der Studiotür.

Tja, liebes Tagebuch, und dann wäre da noch mein Partner Stermann, 39, sehr auffassungsschwacher Klopapierwerbesprecher aus Duisburg, mit ihm schreibe ich seit neun Jahren Tagebuch.

Natürlich gibt es auch jüngere Mitarbeiter bei FM4, liebes Tagebuch, denen aber mangelt es derart an Professionalität und Talent, dass sie bei Radio Orange nicht mal den Mist runterbringen dürften. Matthias Zsutty zum Beispiel, 25 – ehemaliger Kellner in einer Aida-Konditorei, arbeitet bei FM4 selbstverständlich nur im Hintergrund, grundsympathischer Biertrinker und Wurstesser. Hat von Popkultur soviel Ahnung wie Mausi Lugner, sieht im übrigen auch ein bisschen so aus. Andreas Sehrodler – 26, ewiger Praktikant, weiß bis heute nicht, wie man kopiert und das Licht im Büro anmacht, Burgenländer ... Was soll man sagen? Und dann noch diese Heerschar an Telefon-Jennis / Maries / Johannas, und wie sie alle heißen – alle 22, alle hochintelligent, aber alle zu wenig stresstauglich, um sie jemals ans Livemikrofon zu lassen, sehen übrigens alle so aus wie Judith von »Wir sind Helden« oder noch viel besser. Und dann wäre da noch das Redaktionsküken Albert, 19 – hätte das Zeug zum Nobelpreisträger in allen erdenklichen Kategorien, will aber unbedingt bei FM4 arbeiten, wo er – dieser Sender ist bettelarm – weniger verdient als eine Wasserleiche. Er sieht im übrigen auch ein bischen so aus, wenn er schläft.

Tja, von all diesen bemitleidenswerten, bizarren Kreaturen soll von nun an die Rede sein. Bis morgen, liebes Tagebuch.

29.12.

Liebes Tagebuch, durch den unglaublichen finanziellen Engpass wird bei FM4 das Büromaterial langsam knapp. Wir haben kein Blatt Papier mehr. Die Moderatoren müssen ihre Kommentare auf die blanken Rücken ihrer armen Kollegen schreiben, um sie dann abzulesen. Auf dem Rücken von Redakteur Zsutty steht aktuell gerade eine »Chicks on Speed«-Plattenkritik. Auf Geheiß von Wortchef Pieper muss Zsutty seinen Rücken schleunigst wieder löschen, weil man ihn für eine Rezension des neuen Bejamin Lebert-

Buchs braucht. Dafür hat er wahrlich nicht Journalismus studiert, der liebe Zsutty, um dann als fleischgewordenes Manuskript bei FM4 zu landen.

FM4 konnte zum ersten Mal die Stromrechnung nicht bezahlen. Es herrscht absolute Dunkelheit hier, auch am Tag, weil das FM4-Großraumbüro fensterlos ist. Die aufopfernde Kollegin Unterweger hat als kleine Hilfe sechs Glühwürmchen im Büro ausgesetzt, damit die Moderatoren sich ins Studio tasten können. Das fehlende Rotlicht erschwert den punktgenauen Einsatz der Moderatoren erheblich. Wir arbeiten »on air« nur mehr nach Gefühl. Im Dunklen bin ich gerade gegen einen Nachrichtensprecher gelaufen. Er muss ins Studio. Er hofft, es ist genau 17 Uhr, aber beschwören könnte er es nicht.

2004

3.1.

Liebes Tagebuch, in einer internen Mitteilung heißt es, FM4-Mitarbeiter hätten »Probleme, Hierarchien zu erkennen und zu akzeptieren«: Um unser Obrigkeitsdenken zu trainieren, hat Chefin Eigensperger demokratisch Folgendes entschieden: Jeder FM4-Mitarbeiter muss fortan während der Arbeit ein Tier an der Leine führen, das seiner Stellung im Unternehmen entspricht. Je höher die Position im Sender, desto größer das Tier an der Leine. Chefcontroller Blumenau führt seit heute ein senegalesisches Riesenmammut durch die Redaktion, während Stermann Probleme hat, seinem Zeck ein Halsband umzulegen. Die Leute von der »Morning Show« haben immerhin Zwergziegen, Musikchef Makossa hat einen Kakadu auf der Schulter sitzen. Die Kollegen von »Projekt X« haben Regenwürmer an der Leine. Mir wurde ein Blutegel zugewiesen, der immerhin dreimal größer ist als Stermanns Zeck. Ich bin also eigentlich ganz zufrieden. Wenn Senderchefin Eigensperger mit ihrem Dienstwagen nachhause fährt, trampelt eine 200köpfige Elefantenherde hinterher. Dieser fürchterliche Gestank hier! Ich halt das alles nicht mehr aus, aber: You're not at home, baby, you're at work.

Liebes Tagebuch, Ich stoße an meine eigenen Grenzen. Vor vier Stunden gab die Chefin über Lautsprecher bekannt, dass heute abend um 20 Uhr im ungeheizten Kantinenzelt jeder Mitarbeiter mit seinem Tier ein Kunststück aufführen muss, um seine Führungsqualitäten unter Beweis zu stellen. Im Radio läuft nur noch Musik vom Band, weil jeder Redakteur mit seinem Tier arbeitet. Die Zwergziegen von Larkin und Freemann können bereits jetzt ganz passabel Sackhüpfen. Der Kakadu von Makossa geht in einer kleinen Lufthansa-Stewardessen-Uniform mit einem Tablett durch die Gänge und fragt ständig: »Tee? Kaffee? Tee? Kaffee?« Martin Blumenaus Mammut kann »My Bonnie Is Over The Ocean« pfeifen. Selbst Grissemanns blöder Blutegel kann mit verbundenen Augen aus einem verdeckten Kartenspiel die Pik Acht herausziehen. Ich fürchte, um 8 werden nur ich und mein Zeck überhaupt nichts können. Er schafft es einfach nicht, die Forellen von La Boum de Luxe zu filetieren … Zwei, drei Gräten übersieht er immer.

4.1.

Liebes Tagebuch, Krisensitzung. Musikchef Makossa hat den verängstigten Mitarbeitern mitgeteilt, dass sich im FM4-Musikarchiv nur noch zwei Platten befinden, nämlich »Morning Has Broken« von Cat Stevens und die alte DDR-Nationalhymne. Damit, meinte er sorgenvoll, sei es fast unmöglich, ein abwechslungsreiches Musikprogramm zu gestalten, aber er tue sein Bestes. Grund für die Musikknappheit ist der unglaubliche Kokskonsum der ganzen Musikredaktion. Sie haben tatsächlich im Laufe des Jahres über 25 000 CDs am Flohmarkt verkauft, um sich davon Kokain zu kaufen. Zusätzliche Hiobsbotschaft: die Cat Stevens-Platte ist völlig zerkratzt.

Liebes Tagebuch, in einem Crashkurs lernen wir Mitarbeiter singen und musizieren, weil wir ab jetzt in den Sendungen selbst Musik machen müssen. Aus Unkonzentriertheit habe ich mit Trommel und Trompete die DDR-Hymne gelernt (was völlig sinnlos ist, die haben wir ja auf Platte), während Grissemann inzwischen perfekt »Morning Has Broken« intonieren kann. Man erreicht beim Moderieren kaum mehr das Mikrofon, weil man sich durch Berge von Beschwerdebriefen kämpfen muss.

5.1.

Liebes Tagebuch, aus Geldknappheit kommen seit Monaten keine Tageszeitungen oder aktuelle Magazine in die Redaktion. Internet und Fernsehen hatten wir sowieso noch nie. Auch Radios gibt es keine auf den Schreibtischen – »weil wir ja selbst eins sind«, heißt es in einer internen Mitteilung. Das heißt, wir sind von jeder Information abgeschnitten, was es vor allem für den aktuellen Dienst nicht leichter macht. Die stündlichen Nachrichten sind eine Mischung aus Altpapier und Vermutungen. Aber immerhin hat FM4 jetzt endlich einen Praktikanten bekommen, einen 74jährigen Analphabeten aus Chile. Was Jüngeres und Ausgebilderes haben wir auf dem Praktikantenstrich nicht bekommen. José sitzt den ganzen Tag am Boden und raucht. Hilfe ist er keine, aber er stört eigentlich auch nicht. Der sympathische Nichtsnutz furzt nur manchmal so laut, dass es in den Sendungen zu hören ist.

Liebes Tagebuch, José pflanzt am gesamten Radiogelände Koka-Pflanzen und verdient mit illegalen Drogengeschäften viel mehr Geld als wir. Außerdem hat er heute zwei Rinder mitgebracht. Jetzt haben wir drei Praktikanten. Die Rinder sind eigentlich sogar bessere Praktikanten als José: immerhin stehen sie den ganzen Tag am Kopierer. Leider stehen sie da nur.

Heute war Tag der Offenen Tür bei FM4. Mit anderen Worten: Heute war gar nix los. Das Einzige, was durch die Tür kam, war eine Mücke. Auf Anweisung der Chefin mussten wir freundlich zu ihr sein. Wir zeigten ihr das Livestudio, das Krisensitzungszimmer und ein leeres Blatt Papier, das Gästebuch. Dann ließ sich jeder von uns höflich stechen. Chefin Eigensperger war zufrieden, letztes Jahr war gar keiner da. Es geht also aufwärts.

6.1.

Liebes Tagebuch, ich bin entsetzt. Die hochschwangere FM4-Putzfrau musste ihr Kind während der Arbeitszeit auf die Welt bringen. Sie hatte eh nur ein paar Stunden für die Entbindung frei haben wollen, aber auch das wurde ihr von der unmenschlichen Geschäftsführung untersagt. Während sie staubsaugte, gebar sie einen 52 cm großen, kerngesunden Jungen, der auf Befehl des Chefcontrollers auf den Namen Blumenau getauft wurde. Der kleine Blumenau ist der Liebling der Redaktion. Er liegt auf dem Staubsauger und schläft trotz des Höllenlärms. Zur Geburt wurde ihm von Chefin Eigensperger ein FM4-Aufkleber auf die Stirn gepickt. In zwei, drei Wochen, so hat der Chefcontroller verkündet, wenn der Kleine aus dem Gröbsten raus ist, soll er seiner Mutter beim Putzen zur Hand gehen und so einfache Tätigkeiten wie Kaffeeholen ausführen. Man könne, so der große Blumenau, nicht früh genug in die Arbeitswelt eingeführt werden. Tja, you're not at home, you're at work, baby.

Liebes Tagebuch, vor dem Funkhaus stehen Hunderte UNICEF-Demonstranten. Bei Kinderfreunden hat FM4 jetzt wohl endgültig jeden Kredit verspielt, vor allem, nachdem Chefcontroller Blumenau den kleinen Blumenau aus dem Fenster gehalten hat bei den eisigen Temperaturen. Merkwürdigerweise scheint der Neugeborene aber große Zuneigung zu unserem tyrannischen Chefcontroller zu hegen. Zumindest tut er so. Wahrscheinlich schleimt das Baby aber nur; früh übt sich, was ein opportunistischer FM4-Mitarbeiter werden will.

7.1.

Liebes Tagebuch, der kleine Blumenau, der Sohn unserer Raumpflegerin, ist jetzt drei Tage alt und hat das FM4-Gelände noch nicht verlassen. Was für ein entsetzlicher Start ins Leben! Ein Team von Entwicklungspsychologen ist da und missbraucht den Kleinen mit Billigung der FM4-Chefetage für ein schreckliches Experiment: Wie entwickelt sich ein neugeborenes Kind in einer menschenverachtenden Umgebung? In einem sozialen Klima, das von Abweisung und Erniedrigung geprägt ist? Also bei FM4. Was man jetzt schon sagen kann, ist, dass sich der kleine Blumenau äußerlich bereits immer mehr seinem grausamen Namensgeber Chefcontroller Blumenau ähnelt. Der Kleine hat schon den hinterhältigen, verschlagenen Gesichtsausdruck des Alten. Uns fröstelt's, wenn der kleine Blumenau, auf dem Staubsauger seiner Mutter sitzend, in einen Raum kommt. Stermann dagegen schwebt auf Wolke Sieben, weil er sich in eine der Entwicklungspsychologinnen verliebt hat.

Liebes Tagebuch, Irmtraud ist eine großartige Frau. Viele meiner Kollegen halten sie für herzlos, weil sie so furchtbare Experimente mit dem kleinen Blumenau macht: ihn in zu kleine Strampler zwängt, oder ihm brennheiße Milch zu trinken gibt. Aber, Herrschaften, das ist alles zum Wohle der Wissenschaft. Ich weiß, dass Irmtraud steckbrieflich gesucht wird und wegen Kindes- und Erwachsenenquälereien lange im Gefängnis saß; aber was soll ich tun? Die Liebe kennt keine Gesetze. Irmtraud ist 63 Jahre alt, wirkt aber jünger, und sie hat ein Herz aus Stein. Eine Herausforderung für mich. Sie ist so anders als die anderen, auch wegen ihres dichten Schnauzbarts. Vor allem aber reizt mich, dass ich um sie kämpfen muss, denn sie macht kein Hehl aus ihrer Bewunderung und Zuneigung für Chefcontroller Blumenau. Mich selbst nennt sie nur »Pisser«, aber das kennt man ja. Was sich neckt, das liebt sich. Durch diese kleine Romanze jedenfalls bin ich wirklich abgelenkt von den furchtbaren Arbeitsverhältnissen hier bei FM4.

8.1.

Liebes Tagebuch, es ist schrecklich zu sehen, was die Liebe aus Stermann macht. Beladen mit riesigen Sträußen roter Rosen steht er vor der widerlichen Entwicklungspsychologin Irmtraud und schreit immerfort: »Irmtraud, ich liebe dich!« Sie boxt ihm dann jedes Mal in den Unterleib, was der verliebte Trottel für Zärtlichkeit hält. Entwicklungspsychologisch würde ich sagen, diese Liebesbeziehung hat sich vom Nullpunkt zum Gefrierpunkt entwickelt, zumindest was sie anbelangt. Aber Stermann ist blind. Er assistiert sogar bei den furchtbaren Versuchen mit dem kleinen Blumenau. Nur um seiner Liebsten nahe zu sein. Sie steckt dem Baby dann Thermometer in die Nasenlöcher und setzt ihm Elektroden an die Stirn, und Stermann sitzt mit verklärtem Blick daneben und himmelt sie an. Alle Jugendämter Österreichs stehen vor der Tür von FM4, um diese schrecklichen Versuche zu beenden, aber der Chefcontroller lässt niemanden rein. Die Türen sind verrammelt, bis die Experimente beendet sind. Also noch zwölf Jahre, denn so lange soll der Kleine beobachtet und getestet werden. Und so lange wird Stermann die fast zwei Meter große Irmtraud weiter begehren. Ich wünschte, man könnte ihm helfen.

Liebes Tagebuch, Irmtraud, das sind fast zwei Zentner Lebensweisheit und kühler Charme. Und was ich besonders an ihr mag: sie ist so direkt. Unsere Sendung Salon Helga, sagt sie, sei der größte Scheiß, den sie je gehört habe. Es tut so gut, wenn eine Beziehung ehrlich und offen ist und ohne Lügen auskommt. Sie hält mich für einen Volltrottel, hat sie gesagt. Aber ist nicht jeder Liebende ein Trottel? Nach all den freudlosen Jahren bei FM4 ist endlich einmal mein Herz on air. Freue ich mich auf jeden Arbeitstag, weil ich weiß: Irmtraud ist da, in ihrer schwarzen Lederkluft. Sie riecht nach Formalin und

Desinfektionsmitteln, und wenn sie dem kleinen Blumenau Spritzen gibt, sind das für mich alles Pfeile der Liebe. Es macht mir auch nichts, dass sie mit dem Chefcontroller rumknutscht, das tut sie sicher nur, um mich eifersüchtig zu machen. Herrlich, diese Spiele der Liebe. Mein Herz ist ein Kraftwerk und Irmtraud das Atom, um das sich alles dreht.

9.1.

Liebes Tagebuch, ich habe versucht, Stermann gegenüber so offen und ehrlich zu sein, wie nur möglich. Seine Liebe zu der ekligen Entwicklungspsychologin Irmtraud ist ungesund und macht ihn deshalb krank. Physisch und psychisch. Sie hat ihm eine Spritze in den Hals gerammt und ihm die Augen ausgekratzt. Gott sei Dank sind die Augen nachgewachsen, aber die Spritze steckt noch immer. Er glaubt ja tatsächlich, sie sei nur so brutal, weil sie seine Nähe sucht. So ein Blödsinn. Ich sagte ihm offen ins Gesicht, dass die Frau gewalttätig ist, eine Kinderschänderin, dass sie ihn nicht im Geringsten begehrt und außerdem frisch verliebt in Martin Blumenau ist. Alle anderen FM4-Kollegen standen dabei und gaben mir Recht. Als Stermann antworten wollte, kam Irmtraud in den Raum und fragte, wo der Chefcontroller sei, weil sie noch einmal Sex mit ihm haben wolle. Und endlich brach es aus Stermann raus. Er begann zu weinen. Und zu jammern. Ich hoffe, die Sache hat jetzt endlich ein Ende gefunden.

Liebes Tagebuch, alle Kollegen wissen, dass das zwischen Irmtraud und mir etwas ganz Besonderes ist. Endlich reden wir Mitarbeiter auch einmal über Gefühle und nicht immer nur über Trailer, Beiträge und Charts. Es tat gut, mit meinen Kollegen über Irmtraud zu reden. Als sie dann auch dazukam, musste ich weinen, weil mir klar wurde, dass sie FM4 bald verlassen wird. Wegen ihrer aufopferungsvollen entwicklungspsychologischen Experimente mit dem FM4-Baby Blumenau, dem kleinen Racker, wird sie heute noch von einem Überfallkommando der Cobra festgenommen und lebenslang eingesperrt. Bis jetzt haben wir verhindern können, dass Exekutivbeamte ins Funkhaus kommen, indem wir die Türen verbarrikadierten, aber in der Früh bekamen wir einen Anruf, dass FM4 heute noch gestürmt werden wird. Ach Irmtraud, unsere Geschichte wird gewaltsam beendet! Du kommst ins Gefängnis und der kleine Blumenau in ein Kinderkrankenhaus.

Ich sehe schon die maskierten Beamten, wie sie sich vom Nebengebäude aus abseilen. Die Spritze in meinem Hals wird mich ein Leben lang an dich erinnern. Du große, starke Irmtraud. Aber offenbar ist für Liebe hier kein Platz.

10.1.

Am 24. Januar ist FM4-Fest.

Die Vorbereitungen dafür laufen auf – wie man so sagt – auf Hochtouren. Ein musikalischer Headliner, der bereit ist, für ein Butterbrot aufzutreten, wird fieberhaft gesucht. Das Budget ist so knapp, dass man überlegt, die Pappbecher fürs Bier diesmal zu sparen und die Besucher zu bitten, aus der hohlen Hand zu trinken. Tja, und was die Acts auf der Bühne betrifft, nun ja … Selbst die Auftrittsgage der Skispringer-Liedermacher Christoph und Lollo übersteigt die finanziellen Möglichkeiten. Einzig Tony Wegas wäre momentan drinnen, der Bursche macht's für eine gefüllte Handtasche, ließ sein Management verlauten. Aber mit Wegas würde FM4 sich lächerlich machen. Also wird aller Voraussicht nach eine FM4-All-Star-Band auftreten.

Clemens Haipl mit der Blockflöte, Chefcontroller Blumenau am Schlagzeug und … ähh. Na ja, das war's schon, das sind die einzigen beiden, die schon mal mit Musikinstrumenten in Kontakt gekommen sind. Okay – gekauft! Das bizarre Duo nennt sich »Flötenschlag«.

Das wird ein Fest!

Musikchef Makossa hat Einspruch gegen das Duo »Flötenschlag« erhoben. Das könne man nicht machen, das sei zu armselig, das sei imagemäßig eine Katastrophe usw. Sein Vorschlag: man solle aus dem Duo doch wenigstens eine 4-Mann-Band machen, damit Haipl und Blumenau da nicht so verloren auf dieser riesigen Arena-Bühne rumstehen. Gesagt, getan. Die verdienstvollen Redakteure David Pfister und Robert Zikmund verstärken die Band nun am 24. Januar. Instrumente können sie keine spielen; aber, durch ein Mundmikrofon verstärkt, wird ihr Zähneknirschen eine Art bizarrer Background-Chor für Drummer Blumenaus unkontrollierte Gewaltausbrüche am Schlagzeug und Haipls grenzdebiles Flötenspiel sein. Toll. Das »No Problem Orchestra« lässt grüßen. Haben Sie am 24. Januar schon was vor und können nicht aufs FM4-Fest kommen? Macht nichts. Macht gar nichts.

FM4-Mitarbeiter sind ja ohnehin landauf-landab als peinlich überernährt bekannt, aber was das kalorienlastige Weihnachtsfutter aus den Radioredakteuren gemacht hat, spottet jeder Beschreibung. Die erste Redaktionssitzung im neuen Jahr war ein fleischiges Stelldichein von Hängebacken, Wursthälsen und speckigen Dreifachkinnen. Rainer Springenschmid musste mit dem Kran aus dem Lift gezogen werden, Matthias Zsutty, immer schon mehr Bauch als Hirn, bringt – wie er satt grinsend verkündete – im neuen Jahr endlich was Dreistelliges auf die Waage, und selbst beim an und für sich gazellengleichen Chefcontroller Blumenau haben sich Kekse übel niedergeschlagen. Gestern Nacht hat er mich im Livestudio erschreckt. Ich hätte schwören können, Michael Moore stehe vor mir, aber es war doch nur Blumenau, der mir mit zwei Ohrfeigen links und einer harten rechts bewies, dass Dicke auch ganz schön ungemütlich sein können.

Beim traditionellen »Redakteurewiegen« am 2. Januar brachte ich tatsächlich 123 Kilogramm auf die unbestechliche Waage. 14 mehr als vor einem Monat. Ich schlucke seit gestern tonnenweise FM4-Feuerzeuge, um meinem schlappen Körper beim Kalorienverbrennen zu helfen. Meine einzige Hose ist zu Sylvester geplatzt. Mein deutsches Hinterteil liegt jetzt völlig frei. Ich hab's mir rosarot angestrichen, damit die Kollegen glauben, ich habe mich als Pavian verkleidet. Hinter Herrn Springenschmid, Herrn Zsutty, Herrn Zikmund, Herrn Reich, Herrn Pfister, Herrn Rock, Herrn Ramick, Herrn Freeman und Herrn Spider bin ich der zehntschwerste FM4-Mitarbeiter. Ich wiege exakt 65 Kilo mehr als der filigrane Grissemann, der mit einem dreifachen Flic-Flac in den FM4-Räumlichkeiten das neue Arbeitsjahr eröffnete. Ich kann nicht mehr …

Nach dem doch überraschenden Wechsel von Hannes Eder in das »Starmania«-Team kündigen sich weitere Abgänge bei FM4 an.

Alles noch brandheiße Gerüchte – aber angeblich hat Heartbeat-Ikone Eva Umbauer ein Angebot von »Frisch gekocht ist halb gewonnen«, Clemens Haipl soll neuer Ombudsman in der Kronenzeitung werden. London-Außenstelle Robert Rotifer hat aus finanzieller Not zugesagt, die Lugners zu beerben: »Die Rotifers« sind ab März auf ATV zu sehen. Und Fritz Ostermayer soll der Nachfolger des viel zu spät gefeuerten Mola Adebisi beim Kindersender VIVA werden. Das Jobkarussell dreht sich, liebes Tagebuch. Ich selbst überlege noch, den Job als Leiter der Gegendiagonaleoriginaleantidiagonale anzunehmen. Mal sehen.

Ich bin in der luxuriösen Position, zwischen zwei lukrativen TV-Angeboten wählen zu können. Entweder doch »Herzblatt«-Moderator oder der neue »Bachelor«. Hm – was meinst du, liebes Tagebuch? »Herzblatt« ist wahrscheinlich interessanter, denn als »Bachelor« erlebe ich ja nichts Neues. Aus 25 geilen Biestern EINE auszuwählen, das hab ich jeden Tag. Bin grade dabei, mir das »Bachelor«-Angebot durchzulesen. Fanta sponsert die neue Bachelor-Staffel. Statt »möchtest du diese Rose?« müsste ich den 25 Damen »möchtest du diese Dose?« zuschmachten. Ist mir, glaub ich, zu billig. Aber die vom Fernsehen wollen mich unbedingt. Im Gegensatz zu diesem Lackaffen Marcel bin ICH ja wirklich Millionär … Na ja, mal sehen … Möchtest du diese Dose? … Möchtest du diese Dose? … Möchtest du diese …

14.1.

Senderchefin Eigensperger hat heute in einer internen Mitteilung – Zitat – »bedingungslose Sendertreue in einem harten Radiojahr« von ihren Untergebenen verlangt. Wer Fremdsender hört, hat mit fürchterlichen Konsequenzen zu rechnen. Wir haben die Anweisung, sofort aus Taxis zu springen, in denen nicht FM4 läuft. In der Kantine sollen Ö3-Mitarbeiter nur mit einem arroganten Nicken begrüßt werden, während man FM4-Leute immer zu umarmen hat. Knallfrösche müssen immer in der Hosentasche mitgetragen werden, falls man einmal auf der Straße einem Ö1-Mitarbeiter begegnet. Die FM4-Charts müssen auswendig gelernt werden, und das FM4 Logo wird gerade vom Chefcontroller jedem von uns auf den verlängerten Rücken tätowiert. Aaah …

Beim Schlafen muss jeder Mitarbeiter den entsetzlich schmeckenden FM4-Lolly schnullergleich im Mund behalten. Man wird angehalten, sich von seinen Verwandten oder Freunden zu verabschieden, falls diese nicht nonstop FM4 hören. Nachdem meine Eltern in Düsseldorf zuhause sind und dort

FM4 einfach nicht empfangen können, hab ich versucht, eine Sondergenehmigung zu bekommen. Senderchefin Eigensperger schmetterte meinen Wunsch ab. Ich darf nie wieder mit meinen Eltern Kontakt aufnehmen. »Die können ja nach Wien ziehen«, meinte Eigensperger nicht ganz unbegründet.

Ich weiß noch nicht, wie meine Eltern entscheiden werden, ich darf ja nicht mit ihnen reden. Tränenreich hab ich mich gestern auch von meiner taubstummen Bekannten Beate für immer verabschiedet.

FM4 bis in den Tod.

15.1.

Die Quotenuntersuchung hat ein nur für mich nicht überraschendes Ergebnis gebracht. Die meisten Hörer hat FM4 am Freitagabend zwischen 20.30 Uhr und 21.30 Uhr. Aber auch in diesem Zeitraum sind die Ergebnisse sehr schwankend. Immer dann nämlich, wenn Stermann spricht, schalten über 30 000 Hörer weg. Die, sobald ich wieder zu sprechen beginne, wieder da sind. Bei schnellen Dialogen ist diese Quotenkurve wirklich extrem. Rauf runter rauf runter. Ist bei den Tagebüchern übrigens das Gleiche. Während sie diese Zeilen hören, hören auch 55 000 andere zu. Wenn Kollege Stermann in wenigen Sekunden zum Mikrofon greift, bleiben noch 4500 übrig. Statistisch. Zur Ehrenrettung Stermanns muss man sagen, dass er nach mir die zweitbeliebteste Stimme von FM4 ist. Alle anderen haben noch viel weniger Hörer.

Das ist ein Jammer. Laut Quotenblatt des letzten Monats war die Sendung »Im Sumpf« die am wenigsten gehörte. Gezählte 17 Hörer hatte die Sendung vorletzten Sonntag. Die »Morning Show« vom Dienstag hatte immerhin 42 und »Heartbeat« am Montag 155. 150 Hörer ist etwa der Durchschnittswert bei FM4. Der ekelhafte Grissemann ist zum wiederholten Male mit fast 60 000 Zuhörern Quotenkönig. Senderchefin Eigensperger reicht ihm gerade die Hand zur Gratulation. Irgendwie glaub ich nicht an diese dubiosen Hörerzahluntersuchungen, zumal die Methode »aus-dem-Bauch-Schätzung von Herrn Grissemann« heißt und von wirklicher Seriosität weit entfernt ist.

Geburtstag FM4

Neun ganze Jährchen hat FM4 jetzt am krummen Buckel, liebes Tagebuch. Und Stermann, mein treuer deutscher Dackel, und ich von Anfang an dabei. Zeitzeugen in Sachen Jugendradio. Wow. Und wir denken auch nicht im Traum dran, jemals hier wieder rauszugehen. Nein, nein, wenn FM4 den 59. Geburtstag feiert, wird man uns als Spinnweben von der Studiodecke kratzen müssen!

Es ist aber auch zu schön hier! Die eingefallenen Angstgesichter der kleinen Mitarbeiter, die täglichen Schreiduelle zwischen Chefcontroller und Senderchefin, das Zehneurohonorar bar auf die Kralle nach jeder Sendung, das schicke FM4-Großraumbüro, neben dem Saddams Erdloch wie das Hilton wirkt. Nein, nein, das will ich alles nicht mehr missen, diesen täglichen Bürohorror – diese üble Mischung aus Intrige und Infantilität. Wenn es irgendwo neben mir noch einen Radiogott geben sollte, dann soll der bitte dafür sorgen, dass alles so bleibt, wie es ist. Hoch sollst du leben!

Das ist doch blanker Zynismus, was der durchgedrehte Grissemann da in sein Tagebuch gekritzelt hat. Der Grissemann will schon lange weg von FM4. Aber es nimmt ihn ja kein andrer Sender. Kein Wunder, ist doch selbst der schmierige ATV Chmelar fünfmal witziger als er.

Weiß gar nicht, was er hat. Grade zum Geburtstag von FM4 sollte man sich doch seine Wortwahl überlegen. Ich selbst gratuliere dem österreichischen Alternativsender aus vollstem Herzen sehr, sehr herzlich zum neunjährigen Bestehen! Ich bin dem Sender sehr verbunden, auch wenn ich kein Wort englisch spreche. Ah, stimmt nicht ganz – »I« heißt »ich«, glaub ich. Das hat mir der Grissemann mal im steckengebliebenen FM4-Aufzug beigebracht. Mensch, wann war denn das nochmal? Ach ja, vor genau einem Jahr. Der Herr Votava hat den Lift damals von außen zum Stehen gebracht und keine Hilfe geholt, weil die Redaktion nicht wollte, dass ein Deutscher am achten Geburtstagsfest teilnimmt. Auch heute muss ich mit einem Plastiksack überm Kopf am internen Geburtstagsfest teilnehmen, und die Damen Czesch, Unterweger und Unger schreien dauernd »Elephant Man« zu mir rüber. Na ja, hart ist es in jeder Firma. Und ich kann verzeihen. Alles Gute, FM4! Ich liebe dich!

Habe heute vorm Funkhaus einen großen Schneemann aus dreckigem, schwarzem Schnee gebaut. Meine Art, den Kollegen zu zeigen, dass ich in einer bärenstarken Depression stecke. Ja, ich befinde mich in einer Krise. Ich will nicht länger die Lachnummer dieses fragwürdigen Senders sein. Dieser ganze Comedymist steht doch allen bis hier. Was für ein einseitiges Arbeitsleben. Jeder Satz, der aus meinem Mund fällt, zielt darauf ab, andere zumindest zum Schmunzeln zu bringen. Lacht doch sowieso keiner, werden Sie einwenden – aber das will ich auch nicht: der schlechteste Komiker Österreichs werden. Aus. Schluss. Es hat sich ausgekichert. Wer lacht, hat verloren. Tja. Aber was soll ich jetzt beruflich machen? Auf EDV umschulen? Assistent eines Wiener Pathologen werden? Als Bergbauer wieder zurück nach Tirol? Steuerberatungskanzlei aufmachen? Ich hab ja nix gelernt, und eigentlich möchte ich doch bei FM4 bleiben, weil ich mich an meine niederträchtige Kollegenschaft so gewöhnt habe. Verdammt, was soll ich nur tun? Wo ist mein Prozac?

Habe heute in einem vertraulichen 119-Augen-Gespräch mit der gesamten FM4-Belegschaft über Grissemanns Krise gesprochen. Wundern Sie sich nicht – 119 stimmt, denn Julia Barnes ist nach einem kleinen Dartunfall einäugig. Na egal jetzt, Grissemann hat ja diese fixe Idee, eine ernsthafte berufliche Richtung einzuschlagen, will aber unbedingt bei FM4 bleiben. Er ist wirklich schlecht drauf. Wir haben ihm spitze Gegenstände und Schnürsenkel entzogen. Heute Früh hat er sich mit einer Pistole in die Schläfe geschossen. Er hat enorme Mengen Blut verloren und ein großes Loch im Kopf jetzt, aber sonst ist gottlob nichts weiter passiert. Senderchefin Eigensperger jedenfalls hatte bei der erwähnten Besprechung eine furiose Idee: Grissemann solle Friedhofsgärtner für verstorbene FM4-Mitarbeiter werden. Das ist ein ernsthafter Job mit viel Verantwortung, und garantiert humorfrei! Alle Redakteure, die von uns gehen – egal, ob infolge eines natürlichen Todes oder durch kleines Nachhelfen vom Sensenmann Chefcontroller –, werden auf der Wiese hinterm Funkhaus beigesetzt, und der kleine Österreicher Grissemann ist sozusagen ihr Hausmeister im Jenseits. Tolle Idee, Chef. Sobald der Erste stirbt, wechselt Grissemann den Job. Bis dahin werde ich ihn noch im Salon Helga ertragen müssen.

Die Arbeit im neuen Jahr hat ein gewisses Maß an Unappetitlichkeit erreicht, über das ich nicht länger schweigen will. Die Kulturlosigkeit diverser Mitarbeiter hat einen unrühmlichen Höhepunkt erreicht, liebes Tagebuch! Nun, es ist nach meinen Recherchen so, dass 79 % der Redakteure hier medikamenten- oder drogenabhängig sind. Aufputschende Antidepressiva sind ständige Begleiter. Das wundert niemanden, der Job ist hart, das Klima unmenschlich – und wer ist schon ohne Drogen talentiert genug, eine flotte Radiosendung zu gestalten? Was sich allerdings drei berühmte FM4-Moderatoren, die ich selbstverständlich nicht nenne, sondern diskret abkürze, geleistet haben, ist ein Fall für die Hygienekommission. Die herren Freem., McGi. und Sterm. übergeben sich nämlich in den letzten Wochen nach zu gierigem giftstofflichem Missbrauch in die FM4-Toilette! Ekelhaft. Vom strengen Saubermann Blumenau darauf angesprochen, rechtfertigten sie sich, nur dann die geforderte Leistung bringen zu können, wenn sie ordentlich gedopt seien! Senderchefin Eigensperger entschied wieder mal salomonisch schlau und zog keine Konsequenzen, indem sie, wie sie sich ausdrückte, eine »Kotzen-Nutzen-Rechnung« anstellte. Es ist und bleibt eine fremde, seltsame Welt, hier bei FM4.

Liebes Tagebuch, ich bin komplett am Ende. Ein Drogenhund hat heute an mir geschnüffelt. Der Hund ist sofort ins Koma gefallen. Der Arzt, der mich behandelt hat, meinte mit schreckgeweiteten Augen, dass ich etwa so viel Kokain und Speed im Körper habe, wie seit 1960 in Österreich beschlagnahmt wurden. Dabei hasse ich Drogen. Ich mach das alles nur, um fit für FM4 zu sein.

Das kann doch unmöglich so weitergehen. Mein Gesicht ist durch den massiven Drogenkonsum zur Fratze geworden. Ich sehe mittlerweile aus wie eine Mischung aus Shrek und Keith Richards. Die liebe Scharang hat sich meiner jetzt angenommen. Sie ist die gesündeste von uns allen, ernährt sie sich doch seit 20 Jahren ausschließlich von Apfelkernen und Gurkensaft. Mit ihr zusammen werde ich es schaffen, von dem Teufelszeug wegzukommen. Hoffentlich. Ich habe Angst um mich. Hilfe, ich bin ein Star, holt mich hier raus!

Neue großartige PR-Idee bei FM4! Senderchefin Eigensperger fordert von jedem männlichen Redakteur, sich einen orangefarbenen Vollbart zuzulegen, um den Sender auf der Straße farblich zu repräsentieren. Das FM4-Logo ist ja orangefarben. Seit zwei Wochen herrscht hier strengstes Rasur-Verbot. Und seit gestern färbt Chefcontroller Blumenau persönlich im Badezimmer des Chefs jedem Einzelnen den Bart. Ich – als einziges rothaariges Redaktionsmitglied – hab's relativ gut getroffen. Die Farbe meines Bartes ist von Natur aus beinah orange. Für viele andere Kollegen ist das alles eine demütigende Tortur. Herrn Ramicks stolzer pechschwarzer Rauschebart wird gerade in den Farbtopf getaucht. Ein kurzer scharfer Schlag auf den Hinterkopf beendet die idiotische Prozedur. Die Damen aus der Redaktion lachen sich schief über uns und meinen, wir sähen aus wie Darsteller aus einem geisteskranken Zwergenmusical.

Ich trage meinen Bart ja, seit ich 14 bin, knielang. Dass er jetzt orangefarben ist, stört mich nicht weiter. Im Gegenteil. Sieht irgendwie ganz exzentrisch aus. Manchmal stört er bei der Arbeit ein bisschen und verheddert sich in den Mikrofonstangen, aber durch den signalfarbenen eineinhalb Meter langen Bart bin ich in Wien endlich Kult geworden, denke ich. Er erhöht mein sexuelles Kapital unendlich, alle Weiber sind ganz scharf drauf, mir durch die Barthaare zu fahren. Nur der ewig mieselsüchtige Grissemann ist wieder mal gegen die tolle Bartidee. Er vermutet, dass die berüchtigte »Jenseits«-Kategorie der strengen Stadtzeitung *Falter* in diesem Jahr ausschließlich für männliche FM4-Mitarbeiter abonniert ist. Wenn er sich da mal nicht täuscht, der jenseitige Österreicher!

»Never fuck the company!« oder »Niemals intim im Team!«: eiserne Grundregel in jeder anständigen Firma. Das Ausleben niedrigster Leidenschaften und Instinkte sollte nie-, niemals im Büro stattfinden. Das weiß jedes Kind, und auch du, geliebtes Tagebuch. Und wer bricht diesen Grundsatz jeden Tag aufs Neue? FM4! Widerlich, dieses ständige Gevögel auf den Schreibtischen, dieses kolossale Kopulieren auf den Kopierern. Jeder mit jedem! Ich halte das nicht mehr aus. Hier nur ein kleiner Auszug aus dem wahnwitzigen sexuellen Protokoll von gestern Vormittag zwischen 8.00 und 11.30 Uhr: Votava mit Unger auf der Fensterbank, Reich mit Landsgesell vom Sekretariat im Musikarchiv, Stermann mit Fräulein Schönwiese stehend im Chefzimmer, Pfister mit Bauer im Livestudio, beide mit peinlichen Ledermasken, Ostermayer mit Unterweger am Kantinenstammtisch, Zsutty mit Erdmann und Stermann, ein übler Sandwich-Freiluftfick im Raucherhof, Schindler und Lang schamlos in der Sendeleitung. Wie Bonobo-Affen im Viagrarausch!

Ich will das alles nicht mehr sehen. Mir ist schlecht!

Senderchefin Eigensperger hat heute in der Krisensitzung jegliche sexuelle Unternehmung innerhalb des Büros unter Strafe gestellt. Grund dafür war einerseits Grissemanns prüde Beschwerde und zum anderen eine Rentnergruppe, die im Rahmen einer Funkhausführung plötzlich auch in den FM4-Räumlichkeiten stand und dem munteren Treiben der schwitzenden Leiber zusehen musste. Drei ältere Damen mit Pelzmützen sind in Ohnmacht gefallen, als sie Larkin und Higazi auf der Liebesschaukel am FM4-Empfang stöhnen sahen. Chefcontroller Blumenau – selbst kein Kind von Traurigkeit – hat in einer heuchlerischen Brandrede den besonders triebstarken männlichen Redakteuren eine chemische Kastration angedroht, die er persönlich durchführen wolle.

Mein Gott, Liebe und Hass, wie nah liegt das bei FM4 zusammen!

21.1.

Die Mitarbeiter kräftiger Statur – wie Zikmund, Zsutty und Stermann – errichteten gestern eine Art Flohmarkt bei FM4. Ächzend wurden Kisten geschleppt und Stände aufgebaut. Ein simpler Mitarbeiterflohmarkt. Das nichtsnutzigste Zeug aus dem Privatbesitz diverser FM4-Leute wurde feilgeboten: Eine alte blonde Perücke von Mirjam Unger, ein altes Brillenputztuch von Chefcontroller Blumenau, der erste Lippenstift von Luna Luce, usw. usw. Der unnötigste Krempel also, den man sich vorstellen kann.

Selbstverständlich hat kein Mensch auch nur daran gedacht, irgendwas zu kaufen. Wenn, dann muss man versuchen, das den Fans zu verkaufen, aber doch nicht den Mitarbeitern selbst, flüsterte ich auf Knien rutschend dem Chefcontroller zu; die Schnauze solle ich halten, meinte der, charmant wie

immer: »FM4 macht das nur, um endlich seine Marktanteile zu erhöhen.«
Aha, so so, schlau schlau. You're not at home, you're at work, baby …

Mir gefällt der FM4-Flohmarkt ausgezeichnet. Ich liebe diese nostalgisch-
verkitschten Basare! Habe fast alles aufgekauft: Fünf alte Unterhosen von
Herrn Freeman, an denen ich heute Abend schnüffeln werde, Hauspantof-
feln aus Schafwolle vom lieben Herrn Ramick – genau meine Größe! – die
erste selbstgekaufte Schallplatte vom Musikchef, Peter Cornelius, »I bin do
ka Hampelmann«, wunderbar; und das Prunkstück: ein wunderwunder-
schöner silberner Heroinlöffel von Slack Hippie! Werde ich auch gleich heute Abend nach dem Abendessen ausprobieren. Auch die Autogrammkarte
von Herrn Pulsinger werde ich mir im Copyshop lebensgroß vergrößern lassen und übers Bett hängen. Heute war ein wirklich schöner Tag bei FM4!

22.1.

Shocking, aber wahr, liebes Tagebuch: Noch immer gibt es in Österreich
Orte, an denen FM4 nicht zu empfangen ist. Die Reichweite beträgt 98,4 %.
Das bedeutet, in einigen abgelegenen Käffern kennt man unseren tollen Sender gar nicht! Um diesem Problem Herr zu werden, hat Senderchefin Eigensperger gestern früh drei Mitarbeiter auf die Reise geschickt, diesen hinterm
Mond lebenden Menschen FM4 näher zu bringen. Die Redakteure Farkas,
Schindler und Schmoll werden in diesen einsamen Dörfern wie Staubsau-
gervertreter von Haus zu Haus gehen und den Leuten mittels Kassettenrecorder aufgezeichnete FM4-Sendungen vorspielen. Selbstredend stehen sie
auch für Fragen aller Art zur Verfügung. Falls sich die Leute begeistert zeigen, muss man nur noch den Umzug in eine Stadt, in der FM4 zu empfangen ist, in die Wege leiten, und schon hat unser kleiner Sender einen Hörer
mehr! Bravo. So macht man das!

Unglaublich! Gerade habe ich erfahren, dass sich tatsächlich über hundert
Familien in den Tiroler Bergen spontan dazu entschlossen haben, aus dem
Sendeloch wegzuziehen. Die Überzeugungsarbeit von Farkas, Schindler und
Schmoll trägt also erste Früchte. Mit Hubschraubern der Freiwilligen Feuer-
wehr werden diese armen Familien jetzt in ein Auffanglager nach Wien ge-
flogen. Dort werden sie zwar unter ärmlichsten Verhältnissen leben müs-

sen – aber sie können FM4 empfangen. Als kleines Dankeschön erhält jede Familie ein Plastik-Transistorradio geschenkt. Tja. Man muss Prioritäten im Leben setzen!

23.1.

Liebes Tagebuch, auch wenn es dir vielleicht nicht wichtig genug erscheint, so möchte ich doch nicht unerwähnt lassen, dass sich der freundliche und talentierte Gerald Votava gestern zum ersten Mal seit fünf Jahren rasiert hat. Das war auch wirklich nötig, sah der Starmoderator doch zuletzt schon so aus wie der späte Saddam. Überhaupt lässt das äußere Erscheinungsbild vieler FM4-Mitarbeiter zu wünschen übrig. Ich als Ästhet kann das einschätzen. Dieses verknötzelte und verhaiplte »Projekt X«-Duo ist die schlimmste Beleidigung fürs Auge. Spitzenverdiener in Pennerklamotten, dazu ständig fettes Haupthaar und Löcher in den Latschen. – Kein Wunder, dass die keine Fernsehsendung mehr haben! Oder dieses unselige Duo Ostermayer/Edlinger! Gelbe Rauchergriffel, Jägermeisterfahne und in viel zu enge H&M-Wühltisch-T-Shirts gesteckt. Meine Herren, stellen Sie sich die Stilfrage!

Aber zack! Ich spreche ja ungern schlecht über Damen; aber warum die Frisur der entzückenden Frau Unterweger so aussehen muss, als wäre ein Matratzenlager explodiert, das weiß wahrscheinlich nur sie selbst.

Der bösartige Grissemann hat tatsächlich eine Liste der schlechtestgekleideten Mitarbeiter erstellt. Gerade der! Hat seit fünf Jahren sein affiges Joop-Hemd nicht gewechselt, und seit neuestem trägt er Stecktuch und Hut. Lächerlicher ist nur der Kunsthallen-Direktor gekleidet. Was soll dieser Mode-Terror bei FM4? Gut, Herr Bauch – graue, spitzbäuchige Eminenz im Hintergrund – hätte sich das T-Shirt mit der Aufschrift »Bier formte diesen wunderschönen Körper« sparen können; aber sonst? Ich lass mir doch von diesem geschmacklosen Deppen nicht verbieten, mit meiner wunderschönen, kurzen bayrischen Lederhose und den Fellmoonboots hier auf und ab zu gehen. Hat eigentlich irgend jemand dem Fräulein Lang geflüstert, dass es unüblich ist, am rechten Fuß einen Stöckelschuh und links einen Plateau-Schuh zu tragen, oder hat sie's in der Eile heute früh einfach verwechselt?

Liebes Tagebuch, weil die gesamte FM4-Belegschaft modisch ein jämmerliches Bild abgibt, habe ich gemeinsam mit Chefcontroller Blumenau durchgesetzt, dass es ab April eine FM4-Uniform gibt. Privatkleidung ist dann verboten. Jeder Mitarbeiter muss die Arbeitskleidung tragen, die seiner Position im Sender entspricht. Die unwichtigen Mitarbeiter werden sich zu enge, blau-weiß gestreifte Matrosen-T-Shirts überstreifen, dazu ganz kurze knallrote Höschen. Der FM4-Mittelbau – also CVDs, leitende Redakteure, Nachrichtensprecher und Musikredakteure – kriegt rosa Rüschenhemdchen und knielange fliederfarbene Pluderhosen; und die Chefs – also Eigensperger, Blumenau und ich – lange, schwarze Lederhosen, Kettenhemden, Löwenpelzmäntel und schwarze Zylinder. Des weiteren schöne warme Halbschuhe aus Robbenfell. Das macht was her! Und das Modeproblem ist ein für allemal gelöst.

Habe heute auf meinem von Holzwürmern zerfressenen Schreibtisch ein blau-weiß gestreiftes Kinder-T-Shirt vorgefunden, das ich ab April im Büro hier tragen soll. Hab mich schon mal probeweise reingezwängt. Mein dicker Kopf kommt aber nicht durch. Jetzt schaut nur ein Büschel graue Haare oben raus, ich sehe nichts mehr, und das Leibchen ist so kurz, dass es nur meinen Hals bedeckt. Nur ich und Mathias Zsutty müssen diese demütigenden Matrosenshirts tragen. Alle anderen werden hübsche Rüschenhemden anziehen.

Das kann ich mir nicht bieten lassen: dieses rote Tangaunterhöschen dazu. Entschuldigung, wer bin ich denn? Als ich mich bei Blumenau beschweren wollte, hatte ich schon den Robbenfellschuh im Gesicht. Ich gehe zurück nach Deutschland!

Liebes Tagebuch, traurigerweise sind beim FM4-Fest in der Arena einige Mitarbeiter verloren gegangen. Entweder sind sie zertrampelt worden, oder sie haben den Erfrierungstod erleiden müssen. Beim Durchzählen heute Morgen fehlten jedenfalls Chris Kemmler, Albert Farkas, Jenny Blochberger und Mari Lang. Das Menschliche ist nicht so sehr das Problem, aber ihre Arbeitskraft geht natürlich schon schmerzlich ab. Kemmler war der persönliche Pfleger von Herrn Ostermayer, hat ihn im Rollstuhl ins Studio geführt und wieder zurück. Farkas hat sich, wenn alle Sessel bei Krisensitzungen belegt waren, als menschliche Sitzgelegenheit für die Chefin zur Verfügung gestellt und auch immer den Mund brav offengehalten, falls die Chefin keinen Aschenbecher hatte; und Blochberger und Lang – na ja, die beiden waren für den Lichtschalter zuständig. Blochberger hat mit ihrem Zeigefinger morgens im Büro das Licht angemacht, das das Frl. Lang um 24 Uhr mit ihrem Zeigefinger wiederum abgeschaltet hat. Nun, diese Posten werden jetzt frei: Bewerbungen bitte an FM4, 1136 Wien.

Entwarnung, liebes Tagebuch, die vier vermissten Mitarbeiter sind wieder aufgetaucht. Der arme Albert Farkas wurde versehentlich von den »Mogwai«-Roadies mit eingepackt. Er liegt jetzt in einem Probekeller in Glasgow neben dem Schlagzeug und wird morgen mit Luftpost nach Wien geschickt. Herr Kemmler ist in ein »Arena«-Erdloch gefallen und liegt mit Erfrierungen 22. Grades im Krankenhaus Lainz. Die beiden Damen Lang und Blochberger wurden vom »Arena-Chef« als Lichttechnikerinnen weg-engagiert. Wir alle sind traurig, dass die Ladies mit den flinken Zeigefingern FM4 verlassen; aber man kann es verstehen, in der Arena verdienen sie das 260fache und sind endlich nicht mehr ganz so unterfordert. Das Licht bei FM4 mach ich jetzt aus!

26.1.

Liebes Tagebuch, FM4 hat ja, wie du weißt, ein großes Herz für Minderheiten aller Art. Das Programm ist oft ganz bewusst nicht massentauglich. Aber als heute in der täglichen Krisensitzung eventuelle neue FM4-Sendungen diskutiert wurden, musste ich sehr lachen. Herr Zikmund schlug eine wöchentliche Indianermucke-Show vor. »Der Gesang der Sioux« soll die geile Show heißen. Abgelehnt! Wen soll das denn interessieren? Willst du Minus-Hörerzahlen, Zicke Zikmund? Reiß dich zusammen!

Auch die Literaturshow »Die besten Lyrikfragmente gehörloser Abtreibungsgegner«, die der durchgedrehte Redakteur Zsutty vorschlug, wurde von allen Seiten kopfschüttelnd verhindert. Wirklich gut fand ich nur meine Sendungsidee. »Der Atem des Meisters« soll die vierstündige Reihe heißen, in der ausschließlich mein Ein- und Ausatmen zu hören ist. Billig zu produzieren, anspruchsvoll und massenkompatibel. Chefin Eigensperger überlegt noch, den »Atem des Meisters« ab Mai statt der »Morning Show« ins Programm zu hieven.

Auch ich hatte einige schlaue Ideen, als es darum ging, neue Sendungen zu erfinden. Wiederholungen ist das Zauberwort! Das spart Kosten und freut den Hörer. Die »FM4-Classics«. Man wiederholt einfach jeden Tag exakt die Sendungen vom Vortag. »Gute Idee«, meinte die Senderchefin, bis sie draufkam, dass ja dann immer nur das dasselbe läuft. Und das könne man nicht mal dem dumpfbackigsten Hörer zumuten, sagte sie. »Warum eigentlich nicht?«, warf dann der so schlaue wie hinterhältige Blumenau ein – und so denkt man jetzt tatsächlich über meinen Vorschlag nach. Für uns Mitarbeiter wär's ein Segen, wir bräuchten nie mehr zu arbeiten. Na ja, mal sehen, was daraus wird!

27.1.

Gestern war Starregisseur Michael Haneke Interviewgast bei FM4. Sein Film »Wolfszeit« läuft ja dieser Tage an. Das apokalyptische Szenario im FM4-Großraumbüro mit den blassen, abgezehrten Mitarbeitern, dem düsteren Licht und der depressiven Musik, die hier den ganzen Tag läuft, hat ihn sofort begeistert. Als dann Chefcontroller Blumenau auch noch einem zufällig anwesenden Pferd die Kehle durchschnitt, klatschte der Meisterregisseur begeistert in die Hände und flehte uns an, alles so beizubehalten, wie es jetzt sei, keiner möge den Raum verlassen – er hole nur schnell seine Kamera und sei in zehn Minuten wieder da. Wir hielten uns dran. Ist doch toll, endlich mal Statist in einem Haneke-Film sein! Die mit Haneke mitgehoppelte Huppert begann sich eilig zu schminken, und wir warteten gebannt auf Chef Haneke.

Der kam dann auch tatsächlich, liebes Tagebuch, eine gute Viertelstunde später, eine Filmkamera auf der Schulter. Fünf Stunden lang filmte der Cannes-Preisträger jeden Winkel hier bei FM4. Dann noch lange Porträt-Einstellungen der verzagtesten FM4-Visagen Ostermayer, Edlinger und Grissemann, und schon war das neue Haneke-Meisterwerk im Kasten. Im Hintergrund übrigens hat die Huppert die Schreibtische abgestaubt und sich dann und wann eine Heroinspritze an die Vene gehalten. Laut Hanekes Management kommt »FM4 – der Film« 2005 in die Kinos. Man darf gespannt sein!

Liebes Tagebuch, heute war's lustig. Einmal im Jahr finden die FM4-Sportmeisterschaften statt. Senderchefin Eigensperger und Chefcontroller Blumenau bedienten die Startschussanlage beim Hundertmeterlauf. Die schnellste FM4-Läuferin war das Fräulein Natalie Brunner. Sie lief die 100 Meter in beachtlichen 59,6. Gewonnen hat ein offensichtlich koksender »La-Boum-de-Luxe«-Redakteur. Er lief die 100 Meter in 7,39. Wir werden beim Intendanten unsere Dopingvorwürfe einbringen. Der dicke Stermann war die lahmste Schnecke von allen. Er benötigte für die 100 Meter 2 Stunden und 4 Minuten. Immerhin blieb er damit fast 5 Minuten unter dem Marathonweltrekord. Ein Argument, das nicht wirklich greift.

Wahnsinn! Grissemann, der alte Angeber, hatte sich freiwillig für den Weitsprung angemeldet. Was für ein Desaster. Grissemanns Sprungkraft ist nur als Schubumkehr zu bezeichnen. Nach drei fürchterlichen Versuchen war mit bloßem Auge keine Weite festzustellen. Eine von Grissemann selbst mitgebrachte Lupe bewies, dass er beim zweiten. Versuch 0,2 mm »sprang«. Nicht viel, aber auch nicht nichts, wie er stolz verkündete. Ich fürchte mich schon vor morgen, dem zweiten Tag der FM4-Sportmeisterschaften.

Liebes Tagebuch, zweiter Tag der FM4-Sportmeisterschaften. An diesem Wettbewerb dürfen auch Ö3- und Ö1-Mitarbeiter teilnehmen. Für die Ö1-Mitarbeiter haben wir aus Spaß ein Leichenwagenrennen ins Leben gerufen, aber das nur nebenbei. Seltsam – wir FM4-Mitarbeiter haben bei keiner einzigen Sportart auch nur den Hauch einer Chance und verkommen hier zu Lachnummern. Wir beantragten die Einführung der Disziplin »Einmetergehen«. Laut Senderchefin Eigensperger die einzige Disziplin, in der wir eventuell nicht völlig abgeschlagen Letzte werden. Der Antrag wurde abgelehnt. Und unser 400m-Starter Stermann ist noch immer unterwegs, obwohl der Lauf seit 15 Stunden entschieden ist. Jämmerlicher geht's nicht mehr. Ich selbst bereite mich derweil mit Zahnstochern auf den Speerwurf vor.

Peinlich, peinlich. Es ist gleich Mitternacht. Ich laufe noch immer und beobachte Grissemann mit einem Auge beim Speerwerfen. Allerdings macht es eher den Eindruck einer Gewichthebeübung, weil der schmächtige Grissemann den Speer nicht vom Boden hochkriegt. Er versucht verzweifelt, den Speer über die Wurflinie zu rollen, um irgendwie doch noch in die Wertung zu kommen. Freu mich schon auf morgen, den Abschlusstag der FM4-Sportmeisterschaften.

31.1.

Liebes Tagebuch, letzter Tag der offenen FM4-Sportmeisterschaften. Auf dem Programm stand Schwimmen. Wir durften mit unserer FM4-Staffel unter Rücksichtnahme auf unsere Fähigkeiten im Nichtschwimmerbecken starten. Wir gingen dann die 100 Meter, was ganz schön schwierig ist, weil der Wasserwiderstand so groß ist. Jeder, der das schon mal gemacht hat, weiß, wovon wir sprechen. Trotz der harmlosen Beckentiefe von nur 50 cm drohten die Kollegen aus der Internetredaktion sehr schnell zu ertrinken. Also auch beim Schwimmen null Punkte für FM4. Jetzt bleibt nur noch der Abschlussbewerb Hindernislauf. Da schlagen wir zu.

Hiobsbotschaft. FM4 ist als gesamtes Team von den Sportmeisterschaften ausgeschlossen worden. Wegen galoppierender Unfähigkeit, heißt es. Wir sollen es bei den Special Olympics versuchen, hat uns der Ö3-Mann Robert Kratky geraten. Na ja, beim Hindernislauf durften wir noch als Hindernisse mitmachen, was die Sportsfreunde Zsutty, Schindler und Edlinger als zu demütigend empfanden und nicht teilnahmen. Nur das heitere »Projekt X«-Trio bewies Sportsgeist und ließ sich auf den Kopf springen. Dabei sein ist alles!

1.2.

Liebes Tagebuch, natürlich, es ist charmant, wenn ein Jugendradiosender nicht so angeberisch tut wie, wie Ö3 zum Beispiel. Aber trotzdem ist es mir peinlich, wenn ich aus dem FM4-Bus steige. Der Bus sieht schlimmer aus als Niki Laudas Wagen nach dem Unfall, eigentlich sogar schlimmer als Niki Laudas Flugzeug nach dem Unfall in Thailand. Bei dem FM4-Bus ist die Schubumkehr das Einzige, was überhaupt funktioniert. Tatsächlich kann

145

man mit dem Bus nur rückwärts fahren, die Vorwärtsgänge hat FM4 an einen Autobastler verkauft. Unser Fahrzeug ist Baujahr 1952, hat viele Jahre in einem See gelegen und ist bei der großen Jahrhundertflut im vergangenen Jahr an Land gespült worden, als Esther Czappo und Gerlinde Lang gerade an der Donau standen und Sand aus den Sandsäcken gestohlen haben – weiß der Himmel, was sie mit dem Sand vorhatten. Jedenfalls haben die beiden das tropfende Wrack in die Argentinierstraße gezogen und zusammen mit Thomas Edlinger, der ja eigentlich gelernter Gebrauchtwagenverkäufer ist, wieder »flott« gemacht, wenn man das bei einer Spitzengeschwindigkeit von 7 km/h überhaupt sagen kann. Und mit diesem noch immer nassen Bus fahren wir von FM4-Party zu FM4-Party. Wir werden immer wieder überholt von Kindern auf Stützrädern, die sich über uns lustig machen. You're not at home, baby. You're at work.

Liebes Tagebuch, langsam kann ich's auch schon, die Straßenkarte in Blindenschrift lesen. Eine Sonderanfertigung für Toni, unseren FM4-Fahrer. Als Beifahrer muss immer ich die Karte lesen. Er sagt, er kann nicht gleichzeitig auf die Straße schauen und auf die Karte. Schade, dass die Straße nicht auch in Blindenschrift vor ihm liegt. Anton ist durch einen furchtbaren Tanzunfall vor sieben Jahren blind geworden. Er ist mit den Augen auf eine Plattennadel gefallen. Weil der Unfall bei einem »La Boum de Luxe«-Auswärtsspiel stattfand, hat FM4 ihm aus schlechtem Gewissen den Job als Fahrer gegeben. Na ja, ein bisschen unüberlegt, wenn man mich fragt. Richtig geeignet ist er nicht für den Job, und zwar nicht, weil er blind ist, sondern weil er nicht fahren kann. In all den Jahren, die er jetzt schon den FM4-Bus fährt, hat er noch immer nicht den Unterschied zwischen Gas- und Bremspedal gelernt, er ist rechts/links-Verdreher und rücksichtslos. Also, liebes Tagebuch, falls du den Bus mal irgendwo auf dich zurasen siehst: Be afraid, es ist FM4.

2.2.

Liebes Tagebuch, gestern hatten wir eine kleine interne Party, Stermann hat seine neue Wohnung eingeweiht. Eine lustige Wohnung: Die Türen kann man nur von außen abschließen, und er hat so eine Art Concierge, sogar mit Uniform und bewaffnet, was in Zeiten wie diesen ja nicht so verkehrt ist. Der abgedrehte Deutsche hat festgelegte Besuchszeiten eingeführt, man kann ihn nicht einfach so überraschen, nur einmal die Woche für zwei Stunden; und offensichtlich aus völlig übertriebener Angst vor Viren und möglicher Ansteckung hat er eine Trennscheibe zwischen sich und dem Besuch. Na ja, ich fand's trotzdem sehr nett. Er wohnt dort in so einer WG, interessanterweise alles Männer. Echte Männer. Woher er die wohl alle kennt? Er teilt sich in diesem riesigen WG-Haus mit einem Typen ein Zimmer, wahrscheinlich weil's billiger ist. Ein 50jähriger Ganzkörpertätowierter, der eine sehr direkte Art hat. Zikmund, Zsutty, Schindler und ich wurden von ihm aufgefordert, mit ihm in die Dusche zu gehen und uns dort nach der Seife zu bücken. Etwas merkwürdig. Stermann selbst hat nicht viel geredet. Er war ganz blass. Na ja, so ein Umzug ist ja doch auch immer stressig. Komisch nur irgendwie, ich hab gar nicht mitbekommen, dass er eine Wohnung sucht.

Liebes Tagebuch, der rote Horst, der gschwinde Fredi und der Hamdraher Petzi kümmern sich sehr liebevoll um mich, weil sie ein gutes Herz haben und all meine Zigaretten und mein ganzes Geld bekommen. Ich wüsste nicht, was ich ohne die drei machen würde. Ich bin noch ganz verwirrt, alles ging so schnell. Ich hab ihn wirklich nicht gesehen, mein Gott, wenn ich ihn gesehen hätte, hätte ich das doch nie gemacht. Es war in der Kantine, ich hatte wirklich großen Hunger, weil ich als freier Mitarbeiter ja nur einmal im Monat berechtigt bin, etwas zu essen. Ich stell mich also mit meinem Tablett an die Theke – mein Magen knurrte so laut, dass ich schreiend bestellen musste – und plötzlich steht Chefcontroller Blumenau neben mir und behauptet, ich hätte mich vorgedrängelt. Ich durfte mich nicht nicht verteidigen. Sofort kam ein Sicherheitsbeamter, fünf Minuten später saß ich in einem Schnellverfahren vor einem sehr unordentlich wirkenden Gericht, nicht mal eine Stunde nach meiner Essensbestellung saß ich hier und bückte mich immer und immer wieder nach der Seife meines Zellengenossen. Er sitzt schon seit zehn Jahren und kam mir gleich bekannt vor. Er hat auch früher beim Radio gearbeitet, bei Ö3, als Redakteur von Dominic Heinzl. Sein Verbrechen: er hat damals den Dienstaschenbecher von Dominic Heinzl benutzt. Mein Gott, 25 Jahre hat er bekommen. Ich fürchte mich schon davor, mein Urteil zu hören.

Liebes Tagebuch, der große Nachteil eines Alternativsenders ist, dass sich die ambitionierten Bands, die wir »on air« spielen, ständig Geld pumpen. Die sind ja alle so unfassbar arm! Wenn wir ihre Musik spielen, müssen wir ihnen ihre CDs einzeln abkaufen; die wenigsten haben einen Vertrieb, von Plattenfirmen ganz zu schweigen. Mehrere Hip-Hopper schlafen bei FM4, unzählige Gitarrenpopper gehen bettelnd durchs Funkhaus, am schlimmsten sind Elektronikbands, die sitzen vor unseren Computern, rauchen unsere ausgedämpften Zigarettenkippen und lecken an leeren Kaffeebechern. Die Musikredaktion sieht aus wie ein äthiopisches Flüchtlingslager. Einmal im Jahr müssen wir einigen von ihnen Gewand borgen, bei der Amadeus-Gala, wenn irgendwer von ihnen den Alternative-Award gewinnt, der selbstverständlich sofort versetzt wird. Mensch, das alles hat mit Starglamour so viel zu tun wie McDonald's mit dem Gault-Millaut.

Liebes Tagebuch, es reicht. Ich wurde von einem Dschungelmusiker gefragt, ob ich ihm eine Zahnplombe leihen könnte! Er hat ein Riesenloch im Zahn, vielmehr hat der Arme ein bisschen Zahn im Loch. Natürlich hab ich mir eine meiner größeren Plomben rausgebrochen und ihm geschenkt, aber nervig fand ich's trotzdem. Gestern hab ich ein schönes Bild gesehen, da saßen 20 – 30 zerlumpte österreichische und deutsche Musiker vor unserem Dienstfernseher und schauten mit Tränen in den Augen »Starmania«. Am fasziniertesten waren sie beim Blick in den Backstagebereich: Säfte und Knabberzeug. Liebes Tagebuch, ich danke dem lieben Gott, dass meine Eltern mich nie gezwungen haben, ein Instrument zu lernen. Be afraid, honey, it's FM4 music.

Liebes Tagebuch, um ein bisschen Geld dazuzuverdienen, putzen wir FM4-Mitarbeiter jetzt bei reichen Ö3- und Ö1-Mitarbeitern. Das Verdiente wird uns dann zwar vom ORF-Gehalt abgezogen, aber es lohnt sich trotzdem. Ich verdiene bei Andy Knoll am Tag mehr Geld, als ich bei FM4 in der Woche bekomme, obwohl ich nur ein Viertel von dem kriege, was Andy Knolls alte Putzfrau bekam. Beim Andy macht das Putzen richtig Spaß. Er hat eine riesige Wohnung, in der ich mich auf einem Elektroscooter mit Staubwedel in der Hand fortbewege. Lustigerweise hört Andy Knoll privat FM4. Was man von den meisten FM4-Kollegen nicht behaupten kann. Wenn ich also so durch Knolls 4000-Quadratmeter-Villa düse und im Radio Stuart Freeman quatscht, muss ich immer lachen. Weil ich's in dem Moment so viel besser habe als der arme Stuart. Ich arbeite wenigstens zuhause, wenn's auch nicht meins ist, aber Stuart werkt im menschenverachtenden FM4-Haus. Stuart, you're not at home, you're at work!

Liebes Tagebuch, ich fühle mich gebauchpinselt, weil ich als Putzfrau vom »Diagonal«-Chef arbeiten darf. Ich! Während die anderen alle bei irgendwelchen Unterhaltungstypen waschen und bügeln, darf ich bei Michael Schrott arbeiten, dem früheren »Musicbox«-Chef, einer Legende. Aushilfsweise war ich auch schon bei Ö1-Chef Treiber, wo ich nach einem Fest mit der Zunge den Teppich auflecken musste. Und bei Radioguru Kos hab ich alle 56 000 Kunstbände Seite für Seite mit einem Mikroskop vom Staub befreit. Ich putze für die intellektuelle Elite und bin stolz darauf. FM4-Wortchef Pieper und die Sumpfisten Edlinger und Ostermayer, die sich ja für ganz besonders klug halten, wurden dazu eingeteilt, die neun Privatklos von Robert Kratky zu reinigen. Entwürdigend. Noch dazu müssen sie es gratis machen. Na ja, dafür wird ihnen dann auch nichts vom normalen ORF-Lohn abgezogen. Ich bin sehr gespannt. Wie es heißt, dürfen wir bald auch bei Fernsehkollegen putzen. Ich würd am liebsten bei Paul Lendvai saubermachen oder bei Hugo Portisch. Das Putzen bei ORF-Kollegen ist das Schönste an der FM4-Arbeit. Ich weiß allerdings nicht, ob das für die Arbeit bei FM4 spricht.

4.2.

Liebes Tagebuch, tatsächlich. Wir können jetzt auch für Fernsehkollegen privat putzen. Gestern Abend wurden die Jobs an uns verteilt. Mein Gott, was für eine Aufregung. Und ich habe einen echten Star gezogen: Arabella Kiesbauer. Die Arabella Kiesbauer. Aus Freude hab ich gleich eine Milka dunkle Vollnuss gegessen. Die ganze Nacht über hab ich in Arabellas 25 000-Quadratmeter-Penthouse geputzt. Falls der ORF mal die Show macht: »Österreich sucht die Superputze«, werde ich auf jeden Fall eingeladen. Um auf die Showqueen Eindruck zu machen, hab ich Wischfetzen in jeder Hand und an jedem Fuß stecken gehabt und bin spinnengleich durch ihre Suiten gekrabbelt. Dann hab ich jede ihrer 120 000 Perücken gewaschen, geföhnt und onduliert. Mensch, Tagebuch, ich hatte echt Glück. Ich hätte ja auch den »Money Maker« ziehen können oder Fred Schreiber von der »Sendung ohne Namen«. In dessen Drecksbude hätte ich allein schon aus Neid noch zusätzlich Staub abgeladen.

Liebes Tagebuch, es hieß, wir putzen für Fernsehkollegen, aber soweit ich weiß, ist Rainhard Fendrich doch gar kein Fernsehkollege. Trotzdem hab ich seinen Dachboden gewischt und gleich fein säuberlich meine Unterhosen in den Kasten einsortiert. Während ich putzte, kam seine Nochfrau und verlangte, dass ich mich ausziehe. Nacktputzen, na ja, ich mein, ich hab Geschichte studiert, hab ich das nötig? Sie brachte mir ein Mineralwasser, und aus Dankbarkeit hab ich mich ausgezogen und wie Gott mich schuf, gesaugt und gebügelt. Parallel zum Putzen und Fendrich Hörnen hab ich fünf, sechs Musicals geschrieben und Raini auf den Schreibtisch gelegt. Ich hab die Musicals extra so fürchterlich geschrieben, dass sie bestimmt von den Vereinigten Bühnen aufgeführt werden.

5.2.

Liebes Tagebuch, als alter, gelernter ORFler bin ich im Personenkomitee für Ferrero-Waldner und Fischer. Besser, sich nicht zu früh zu entscheiden. Für beide verteile ich Kugelschreiber und Socken mit lustigen Slogans. Außerdem bringe ich mich auch inhaltlich ein. Für Benita hab ich den Slogan erfunden: »Lieber ein Ferrero-Küsschen als Fischers Fritze«. Bei der SPÖ wurde ich im Wahlkampfbüro für meinen Vorschlag »Na sischer: Fischer.« beglückwünscht. Na ja, seit der ORF völlig entpolitisiert worden ist, bin ich sicherheitshalber Mitglied der ÖVP geworden. Bei allen anderen Parteien war ich ja schon vorher Mitglied. Man muss eben clever sein. Stermann, der Trottel, tut sich zunehmend schwer im Österreichischen Rundfunk. Er eben kein gelernter Österreicher. Das merkt man allein schon daran, dass er nur beim ÖAMTC ist, nicht aber beim ARBÖ. So wird das nie was mit ihm.

Liebes Tagebuch, seit Grissemann versucht, mir verzweifelt den österreichischen Weg beizubringen, bin ich völlig verwirrt. Ich trau mich beim Autofahren zum Beispiel nicht mehr links abzubiegen oder rechts. Ich fahre nur noch geradeaus und komm nie mehr dahin, wo ich eigentlich hin wollte. Ich spritze Rotwein mit Weißwein und esse Schnitzel mit Schweinsbraten, ich arbeite bei FM4 und höre Ö3, bin Ketten-Nichtraucher, und beim Skifahren hab ich links einen Carvingski und rechts ein Snowboard. Aber Grissemann ist trotzdem nie zufrieden mit mir. Als ich im Wiener Lokal »Flex« Walzer tanzte nicht, und als ich auf dem Polizeiball Drogen verkaufen wollte auch nicht. Ach, ich weiß nicht … Ich glaub, ich lerne nie, ein richtiger Österreicher zu sein.

6.2.

Liebes Tagebuch, es ist absurd. Abgrundtief absurd und lächerlich. Chefin Eigensperger war in der vergangenen Woche bei einem Seminar in Hamburg: »Frauen im öffentlich-rechtlichen Radio«, und sofort nach ihrer Rückkehr hat sie eine Gleichberechtigungswoche ausgerufen. »Auch Frauen sollen wichtige Positionen einnehmen können!«, schrie die Chefin über die Hausanlage. »Die Medien sind männerdominiert und archaisch. Hier wird jetzt mit geschlechtsspezifischen Ungerechtigkeiten aufgeräumt.« Nun, liebes Tagebuch, soweit ich weiß, ist Chefin Eigensperger eine Frau, detto Ersatzchefin Claudia Czesch – aber gut, so weit konnte ich ihr folgen, bestimmt gibt es Firmen und Sender, wo es anders ist als bei uns, aber was wir jetzt hier bei FM4 erleben, ist jedes Irrenhauses unwürdig. Damit wir Männer wissen, wie Frauen sich fühlen, müssen alle männlichen Mitarbeiter Frauenklischeetätigkeiten ausführen. Stermann, Votava, Edlinger, Zsutty, Ortner, Manuva und ich z. B. müssen Pullover, Mützen und Socken für die Kolleginnen stricken, obwohl keine FM4-Mitarbeiterin jemals selbstgestrickte Klamotten tragen würde. Die Pissoirs wurden rausgerissen, damit wir uns auch anstellen müssen. Wir müssen Unterweger, Unger, Higazi und all den anderen Moderatorinnen Patschen anziehen und Bierflaschen bringen. Mein Gott, das wirkt alles wie in einem Film aus den 50er Jahren.

Liebes Tagebuch, ich dachte, es wäre ein Scherz, aber tatsächlich: alle Männer müssen Binden tragen! Grissemann und ich müssen intern Grissefrau und Sterfrau gerufen werden, die Chefin hat sich bei einem Urologen erkundigt, ob Bauchhöhlenschwangerschaften bei Männern nicht doch möglich sind. Gestern hat sie 20 wildfremde Kinder mitgebracht, um die wir uns während der Arbeitszeit kümmern müssen, damit wir merken, was Doppelbelastung heißt. Die Kolleginnen müssen sich gegen ihren Willen ununterbrochen Fußballspiele im Fernsehen anschauen und uns auf den Po hauen. Mensch, was für ein völlig antiquiertes Rollenverständnis hat die Chefin bloß? Die Kolleginnen wurden von ihr aufgefordert, nur noch im Stehen bei runtergelassener Brille zu pinkeln; klarerweise müssen wir Männer die Toiletten reinigen. Wir bekommen auch keinen Lohn mehr, sondern »Haushaltsgeld« und müssen davon zweimal die Woche zum Friseur, während alle Frauen im Unterhemd völlig zerzaust durch die Redaktionsräume schlurfen und immer mal rülpsen müssen.

7.2.

Liebes Tagebuch, seit drei Tagen läuft jetzt schon die FM4-Gleichberechtigungswoche. Wir Männer dürfen nur noch Kaffee machen und mit einem Stenoblock neben Kolleginnen sitzen, allzeit bereit fürs Diktat. Es sieht so lächerlich aus, wie Stuart Freeman neben mir mit 40 cm hohen Stöckelschuhen und einem Minirock sitzt, die wenigen, schütteren Haare onduliert. Aber was willste machen? Chefin Eigensperger bildet sich nun mal ein, uns untergebenen Männern so zu zeigen, wie es ist, in einer Machowelt zu leben. Das ZDF-Frauenmagazin »Mona Lisa« hat schon über uns berichtet. Freeman versucht, sich seine Situation schönzureden, indem er auf den Fußballer Beckham und dessen Metrosexualität verweist. Aber Freeman sieht leider nicht wie Beckham aus, sondern wie eine pensionierte Metzgerin in der U-Bahn. Ich trage ein durchsichtiges Jil-Sander-Kleid und seh aus wie Gerry Keszler beim Life Ball, der arme Stermann sieht in seinem Umstandskleid dagegen aus wie Steffi Werger. Ja, liebes Tagebuch. Stermann ist schwanger.

Liebes Tagebuch, ich war heute zur Ultraschalluntersuchung bei meinem Urologen. Ich bin im zweiten Tag schwanger. Chefin Eigensperger ist zu weit gegangen, finde ich. Alle FM4-Mitarbeiterinnen mussten zur Ei-Bank und Eier spenden, ich weiß nicht, wer die Mutter ist – und ich soll jetzt das FM4-Gleichberechtigungs-Kind austragen. Sofort hat die Chefin mir ausrichten lassen, dass es in meinem Fall keinen Vaterschutz geben wird, damit ich am eigenen Leib spüre, wie hart es für Frauen im Alltag ist. Liebes Tagebuch, ich weiß nicht, ob sie da nicht dem Falschen etwas beibringen will. Ich hatte mein Leben lang Chefinnen, ausschließlich. Ich weiß gar nicht, wie das ist, einen Mann als Chef zu haben. Die Kollegen häkeln seit heute früh Babygewand, und ich muss gleich in den ORF-Fitnessraum zur Schwangerschaftsgymnastik. Mein Kind soll es einmal besser haben als ich und bei einem anderen Sender arbeiten. Bei FM4 hätte es mein Kind genauso schwer wie ich, denn laut Ultraschall ist es ein Bub. Be afraid, honey, it's FM4.

11.2.

Liebes Tagebuch, mir ist so furchtbar langweilig. Wenn man nur einmal in der Woche etwas mehr als eine Stunde lang Sendung machen darf, hat man unerträglich unter immenser Fadesse zu leiden. Vor lauter Langeweile sind mir schon vor Tagen nicht nur die Füße und Beine eingeschlafen, sondern auch Arme, Augen und Haare. Ich weiß nicht mehr, wie ich diese endlosen Stunden rumkriegen soll. Mit Stermann, Zsutty, Zikmund, Pollack und Schindler »Mensch ärgere dich nicht« zu spielen wäre eine Ablenkung, aber es ist unmöglich: sie verstehen die Regeln einfach nicht, und als schwere Legastheniker gehen sie mit ihren Figuren immer rückwärts. Das »Salon Helga«-Team ist wirklich ein hirnloser Haufen, durch die permanente Untätigkeit ist allen das Hirn zermürbt worden. Ich verstehe nicht, warum wir als wöchentliche Sendungsmacher trotzdem einen 12-Stunden-Tag haben, von Montag bis Sonntag. Ich halte es nicht mehr aus, in die leeren Augen meiner Kollegen zu schauen – aber ich muss.

Liebes Tagebuch, um die Zeit totzuschlagen, lernen wir den *Rennbahn-Express* auswendig und gießen 40-mal am Tag die Blumen, obwohl es Strohblumen sind. Ich schneide mir stündlich die Fingernägel und überfliege minütlich das Manuskript für die nächste »Salon Helga«-Ausgabe. Es ist ein leeres Blatt Papier. Wir sind so zermürbt, dass wir nichts mehr denken können. Noch schlimmer haben es die Sendungsmacher der FM4-Geburtstagsparty. Die sitzen ein ganzes Jahr einfach so rum, bis sie dran sind. Das ist furchtbar. Wie gut haben es da die Leute der »Morning Show« oder vom »Update«, oder die Nachrichtenleute gar. Jede Stunde was zu tun. Das hält wach und geistig fit. Ich hab durch das ständige stumpfsinnige Warten schon vergessen, wie man isst und trinkt und wie rum man eine Zeitung halten muss. Erschwerend kommt hinzu, dass wir die ganze Woche über mit unseren Regisseuren in einem finsteren, fensterlosen Kämmerchen hocken. Wortlos, da wir uns ja auch nichts mehr zu erzählen haben. Schindler hat das Sprechen verlernt, und Zikmund lallt nur noch vor sich hin.

12.2.

Liebes Tagebuch, Costa Cordalis war da, der Dschungelkönig. Ö3 wollte ihn nicht als Studiogast haben, und so hat er es bei uns versucht. Wir haben ihn mit offenen Armen bei FM4 begrüßt – endlich mal ein Star! Costa hat jedem von uns eine australische Made geschenkt und sein Dschungelköniglied gesungen. Das war sehr schön und ist ja auch in Wahrheit meine Musik, viel mehr als dieser ganze Independent-Mist, der bei uns so läuft. Zusammen mit Stermann, Stuart Freeman und Martin Blumenau hab ich Costa ja mal bei einem Konzert besucht. »Hossa, Hossa, Mexicana« hieß der Abend, und Überraschungsgast war damals Tony Marshall. Wir reden heute noch gern über diesem Abend. Martin Blumenau hört ja immer noch heimlich den ganzen Tag seine alten, geliebten Roland Kaiser und Cliff Roberts CDs auf Walkman. Costa Cordalis ist übrigens ganzkörperbehaart, das hat er uns gezeigt, er hat sich nackt ausgezogen und sah aus wie ein Hirtenhund.

Liebes Tagebuch, ich war von Costa Cordalis genauso angeekelt, wie er von FM4. Er sagte, dass es bei FM4 ekliger sei als bei jeder Dschungelprüfung, wegen all der Ratten und Insekten, die hier auf den Kantinenabfällen rumlaufen. FM4-Mitarbeiter sind ja zu cool, aufzuräumen, und deswegen türmen sich hier in der Redaktion jahrealte Schnitzel, Pizzen und Püreeberge, umrahmt von meterhohen Zigarrettenkippenhügeln. Wir haben ja keinen einzigen Aschenbecher, obwohl es nur einen einzigen Nichtraucher bei FM4 gibt, den fetten Hamster von Kollegen McGill. Ich hab mal Bilder gesehen von den Müllkippen in Manila und spontan gedacht: das muss unser Ziel sein. Wenn's bei FM4 so aussähe wie in Manila, wär's ja ganz erträglich. Cordalis meinte, dass Daniel Küblböck hier bei uns nicht einen einzigen Tag überlebt hätte. Als der Dschungelkönig dann speibend rauswankte, machte ich mir auch Sorgen. Die ganzen grünlich-blauen Dämpfe, die von den Abfällen aufsteigen – ich weiß nicht, gesund wird das kaum sein.

Thomas Edlinger, Co-Moderator der fragwürdigen Nacht-und-Nebel-Sendung »Im Sumpf«, hatte am 15. dieses Monats Geburtstag. Ich habe ja mit dem verschrobenen Herrn Edlinger die Schulbank gedrückt und deshalb ein besonderes Naheverhältnis zu ihm. 42 wurde er übrigens; er sieht aber ein glattes Jahr jünger aus. Anyway, liebes Tagebuch, das Geburtstagskind hatte acht ausgewählte Gäste in eine hippe Fressbude Wiens geladen, Herrn Ostermayer, Herrn Stermann, mich, einen abgehalfterten Werbefuzzi, seinen Bruder, seinen Steuerberater und dessen jüngeren und älteren Bruder. Du merkst, geliebtes Tagebuch, der emotional verwahrloste Redakteur Edlinger hat wenig sogenannte Freunde, von echten ganz zu schweigen. Lange Rede, kurzer Sinn: an der langen Geburtstagstafel saßen schlussendlich nur Edlinger, der, betrunken wie ein Stinktier im Fegefeuer, den Abend durchheulte und -rotzte, ich – es war ausschließlich Mitleid, das mich trieb – und der abgenudelte Nudelregisseur, der sofort einschlief. Die anderen Gäste glänzten durch Abwesenheit. Der traurigste Geburtstag, den man sich vorstellen kann. Ich war froh, als ich wieder zuhause war.

Ich bekam gestern Nacht einen unangenehmen Anruf. Der belesene, aber stocksteife Bücherredakteur Edlinger war am Apparat. Er muss etwa 19 Promille gehabt haben, ich hab seine Fahne durch den Telefonhörer riechen können und bei dem jämmerlichen Gelalle auch nur jedes 15. Wort verstanden. Er fragte mich unter Tränen, warum ich nicht zu seinem Geburtstagsessen gekommen war. »Mensch Bürschchen«, sagte ich, »was glaubst du denn wieviel sinnlose Einladungen bei einem Kleinkünstler meines Formats täglich eintrudeln?« Dann hab ich ihm noch mitgeteilt, dass ich ohnehin keine Zeit gehabt hätte, weil ich lieber zuhause bleiben und fernsehen wollte. Dieser Edlinger geht mir mit seiner rührseligen Aufdringlichkeit langsam auf die Nerven. Werde mir eine Geheimnummer zulegen.

Im Livestudio, liebes Tagebuch, hängen am Pult exakt zwei Kopfhörer. Diese beiden sogenannten Headsets werden von allen Moderatoren benützt, und eventuellen Interviewgästen werden sie auch auf die Rübe gesetzt. Du kannst dir ausmalen, wieviel Ohrenschmalz, Gesichtsschweiß und Hautfetzen an den Kopfhörern kleben. Da bekomme ich lieber zwei Tonnen Kakerlaken ins Gesicht, als mir diese Headsets über meinen edlen Kopf zu ziehen. Ich untersuche diese Dinger ja regelmäßig. Dann und wann klebt Blut von Herrn Schreiber drauf, wenn er sich beim Rasieren geschnitten hat, und wenn der gute Herr Smash hier war, sind die Kopfhörer permanent mit seiner nach Heringssalat stinkenden Glatzenpaste vollgeschmiert. Ich glaub, ich übergebe mich gleich, wenn ich dran denke, dass ich am Freitagabend mir wieder eins dieser Headsets überstreifen muss.

Auch das Moderations-Stehpult ist kein hygienischer Leckerbissen, liebes Tagebuch. Zehntausende glänzende Fingerabdrücke und Sabbertropfen von Moderatoren mit Feuchtmäulern bieten Bakterien aller Art ein neues Zuhause. Rauchende Kollegen spucken ihren schwarzen, übelriechenden Auswurf drauf. Gefärbte Frauenhaare, Fingernägel und Lippenstiftreste steigern den Ekel ins Unermessliche. Das FM4-Livestudio ist ein Paradies für DNA-Tester, aber eine Zumutung für einen gepflegten Herren wie mich. Vor zwei Monaten habe ich doch tatsächlich das Zungenpiercing von Frau Lang verschluckt, das versehentlich noch am Mikrofon des Headsets hing. Das war der Gipfel der Geschmacklosigkeit.

17.2.

Die Goldene-Bär-Gewinnerin der Berlinale war früher Pornodarstellerin. Mein Gott, was für eine Aufregung! Hoffentlich fragt niemand bei FM4 nach und bringt das peinsame Vorleben diverser FM4-Helden ans Tageslicht. Stermann zum Beispiel war früher Zauberer im Puff, Zikmund und Pfister schmuggelten gefälschte Breitling-Uhren und Walther-Faustwaffen, die Damen Unterweger und Lang synchronisierten früher bulgarische Pferdepornos, und der liebe Herr Springenschmid war, bevor er bei FM4 anheuerte, Fotograf und Leitartikler für das erotische Zentralorgan *St.Pauli Nachrichten*. Senderchefin Eigensperger übrigens hat in den 70er Jahren gegrillte Hühnerbeine in einer Imbissbude in Sopron verkauft und hat damit die sauberste Vergangenheit von allen.

Grissemann, der sein Maul nicht halten kann, hat meine Vergangenheit als Bordell-Illusionist geoutet. Ja, mein Gott, es stimmt. Ich hab Anfang der 80er

Jahre auf der Reeperbahn in Hamburg im Strip- und Bumslokal »Ritze« Kaninchen aus einem Zylinder gezogen! Na und? Von irgendwas muss der Mensch ja leben.

Es war eine schöne Zeit damals. Ich durfte bei Neger-Kalle auf'm Sofa schlafen und hatte einen extra angefertigten Show-Frack, der über und über mit Sperma und Sekt besudelt war. Zwölf Jahre lang war ich in Hamburg Varietékünstler. Wahrscheinlich wär ich's heute noch, aber 1992 musste die »Ritze« zusperren, als Neger-Kalle und ich im Rausch vier Freier erschossen haben.

Ich bin dann nach Österreich geflüchtet.

20.2.

Die mit Abstand häufigsten Gäste hier bei FM4 sind Fahrradboten. Bequeme Redakteure bestellen telefonisch den Fahrradkurierdienst, um irgendwelches Zeug schnell von A nach B zu befördern: CDs, Bücher, Drogen, was auch immer. Jedenfalls sind diese schnittigen Burschen äußerst beliebt bei den Frauen in der Redaktion. Wie sie da so stehen in ihren knallengen, bunten Höschen, diese futuristischen Fahrradhelme auf dem Kopf, immer ein Funkgerät lässig um die Schulter geworfen und ein geiler Strampelkörper, frage nicht. Riem Higazi war einmal so hingerissen von einem, dass sie mit ihm drei Tage durchgebrannt ist. Angeblich ein bisschen Tandem fahren im Wienerwald. Na ja, jedenfalls demütigen uns Männer diese scharfen Fahrradboten mit ihren makellosen Körpern. Viele nehmen sich auch schon Frechheiten heraus und klopfen dem lieben Herrn Sternarm zum Beispiel auf den Schwabbelbauch und sagen: »Na, soll ich auch ein bisschen Bauchfleisch von hier mitnehmen?« Bald werden uns die Fahrradboten knechten und das Regiment hier übernehmen. Wie ich diese Drahtesel hasse …

Grissemann malt schon wieder den Teufel an die Wand und spricht nur noch von der Diktatur der Fahrradboten. Und wir sollen aufpassen, meint er, die wollen uns die Weiber und die Jobs wegnehmen. Ich habe nichts gegen die süßen Fahrradboten, ich greif auch dann und wann einem mal zwischen die Beinchen oder mach meine Späße mit ihnen. Neulich habe ich einen Fahrradboten herbestellt und ihm aufgetragen, er soll mir doch bitte die Dose Bier vom Grissemann-Schreibtisch bringen. Dazu muss man wissen, dass der Grissemann-Schreibtisch nur sieben Meter entfernt von meinem ist. Der Fahrradbote schaut mich verdutzt an, macht sich dann aber auf den Weg zum Grissemann-Schreibtisch – und ich hab dann geschrien: Mit dem Fahrrad! Da hat der Esel doch tatsächlich seinen Gaul von unten raufgeholt und ist mit dem Fahrrad hier im Büro zum Grissemann-Schreibtisch rüber und hat mir die Bierdose gebracht. Der Spaß war mir 25 Euro wert. Zahlt doch sowieso der Sender …

24.2.

Im Internetwarenhaus Amazon haben mehrere prominente Autoren ihre eigenen Bücher lobend rezensiert. Wahrscheinlich hast du von diesem Kleinskandal gehört, liebes Tagebuch. Nun, was die bei Amazon können, können wir bei FM4 schon lang. Ich zum Beispiel gebe zu, schon des öfteren mit genial verstellter Stimme in diversen FM4-call-in-Sendungen angerufen zu haben, um dort die Moderationskünste des Herrn Grissemann abzufeiern. Die Radio-Jubelartikel in der Tagespresse stammen alle selbstverständlich aus der Feder von Senderchefin Eigensperger, die intern nur Pseudonyma genannt wird. Das Ergebnis des für uns so erfolgreichen Radiotests hat sich Chefcontroller Blumenau zusammengelogen, und die enormen Verkaufszahlen der »Sumpf«-Bücher der geschätzten Herrn Ostermayer und Edlinger lassen sich nur mit der satten Erbschaft erklären, die Herr Ostermayer dazu benutzt hat, alle seine Erzeugnisse selbst zu kaufen.

So läuft der Hase hier.

Seit langem, liebes Tagebuch, schreibe ich unter den Fantasienamen Peter Blau, Wolfgang Kralicek und Alexandra Seibel Kabarettkritiken in diversen Gazetten. Ich vernichte Kollegen und preise mich selbst. Diese Lügenspirale gipfelte in dem Höhepunkt, dass ich mir selbst vor zwei Jahren den »Salzburger Stier« verliehen habe. Mir ist im Laufe meines beruflichen Lebens nur ein folgenschwerer Irrtum unterlaufen: Aus Versehen habe ich vor drei Jahren nicht Christoph Grissemann, sondern dessen Bruder Stefan im wichtigen Nachrichtenmagazin *Profil* zum Kulturchef gemacht. Mit dem Ergebnis, dass in diesem Käseblatt seit drei Jahren nichts mehr über uns steht. So ein Mist, alles muss man selbst machen, auch Karriere …

Neue brutale Weisung aus der FM4-Chefetage: Moderatoren, die sich öfter als dreimal pro Woche »on air« versprechen, werden zur Strafe ins Barbarella-Musical geschickt. Leichenblass vor Angst sieht man Moderatoren Sprachübungen machen, Frau Lang hat sich vorsorglich schon mal die Zahnspange aus dem Mund genommen und die Herren Ostermayer und Zikmund haben sich zur Alkohol-Entwöhnungskur angemeldet. Wer lallt, verliert und muss als Zusatzfolter auch noch ins Kabarett von Steffi Werger. Ich persönlich finde diese harten Strafen in Ordnung. Ein professioneller Sender darf sich kein Moderationsgestann ... Gelammel ... Gestammel leisten. – Ach du Scheiße!

Ich bin relativ fein raus, liebes Tagebuch, habe ich mich doch zuletzt 1956 bei der Songcontest-Übertragung versprochen. Gelernt ist eben gelernt. Als gelernter Deutscher beherrsche ich die Sprache von Natur aus besser als viele Kollegen, die aus der Steiermark, Bayern oder Sachsen kommen, wo man ja in Sprach- und Sprechfehler hineingeboren wird. Das soll jetzt nicht überheblich klingen, aber wer spricht denn die Zewa-Soft-Toilettenpapier-Werbung? Die bellenden Sprech-Versager von Energy oder ihr geliebter Düsseldorfer Stermann? Was? Na eben. Viel Spaß im Musical, Kollegen – und lasst mir die Werger Steffi ganz lieb grüßen!

Liebes Tagebuch, die lieben Kollegen Haipl, Votava und Knötzl haben auf der letzten Redaktionssitzung die Absetzung von »Salon Helga« gefordert und unseren Sendeplatz für sich selbst. Da haben sie in einen Bienenkorb gestochen, denn plötzlich forderte Hermes die Absetzung seiner Kollegin Mona Moore und die doppelte Besoldung für sich selbst, BTO Spider forderte die Absetzung von »Chez Hermes«, Rudi Schöllerbacher im Namen von »Chez Hermes« das Ende von »High Spirits« und der »Homebase«, damit sie den ganzen Dienstagabend haben. Es ging jeder gegen jeden. Es war schrecklich. Die Einzigen, die unangefochten waren, waren die Kollegen von der »Morning Show«, aber auch nur deshalb, weil niemand sonst so früh aufstehen will.

Liebes Tagebuch, es ist ekelhaft, wie die Kollegen nur an ihren eigenen Vorteil denken und nicht an meinen. Wer, bitte, braucht die Musikspezialsendungen? Und wer den »Sumpf«? Dass es »Projekt X« oder »Zimmerservice« gibt, ist ja wohl der groteske Ausdruck widerlicher Freunderlwirtschaft, mehr nicht. Wären die Damen und Herren Kollegen objektiv, wären sie, wie ich, der Meinung, dass es für FM4 das Beste wäre, ich sende rund um die Uhr, eventuell unterbrochen von Nachrichten, damit ich auf's Klo kann oder einen Kaffee holen. Alles außer mir auf FM4 ist ein trauriger Kompromiss.

2.3.

Liebes Tagebuch, wirklich, ich mag auch Tiere. Aber nicht so viele und nicht während der Arbeitszeit. Viele meiner Kollegen sind ja sozial vereinsamt und haben deshalb Hunde, Katzen und Vögel, aber müssen sie die mit zur Arbeit nehmen? Bei FM4 sieht die Belegschaft zurzeit so aus: 55 Mitarbeiter, 42 Hunde, 54 Katzen, 24 Meerschweinchen und 18 Vögel. Wann immer ich mein wohlverdientes Pausenbrot auspacke, knurren mich mindestens zwei Dutzend Köter an und schnappen nach meiner Hand. Und wehe, man kritisiert diese Zustände, dann wird von den lieben Kollegen sofort mit Tierschutzorganisationen gedroht! Am kranksten ist Chefin Eigensperger, die nicht nur ihre vier Siamkatzen ständig mit sich führt, sondern auch ihre zwölf gestorbenen Katzen ausgestopft im Büro stehen hat. Die Menschentoiletten wurden aus Platzmangel in Katzenklos umgewandelt, also muss auch ich mich demütigenderweise in die Kisten mit Katzenstreu setzen, wenn ich mal muss. Es ist so erniedrigend.

Liebes Tagebuch, heute wurde in der Redaktion der achte Baum gepflanzt, außerdem wurden zwei Studios abgerissen und mit Rasen ausgelegt, damit die Hunde Auslauf haben. Es gibt ja außerhalb von FM4 Menschen, die glauben, ich hätte graue Haare. Nein, das ist Vogelscheiße. Die gefiederten Dreckschleudern scheißen mir so oft auf den Kopf, dass es sich nicht mehr lohnt, die Kacke aus den Haaren zu waschen. Und ständig stolpere ich über die dämlichen Meerschweinchen von Petra Erdmann. Angeblich will Julia Barnes morgen ihr Pferd mitbringen. Und Dave Dempsey seine Bisamratten. Hoffentlich vertragen die sich mit dem Faultier von John McGill und dem Eber von Martin Puntigam.

Liebes Tagebuch, meine Backe ist das Einzige, was dicker ist als mein Hals, nachdem dieser angebliche Zahnarzt bei FM4 war, um unsere Beißerchen zu überprüfen. Ein 89jähriger ehemaliger Weltkriegs-Dentist, der nach abgesessener Kriegsverbrecherstrafe wieder praktiziert. Angeblich war er der einzige Zahnarzt, der sich bereit erklärt hat, in unsere verfaulten Mäuler zu schauen. Einmal im Jahr finden diese medizinischen Untersuchungen statt – und es stimmt schon, wir haben in den letzten Jahren sämtliche Mundhygienikerinnen und Zahnmediziner zur Weißglut getrieben. Ich erinnere mich noch an die liebreizende Ärztin vom letzten Jahr, die irgendwann die Nerven wegschmiss und hysterisch schrie: »Man sollte euch allen den Mund amputieren, das ist ja unzumutbar!« Dieser schwere Mundgeruchdunst in den FM4-Räumlichkeiten ist wahrscheinlich wirklich nicht jedermanns Sache. Diese Mischung aus Fisch-und Knoblauchgeruch, gepaart mit kaltem, abgestandenem Raucheratem und schimmlig duftender Magensäure fällt uns selbst gar nicht mehr auf.

Liebes Tagebuch, ich konnte mir vor dem Zahnarztbesuch nicht die Zähne putzen, weil die aggressiven Bakterien zwischen meinen Zähnen die Zahnbürste sofort attackieren. Außerdem beginnt mein Zahnfleisch zu bluten, sobald ich den Mund aufmache. Der merkwürdige Weltkriegsdoktor hat mir Spritzen von außen in die Backe gegeben, aus Ekel, wie er sagte. Dann musste ich den Mund öffnen, und er schmiss ein Dutzend Blutegel hinein. Die sollen sich durch den Zahnstein fressen und in dem bakteriologischen Schlachtfeld aufräumen. Ich muss sie drei Tage im Mund behalten – unangenehmes Gefühl, trotz Spritze. Der liebe Onkel Doktor hat mich trotzdem gelobt, meine Kolleginnen und Kollegen bei FM4 hätten bei weitem ungepflegtere Zähne als ich. Das hat mich ganz schön stolz gemacht.

Liebes Tagebuch, es ist so demütigend, als erwachsener Mensch von einer blutjungen Zahnarzthelferin vorgemacht zu bekommen, wie man sich richtig die Zähne putzt. Aber ich musste es machen, mir fehlten die Argumente. Dass ich offensichtlich die falsche Zahnputz-Technik verwende, wurde offenkundig, als auf meinem Röntgenbild gezählte 34 Kariesstellen gefunden wurden. Allein an den toten, abgestorbenen Zähnen. Die drei Beißer, die noch nicht abgestorben sind, sind unter dem Berg an Belag kaum wahrzunehmen. Nicht mal auf dem Röntgenbild. Der ORF-Zahnarzt hat mir angedroht, eine Aufnahme meiner Zähne im Funkhaus-Foyer mit Namensnennung aufzuhängen, wenn ich meine Zahnputzkultur nicht radikal ändere. Okay, spül ich halt einmal im Jahr mit Mineralwasser.

Liebes Tagebuch, das war wirklich verblüffend. Als Sebastian Schlachter behandelt wurde, rief der liebe Onkel Doktor uns andere ins Behandlungszimmer, um uns das anzuschauen. Erstaunlich, was Kollege Schlachter so alles zwischen seinen Zähnen stecken hatte: eine halbe Kartoffel, den Kopf einer Forelle, zwei Knochen einer Schweinshaxe, drei Lakritzen, eine ungeöffnete McDonald's-Cocktailsauce und ein Zweieurostück. Damit hat der gute Herr Schlachter den Vogel abgeschossen. Marketingchef Gregor Almassy führte bis jetzt mit dem ganzen Grillkotelett, der Ritter Sport Marzipan, der Maus und dem Senffässchen zwischen den Zähnen. Wir klatschten alle und ließen Sebastian hochleben.

5.3.

Liebes Tagebuch, zur alljährlichen ORF-Gesundenuntersuchung ist niemand von FM4 erschienen, weil niemand wirklich gesund ist. Da hätten die Jungs von der Gesundenuntersuchung früher anfangen müssen, nämlich bevor wir bei FM4 angefangen haben. FM4 macht krank, und Kranke machen FM4. Allein die Hunderte von Biss- und Kratzspuren hysterischer Kolleginnen, offene, eitrige Wunden, davongetragen nach heftigen Diskussionen über Inhalte und Moderationsstil. Die Ohrfeigengewitter von Chefcontroller Blumenau und die daraus resultierenden Trommelfellrisse sowie das alte FM4-Programm »Alkohol statt Vitamin C« tun da ihr Übriges. Jedes weiße Blatt Papier wirkt gegen jeden FM4-Mitarbeiter wie eine Tafel dunkle Vollnuss. Dazu die völlig verkümmerte Muskulatur durch zuviel Sitzen, schlechtes Sehvermögen, vielmehr so etwas wie gute Blindheit durchs ständige Starren auf den PC – hoppla, das sind wir, die Krüppelbrigade vom Jugendradio.

Liebes Tagebuch, ich habe beobachtet, wie Hal Rock versucht hat, eine Minidisc vom Boden aufzuheben. Es dauerte eine Viertelstunde, bis er sich vor der am Boden liegenden Minidisc richtig plaziert hatte, um sie aufheben zu können. Mit aller Kraft bemühte er sich, die Adern traten aus seinem Hals, aber er schaffte es nicht. Rund um seinen Schreibtisch liegen Hunderte herabgefallener Minidiscs. Obwohl der gute Herr Rock laufen könnte, wird er von minderjährigen Praktikanten mit seinem Schreibtischstuhl in der Redaktion herumgefahren. Früher schoben ihn angestellte Kollegen, aber die können inzwischen auch nicht mehr von ihren Stühlen aufstehen. Muskelschwund hat einen Namen: FM4.

8.3.

Liebes Tagebuch, seit zehn Jahren, also seit Bestehen unseres Senders, verdiene ich jedes Jahr weniger. So dass ich jetzt, die Inflationsrate eingerechnet, heute im Monat das verdiene, was ich früher in der Woche bekam. Na ja, wenn's mir nur ums Geld ginge, wäre ich längst bei Radio Orange oder Radio Zwiebelzwerg. Außerdem argumentiert der ORF mir und den anderen Moderatoren gegenüber ständig mit der sogenannten Umwegrentabilität, will heißen: durchs Moderieren wird man bekannter und hat so Nebenjobs. Das ist natürlich wahr. Ich habe zum Beispiel gestern eine Pudelshow moderiert – aber leider nicht eine gutbezahlte Pudelshow, sondern eine Pudelshow für Punks. In ganz Österreich gibt's aber nur zwei Punks, die einen Pudel besitzen. Es war jämmerlich, und ich hab auch nichts verdient, weil ich mich blöderweise darauf eingelassen habe, mit den Veranstaltern 70/30 zu vereinbaren. 30 % der Einnahmen hab ich bekommen. Bei keinem einzigen Besucher war's zumindest leicht, meine Gage zu berechnen.

Liebes Tagebuch, Stuart Freeman ist ja weit über 70 und schon so lange beim Sender, dass er gar kein Gehalt mehr bekommt. Umso wichtiger ist natürlich in seinem Fall die berühmte Umwegrentabilität. Er hatte einen prima Job: in einem Purkersdorfer Altenheim moderierte er jeden Sonntag einen Frisurenwettbewerb, das war Klasse, weil's schnell ging, haben die meisten dort doch keine Haare mehr. Aber jetzt wurde Stuart Freeman durch einen Jüngeren ersetzt, nämlich Duncan Larkin. Na ja, Kollege Freeman hat wohl seinen Zenit eindeutig überschritten, er war bei der Frisurenshow immer eindeutig der Älteste im Raum. Armer Stuart, liebes Tagebuch. Jetzt hat er nur noch einmal im Jahr den Job beim Wettsaufen der Exilschotten in Linz. Und dieser Job ist eindeutig der härteste, den man über die berühmte Umwegrentabilität bekommen kann. Erstens muss er mitsaufen, und zweitens zahlen die Schotten noch weniger, als man klischeehaft annehmen würde, nämlich nur seine Zugfahrt. Und auch da nur eine einfache Fahrt. Nach Linz. Für die Rückfahrkarte muss er immer beim Bahnhof als Hilfsarbeiter acht Stunden mitanpacken.

9.3.

Liebes Tagebuch, in der FM4 Kantine herrscht Niedergeschlagenheit. Wir Moderatoren saßen wie immer an unserem Moderatorenstammtisch, der gleichzeitig so etwas wie ein Arbeitsstrich ist. Wann immer es irgendwo etwas zu moderieren gibt, kann man sich dort einen von uns schnappen und ins Auto werfen. Gleiches gilt für Werbesprecherjobs. Am Nebentisch bei den Kollegen von Radio Wien herrschte ein reges Kommen und Gehen, während wir mit leerem Blick dasaßen. Bis nach vier Stunden endlich jemand zu unserem Tisch kam, weil sämtliche Landesstudio-Kollegen schon Jobs hatten. Jeder von uns sprach sofort möglichst originelle Sätze mit möglichst samtener Stimme, wie Hyänen verhielten sich die Kollegen und Kolleginnen. Schließlich setzte sich ausgerechnet der dämliche Stermann durch, ich war fassungslos. Und er stolzierte wie ein Pfau mit seinem Arbeitgeber von dannen, für uns Übriggebliebene hatte er nur einen abschätzigen Blick.

Liebes Tagebuch, nie wieder, nie wieder werde ich einen Moderatorenjob annehmen, ohne vorher nachzufragen, um was es geht. Ich hasse Hunde! Ich habe sogar vor Dackeln Angst. Hätte der Typ in der Kantine nicht sagen können, dass es um Kampfhunde geht? Ich wurde in einem Hundetransporter nach Hollabrunn gebracht und musste dort die Wahl zum aggressivsten Rottweiler des Weinviertels moderieren. Vom Inneren eines Stahlkäfigs aus. Ich stand dort zitternd mit einem schlechten Mikrofon, während zwölf Bestien an mir zerrten. Draußen saßen etwa 40 betrunkene Dreckschweine aus der Weinviertler Halbwelt und lachten sich halb schlapp. Als endlich einer der Kampfköter das Mikrofon aufgefressen hatte, wurde die Veranstaltung beendet. Ich bekam sieben Euro und musste nach Wien zurückgehen. Um den

FM4-Kollegen keinen Grund für Schadenfreude zu bieten, habe ich ihnen erzählt, dass ich bei einer Art »Universum« moderiert hätte, aber ich fürchte, sie haben mir nicht geglaubt, wegen der vielen Bissspuren im Gesicht.

10.3.

Liebes Tagebuch, seit gestern sind wir im Trainingslager. Ich teile mir ein Stockbett mit Fred Schreiber, Steve Chaid, Rainer Springenschmid, Stermann, Hosea Ratschiller, Martin Puntigam, Rudi Schöllerbacher, Michel Attia, Haipl, Edlinger, Hannes Duscher und Chris Kemmler. Unten im Stockbett liegt Blumenau. Noch dazu ist es ein Kinderstockbett, nur 1,50 m lang und 70 cm breit. Laut Trainerin Ute Hölzl wird so unser Teamgeist verbessert. Ich weiß nicht, ich habe Starmanns und Duschers Füße im Mund und Finger von Haipl und Steve Chaid in der Nase. Mein Fuß steckt im Mund von Martin Puntigam, sehr schmerzhaft, weil er mit den Zähnen knirscht und dabei meine Füße zermalmt. Erschwerend kommt hinzu, dass alle im Team ja so schwere Raucher sind, dass sie auch im Schlaf rauchen. Durch die außerordentliche Beengtheit habe ich schon Dutzende von Brandblasen, mehrere Zigaretten wurden auf meinem Kopf ausgedämpft. Ich fürchte, das werden harte Tage hier im FM4-Trainingslager.

Liebes Tagebuch, Trainerin Hölzl will ein beinhartes Trainingslager mit uns machen. Sie verlangt ernsthaft, dass wir Spieler höchstens drei Packungen Zigaretten am Tag rauchen, und wer mehr als zwei Doppler trinkt, muss am nächsten Tag die Lederbälle mit dem Mund aufpumpen. Die erste Trainingseinheit hatte es auch in sich. Wir mussten auf einer Linie gehen und durften die Linie nicht verlassen; diese Übung hat natürlich keiner geschafft. Die mit Kreide aufgemalte Linie war fünf Meter lang, ich musste nach der Hälfte völlig ausgepumpt aufgeben. Fünf Meter – soviel geh ich normalerweise in einem Jahr. Thomas Edlinger hat schon nach einem Meter einen Kreislaufzusammenbruch bekommen, Rainer Springenschmid hat sich so bewegt, dass man mit bloßem Auge keine Bewegung feststellen konnte. Trainerin Hölzl hat getobt und uns angedroht, morgen im Freien zu trainieren. Im Freien? An der Luft? Das wird hart, FM4-Mitarbeiter kommen mit Luft nicht klar – es sei denn, sie ist verraucht und abgestanden.

Liebes Tagebuch, gestern hatten wir Mannschaftsbesprechung. Heraus kam, dass wir ein Team ohne jede Erfahrung sind. Der Reihe nach: Steve Chaid hat in Kalifornien einmal gesurft, Rainer Springenschmid hat in München mal ganz in der Nähe des FC-Bayern-Fanshops gewohnt, Thomas Edlinger wurde mal in der U-Bahn von einem Innsbrucker Fußballfan angebrüllt und hat fürchterlich zu weinen begonnen, Hannes Duscher ist mal betrunken mit dem Fahrrad gegen den Zaun eines Fußballkäfigs gefahren und hat sich dabei alle zehn Zehen gebrochen, Hosea Ratschiller musste in der Schule mal Handkes Buch »Die Angst des Tormanns beim Elfmeter« lesen. Stermann hat einen Aschenbecher in Form eines Balls, und Clemens Haipl trägt zuhause privat eine kurze Adidas-Sporthose. Ich bin noch nie mit Fußball in Kontakt gekommen. Ich finde es auch affig, hochzuspringen und dann den Ball in einen Korb zu werfen. Nein, Fußball ist nichts für mich.

Liebes Tagebuch, Martin Puntigam ist mal bei einem Auftritt in einer niederösterreichischen Mehrzweckhalle mit Medizinbällen beworfen worden, und Rudi Schöllerbacher hat vor seiner Tätigkeit hier als Balljunge auf einem oberösterreichischen Minigolfplatz gearbeitet. Man kann also nicht sagen, dass wir alle gar keine Ahnung von Fußball haben. Der Ball ist rund, und ein Spiel dauert so lange, bis einer drei Sätze gewonnen hat. Fred Schreiber, unser Torwart, hat früher rhythmische Sportgymnastik und Biathlon gemacht, Michel hat als lebender Sandsack mit einem Hollabrunner Juniorenvizestadtmeister trainiert. Ich finde, das alles macht ein wenig Hoffnung für unser Fußballspiel, vor allem, weil Fred Schreiber versprochen hat, all seine Gewehre vom Biathlon mitzunehmen.

Liebes Tagebuch, na ja, das heißt wohl nichts, aber wir haben in einem Juxspiel die österreichische Fußballnationalmannschaft 4:0 besiegt, obwohl wir fast alle während des Spiels geraucht haben. Sie haben uns im Trainingslager besucht; es war peinlich, weil ich mehrere Stunden lang Krankl mit Stermann verwechselt habe (wegen der Haarfarbe), und Roman Wallner verwechselte ich mit Thomas Edlinger (wegen der Alkoholfahne). Es war ganz lustig, Fred Schreiber ist in unserem Tor eingeschlafen, mir selbst sind beide

Beine eingeschlafen, alle anderen aus unserer Mannschaft saßen während des Spiels sowieso auf dem Boden. Puntigam las ein Buch, und Chris Kemmler, der ja seit Jahren einen neunfachen Bänderriss hat und eine Schiene für Kinderlähmung trägt, hat ununterbrochen mit dem Handy telefoniert, während er nebenbei vier Tore schoss. Krankl, Stronach und Westenthaler haben getobt, aber am unzufriedensten war unsere Trainerin Ute Hölzl: »Jungs!«, schrie sie uns an. »Mit so einer Leistung haben wir gegen die Grazer Hobbykicker nicht den Hauch einer Chance!« Na ja, gut waren wir wirklich nicht.

Liebes Tagebuch, Steve Chaid ist sauer, weil ihm von Trainerin Hölzl untersagt worden ist, sein Surfbrett mit aufs Spielfeld zu nehmen. Und happy ist Hannes Duscher auch nicht wirklich mit dem Sonnenbrillenverbot; er findet es mega-uncool, ohne Brille aufzulaufen, und scheint jedes Interesse am Spiel verloren zu haben. Unser tägliches Training sieht so aus: Steve Chaid wachst sein Brett, Harmes Duscher gelt sich das Haar, Edlinger und Grissemann trinken traurig in sich hinein, Springenschmid und ich essen tonnenweise Chiochips, Fred Schreiber macht merkwürdige Ballettübungen, Michel raucht Wasserpfeife, Schöllerbacher baut ein Bordell aus Plastilin, Puntigam und Haipl spielen »Was bin ich?«, und alle anderen liegen auf Matten und kratzen sich zwischen den Beinen. Ich glaube, diese entspannte Stimmung ist wichtig, aber Trainerin Hölzl und Chefcontroller Blumenau zerstören mit ihren affigen, gebrüllten Befehlen die legere Grundstimmung, finde ich.

13.3.

Liebes Tagebuch, Mist. Wir müssen den gesamten Satz Trikots zurückgeben, die Leibchen sind einfach zu eng. XL – das war ja klar. Wer soll denn da reinpassen? Niemandem hat's gepasst, Stermanns Trikot ist gerissen, als er versucht hat, es über seine deutsche Wampe zu ziehen, viele andere haben es nicht mal über den Wasserkopf bekommen. Bei dem Großkopferten Hannes Duscher steckt es regelrecht fest, er sieht seit Stunden nichts, weil wir es nicht mehr vom Kopf kriegen. Auch bei den Hosen tat sich unsere Mannschaft schwer, wir mussten sie in der Mitte im Schritt aufschneiden, um sie über die dicken Oberschenkel zu bekommen. Na ja, trägt halt jeder zwei Hosen, eine pro Bein. Dazu die Trikots um den Hals bzw. auf dem Kopf. Wir sind bereit.

Liebes Tagebuch, Grissemann hat sich ein ganzes Muskelbündel gerissen, nachdem wir zum ersten Mal mit einem Lederball trainiert haben. Unser aller Muskulatur ist halt noch nicht so weit. Laut Laktattest dürften wir maximal mit Luftballons oder Wattebällchen trainieren, sitzend. Und eine Trainingseinheit dürfte drei bis vier Minuten nicht überschreiten. Laut Auskunft der Mediziner benötigen wir zwischen zwei Spielen bei unserer aktuellen Verfassung sieben Jahre Ruhe. Aber Trainerin Hölzl pfeift auf moderne Trainingsmethoden. Sie schleift uns regelrecht – und zwar wirklich – und an den Haaren durch die Halle.

14.3.

Liebes Tagebuch, der Emotionale Quotient ist bei FM4 aus Niedrigkeitsgründen nicht messbar, dabei hatten wir alle nach dem desaströsen Intelligenztest so auf den EQ gesetzt. Das vierköpfige Psychologenteam, zwei siamesische Zwillinge, war selbst erstaunt und fassungslos über die emotionale Vergletscherung bei unserem kleinen Radiosender. Ihr Test bestand aus Einzel-, Partner- und Gruppenübungen, und bei jeder Einzelnen haben wir schlechter abgeschnitten als die chilenische Militärjunta, mit der die gleichen Tests in den 80er Jahren durchgeführt worden sind. Stermann liegt, was seinen emotionalen Quotienten betrifft, gleichauf mit dem belgischen Kindermörder Dutroux, aber weit hinter Idi Amin und sagenhafte 70 Punkte hinter Saddam Hussein.

Liebes Tagebuch, von allen FM4-Mitarbeitern verfüge ich über die größten emotionalen Fähigkeiten. Weil ich bei der Übung »Wie reagiere ich, wenn meinem Kollegen mit einem Stein auf den Kopf gehauen wird?« als Einziger nicht lachend applaudiert, sondern nur gelacht habe, ohne Applaus. Chefcontroller Blumenau hat nicht nur lachend geklatscht, sondern den siamesischen Psychologinnen den Stein aus der Hand gerissen und damit wahllos Kollegen auf den Kopf gehauen. Blumenaus EQ liegt unter dem des Tigers von Roy, sein EQ ist in etwa vergleichbar mit dem einer Feuerqualle.

Liebes Tagebuch, Christian Fuchs, der Moderator von »House of Pain«, ist ja privat ein ungemein sanfter Mensch, aber ich war doch verwundert, als er mir sein Poesiealbum in die Hand drückte und mich höflich bat, etwas hineinzuschreiben. Ich meine, liebes Tagebuch, kennst du die Musik, die er präsentiert? Ich war wirklich – gelinde gesagt – überrascht, als er mir sein Poesiealbum gab, auf dem Poesiealbumumschlag ist eine Zeichnung vom König der Löwen zu sehen. Ich hab mir dann angeschaut, was die anderen Kollegen hineingeschrieben haben. »Fuchs verpiss dich, keiner vermisst dich, dein Kollege Davidek«, stand da zum Beispiel oder »Gott ist ein Tod aus der Steckdose, dein Fritz Ostermayr«. Oder »House of Pain – lass mich mit dem Schrott allein, deine Chefin Eigensperger«. »Könntest du vielleicht etwas Nettes hineinschreiben?«, fragte mich Christian Fuchs mit Dackelblick. Leider fiel mir nur ein: »Fuchs, du hast die Gans gestohlen, gib sie wieder her, also tschüss, dein Grissemann«. Ganz zufrieden schien er damit nicht zu sein.

Liebes Tagebuch, der arme Christian Fuchs ist ganz niedergeschlagen, weil ihm niemand etwas Nettes oder Aufbauendes in sein Poesiealbum schreibt. Sowas wie: »Wie schön, dass du geboren bist, wir hätten dich sonst sehr vermisst« oder »Mach es wie die Sonnenuhr, zähl die heit'ren Stunden nur«. Sowas hätte er gerne gehabt, aber nicht Eintragungen wie diese: »Poesie – ich scheiß auf sie. Schnauze halten und weiterarbeiten, Chefcontroller Blumenau« oder das Bernhard-Zitat von Claudia Czesch: »Es ist wie es ist und es ist fürchterlich, deine Czesch«. Vielleicht ist FM4 auch einfach der völlig falsche Ort für Nettigkeiten. Wie kann Kollege Fuchs ernsthaft erwarten, Nettigkeiten von Kollegen zu bekommen, die sich wie er in einem Laufrad der Demütigung und Unterdrückung abstrampeln? Ich schrieb ihm deswegen hinter die Ohren, in die Leviten und sein König-der-Löwen-Poesiealbum: »Lieber Christian, dir ham sie wohl ins Hirn geschissen, dein Kollege Stermann.«

Wir müssen alle unsere Hochschulabschlüsse nachholen. Das sei international so üblich, dass man im gehobenen Radiogeschäft mindestens seinen Magister vorweisen kann, meinte Senderchefin Eigensperger, die selbst nur eine halbe Klasse Hauptschule Floridsdorf-Nord vorweisen kann. Bei FM4 haben nur die schlauen Jungs Reich, Rotifer und meine Wenigkeit die Uni abgeschlossen. Bei den anderen sieht's düster aus. Herr Haipl wurde wegen grober Verhaltensauffälligkeit schon in der zweiten Klasse Grundschule hochkant rausgeschmissen, bei den Damen Unger und Unterweger hat's immerhin bis zum Realschulabschluss gereicht, sonst nur Sonderschule, soweit das Auge reicht. Herr Farkas lässt jegliche Bildung hinter sich. Er gab kleinlaut zu Protokoll, dass er als Schiffbrüchiger von Riesenschildkröten auf den Galapagosinseln aufgezogen wurde. Er kann bis heute den Namen des Senders nicht fehlerfrei schreiben.

Dass ich nur das kleine Abitur habe, nämlich eine Klasse Grundschule und drei Tanzstunden, daraus habe ich nie ein Hehl gemacht. Beim letzten IQ-Test waren Farkas und ich mit 73 Punkten ex aequo Letzte. Na und? Trotzdem mache ich seit beinah 25 Jahren Radio! Was soll denn dieses entsetzliche Elitedenken? Ich weigere mich, jetzt – mit fast 52 – wieder die Schulbank zu drücken! Ich werde den ORF-Betriebsrat anrufen, das kann man nicht mit mir machen. Gerade eben hat Chefcontroller Blumenau bei allen das kleine Einmaleins abgeprüft. Ich hatte nur Fehler bei 3×5, 2×9, 4×6, 7×2, 8×6, 3×7, 1×3, 9×7, 9×8, 7×4, 5×9, 6×7, 1×2 und 1×3. Sonst hab ich alles richtig gehabt. Ach, leckt mich doch am Arsch!

17.3.

Liebes Tagebuch, wir haben an dieser Stelle ja schon oft über die Überalterung der FM4-Redakteure gesprochen. Diesbezüglich ist endlich etwas geschehen. Gestern kam ein neuer Schwung Redakteure in die Redaktion. Blutjunge Praktikanten haben ihre Schreibtische bezogen und ihre peinlichen Stofftiere draufgestellt. Die neuen Mitarbeiter sind so jung, dass die Mami noch beim Hip-Hop Jacken Ausziehen helfen muss. Als sich diese 17jährigen Karrieristen vorstellten, habe ich jedem Einzelnen erstmal einen Schnuller ins vorlaute Maul gesteckt, um ihnen zu zeigen, wo hier der Hammer hängt. Als dann ein gewisser Kevin das verrunzelte Gesicht des Stammesältesten Stermann erblickte, sagte er, dass er ihn schon mal gesehen habe – und zwar in der Körperwelten-Ausstellung! Die wollen uns fertig machen …

Die neuen jungen Mitarbeiter sind ganz schön talentiert, liebes Tagebuch. Blumenau, Grissemann und ich wurden den Neuen als persönliche Betreuer und Förderer zur Seite gestellt. Wir helfen gern, wenn wir können. Heute durften sie Pilotsendungen aufnehmen. Und die waren allesamt – man muss es leise sagen – großartig! Selbstverständlich wird nichts davon jemals auf Sendung gehen. Der Chefcontroller, der Grissemann und ich haben all diese Radiojuwelen sofort wieder gelöscht. Der Senderchefin teilten wir mit, dass nichts Brauchbares dabei gewesen sei und die Neuen alle höchstens für diverse Putz- und Schreibdienste eingeteilt werden könnten! Wir züchten uns doch nicht unsere eigene Konkurrenz heran, wir arbeiten doch nicht an unserem eigenen Untergang!

20.3.

Ich weiß nicht, ob du's wusstest, liebes Tagebuch, aber knapp die Hälfte der Redakteure hier ist vorbestraft. Ich habe in den Akten nachgeschaut und meinen Augen nicht getraut. Hier ein kleiner Auszug: Fred Schreiber verurteilt 2001 wegen Mundraub in der Billa-Filiale Margareten, Hannes Duscher verurteilt 2002 wegen unerlaubten Bettelns in der Mariahilfer Straße, Rudi Schöllerbacher verurteilt 2001 wegen verbotener Nächtigung in einem Waggon am Südbahnhof, Clemens Haipl verurteilt Mai 2003 wegen Betrugs. Er hat sich als peruanischer Straßenmusikant verkleidet und an einem nicht genehmigten Platz auf der Gudrunstraße 6,20 Euro erschwindelt.

Kollege Stermann hat das größte Vorstrafenregister: 48 Verurteilungen wegen Körperverletzung und zwölf wegen Groben Unfugs. Seine gesamte Radioarbeit wurde von einem Wiener Richter als Grober Unfug bezeichnet. Er muss nach jeder Salon-Helga-Sendung vier Stunden in Dunkelhaft.

Auch die FM4-Damen sind nicht frei von Schuld, liebes Tagebuch. Frau Lang wurde neunmal beim Lippenstift- und Hansaplast-Klau erwischt. Mirjam Unger hat im November 2002 eine ganze H&M-Filiale ausgeraubt, Martina Bauer hat einmal im Vollrausch einen Heißluftballon entführt, und Esther Csapo ist momentan sowieso nur auf Bewährung draußen. Als aktenkunde Stalkerin von Tony Marshall. Sie darf dem Sänger nicht näher als 500 Meter kommen.

Liebes Tagebuch, wir haben heute alle sehr viel gelacht, denn Chefin Eigensperger hat uns auf einer Großleinwand Mel Gibsons Klamauk-Film »The Passion of the Christ« vorgeführt. Im Vergleich zu unserer Arbeitssituation bei FM4 eine echt spaßige Klamotte. Natürlich haben wir als öffentlich-rechtliche Intelligenz-Speerspitze den Film auf Aramäisch ohne Untertitel gesehen. Ich weiß ehrlich gesagt nicht, warum Eigensperger uns immer wieder Spielfilme vorführt. Bei »The Passion« vielleicht, um uns auf Ostern vorzubereiten? Oder um uns zu zeigen, dass es andere auch nicht leicht haben?

In den letzten neun Jahren haben wir »Apocalypse Now« gesehen, »Crying Fields«, »Psycho«, »Nightmare on Elm Street«, »Texas Chainsaw Massacre« und den »Exorzisten«. Wenn Eigensperger glaubt, dass uns Horror-Filme Angst machen können, nach so vielen Jahren Arbeit bei FM4, dann schätzt sie die Situation unseres Angst- und Freak-Senders wirklich völlig falsch ein.

Hätte eine Figur wie Chefcontroller Blumenau beim Leiden Christi mitgespielt, stünde Gibsons Quatsch-Film auf jedem Index dieser Welt.

Liebes Tagebuch, Kollegin Martina Bauer hat mir einen Witz erzählt, während der Gibson-Film lief: Worin gleichen sich ihr neuer Ford Mondeo und Jesus? Beide sind Mehrtürer. Na ja.

Wer hat Angst vor FM4?

Niemand.

Und wenn FM4 kommt, dann laufen wir davon.

Ein beliebtes Spiel bei Geburtstagen von Kollegen. Wie kann man für Außenstehende das furchteinflößende Regime von Chefcontroller Blumenau erklären? Vielleicht mit einem cineastischen Vergleich: Gegen Blumenau wirkt Jack Nicholson in »Shining« wie ein gemütlicher Althippie. Und Hitchcocks Film »Die Vögel« wie ein Kinderfilm über einen Streichelzoo. Zurzeit ermittelt der internationale Gerichtshof für Menschenrechte in Den Haag in 489 Fällen gegen unseren Chefcontroller. Pontius Pilatus ist gegen unseren Statthalter so was wie Goofy.

Liebes Tagebuch, im Zuge der EU-Osterweiterungskampagne von FM4 war eine Delegation unseres Freak-Senders in der Ostslowakei, wo auf jedem Ortsschild unter dem Ortsnamen der Spruch steht: »This is not the end of the world, but it's fucking close.« Von Bratislava über Kaschau nach Michalovce fuhren wir mit dem knallenden, stinkenden FM4-Bus, um Aufkleber und FM4-Schlecker an genervte Kids zu verteilen. Stermann und ich mussten in jedem Bauernhof, der mehr als fünf Einwohner hat, ein kleines Stand-Up-Programm machen, und BTO Spider legte zehn Minuten auf. Dann ging's weiter ins nächste Kaff. EU-Osterweiterung ist eine anstrengende Sache, vor allem, weil Chefin Eigensperger uns aufgetragen hat, mit jedem Passanten eine Flasche Wodka zu leeren, weil das so landesüblich sei. Liebes Tagebuch, ich habe mich völlig verflüssigt. Mir rinnt Wodka aus den Augen und Ohren, die EU-Osterweiterung macht aus mir einen Menschen, gegen den Harald Juhnke ein Abstinenzler ist.

Liebes Tagebuch, die Bauern der Ostslowakei haben scharfe Hunde, vor denen wir aufgrund des Alkoholspiegels nicht weglaufen können. Wir können uns nur torkelnd auf die Hunde fallen lassen. BTO Spider war fast zwei Meter groß, als wir losfuhren, inzwischen ist er knapp unter einsvierzig, weil die Bestien ihm soviel von seinen Beinen abgebissen haben. Er ist inzwischen zu klein, um an die Plattenteller zu kommen. Das heißt, Grissemann und ich machen nur noch unser kleines Witz-Programm. Hackedicht und auf Deutsch – vielleicht mit ein Grund, warum die Slowaken uns nur anstarren und nie lachen. Der Österreichische Botschafter hat uns ausrichten lassen, dass wir das Österreichbild, das er mühevoll über ein Jahrzehnt aufgebaut hat, dass wir dieses positive Österreichbild völlig zerstört hätten. In Zeitungen und im Fernsehen würden wir als geisteskranke Alkoholikermonster bezeichnet. Dabei halten wir uns strikt an die Vorgaben von Chefin Eigensperger. Und das Bild, das die Slowaken von uns haben, stimmt ja. So wurde FM4 in Österreich Kult: geisteskranke Alkoholmonster on air.

Liebes Tagebuch, die Bananen, Kaugummis und West-Zigaretten, die wir tonnenweise dabei haben, sind in Slowenien viel billiger als in Wien. Die Wahrheit ist, den Menschen hier geht's viel besser als uns. Unseren Auftrag, in Ljubljana als gute Onkels aus dem Westen aufzutreten, können wir nicht umsetzen. Stattdessen bekommen wir Spenden von der Bevölkerung. Sie halten uns für obdachlose Tschetschenen. Dabei haben wir uns so schön rausgeputzt. Stermann hat seinen besten Anzug an, die Hose reicht fast bis zum Knie und die Ärmel des Sakkos bis zum Ellbogen. Aus unserem Bus dröhnt die ganze Zeit das FM4 Programm. Vielleicht halten sie uns deswegen für Tschetschenen? Alte Slowenen halten uns übrigens für Monarchisten, wegen dem Schwarz und Gelb des FM4 Logos. Schwarz-gelb, die Farben des Hauses Habsburg. Eine Oma hat uns geohrfeigt und gesagt, die k.-und-k.-Zeit sei vorbei, ob es uns passt oder nicht. So richtig erfolgreich ist unsere EU-Osterweiterungskampagne bis jetzt noch nicht.

Liebes Tagebuch, eben hat am Hauptplatz von Ljubljana Chefcontroller Blumenau eine Rede gehalten darüber, wie toll die Osterweiterung sei, weil die Slowenen jetzt FM4 hören können. Man hat fast nichts von seiner Rede verstanden, weil die Einheimischen mit Trillerpfeifen und Hupen einen Mordslärm gemacht haben. Ein slowenischer Buddhist hat mir erklärt, dass die Bevölkerung auf Blumenau so schlecht reagiere, weil er sie an Stalin erinnert. Na und? Uns bei FM4 erinnert er auch an Stalin, und wir pfeifen ihn trotzdem nicht aus. Die Menschen am Hauptplatz skandierten dann »FM4 – Gulagsender«, Grissemann verstand diese Anspielung inhaltlich und akustisch falsch und fragte mich, wieso die Leute finden, wir seien ein Gulaschsender. Es wartet noch viel Arbeit auf uns, bis wir – wie die Chefin es verlangt – in Slowenien der beliebteste Radiosender sind.

4.4.

Liebes Tagebuch, seit FM4 verzweifelt versucht, zum beliebtesten Radiosender Osteuropas zu werden, verlieren wir in Österreich minütlich Hörer. Inzwischen sind wir der Sender mit den zweitwenigsten Hörern. Weniger hat nur noch der Feldversuch für taubstumme Hörer in Vorchdorf. Sogar der Sender für katholische Eskimos von katholischen Eskimos in Ried hat uns überholt. Aber Chefin Eigensperger lässt sich nicht beirren und sieht in der EU-Osterweiterung gerade für FM4 nach wie vor eine Riesenchance. Also tuckern wir nach wie vor mit dem FM4-Ostmobil hinter dem ehemaligen eisernen Vorhang herum. Im Augenblick sind wir in Pilsen in der Tschechischen Republik. Mit dabei ist Steve Chaid, weil er der Einzige bei FM4 ist, der etwas auf Tschechisch sagen kann, nämlich »Pozor Pes« – »Vorsicht Hund«. Und so etwas wie »Amerikanski bombadiwatzki u Praha« – soll angeblich soviel heißen wie »Amerikanische Bomber über Prag.« Beides haben wir bis jetzt noch nicht wirklich gebrauchen können auf unserer Werbe- und Informationstour durch Tschechien.

Liebes Tagebuch, ich wurde eben von einem Hund gebissen. Kollege Chaid hat den Hund kommen sehen, aber im entscheidenden Moment sind ihm die Worte »Vorsicht Hund« nicht eingefallen, nicht mal auf deutsch. Ich frage mich wirklich, wieso er dabei ist. Er bringt nichts. Grissemann und ich machen wenigstens in jedem Dorf unser Stand-Up-Programm; aber Steve Chaid bleibt immer im FM4-Bus liegen und trinkt still in sich hinein. Trotzdem scheint er derjenige von uns zu sein, der am besten bei den Leuten ankommt. Am schwersten hat es Karl Schmoll. Niemand will einen FM4-Kaffeebecher oder einen Aufkleber haben. Wann immer er Kinder anspricht, kommt jemand von der Polizei und nimmt ihn fest. Wahrscheinlich wegen seiner Ähnlichkeit mit dem Belgier Dutroux. Kollegen des Tschechischen Radios bewerfen uns ununterbrochen mit Steinen und rütteln so stark an unserem Bus, dass er immer wieder umfällt. Wenn unser gelbschwarzer FM4-Bus dann wie ein dicker Käfer auf dem Rücken liegt, klatschen die Einheimischen begeistert in die Hände. Wenn man so will, sind diese Momente bisher die größten und erfolgreichsten unserer Imagetour im Osten. Ich hab jetzt schon Angst, wenn wir morgen in die DDR fahren.

5.4.

Liebes Tagebuch, ich war gestern Abend in »Emils Durstbunker«, einem ekelhaften Sauflokal. Zwangsweise. Alle FM4-Mitarbeiter mussten vollzählig erscheinen, weil Chefcontroller Blumenau wieder mal als DJ im Einsatz war. »Emils Durstbunker« ist das einzige Lokal in Wien, wo er noch auflegen darf, weil Emils Kundschaft so besoffen ist, dass sie nichts mehr mitkriegt. Außer uns waren nur drei Dauerarbeitslose mit ihren vier Kampfhunden anwesend.
   Als Blumenau anfing »Cat Stevens – seine größten Hits« anzuspielen, heulten die Hunde auf, und ihre besoffenen Herrchen schnappten nach uns.

Durstbunkerchef Emil biss mir wütend in den Oberschenkel, als gerade
»Father and Son« lief, bei »Morning Has Broken« biss er mir in den Arm.
Mensch, wie kommt Blumenau nur auf die Idee, ausgerechnet Cat Stevens
in einem Sauflokal zu spielen? Das hat doch mit cleverem DJen nichts mehr
zu tun.

Liebes Tagebuch, ich komme gerade aus der Koranschule, dem ehemaligen
Raucherzimmer. Seit Blumenau auf einem Langstreckenflug neben Cat Ste-
vens saß, ist er konvertiert. Er nennt sich jetzt Ben Blumenau Muhammed
Radio Ali und will uns alle zu Moslems machen.

Wir Männer müssen uns lange Bärte wachsen lassen, und die Frauen müssen Burkas tragen, so dass sie ständig gegen Hindernisse knallen, weil sie
nichts sehen können. Ich trete mir ständig selbst auf den Bart. Die Kopftuch-
Diskussion findet bei uns nicht statt. Trotz Burka müssen die Frauen noch
Kopftücher tragen. Für gestohlene Witze wird uns die Zunge abgeschnitten,
prophylaktisch wird jeder von uns mehrmals am Tag gesteinigt. Gegen Ben
Blumenau Muhammed Radio Ali sind die Taliban Agnostiker. Ich bin gespannt, wie sich seine neueste Vorgabe auf die Hörerzahlen auswirken wird.
Er will, dass wir, von schlechten Lautsprechern verstärkt, vom FM4-Mina-
rett aus moderieren.

Bei Allah, you're not at home, you're at work!

6.4.

Liebes Tagebuch, das unselige Zusammentreffen von Blumenau mit dem
Yussuf Islam, formerly known as Cat Stevens, macht uns allen schwer zu
schaffen. Natürlich sind wir alle hier für Religionsfreiheit, aber die Betonung
liegt auf »Freiheit«. Wenn Blumenau in seiner Freizeit stundenlang betet,
von mir aus, aber dass wir während der Arbeitszeit ununterbrochen auf stau-
bigen, mottenzerfressenen Teppichen gen Mekka hocken müssen, geht an
die Substanz. Mir schlafen ständig die Beine ein, das viele auf-dem-Boden-
Knien ist schlecht für die Durchblutung. Und das ständige mit-der-Stirn-
den-Boden-Berühren führt zu chronischen Schwellungen an der Stirn. Ich
kann nicht mehr.

Be afraid, honey. It's FM4.

Liebes Tagebuch, Gott sei Dank. Inschallah. Endlich ist der Verfassungsschutz auf Blumenau, alias Ben Blumenau Muhammed Radio Ali, aufmerksam geworden. Wir wurden glücklicherweise in Schwechat festgenommen, bevor wir nach Kandahar fliegen konnten, um dort Taliban-Radio zu machen. Blumenau hatte für uns schon ein Höhlenstudio in den Bergen zwischen Pakistan und Afghanistan eingerichtet. Wir wurden stundenlang verhört, vor allem, weil es so lange dauerte, uns all die vielen Tücher und Turbane vom Körper zu wickeln.

Blumenau lässt sich leicht von singenden Fanatikern um den Finger wickeln. Ich erinnere mich noch mit Schrecken daran, wie er bei irgendeiner Echo-Verleihung stundenlang mit dem christlichen Fundamentalisten Xavier Naidoo zusammensaß. Der Mann, der ständig vom Alten Testament faselt. Der weiß offenbar nicht, dass es längst ein neues gibt. Damals war es dann ähnlich. Mit Fegefeuer, Inquisition und Marienprozessionen durchs Funkhaus. Ich verstehe, dass Blumenau als Chefcontroller von FM4 auf der Suche nach wirklichem Sinn ist, aber ich lass lieber den Herrgott einen guten Mann sein.

Der arme, arme, liebe Gott.

9.4.

Liebes Tagebuch, habe eben Stermann im Krankenhaus besucht, obwohl: »Krankenhaus« … Da Stermann ja über FM4 krankenversichert ist, liegt er in so einem Erste-Hilfe-Zelt, wie man es von der Love Parade kennt, und er wird auch nicht von einem Arzt, sondern von einem Zivi auf Exstasy »behandelt«, wenn man das überhaupt Behandlung nennen kann. Der Zivi hatte Kopfhörer auf und drehte sich während der »Visite« wie ein geisteskranker Brummkreisel. Als ich fragte, ob Stermann sterben müsse, brüllte der Zivi: »Yeah, yeah!« Durch den Stromschlag hatte Stermann schwere Verbrennungen erlitten. Er brannte noch immer. Ich versuchte, den zugedröhnten Zivi auf die lodernden Flammen hinzuweisen. Er zwinkerte mir zu und goss dann einen Energy-Drink auf meinen armen Kollegen. Mit einer zischenden Stichflamme erlosch das Feuer, dafür stinkt der gemütliche Stermann jetzt wie ein verkohltes Gummibärchen. Mein Gott, das hat doch mit ärztlicher Fürsorgepflicht nichts mehr zu tun.

Liebes Tagebuch, ich muss schnell schreiben, da meine wachen Phasen immer kürzer werden. Ich kann mich nur noch erinnern, dass mir Chefcontroller Blumenau bei seiner letzten Standpauke immer und immer wieder ins Ohr gebrüllt hat: »Stermann, gegen den Strom schwimmen. Gegen den Strom schwimmen!«

Da ich keinen blassen Schimmer hatte, was er damit meinen könnte, zog er mich an meinen Ohren in sein Dienstbadezimmer, warf mich in die volle Wanne und schmiss ein Radiogerät hinein. »Gegen den Strom schwimmen!«, schrie er erneut und zwang mich, trotz Stromschlag Kraulbewegungen zu machen. So lange, bis im ganzen Funkhaus die Sicherungen knallten. Es war wie Silvester. Mein Gott, hoffentlich ist sein Radio nicht kaputt gegangen. Blumenau würde sicher wütend werden, und gegen einen seiner berüchtigten Wutanfälle ist ein Stromschlag wie eine Streicheleinheit.

Be afraid, honey. It's FM4.

14.4.

Liebes Tagebuch, die wilden Katzen und streunenden Hunde im Funkhaus werden langsam zu einer wirklichen Plage, von den unzähligen Hamstern, Hasen und Kaninchen ganz zu schweigen. Ich fand damals schon, dass wir das Gebäude nur mieten dürfen, wenn der pleite gegangene Tiergroßhandel, der unser Vormieter war, renoviert und vor allem seine Ware mitnimmt. Aber Chefin Eigensperger wollte das Gebäude sofort, auf der Stelle mieten. Und jetzt haben wir den Salat, im wahrsten Sinne des Wortes, weil wir den Hunderten von hoppelnden Nagern Berge an Grünzeug von zuhause mitbringen, damit uns die Viecher nicht krepieren und wir Ärger mit Vier Pfoten kriegen. Dabei haben Stermann und ich noch Glück. Im »Projekt X«-Zimmerchen war früher die Reptilienabteilung der Tierhandlung. Haipl, Knötzl und Votava werden mehrmals täglich von Schlangen gebissen und müssen Unsummen für Gegengifte ausgeben. You're not at home, baby …

Liebes Tagebuch, die Kanarienvögel gehen ja noch. Auch wenn's ein bisschen viele sind. Ich hab sie zum Spaß mal gezählt: es sind über 2000, die in Käfigen im »Salon Helga«-Büro leben. Ein wirkliches Problem sind aber die Greifvögel, Adler und Falken, die bei den Umbauarbeiten aus ihren Käfigen geflohen sind und jetzt ständig über Grissemann und mir kreisen, wenn wir

178

eine Sendung vorbereiten. Immer mal wieder greifen sie uns an – na ja, es sind nun mal Greifvögel. Grissemann tut mir leid, er traut sich nicht, sich zu bewegen, aus Angst, dass eins der Eier von seinem Kopf fällt. Vor drei Wochen hat ein aggressiver Falke Grissemanns Haar als Nest auserkoren und auf meinem Kollegen die Eier ausgebrütet. Mit seinen spitzen Krallen hat er sich in Grissemanns Kopfhaut eingekrallt. Grissemanns Schreie sind eine Mischung aus Schmerz und Angst. Be afraid, honey, it's … FM4.

18.4.

Liebes Tagebuch, ich habe dir ja schon erzählt, dass in unserem Funkhaus früher eine Tiergroßhandlung war, so eine Art Metro für Tierfreunde, Zoos und Zirkusse. Leider hat der Händler seine Tiere bei uns zurückgelassen. Während ich diese Zeilen schreibe, nagt eine Hyäne an mir und ein Aasgeier kreist über meinem Haupt, auf dem ein Falke seine Babies mit Würmern füttert. Ich bin eigentlich durchaus tierlieb, aber als Stermann eben von einem Nashorn gejagt wurde und dann ins offene Maul eines Krokodils gefallen ist, hab ich mir gedacht: »Grissemann«, hab ich mir gedacht, »so kann man unmöglich arbeiten«. Na ja, zurzeit arbeite ich hauptsächlich daran, die Hyäne von mir abzulenken und ihre Aufmerksamkeit auf Claudia Czesch und Martin Pieper zu lenken, die gerade von einer Python gewürgt werden. You're not at home …

Liebes Tagebuch, hilfe, ich bin ein Star, hol mich hier raus. Es sind beängstigende Zustände bei FM4. Für längere Hauswege nehm ich inzwischen eins der beiden Dromedare – aber nicht, weil ich so faul bin, sondern aus Vorsicht, weil ich so nicht auf die unzähligen Skorpione treten kann. Bei FM4 ist es wie beim Karneval der Tiere, nur dass für uns Menschen ständig Aschermittwoch ist. Mirjam Unger wurde eben von einem Rudel Affen in die Besenkammer verschleppt, Elisabeth Scharang und Heinz Reich kämpfen mit einem balzenden Pfau, und Eva Umbauer liegt seit Tagen unter einer tonnenschweren Riesenschildkröte. Sie wird sich schwer tun, »Heartbeats« zu moderieren, weil sie nie ins Studio kommen wird. Scheißschildkröte. Moment, liebes Tagebuch, ich muss aufpassen, das Krokodil schnappt wieder zu, ich werde …

Gestern war's lustig, du kleines, geiles Tagebuch, du. Nach der täglichen Krisensitzung saßen einige von uns noch im Büro von Wortchef Pieper, um ein bisschen Jägermeister wegzumachen, und da erfand der wortverliebte Wortchef ein listig-lustiges Spielchen, mit dem wir uns bis sieben Uhr Früh die Zeit vertrieben. Das Spiel heißt: »Welches ist das längste einsilbige Wort?« Der dicke, dumme Stermann glaubte, schnell mit »Hut« den vorzeitigen Sieg zu landen, bis ihn Chefcontroller Blumenau mit »Schmuck« überbot. Die anwesenden Damen Natalie Brunner, Mari Lang und Johanna Zechner staunten sehr. Dann kam aber ich, hob den Zeigefinger und sagte triumphierend: »Schlauch.« Acht Buchstaben! Wow. In dem Moment hätten wohl alle, nicht nur die anwesenden Damen, die Beine für mich breit gemacht. Ich wähnte mich schon mit einem satten Grinsen als sicherer Sieger …

Da hat der grinsende Grissemann aber die Rechnung ohne den neuen polnischen Praktikanten Marek gemacht. Mareks einzige Aufgabe bei FM4 übrigens ist es, die dem Alkohol zugetanen Mitarbeiter mit billigem Jägermeister zu versorgen. Dieser Marek jedenfalls, kaum 17 Jahre alt, hat es allen gezeigt. Nachdem Heinz Reich mit »Schmarrn« ein ebenfalls achtbuchstabiges Wort ins Treffen führte, zischte Marek »Borschtsch«. Sofort herrschte eisige Stille im Raum. Wortchef Pieper, der sich im Lauf des Spiels nur kläglich mit »Schmutz« hervortat, reichte Marek sofort anerkennend die Hand. »Borschtsch« – russische Krautsuppe! Aber viel wichtiger: atemberaubende zehn Buchstaben! Wir zogen uns schon alle die Jacken an, wollten nachhause gehen, dachten, das kann niemand mehr toppen, da meldete sich der geizige Herr Edlinger zum ersten Mal zu Wort und meinte, er wüsste ein einsilbiges Wort mit sage und schreibe elf Buchstaben. »Spuck's aus!« brüllten wir ihn an. – »Borschtschs«, die Genetivbildung! Zur Untermauerung formte er gleich einen ganzen Satz: »Der Abgang des Borschtschs war ausgezeichnet.« Stimmt. Borschtschs. Das längste einsilbige Wort. Der einsilbige Herr Edlinger hat's gewusst.

Liebes Tagebuch, jetzt bringt der frisurengelbe Blödelbarde Rainhard Fendrich endlich die heiß ersehnte neue Platte raus, und FM4 verschweigt das

180

einfach! Das darf doch nicht wahr sein. Wenn irgendein popeliger Wiener Neustädter Punk einen Furz lässt, ist das diesem sogenannten Kultsender sieben Beiträge wert; nur der Name Fendrich scheint ein rotes Tuch zu sein. Dabei ist Rainhard Fendrich doch die ideale Identifikationsfigur für die FM4-Hörergemeinde: Er sieht nicht gut aus und er kann nichts. Ja meine Güte, was sollen die armen Austropopper denn noch machen, um von FM4 wahrgenommen zu werden? Reicht es nicht, dass sie sich im Garten das Gesicht verbrennen oder den Vorsitz von SOS-Mitmensch übernehmen, Handtaschen stehlen oder Kochbücher schreiben?

Aber Hauptsache »Sportfreunde Stiller« auf Powerplay spielen. Die Leute in der Musikredaktion haben sie nicht mehr alle. Ich bin so aufgebracht, liebes Tagebuch, ich muss mit irgendwem drüber reden … Großvata kannst du net owekumman auf an schnölln Kaffee …

Grissemann forderte gestern tatsächlich die Absetzung der beiden Musikchefs Makossa und Andreas Ederer. Grissemann ist ja – das musst du wissen –, Tagebuch, Europas größter Austropop-Fan. Angeblich ist er Ersatzmann für Wolfgang Ambros bei »Austria 3«. Er war in seiner Studentenzeit mit Stefanie Werger liiert und hat in den achtziger Jahren zusammen mit Peter Cornelius das Label »Holzkopf Records« betrieben. Nun ja, als Zweiter Vorsitzender des Wolfgang-Petry-Fanclubs Duisburg weiß ich, wie schwer es ist, seine Lieblingsmusiker bei FM4 unterzubringen. Hoffentlich beruhigt er sich wieder, der Grissemann. Senderchefin Eigensperger hat ihn jetzt mal eine Woche auf Kur nach Kenia geschickt. Dort kann er mit seinem Schwager Klaus Eberhartinger von der »EAV« zur Entspannung auf Safari gehen …

3.5.

Liebes Tagebuch. Es geht mir so was von aufn Sack, dass in dieser Stadt fast ausschließlich FM4-DJs auflegen. Unter dem schicken Deckmantel FM4 kriegt jeder Nichtskönner einen Auflege Job. Ich bin der Einzige, der sich diesbezüglich nobel zurückhält. Und das, obwohl ich Anfang der Neunziger vom Magazin *Spex* zum drittbesten DJ der Welt gekürt worden bin. Fünf Plätze vor DJ DSL. Ich hab in New York aufgelegt, damals. Jetzt bin ich aus dem Alter draußen. Plattenauflegen verlangt viel Fingerspitzengefühl, muss man doch eine Platte nach der anderen auflegen. Dass aber jeder FM4-Telefonist hochnäsig hinterm DJ-Pult jedes noch so versifften Nachtklubs lehnt, dagegen muss endlich was getan werden. Selbst Stermann hat letzte Woche im Gasthaus »Deutschkreutzer« Marschmusik aufgelegt. Das geht zu weit.

Grissemann, der unerträgliche Schlechtmacher, hat sich den Zorn sämtlicher FM4-Star-DJs zugezogen. Heinz Reich, Eva Umbauer, Makossa, SugarB, Smash, Functionist, Fleance, Tschamba Fii, Fritz Ostermayer, Tina 303 und wie sie alle heißen, sind schlecht auf ihn zu sprechen, nachdem Grissemann bei Senderchefin Eigensperger ein zeitweiliges Auflegeverbot für FM4-DJs erwirkt hat. Das Argument, dass die Herren Zikmund und Pfister beim letzten »Club Nihil« im Wiener Szenelokal »Bricks« so voll mit Wodka waren, dass sie beide synchron vornüber auf die Plattenteller flogen und so das Equipment ruinierten, hat gegriffen! Für mich hat die liebe Chefin eine Ausnahme gemacht, ich darf weiter im »Deutschkreutzer« auflegen und auch das Angebot der CSU, nach dem Parteitag in München für die Kameraden aufzulegen, wahrnehmen.

4.5.

Liebes Tagebuch, früher war alles besser. Als der Gerd Bacher noch Generalintendant war, durfte kein Mitarbeiter des heiligen Funkhauses ohne Krawatte in selbiges rein. Da war er strikt, der Tiger! Wenn der wüsste, wie verlottert und verhurt gekleidet die FM4-Redakteure und -rinnen in der mächtigen Medienanstalt rumspazieren! Die schöne Natalie Brunner beispielsweise verwechselt wohl das Büro mit dem Strand von Bibione. Das prangert der Ohlsdorfer in mir aber scharf an: Hüfthose und bauchfrei hat – verdammt noch mal – am Arbeitsplatz nichts verloren. Auch das Zungenpiercing der nicht minder schönen Gerlinde Lang gehört ihr aus dem Mund geschnitten. Wo kommen wir denn da hin? Ist das ehrwürdige Funkhaus ein Hurenhaus, oder was? Und John McGill muss auch nicht wie ein Penner rumlaufen, barfuß noch dazu. Und Stermann muss zum Arzt, wenn er schon über seine eigenen Schuppen stolpert, die ihm wie Geröll aus der Grauhaarperücke fallen. Herrgottnochmal, der Einzige mit Schlips bin regelmäßig ich hier. Ein Krawattchen ist nicht per se spießig, meine Herren! Ich trage heute zum Beispiel einen Tierschlips von Fürnkranz – kleine Schweinchen sind drauf – modisch, lustig und doch seriös!

Die sehr, sehr schöne Senderchefin Eigensperger kam heute Früh mit einem T-Shirt in die Redaktion, das für Aufsehen sorgte: Unter einem Bild von Dieter Bohlen, der wie Hans Martin Schleyer damals ein Schild in die Kamera hält, stand: »Wo ist die RAF, wenn man sie mal braucht?« Das ist doch die Höhe! Gerd Bacher hätte die Chefin dafür geviertelt und hochkant rausgeschmissen. Ich gehe ja noch weiter als Grissemann, was die Bekleidungsvorschriften betrifft: Auch wenn es ein radikaler Ansatz ist, aber mir würde es gefallen, wenn die Frauen bei FM4 verschleiert wären. Und auch die Männer. Der Bacher Gerd, der hat schon recht gehabt. Bis morgen, liebes Tagebuch!

5.5.

Liebes Tagebuch, heute ist Muttertag. Nur um auf die Sprünge zu helfen: Mutter, das ist die Dame, die den Pyjama aufs Bett legt und tendenziell lieber Ö1 als FM4 im Auto hört. Sie räumt die Küche auf, liest Lebenshilfe-Bücher und schaut sich nur selten im deutschen Sportfernsehen den »Warsteiner Fußballstammtisch« an. Ich will jetzt hier nicht zu tief in den Klischeetopf greifen, aber man erkennt die Gattung Mütter auch daran, dass sie nach dem Friseur nach Haarspray riechen, Armin Assinger eigentlich ganz nett finden und nie vergessen, die verdammten Blumen zu gießen. Und dass diese sogenannten Mütter ihre durch und durch missratenen Kinder auch dann noch lieben, wenn diese bis oben hin voll mit Cannabis in einer Pfütze vor dem »Flex« übernachtet haben. Dafür sollten wir ihnen alle unendlich dankbar sein! Der seltsame ältere Herr, der auf einigen Schwarzweißfotos neben der Mutter abgebildet ist, das, liebes Tagebuch, ist der sogenannte Vater. Aber der tut heute nichts zur Sache.

Auch ich, liebes Tagebuch, möchte heute allen österreichischen Müttern gratulieren. Und nicht zuletzt auch der FM4-Übermutter Frau Dr. Monika Eigensperger! Senderchefin und Redaktionsmama in Personalunion. Für die Senderchefin sind wir Redakteure Ersatzkinder. Sie kämmt uns die fettigen Haare aus dem Gesicht, wenn wir für ein Foto Aufstellung nehmen müssen, gibt uns einen anerkennenden Klaps auf den Po, wenn die Hörerzahlen gestiegen sind, und steckt uns dann und wann ein bisschen Taschengeld zu, damit wir uns Drogen zur Zerstreuung kaufen können. Und wenn wir schlimm waren, also z. B. das Rundfunkgesetz gebrochen haben oder böse Worte wie »Scheiße« on air gesagt haben, dann gibt sie uns eine Ohrfeige und eine kleine Kopfnuss. Die haben wir dann aber auch verdient! Die Ohrfeigen der Chefin sind immer gesunde Ohrfeigen. Zum Muttertag also auch ein dreifach Hoch auf die kinderlose Alleinerzieherin Frau Dr. Monika Eigensperger, unsere geliebte Senderchefin!

8.5.

Bald steht diese dreitägige FM4-Tour auf dem Programm. Stermann und ich sind schon ganz aufgeregt, dürfen wir dieses heiße Topevent doch moderieren. Wir werden mit den »Sternen« im Nightliner mitfahren! Dafür hat uns Senderchefin Eigensperger extra zwei rosarote Pyjamas gekauft, damit wir gute Figur machen im Tourbus. Und weil Kollege Stermann gern betet vor dem Schlafengehen, hat ihm Michel Attia ein Gebetbuch in den Rucksack gesteckt. Ich hab von Mona Moore noch eine frische Zahnbürste geschenkt bekommen, auf meiner waren nämlich gar keine Borsten mehr drauf, und in der Mitte abgebrochen war sie auch. Kein Wunder, dass ich permanent Zahnfleischbluten habe, wenn ich mir dreimal am Tag mit dem kaputten Holzstück im Mund rumfummel! Die Bands werden Augen machen, was für patente und hygienische Buben die zwei hübschen Moderatoren sind.

Ich will nicht mit Grissemann im Bus-Stockbett schlafen! Schon gar nicht im rosaroten Idiotenpyjama! Mir ist das alles so peinlich, vor allem, weil ich im Schlaf spreche. Ausschließlich obszönes Zeug übrigens. Was soll sich denn der tolle »Sterne«-Sänger denken, wenn ich ihn im Nightliner im Schlaf »geile Puppe« nenne und »mach's mir, du scharfes Biest!«. Das geht doch nicht. Ich verliere mein Gesicht. Grissemann hat mir geraten, mit einem Plastiksack am Kopf zu übernachten, damit man nicht genau versteht, was ich während des Träumens vor mich hin plappere. Aber was macht das denn für einen Eindruck auf die Bands?

Oh Gott, oh Gott, das kann was werden …

10.5.

Liebes Tagebuch, ich hab gestern Nacht von HC Strache geträumt. Strache sieht ja aus wie einer der Baldwin-Brüder und ist so gesehen wie geschaffen für den Hauptdarsteller in meinem Traumfilm. Na, jedenfalls war der schmissige Heinz-Christian in meinem Traum Pizzabote, der mit einem herzlichen Grinsen und einer Pizza Diavolo vor meiner Tür steht. Ich lass ihn rein, und er geht nicht mehr. Und er verliebt sich in mich, und ich mich in ihn, und wir seifen uns beim Duschen gegenseitig ein und schauen zusammen »Starsearch« in flauschigen Bademänteln, der Strache HC und ich. Und dann küssen wir uns auch noch leidenschaftlich und schlafen eng umschlungen ein.

Wie kaputt macht mich diese Arbeit hier bei FM4, liebes Tagebuch, dass ich von solchen perversen Träumen heimgesucht werde?

Auch ich träume Bizarres in letzter Zeit, liebes Tagebuch. Vorgestern standen in meinem Traum Andreas Khol, Hilmar Kabas und HC Strache verkleidet als die Heiligen Drei Könige vor der Tür meines Schweizer Landhauses. Ich lass alle drei rein und beginne, sie langsam auszuziehen, um Küsse auf ihre durchaus ansehnlichen Hinterteile zu verteilen. Dann hört der erotische Teil aber schon auf, und wir vier spielen »Fang den Hut«. Andreas Khol kriegt irgendwann Hunger und schmiert sich in meiner Küche ein Leberwurstbrot. Kabas und Strache saufen sich sowieso im Wohnzimmer mit deutschem Bier die Mütze nass. Im letzten Bild meines Traumes stehe ich mit Wasser in den Augen in der Tür und winke meinem seltsamen Besuch nach. »Kommt mal wieder, Jungs!«, rufe ich noch und schließe die Tür. Tja. So wars. Grissemann und ich, wir müssen zum Arzt, fürchte ich.

11.5.

Liebes Tagebuch, dass wir Mitarbeiter nicht so gut verdienen bei FM4, habe ich dir ja schon öfter erzählt, aber die Auswirkungen werden immer merkwürdiger. Gestern im »Flex« hab ich beobachtet, wie drei Mitarbeiter zusammenwarfen, um sich ein kleines Bier zu kaufen. Hätten Sie nicht auf der Gästeliste gestanden, wären die drei Euro Eintritt für sie unerschwinglich gewesen. Mathias Zsutty kroch auf allen vieren über den Boden und sammelte ausgedämpfte Zigaretten auf, während Rainer Springenschmid stundenlang ausgiebig auf dem Klo saß. Zum ersten Mal in dieser Woche, wie er mir sagte, zuhause habe er keins. Er bewohnt tatsächlich ein kleines Kellerzimmer, Klo nicht mal am Gang. Gierig stürzten sich die Kollegen auch auf die zahlreichen Flyer – endlich was zu lesen!

Zeitungen oder Bücher sind unerschwinglich für sie. Ihre ganze Information beziehen Sie über Flyer. So bekommen sie zwar einen Eindruck über das, was auf der Welt passiert, aber doch einen eher begrenzten. Leider merkt man das dann auch in den Sendungen.

Ja, Armut macht dumm.

Liebes Tagebuch, habe gestern Grissemann in seinem Haus am Wiener Graben besucht. Schmuckes kleines Ding. Bis jetzt hat er nur ein Telefon, sonst noch gar nichts, und von diesem Telefon aus kann er auch nur anrufen, nicht aber angerufen werden. Etwas störend find ich auch die großen Fensterflächen; ich persönlich mag das nicht so, wenn alle Leute hineinstarren können. Na ja, dafür ist es günstig, es kostet eigentlich gar nichts, nur wenn er telefoniert, kostet's was. »Die Telefonzelle stand leer, also hab ich gleich zugeschlagen«, hat er mir erklärt, der schlaue Fuchs Grissemann. Er muss zwar im Stehen schlafen, dafür ist die Lage aber ausgezeichnet, und eine öffentliche Toilette gibt's auch gleich in der Nähe. Ich freue mich für meinen Kollegen, auch wenn bei seiner Wohnungseinweihungsfeier die Gäste aus Platzgründen einzeln reinkommen mussten. Nach seiner Delogierung hat er ja monatelang auf der Landebahn in Schwechat gewohnt, da ist das schon ein gewaltiger Aufstieg.

14.5.

Liebes Tagebuch, nachdem Senderchefin Eigensperger ja 3/4 des Jahres in der Karibik verbringt, hat sie viele karibische Bräuche und Rituale bei FM4 eingeführt, damit sie sich nicht so fremd fühlt, wenn sie mal im Funkhaus ist. Zwischen Mai und August kommt sie etwa fünf oder sechsmal ins Funkhaus, um ihre Honorarnoten zu unterschreiben und offiziell nach dem Rechten zu sehen. Wenn sie kommt, müssen wir Mitarbeiter Dreadlocks haben oder wenigstens Dreadlock-Perücken tragen. Chefcontroller Blumenau, der Schleimer, hat natürlich echte Dreadlocks. Ist er deswegen der Vertreter der Chefin? In seinen verfilzten Haaren stecken Mangos, Papayas und bunte Papageieneier. Sobald die Chefin die Redaktion betritt, zieht er an seinem meterlangen, wasserrohrdicken Joint und begrüßt sie mit einem »Yo, Chefin, Rastaman vibration, peace!« Widerliche Anbiederung. Mir ist die Perücke beim Fußballspielen auf dem Gang vom Kopf gefallen. Die Chefin schlug mich wutschnaubend mit einem riesigen Bananenblatt windelweich.

Liebes Tagebuch, heute ist Herthas großer Tag. Hertha ist mein Kampfhuhn, das ich ein Jahr lang trainiert habe für den illegalen Hahnenkampf heute Abend. Die Chefin bringt aus Kingston immer den erfolgreichsten und brutalsten Kampfhahn der Karibik mit nach Wien und schickt ihn gegen unsere Tiere ins Rennen. Wir Mitarbeiter dürfen im besten Fall Hühner in den Kampf schicken, manchmal erlaubt sie auch nur Küken. Man muss kein Tierschützer sein, um das Grausame an diesem Schauspiel zu erkennen. Hertha ist ein gemütliches, glückliches und freilaufendes Huhn, ihr Gegner heißt Diavolo und hat in seiner zweifelhaften Karriere bereits an die 1000 Gegner totgepickt. Alle Kollegen müssen auf den Ausgang des Kampfes wetten, aber nur die Chefin und Chefcontroller Blumenau dürfen auf Diavolo setzen. Arme kleine Hertha. Ich hoffe, dass die Chefin mit ihren blutunterlaufenen Augen mir erlauben wird, direkt nach Kampfbeginn das Handtuch zu werfen. Be afraid, Hertha …

16.5.

Liebes Tagebuch, wenn die Karibik so ist, wie Senderchefin Eigensperger sie uns präsentiert, möchte ich dort niemals hinfahren. Lieber zwei Wochen Irak oder Bitterfeld, nur das nicht. Sie hält sich für die Widergeburt von Haile Selassie, aus ihrem Büro dringt ununterbrochen Reggaemusik, ein Musikstil, der nur ein einziges Lied mit unendlich vielen Strophen ist. Eine Art Gehirnwäsche. Kein Wunder, dass man bei der Musik kiffen muss. Zusätzlicher Vorteil des Kiffens: Man spürt den beißenden Gestank der Hühnerköpfe und -krallen nicht so und die ekelhaften Gerüche des Schlachtens während der Vodoo-Zeremonie. Überall Federn und Blut. Und Chefin Eigensperger in Trance in Verbindung mit ihren Ahnen – behauptet sie jedenfalls. Ich behaupte, sie ist einfach nur betrunken, von dem Doppler Rum.

Liebes Tagebuch, die Chefin ist sauer, weil das mit den Vodoo-Puppen nicht richtig hinhaut. Sie hat von jedem Mitarbeiter eine kleine Puppe aus Stroh angefertigt und sticht der mit einer Nadel in den Bauch, wenn sie mit dem echten Mitarbeiter unzufrieden ist. Normalerweise sollten wir dann einen stechenden Schmerz verspüren, aber keiner von uns spürt was. Die Chefin hat eben mit einer Nadel auf die Grissemannpuppe eingestochen, bis die Puppe völlig zerfetzt war, aber Grissemann löschte unbeirrt weiter sämtliche Reggaenummern aus dem Musikcomputer. Erst als sie den Voodoo-Kult ein wenig verändert hat, erzielte die Chefin die gewünschte Wirkung. Sie stach mit der Nadel nicht mehr auf die Puppe ein, sondern auf Grissemann direkt. Und tatsächlich: er hörte auf zu löschen und schrie wie am Spieß.

18.5.

Liebes Tagebuch, Wissen ist Macht. Und als öffentlich-rechtliches Radio haben wir natürlich einen Bildungsauftrag. Und wie alle öffentlich-rechtlichen Radios mit Bildungsauftrag haben wir natürlich auch bei FM4 eine Bibliothek. Wenn man sich allerdings unsere Bibliothek mal etwas genauer ansieht, wird schnell klar, dass wir unseren Bildungsauftrag aufgrund eigener fehlender Bildung nicht wahrnehmen können. »Die kleine Raupe Nimmersatt« ist noch das anspruchsvollste Buch in den Regalen unserer Bibliothek. Man merkt einfach, dass Senderchefin Eigensperger die meisten Bücher ausgesucht hat. Sie ist ja Esoterikerin, und darum gibt's zuhauf Bücher mit Titeln wie: »Die Anderswelt«, »Lösungen aller Probleme der Welt durch richtige Atmung« oder »Warum man Entscheidungen nur bei Vollmond treffen darf« oder »Das Weibliche im Männlichen der Frau«. Ich will niemandem zu nahe treten, aber mit solchem Wissen im Rücken kann man nur Idiotenradio machen.

Liebes Tagebuch, es ist wirklich peinlich. Niemand bei FM4 weiß, wann der Zweite Weltkrieg war – und damit meine ich nicht die genauen Jahreszahlen, sondern das Jahrhundert. Oder besser gesagt: das ungefähre Jahrhundert. In unserer Bibliothek fand sich dazu nichts. Es gibt auch keinen Atlas, darum können wir intern nicht klären, ob die Elfenbeinküste in Afrika liegt oder ein eigener Kontinent ist. Immer müssen wir bei Ö1 anrufen. Mein Gott, die müssen uns für völlig bescheuert halten. Und, jetzt mal ganz selbstkritisch, so falsch liegen sie damit gar nicht.

Liebes Tagebuch, seit einigen Tagen gibt es in der ORF-Funkhaus-Kantine Sushi, eine schöne Abwechslung, nachdem es jahrelang nur Fleisch gegeben hat. Allerdings wird das Sushi nicht stilgerecht von einem japanischen Koch zubereitet, sondern von dem normalen Kantinenkoch, einem 62jährigen Oberösterreicher, der früher Gänse gemästet und geschlachtet hat. Wenig verwunderlich und doch enttäuschend war dann auch mein erstes Kantinensushi: ein Stück auf einer Kartoffel, umwickelt mit Extrawurst. Das erinnerte stark an die italienische Woche Anfang Mai, als es Pizza gab – eine plattgehaue Blutwurst mit Kartoffeln und Schweinshaxe als Belag.

Liebes Tagebuch, am teuersten ist im Funkhausbuffet die Vollwertkost, wir nennen sie deswegen auch »Vollkostwert«. 25 Euro allein für die Suppe, weil, wie es heißt, für das Vollwertkostmenü echtes Wasser benutzt wird und nicht wie sonst das abgestandene Spülwasser. Leider gibt es auch kein wirkliches Obst, sondern nur sogenanntes Alkoholiker-Obst: Kirschlikör und Himbeerschnaps. Schockiert war ich, als ich gesehen habe, woher die Kantinenmitarbeiter das Brot bekommen. Sie stellen sich auf den Stephansplatz und reißen den Tauben das Brot aus dem Schnabel, mit dem diese von Omas gefüttert wurden. Ähnliches habe ich im Stadtpark beim Teich mit den Enten gesehen. Deshalb schmeckt das Brot so feucht. Na ja. Be afraid, honey, it's FM4 food.

Liebes Tagebuch, es hat wieder von drinnen raus geregnet. Viele FM4-Mitarbeiter haben ja durch ihre Zungenpiercings eine furchtbar feuchte Aussprache. Der Fashionkult treibt absurde Blüten, wenn Andreas Ederer auf seinem Oberarm ein mit einem Tattoo bemaltes Piercing auf seinem Tattoo picken hat. Sogenannte FM4-Tribal-Tattoos. Makossa, unser 68jähriger Musikchef, hat abwaschbare Piercings in Zunge, Lippe, Augen und Stirn. Robert Zikmund hat sich ins Weiße seines rechten Auges einen Teufel tätowieren lassen. Und die selbstverliebte Mirjam Unger hat sich ihr eigenes Gesicht als Motiv aufs Gesicht tätowieren lassen. Wenn sie wirklich eitel wär, hätte sie sich mein Gesicht als Motiv gewählt.

Liebes Tagebuch, Chefcontroller Blumenau ist mit seinem Wangenpiercing in Christian Davideks Piercing-Piercing hängengeblieben. Am Funkhausparkplatz. Davidek saß auf seiner Vespa, fuhr los und riss Blumenau die halbe Wange weg. Na ja, verschwende deine Jugend, heißt es, und auch der bald 70jährige Blumenau will Teil einer Jugendbewegung sein, man kann's ihm nicht verdenken. Interessanterweise wollen nur die wirklich jungen Kollegen und Kolleginnen nicht Teil einer Jugendbewegung sein und auch nicht ihre Jugend verschwenden. Der 17jährige Albert Farkas zum Beispiel kommt mit Schlips und Kragen und Bleistiftspitzer ins Funkhaus, top vorbereitet und ausgeschlafen. Und hebt immer brav nach Dienstschluss die Zigarettenkippen vom Boden auf, trennt Müll und liefert das Marihuana, das überall herumliegt, bei der Polizeiwache in der Taubstummengasse ab. Ich komm mir jedenfalls immer albern vor, wenn ich neben ihm auf meinem Skateboard fahre. Mein Wakeboard im Arm. Meinem tätowierten. Auf meinen Arm hab ich ein Raucherbein tätowieren lassen. Ich fand das originell, aber Albert schaut mich an, wie man einen armen Irren anschaut. Vielleicht hat er ja recht.

22.5.

Liebes Tagebuch, im FM4-Tourbus auf der Fahrt nach Oslip habe ich Sterne gesehen. Nicht diese Hamburger Band, sondern richtige, weil ich über den Drogenkoffer gestolpert und mit dem Kopf gegen das Stockbett gefallen bin. Mit dem Fuß bin ich in die Gitarrensaiten gefallen, und weil der Bus in dem Moment eine Kurve gemacht hat, haben sich die Saiten derart blöd um meinen Fuß gewickelt, dass ich am Abend mit der Gitarre am Fuß auftreten musste. Ärgerlich! Dazu der geschwollene Kopf – ich weiß nicht, vielleicht mit ein Grund dafür, dass ich als Einziger im Team kein Groupie hatte.

Liebes Tagebuch, ehrlich, ich bin ein bisschen verwirrt, und das nicht nur, weil ich in Oslip mit jedem einzelnen Gast angestoßen habe und deshalb wahrscheinlich ein paar Hundert kleine Bier intus habe. Aber was unsere musikalischen Gäste betrifft – ich hab ja seit den »Bay City Rollers« keine Musik mehr gehört, deshalb kenn ich mich halt auch nicht so aus –, aber ich dachte, dass eine Sängerin mit uns auftritt, Sophia, ich hab mich extra fein für sie rausgeputzt und wollte ihr im Namen von FM4 einen Strauß Blumen überreichen, Gentleman, der ich bin. Und dann stehen diese beiden Typen im Bus vor mir und stellen sich als »Sophia« vor. Na gut, hab ich ihnen den Platz im Bettchen neben mir wieder weggenommen. Und dann war ich gespannt auf die Kollegen von Ö1, die »Hörspielcrew«, ich mein, ich hab mich auch gefragt, was die Kulturradiokollegen bei einem FM4-Fest machen werden, vielleicht eine Liveperformance von Borcherts »Draußen vor der Tür« oder so was. Aber als ich die Hörspielcrew sah, war mich gleich klar: Das sind keine Ö1-Kollegen, das sind deren Enkel. Auf Speed. Und kann mir irgendjemand sagen, wie man diese anderen Jungs ausspricht? »Waxoirgendwieluschenists«, »Wixolotionists«? Ich weiß es nicht und versuche sicherheitshalber, auf der Bühne und im Bus dieses Wort zu vermeiden. Können nicht alle Musiker einfach Pink oder Oli P. heißen?

23.5.

Liebes Tagebuch, eine Unverschämtheit! Gestern in Oslip hatte ich großen Hunger und winkte einen von dieser »beautifulen Kantinenband« zu mir, um was zu bestellen. Aber auf dieser FM4-Tour werden anscheinend nur ungelernte Hilfskräfte engagiert. Der Kantinenmann bot mir an, von seinem Snickers abzubeißen – hat man so was schon erlebt? Der wird's überall sonst sehr schwer haben, auf der Straße warten Tausende von Köchen, Kellnern und Spülern, die seinen Job besser machen können. Egal, diese Kantinenjungs mussten eh schon wieder den Bus verlassen, um diesem merkwürdigen Hundebesitzer Platz zu machen. Olli Schulz und der Hund Marie. Ich hatte einen solchen Kohldampf, dass ich den großen Hundenapf, den Stermann, der Schleimer, vorbereitet hat, ausgeleckt hab. Hm, lecker Pansen. Jetzt stink ich aus dem Maul wie ein Iltis, aber das ist Rock'n'Roll …

Liebes Tagebuch, ich weiß nicht, ob wir jemals Salzburg erreichen. Da bei unserem Tourbus nur der Rückwärtsgang funktioniert, liegt unsere Höchstgeschwindigkeit bei 15 km/h, und wir entfernen uns immer weiter vom Westen Österreichs. Gerade haben wir Györ passiert. Am praktischsten wäre es, wenn die Salzburger nach Ungarn kämen. Und wahrscheinlich auch die einzige Chance, etwas vom Konzert zu sehen und zu hören. Apropos Sehen und Hören. Auf der Windschutzscheibe kleben etwa 5000 Fliegen, und gestern in Oslip haben sich acht Jugendliche auf die arme Windschutzscheibe übergeben. Jetzt rächt es sich, dass wir keine Scheibenwischer haben. Ich streich-le inzwischen Olli Schulz und den Hund Marie. Leider wollen sie nicht, dass wir Gassi gehen, und meine Leine verweigern sie auch. Ich hab jetzt übri-gens seit 48 Stunden nicht mehr geschlafen, weil ich die ganze Zeit Michel am Steuer wach halten muss. Michel vom FM4-Marketing ist völlig fertig, weil er keine Minute mehr geschlafen hat, seit er diese Höllentour organi-siert. Er organisiert seit Anfang März. Das heißt, er ist seit ungefähr 1500 Stunden wach. Ich kneife ihm ununterbrochen in die Genitalien und beiße ihm in die Augen, damit sie nicht zufallen. Wie wir es jemals morgen nach Innsbruck schaffen sollen, ist mir schleierhaft. Ich habe wirklich Angst, dass wir tödlich verunglücken, weil wir ja auch keine Bremsen haben. Be afraid, honey, it's the FM4 tour.

25.5.

Liebes Tagebuch, früher war es bei Radiosendern so: Wer am absteigenden Ast war, wurde auf Tour geschickt. Immer begleitet von der Hoffnung der Senderverantwortlichen, dass die auf Tour Geschickten tödlich verunglü-cken. Daran muss ich bei der FM4-Tour immer wieder denken. Wie anders ist es zu erklären, dass es keinen einzigen Gurt in unserem sogenannten Nightliner gibt? Warum fährt die ganze Zeit ein Beerdigungswagen hinter uns her? Warum arbeiten die Kollegen in Wien an einem Nachruf auf uns, wie ich aus sicherer Quelle weiß? Es hätte mir natürlich schon bei der Ab-fahrt vom Funkhaus auffallen müssen, dass auf dem Parkplatz Thomas Ed-linger und Fritz Ostermayer, die einzigen Mitglieder der FM4-Neigungs-gruppe »Steinmetzerei«, einen schweren Granitblock bearbeiteten. Als der Bus losrollte, konnte ich noch den Text lesen, den sie in Stein schlugen: »Dirk Stermann und Christoph Grissemann, FM4, 1995–2004«. Ich glaube nicht, dass ich besonders paranoid bin, aber kann es Zufall sein, dass über Ster-manns und meinem Kopf mehrere Geier kreisen – und das sogar im Bus?

Liebes Tagebuch, diese deutsche Band »Stella« fragt uns ständig, welches Lied wir am Schluss hören wollen. Sie meinen wohl unser Begräbnis. Ich weiß nicht, wieso sie glauben, dass sie dann noch spielen können, sie sind ja mit uns zusammen auf dieser Höllenfahrt, wir sitzen im selben Boot bzw. Bus. Wir sind jetzt seit Salzburg schon sechsmal in den Straßengraben gekippt, waren dreimal als Geisterfahrer unterwegs, haben neun Hirsche frontal angefahren und waren an fünf Massenkarambolagen beteiligt. Da wir ja überwiegend nachts unterwegs sind, ist es schade, dass unser Bus keinerlei Beleuchtung hat. Keine Scheinwerfer, kein Blinklicht, nicht mal eine Taschenlampe haben wir. Unsere einzige Lichtquelle ist die Glut unserer Zigaretten. Die Glut spiegelt sich unheilvoll in unserem Angstschweiß. Liebes Tagebuch, ich glaube, es ist an der Zeit, dass ich mich von dir verabschiede. Wahrscheinlich werden wir alle im Treibhaus Innsbruck aufgebahrt, und die Leute sind dann sicher sauer, weil sie keine Lust haben, Eintritt zu bezahlen, um ein paar Leichen zu sehen. Ich wünsche mir jedenfalls bei meinem Begräbnis, dass eine Tiroler Blasmusikkapelle dieses Lied von »I Santo California« spielt: »Asciughi quella lacrima – tornerò.«

26.5.

Liebes Tagebuch, das darf doch nicht wahr sein. Wozu arbeiten wir überhaupt noch? Die ganze Recherche, der Kurztrip nach Istanbul, all die vielen lustigen Moderationen, die 1A Witze, alles für die Katz, für nix und nix und wieder nix! Langsam beginne ich wirklich an den Fähigkeiten meiner Kollegen zu zweifeln. Da kommentieren wir den Grand Prix d'Eurovision de la Chanson in altbewährter Weise, und FM4 schafft es technisch nicht, dass wir in Österreich zu hören sind! Unsere Trotteln vom Dienst haben aus Versehen eine Leitung bestellt, die ORF International gehört. Das heißt, wir waren ausschließlich in Zentralafrika zu empfangen. Schöner Mist. Ich bezweifle, dass es im Kongo irgendwen gibt, der sich wirklich für den Songcontest interessiert. Obwohl ich mal einen Rechtsanwalt aus Uganda kennengelernt habe, der gesagt hat, dass ihm der Songcontest ein Heimatgefühl gibt, weil sie in Uganda an allen todbringenden Seuchen leiden, die der Herrgott auf die Welt geworfen hat. Und der Songcontest passt prima in die Ebola-, Malaria-, Pocken- und AIDS-Reihe.

Liebes Tagebuch, ich will uns nicht loben, aber wir waren Spitze gestern. Der Witz mit dem Reifen, oder der Vergleich mit dem Staubsauger, von dem Kaninchenspruch ganz zu schweigen. Herrlich. Regisseur Mathias Zsutty hat Tränen gelacht, zu Recht. Na ja, wieder ein paar Perlen vor die Säue geworfen. Als Obertonmeister Bauch dann nach der Sendung ins Studio kam, um uns das kleine technische Missgeschick mitzuteilen, hat Grissemann zu weinen begonnen. Ich verstehe ihn, in diese Sendung hat er all sein Können und Wissen gesteckt, das war sein Meisterstück. Ich habe noch nie jemanden so gut moderieren gehört, auch international. Und dann das. Und natürlich wurde die Sendung auch nicht mitgeschnitten, Manuskript gibt es auch keins, wir haben stundenlang auf allerhöchstem Niveau improvisiert. Nur Zsutty und der liebe Antonio Fian, ein Nachwuchsautor und Fan der ersten Stunde, haben also die Sendung gehört. Fian kniete im Studio vor uns nieder und meinte, er glaube nach dieser Sendung wieder an Gott, aber: alles verloren, ein Geniestreich, verpufft im Äther des schwarzen Kontinents. Mein Gott, die Arbeit hier hat doch keinen Sinn mehr.

27.5.

Liebes Tagebuch, okay, wir sind ein Jugendsender, aber diese Infantilität geht mir langsam auf den Geist. Bei FM4 läuft auf den sechs Fernsehern ununterbrochen der Ki.Ka, und Dutzende von Kollegen sitzen gebannt vor der Glotze beim »Tigerentenclub« und all den anderen Kindersendungen. Aus dem Büro der Chefin hört man Benjamin Blümchen »Törööö!« rufen, und Chefcontroller Blumenau spielt völlig versunken an seinem Schreibtisch mit winzigen Polly-Pocket-Figuren. An den Wänden hängen Pferde- und Alexander-Poster, die man kaum voneinander unterscheiden kann, und ständig stolpert man über Matchbox-Autos, mit denen Thomas Edlinger auf dem Boden spielt. Sein Kollege Ostermayer sitzt vorm Computer und spielt »Sims«. Er hat alle Erweiterungsspiele: »Urlaub total«, »Die Sims – Tierisch gut drauf« und »Die Sims – Hokuspokus«. Ich hab mir bei der »Hokuspokus«-CD-ROM mal die Beschreibung durchgelesen: »Peppe das Leben deiner Sims mit ein wenig Magie auf! Sprich Zaubersprüche aus, hypnotisiere deine Freunde oder verwandele deinen Nachbarn in einen Frosch.« Mein Gott, Fritz Ostermayer ist bald 70 und kauft gerade virtuell einen Skelett-Schrank. »Da kann ich anklopfen, wenn ich Hilfe beim Hausputz brauche!«, ruft er begeistert. Ich selber komme mir immer mehr vor wie ein Babysitter.

Liebes Tagebuch, Duncan Larkin sitzt neben Fritz »Sims« Ostermayer und installiert gerade eine Tierbadewanne. Er lacht wie ein Bekloppter und schreit in seinem gebrochenen Deutsch: »Ick bin klatschnass, weil ick die Papagei gebadet hast!« Neben ihm versucht Stuart Freeman einen Hund virtuell stubenrein zu machen. Luna Luce und Mona Moore spielen Vater und Mutter und Mathias Zsutty Kaufmannsladen. Und Grissemann offensichtlich Blinde Kuh, er ist schon wieder über Thomas Edlinger gestolpert, der still und autistisch seine Spielzeugautos herumschiebt. Grissemann hat ja fast 70 Dioptrien, weigert sich aber kindischerweise, eine Brille aufzusetzen, damit er, wie er sagt, dieses Elend hier bei FM4 nicht sehen kann. Schade für ihn, denn so kann er auch nicht sehen, wie die Kollegen der Musikredaktion gerade vor einer Schultafel stehen, auf der mit Kreide »Meine erste Schultüte« geschrieben steht. Jetzt zünden sie ihre Schultüten an und nehmen einen tiefen Zug. Im Hintergrund läuft eine Schlumpfversion von »I Shot the Sheriff«. Kinderkiffer, ich halte das alles nicht mehr aus! Ich will sofort zu Ö1, aber das einzige Angebot, das ich habe, ist Kabelträger bei »Tom Turbo«.

28.5.

Liebes Tagebuch, entschuldige, dass ich so krakelig schreibe, aber es ist sehr schwer, während des Tanzens auf Schönschreibung zu achten. Außerdem bin auch schon ein bisschen erschöpft, weil ich seit 32 Stunden das Tanzbein schwinge. Es geht um 100 Euro bei unserem FM4-Tanzmarathon, den Heinz Reich und Tina 303 zusammen mit ihrem alten Freund Elmayer von der gleichnamigen Tanzschule organisiert haben. Reich und 303 sind ja begeisterte Turniertänzer, sie waren als Paar 1986 österreichische Foxtrott-Staatsmeister, und jetzt sitzen sie als Juroren mit Elmayer an einem Tisch und beobachten uns kritisch bei unserem Marathon. 35 Paare tanzen um den Sieg, und der FM4-Einbeinige und ich, wir halten uns ganz gut, auch wenn sich mein Partner mit der Holzprothese nicht ganz so elegant bewegt. Wir tanzen jetzt schon über zwölf Stunden Cha-cha-cha, das geht mir ganz schön in die Knochen und ihm ins Holz. Aber wir halten durch. Ich will auf jeden Fall länger als Stermann und Wortchef Pieper durchhalten, die offensichtlich extra Tanzstunden genommen haben vor dem Turnier. Elmayer, Reich und 303 klatschen den beiden auf jeden Fall immer wieder begeistert zu, wenn der Koloss Stermann den zarten kleinen Pieper durch die Luft wirbelt und umgekehrt.

Aber freu dich nicht zu früh, Deutscher!

Liebes Tagebuch, peinlich! Bin gerade dem Einbeinigen aufs Holz gestiegen. Ich hoffe, die Jury hat nichts gesehen. Ich will schließlich einen perfekten Eindruck hinterlassen. Ich war vorher zwei Tage lang nonstop im Solarium, trage ein Korsett, um meine Wampe einzuschnüren, habe fünf Tuben Gel im Haar picken und meine schwarzen Lederschuhe fast einen Monat lang auf Hochglanz poliert, so dass man sich in ihnen besser spiegeln kann als in einem Badezimmerspiegel. Während Grissemann in einem verschwitzten Trainingsanzug wie ein Bauer herumstampft, fliegen Pieper und ich förmlich übers Parkett. Die 100 Euro sind uns sicher. Alle anderen Paare stöhnen und japsen und ringen bereits nach Luft, aber wir zwei könnten noch Jahre so weitertanzen. Und wenn's sein muss, werden wir es auch tun. Eleganz und Ausdauer – wir tanzen die anderen in Grund und Boden.

29.5.

Liebes Tagebuch, mir ist schwarz vor Augen und ich habe einen Blutdruck von 490 zu 490, aber ich gebe nicht auf. Seit 56 Stunden tanze ich mit dem FM4-Einbeinigen im Arm ununterbrochen, um den Tanzmarathon zu gewinnen. Leider hat sich der Einbeinige vor neun Stunden das gesunde Bein gebrochen, aber er hält sich wacker auf dem Holzbein. Edlinger und Ostermayer sind vor einer Stunde zusammengebrochen, und auch das meiner Meinung nach ohnehin irreguläre Tanzpaar Votava / Haipl / Knötzl hat aufgegeben, nachdem sie sich so ineinander verknotet hatten, dass sie sich nicht mehr von der Stelle bewegen konnten. Wer sich nicht mehr bewegt, fliegt raus. So einfach sind die Regeln. Johanna und Karl Schnabel, das Telefondienstpaar, liegen bewusstlos mitten auf der Tanzfläche, ebenso Duncan Larkin und Stuart Freeman, die einfach viel zu alt sind für so einen Wettbewerb. Nur der Einbeinige und ich und Stermann und Wortchef Pieper sind noch übrig. Die werden wir auch noch besiegen. Ich führe den inzwischen auch fast reglosen Einbeinigen immer so geschickt übers Parkett, dass sein massives Holzbein immer wieder mal voll gegen Stermanns Beine schlägt. Der Deutsche schreit dann immer mit schmerzverzerrtem Gesicht auf. Den zermürb ich, liebes Tagebuch, und die 100 Euro Preisgeld gehören dann mir!

Liebes Tagebuch, durch die ständigen Holzangriffe hab ich zahlreiche Prellungen, und vier Bänder sind mir gerissen, dazu hat Grissemann mir vor einer Stunde mit dem Einbeinigen meine Kniescheibe zertrümmert. Aber ich gebe sicher nicht auf. In meinen Armen schläft seit drei Stunden Wortchef Pieper – hoffe ich zumindest. Er hat die Augen geschlossen, atmet aber nicht. Aber darauf kann ich jetzt keine Rücksicht nehmen. Ich wirbele ihn immer wieder so herum, dass ich mit ihm Grissemann gezielt ins Gesicht schlage. Gott sei Dank hat Pieper diese harten Tanzsohlen aus Eisen, das muss dem dämlichen Grissemann höllisch weh tun. Er blutet aus Ohren, Mund, Nase und Haaren und dazu noch aus den Schuhen. Hör auf, Mann. Gib auf, du hast keine Chance, ich … Oh, jetzt hat mir das Schwein das Holzbein direkt ins Gemächt gehauen! O mein Gott, Hoden und Penisbruch, pass auf Bürschchen, jetzt schlag ich dir den kleinen Pieper volle Kanne aufs Steißbein! Da! Herrlich, man hat es laut krachen hören, und Grissemann stürzt zu Boden, aber ich kann mich auch nicht mehr halten. Aus, alles aus. Liebes Tagebuch, nur einer steht noch … auf seinem Holzbein. Der FM4-Einbeinige. Und damit sind Grissemann und der Einbeinige die Sieger. Was für eine Schmach. Und was für ein Bild. Alle liegen am Boden, und in der Mitte steht bewusstlos der Einbeinige auf seinem Holzbein. Ich muss schließen, liebes Tagebuch, weil ich ohnmäch…

30.5.

Liebes Tagebuch, diese Frühjahrsmüdigkeit bei den lieben Kollegen ist gefährlich. Immer wieder schlafen FM4-Mitarbeiter während der Arbeit ein. Natürlich auch, weil das Tagewerk bei unserem kleinen Indie-Sender unglaublich langweilig ist, aber wohl vor allem aus biorhythmischen Gründen. Als erste wurden die Herren Musikredakteure von dem Schlappheits-Virus befallen. Vor Wochen schon sind sie mit ihren Köpfen auf ihre Plattenspieler und CD-Player gefallen und scharchen seitdem laut vor sich hin, was ein bisschen klingt wie eine monotone Ausgabe von »La Boum de Luxe«. Regelmäßig kippen Kollegen aus den Latschen, wenn Senderchefin Eigensperger auf Sitzungen das Wort ergreift. Etwa 10–15 Kollegen liegen seit Tagen im Sitzungssaal und sind unerweckbar. Dieses Trägheits-Syndrom bei FM4 macht mir Angst. Ich hab in der Redaktion schon Tsetsefliegen panisch flüchten sehen. Dem lieben Andreas Gstettner sind beide Beine und die Haare eingeschlafen, er ist somit zusammen mit Ute Hölzl noch der Fitteste. Ute Hölzl sind Augenlider, Ohren und Teile des Unterleibs eingeschlafen.

Kollege Stermann ist so wie immer, eine Mischung aus Hirntod und Hirntiefschlaf.

Liebes Tagebuch, ich mache mir Sorgen. Bei Grissemann schlummern Moral und Anstand tief und fest vor sich hin, jede Form von Menschlichkeit ist bei ihm in eine Art Koma gefallen, mit anderen Worten ist er zu einer Art Martin Blumenau geworden. Dass der Charakter auch frühjahrsmüde sein kann, lernt man hier bei FM4 auf schmerzhafte Weise. FM4 – ein Synonym für kalte Herzen. Mathias Zsutty ist gestern während eines Gesprächs mit Wortchef Pieper mit einer brennenden Zigarette im Mund eingeschlafen, und seine Ohrenhaare fingen Feuer. Die Flammen griffen auf Martin Piepers Nasenhaare über, so dass beide brennend im Redaktionsflur standen. Statt zu helfen, beschwichtigte Grissemann die Situation einfach nur. »Wer brennt, der brennt, da kann man nichts machen«, sagte er, lässig an den Feuerlöscher gelehnt. Hätte nicht die eingeschlafene Marian Schönwiese vom Sekretariat gerade in dem Moment eine Gießkanne in der Hand gehabt, mit der sie Blumen gießen wollte, und statt der Blumen gedankenverloren Zsutty und Pieper beschüttet, ich weiß nicht, ob die beiden überlebt hätten.

31.5.

Liebes Tagebuch, Rainer Springenschmid ist Bayern-München-Fan und seit Wochen nicht mehr ansprechbar. Fred Schreiber ist 1860-München-Fan und versucht sich seit dem letzten Wochenende mit einem Bindfaden zu erhängen. Heinz Reich ist FC-Kärnten-Anhänger und allein heute schon viermal aus dem Fenster gesprungen. Albert Farkas ist als Spanier Real-Madrid-Anhänger und versucht sich mit einer zusammengerollten Fußballzeitung so lange auf den Kopf zu schlagen, bis er tot ist, angesichts der schmachvollen Saison für Real Madrid. Ute Hölzl bearbeitet ihre Pulsadern mit spitzen Fußballstollen, weil ihr Lieblingsverein Juventus Turin nicht italienischer Meister wurde. Ja, das Ende einer Fußballsaison löst auch bei FM4-Kollegen große Emotionen aus. Viele geschätzte Mitarbeiter haben wir so in den letzten Jahren auf tragische Weise verloren. Nur Stermann scheint glücklich zu sein, weil sein MSV Duisburg einen schönen und ungefährdeten siebten Platz belegt hat in Deutschland. Allerdings in der Zweiten Liga. Ähnlich wie Stermann selbst in diesem Jahr, wenn man mich fragt …

Liebes Tagebuch, unser junger Kollege Heinrich aus Frankfurt hat die merk-
würdigste Selbstmordart gewählt, nachdem seine Eintracht abgestiegen ist.
Er hat Chefcontroller Blumenau ein Stück Schokolade weggefressen, vor dessen Augen. Aber man kann sich doch auch weniger qualvoll aus dem Leben
verabschieden!

So wie dieser Austauschpraktikant aus Köln, der sich schon vor vier Wochen, als Kölns Abstieg feststand, so viele Reggae-Platten angehört hat, dass
er aus Langeweile gestorben ist. Die Austria-Wien-Fans innerhalb der Redaktion haben von Frank Stronach das schöne Angebot bekommen, dass er
sie solange mit Geld vollscheißt, bis sie an Verstopfung zugrunde gehen. Das
hat Stil. Auch wenn Chelsea-London-Fan Robert Rotifer angemerkt hat, dass
Chelseas Milliardär-Präsident Abramowitsch das gleiche mit Gold statt Geld
anbietet. Das hat noch mehr Stil und zeigt die Überlegenheit des britischen
Fußballs.

1.6.

Liebes Tagebuch, das Märchen von den vier Jahreszeiten glaubt doch heute kein Mensch mehr. Die Jahreszeiten Frühling und Herbst sind vielleicht
noch in irgendwelchen Klima-Museen hinter Glasvitrinen zu bestaunen,
eine Rolle in der Realität spielen sie längst nicht mehr. Atemberaubende Tem-
peratursprünge von minus 10 auf plus 25 Grad gehören genauso zu diesem
Jahrtausend wie der entsetzliche Terrorismus und die Tatsache, dass man in
österreichischen Zugabteilen aus schleierhaften Gründen die Fenster nicht
mehr öffnen kann – ohne diese beiden Missstände jetzt ernsthaft miteinander vergleichen zu wollen. Jetzt komm ich vom Thema … ach ja: es gibt
nur noch Sommer und Winter, und die Gleichzeitigkeit von Badehose und
Wintermantel bestimmt auch in der FM4-Redaktion das modische Erscheinungsbild. Schwitzen und Zittern zugleich – das ist FM4 im Sommer 04.

Als wir letztens so zusammensaßen in Badehose und Wintermantel in der
Funkhauskantine, haben wir – Pamela Rußmann, Chefcontroller Blume-
nau und ich – eine Hitliste der unerträglichsten Kleidungsstücke erstellt.
Die grauenhafte Unart, zu einem Anzug Turnschuhe zu tragen, landete ganz
oben und sollte Knallchargen wie Cherno Jobatey überlassen werden. Die
Schwabbelbäuchigen unter uns warnten vor zu engen Männer-T-Shirts, wohl

199

nur aus Neid, liebes Tagebuch. Gewonnen hat übrigens das lächerlichste Kleidungsstück der Welt, die kurzärmelige Military-Jacke mit 1000 Taschen drauf.

Das sei ja wohl das allerletzte, fauchte kopfschüttelnd die schöne Frau Rußmann, und dann war das tolle Gespräch auch wieder zu Ende. Blumenau, der eine kurzärmelige Military-Jacke mit 100 000 Taschen trug, brüllte uns zurück an die Schreibtische.

2.6.

Habe gerade Unerhörtes herausgefunden, liebes Tagebuch. Die Leute aus der Promotion-Abteilung planen jetzt schon, für das Jahr 2027 eine »FM4-Dirk-Stermann-Gedächtnis-Nacht« in der Wiener »Arena« zu organisieren. Der Deutsche Stermann hat bei FM4 die geringste Lebenserwartung aufgrund von Dauerrauchen und Bewegungsmangel. Das klingt zwar geschmacklos, aber das Veranstaltergeschäft ist brutal. Noch versuchen alle hier, das vor Herrn Stermann zu verschweigen, liebes Tagebuch ...

Heute hat mich Senderchefin Eigensperger nach meinen Blutwerten gefragt und mir ständig Gauloises filterlos angeboten; dann hat sie meinen Puls gefühlt und mich auf einen Krug Absinth eingeladen. Was ist denn los hier? Kollegen machen mit gesenktem Kopf das Kreuzzeichen, wenn sie mich am Gang treffen, selbst Chefcontroller Blumenau, nicht gerade für seine Menschlichkeit bekannt, hat mir, als ich am Schreibtisch Witze für meine Sendung schrieb, die Hand gehalten und ein »Vater unser« gebetet. Die spinnen alle hier bei FM4. Na ja, was soll's? Sollen die doch Trübsal blasen, ich gehe heut ins »Flex« und sauf und tanz mir die Seele aus dem Leib!

3.6.

George Bush war zu Besuch beim Papst, liebes Tagebuch. Ich hab's live auf NTV gesehen. Bush, zu dumm, um aus dem Bus zu winken, schüttelte, bevor er mit dem Papst zusammentraf, etwa 800 Menschen die Hand. Ich bin mir sicher, er dachte jedes Mal: »Das isser jetzt, der Papst, oder?« Der Papst selbst lag dann mehr in seinem Sessel, als drauf zu sitzen. Was mich wieder sehr an die Körperhaltung der FM4-Redakteure während der Arbeit erinnerte. Dieses wie ein nasser Sack im Bürostuhl hängen, dieses mit halboffenen Augen und sabberndem Mund die langweiligen E-Mails durchgehen. Dieses kraftlose Hinken ins Studio. Ja, ja, der liebe Pope hat mehr mit FM4 zu tun, als er ahnt. Bush wiederum hat mich ausschließlich an Herrn Stermann erinnert – was die grundaffigen Gesichtszüge betrifft.

Eine Sauerei, mich mit Bush zu vergleichen, liebes Tagebuch! Grissemann hat erneut verbal den Bogen so was von überspannt! Seine Ausraster sind nicht mehr zu ertragen. Hätte er etwas Mumm in den Knochen, er würde sofort zurücktreten. Dass er zusammen mit dem nach Grissemann zweitschlechtesten Komiker Ingo Appelt seit Jahren für die geschmacklosesten Verbalentgleisungen in diesem Land sorgt, sollte von Senderchefin Eigensperger endlich mit Konsequenzen – sprich, Mikrofonverbot – bedacht werden. Werde eine diesbezügliche Petition vorbereiten, mein liebes, kleines Tagebuch!

4.6.

FM4 wird am Donauinselfest auch eine kleine Bühne betreiben, liebes Tagebuch. Dieser vorlaute Sender muss auch überall dabeisein, was? Die einzigen Events, bei denen FM4 seine Finger nicht im Spiel hat, sind zurzeit die Apothekermesse in Aschaffenburg und die Ö3-Beachmania-Parties; sonst sind wir überall dabei. Soll ich was Peinliches verraten, geneigtes Tagebuch? Auf einer Gumpoldskirchner EU-Wahlkampfparty von Ursula Stenzel hat ein DJ-Team namens »Les misérables« aufgelegt. Dahinter verstecken sich keine anderen als der geizige Sonderling Thomas Edlinger und der falsche Freund Fred Schreiber ... Jetzt bist du baff, Tagebuch, stimmt's?

Ja ja, das DJ-Team »Les misérables« hat tatsächlich seltsame Auflege-Auftritte wahrgenommen. Meine Recherchen haben ergeben, dass Schreiber und Edlinger auch bei der Wahlkampfparty von Hans Peter Martin aufgelegt haben. Die Resetarits Karin hat die ganze Zeit auch am DJ-Pult gestanden und die Platten in die Hüllen zurückstecken dürfen. Hans Peter Martin hat den beiden übrigens die Gage schwarz ins Höschen gesteckt. Und auch noch einen – wenn du mich fragst, liebes Tagebuch, sehr umstrittenen – Spesenersatz von 2400 Euro pro Nase dazugelegt.

Liebes Tagebuch, dass bei FM4 zurzeit alle über die Fußballeuropameisterschaft sprechen, ist ja nichts Ungewöhnliches – das ist in herkömmlichen Büros ja nicht anders –, aber dass der Fußballbesessenste von allen, Andreas Ulrich nämlich, seit Beginn der EM abwechselnd in portugiesischer Nationaltracht oder als Fado-Sängerin verkleidet hier am Arbeitsplatz erscheint, das scheint doch zu weit zu gehen. Neben seinen Schreibtisch hat sich Ulrich einen Griller gestellt, auf dem er zu Mittag portugiesischen Stockfisch zubereitet. Die Portugal-Huldigung geht so weit, dass Ulrich im Büro nur noch Portugiesisch spricht und sich eine vier Meter hohe Christusstatue neben den Papierkorb gestellt hat.

Andreas Ulrich singt gegen Abend seine todtraurigen Fado-Lieder für die versammelten Redaktionsmitglieder. Wir sind begeistert – wir wussten gar nicht, dass er so schön singen kann. Herr Ulrich singt jeden Abend von 17–24 Uhr durchgehend. Er trägt ein schwarzes Kleid sowie ein großes, schwarzes Kopftuch und singt von der Einsamkeit, der Trauer und dem drohenden Ende der Fußballeuropameisterschaft. Beim Singen laufen ihm Tränen über die Wangen. Das alles, liebes Tagebuch, hat etwas sehr Entrücktes.

Netzer oder Prohaska, liebes Tagebuch, das ist die zentrale Frage these days in der FM4-Redaktion. Welcher sogenannte Analytiker genießt mehr Sympathien bei der fußballaffinen Redaktionscrew? Das Ergebnis ist durchaus geteilt. Stermann und Hölzl schätzen den ARD-Netzer. Verstehe ich nicht. Mit Cocker-Spaniel-Haarschnitt und blitzfalschen Zähnen hockt dieser komplett humorfreie Fußball-Oberlehrer da und weiß auf alles eine geschraubte Antwort. Dabei hat er selbst, wie Tante Käthe verraten hat, immer nur Standfußball gespielt. Nein, nein! Analysegott ist selbstredend die Schnecke, die mit dickem Stift kreisezeichnend – auch viel besser angezogen als Netzer – uns Dummen die Fußballwelt erklärt. »Und des is jetzt der Spieler, der was den Boin valiat.« Oder: »Und jetzt schiaßt da Zidane es Tor.« Genau. So isses. und jetzt versteht's auch Boris Uran. Außerdem: Niemand lacht so freundlich über seinen eigenen Banalitäten wie der hochsympathische Prohaska Schneck!

Natürlich schätze ich den lieben Herbert Prohaska, liebes Tagebuch, genauso wie Ute Hölzl, Chefcontroller Blumenau und Rainer Springenschmid. Wir vier sind neben dem außerirdischen Albert Farkas übrigens die größten Fußball-Auskenner; trotzdem schlägt unser Herz für Günter Netzer. Weil er ein Fußball-Intellektueller ist. Und weil er weiß, dass Fußball keine Ironie verträgt. Sex übrigens auch nicht, aber das tut jetzt nichts zur Sache. Netzer is King, und dabei bleibt's. Der direkte Vergleich Delling-Pariasek fiel in der FM4-Redaktion übrigens 65:0 für Pariasek aus. By the way: Lebt Hans Huber eigentlich noch?

8.6.

Heute war in der Mittagspause David-Beckham-Lookalike-Wettbewerb in der Redaktion. Ich bin Zweiter nach Mirjam Unger geworden ... Ausschlag gebend für das gute Ergebnis muss wohl mein wahnsinnig guter Körper gewesen sein, denn vom Gesicht her sehe ich eher aus wie Figo oder Ballack. Geärgert über den Ausgang der Wahl haben sich vor allem Edlinger und Ostermayer. Die beiden sind haushoch Letzte geworden. Frau Higazi regte unverschämterweise an, die beiden sollten sich doch beim Rainer-Calmund-Lookalike-Wettbewerb anmelden, da hätten sie mehr Chancen ...

Bin heute ehrenhafter 49. in dem bescheuerten Ich-seh-aus-wie-David-Beckham-Wettkampf geworden. Immerhin noch vor Edlinger und Ostermayer. Na ja, bin halt nicht mehr so schlank-filigran wie der U-Bahn-sexuelle Grissemann. Hab bisschen deutschen Speck an den Hüften. Dass diese beiden Kantinendamen mich aber gestern Mittag mit Rainer Calmund verwechselt haben, hat mich doch etwas beschämt. Ich habe mich entschlossen, den Sommer über ausschließlich Schnittlauch zu mir nehmen, um im Herbst erstmals in meinem Leben die 130-Kilo-Marke zu unterschreiten. PS, liebes Tagebuch: Das Einzige, was der affektierte Grissemann eventuell mit einem Fußballer gemeinsam hat, ist die Frisur von Zidane.

12.6.

Der Schulschluss in Österreich hat einen wirklich großen Nachteil, liebes Tagebuch. Nämlich den, dass man ab jetzt auch am Vormittag Tausende und Abertausende unangenehme Teenager in der Stadt sieht. Kaugummikauend lungern diese frechen Biester beim McDonald's herum und sind nicht imstande – weil ihre Köpfe Viva- und Radio-Energy-verseucht sind –, beispielsweise den freundlichen Herrn Grissemann zu erkennen und mit einem leichten Diener zu begrüßen. Von wegen. Manche spucken vor mir aus oder stellen mir ein Bein! Ich bleibe dabei: Der nicht FM4 hörende Jugendliche ist die größte Plage und gehört lebenslang in die Schaumdisco gesperrt! »Hängt die Kinder höher!«, hört man mich in U-Bahnen schreien, wenn mir wieder mal eine dieser Nervensägen seinen Trottelrucksack in den Bauch rammt.

Diese seltsam hinterm Mond lebenden Halbwüchsigen, die FM4 für ein Autokennzeichen halten, werden manchmal von ihren wesentlich progressiveren Deutschlehrern ins Funkhaus geschleppt, um eine Führung durch die FM4-Räumlichkeiten über sich ergehen zu lassen. Gelangweilt betrachten sie dann zum Beispiel Chefcontroller Blumenau, der sie zu Recht mit einer fürchterlichen Grimasse erschreckt, oder sie stehen in einer nach Pubertät stinkenden Traube um Grissemann und mich im Livestudio und starren uns fragend an. Und wenn der liebe Deutschlehrer dann sagt: »Schaut mal, das sind Stermann und Grissemann! Die sind sehr lustig!«, fragt der Frechste von allen, ob wir »Bon Jovi« oder »Rammstein« spielen können. Und schon macht man sich wieder so seine Gedanken, ob die gesunde Ohrfeige nicht vielleicht doch ganz gesund sein könnte.

13.6.

Es wird Zeit, liebes Tagebuch, endlich einmal einen ganzen Eintrag unsrer anbetungswürdigen Senderchefin Eigensperger zu widmen! Die Senderchefin ist eine schlaue, stets gutgelaunte, sanfte Diktatorin. Sie trägt ausgesucht teure Markenklamotten, trifft immer die richtigen Entscheidungen und hat stets ein offenes Ohr für die Wünsche und Beschwerden ihrer abgekämpften und ausgehungerten Untergebenen. Sie ist tierlieb, aufmerksam, attraktiv und bescheiden. Tausend schmeichelnde Vorzüge könnte ich noch aufzählen, aber eines darf auch nicht unerwähnt bleiben: Senderchefin Eigensperger hat das unglaublichste Lachen der Welt. Sie lacht so laut und so dreckig, dass man denkt, der Teufel selbst werde gerade gekitzelt. Dieses Lachen könnte sich nicht mal Jack Nicholson jemals antrainieren. Das Lachen der Senderchefin donnert und rattert und poltert wie ein Erdbeben in der Großstadt. Es lacht so aus dieser zierlichen Person heraus, dass man glaubt, es mit einer Besessenen zu tun zu haben. Es ist der reine Wahnsinn.

Mir selbst platzte 1990 zum ersten Mal das Trommelfell, als ich der Senderchefin zum ersten Mal in der Funkhauskantine begegnete und ihr unvorsichtigerweise einen großartigen Witz erzählte. Die meisten Mitarbeiter laufen hier mit Ohrenschützern durch die Gänge. Ein Fernsehteam der BBC war vor zwei Jahren mal hier, um ein Porträt der Senderchefin zu filmen. Ihr diabolisches Lachen wurde dort mit heulenden Hyänen im Todeskampf gegengeschnitten. Kein schlechter Vergleich. Diverse Geräuschkünstler aus New York haben ihr Lachen aufgenommen und für Krach-Events gesampelt. Das laute Lachen der Senderchefin ist übrigens genau zwölf Dezibel lauter als eine in der Luft explodierende Boeing 707. Das hat ein Flugzeugtechniker letzten Herbst herausgefunden. Ja ja, unsere Senderchefin, die tollste Frau der Welt. Irgendwann lacht sie uns tot!

14.6.

Liebes Tagebuch, wir dachten, alle arbeiten so ähnlich wie wir für ihre Sendungen. Umso überraschter war ich, als ich gesehen habe, wie sich die Herren von der »Morning Show« auf ihre Sendung vorbereiten. Sie laufen sich erst warm, machen dann Sprechübungen und lernen ihr dickes Manuskript auswendig. Das heißt, sie kommen schon vier Stunden vor Sendungsbeginn, also kurz nach Mitternacht. Das hat mich sehr beeindruckt, und ich habe meinem Kollegen Stermann gesagt: »Von der ›Morning Show‹ lernen heißt siegen lernen, lass es uns genauso tun!« Aber Stermann hörte mir nicht zu, er konnte mich auch gar nicht hören, weil er so laut schnarchte. Dabei lief schon die Werbung vor unserer Sendung. Er wacht freitags ja regelmäßig erst während unserer Signation auf. Das ist unprofessionell, weil damit jede Vorbereitung auf die Sendung unmöglich wird. Aber als bestaussehender Mann bei FM4 kann er sich das offenbar leisten.

Liebes Tagebuch, ich habe gestern beobachtet, dass sich die Kollegen Freeman und Larkin wirklich ins Zeug legen. Nach ihrer gestrigen Sendung sind sie nicht nachhause gegangen, sondern haben nach Sendungsende um

9.00 Uhr sofort weitergearbeitet für die heutige Sendung. Streber. Mich können sie damit nicht beeindrucken, auch wenn ich zugebe, dass ich beim letzten »Salon Helga« am Freitag für meine Verhältnisse grotesk engagiert war. Ich kam eine, fast zwei Minuten vor der Sendung und hatte ein leeres Blatt Papier dabei, mein Manuskript. Leider fiel mir dafür während der Sendung nichts ein. Wahrscheinlich weil ich zu vorbereitet war. Man kann auch Sendungen totinszenieren. Nee, nee. Radio ist ein Hilfsmedium, die Leute hören es nebenbei, beim Frühstück, beim Autofahren, Bügeln oder beim Sex. Da verpufft doch jede Anstrengung. Außerdem verliert man den Kontakt zum Hörer, wenn man sich anstrengt. Man darf nie klüger sein als der Hörer! Insofern lege ich mich wieder hin und deck mich mit dir, mein liebes Tagebuch, herrlich kuschelig zu.

15.6.

Liebes Tagebuch, bestimmt glauben viele Menschen draußen, dass die Arbeit beim Radio interessant ist. Nun, ich hab mal als Schüler bei der Post gearbeitet, dort habe ich acht Stunden lang das Stempelkissen gehalten – das war spannender. Beim Zivildienst hab ich mal eine Woche lang ein Telefon putzen müssen, auch das war abwechslungsreicher. Ganz ehrlich: Nichts ist langweiliger, als beim Radio zu arbeiten. Ich beneide jeden, der Lack beim Trocknen zuschauen darf, alles aufregender. Die Wahrheit sieht nämlich so aus: Unser Büroalltag besteht darin, dass alle Kollegen, die gerade nicht auf Sendung sind, nämlich 99 % aller Mitarbeiter, vor dem Radio sitzen und FM4 hören müssen. Sonst gibt's ja nichts zu tun. Wir haben EIN Radio, das heißt, alle sitzen unfassbar beengt um das eine Gerät herum, mit halb geschlossenen Augen, leise Schnarchgeräusche kommen aus dem einen oder anderen Kollegen. Alle paar Stunden stehen zwei, drei auf und trotten missgelaunt ins Studio, und zwei, drei andere kommen mit leerem Blick aus dem Studio raus. So geht das den ganzen Tag, die ganze Woche, das ganze Jahr. FM4 heißt: Fadesse multipliziert mit 4.

Liebes Tagebuch, habe aus Versehen vor lauter Langeweile Grissemann in der Nase gebohrt. Und beim Gähnen einen Krampf im Kiefer bekommen, so dass ich meinen Mund nicht mehr schließen kann. Der unsympathische Chefcontroller Blumenau nutzt diesen Fauxpas ständig aus und wirft mir Papierkügelchen in den wehrlosen Schlund. Grissemann schlägt immer und immer wieder mit dem Kopf gegen die Wand, und Mathias Zsutty summt leise vor sich hin, immer die gleiche Melodie: »Football's Coming Home.« Seit sechs Stunden. Elisabeth Scharang starrt Löcher in die Decke, aber wirklich. Die Decke ist bereits übersät mit kleinen Löchern. Ich verstehe das nicht – würde es nicht reichen, wenn wir alle rechtzeitig zu unseren Sendungen kämen? Müssen wir wirklich acht Stunden lang Däumchen drehen? Hab mir meine übrigens gerade beim Drehen gebrochen. Typisch.

16.6.

Liebes Tagebuch, um die langweilige Arbeit bei FM4 irgendwie zu überstehen, kommen die Kolleginnen und Kollegen auf immer abstrusere Ideen. Albert Farkas hat das Grazer Telefonbuch rückwärts auswendig gelernt, also Namen und Telefonnummern rückwärts. Stermann, dieser schwere Raucher, versucht seit Wochen aus Asche wieder Zigaretten herzustellen. Re-Recycling. Ähnliches versucht die Ökologin Jill Zobel, sie will aus Papier Bäume machen. Ich selber forme aus Spucke das grobschlächtige Gesicht von Chefcontroller Blumenau. Leider verläuft die Spucke zu sehr, als dass ich ganz genau arbeiten könnte. Obwohl mein Porträt ihm trotzdem schmeichelt. Es macht ihn irgendwie … menschlich.

Liebes Tagebuch, neben unserem Fenster ist die Wiese vom Theresanium, auf der blonde, reiche, glückliche Kinder Ball spielen und mit Bändern im Haar tanzen, während ihnen Geldscheine aus den schönen Hosentaschen fallen. Dieser Anblick ist für uns Radiohandwerker immer ein Schlag ins Gesicht. Vor allem ist es ärgerlich, weil Claudia Czesch dadurch das Zählen der Grashalme erschwert wird. Seit 1998 zählt sie verbissen jeden einzelnen Grashalm auf der riesigen Wiese des Theresaniums. Über 1,457 Milliarden hat sie bisher gezählt. Je wärmer es wird, umso apathischer werden die Kollegen und ihre Beschäftigungen. Magister Edlinger sitzt seit sieben Stunden mit geschlossenen Augen auf seinem Bürostuhl und zählt, wie oft er atmet. Clemens Haipl grinst ein fiktives Gegenüber an, Hermes taucht seinen Kopf immer und immer wieder in ein Fass mit Gel. Und wenn er auftaucht, sagt er, dass der Anblick im Fass erfreulicher sei als der Anblick von uns FM4-Mitarbeitern. Das spricht Bände und entspricht wahrscheinlich der Wahrheit.

Liebes Tagebuch, die größte Demütigung für Journalisten wie uns ist es, auf Rockfestivals geschickt zu werden, um von dort live zu berichten. Wiesen, Frequency, Aerodrome, Southside und wie sie alle heißen, diese Orte des Schreckens. Wenn ausgebildete, ernsthafte, fast 50jährige Topjournalisten im Gatsch sitzen müssen, in stinkenden Plastikzelten schlafen und von Interviewpartnern angerülpst und mit Bier beschüttet werden. Dantes Hölle ist ein Picknick gegen Musikfestivals. Wieviele Kollegen wurden schon in den Menschenmassen zerdrückt, wieviele leiden seit Festivaleinsätzen an Traumata? Wie schön wäre es, wenn wir ein Literatursender wären und nur einmal im Jahr live vom Ingeborg-Bachmann-Preis berichten müssten, wo es schön gesittet zugeht und alle Zuhörer brav auf Ihren Stühlen sitzen?

Liebes Tagebuch, schneide noch immer an meinem Beitrag über den Ingeborg-Bachmann-Preis. Leider haben meine Interviewgäste alle so viel zu sagen gehabt, dass ich fast 19 000 Stunden Interviews aufgenommen habe. Ich habe ausgerechnet, dass mein Beitrag, wenn ich ernsthaft dran arbeite, erst im Jahr 2008 auf Sendung gehen kann. Mein alter Fehler, Interviewte aus Höflichkeit nicht zu unterbrechen, hat sich wieder mal bitter gerächt. Ich sehne mich zurück zum letzten Rock-am-Ring-Festival, wo ich Interviews geführt habe, die in der Regel aus einem oder zwei Worten bestanden. Die häufigste Interviewantwort bei Musikfestivals lautet »Was? Ich versteh nichts!« oder »Geil«. Da tut man sich als Beitragsgestalter leicht. Aber versuch mal, liebes Tagebuch, von Iris Radisch weniger als 60minütige Antworten zu bekommen. Am liebsten habe ich persönlich ja inzwischen Interviewtermine mit Madonna oder Michael Jackson. Weil sie nicht zustande kommen. Herrlich – weniger Arbeit kann es nicht geben! Ich schlage auf der nächsten Redaktionssitzung ein Interview mit Saddam Hussein vor, dann kann ich jetzt schon meine Sachen fürs Schwimmbad packen.

Liebes Tagebuch, zu den schlimmsten Geißeln des 21. Jahrhunderts gehören in zivilisierten Ländern sicher Haltungsschäden aufgrund mangelnder Bewegung und falschen Sitzens. FM4 scheint mir da so etwas wie ein warnendes Beispiel zu sein. Orthopädisch betrachtet sind wir die Vierte Welt, ein einziges Bandscheibenwaterloo. Unter anderem wahrscheinlich auch deshalb, weil wir auf zerbombten Stühlen aus dem Zweiten Weltkrieg sitzen müssen, die nicht gerade wirbelsäulenfreundlich sind. Kollege Stermann kriecht seit Wochen mit schmerzverzerrtem Gesicht auf allen Vieren durch die Redaktion, Chefcontroller Blumenau geht so gebückt, dass er mit der Nase über den Boden schleift, Stuart Freeman ist so verwachsen, dass er seinen Oberkörper ganz weit nach rechts beugt, so dass er mit dem rechten Ohr den Boden berührt, selbst beim Sitzen. Mathias Zsutty hat weder Muskeln noch Wirbel und rollt quallengleich über den Teppich. Gerald Votava zieht ein Muskelschwundbein nach, Clemens Haipl kann nur hocken und so vorwärtsrutschen. Ich kann nicht mal mehr sagen, ob die lieben Kolleginnen und Kollegen schon bei Diensteintritt alle einen Buckel hatten oder ob die Buckel erst hier gewachsen sind. Auf jeden Fall sieht es in der Redaktion aus wie bei einem Casting für den Glöckner von Notre Dame.

Liebes Tagebuch, eine Osteopathin war in der Redaktion und hat nach einer kurzen Untersuchung vorgeschlagen, dass man uns allen sämtliche Knochen und Wirbel brechen müsse, um sie ganz neu zusammenzusetzen. Schon die leichteste Form von Gymnastik könnte zu einem Zusammensturz aller FM4-Knochengerüste führen. Ja, jetzt rächt es sich, dass wir in all den Jahren nur unseren Geist, nicht aber den Körper trainiert haben. Die Ö3-Kollegen übrigens haben 1A Körper und Muskelmassen, mächtig wie die Alpen. Na ja, jeder muss wissen, was ihm wichtig ist. Ich habe jedenfalls auch meinen Stolz, wenn ich neben einem Ö3-Kollegen in den Aufzug krieche und alle meine morschen Knochen beängstigende Geräusche machen. Wenn mich dann die starken Kollegen fragen, in welchen Stock ich muss, sage ich: »Den vierten« und füge sicherheitshalber hinzu: »Das ist der oberste Knopf«. So etwas lernt man ja nicht im Fitnessstudio.

19.6.

Liebes Tagebuch, wir Redakteure mussten uns heute im fünf Quadratmeter großen Sitzungssaal eine Pilotsendung anhören, von der Chefcontroller Blumenau ganz begeistert ist. Ein zweistündiger Gebärdensprachkurs, ohne Musik. Zwei Stunden lang hört man, wie der Gebärdensprachkursleiter Wörter an die Tafel schreibt, um sie dann in Gebärdensprache vorzuzeigen. Auf unsere leise Kritik hin, dass das für's Radio vielleicht nicht so wahnsinnig geeignet sei, hagelte es von Blumenau ein Ohrfeigengewitter. Auch unsere zweite Kritik wurde abgeschmettert. Der Gebärdensprachkursleiter ist nämlich Blumenau selbst, der nicht einmal in Ansätzen mit Gebärden sprechen kann, bis auf die Ohrfeigen vielleicht. Er rechtfertigte sich damit, dass es völlig egal sei, dass er die Gebärdensprache nicht beherrscht, weil man es im Radio ja nicht sehen kann. Innovation schön und gut, aber das hat doch mit Radiomachen nichts mehr zu tun.

Liebes Tagebuch, während Blumenau bei der heutigen Aufzeichnung des Gebärdensprachkurses zwei Stunden durchgeschlafen hat, musste ich 200 Wörter an die Tafel schreiben. Nach jedem Wort habe ich eine kurze Pause gemacht, in der man sich die Gebärde denken soll. Vor und nach der Sendung verhält sich Blumenau mir gegenüber äußerst arrogant. Schließlich sei er Starmoderator, auch wenn er nichts sagt. Er überlegt ernsthaft, aus FM4 einen reinen Pantomimensender zu machen mit ihm als einzigem Moderator. 24 Stunden. »Die schöne Geste« soll der Sender dann heißen. Voller Stolz zeigte er mir seinen schwarzen Gymnastikanzug und die weißen Handschuhe. Mit seinem weiß geschminkten Gesicht sieht er so unheimlich aus, dass viele Kollegen vor Angst zu weinen beginnen. Be afraid, honey. It's FM4.

20.6.

Liebes Tagebuch, um Geld zu sparen und weniger Aufwand zu haben, hat FM4 jetzt einen Interviewgast angestellt. Laut Dienstanweisung dürfen Interviews jetzt ausschließlich mit diesem Gast geführt werden. Er hat ein eigenes Interviewgast-Büro, und wenn man zu irgendeinem Thema jemanden interviewen möchte, muss man zu ihm kommen. Wir waren alle sehr gespannt, wer in den nächsten Jahren unser Interviewgast sein wird – und waren geschockt. Es ist Bata Ilic, der abgetakelte Schlagersänger, von dem viele dachten, er sei schon tot. Schon bei der Begrüßung fiel niemandem auch nur eine einzige Frage an Bata Ilic ein. Das kann ja heiter werden.

Liebes Tagebuch, heute liefen insgesamt 143 Interviews mit Bata Ilic auf FM4: zur Irakkrise, zu den Börsenkursen, zur Unireform, der neuen Platte von »Coldplay«, zu Jelinek, dem Rabenhof, zu allem wurde Bata Ilic befragt. Ich will dem Herrn nicht zu nahe treten, aber Bata Ilic kann nicht einmal zum Thema Bata Ilic irgendetwas Interessantes von sich geben. Aber laut Chefin Eigensperger ist er der billigste Interviewgast, den man aktuell kriegen kann. Schon Nora, die Exfrau von Thomas Anders, wäre teurer gewesen. Während ich das hier schreibe, liebes Tagebuch, sitzt Bata Ilic gerade im Studio und versucht, sich zum Thema »Globalisierung« zu äußern. Er sagt, dass er einen hat, der von innen beleuchtbar ist.

21.6.

Liebes Tagebuch, ich kannte den Begriff »Quotennutte« natürlich, aber bisher eher im übertragenen Sinne. Ich hätte nie gedacht, dass es so weit kommen könnte. Alles begann mit dem Besuch eines Arztes hier bei FM4, der uns Mitarbeiter auf Geschlechtskrankheiten testete und dann Unbedenklichkeitszeugnisse austeilte. Nach der Arbeit müssen wir jetzt alleinstehende Hörer und Hörerinnen »verwöhnen«. Es ist so demütigend. Man kann uns telefonisch über eine Karibiknummer buchen. Würde man uns »nur« für Telefonsex einsetzen, okay, das ließe ich mir ja noch einreden – schließlich verdienen wir mit Reden unser Geld –, aber gleich der ganze Körper? Ich komme gerade von einem 76jährigen Ex-Stasi-Oberst, der mit mir seine wildesten Vernehmungsphantasien durchspielte. Ich saß nackt auf einem Eisenstuhl und hatte ein Mikrofon im Mund. You're not at home, you're at work.

Liebes Tagebuch, ich komme gerade vom Außeneinsatz bei einer Damen-Seniorinnen-Fußballmannschaft. Ich war so etwas wie ihr Fußball der Lust. Wie sich herausstellte, haben sie alle noch nie FM4 gehört, wollen es aber ab jetzt tun. Offenbar funktioniert das Prinzip der »Quotennutte«. Grissemann ist wahrscheinlich gerade wieder bei seinem Oberst. Mein nächster Auftrag ist eine Kegelgruppe in Purkersdorf. Ich soll mich nackt zwischen die anderen Kegel stellen, und wer mich umschießt, darf mich mit nachhause nehmen.

Be afraid honey, it's FM4.

Liebes Tagebuch, die Damen vom psychosozialen Dienst tun mir leid. Die beiden hübschen Psychologinnen sind regelmäßige Radiohörerinnen und haben sich unentgeltlich gemeldet, um uns zu helfen. Sie haben im letzten Jahr unsere FM4-Tagebücher gehört und hatten das dringende Bedürfnis, irgendetwas zu tun, ganz im Gegensatz zu all den anderen Hörern, denen unser Schicksal anscheinend scheißegal ist. Die sich von unseren furchtbaren Verhältnissen nicht menschlich gefordert fühlen, sondern einfach nur berieseln lassen, als wären diese Tagebücher kein Hilfeschrei, sondern eine Schmuseplatte von Superstar Alexander.

Liebes Tagebuch, manchmal hab ich das Gefühl, Medienkonsumenten wollen den ultimativen Schrecken hautnah an anderen erleben, deshalb der Erfolg von »Ich bin ein Star – holt mich hier raus«. Sicher gäbe es auch FM4-Hörer, die mich gerne von Motten und Maden aufgefressen sähen oder Stermann von einem Aal erwürgt. Und weil man's im Radio nicht sehen kann, würden diese Menschen wenigstens unser angsterfülltes Würgen hören wollen. So sieht's doch aus, liebes Tagebuch! Und ich will den beiden Psychologinnen nicht zu nahe treten, aber an diesem Gefühl können sie auch nichts ändern, selbst wenn sie wollen.

Liebes Tagebuch, ich bin maßlos enttäuscht. Ich hatte mich auf die psychologische Betreuung gefreut, wirklich. Ich hatte gehofft, dass sich die starren, brutalen Strukturen, die Chefcontroller Blumenau hier aufgebaut hat, dass sie sich wenigstens ein bisschen lockern würden. Pustekuchen. Ich glaube inzwischen gar nicht mehr, dass die zwei Damen überhaupt Psychologinnen sind. Beim psychosozialen Dienst, wo ich mich nach ihnen erkundigt habe, kennt sie jedenfalls niemand. Weißt du, liebes Tagebuch, wann mir das klar wurde? Als sie mich in ein Becken mit aggressiven Zitteraalen warfen und mir befahlen »Hilfe, ich bin eine FM4-Flasche – ihr holt mich bestimmt nicht hier raus!«, zu rufen. Immer wieder musste ich das rufen, und Blumenau amüsierte sich mit den beiden Frauen königlich.

FM4 hat jetzt auch einen Visitator geschickt bekommen, der die verheerenden, amoralischen Zustände innerhalb der Redaktion untersucht. Ein gestrenger Mann, der nach dem Rechten sieht. Es ist Gotthard Rieger, einst prominenter Ö3-Mitarbeiter, heute, wie gesagt, Radiovisitator. Zuerst wollte er mit Chefcontroller Blumenau sprechen, aber der war nicht da. Blumenau ist entweder in Rom oder er urlaubt im Mühlviertel, hieß es. Nachdem auch Kardinal Senderchefin Eigensperger unauffindbar war, hat sich der Visitator von Subregens Zikmund den Alltag hier bei FM4 erklären lassen. Das ganze Team – vor allem die Alumnen von der »Workstation« – wir alle schlottern vor Angst.

Der Visitator räumt ganz schön auf, sag ich dir, liebes Tagebuch! Weihnachtsküsse zur Begrüßung und Verabschiedung sind bis auf weiteres gestrichen. Blumenaus Weinkeller wird zum Gebetsraum umfunktioniert. Einige Sendungen, wie »House of pain« oder »Im Sumpf«, werden sofort aus dem Programm genommen. Vor allem die »Sumpf«-Sommerserie über Pornographie sei ein »übler Bubenstreich.« Die Damen müssen selbstverständlich allesamt die Redaktion verlassen und werden nun übergangsweise in der Funkhauskantine als Küchenhilfen untergebracht. Interessanterweise ist der Visitator zu mir und Grissemann sehr freundlich, fast devot. Er küsst uns ständig die Finger. Wir wissen auch, warum: Der Papst ist ein riesengroßer »Salon Helga«-Fan. Er lässt sich von Herrn Schönborn Kassetten schicken und lacht sich jedes Mal halb tot, wie uns der liebe Visitator wissen ließ …

2.7.

Stermann und ich, liebes Tagebuch, haben ja das Sonnenrot-Festival moderiert, das in der Nähe von München vonstatten ging. Schön war's. Mit der S-Bahn tuckerten wir bis nach Wolfratshausen. Jeder S-Bahnhof ein potentieller Bandname – Zorneding, Icking, Bimming – und dann die Endstation: Wolfratshausen, der Ort, aus dem der Stoiber kommt. Ein malerisches Fleckchen Erde, sag ich dir, Tagebuch. Der Zufall wollte es, dass just an diesem Tage auch noch Angela Merkel ihren 50. Geburtstag feierte. Na ja. Stermann und ich – Profis seit dem ersten Tag – begrüßten die Festivalgäste rhetorisch gewitzt und führten brilliant durch den Abend. Alles wie immer also. Bis der liebe Kollege Burstup – seines Zeichens »Schönheitsfehler«-DJ und FM4-Kollege – mit Stermann ins Gespräch kommen wollte. Dann passierte das Peinliche: Stermann, der zu diesem Zeitpunkt noch kein Gläschen geleert hatte, erkannte seinen Arbeitskollegen nicht, wusste nicht, mit wem er's zu tun hat. Ich wäre vor Scham am liebsten in Icking im Boden versunken. Diese Aussetzer sind mir bei Stermann schon öfter aufgefallen. Hat es mit dem Alter zu tun oder ist es eine beginnende Geisteskrankheit?

Mein Gott, diese Hip-Hopper sehen doch alle gleich aus, liebes Tagebuch. Das kann schon mal passieren. wirklich peinlich war, dass ich Jochen Distelmeyer mit »Mia« angesprochen habe und Judith Holofernes für einen aufdringlichen »Wir sind Helden«-Fan hielt. Beim Moderieren auf der Bühne musste mir … äh … der, der, der Grissemann immer soufflieren, weil ich mich in dem »Tomte«-»Sterne«-»Blumfeld«-»Helden«-Dschungel einfach nicht mehr zurecht finde. Tja, wahrscheinlich gibt es bessere Festival-Moderatoren als mich, aber ich bin der schönste. Um das »Schönheitsfehler«-Fettnäpfchen komplett zu erzählen, es war so: Ich fragte den mir unbekannten Burstup: »Wieso fährst du mit ›Schönheitsfehler‹ durch die Gegend?« und er antwortete verdutzt: »Weil ich die Band 1993 gegründet habe!« Schlagendes Argument. Und ein feiner Dialog obendrein. Ich gelobe Besserung, liebes … äh … liebes Dings … na ähm … Scheiße … liebes … ah ja, genau: Tagebuch!

3.7.

Die erste sodomistische Reality-Show »Die Alm« hat auch bei FM4 Kandidaten gesucht … Diesbezüglich hat gestern ein ProSieben-Depp in der FM4-Redaktion angerufen. Schließlich sei FM4 ein Sammelbecken für öffentlichkeitsgeile Achtelprominente. Senderchefin Eigensperger hat bei ihren Schäfchen nachgefragt, wer denn bereit wäre, eine Woche lang zu René Weller, Busenwitwe Gsell und der unsympathischsten Knallcharge des deutschen Boulevards, D!Nation, auf die Alm zu ziehen. Wortchef Pieper winkte ab. Er ist Kuh- und Schweinephobiker. Die drei »Projekt X«-Herren konnten einen Schuss Promotion gut gebrauchen und sagten zähneknirschend einem Casting zu. Die drei befinden sich grade in München und lassen sich von Ziegen ablecken und von Mistgabeln in die Augen stechen. In die Sendung haben sie's nicht geschafft. Wer weiß, vielleicht schaffen sie es ja bei einer eventuellen Neuauflage auf die »Alm« – womit der Name FM4 wieder ein Stück tiefer in den Kuhdreck gezogen würde.

Liebes Tagebuch, die Projektleiter sind doch wirklich Schweinchen, die alles machen. Mir wäre das zu würdelos. Ich hab andere, seriösere Projekte laufen. Bei »Sperm Race« hab ich mich schon letzte Woche angemeldet, und als Nachwuchscomedian versuche ich, in der »Star Search«-Staffel 3 die erste Runde zu überstehen. Ich start jetzt neu durch, Tagebuch … Bei »Herzblatt« bin ich auch schon vorgemerkt, wenn auch nicht als Moderator, so doch als buhlender, graumelierter Barhocker-Casanova. Als ZDF-Wettermann haben sie mich leider nicht genommen, aber als Entschädigung ein Tief nach mir benannt. Tief »Dirk« kommt übrigens nächste Woche über uns.

4.7.

Die Hitze der letzten Woche hat nicht nur das Moderationspult verbogen und die Türklinken so aufgeheizt, dass wir mit dicken Wollhandschuhen die Türen öffnen, nein, auch die Schweißüberproduktion diverser Mitarbeiter wird langsam aber sicher zum Problem für alle. Stefan Pollack ist vorgestern in der Schweißpfütze ausgerutscht, die Wortchef Pieper nach einem hitzigen Gespräch mit Senderchefin Eigensperger aus Achseln und Schritt rann. Ich, der ich diskret und nahezu unsichtbar schwitze, habe einen Sport daraus gemacht, anhand der Schweißpfütze den Erzeuger zu erkennen. Zsutty hinterlässt die größten Lacken, ist also leicht zu identifizieren; Stuart Freemans Schweiß riecht ein wenig nach seiner Lieblingsspeise Krautsalat; und Heinz Reichs Schweiß ist schwarz wie Motoröl. Ich kann sie alle an ihrem Schweiß auseinanderhalten. Die Männer zumindest. Frauen schwitzen ja nicht – weiß der Teufel warum.

Wenn man mit dem Schweiß des Kollegen nichts zu tun haben will, sind Gummistiefel dieser Tage unerlässlich. Allein die Geruchsbelästigung ist ein Fall für den Betriebsrat. Vor allem die leidenschaftlichen Trinker hinterlassen Schweißtropfen, die Frau Unger letztens treffend als »nasse Stinkbomben« bezeichnete. Wenn FM4-Redakteure die Augen schließen, rinnen Schweiß-Sturzbäche die Lider runter. Der dampfende Chefcontroller Blumenau hat sich längst zwei Kanus unter die Achseln geschnallt, die er stündlich am Parkplatz ausleert. Es ist eine fremde, nasse Welt hier im Sommer bei FM4.

Nachdem trauigerweise ein polnischer FM4-Praktikant letzte Woche bei einem Juweliers-Einbruch erschossen und die zauberhafte Esther Csapo erneut beim Reinigungsmilch-Klau in der Parfumerie Topsi erwischt wurde, platzte Senderchefin Eigensperger der Kragen. Ausnahmslos alle groß- wie kleinkriminellen Unternehmungen der FM4-Mitarbeiter seien sofort einzustellen. Es lasse sich mit dem öffentlich-rechtlichen Bildungsauftrag nicht vereinbaren, dass gut 50 % der FM4-Redakteure mit einem Bein im Kittchen stünden, meinte sie, und die Betreffenden schauten betreten zu Boden. Christian Fuchs fiel peinlicherweise just in dem Moment dubiose Hehlerware aus den Hosentaschen: Handyzubehör, Lippenstifte, Autoreifen und zwölf gefälschte Breitling-Uhren. Herr Pfister holte schuldbewusst einen ganzen gestohlenen Bankomaten aus seinem monströsen Rucksack, und Herr Springenschmid packte doch glatt ein gut zwei Kilogramm schweres Heroinpaket aus seiner Schnürlsamthose. Sie hat schon recht, die Senderchefin, die schiefe Bahn darf nicht länger unser Zuhause sein.

Ich selbst, liebes Tagebuch, spielte mich während dieser hochnotpeinlichen Situation als Obersaubermann auf, obwohl ich – dir kann ich's ja sagen, Tagebuch – auch einigen Dreck am Stecken habe. Während meiner ausgedehnten Kleinkunst-Tourneen habe ich aus diversen Hotelzimmern ja nicht nur Haarshampoos, Handtücher, Schuhlöffel und Leintücher mitgehen lassen, sondern auch Kleiderbügel, Allibert-Spiegel, Badewannen, Fernseher, Türklinken, Teppichböden und ganze Betten. Dabei habe ja ich als einziger FM4-Mitarbeiter keine Geldsorgen. Ich bin Kleptomane und kann nicht anders. Ich muss mich irgendwem anvertrauen, aber wem? Grissemann ist diesbezüglich keine gute Vertrauensperson, schließlich hat er vier Fluzeugentführungen und diesen verdammten Saliera-Diebstahl zu verantworten.

Ach Gott, das wird ein böses Ende nehmen, Tagebuch!

Hach, Tagebuch, mach, dass der Sommer endlich vergeht. Ich kann nicht mehr. Diese unverhohlenen sexuellen Attacken in den Straßen sind zuviel für meine ohnehin angegriffenen Nerven. Tausende und Abertausende hüpfende Teenagerbrüste, diese Armada an knallengen Lolitajeans, die vor den

»Starbucks« dieser Welt am Randstein sitzen, ständig Handknochen am Ohr und Kaugummi im Lustmund. Oh, ich halte das alles nicht mehr aus! Die tanzenden Tatoos am Arschansatz, das Lustfunkeln der Nabelpiercings, das Schlecken am Cornettoeis, dieses Ziehen, dieses Schwitzen, dieses Verlangen. Ich schreib mich hier in Teufels Küche, Tagebuch, ich weiß, aber es musste raus, ich halte das alles nicht mehr aus – mach, dass Herbst wird, Tagebuch, und die geilen Biester wieder Mäntel tragen müssen. Tut mir leid …

Grissemann hat mir heute in einer stillen Minute sein Leid geklagt. Er werde langsam aber sicher wahnsinnig. Die Damen seien ihm entschieden zu knapp und aufreizend gekleidet. Er werde atemlos beim Anblick dieser kurzberockten Wesen und sei kurz davor durchzudrehen. Er überlege, sich in sexualtherapeutische Behandlung zu begeben, wenn das so weitergeht. Schließlich will er nicht als sabbernder Lustgreis enden. Nun, um meinen lieben Freund Grissemann nicht demnächst der Psychiatrie übergeben zu müssen, bitte ich alle Damen zwischen 16 und 46, sich in Hinkunft im Sommer anständig zu bekleiden – will sagen hochgeschlossen und mit Thermohosen. So, und ab morgen widmen wir uns wieder Wichtigerem.

Danke, Tagebuch!

9.7.

Liebes Tagebuch, »Das Glück der Erde liegt auf dem Rücken der Pferde«, heißt es. Also hat die ganze FM4-Belegschaft einen gemeinschaftlichen Reitausflug gemacht. Im ORF-Fundus haben wir uns alle eingekleidet, mit Reitstiefeln, engen Reiterhosen, roten Sakkos, Gerten, Reiterhelmen. So ausgerüstet, stieg unsere 80köpfige Reitequipe in die U-Bahn, Ziel: der Wurstelprater. Wir boten einen herzzerreißend lächerlichen Eindruck. Stermanns Helm war etwa acht Nummern zu klein und bedeckte nicht einmal die Hälfte seines Kopfes, Votavas Stiefel waren so eng, dass er mit seinen dicken Wasserfüßen nicht hineinkam. Er ging nicht, sondern schob die Stiefelchen über den Boden. Chefcontroller Blumenau hatte sich 15 Gerten ausgeliehen und schlug damit unkontrolliert und wild um sich; ständig traf er unschuldige Passagiere, so dass im Waggon große Unruhe entstand. Im Prater waren wir dann sehr enttäuscht. Senderchefin Eigensperger gab jedem von uns einen Jeton für eine Runde Ponyreiten. Wie peinlich und unwürdig, wir auf klitzekleinen Pferden zwischen zwei- und dreijährigen Kindern!

Liebes Tagebuch, mein Pony ging mir bis zum Knie und litt unter starkem Durchfall. Es schiss flüssig während des Ritts und schoss mir den Schiss mit seinem Schwanz gegen den Rücken. Meine Beine schleiften über den Sand, und ich hörte die Knochen meines Ponys krachen. Praterbesucher schrien mich an, ich solle mit dieser Tierquälerei aufhören. Ich wäre ja abgestiegen, aber Chefcontroller Blumenau schlug mit der Reitgerte auf mich ein, als ich es versuchte. Ich musste meine Runde fertig machen, mit vollgeschissenem Rücken, von Passanten mit Tomaten und Eiern beworfen und ausgebuht. Ich bin zweimal geritten, liebes Tagebuch, das erste und das letzte Mal.

10.7.

Liebes Tagebuch, dass immer wieder mal FM4-Kollegen in Bayern auflegen oder auftreten, ist nachvollziehbar. Immerhin kann man unseren kleinen Elektronik-Sender dort empfangen, und man kann in München oder Passau mit ein paar Interessierten rechnen. Auch in der Schweiz, zumindest im Grenzgebiet. Aber die Überschätzung der Bekanntheit unseres Senders nimmt Überhand – und die eigene Überschätzung ist die törichte Tochter der Dummheit. Tatsächlich haben die naiven DJs von »La Boum de Luxe« eine fünftägige Tour durch Nordhessen und Niedersachsen gemacht. Überall zwischen Fulda und Wolfsburg hingen Plakate: »Eure FM4-Stars live in eurer Stadt.«

Ich habe jetzt in der Marketingabteilung die Tourabrechnung gesehen. An den fünf Abenden hatten die sieben DJs insgesamt vier Zuschauer, nämlich die vier Clubbetreiber. Leider hat einer von den Betreibern zwei Clubs, sonst wären es vielleicht fünf Zuschauer gewesen.

Liebes Tagebuch, wie geprügelte Hunde sitzen die Kollegen Votava, Haipl und Knötzl an ihren Schreibtischen nach ihrem Gastspiel im Hamburger »Golden Pudel Club«. Votava zerreißt heulend einen Stapel Flyer, »Sensation! Die drei witzigen FM4-Hauptprojektleiter live in St. Pauli, FM4 – komm lach mit mir.« Haipl ist von einer 50jährigen Punkerin mit einem Matjeshering von der Bühne geprügelt worden. Sie war bei dem zweiwöchigen Gastspiel die einzige Besucherin, die bereit war, die 25 Cent Eintritt für die FM4-»Stars« aus dem Fenster zu werfen. Na ja, ich bin gespannt, wie viele Leute zu Hermes bei seiner Tour durch Nordamerika kommen. »Hermes known from ›Chez Hermes‹, US-Live-Tour 2004 – sponsored by FM4!«

13.7.

Liebes Tagebuch, ich bin sehr unzufrieden. Gut, unsere Tour durch Baden-Württemberg, Nordrhein-Westfalen und Schleswig-Holstein war restlos ausverkauft, aber meiner Meinung nach hätte man mehr Tickets verkaufen können, indem man Zuschauer aufeinander gesetzt hätte. Außerdem könnte man auch Zuschauer an die Decke hängen, aber ich will mich nicht beklagen, vor allem wenn ich an die armen Herren Edlinger und Ostermayer denke, die vier Wochen lang in Leipzig im winzigen »Kleinen Hinterzimmer Kellerabteilstheater« gespielt haben, noch dazu auf der Probebühne, wo höchstens zwei Zuschauer Platz finden. Leider ist exakt niemand gekommen – trotz Powerplay-Werbung auf FM4. Liebe Kollegen, macht es wie die Schuster und bleibt bei eurem Leisten! Am FM4-Wesen will nicht die ganze Welt genesen. FM4 ist nicht CNN, nicht mal 9Live, Hochmut kommt vor dem Fall. Kommt wieder auf den Teppich und sagt um Gottes Willen die Skandinavien-Tour von Puntigam und Haipl ab!

Liebes Tagebuch, die Herren Pfister, Zikmund und Fuchs sind freundliche, bescheidene und zurückhaltende Menschen – gewesen, bis sie seit ihren Gothic-Lesungen in Wien und Regensburg kleine Erfolge feierten. Jetzt sind sie des Größenwahns fette Beute. Ihre Neigungsgruppe »Gewalt, Sex und gute Laune« will ernsthaft während der Fußball-EM in Portugal im größten Fado-Lokal Lissabons tägliche Lesungen machen, und sie versprechen sich davon den endgültigen, internationalen Durchbruch. Pfister und Zikmund rechnen ernsthaft mit bis zu 5000 Zuschauern pro Abend. Fuchs wäre nur enttäuscht bei weniger als 1000 zahlenden Gästen. Die lieben FM4-Kollegen verwechseln ein bisschen Berühmtheit im Wiener »Flex« mit Weltstarruhm, eine halbvolle Linzer »Stadtwerkstatt« mit dem »Wembley-Stadion« und die »Poolbar« in Feldkirch mit der »Hollywood Bowl«.

Alles Orte übrigens, an denen Grissemann und ich schon schöne Erfolge feiern durften.

219

Liebes Tagebuch, FM4-Vize-Musikchef Andreas Ederer war früher Vizepräsident im Punk-Verein Weiz. Sein Irokesenschnitt war so oft gefärbt, dass er schon wieder die Originalfarbe hatte. Er pinkelte damals ausschließlich in Bierdosen und wusch seine zerrissenen Jeans in Bierpfützen. Er war halt Anarchist und auch Anarchist, was Reinlichkeit betrifft. Ein Dreckspatz, der einfach nur das System ficken wollte. Er schlief auf Baustellen, und seine morgendliche Katzenwäsche bestand darin, sich ein bisschen Staub vom Gesicht zu schlagen. Aber seit er bei FM4 arbeitet, hat das öffentlich-rechtliche Radio aus ihm einen Putz-Spießer gemacht. Ständig wischt er in seinem Fürnkranz-Anzug hinter uns her, immer steht er an der FM4-Eingangstür und zwingt uns, die Straßenschuhe gegen Hauspatschen zu wechseln. Ich meine: Sind wir jetzt ein Alternativ-Sender oder eine Desinfektionsanstalt? Wenn es nach dem Ex-Punk Ederer ginge, müssten wir uns wahrscheinlich beim Eintritt sogar duschen. Wahnsinn, wie Arbeit Menschen verändern kann.

Liebes Tagebuch, ich habe mich heute fast schon wieder erwürgt an einer der zahlreichen Wäscheleinen, die kreuz und quer die Redaktionsräume durchziehen. Hier hängt unser gegen unseren Willen gewaschenes Gewand. Sobald man zur Arbeit kommt, reißt Kollege Ederer einem die Klamotten vom Leib und wirft sie in die große Waschmaschine, dann wird man von ihm mit einem Körperstaubsauger abgesaugt und gekämmt. Ich finde das erniedrigend, liebes Tagebuch. Nackt, nur mit den Hauspatschen bekleidet, müssen wir unsere Arbeit tun. Und ständig rutscht man auf dem glatt gebohnerten Boden aus oder stolpert über Wasserkübel und Besen. Sogar während der Sendungen kommt Putzfimmel Ederer ins Studio und wischt einem mit einem Putzlappen durchs Gesicht und bearbeitet mit Fensterputzmitteln unsere Augen. Muss das sein, sollte FM4 nicht anders glänzen? Armer Andreas Ederer, FM4 hat ihn offenbar völlig kaputtgemacht. Vom Punk zum Besenschrank. Furchtbar, wie Menschen hier umgepolt werden.

Liebes Tagebuch, ich muss leise schreiben. Im Nebenzimmer sitzt Chefcontroller Blumenau zusammen mit US-Verteidigungsminister Rumsfeld und vier Soldaten, die im Gefängnis von Abu Ghraib gedient haben und wegen besonderer Brutalität ehrenhaft entlassen worden sind. Scheinbar will der brutale Menschenschinder Blumenau sie jetzt bei FM4 stationiert haben. Er verhandelt mit Old McDonald Rumsfeld über die Höhe des Solds und über das Problem, amerikanische Soldaten im neutralen Österreich einzusetzen. Kollege Stermann ist zu Testzwecken ins Chefcontroller-Büro abkommandiert worden. Durch die Glasscheibe kann ich sehen, wie Stermann nackt, auf einem Zeh balancierend auf einer Bierflasche steht, einen schwarzen Sack auf dem Kopf. Der arme Stermann. Blumenau hingegen klatscht begeistert in die Hände und hat vor Glück ganz rote Öhrchen. Na ja, Stermann, you're not at home, you're at work.

Liebes Tagebuch, die vier Soldaten sind mir sympathischer als Rumsfeld und Blumenau. Sie sind zwar brutal, aber geradlinig, außerdem nur Befehlsempfänger. Die menschenverachtenden Ideen kommen aus den kranken Hirnen der beiden alten Männer Blumi und Rummi, wie sie sich gegenseitig liebevoll nennen. Es war ihre Idee, mir mit einer »Peace«-Fahne die Hoden abzubinden und mir mit dem Schnabel einer weißen Friedenstaube ins Auge zu picken. Ich habe versucht, den Betriebsrat einzuschalten, aber die können nichts für mich tun, weil es laut ORF-Dienstrecht erlaubt ist, Mitarbeiter zu disziplinieren. Aber, liebes Tagebuch, das ist in meinen Augen nicht mehr Dienstrecht, sondern Kriegsrecht.

19.7.

Liebes Tagebuch, Chefcontroller Blumenau wird ja intern nur »die diebische Elster« genannt, weil er alles klaut, was nicht niet- und nagelfest ist. In den Anfängen von FM4 hat er sich damit begnügt, jungen Mitarbeitern die Jausenbrote wegzunehmen und alten Kollegen die Koksbriefchen. Das waren noch selige Zeiten. Damals bemühte er sich auch noch um eine gewisse Unauffälligkeit. Davon ist nichts geblieben. Heute klaut er schamlos öffentlich, vor aller Augen. Er hat während einer Sendung dem sitzenden Hannes Duscher die Lederhose geklaut und dem lesenden Magister Edlinger die Brille. Blumenau scheißt sich nichts mehr – und wenn ich richtig sehe, kommt er gerade jetzt auf mich zu, wahrscheinlich um mir meinen goldenen Kugel ...

Liebes Tagebuch, für Chefcontroller Blumenau ist die Welt ein Selbstbedienungsladen. In seiner ORF-Herrlichkeit fürchtet er kein Gesetz. Wer ihn – völlig zu Recht – des Diebstahls anzeigt, dem droht eine hohe Gefängnisstrafe, weil Blumenau als ORF-Bonze das Recht beugen kann. Trotzdem, ich finde mich nur schwer damit ab, ihn mit meinem Auto und in meinem Haus wohnen zu sehen. Die diebische Elster hat mir alles weggenommen, und um mich völlig zu demütigen, hat er mir befohlen, täglich in seinem Büro die Saliera auf Hochglanz zu polieren. Wir leben in einer Diktatur der verbrecherischen Bürokraten, und die stehlen unser Hab, unser Gut und unsere Seelen.

20.7.

Liebes Tagebuch, in Wien gibt es etwa 400 000 Fahrräder, von denen im Jahr etwa 500 000 gestohlen werden, manche mehrmals, teilweise sogar mehrmals am Tag. Mein eigenes Fahrrad wurde mir heute gestohlen, eine Stunde, nachdem ich es gekauft hatte. Also blieb mir gar nichts anderes übrig, als Stermanns Rad zu stehlen, das er ohnehin Mathias Zsutty gestohlen hatte, der es wiederum Martin Pieper geklaut hat, der es gestern Nachmittag brav gekauft hatte. Na ja, ich weiß, Eigentum ist Diebstahl – aber, liebe Freunde von FM4: Diebstahl ist auch Diebstahl!

Liebes Tagebuch, die Spirale des Verbrechens dreht sich immer schneller in unserer neoliberalen Welt. Claudia Czesch hat mir erzählt, dass ihr Fahrrad noch im Geschäft direkt nach dem Kauf gestohlen wurde, Andreas Gstettners Drahtesel wurde im Geschäft sogar vor dem Kauf gestohlen und mir wurde eben das Rad, das ich gerade erst Senderchefin Eigensperger gestohlen hatte, während der Fahrt unterm Hintern weggestohlen. Ich hab's gemerkt, als ich klingeln wollte, aber die Klingel fehlte, und so bin ich drauf gekommen, dass ich gar kein Fahrrad mehr hatte, auf dem ich saß. Chefcontroller Blumenaus eigener Dienstfahrradraum ist zum Bersten gefüllt mit Rädern. Grob geschätzt stehen dort etwa 7000 Fahrräder. Dabei kann er gar nicht Rad fahren. Egal, sein Lebensmotto lautet »Stehlen ist seliger als geben«.

Liebes Tagebuch, die Fußball-EM wird natürlich von vielen FM4-Mitarbeitern gesehen, aus unterschiedlichen Gründen. Ich selber schaue ausschließlich, weil ich Stermanns und mein gesamtes Vermögen verwette, Stermann schaut, weil er keine Freunde hat, Magister Thomas Edlinger sieht sich die Spiele an, weil er irgendeine verschnarchte Kunst-Dissertation schreibt zum Thema »Von der Renaissance über die Pop Art zum Pferdeschwanz im modernen italienischen Männerfußball«. DJ Functionist nimmt Fangesänge auf, die er loopt und in Hiphop-Beats umwandelt. Die Kollegen von der Marketingabteilung schauen aus dienstlichen Gründen zu, denn FM4 hat einen Deal mit der lettischen Mannschaft ausgemacht. Wann immer ein Lette groß im Bild ist, muss er »You're at home, Baby – FM4« sagen. Dafür kriegen die Letten drei Gratisexemplare der Sound Selection. Leider hat noch kein einziger Lette sein Sätzchen gesagt. Auch wenn Michel Attia von der Marketingabteilung ein gebrülltes »Shit« eines Letten gelten lassen will.

Liebes Tagebuch, ich wusste es. Chefcontroller Blumenau sieht sich die Spiele ausschließlich an wegen der Fouls und Nickligkeiten, des unfairen Spiels und der Zuschauerausschreitungen, um daraus etwas für seinen Alltag zu ziehen. Tritte von hinten in die Achillessehne, Kopfstöße, Schläge mit dem Ellbogen gegen die Schläfe, das ist es, was er will. So war es seit Gründung von FM4 mit jeder Fußballveranstaltung. Blumenau schaut EMs und WMs nur aus diesem Grund. Am ekelhaftesten ist eine Szene einer früheren WM, die er sich auf Video immer und immer wieder begeistert anschaut. Damals waren beteiligt der Serbe Mihailovic und der Deutsche Jeremies, beide im Schreiduell, die Stirn aneinandergedrückt. Plötzlich zuckt Mihailovic mit dem Kopf nach hinten und rotzt dem armen Jeremies in dessen offenen Mund. Wie oft hat er an uns Mitarbeitern schon dieses grobe Foul, diese widerliche Unsportlichkeit begangen? Und bei uns gibt es keinen Schiedsrichter, der ihn vom Platz stellt. Da hilft auch keine Superzeitlupe.

Liebes Tagebuch, wir könnten uns medienkritisch mit uns selbst beschäftigen, wir könnten internationale Zeitungen lesen, wir könnten uns darum bemühen, innovative Radioideen zu entwickeln, wir könnten Hörerstromanalysen durchführen, aber das letzte, was wir brauchen, ist ein Wassersport-Training. Genau das haben wir aber. Seit zwei Tagen sind wir an der Alten Donau und arbeiten an unseren Fähigkeiten zu Wasser. Und das nur, weil wir auf einer Redaktionssitzung draufgekommen sind, dass es nur zwei Mitarbeiter gibt, die Erfahrung mit Wasser haben, nämlich Mirjam Unger, weil sie eine Unterwassergeburt hatte, und Heinz Reich, weil er in der Nähe des Wörthersees gezeugt worden ist. Bei jedem Hochwasser würden wir draufgehen, und das hätte für FM4 schlimme Konsequenzen, wie Senderchefin Eigensperger meinte. Denn nie mehr würde sie Menschen finden, die bereit wären, unter solchen Bedingungen zu arbeiten wie wir. Also sitzen wir in unseren Badehosen und Bikinis da und lernen alle Finessen, die die Nässe uns abverlangt.

Liebes Tagebuch, der Tretbootkurs ist viel schwieriger, als ich dachte. Ich schaff es einfach nicht, so ruhig ins Boot einzusteigen, dass es nicht umfällt. Ich bin schon dreimal ins Wasser gefallen und musste dreimal reanimiert werden, jedes Mal von Kollegen Ostermayer, der mir seine Alkoholfahne direkt in Mund und Nase geblasen hat, so dass ich jetzt hackedicht bin. Er selbst ist bis jetzt über ein bisschen Wassertreten noch nicht hinausgekommen, während Magister Edlinger schon hervorragend tauchen kann. Er ist seit mindestens vier Stunden unter Wasser, und das ohne Sauerstoffflasche. Hut ab!

Votava, Haipl und Knötzl haben sich beim Versuch, einen Seemannsknoten zu machen, mit dem Seil fast stranguliert und wurden ins Spital gebracht. Mathias Zsutty hat sich verrudert und liegt kopfüber in einem stinkigen Abwasserkanal. Unsere Wasserwoche ist ein Desaster, vor allem frag ich mich, wo all die Kollegen sind, die als vermisst gelten, nachdem sie mit ihrem Segelboot raus auf den offenen Fluß getrieben worden sind. Na ja, wenn sie wirklich ihr Seemannsgrab in der Alten Donau gefunden haben sollten, spielen wir ihnen zu Ehren im Radio einfach den Garish-Hit »Noch auf See«.

23.7.

Liebes Tagebuch, um mir ein bisschen was dazuzuverdienen, spiele ich zurzeit in Deutschland bei den Karl-May-Festspielen in Bad Segeberg einen betrunkenen Cowboy, was für mich nicht schwer ist, weil ich mir dazu einfach nur einen Cowboyhut aufzusetzen brauche. Vor einigen Wochen war bei FM4 der Veranstalter der Freilichtbühne zu Gast und hat uns allen Jobs angeboten, weil wir billiger zu haben sind als die Osteuropäer, die sonst immer als Cowboys und Indianer gearbeitet haben. Viele von uns haben begeistert zugesagt, wegen des Geldes und der Reputation. Schadet nicht, wenn man später mal sagen kann: »2004 hab ich viel Theater gespielt.«

Liebes Tagebuch, ich bin mit meiner Rolle als Häuptlingstochter nicht sehr zufrieden, vor allem, weil ich im letzten Akt von einem Felsen in ein brennendes Ölfass fallen muss. 25-mal bin ich jetzt schon in die Tiefe gestürzt, aus 15 Metern Höhe, und noch nie habe ich das Fass getroffen. Immer knalle ich auf den betrunkenen, neben dem Fass sitzenden Grissemann, was zu gewissen Spannungen zwischen uns führt. Obwohl es nicht im Drehbuch steht, schießt er neuerdings mit Pfeil und Bogen auf mich. Habe seit vorgestern einen Pfeil im rechten Ohr stecken, was für die Zuschauer sehr irritierend ist, weil ich heute von Anfang an mit Pfeil im Ohr auftrete und so tun muss, als wär nix, bis ich endlich nach zwei Stunden runter aufs Fass fallen kann. Ich denke mir, dass vor allem die Liebesszenen zwischen mir und Old Shatterhand lächerlich wirken. Ich mit Pfeil im Ohr – das fördert in der Szene nicht gerade die Romantik.

24.7.

Liebes Tagebuch, hier in Bad Segeberg bei den Karl-May-Festspielen trifft man viele FM4-Kollegen, die auch zum Ensemble gehören. Na ja, 20 Euro pro Auftritt abzüglich Unterkunft und Verpflegung, davon können wir bei unserem Hungertuch-Sender nicht mal träumen. Und so ein bisschen Cowboy und Indianer spielen – nun, es ist nicht das Burgtheater, aber es sind die gleichen Bretter, die mir ohnehin nur die Dritte Welt bedeuten. Haipl, Votava und Knötzl hingegen sehen allen Ernstes hier ihre letzte, große Chance. Umso enttäuschter waren sie, als sie vom Regisseur ihre Rollen zugewiesen bekamen. Sie wurden in Bisonkostüme gesteckt und sind jetzt Teil einer Herde, die einmal kurz durchs Freilicht-Theater getrieben wird. Nach einer Minute kommt Chefcontroller Blumenau als widerliches Bleichgesicht und knallt die drei ab. Irgendwie erinnert das an unseren Alltag bei FM4.

Liebes Tagebuch, Daddy D. und Burstup schwitzen extrem in ihren Kojo-tenkostümen, und DJ Functionist hasst es, wenn bei der Schlägerei im Sa-loon alle immer ihre Flaschen auf seinem Kopf zerschlagen. Ute Hölzl hat es als Siedlerin eigentlich ganz gut, bekommt aber von dem Büffelfleisch, das sie ununterbrochen mampfen muss, einen fürchterlichen Ausschlag. Oster-mayer und Edlinger arbeiten in einer Mine als Goldgräber, der Regisseur hält von ihren schauspielerischen Fähigkeiten so wenig, dass sie während des ganzen Stücks unter Tage bleiben müssen, so dass man nur ihr Hacken und Schaufeln hört. Wortchef Pieper hat gegen Mitte des Stückes eine Art Auf-tritt. Chefin Eigensperger kommt als Squaw aus einem Zelt und hält seinen Skalp in der Hand. Mehr sieht man vom armen Martin Pieper nicht. Trotz-dem, die Arbeit hier macht insgesamt unvergleichlich mehr Spaß als die öde Radiosuppe, die man sonst in Wien fabrizieren müsste.

25.7.

Liebes Tagebuch, immer wieder bekommen wir Angebote von deutschen Privatsendern, obwohl wir bei FM4 arbeiten. Aber leider, Gott sei's gepfif-fen und geklagt, immer nur für Konzepte, direkt aus dem Sondermüllkübel moralisch toter und humorverwester, grenzdebiler Unterhaltungsfuzzis. Be-fruchtungsshows, Sodomie-Soaps, Xenophobie-Gameshows und homo-phobe Quizsendungen. Erst gestern bekamen wir ein Sendungskonzept ge-schickt. Es heißt »Der Schrank« und ist ein Realityformat. Neugeborene werden jahrelang in einen dunklen Schrank gesteckt, wo sie, von Kameras begleitet, zu Kaspar Hausers werden. Wer nach 18 Jahren am merkwürdigs-ten ist, bekommt 5000 Euro (bzw. die Eltern, die ihre Babies als Kandidaten zur Verfügung gestellt haben). Wir haben selbstverständlich abgelehnt, weil wir uns nicht 18 Jahre an eine Show binden wollen. Stermann telefonierte eben mit einer holländischen TV Produktionsfirma. Er hat sich in den Hörer übergeben. Keine Ahnung, worum es geht.

Liebes Tagebuch, entschuldige, ich muss kurz einen Schluck Wasser trinken gegen den beißenden Geschmack … So, schon besser. Swantje van de Wippje, diese blonde, engelhafte Unterhaltungsfrau aus Amsterdam, hat mich ge-fragt, ob wir Lust hätten, eine Show zu moderieren, die riesig einschlagen wird, weil's schon im Vorfeld Proteste hagelt von Amnesty International bis zum Europäischen Gerichtshof. Die Show heißt »The Cannibal Game«. 20 Kandidaten beginnen, und am Schluss gewinnt der, der alle anderen aufgefressen hat. Dazwischen gibt's lustige Aufgaben zu erfüllen: Bei den Konkurrenten heimlich Organe entnehmen oder bei witzigen Operationen Extremitäten amputieren und falsch wieder annähen, also Hände und Ohren vertauschen, Zehen an den Arm verpflanzen usw. Ich musste mich übergeben, als sie mir sagte, dass wir pro Show nur 5000 Euro Gage kriegen würden. Nein, Frau van de Wippje. Nicht mit uns. Unter 5500 läuft da gar nix. Zum Kotzen, dieses Gagendumping!

26.7.

Liebes Tagebuch, habe jetzt erst erfahren, dass Chefcontroller Blumenau die olympische Fackel ein Stück getragen hat, irgendwo zwischen Saloniki und Athen, und es dabei zum Eklat gekommen ist. Blumenau hatte schon schon nach wenigen Metern keine Lust mehr, warf die Fackel auf den Boden und zertrat die Flamme. »Scheiß auf den olympischen Gedanken«, schrie er und zerquetschte zusätzlich mit der bloßen Hand eine weiße Taube. Es kostete die Republik Österreich und den ORF viel Geld und Diplomatie, Blumenau aus dem Gefängnis irgendwo in den griechischen Bergen freizubekommen. Stermann machte sich jetzt bei Blumenaus Rückkehr in die Redaktion nicht gerade beliebt, als er dem befreiten Blumenau ein »Im Knast dabeisein ist alles!«, entgegenrief.

Liebes Tagebuch, ich habe olympische Ringe unter den Augen, weil ich wegen meiner frechen Bemerkung sechs Strafschichten aufgebrummt bekam. Zusätzlich schmerzt mein Kreuz, weil Blumenau mich brüllend griechisch-römisch bearbeitete und einen Diskus auf mir zerschlug. Als er sich auch noch zu drehen begann, um mir einen Hammer auf den Kopf zu werfen, trat Grissemann mutig dazwischen. Er ist ein Held, konnte den Wurf aber nicht mehr verhindern und wurde selbst getroffen. Mit dem Ergebnis, dass sein Gebiss jetzt am Hinterkopf sitzt. Beim Zähneputzen macht mein Kollege nun lustige Verrenkungen. Blumenau ist jedenfalls äußerst gereizt. Er brüllt jeden an mit den Worten: »Dir mach ich auch noch ein olympisches Feuer unterm Arsch!« Na ja. Be afraid, honey. It's FM4.

Liebes Tagebuch, man kann sich seine Hörer nicht aussuchen. Natürlich hätte ich am liebsten Hörer wie die Coen-Brüder, Kieseritzky, Harald Schmidt, Friedrich Küppersbusch, Antonio Fian oder den 3sat-»Kulturzeit«-Moderator Gert Scobel, aber die Wirklichkeit sieht natürlich bitter aus. Keiner von denen hört meine Sendungen – da würde eher der deutsche Prolo-Boxer René Weller »Salon Helga« hören, als dass Gregor Gysi seine Ohren für so etwas Banales vergeuden würde. Damit muss ich leben. Die Schuld liegt eindeutig bei Stermann, der mit seiner Ruhrpott-Proletenstimme eben jeden feinen Geist in die Flucht jagt. Stermanns Achtelbildung kann er nicht verstecken, und so müssen wir froh sein, wenn Waterloo und Robinson oder Hans Krankl uns einschalten. Ich als Höchstbegabter leide sehr unter diesem Umstand, muss aber notgedrungen mitmachen, weil ich Geld brauche für die Anschaffung der SZ-Bibliothek »50 große Romane des 20. Jahrhunderts«.

Liebes Tagebuch, ich bin auf Grissemann sauer, weil er meinem guten Freund Boris Uran gegenüber wieder mit seiner Bildung geprahlt und mit Fremdwörtern um sich geschmissen hat, die keine Sau versteht. »Sympathie und Antipathie« – ich mein, wer soll das kapieren? Boris und ich haben uns fürchterlich gelangweilt, als der alte Angeber Grissemann über irgendeinen Schriftsteller oder Maler gequasselt hat, der irgendwie »Joyce« heißt und offenbar irgendeinen Fußballschmöker über »Uli Hoeness« oder so ähnlich geschrieben hat. Boris und ich haben uns dann völlig fadisiert weggesetzt zu Miriam Hi und dem Tschuggnall Michi, wo wir noch einen ur-supie, voll witzigen Abend hatten, während Grissemann alleine dasaß und irgendein Buch von einem Sloterdijk las. Ist das nicht dieser Springreiter?

Die mehr als gelungene Talkshow »Gottschalk in Salzburg« hat gezeigt, dass es durchaus sinnvoll ist, genrefremde Talkmaster auf seine Gäste loszulassen. Der wie ein Faschingsnarr gekleidete, ständig anzügliche Gottschalk sprach mit Opernstars wie Anna Netrebko. Mir fielen währenddessen noch andere ungewöhnliche Talkshow-Kombinationen ein. Wie wär's mit »Mirjam Unger in Monza« – die führerscheinlose FM4-Lady spricht mit Ferrarikonstrukteuren? oder »Martin Blumenau in Augsburg« – Blumenau diskutiert mit Jim Knopf und den anderen aus der Puppenkiste? Mein Gott, Boulevardfernsehen, quo vadis?

Grissemanns Idee, Talkmaster, die von der Materie ganz und gar nichts verstehen, moderieren zu lassen, hat mich auch inspiriert. Ich biete dem ORF hochoffiziell folgende geilen Konzepte an: »Charlotte Roche im Bärental« – die Viva-Moderatorin trifft Claudia Haider und ihr Kärntner Damenkränzchen; »»Fettes Brot‹ in den Tiroler Bergen« – die Deutsch-Hiphopper talken mit Bergbauern und Schafhirten und, das vermutlich beste TV-Konzept: »Jarvis Cocker in Bangkok« – der smarte »Pulp«-Frontman spricht mit fetten deutschen Sextouristen. Die Sendung kommt live aus einem Puff in Thailand. So, Fernsehmacher, jetzt seid ihr dran!

2.8.

Wir haben jetzt einen kleinen Garten, liebes Tagebuch. Im Hinterhof hat uns Senderchefin Eigensperger ein vier mal vier Meter großes Wiesenstück zur Verfügung gestellt, auf dem wir uns jetzt austoben können, wenn wir gerade nicht an Sendungen arbeiten. Chefcontroller Blumenau hat sich selbst zum Chefgärtner ernannt und steht mit einer riesigen Heckenschere in der Hand in der Mitte des Gärtchens, finster dreinblickend wie immer. Er hat 29 Kakteen in die Erde gesetzt, die er wie seinen Augapfel hütet. Pamela Rußmann will unbedingt einen Mammutbaum pflanzen, John Peel wiederum möchte Marihuana anbauen, aber nur weil ihm die hübschen gezackten Blätter so gut gefallen, wie er versichert – und der Mathias Zsutty will ein Radieschenbeet, um sich dann zwei Meter unter die Erde zu graben, um die Radieschen zu betrachten. Von unten. Du verstehst, Tagebuch.

Grissemann hat heute neun Regenwürmer, vier Grashüpfer, zwei Ameisen und einen Maulwurf im FM4-Garten ausgesetzt, um die Wiese mit Leben zu füllen. Der brutale Chefcontroller Blumenau hat mit der Heckenschere sofort aus neun Regenwürmern 18 gemacht und aus diesen 18 dann 36, und so weiter und so weiter. Er ist immer noch am Schneiden. Ich selbst habe meinen schönen Kot zur Erstellung eines prächtigen Misthaufens zur Verfügung gestellt. Und was braucht ein schickes Gärtchen noch? Richtig! Gartenzwerge! Kein Problem. Wir haben einfach Robert Zikmunt und Praktikant Albert – beide kleiner als 1,50 – alberne Mützen aufgesetzt und sie gebeten, sie mögen sich nicht mehr bewegen. Herrlich, unser Garten!

3.8.

Wie, liebes Tagebuch, vertreibt sich der erbarmungswürdige FM4-Nachtmoderator die nicht enden wollende Zeit zwischen 1 und 6 Uhr früh? Ja, das fragen sich Abertausende Hörer in ihren verzichtbaren Briefen. Das bisschen CD Auflegen und blabla Machen kann's ja nicht sein. Stimmt, und so hab ich, in deinem Auftrag, Tagebuch, mal Mäuschen gespielt und den lieben Zikmund Robert heimlich bei der Nachtarbeit beobachtet. Zwischen 1 und 2 hat er sich unter anderem mit Trockenshampoo die Haare gewaschen, seine Steuererklärung gemacht, einmal kurz masturbiert und das *Zeit*-Kreuzworträtsel gelöst. Zwischen 2 und 3 hat er den Boden geschrubbt, ein famoses Ölgemälde angefertigt und eine in der Mikrowelle heiß gemachte Dose Nutella ausgetrunken. Um 3 Uhr früh hat er zu nähen begonnen.

Zikmund näht ganz gern in der Nacht, wie er mir versichert hat, da hat er Ruhe. »Nicht immer nur Disco, auch mal nähen«, so sein neues Lebensmotto. Auch ich beobachte den Marathon-Moderierer Zikmund gern bei der nächtlichen Arbeit. Er näht übrigens ausschließlich Cocktailkleider für seine bezaubernde Lebensgefährtin. Um 5 legt er das Nähzeug beiseite, um sich in der letzten Stunde ganz seinem Steckenpferd Turniertanz zu widmen. Mit einer aufblasbaren Puppe aus dem Erotik-Shop übt er zwischen den Moderationen Tango- und Flamenco-Tanzschritte. Um 6 Uhr früh geht der großartige Herr Zikmund rechtschaffen müde nachhause. Er hat viel erledigt!

8.8.

Es ist höchste Zeit, liebes Tagebuch, einmal über den Herrn Paul Kraker was in dich reinzuschreiben. Herr Kraker, der heute leider nur noch selten Gast bei FM4 ist, ist drauf und dran, eine furiose Fernsehkarriere zu machen. Und das vollkommen zu Recht. Als Kulturnews-Moderator in der »Zeit im Bild« schlägt er den immer etwas blasierten Schwanenhals Rett um Längen, vom dusseligen schmollmundigen Pin-up Resetarits ganz zu schweigen, aber dieser Kelch ist ja Gottlob an uns vorüber gegangen. Auch der angestrengt auf »Sir« machende Martin Traxl ist, verglichen mit dem sensationellen Kraker, immer zweite Wahl. Wenn ich weiterschreibe, gehen die Superlative mit mir durch. Nur soviel noch: Ich fordere, Kraker soll alles moderieren. Von der »Millionenshow« bis »Aufgegabelt in Österreich«. Alles. Mindestens. Außerdem soll er noch EU-Kommissar, Justizminister und Weihbischof werden. Danke für die Aufmerksamkeit.

Ich kenne den feinen Herrn Kraker ja nur flüchtig vom »Servus«-Sagen, aber es stimmt schon, der Mann hat offensichtlich keine Schwächen, ist vollkommen integer, freundlich, kompetent – und damit das glatte Gegenteil des herkömmlichen FM4-Redakteurs, der ja grundverschlagen, bösartig und mehr oder weniger dauerbetrunken zum Dienst erscheint. Leider moderiert Herr Kraker ja, wie gesagt, nur mehr sporadisch bei uns. Er sollte wieder öfter hier vorbeischauen, der Herr Kraker wäre ein Vorbild für uns alle! So, genug geschleimt jetzt, so toll ist er auch wieder nicht, der Kraker Paule …

12.8.

Wir hier bei FM4 haben eine neue Lieblingssendung im TV, liebes Tagebuch, Claudia Unterweger hat uns diesen herrlichen Tipp gegeben. Nun muss man wissen, dass das Fräulein Unterweger als hochgradiger Hypochonder sehr an medizinischen Ratgebersendungen interessiert ist. Die trashigste aber ist »Vertrauensarzt Dr. Ehrenberger« jeden Tag um dreiviertel 6 am ulkigen Grotesk-Sender ATV+. Dieser Dr. Ehrenberger hat tatsächlich die Chuzpe, sich großspurig »Vertrauensarzt« zu nennen, obwohl das Einzige, was man dieser Type entgegenbringen will, das schiere Misstrauen ist. Zum Schießen komisch das Ganze: Ehrenberger, steif wie ein Stock und Gesichtsausdruck eines veritablen Serial Killers, sitzt komplett humorfrei hinter seinem Angeberschreibtisch und gibt die banalsten Ratschläge wo gibt. Mal reinschauen, Tagebuch.

Die »Vertrauensarzt Ehrenberger«-Hysterie kennt keine Grenzen mehr intern bei FM4. Die Mitarbeiter kommen, um ihrem Idol zu huldigen, jetzt stets mit weißem Arztkittel in die Redaktion. Heinz Reich und Makossa baumelt ein Stethoskop um den Hals. Einen neuen Frisurenkult hat der verkrampfte Dr. med. auch ausgelöst: braver Linksscheitel. Auch seine hippe

Sprache wird übernommen: »Na, wenn's wehtut, dann könnte ein Wehwehchen dahinterstecken …« Ehrenberger – devil in disguise – Fernsehgott in Weiß, und doch ein Arzt mit Grenzen!

16.8. (Tagebuch allein)

Heute schreibe nur ich, liebes Tagebuch, Stermann ist in Griechenland. Böse Zungen behaupten, er bereite sich dort auf die bald stattfindenden Special Olympics vor. Aber das ist Quatsch, er macht ganz banal Urlaub. Er gehört übrigens zu jenen Geizkrägen, die, sobald im Ausland, ihr Mobiltelefon gänzlich ausschalten, um nur ja keinen Cent zu viel zu zahlen. Ich hasse diese spießige Sparefroh-Mentalität. Ich selbst liebe Roaming-Gebühren, wähle mich voller Vorfreude ins teuerste Netz und telefoniere dann im Urlaub so viel wie der allerletzte Manager-Trottel. Ich denke mir: wenn man schon so einen silbernen Handknochen ständig in der Hemdtasche mit sich führt, dann muss man ihn auch verwenden. Dass die Reichsten immer die Geizigsten sein müssen! Dass denen das Wühlen im Internet nach den billigsten Flügen nicht abgrundtief peinlich ist? Nein, stolz sind sie noch drauf, wenn sie irgendwem den 12,90 Euro-Flug nach Malle vor der Nase weggeklickt haben. Furchtbar. Ich fliege old-school. Mit Swissair oder British Airways. Letztens nach Vorarlberg um 1745 Euro, nicht billig, ich weiß, aber dafür ohne diese Im-Urlaub-Handy-Ausschalter und ohne die Im-Netz-nach-2-Euro-Flügen-Ausschauhalter an Bord. Ohne Stermann eben. Bis morgen, liebes Tagebuch.

17.8. (Tagebuch allein)

Hatte gestern einen Traum, liebes Tagebuch. Alle Österreicher außer mir werden vom flotten Expedition-Österreich-Team gezwungen, aus Österreich auszuwandern. Und ich schaue ihnen dabei zu – am Sofa sitzend – Beine hochgelagert. Dann hätte dieser eingeschlafene Wanderwahnsinn endlich die gewünschten 100 % Marktanteil, weil ich ja der einzige potenzielle Zuseher bin. Ganz vorn marschieren schweißüberströmt der komplett unnötige Clerici und die hochnotpeinliche, schwer schnaufende Weichselbraun. Und dahinter die acht Millionen anderen. Alle raus aus Österreich. Bis sie die Kamera verliert irgendwo am Horizont, und keiner hat sie jemals wiedergesehen. Keiner weiß, was aus ihnen wurde. Ob der Clerici vielleicht als kroa-

232

tischer Zuhälter in Pula anheuert und die Weichselbraun sein bestes Pferdchen im Stall wird? Wer weiß es, wer weiß es, liebes Tagebuch? Mir soll alles Recht sein, ich spazier durch leere Straßen, sitz in den ruhigsten Cafes und bin am Abend endlich allein im Apollo-Kino!

Der Gasmann, liebes Tagebuch, riss mich um 8 Uhr früh aus diesem göttlichen Traum.

18.8.

Liebes Tagebuch, schon wieder ist Luna Luce heulend aus dem Chefbüro gelaufen. Das heißt wohl, dass auch ihr erneuter Versuch gescheitert ist, bei FM4 eine Briefmarken-Show zu installieren. Luna Luce ist seit ihrem siebten Lebensjahr begeisterte Philatelistin, und sie träumt davon, eine Sendung rund um Postwertzeichen zu moderieren. Gestempelte, ungestempelte, Sonderdrucke und internationale Briefmarken – das ist ihre Welt. Für ihre Pilotsendung hat sie den schönen Arbeitstitel »Das Briefmarkenalbum der Woche« gefunden. Die herzlose Chefin Eigensperger hat ihre Idee abgeschossen mit dem fadenscheinigen Argument, dass Briefmarken uncool seien. Quatsch. Uncool ist es, wenn Briefmarkensammler gezwungen werden, über Popkultur und Stars und Sternchen und Gossip reden zu müssen.

Liebes Tagebuch, FM4 ist wahrlich nicht der Ort für Selbstverwirklichung. Duncan Larkin muss als Langschläfer und Nachtmensch die »Morning Show« moderieren, Rainer Springenschmid und Stuart Freeman hassen sich bis aufs Blut, müssen aber zusammenarbeiten. Claudia Unterweger ekelt sich vor Studiogästen, hat aber ständig welche. Mona Moore hat eine fürchterliche Telefonphobie, muss aber das »Doppelzimmer« moderieren. Dass Wortchef Pieper Legastheniker, Agrammatiker und Bücherfeind ist, kann in dieser Reihe auch nicht wirklich überraschen. Manchmal hab ich das Gefühl, dass ein betrunkener Sadist bei FM4 die Aufgaben verteilt hat. Vielleicht der Teufel selbst, denke ich mir jedes Mal, wenn ich in Grissemanns grobschlächtiges und feindseliges Gesicht blicke.

20.8.

Liebes Tagebuch, die blassesten und ungelenksten Kollegen tragen gelb-grüne, brasilianische Papageientrikots. Wie kommt das? Glauben sie ernsthaft, sich so in südamerikanische Samba-Papagalli verwandeln zu können? Dicke, weißbeinige Bauernsöhne aus Melk oder Tulln oder Waidhofen an der Ybbs bleiben immer dicke, weißbeinige Bauernsöhne aus Melk oder Tulln oder Waidhofen an der Ybbs. Da können sie Brasilientrikots oder Jamaicaleibchen anziehen, »Velvet Underground«-T-Shirts oder »Franz Ferdinand«-Hemden. Allein durchs Kiffen wird niemand Rastafari und durch blöde Frisuren nicht jeder Andy Warhol. Ich, als einziger Kosmopolit und Intellektueller bei FM4, hab jetzt an alle männlichen Kollegen schwarze T-Shirts verteilt, auf denen ein Satz steht, der ihrer ländlichen Herkunft und geistigen Beschränktheit Ausdruck gibt. Auf dem T-Shirt steht »Fang i di, fick i di!«

Liebes Tagebuch, Grissemann kleidet sich wie Serge Gainsbourg, sieht dabei aber aus wie der Seriendarsteller Serge Falck, wenn man es freundlich ausdrücken will. Ehrlichere Stimmen würden sagen, er sieht aus wie der Ex-Kicker Peter Stöger. Mein Kollege gibt sich den Künstler-Anschein, wirkt dabei aber wie eine Künstlerkarikatur aus den frühen 80er Jahren. Na ja, immerhin eine Weiterentwicklung. Im letzten Jahr hat er sich noch gekleidet wie Simone de Beauvoir, wirkte dabei aber eher wie Kriemhild Trattnig. Und als er die Bertolt-Brecht-Phase hatte, wurde er vom ORF-Portier immer gleich in den ORF-Fuhrpark zu den anderen Automechanikern geschickt.

P.S.: Liebes Tagebuch, das T-Shirt, das ich von Grissemann geschenkt bekommen habe mit dem »Fang i di, fick i di«, wirkt hervorragend in der Damenwelt.

21.8.

Liebes Tagebuch, ich finde die Pornographie-Sommerserie im »Sumpf« höchst erstaunlich, sind doch die beiden »Sumpf«-Redakteure Dr. Ostermayer und Magister Edlinger im Alltag sehr zugeknöpft und körperfeindlich. Dr. Ostermayer zwingt ja sogar seine Hauskatzen, Hemden und Hosen zu tragen, und für Mag. Edlinger gilt schon ein hängender Rollkragen als obszönes Dekolletee. Wie kommt es also, dass gerade die beiden Sexmuffel und Erotikverweigerer, diese Moralapostel übelsten Zuschnitts, in ihrer Sendung offen über Pornographie schwadronieren? Weil sie gezwungen werden, liebes Tagebuch. Weil Senderchefin Eigensperger was »Geiles« im Sommerprogramm haben will und ihr Exekutor, Chefcontroller Blumenau, den beiden angedroht hat, ihre gesamte Bibliothek moderner russisch-orthodoxer Lyrik zu verbrennen, wenn sie es nicht tun. So sitzen die beiden jetzt mit knallroter Birne, knallroten Öhrchen und Näschen Sonntag für Sonntag hinterm Mikrofon und winden sich beim Schweinkramreden.

Liebes Tagebuch, der Druck aus der Chefetage auf uns Mitarbeiter ist enorm. Wer bei FM4 arbeitet, muss Kompromisse eingehen, bis das Rückgrat birst. Jemandem wie Musikchef Makossa blutet täglich das Herz, wenn er immer nur Alternative-Musik ins Programm nehmen muss und nie seine geliebte mittelalterliche Chormusik spielen darf. B.T.O. Spider hasst überhaupt jede Musik, für seine Haikus ist aber kein Platz bei FM4, obwohl er es in dieser schwierigen Kunst zur Meisterschaft gebracht hat. Hermes ist eigentlich ausschließlich an der Nutzung von Wasserkraft interessiert, aber, liebes Tagebuch, finde dafür bei FM4 einen Sendeplatz! Keiner bei FM4 macht das, was er wirklich will. Auch Grissemann und ich würden lieber etwas ganz Anderes moderieren als öde Unterhaltungssendungen. Eine tägliche Rheuma-Spezialsendung, das wär's, aber für so etwas Wichtiges ist ja in diesem Scheißjugendsender kein Platz.

22.8.

Liebes Tagebuch, nachdem mehrere Tausend FM4-Hörer an »Expedition Österreich« vor Langeweile gestorben sind, haben Stermann und ich einen Brief an die Fernsehbosse geschrieben, mit der dringenden Bitte, im ORF-Fernsehprogramm auch auf potentielle FM4-Hörer Rücksicht zu nehmen. Wir bekamen einen äußerst unfreundlichen Brief zurück, mit der dringenden Bitte, »im FM4-Programm doch wenigstens einmal auf die Millionen von ORF 1- und ORF 2-Zuschauern Rücksicht zu nehmen!« Mit anderen Worten: Wir müssen ab jetzt die Highlights von »Willkommen Österreich« und »Vera« senden. Täglich. In einem dreistündigen Special, moderiert von Miriam Hi. Morgen geht's los. Eingerahmt von einer Radiofassung vom »Money Maker«. Anhand der Geräusche müssen Hörer raten, wie viel Geld der Kandidat im Windkanal eingesackt hat.

Liebes Tagebuch, unser Brief ans Fernsehen ging offensichtlich voll nach hinten los. Wie es aussieht, wird FM4 nur mehr eine akustische Mischung aus

ORF 1 und ORF 2 werden. Boris Uran und Sepp Forcher moderieren abwechselnd die Musik-Spezial-Sendungen, morgens laufen entweder die besten Szenen aus japanischen Zeichentrickfilmen oder alte Wiederholungen von »Schlosshotel Orth«. Wir FM4-Mitarbeiter werden alle umgeschult zu Kabelträger-Assistenten-Hospitanten am Küniglberg. Tja, das wär's dann wohl gewesen, liebes Tagebuch. Und lerne: Lege dich nie mit den Mächtigen dieser Welt an!

23.8.

Liebes Tagebuch, für Geld kann man alles kaufen: Würste, einen Dorsch, ein paar Hüte und auch einen neuen Körper. Nachdem im Sommer viele Kollegen auf Festivals unterwegs waren und von Wiesen bis zum Salzburgring durch schwabbelige, unförmige Körper aufgefallen sind, wurden verschiedene Schönheitschirurgen auf unseren kleinen, pfundigen Schlabbersender aufmerksam. Wir mussten uns alle nackt ausziehen, und die plastischen Chirurgen umkreisten mit dicken Eddings unsere Problemzonen. »Körper wie der Nahe Osten – eine einzige Problemzone«, brachte es ein Arzt auf den Punkt. Allein für die Markierung von Stermanns zahlreichen Problemstellen verbrauchte der gutaussehende Mediziner fast 60 Eddings. Bei mir, der ich immer schon der Körperbewussteste bei FM4 war, soll lediglich ein wenig von der Bierwampe abgesaugt werden, und zwei, drei kleine Korrekturen werden an den Beinen vorgenommen. Und an den Armen. Und den Augen, den Ohren, der Nase und dem Mund. Und einen ganz neuen Po soll ich bekommen. Alles Kleinigkeiten gegen das, was bei Stermann oder Zsutty gemacht wird.

Liebes Tagebuch, in riesige Fässer wurde mein abgesaugtes Fett mit dicken Schläuchen geleitet. Neun Fässer allein für die Unterarme! Eine riesige Brustverkleinerung und das völlige Entfernen aller Schwangerschaftsstreifen haben aus mir einen ganz neuen Menschen gemacht. Fast 40 Liter Fett wurden aus meinem Kinn gepumpt, so dass ich endlich nur noch ein Tripelkinn habe. Kollege Zsutty wurde aus Versehen ganz abgesaugt, wir haben ihn aus dem übelriechenden Fettfass ziehen müssen. Vielmehr das, was von unserem lieben CVD übriggeblieben ist. Er ist jetzt ein richtiges Zniachterl mit seinen 146 Kilo.

Liebes Tagebuch, Albert Farkas hat die jungen Kollegen zu einem Sitzstreik aufgehetzt, weil sie im Monat weniger verdienen, als wir Alten während eines Kantinenbesuchs für Getränke ausgeben. Natürlich haben die jungen Kollegen das Recht, zu protestieren. Ich bin selbstverständlich solidarisch mit ihnen. Meine Solidarität zeige ich, in dem ich ganz behutsam durch die sitzende Meute gehe und versuche, auf niemanden zu treten. Manchmal stecke ich einem auch ein Zwanzigcentstück zu. »Aber brav mit den anderen teilen, gell?«, sage ich dann und gebe demjenigen eine freundliche Backpfeife. Es ist mir immer schon wichtig gewesen, den Schwachen zu helfen. Stermann unterstütze ich zum Beispiel schon seit 15 Jahren.

Liebes Tagebuch, ich habe Albert Farkas ein paar Tipps gegeben für den Streik. Ich glaube, dass gerade wir Älteren den Jungen da wertvolle Ratschläge geben können, selbst wenn der Streik gegen uns gerichtet ist. Da bin ich großzügig, vor allem, weil ich genau weiß, dass ihre Forderungen nicht erfüllt werden. Ach, herrlich, so ein kleiner Arbeitskampf! Ich habe mir bei Prada schöne Revolutionsklamotten für 5000 Euro gekauft, und dann hab ich gesagt: »Komm, Albert, schreib auf das Plakat: Arschtritte für Sesselkleber. Stermann, Grissemann und Konsorten – auf alte Kacker werf ich Torten!« Eigenhändig habe ich ein Plakat gemalt und den jungen Kolleginnen Mari Lang und Johanna Zechner in die Hand gedrückt. Auf dem Plakat steht: »FM4 – das sind wir! Alte zu Ö1 – sonst setzt es eins!« So ein Streik macht richtig Spaß, wenn man auf der sicheren Seite ist.

Liebes Tagebuch, habe für 2,1 Kilometer über 42 Stunden gebraucht, bin sozusagen einen umgekehrten Marathon gelaufen. So richtig durchtrainiert bin ich zurzeit nicht. Meine Muskeln haben in etwa die Konsistenz von Püree, meine Gelenke die Geschmeidigkeit von Ritterrüstungen, und meine Bänder sind so ausgeleiert, dass ich damit nicht mal meine Sportschuhe binden könnte. Selbst meine für meinen Beruf nicht ganz unwichtigen Gesichtsmuskeln sind völlig eingerostet – zwei junge, gutaussehende Praktikanten klappen meinen Ober- und Unterkiefer beim Sprechen auf und zu, eine bewegt meine Zunge hin und her. Dieses Nonstop-Olympia-Schauen hat ein

Wrack aus mir gemacht. Ich bin zu müde um einzuschlafen und schau mir mit Chefcontroller Blumenau zusammen zurzeit alles noch mal auf Video an. Die ganzen zwei Wochen Olympiade.

Liebes Tagebuch, ich würde mich als den Leibniz des Sports bezeichnen. Leibniz war der Letzte, der zu seinen Lebzeiten das gesamte Wissen seiner Zeit im Schädel hatte; ich wiederum habe jede Einzelne bei Olympia vertretene Sportart schon betrieben und könnte 2008 in Peking in jeder Disziplin antreten. Taek-Wan-Do, Dressurreiten, Synchronschwimmen, Tontaubenschießen, Gewichtheben – ohne angeben zu wollen, aber ich kann alles und bin in jeder Disziplin sehr gut. Ich hab mir ausgerechnet, dass ich, wäre ich ein Land, im Medaillenspiegel zwischen Australien und Japan gelegen wäre. Als Einzelperson. Meine Zeit beim 4 x 100 Meter Sprint liegt unter dem olympischen Rekord, im Beach-Volleyball hat kein gegnerisches Duo eine Chance gegen mich. Peking 2008 – ich bin bereit, wenn das IOC mich endlich als Land akzeptiert!

26.8.

Liebes Tagebuch, wenn ich alleine ein Lokal betrete, fragen mich die Menschen immer: »Wie geht es euch?« Ich halte das nicht mehr aus, nicht als Individuum, sondern immer nur als Teil eines Duos betrachtet zu werden. Nur weil ich mit meinen Wurstinstallationen keine große Öffentlichkeit erreiche, heißt das noch lange nicht, dass ich kein eigenständiger Künstler bin. Ich bin, verdammt noch mal, nicht nur der, der mit Stermann zusammenarbeitet. Ich habe meinen eigenen Kopf. Meine Wurstinstallationen beweisen das. Meine Ausstellung »Wurstgesichter des 21. Jahrhunderts« zum Beispiel war sehr gelungen, auch wenn außer Stermann, meinen Eltern und einem betrunkenen Schülerzeitungsredakteur niemand davon Notiz nahm. Christian Clerici aus Krakauer geformt, Arabella Kiesbauer aus Blutwurst, Britney Spears aus Mortadella und Michael Moore aus Saumagen, ist das vielleicht nichts?

Liebes Tagebuch, Grissemanns Bestrebungen, alleine, ohne mich, Erfolg haben zu wollen, werden immer absurder. Er ist einfach kein interessanter bildender Künstler, da kann er so viel Wurst verwenden, wie er will. Einen Teller mit saurer Wurst in eine Vitrine zu stellen und dem Werk dann den Titel zu geben: »Saures Wurstgesicht in Essig ertrunken«, damit lockt er niemanden hinterm Ofen hervor. Oder die lebensgroße Nachbildung von André Rieux aus Presswurst – die Nachfrage auf dem Kunstmarkt hält sich bei solchen Arbeiten, vorsichtig formuliert, in engen Grenzen. Richard Clayderman mit Frankfurtern als Fingern an einem Klavier sitzend mit dem Werktitel »Wurstfinger spielen Moll«: Nein, er muss endlich akzeptieren, dass er nur mit mir zusammen reüssieren kann. Er braucht mich wie ein Stück Brot die Wurst.

27.8.

Liebes Tagebuch, wie heißt der Spruch? »Lieber Gott, beschütze mich vor meinen Freunden, um meine Feinde kümmere ich mich selbst!« Stermann, das Schwein, dieser grunzende, Fleisch gewordene Scheißhaufen, macht im Sender hinter meinem Rücken Stimmung gegen mich, wie mir der liebenswerte Kollege Andreas Gstettner erzählt hat, als ich vor ihm über Stermann hergezogen bin. Ich bin aus allen Wolken gefallen. Ist das zu fassen? Wie kann ein Mensch so unkollegial sein? So illoyal? Eine fast 60jährige Freundschaft so torpedieren? Schon gestern, als ich mich zusammen mit Joe Ramick und Martina Bauer über Stermann lustig gemacht habe, über sein Aussehen, seine Kleidung und sein minderes Talent, hat Ramick so etwas angedeutet, dass Stermann mich auch nicht nur in den höchsten Tönen lobt. »Ja, wieso denn nicht?«, hab ich geantwortet. Jetzt ist der dämliche Rheinländer jedenfalls für mich gestorben. Endgültig. Hat er doch in der Kantine offenbar vor allen Kollegen erzählt, dass ich mir nicht selbst die Schuhe binden kann. Dieses Dreckschwein. Wie steh ich denn jetzt da, liebes Tagebuch?

Liebes Tagebuch, gut. Er wollte Krieg – den kann er haben. Ich bind ihm nie mehr die Schuhbänder. Stolpert er eben jetzt bei jedem zweiten Schritt und fällt der Länge nach hin. Kann er haben. Ich habe ihn fast 70 Jahre lang gedeckt, ihm heimlich die Schuhe gebunden, wenn sie aufgegangen waren. Ihm geduldig immer und immer wieder gezeigt, wie es geht. Aber er hat da irgend einen Defekt. Er schafft es einfach nicht. Er kann sich ja auch bis heute nicht selbst die Fingernägel schneiden. Er kann sich nicht selbst die Nase putzen. Wenn er so weiter macht, werde ich auch das noch öffentlich machen. Mal sehen, was *News* mir zahlt für eine Geschichte über Grissemanns zahlreiche

Unzulänglichkeiten. Er ist Tag-Nacht-Verwechsler, kann nicht ohne Hilfe fernschauen und kennt nicht den Unterschied zwischen Fischen und Vögeln. So sieht's aus. Und der Mann will eine Ikone der österreichischen Jugend sein? Ich muss ihm beim Zähneputzen die Bürste halten und ihm den Kopf dabei hin und her drehen. Ich muss ihm die Haare waschen, während er sich weinend mit beiden Händen einen Waschlappen vor die Augen presst, aus Angst, dass ihm Wasser in die Augen kommt. Nein, Tagebuch, ich spiel da nicht mehr mit. Alles soll ans Licht. Alles.

28.8.

Liebes Tagebuch, Stermann hat hohes Fieber, weil sich die Wunde an seinem dicken Zeh entzündet hat. Er hat wohl Tollwut; die Ärzte haben ihm verboten, in lebende Tiere zu beißen, um eine Epidemie zu verhindern. Das tut mir leid für ihn, weiß ich doch, wie gerne er in noch lebende Schweine, Rinder und Kühe beißt. Das ist jetzt fürs Erste vorbei für ihn, vielleicht für immer. Es kann gut sein, dass er eingeschläfert werden muss. Und das alles nur wegen der illegalen Fallen, die Chefcontroller Blumenau rings um seinen Schweinestall ausgelegt hat. Seit zehn Tagen hat er diesen Schweinestall mitten in der Redaktion, sechs Säue und zwei Ferkelchen. Süße Dinger. Er hat das getan, um uns den Schweinestall vor Augen zu führen, den wir nach Dienstschluss hinterlassen, wie er uns erklärte. Stermann schlich tagelang mit heraushängender Zunge und gierigem Blick um den Stall, bis es ihn schließlich übermannte und er in eins der Schweine hineinbeißen wollte. Er lief auf die dickste Sau los – und die Fußangel schnappte zu. Es machte ein fürchterliches Geräusch, als sich die Eisenkrallen in sein Fleisch bohrten. Mein Gott, der Deutsche tut mir wirklich leid.

Liebes Tagebuch, ich habe über 50 Fieber, wahrscheinlich, weil die Falle verrostet war. Blumenau hat nur gebrauchte Fallen ausgelegt, an denen noch das Blut von Hirschen, Wildschweinen und Wilderern der letzten 100 Jahre klebte. Na ja. Tollwut ist nicht so angenehm. In meinem Körper explodieren Gefäße und Organe, und das Schlimmste: Ich phantasiere ununterbrochen. Immer das Gleiche. In diesem Traum bin ich ein heterosexueller Atheist und werde von meinen Eltern in St. Pölten im Priesterseminar angemeldet. Dieser Traum bringt mich langsam, aber sicher um den Verstand.

Liebes Tagebuch, es ist für uns bei FM4 sehr lustig, in der Stadt Plakate von Gentechnikgegnern zu sehen, die vor drohenden Konsequenzen warnen, von wegen: »Gentechnik kann ihre Nahrung verändern: Mlich statt Milch!« Die Senderverantwortlichen Eigensperger und Blumenau haben schon vor fünf Jahren FM4 als Versuchs- und Experimentieroase an die Pharmaindustrie verkauft, vielmehr uns Mitarbeiter. Magister Edlinger – und ich habe Beweisfotos davon! – wurde schon 1999 ein drittes Ohr zwischen die Haare transplantiert. Würde der Herr Sumpfredakteur sich eine Glatze schneiden lassen, wäre der Friseur sicher ein bisschen verdutzt. Meine Mundhygienikerin hat sich jedenfalls immer noch nicht daran gewöhnt, dass ich 32 Backenzähne habe.

Liebes Tagebuch, bin ich noch ich selbst oder schon längst ganz etwas Anderes? Diese Frage beschäftigt mich immer wieder, seit ich beschlagen worden bin und kurz danach auf Kiemenatmung umgestellt wurde. Die Kollegen nennen mich alle nur noch »das deutsche Seepferdchen«. Ich kann problemlos tagelang unter Wasser bleiben und dort nach Herzenslust traben und galoppieren, aber eigentlich habe ich diese Herzenslust gar nicht. Ich bin einfach nur ein Opfer skrupelloser Genforscher. Mein Gott, ich bin Radiomoderator! Wozu brauche ich Hufe? Der arme Grissemann tut sich auch nicht gerade leicht mit seinen 32 Backenzähnen. Weil's ja auch die Backenzähne eines Pferdes sind. Riesendinger.

Liebes Tagebuch, seit diesem ungeheuerlichen Gerichtsurteil in England spitzen sich auch die Zustände bei FM4 immer mehr zu. Zwei Brüder saßen dort 18 Jahre lang unschuldig im Gefängnis, sind endlich freigekommen und haben eine Entschädigung zugesprochen bekommen. Ein britisches Gericht hat den beiden jetzt diese Entschädigung um ein Drittel gekürzt mit der Begründung, dass sie ja 18 Jahre lang keine Miete zahlen und auch nicht für ihre Verpflegung aufkommen mussten. Chefcontroller Blumenau hat sich gleich nach dem Urteil mit dem ORF-Lohnbüro zusammengesetzt und ausrechnen lassen, wie viel Geld wir gespart haben, weil wir bei FM4 arbeiten. Strom, Wasser, Heizung, Stühle, Tische, Computer usw. Er präsentierte mir eine Rechnung für Toilettenbenutzung innerhalb der letzten neuneinhalb Jahre – in der unfassbaren Höhe von 28 000 Euro für Klosettspülung, Armaturen, Klopapier und Seife. Außerdem kündigte er an, dass demnächst weitere Rechnungen folgen werden.

Liebes Tagebuch, 1700 Euro für Frischluft soll ich zahlen, weil man in der Redaktion die Fenster öffnen kann. 2800 Euro für die Aussicht, pro Mitarbeiter 14 000 Euro für Sitzgelegenheiten – und sage und schreibe 178 000 Euro fürs Musikhören. Lägen die CDs nicht im Musikarchiv, so die Begründung, hätten wir sie uns theoretisch ja alle kaufen müssen. Plus Aufzug-, Garderoben- und Aschenbecherbenutzung soll ich bis Ende August insgesamt 269 800 Euro zahlen. Wenn nicht, muss ich ein Organ meiner Wahl zur Verfügung stellen, das FM4 dann auf dem freien, illegalen Organmarkt verscherbeln darf. Weißt du was, liebes Tagebuch? Sollen sie mir doch einfach mein Herz rausreißen! Gebrochen worden ist es bei FM4 eh schon.

1.9.

Die fortschreitende Roganisierung in diesem Land hat nun auch die Sekte FM4 erfasst, liebes Tagebuch. Ich verrate ein absolutes Top-Geheimnis: Silberfisch Markus Rogan wird ab Oktober FM4-Redakteur. Der smarte Rogan hat ja in allen Interviews angedeutet, mit 22 seine Karriere beenden zu wollen, um sich Verantwortungsvollerem zu widmen: Außenminister oder so was. Alles Bluff. Rogan wird seinen Schreibtisch bzw. sein Aquarium am 1. Oktober beziehen. Sein genaues Aufgabengebiet: Die Stimmung im Team erhöhen, einmal durch locker-frech-vorwitzige Superbrüller-Sprüche à la »unser Bundespräsident heißt Haifisch« und zum anderen durch gockelgeiles Posing im Schwimmhöschen. Das Stanford-Bürschchen wird die Frauen hier in den Wahnsinn treiben, liebes Tagebuch.

Die weniger gut geschnittenen männlichen Redaktionskörper – allen voran der dicke Stermann – planen eine Anti-Rogan-Demo vorm Funkhaus. Sie werden Kult-T-Shirts mit der Aufschrift: »Bier formte diesen wunderschönen Körper« tragen. Rogan – go home!

Diesem größenwahnsinnigen Elite-Schwimm-Schnösel wird das Lachen ganz schön vergehen hier bei FM4, liebes Tagebuch. Andreas Schindler hat die ganze Redaktion bereits mit Aaron-Peirsol-Plakaten zugeklebt, um den Rogan zu ärgern, und Chefcontroller Blumenau arbeitet an einer großartigen Polemik mit dem Titel: »Entartete Bewegung – welcher Fisch schwimmt schon am Rücken?« Als Einstandsgeschenk bekommt Markus Rogan von Wortchef Pieper 100 Nasensprays geschenkt, weil er ja ein bisschen chronischen Schnupfen hat, der liebe Markus!

Und wenn er dann noch immer glaubt, mit köstlichen Sprüchen vor allem bei der weiblichen Belegschaft punkten zu können, dann sagen wir ihm: »Reden ist Silber, Markus, aber Schweigen ist Gold! Und davon hast du – in allen Ehren – in Athen nicht allzu viel bekommen.«

2.9.

Nachdem letztens ein freundliches »Willkommen Österreich«-Team unsre putzige Show »Salon Helga« besucht hat, hat der große Bruder Fernsehen offensichtlich Blut geleckt. Die Redaktion von »Frisch gekocht ist halb gewonnen« will allen Ernstes Chefcontroller Blumenau einladen, das hat Presselady Jenny Blochberger heute in der Krisensitzung mitgeteilt. Blumenau ist stolz wie Oskar. Blumenau ist ja so eine art aggressiver Jamie Oliver, er kocht sozusagen ständig vor Wut und trägt seit Jahr und Tag während der Arbeit hier bei FM4 eine Blut getränkte Schürze. Blumenau möchte in der Show von Koch-Moderator Peter Tichatschek im Fernsehen an einem Hungertuch nagen, um so auf die finanzielle Situation bei FM4 aufmerksam zu machen. Na, das kann ja was werden …

Blumenau ist grade von der Aufzeichnung zurückgekommen. Er bezweifelt, dass sein Auftritt je auf Sendung gehen wird. In bewährter »Bonustrack«-Manier habe er dem grundharmlosen TV-Softie gezeigt, was es heißt, mit Blumenau Gespräche zu führen. Sätze wie: »Tichatschek, du hohle Nuss, ein dummes Wort noch und du bist draußen!« oder »Was für eine vertrottelte Salz-und-Saucen-Sendung moderierst du hier eigentlich?«, passen halt nicht wirklich in die nette, großmuttertaugliche Kochshow. Als Blumenau den verdutzten Tichatschek dann tatsächlich mit einer Bratpfanne aus dem Studio prügelte, haben die Kameraleute aufgehört mitzuschneiden. Tja, wieder eine vertane Chance, FM4 bekannter zu machen.

Einer alten Tradition zufolge müssen die – nach einer internen Wahl – unwichtigsten FM4-Mitarbeiter die neuen Plakate in die Stadt kleben. Eine harte, schweißtreibende Nachtarbeit. Edlinger und Stermann, die die Plakate diesmal affichiert haben, sind gerade zurück in die Redaktion gekommen. Mit Klebstoff in den Haaren und jeweils einem gebrochenen Unterschenkel. Sie sind von einer Litfaßsäule in Floridsdorf gefallen. Wir können den beiden leider keinen Krankenhausaufenthalt zahlen, weil wir das ganze Geld in die neue Plakatproduktion gesteckt haben. Edlinger und Stermann wurden jetzt erstmal vor den Kaffeeautomaten gelegt. Mit CD-Hüllen werden ihnen die Beine geschient.

Aua, Tagebuch! Ich habe Schmerzen beim Schreiben. Auch mein rechter Ellenbogen ist geprellt. Der verdammte Magister Edlinger ist in seiner unfassbaren Tollpatschigkeit von der Leiter gefallen, die an der Litfaßsäule lehnte, und er hat mich – in einer Stan und Ollie nicht unähnlichen Situation – mit runter gerissen. Wir wanden uns am Trottoir … und dann blieb ein Auto stehen, dessen Lenker Mitglied der sogenannten Ö3-Gemeinde war, wie ein Sticker an der Windschutzscheibe verriet. Als der pockennarbige vermeintliche Helfer sah, welches Plakat wir Idioten da grade aufkleben wollten, hatten wir auch schon seine harte Faust im Gesicht. Nun, Tagebuch, die Reifen quietschten, und der Verbrecher ward nie mehr gesehen. Denken Sie bitte an mein Leiden, wenn Sie eines FM4-Plakates ansichtig werden. Danke.

Oliver Baier hat kürzlich auf FM4 – als Claudia-Unterweger-Vertretung – eine Stunde moderiert. Sehr zum Vergnügen der Hörer, wie die Einträge ins Gästebuch verrieten. Wir sollten öfter Gäste moderieren lassen, das schaffe Abwechslung. Herbert Prikopa statt Gerald Votava in »Projekt X«, Robert Kratky statt Edlinger im »Sumpf«, mein Vater statt mir selbst im »Salon Helga« – und Gerda Rogers, diese entsetzliche Astro-Tante, als neue Luna Luce! Warum nicht? Mölzer statt Nachtstrom im »House of Pain«, Nenning statt Pulsinger in »La Boum«, und aus »Chez Hermes« machen wir kurzerhand ein »Chez Hermann«. Da kann sich dann der Maier Hermann ins Nachtstudio setzen. Das kickt doch! Endlich neuer, frischer Wind!

Grissemann hat tatsächlich eine Liste erstellt, mit möglichen neuen Gast-moderatoren. Die Liste liegt jetzt bei Senderchefin Eigensperger. Grisse-mann macht sich damit keine Freunde bei FM4. Schließlich sind die meis-ten hier froh, endlich einen Stammplatz bei FM4 zu haben. Ihnen graust bei dem Gedanken, von irgendwelchen schmierigen österreichischen Halb-prominenten ersetzt zu werden. Komische Atmosphäre hier bei FM4, liebes Tagebuch: In den Gängen lauern verzichtbare Gestalten herum, die früher noch FM4 gemieden hätten, wie der Teufel das Weihwasser. Alfons Haider, Alexander Goebel, der Schlagersänger Heintje, der Koch vom Marchfelder-hof, Birgit Sarata, der Lugner sowieso, Manuel Noriega oder Ortega, und, und, und sie wollen FM4 übernehmen!

Tu was, Tagebuch!

5.9.

Ein österreiches Hochglanzmagazin hat geschrieben, FM4 sei ein sekten-ähnlich geführtes Medienunternehmen. Das ist doch wohl die Höhe, Tage-buch! Wir haben sofort unsern Feuerlauf über glühende Kohlen unterbre-chen müssen, als wir das erfahren haben, und unser Guru Blumenau hat uns zur Besprechung ins Krisensitzungszimmer befohlen. Fast alle waren da; nur die Neuen von der »Workstation« nicht. Laut Anweisung von Sektenchefin Eigensperger darf man die erste Gehirnwäsche nicht einfach so unterbre-chen. Blumenau meinte, um nicht noch sektenverdächtiger zu werden, soll-ten wir die geplanten, neuen Arbeitsuniformen – weiße Leintücher und gel-be Kapuzen – erst nächstes Jahr tragen.

Ein von uns allen einhellig gemurmeltes »Jawoll, Meister« beschloss die Sitzung.

Also ganz so ungerechtfertigt ist der Sekten-Vorwurf gar nicht, liebes Ta-gebuch, wenn man daran denkt, wie schwer es ist, von FM4 wieder wegzu-kommen. Alles Geld wird uns abgenommen, und Meister Blumenau hat uns alle sexuell hörig gemacht. Zwei von uns hat er ziehen lassen, Robert Rotifer nach London und den Smash nach New York, aber nur mit der Auflage, dass beide regelmäßig im Netz auf der FM4-Seite Bericht erstatten. Sich sozu-sagen wie entlassene Schwerverbrecher einmal wöchentlich bei der Polizei melden. Vieles ist nicht normal hier: Seit zwei Monaten dürfen wir keinen

Kaffee oder Tee mehr trinken, sondern ausschließlich Blumenaus Blut. Um Gottes Willen, wo bin ich hier reingeraten?

6.9.

Du kennst diesen alten, abgegriffenen Witz vom Beamtenmikado, Tagebuch, oder?

Wer sich zuerst bewegt, hat verloren. Auf niemanden passt dieser blöde Spruch so gut, wie auf das Fräulein Landsgesell, ihres Zeichens vierte Sekretärin von FM4. Vor allem die neuen Mitarbeiter kriegen einen ganz schönen Schreck, wenn sie das Fräulein Landsgesell zum ersten Mal sehen. Man glaubt, im Wachsfigurenkabinett zu sein. Unheimlich. Verändert das Fräulein Landsgesell doch einmal seinen starren Blick, dann geht der immer auf die Armbanduhr, und um 16 Uhr schreit sie ohrenbetäubend laut: »Feierabend«. In nullkommanix ist sie dann aus der Redaktion. Seit fünf Jahren ist das faule Fräulein Landsgesell jetzt bei uns, und irgendwie haben wir sie alle liebgewonnen, obwohl sie noch nie auch nur eine klitzekleine Tätigkeit erledigt hat. Wortchef Pieper hat letztens in der Krisensitzung gemeint, wir könnten statt ihr auch einen ausgestopften Pudel an den Schreibtisch setzen. Das war gemein.

Mir hat das reizende Fräulein Landsgesell letztens zugestöhnt, sie glaube, sie leide am Burn-Out-Syndrom. Da habe ich lachen müssen. Ihr fällt regelmäßig der Bleistift aus der leblosen Hand; wenn sie vor Müdigkeit vom Sessel rutscht, muss der extra dafür abgestellte Redakteur Farkas sie wieder raufziehen, und nachdem sie auch zu faul zum Essen ist, muss Frau Schönwiese sie pünktlich um 12 füttern. Fräulein Landsgesell isst übrigens ausschließlich erlesenste Saucen, damit sie beim Kauen und Schlucken nicht so viel arbeiten muss, wie sie sagt. Wenn die lieben Hörer draußen teilweise auf einen Mitschnitt ein halbes Jahrzehnt warten müssen, dann ist wer dran Schuld, liebes Tagebuch? Richtig: das unfassbar faule Fräulein Landsgesell!

7.9.

Mir ist was Peinliches passiert, Tagebuch. Einige von uns, darunter auch ich, sind ja obdachlos und schlafen im Turnsaal des Wiener Funkhauses. Da ist mir doch gestern glatt im Schlaf die Hand weggerutscht, und diese meine

Hand landete gewissermassen Pater-Paternoid auf dem Oberschenkel des jungen Robert Zikmund. Der Zikmund hat gleich Alarm geschlagen von wegen sexuelle Belästigung und so. Ich musste mich mit rotgeschämtem Kopf zu Senderchefin Eigensperger begeben, die mich anwies, in nächster Zeit nicht in der Öffentlichkeit aufzutreten. Dabei wollte ich doch unbedingt zur Firmung von Tony Wegas' Nichte.

Unglaublich, liebes Tagebuch, nach geheimen Recherchen innerhalb der Redaktion ist meinem Kollegen Grissemann in den letzten zehn Jahren gleich 14-mal die Hand im Schlaf weggerutscht, und die ständig rutschende Hand landete immer auf den Oberschenkeln diverser neben ihm schlafender Jung-Mitarbeiter. Auf einen, nämlich auf Lukas Tagwerker, hat sich der in der Öffentlichkeit immer fröhliche, liebenswerte Grissemann im Schlaf sogar gänzlich draufgelegt. Also, entweder der Grissemann träumt sehr heftig, oder er ist … er ist … nein, das darf man gar nicht denken, liebes Tagebuch.

8.9.

Liebes Tagebuch, nach dem Erfolg des Udo-Proksch-Musicals im Rabenhof-Theater sind viele Kreative bei FM4 neidisch auf die Gruppe »Monochrom«, die das Musical um den Lucona-Schiffeversenker geschrieben hat. »UDO 77« heißt das Musical, und noch am Abend der Premiere haben Clemens Haipl und Martin Puntigam begonnen, »UDO 88« zu schreiben, ein Musical über Udo Lindenberg. Lindenberg, in dessen Rolle sich Haipl sieht, beim Logopäden in der DDR, der Logopäde reißt Lindenberg den Hut vom Kopf und stellt fest, dass Lindenberg in Wahrheit Peter Scholl-Latour ist. Gerald Votava wiederum traf sich nach der geglückten »Monochrom«-Premiere sofort mit Willi Resetarits, um erste Entwürfe für »UDO 66« aufs angeekelte Papier zu kritzeln. »UDO 66« – ein heiteres Singspiel über Udo Jürgens, spielt an dessen 66. Geburtstag. Jürgens, in dessen Rolle sich natürlich Votava selbst sieht, feiert mit einem 150köpfigen Gospelchor aus lauter unehelichen Kindern seinen Geburtstag, singt »Mit 66 Jahren ist noch lange nicht Schluss«, und kippt tot aufs Klavier. Seine Frau zieht sofort zu einem rechtsradikalen Hanseaten. Stermann ist völlig verzweifelt, weil er keinen Prominenten kennt, der Udo heißt.

Liebes Tagebuch. Scheiße, Scheiße, Scheiße. Ich möchte auch ein Musical schreiben, das »UDO« heißt. »UDO 55« oder »UDO 99« wären noch frei – aber über wen? Über Udo Kier, vielleicht, diesen Schauspieler? Oder Udo Erkenbrecher, einen deutschen Fußballtrainer, der nur unterklassige Vereine betreut? Das wird doch nichts, da ist zu wenig Brisanz drin und zu wenig gesellschaftspolitische Sprengkraft. Mist. Pfeif ich eben auf Udo und nenn mein Musical »UWE 33«. Ein Retro-Musical rund ums Leben von U.W.E. Fischer, dem Kinosuperstar der Nachkriegszeit. »UWE 33« spielt 1933, und Fischer muss für seine erste Rolle bei Goebbels vorsprechen. Genial. Singende und tanzende Nazis. Ich sehe Liebesduette unterm Hakenkreuz. »A Chorus Line« beim Reichsparteitag. Da werden mich alle feiern. »UDO 77« – nichts als ein müder Vorgeschmack auf »UWE 33«!

9.9.

Liebes Tagebuch, ich halte die Strategie für falsch, Stadt für Stadt und Dorf für Dorf zu reinen FM4-Gemeinden zu machen, aber die neue Unternehmenslinie sieht genau das vor. Wir werden mit Timmelkam in Oberösterreich beginnen. Die Chefin hat sich eine Uniform angezogen und beim Morgenappell gesagt: »In einem Monat will ich Timmelkam eingenommen haben. Und dann kommt Vöcklabruck dran! Wir überrollen das Land, bis alle FM4 hören!« Chefcontroller Blumenau, der sich eine Husarenuniform aus dem 19. Jahrhundert im ORF-Fundus ausgeborgt hat, schrie: »Auf nach Timmelkam, mir juckt die Säbelspitze!« Also sind wir mit dem in Tarnfarbe gestrichenen FM4-Mobil aufgebrochen. Alle wehrunfähigen Kollegen – also nur Fritz Ostermayer und Stuart Freeman – mussten in Wien bleiben. Liebes Tagebuch, mir behagt das Ganze nicht. Ich bin Pazifist und will nicht Teil eines bizarren Radiokriegs sein.

Liebes Tagebuch, Chefcontroller Blumenau hat sich mit Brigadier Karner zu einer Lagebesprechung zurückgezogen, während wir alle als Büsche und Heuballen getarnt im Unterholz liegen. Vor uns liegt Timmelkam. Aus einem einzelnen Haus dringt Musik aus einem Radio. Eindeutig keine FM4-Musik, es sei denn, man wollte »Brunner & Brunner« als Alternative-Musik bezeichnen. Der Plan sieht vor, dass wir das Haus stürmen, das Überraschungsmoment ausnutzen und einer von uns blitzschnell den Sender auf die FM4-Frequenz verstellt. Liebes Tagebuch, ich will nicht fremde Leute dazu zwingen, FM4 zu hören. Kann man Hörerzahlen nicht auch auf friedliche Weise verbessern? Muss man immer Gewalt anwenden? Obwohl – wenn ich ehrlich hin, dieser »Brunner & Brunner«-Müll nervt mich auch unendlich. Also gut. Auf in den Kampf. Für Gott und FM4.

10.9.

Liebes Tagebuch, das ist ja mal interessant. Wir haben den sozialen Background aller FM4-Mitarbeiter untersucht und sind zu dem überraschenden Ergebnis gekommen, dass 75 % aller Kollegen aus Fleischhauer-Familien kommen. FM4 – der Metzger-Sender. Der typische FM4-Mitarbeiter hat demnach mit sechs Jahren das erste Mal selbst geschlachtet, ist in ländlichen Verhältnissen aufgewachsen, ohne Strom, dafür mit zerrüttetem Elternhaus, in dem Vater, Mutter und Geschwister regelmäßig mit dem Hackebeil aufeinander losgegangen sind. FM4ler sind strenggläubig, sektenähnlich erzogen worden und waren im dörflichen Leben skurrile Außenseiter. Wenn man das alles bedenkt, lässt sich vieles bei unserem kleinen Schlachter-Sender erklären.

Liebes Tagebuch, seit der soziologischen Untersuchung habe ich noch mehr das Gefühl, im Betrieb eine Art Alien zu sein. Ich bin der Einzige, dessen erster Sexualpartner nur zwei Beine hatte, und der sich nicht schon im Vorschulalter mit schweren Eisenketten selbst kasteit hat. Ich bin der Einzige, aus dem noch nie der Teufel ausgetrieben worden ist, und der Einzige, der noch nie warmes Kälberblut getrunken hat. Alle anderen sind auf einsamen Bergbauernhöfen aufgewachsen, ich im Ruhrpott, wo ich meine Kindheit unter Tage verbracht habe. Sie lebten in 2000 Meter Höhe, ich in 2000 Meter Tiefe. Ich habe mich von Bier und Kohlenstaub ernährt, eine Erfahrung, die meine Kollegen nicht nachempfinden können. Vielleicht ist das Grund, warum ich zu keinem Fest und keiner Sitzung eingeladen werde.

11.9.

Liebes Tagebuch, seit ich heimlich die geheimen Tagebücher von zwei Mitarbeitern von *News* gelesen habe, gehe ich wieder richtig gern zur Arbeit ins Funkhaus. Gut, auch bei unserem kleinen Freaksender FM4 gibt's Ungerechtigkeiten, Unfairness und Brutalität, aber was ich bei Worm gelesen habe, toppt alles. Er ist ja in Wahrheit Günter Walraff, und er wird bald sein Aufdeckungsbuch herausbringen mit dem schönen Titel: »Der Mann, der bei *News* Alfred Worm war.« Toll, wie Walraff sich verkleiden kann! Na ja, eigentlich fund ich's ja spannender, wenn Walraff zu FM4 käme und aufdeckte, was das Zeug hält, aber wahrscheinlich ist unser kleiner High-Quality-Sender ihm nicht interessant genug.

Liebes Tagebuch, wie geschickt von mir, zurzeit gleich zweimal aufzutreten: als Worm und als Stermann. In sechs Wochen kommt bei 2001 mein Aufdeckungsschocker heraus; nach Hans Esser und Ali jetzt: »Günter Walraff, der Mann, der bei FM4 Dirk Stermann war.« Eklige Innenansichten eines österreichischen Radiosenders. Blumenau und Senderchefin Eigensperger und all die anderen Ausbeuter bei FM4 können sich schon mal warm anziehen – und Christoph Grissemann, den ich jahrelang angelogen habe, der ja wirklich felsenfest glaubt, ich sei Dirk Stermann, der kann sich auch auf was gefasst machen. Ihm widme ich ein eigenes Kapitel – mit der Überschrift »Suff, Sex, Sucht und Zynismus.«

15.9.

Liebes Tagebuch, nachdem in den letzten 12 Monaten 34 Kolleginnen schwanger geworden sind und dazu noch 42 männliche Kollegen Vater wurden, gab es endlich vom Gesundheitsamt ein Seminar über Sexualität und Verhütung am Arbeitsplatz. Die Dame vom Aufklärungsamt begann das Seminar mit einer Diskussion. »Welche Arten von Verhütung kennst du?«, war ihre Eingangsfrage, und das Ergebnis war erschreckend. Die meisten Kolleginnen und Kollegen glauben, eine Schwangerschaft sei ausgeschlossen, wenn man beim Sexualakt an jemand Anderen denkt oder das T-Shirt anlässt oder sich ein Kondom aufs Nachtkästchen legt. Die Aufklärungsbeauftragte schaute fassungslos in die Runde auf unsere dicken Bäuche. Unsere Bier- und Babywampen.

Liebes Tagebuch, »Aus welchem Material werden Kondome hergestellt?«, lautete eine Frage auf dem Aufklärungsfragebogen. Nun, laut FM4 wahrscheinlich aus Holz. 43 % haben nämlich Holz angegeben. 27 % Wolle, 12 %

tippten auf Draht, 6 % waren für Leder, einige für Papier, Stroh und Pappe. Nur ich, als sexuell Erfahrenster, hatte mit Kautschuk recht. Ich erhob mich und erläuterte meinen staunenden Kollegen den Spruch »Kondome schützen«. Das heißt, man soll sie nicht benützen, sonst gehen die armen Dinger ja kaputt. Am besten schützt man Kondome, wenn man sie in der Verpackung lässt. Die Magistratsfrau verließ nach meinem Vortrag den Raum. Scheißegal, wenn Kollegen Fragen haben zum großen Feld der Sexualität, sollen sie sich einfach wieder, so wie immer, an mich wenden. Was Sex betrifft, macht mir keiner was vor.

16.9.

Liebes Tagebuch, hm, na ja, hm, stimmt schon irgendwie, gesund ist das wohl nicht. Die hübsche Ernährungswissenschaftlerin hat wohl Recht, wenn sie bemängelt, dass wir bei FM4 uns einseitig und unausgewogen ernähren. Viele von uns haben bei ihrem Vortrag zum ersten Mal im Leben Salat gesehen, andere, härtere Fälle, zum ersten Mal im Leben feste Nahrung. Ich selber gehöre zur zweiten Gruppe. Da ich mich ja seit Jahren ausschließlich von Hochprozentigem ernähre und pro Tag etwa sieben Schachteln Gauloises ohne Filter rauche, sind meine Zähne so schlecht, dass sogar Püree zu hart für mich ist. Obst habe ich schon als Baby abgelehnt. Ja, ich hab Skorbut, aber was soll's? Ich pfeif mir eins und fühl mich pudelwohl.

Liebes Tagebuch, meine Beilage heißt Fleisch. Mmh, zu einem lecker Rindsbraten drei, vier lecker Scheiben Schweinsbraten, und das Ganze garniert mit einem kleinen Gulasch, was gibt's Besseres? Dieses hübsche Bengelchen vom Ernährungswissenschaftlichen Institut weiß eben nicht, was gut ist. Sie will, dass ich Grünzeug fresse. Ich bin doch keine Kuh. Außerdem esse ich pro Jahr so viele Kühe, dass ich ja eh genug von diesen Nährstoffen mitkriege, die die Kühe zu Lebzeiten gefressen haben. Aber gut, von mir aus, achte ich halt mehr auf meine Ernährung und ernähre mich ab jetzt ein Jahr lang ausschließlich von Tieren, die sich ausschließlich von Pflanzen ernähren. Eben war es übrigens lustig, liebes Tagebuch. Grissemann sollte vor den Augen der Ernährungsfaschistin eine Banane essen. Er konnte sie natürlich nicht beißen, fluchte laut, schüttete sich ein Viertel Fernet hinter die Binde und rülpste der Dame dann satt und zufrieden ins Gesicht. Mahlzeit, Frau Doktor.

Liebes Tagebuch, in der Redaktion liegt ein dünnes Buch im Selbstverlag aus: »Geschichten aus 1001 Nacht« von Robin Lee. Alle rätselten, wer dieser Robin Lee ist. Wir tippten erst auf einen zum Islam konvertierten Engländer oder einen US-Asiaten, der einen Asiashop in New York führt, der auch nachts geöffnet hat. Es stellte sich aber raus, dass Robin Lee eine FM4-Mitarbeiterin ist. Sie spricht nachts die Nachrichten und hat noch nie einen Kollegen gesehen. Wahnsinn, da arbeitet sie seit neun Jahren bei FM4 und hat noch nie mit einem einzigen Kollegen gesprochen! Die hat's gut. Alleine nachts arbeiten muss paradiesisch sein, weil mit vielen tagsüber zu arbeiten die Hölle ist. Keiner stiehlt dir deine Jause, keiner brüllt dich an, keiner boxt dir in den Magen, keiner haut dir auf die Nase, keiner wirft dir gezielt DATs ins Auge, keiner reißt dich an den Haaren, keiner übt psychische Gewalt aus, keiner droht dir Prügel an und keiner setzt die Drohung in die Tat um. Ich möchte auch nachts arbeiten. Robin Lee muss ein völlig falsches Bild von der Arbeit bei FM4 haben.

Liebes Tagebuch, natürlich ist das Buch »Geschichten aus 1001 Nacht« eher dünn. So viel passiert ja nicht, wenn man nachts allein im Funkhaus ist. Um die Wahrheit zu sagen, hat das Buch nicht mal eine halbe Seite, und auf der steht auch nur mit Edding geschrieben ein einziges Wort: »Nothing.« Dennoch beneiden wir sie alle. Robin Lee hat das Glückslos gezogen. Sie fängt um Mitternacht an und hört vor der »Morning Show« auf, somit ist sie auf die Butterseite des FM4-Lebens gefallen. Die einzigen Kollegen, die sie in ihrem Berufsleben sieht, sind betrunken schnarchende DJs von »La Boum de Luxe« oder betrunken schnarchende Kollegen vom »Sumpf« oder die betrunken schnarchenden Kollegen Hermes, Votava, Haipl, Knötzl oder die im Martinirausch schnarchende Luna Luce. So kann man die ganze Bagage ja ertragen; schlimm ist's, wenn sie nüchtern und wach sind. Robin Lee ist für uns alle wie eine Märchengestalt, die Königin der Nacht. Robin Lee – ich trink auf sie.

Liebes Tagebuch, Stermann, der Trottel, ist an der polnischen Grenze festgenommen worden, weil er versucht hat, Zigaretten nach Stettin zu schmuggeln. Herrgottszeiten, der Mann ist wahrscheinlich der dümmste Schmuggler Europas. Weil er so schwach ist im Kopfrechnen, versteht er nicht, dass Schmuggel nur im umgekehrten Sinn Gewinn bringt. Marlboro Light kosten in Wien 3,40 Euro und in Stettin 1,40 Euro. Ich glaube, er ist wahrscheinlich wegen Blödheit festgenommen worden. Vor zwei Jahren hat er einen seltenen Papagei nach Brasilien geschmuggelt, den er hier am Schwarzmarkt für 2000 Euro gekauft hat. In Brasilien, wo die Dinger ja tonnenweise rumflattern, hat man ihm 4 Cent für den seltenen Vogel geboten. Stermann ist der schlechteste Geschäftsmann, den man sich vorstellen kann, deshalb arbeitet er ja auch bei FM4. Bei jedem anderen Sender könnte er das Zehnfache verdienen.

Liebes Tagebuch, ich überlege noch, wie ich am besten den Wodka und den Kaviar verstecken kann, so dass die Zöllner meine heiße Ware nicht finden. Ich fahre mit dein Zug nach Moskau und möchte im großen Stil Wodka, Kaviar und diese Babuschka-Holzpuppen verklickern. Das wird ein Bombengeschäft: Wenn die Sachen bei uns schon so teuer im Einkauf sind, was werden dann erst diese neuen Russen dafür bezahlen? Ach, die Schmuggelei ist eine herrliche Sache. Ich bin mal gespannt, wieviele Menschen sich auf mein Inserat im *Falter* hin bei mir melden werden: »Seriöser deutscher Geschäftsmann schmuggelt Illegale zurück in ihre Heimat.«

29.9.

Liebes Tagebuch, es gibt hervorragende Kaffeeautomaten, die Kaffee mit großartigem Aroma machen, Automaten, vor denen man niederknien möchte. Und es gibt den FM4-Kaffeeautomaten. Aus dem kommt eine braune, stinkende Brühe. Ja, unser Automat war billig, ein Schnäppchen. Wir haben ihn auf ein Inserat hin gekauft: »Bastlerhit, Kaffeeautomat BJ 1963, Made in Wladiwostok, gegen Abholung.« Stermann und ich sind damals mit einer längst gefeuerten Kollegin von der Kantinenredaktion zu diesem heruntergekommenen chinesischen Schnellimbiss gefahren, um den Automaten abzuholen. Völlig verstaubt stand er hinter Kisten mit verschimmelten Sojabohnen. Ratten schossen aus dem Automaten raus, und eine verweste Fledermaus lag in einem abgeknabberten Kaffeebecher in der Becherausgabe. Aus der Geldrückgabe-Öffnung glotzten uns die Augen eines Frettchens an.

Kurz, während Stermann und ich uns übergaben, wurde die Kantinenkollegin schnell handelseinig mit den kichernden Chinesen, und seitdem haben wir den Automaten des Grauens in unserem Sender des Grauens stehen.

Liebes Tagebuch, es ist immer wieder lustig, wenn Studiogäste bei FM4 sind, die gerne einen Kaffee hätten, und wir ihnen dann einen Kaffee de Luxe aus dem Automaten kredenzen. Ihre ungläubigen, angsterfüllten Blicke! Unser Kaffee ist grau und hat die Konsistenz von Honig, manchmal kommt aber auch eine Art gelbliches Wasser aus den verdreckten Schläuchen und rostigen Metallrohren, man weiß es nie. Einmal, als ich auf Cappuccino drückte, kam so etwas wie Rindsbrühe mit Currygeschmack raus. »Trinkschokolade« ist auch immer ein großer Spaß, da kommen immer Regenwürmer mit. Offenbar hat es sich eine ganze Regenwurmkolonie im Kakaofach gemütlich gemacht. Wir Mitarbeiter trinken ja schon seit Jahren nichts mehr aus dem Automaten, aber wenn Gäste unbedingt einen Kaffee wollen, na ja – wir sind höflich genug, ihnen einen zu servieren. Und die Gäste ihrerseits sind auch höflich genug, die Schlammpfütze todesmutig zu trinken. Nur Amerikaner trinken die heiße Ekelbrühe immer in einem Zug aus und fragen nach einem zweiten Becher.

1.10.

Dir ist schon klar, Tagebuch, dass die allermeisten hier bei FM4 selbstredend keine Journalisten oder ausgebildetete Radio-Redakteure sind, sondern Musiker. Jeder Zweite hier hat eine Band in der Garage stehen. Aber nachdem leider kein Justin Timberlake, ja nicht mal ein Daniel Küblböck dabei ist und die Tantiemen-Abrechnung satte 34 Cent jährlich abwirft, müssen sich die Rock-Säue beim ORF ihre Miete verdienen. Hannes Duscher, Andreas Gstettner, Fred Schreiber, Fritz Ostermaser, Christian Fuchs und so weiter und so fort. Alles Musiker. Sänger, Bassisten, Gitarristen, Posaunisten, Harfenisten, Maultrommler. Ist das nicht unglaublich, Tagebuch? Als Journalisten getarnte, wahrscheinlich drogensüchtige Künstler!

Grissemann hat irgendwie Recht. Wo kommen wir denn da hin, wenn ständig Berufsverwechslung stattfindet, liebes Tagebuch? Mein Fleischhauer soll ausgebildeter Fleischhauer sein und nicht verhinderter Lyriker oder Wand-

Sprayer! Ich verlange ja auch von meinem Friseur, dass er gelernt hat, wie er mir die Haare schneidet, und nicht, wie man headbangt oder stagedivet! Wir verlangen hiermit öffentlich, dass all die verkrachten Musiker bei FM4 schleunigst die Journalistenschule in Salzburg nachholen, damit endlich Schluss ist mit diesem Etikettenschwindel! Stift, Papier und Satzbaukenntnis statt Sex, Drugs and Rock'n'Roll!

2.10.

Vor kurzem saßen Mari Lang, Clemens Haipl, der liebe Makossa und meinereiner nach Feierabend vorm Schwarz-Weiß-TV-Gerät in der Redaktion zusammen, um ein wenig Absinth wegzumachen und zehn, zwölf Joints zu rauchen, und was sehen wir da auf arte? Eine herrliche Dokumentation über gehörlose Maoris. Wow, dachten wir, das ist eine echte Randgruppe. Gehörlose Maoris. Doppelt marginalisiert, quasi. Gehörlos und Maori. Wir außenseiterfreundliche und minderheitenliebende Gemeinschaft waren begeistert! Der Haipl stellte dann die interessante Frage, ob es wohl auch FM4 hörende gehörlose Maoris gibt, das wäre ja dann wohl die kleinste Minderheit der Welt. »Geht ja gar nicht«, warf ich schlau ein: »Gehörlose haben gewisse Probleme, Radio zu hören.« Aber die Überlegungen waren köstlich. Was ist die kleinste Minderheit der Welt? Faustballspielende, *Falter*abonnierende, asthmatische, sexsüchtige, gehörlose Maoris vielleicht, noch dazu alleinerziehend? Na ja, wir lachten viel diesen Abend.

Ich habe von diesen dummen Maori-Späßen meiner Kollegen gehört und bin als politisch korrekter, übergewichtiger, George Clooney ähnlich sehender, MSV Duisburg verherrlichender Deutscher in Wien erstens selbst eine unglaubliche Minderheit und zweitens gegen diese geschmacklosen Randgruppen-Witze. Lang, Haipl, Makossa und Grissemann haben ihren Rausch übrigens in der Redaktion ausgeschlafen. Habe diese törichte Bande am nächsten Morgen eigenhändig aus dem TV-Aufenthaltsraum gefegt.

3.10.

Als ich letztens Feuer brauchte, um mir ein Zigarettchen anzuzünden, Tagebuch, da hat mir Chefcontroller Blumenau doch tatsächlich mit einem dieser lachsfarbenen *Standard*-Feuerzeuge ausgeholfen. Komisch, dachte ich mir noch, der Blumenau raucht doch gar nicht? Und prompt kam des Chef-controllers Erklärung: »Das ist mein Puppenfeuerzeug.« Der Chefcontroller hat also immer ein Feuerzeug mit, um Damen, die ihm gefallen, Feuer zu geben. Ein Flirt-unterstützendes Instrument sozusagen. Nun bin ich alles, nur nicht Blumenaus Puppe, habe mich wieder aus dem Staub und mir so meine Gedanken gemacht, was Blumenau wohl sonst noch so alles in seiner großen Tasche spazieren führt, um Frauen zu ködern.

Vielleicht hat Blumenau ja »Puppenmagazine«, wie *Harper's Bazaar*, *Marie-Claire* oder *Brigitte* in der Tasche, die er rauszieht und anbietet, wenn er irgendwo eine Dame sieht, die sich langweilt oder auf den Bus wartet. Gute Ideen wären auch noch »Puppensalzstreuer« für Frauen beim Frühstück mit Ei oder »Puppenklopapier« für Damen, die hinterm Busch ihr Geschäft verrichten. Wie wär's mit »Puppenpopcorn« im Kino oder »Puppenpuppen«, für Mädchen, die gern mit – ja – Puppen spielen, aber gerade keine dabei haben? Ich sag's dir, Tagebuch, unser Puppenblumenau ist immer wieder für Überraschungen gut!

5.10.

Der ja auch aus dem Hause FM4 stammende, wundersame Disc-Jockey DSL legt in letzter Zeit wieder vermehrt in Wien auf, sehr zur Freude aller, liebes Tagebuch. DSL ist der David Copperfield unter den DJs. Ein Magier an den Turntables. Da, wo herkömmliche DJs stundenlang ackern, bis zwei sich aufraffen zu tanzen, kriegt sie DSL innerhalb von zwei Sekunden alle auf die Tanzfläche. Selbst Beinamputierte, hat es den Anschein, können sich dem genialischen Scratchen des DSL nicht entziehen und werfen sich mutig auf den Dancefloor. Der baumlange DSL scheint aber auch körperlich wie geschaffen für seinen Beruf. Seine plattentellergroßen Handflächen und 45 cm langen Finger wirbeln die LPs hinterm Pult herum wie ein chinesischer Tellerakrobat sein Porzellangeschirr.

Die Beiläufigkeit, mit der das Ganze passiert, ist ja in Wahrheit das Unfassbare an der Tanzmusik-Arbeit vom lieben DSL. Andere DJs stehen mit schwitznassem Kopf und hektisch-angstvollem Blick hinter ihrem Pult, während man es DSL durchaus zutraut, während des Auflegens ganz nebenbei auch noch seine Steuererklärung zu machen, Knöpfe ans Hemd zu nähen oder Plattencover zu zeichnen, was er übrigens tatsächlich auch hervorragend kann. Die Pop-Gazette *Spex* hat DSL vor einiger Zeit zum sechstbesten DJ der Welt gekürt. So eine Unverschämtheit. Die fünf Besseren wollen wir sehen, du Käseblatt!

6.10.

Das kaputte Kleeblatt Ostermayer, Fuchs, Zikmund und Pfister war vor Kurzem auf Lesereise. Die Neigungsgruppe »Sex, Gewalt und gute Laune« riss die Zuschauer in drei bayrischen Kleinstädten von den Sesseln, heißt es. Ich denke, der Erfolg dieses trink- und drogenfesten Viererpakets liegt weniger an der Literatur, die vorgelesen wird, sondern ausschließlich am Boyband-mäßigen Eindruck, den die Herren hinterlassen. Fuchs, Zikmund und Pfister sehen ja wie aus dem Don-Gil-Katalog geschnitten aus, während der liebe Ostermayer was herrlich Charlie-Watts-Ähnliches hat und somit auch ältere Semester anspricht. Für jeden was dabei sozusagen. Die geilen arschgeweihten Hüfthosenbiester jubeln Zikmund, Fuchs und Pfister zu, und die Generation 55+ kriegt feuchte Augen vor Glück, wenn der Liberace aus dem Burgenland lesend die Sau rauslässt.

Man muss es neidlos anerkennen, die vier sind die schönsten Herren von FM4! Da kann der Stuckrad-Barre aber so was von einpacken, liebes Tagebuch. Einzig der selbstzerstörerische Hang der vier sollte zu denken geben. Dass parallel zu den Leseterminen auch immer gleich prophylaktisch vier Krankenhausbetten dazugebucht werden, spricht eine deutliche Sprache. Zikmund, Ostermayer und Pfister gluckern den Wodka ja wie Vöslauer runter. Dass sie trotzdem nicht ins Lallen verfallen, ist eher ein bedenkliches Zeichen, wenn du mich fragst, Tagebuch. Der smarte Herr Fuchs wiederum meidet Alkohol wie der Teufel das Weihwasser. Mit welchen Substanzen er sich bewegt, darf hier unmöglich niedergeschrieben werden, liebes Tagebuch. Dieses monströs düster-dandyhafte Lesequartett sollte man sich jedenfalls nicht entgehen lassen.

Nachdem FM4 ja überall dabei sein muss, haben Wortchef Pieper und der liebe Allzweckredakteur Zsutty zwei Zugtickets in der Holzklasse nach Frankfurt gelöst, um bei der berühmten Buchmesse dort das eine oder andere Wörtchen mitzureden.

Alles, was FM4-Mitarbeiter jemals zu Papier gebracht haben, wird dort zum Verkauf angeboten: Stermanns Kinderbuch, die Sumpfbücher von Ostermayer und Edlinger, die in den späten 90er Jahren von Herrn Pfister ins Plattdeutsche übersetzte Bibel, der lautpoetische Band »Bummtschak« des Autorenkollektivs »La Bumm«, der psychologische Ratgeber »Liebe deinen Hörer wie dich selbst« von Martin Maria Blumenau und Joe Ramicks Bestseller »Never change a losing team« – eine letztes Jahr erschienene Abrechnung mit der trostlosen FM4-Personalpolitik.

Auch weniger bekannte Frühwerke diverser FM4-Menschen sind auf der Frankfurter Buchmesse zu erstehen, liebes Tagebuch. Ein expressives Lyrikbändchen von Eva Umbauer mit dem schönen Titel »My heartbeat goes boom boom«, ein Manager-Handbuch von Monika Eigensperger »Auf meinem Schiff bin ich der Kapitän« (erschienen im Dummjahn-Verlag), ein Schelmenroman von Fred Schreiber »Buch ohne Namen und Text«, außerdem ein schonungsloser Bericht eines »Workstation«-Mitarbeiters »Im Kerker« und ein prächtiger Bildband, herausgegeben von Stuart Freeman und Duncan Larkin. Die beiden haben jahrelang das Frühstücksgeschirr fotografiert, das ihnen aus den gichtigen Händen glitt und in Scherben auf denn Studioboden landete. Der farbige Fotoband heißt konsequenterweise »Morning has broken«. Frankfurt, wir kommen!

Die Internet-Beauftragte Ute Hölzl, eine kluge und besonnene Frau, hat letztens zur Krisensitzung ihre atemberaubende Spinnensammlung mitgebracht. Die Spinnenphobiker Lang und Unger haben spitze Schreie ausgestoßen, als die Hölzl mit einem großen Terrarium, in dem sich an die 50 Spinnen tummeln, in die Redaktion kam. »Spinnen sind ja schon viel länger im Netz als Menschen«, dozierte Frau Hölzl und machte mit diesem Satz klar, woher ihre Begeisterung für Weberknechte rührte. Viele von uns haben interessanterweise eine gewisse Insekten-Obsession, wie sich herausstellte. Blumenau beispielsweise sammelt Zecken, die er sich nach ausgiebigen Waldläufen selbst aus dem geschundenen Körper ziehe, wie er meinte, und Andreas Gstettner wiederum rühre der Anblick von Silberfischchen so sehr, dass die Kleinen sogar bei ihm im Bett schlafen dürfen.

Julia Barnes outete sich beim morgendlichen FM4-Insektenstammtisch als bedingungslose Motten-Fetischistin. Sie stricke den kleinen Kleidermotten sogar dann und wann Rollkragenpullover. Im Nachsatz bat sie darum, nicht von uns ins Irrenhaus eingewiesen zu werden. Keine Angst, Julia, du bist beileibe nicht die Schlimmste. Rainer Springenschmid sollte schon viel eher therapeutischen Händen übergeben werden, gestand er uns doch, dass er seit nunmehr fünf Jahren versuche, Bettwanzen mit Heuschrecken zu kreuzen. Ob dann eine Bettschrecke oder eine Heuwanze rauskomme, sei ihm gänzlich egal, Hauptsache gesund, meinte Springenschmid mit einem seltsamen Leuchten in den Augen. Ich schlich mich angeekelt aus dem Sitzungszimmer und erschlug beim Hinausgehen mit der bloßen Hand eine Stubenfliege, die auf Grissemanns Stirn saß.

9.10.

Als ich kürzlich in der Intellektuellen-Talkshow »Bei Stöckl« neben der strengen Hotel-Sacher-Chefin Gürtler und gegenüber der sanften Barbara Stöckl sitzen durfte, da, liebes Tagebuch, war ich tatsächlich überfordert wie selten. Wusste ich doch nicht, wem ich zuerst unterm Tisch aufs Knie greifen sollte. Beide Ladies sind ja hoch attraktiv. Und wenn ich zuerst der Gürtlerin aufs spitze Knie greife, dann ist die liebe Stöckl vielleicht eifersüchtig. Ich entschied ganz diplomatisch, liebes Tagebuch, und griff sowohl der einen wie der anderen gleichzeitig mit beiden Pfoten auf die hübschen Knie. Musste mich dabei allerdings sehr Strecken, so dass meine Sitzhaltung grotesk anmutete. Mein Kinn lag direkt auf der Tischplatte, weil ich ja mit dem gesamten Oberkörper unterm Tisch war, um meine Liebesgriffe anzubringen. Na ja, der Diskussion konnte ich kaum folgen, aber meinem Image als ORF-Casanova bin ich voll gerecht geworden.

Grissemann lügt, dass sich die Balken biegen, Tagebuch. Ich habe eine versteckte Unterm-Tisch-Kamera im Stöckl-Studio installiert, weil ich um Grissemanns wandernde Hände wusste. Das Videomaterial zeigt eindeutig, dass Grissemanns linke Pfote am Knie seines Vaters zu liegen kam, während die rechte Hand zwischen den Beinen des ebenfalls anwesenden Literaturkritikers Karasek landete.

Karasek lächelte wohlig und schien nichts dagegen zu haben, während Grissemanns Vater – ganz Gentleman – so tat, als wäre nichts gewesen. Das ist die Wahrheit! Werde das geheime Video unter www.grissemanns-wandernde-hände-bei-stöckl.at ins Netz stellen, so dass sich jeder selbst davon überzeugen kann!

10.10.

Nahezu alle FM4-Damen sind Mütter, liebes Tagebuch. Hier wird geworfen, was das Zeug hält, ständig stolpert man über die schreienden Bälger, die aus der FM4-Redaktion längst eine Alternativkrabbelstube gemacht haben. Mir rutscht zwar dann und wann die Hand aus, aber grundsätzlich habe ich nichts gegen Kinder. Ich halte es schlicht und einfach nur für unverantwortlich, sie in die Welt zu setzen. Wer übernimmt denn später einmal die Aufgabe, diesen Kindern zu erklären, dass ihre Eltern FM4-Redakteure sind? Und wie werden sie das verarbeiten? Das unerträgliche Gehänsel am Schulhof? Diese Kinder werden von anderen Ö3- oder Radio-Arabella-Kindern aufs Übelste verspottet werden! Schon sehe ich geschmacklose Autoaufkleber aufgebrachter Radio-Energy-Eltern: »Ich bremse nicht für FM4-Kinder.« Ja, die lieben kleinen FM4-Lümmel werden es nicht leicht haben.

Ein Spezialistenteam aus Dortmund – Psychologen, Psychiater, Neurologen, aber auch Geistheiler und Schamanen – betreut die FM4-Kinder seit gestern und versucht, ihnen ihre Minderwertigkeitskomplexe auszutreiben. Sensibel wird neues Selbstbewusstsein aufgebaut. »Ja, meine Mutter ist FM4-Moderatorin, aber ich schäme mich nicht und liebe sie trotzdem. Sie kann halt nichts anderes.« Solche Sätze werden den Kleinen eingebläut. Über Ute Bock wird Geld gesammelt, das den Kindern zu Gute kommt. Wer Lust hat, kann ab dem 16. Lebensjahr eine neue Identität annehmen und ganz woanders ein

neues Leben beginnen. Der Staat Österreich unterstützt diese gebrandmark-
ten Kinder. Dafür sagen wir danke. Im Namen von FM4. Danke.

11.10.

Liebes Tagebuch, nahezu alles hat der befreundete Musiksender GOTV richtig gemacht. Kein dusseliges Moderatorengeschwätz, astreine Videoauswahl,
den FM4-Charts ist eine eigene Sendung gewidmet. Alles fein. GOTV-Chef
Madersbacher ist größter Respekt auszusprechen, und dass sich der kleine
Sender auch steigender Zuschauerzahlen erfreuen kann – Gratulation. Un-
aufdringliche Werbung, okaye Layout-Ästhetik und mit »Be part of it« auch
kein schlechter Sonderspruch! Nahezu alles, wie gesagt, hat das liebe GOTV
richtig gemacht. Aber wer, bitteschön, ist für diesen unfassbar enervieren-
den, unerträglichen Zwischenjingle verantwortlich, der so mit »The VJ!« anfängt? Das ist nicht auszuhalten, GOTV! Es gibt keinen größeren Umschal-
timpuls, GOTV! Welcher geisteskranke Irre gehört dafür bis ans Ende seines
Lebens geohrfeigt? Schmeiß den Jingle raus, oder go home GOTV!

Eine Unterschriftenliste gegen den entsetzlichen GOTV Zwischenjingle ist
in Vorbereitung. Natürlich könntest du, liebes Tagebuch, einwenden, es gebe
größere Probleme, Arbeitslosigkeit, Tierschutz, Terrorbekämpfung und so
weiter; ja ja, aber mindestens auf Platz vier der Entsetzlichkeiten dieser Welt
steht der GOTV Zwischenjingle, den Grissemann so gut nachmachen kann.
Wenn nötig, organisieren wir Montags- bis Sonntagsdemos gegen diese akustische Schweinerei. Hunderttausende werden auf die Straße gehen und dich
nach Strich und Faden fertigmachen, GOTV, wenn du nicht endlich diesen
Jingle rausschmeißt! Wir meinen es ernst, tu was, GOTV!

12.10.

Jetzt beginnt also die Viennale, liebes Tagebuch. Mir ist das ganz Recht, wenn
die ganzen Bobos mit ihren *Falter*-Rucksäcken den halben Tag im Kinodun-
kel sitzen; hab ich die Stadt wenigstens für mich allein. Mich wird man vergeblich im Lichtspieltheater suchen; alles viel zu eng, viel zu stressig und, ich
gebe zu, viel zu cineastisch. Mir gefallen Adriano-Celentano-Filme, und bevor ich mir einen taiwanesischen Politproblemstreifen ansehe, gehe ich lieber
ins vollklimatisierte Wettcafe, trink sieben, acht Weizenbier und lass mein

261

ganzes Geld beim Hunderennen liegen. Jeder dieser Köter ist mir näher als Lauren Bacall. Nein, nein, die Viennale wird, wie in den Jahrzehnten zuvor, mal wieder ohne den ignoranten Grissemann auskommen müssen.

Anders als Grissemann genieße ich das Gesichtsbad während des Eröffnungsfilms der Viennale. Für mich schöne alte Tradition. Shakehands mit dem baumlangen Kulturstadtrat, im Foyer ein Gläschen Prosecco mit Christiane Hörbiger und Adriana Zartl, und – ha! – steht da nicht der Thomas Trenkler vom Standard? Servus, servus.

Dann gibt's noch schnell drei Autogramme auf die Handrücken zweier übergewichtiger Publizistikstudentinnen, und dann ab in den Kinosaal. Herrlich! Zwei Stunden allergrößtes Kinovergnügen! Ich versteh den Grissemann-Proll überhaupt nicht, dieses kulturlose Arschloch soll mit seiner Stänkerei nachhause gehen.

13.10.

Du glaubst es nicht, Tagebuch, wie unsportlich die Kollegenschaft hier ist! Die Redaktionskörper gehen langsam, aber sicher komplett aus dem Leim. Der liebe Zsutty beispielsweise hat gar keine richtigen Konturen mehr im teigigen Gesicht. Kann man auch Gesichtsfett absaugen? Ich selbst nehme mich gar nicht aus, Tagebuch! Ich bin nackt weißgott kein schöner Anblick, aber im Gegensatz zum spitzbäuchigen Magister Edlinger, den zudem ein Hexenschuss plagt, immer noch ein Sexsymbol. Durch den Hexenschuss bewegt sich Edlinger mit rausgestrecktem Hinterteil und vorgebeugtem Oberkörper wie ein alter, kranker Narr durch die Redaktion. Freche Workstation-Mitarbeiter haben dem Edlinger, ohne dass er's gemerkt hat, ein Tablett auf den Hintern gestellt, mit Schnäpschen drauf.

Wir trinken und lachen viel zurzeit.

Edlingers Hexenschuss ist bei weitem nicht das einzige Redaktionsgebrechen zurzeit. Wortchef Piepers Lippenherpes breitet sich seit September besorgniserregend übers ganze Gesicht und auch die Brille aus, Fred Schreiber fällt beim Reden immer die Zunge aus dem Mund. Sieht sehr unschön aus. Und Clemens Haipl wurde bei einer geplanten Lebertransplantation versehentlich eine Niere eingepflanzt. Jetzt hat er drei Nieren, aber keine Leber. Mal sehen, wie der Körper darauf reagiert. Ich persönlich könnte auch ein wenig Sport vertragen, liebes Tagebuch. Meine Hand ist mittlerweile zu dick, um ins Postfach reinzugreifen. Und mein Tripelkinn hängt bis zum Boden runter. Es wird nicht leichter, Tagebuch.

14.10.

Es muss mal gesagt werden, liebes Tagebuch: Ich rieche sehr, sehr gut. Was ja auch kein Wunder ist, bin ich doch der einzige FM4-Herr, der für Kosmetikprodukte mehr als 1800 Euro im Monat in der Drogerie seines Vertrauens lässt. Die Gesichtslotion von Joop! verleiht meinem Teint etwas Strahlendes, und von meinem berückenden Jil-Sander-Duft schwärmen sämtliche Puppen hier bei FM4. Nicht zu vergessen das Pfirsich-Haarshampoo von l'Oreal, das meinem stolzen Haupt einen Hauch von frischem Obstgarten verleiht. Die anderen, zutiefst verstunkenen FM4-Mitarbeiter umweht bestenfalls ein primitives Davidoff-Aftershave und der verschmockte Geruch billiger Oma-Kernseife. Tja, that's me. Christoph Maria Grissemann – Ehrenkunde der Parfumerie Douglas – come in and find out. Kommen Sie rein und finden Sie wieder raus!

Grissemann riecht, als hätte er 40 Jahre im Body Shop neben Esoterik-Duftkerzen gelegen. Grauenhaft, Tagebuch. Und auch ein bisschen, ja, sehr schwul. Sein aknezerfressenes Gesicht passt auch gar nicht zu diesen eleganten Hochpreis-Düften. Ich meine, wo er recht hat, hat er Recht: dieser herkömmliche FM4-Männergeruch aus Schnaps, Schweiß und Haschisch ist auf Dauer kaum zu ertragen, aber muss man im Gegenzug dann so riechen wie Rudolph Moshammer? Mir wär das viel zu affig. Ich muss mich jeden Morgen mit Knoblauchpaste einschmieren, um meine Krätze in Schach zu halten, sagt der Hautarzt, und trotzdem hat sich noch keine Frau beschwert. Ich rieche, wie ein Mann riechen muss. Schluss mit der lächerlichen Parfumdebatte!

15.10.

Liebes Tagebuch, die Feiern zu »80 Jahre Radio« sind in vollem Gang, und es wundert mich, dass etliche Kollegen unseres vermeintlichen »Jugendsenders« in diese Feiern involviert sind. Stermann und ich haben mit den fast

200jährigen Kollegen vom »Guglhupf« diskutiert, Hermes hat moderiert, Fips Ostermayr hat mit seinem Gehstock auf den Boden geklopft, wenn ihm ein Witz von Lore Krainer oder Werner Sobotka gefallen hat, Kollege Schöllerbacher saß neben Ilse Buck und Stuart Freeman mit den anderen ORF-Pensionisten am Ehemaligen-Stammtisch. Hat das noch etwas mit einem Jugendsender zu tun? Ist es normal, wenn die dienstältesten Sendungen des ORF allesamt auf FM4 laufen? Wenn der Altersschnitt bei Ö1 und Radio Stephansdom weit unter unserem liegt? Sind wir nicht inzwischen die, die die Großeltern unserer Hörer bereits gewarnt haben, abends nicht zu viel zu trinken? FM-Geriatrie. Alt wie nie.

Liebes Tagebuch, immer wenn ein Kollege Geburtstag hat, kommt der Bürgermeister mit einem Fotografen. Von den zehn ältesten Menschen Österreichs arbeiten vier bei FM4. Und wer von uns biologisch jünger ist, ist dafür geistig vergreist. Siehe Martin Blumenau, der knapp unter 70, aber von Altersbosheit zerfressen ist. Das ist wahrscheinlich auch der Grund, warum so viele hier immer schwarz gekleidet sind. Es lohnt sich einfach nicht, sich für die zu erwartenden Beerdigungen ständig umzuziehen. Unsere skurrile Alters-WG hier hat mit dem Alltag unserer Hörer nichts zu tun; die Tabletten, die wir hier einwerfen, sollen uns nicht aufputschen, sondern haben ausschließlich lebenserhaltende Funktion. Musikchef Makossa sieht inzwischen aus wie der Vater von Franz Liszt, Gerald Votava wie der Opa der Waltons und Christian Fuchs wie der Großvater von Ozzy Osbourne. Irgendwann wird das alles auffliegen, und die Hörer werden sich beschämt von uns abwenden, wenn sie mitbekommen, wie hier altersschwach auf Mikrofone gesabbert wird und Windeln vollgeschissen werden und Gehhilfen über den Teppich schleifen.

16.10.

Liebes Tagebuch, ich habe erst jetzt erfahren, dass Senderchefin Monika Eigensperger maßgeblich daran beteiligt war, dass Kaiser Karl selig gesprochen worden ist. Deshalb also ihre vielen Reisen nach Rom! Wir dachten, sie besuchte dort coole Clubs, in Wahrheit war sie mit Kardinal Ratzinger und der Frau vom Papst shoppen und lecker essen, um sie sanft zu bearbeiten, den alten Habsburger doch mal ein bisschen selig zu sprechen. Aber warum?

Wahrscheinlich, weil sie sich dem Schicksal des letzten österreichischen Kaisers verbunden fühlt. Er musste aus Österreich raus und auf Madeira ins Exil, sie musste ihren Topjob beim »Treffpunkt Ö3« aufgeben, um ins FM4-Exil zu gehen. Karl lebte auf Madeira in vergleichsweiser Armut, das ist bei FM4 genauso; weil's in seinem Exilschloss kalt und feucht war, bekam er Husten – sie hat auch Husten, weil sie kalte, feuchte Mentholzigaretten raucht. Der arme Karl hat auf Madeira kein Wort verstanden, sie versteht bei den vielen Engländern, Amerikanern und Franzosen bei FM4 auch kein Wort. Ja, unsere Chefin hat vieles gemeinsam mit dem alten Weltkriegskaiser, nicht nur, weil sie ein Penthouse im Schloss Schönbrunn bewohnt.

Liebes Tagebuch, unsere Chefin ist auf dem Foto zu sehen, das bei der Audienz der österreichischen Karl-Delegation beim Papst entstand. Ihr zotteliges Haar hängt dem armen Papst vor dem Gesicht, als hätte der es nicht ohnehin schon schwer genug. Der österreichische Nationalratspräsident Khol lächelt verkrampft, wahrscheinlich weil es ihm peinlich ist, dass Eigensperger dem Papst eine FM4-Zahnbürste und eine FM4-Schirmkappe als Dankeschön für die Seligsprechung überreicht. Das Foto hängt jetzt trotzdem in Plakatgröße in ihrem Büro, gleich neben einem Riesenposter, auf dem Kaiser Karl und Kaiserin Zita zu sehen sind.

Na ja, wenn es sie selig macht.

Auch für monarchistische Fundamentalkatholiken muss Platz sein, vielleicht kann sie ja später im Himmel für uns FM4-Mitarbeiter ein gutes Wort einlegen, die wir mehrheitlich sogar aus der atheistischen Bewegung ausgetreten sind.

17.10.

Liebes Tagebuch, ich habe einen herzzerreißenden Brief gelesen von einem Geldeintreiber der ukrainischen Mafia an Senderchefin Eigensperger. Dimitri ist einer der härtesten Jungs Wiens, er arbeitet für die Unterwelt und hat unorthodoxe Methoden entwickelt, wie er Leute, die anderen Leuten Geld schulden, dazu überredet, ihm dieses Geld zu geben, und zwar auf der Stelle. Seine Argumente kann man laden und abfeuern. Nun, liebes Tagebuch, für Dimitri lief alles gut, bis er selbst sich Geld ausgeborgt hat von Chefcontroller Blumenau. 50 Cent für einen U-Bahn-Fahrschein. Dimitri wusste nicht, von wem er sich da Geld ausgeborgt hatte, und Blumenaus Spruch von wegen »auf den 50 Cent steht »Wiedersehen« drauf« nahm Dimitri nicht besonders ernst. Ein Riesenfehler. Nach nicht einmal 24 Stunden stand Blumenau vor Dimitris Tür und holte sich auf unorthodoxe Weise seine Münze zurück. Ich weiß nicht, was passiert ist, aber in dem Brief an unsere Chefin hat Dimitri gejammert, dass eine solche Brutalität selbst in der ukrainischen Mafia unbekannt sei. Seit ich den Brief gelesen habe, fürchte ich um Stermanns Gesundheit. Immerhin hat er sich vor zwei Stunden für den Kaffeeautomaten 10 Cent von Blumenau ausgeliehen und immer noch nicht zurückgegeben.

Liebes Tagebuch, ich will meine Schulden ja zurückzahlen, ich hab in der ganzen Redaktion herumgefragt, ob mir irgendjemand 10 Cent borgen kann, damit ich Blumenau auszahlen kann. Aber niemand hat so viel Bargeld dabei. David Pfister hat mir 2 Cent angeboten, aber auf Ratenzahlung wird Blumenau niemals eingehen. Er hat mir schon 5 Minuten, nachdem ich mir das Geld ausgeborgt hatte, ein Stück meines rechten Ohrs abgebissen und die Hälfte meines linken Nasenflügels. Sowie Ober- und Unterlippe. So ein Mist. Den Kaffee, den ich mir mit seinem Geld gezogen habe, kann ich ohne Lippen nicht mehr trinken, er rinnt mir einfach aus dein Mund wieder raus, weil ich ihn nicht mehr schließen kann. Grissemann könnte mir helfen. Immerhin hat er fast 5000 Euro in den Gürtel eingenäht. Aber er sagt, er braucht das Geld für Notfälle. Dass ich vielleicht bald vollkommen weggebissen sein werde, ist offenbar kein Notfall. Ja ja, in der Not lernst du Freunde von Feinden zu unterscheiden.

18.10.

Liebes Tagebuch, Stermann hat sich ein HSV-Trikot angezogen, das nennt man wohl Galgenhumor. Eigentlich sollten wir uns alle so ein Trikot anziehen, denn der HSV bestimmt zurzeit unser Redaktionsleben, der Herpes-Simplex-Virus oder, um es unfeiner zu sagen: Mundfäule. Wie gut, dass es noch kein Geruchsradio gibt, liebes Tagebuch. Der Radiodoktor hat FM4 unter Quarantäne gestellt und behandelt uns nur telefonisch, aus Angst vor Ansteckung. Mundfäule ist bei Erwachsenen eher selten, eigentlich trifft es Kleinkinder unter drei und überträgt sich beim Schmusen oder gemeinsamen Benützen von Besteck, Geschirr oder Spielzeug. Ich vermute also, dass die Infantilität einiger Kollegen schuld ist an unserer Epidemie. Clemens Haipls Beißringe hab ich immer schon mit Argusaugen angeschaut, Martin Piepers Plastikknochen und Rudi Ortners Stofftiere, Burstups Holzeisenbahn und Gerlinde Langs Drahtpuppe, das war mir alles immer schon suspekt. Dazu die aufblasbaren Latexpuppen von Magister Edlinger und Stuart Freeman. Und es scheint sich zu rächen, dass die lieben Kolleginnen und Kollegen zusammen gespielt und Spielzeug miteinander getauscht haben – da lachten die Herpes-Simplex-Viren und vermehrten sich wie Maria Theresia und die Karnickel. Dass deren Schmusen mit fremdem Spielzeug bei mir zu hohem Fieber und der Verweigerung von Nahrungsaufnahme führt, werde ich meinen Kollegen niemals verzeihen.

Liebes Tagebuch, ich habe auf der Mundschleimhaut, dem Zahnfleisch, dem Gaumen, den Lippen und rund um den Mund unzählige Bläschen und Aphten, mein Zahnfleisch ist geschwollen und die betroffenen Stellen tun höllisch weh. Ich Trottel hätte nie in Haipls Beißring beißen dürfen und nie mit Gerlinde Langs Drahtpuppe schmusen dürfen. Alle jammern still vor sich hin, die ärmsten Schweine sind die, die moderieren müssen, unter Schmerzen und mit blutendem Mund. Ob die Hörer das eigentlich merken? Und kann sich Mundfäule nicht vielleicht auch über Schallwellen übertragen? Was für eine Vorstellung, wenn man FM4-Hörer in der U-Bahn an blutenden Mündern erkennen könnte. Na ja, liebes Tagebuch, laut dem Radiodoktor gibt es immerhin eine gute Nachricht. Hat man die Mundfäule überstanden, ist man für den Rest seines Lebens immun. So lange müssen wir halt kalten Topfen essen, um die Schleimhäute zu kühlen und ein bisschen was in den Magen zu bekommen. Be afraid, honey. It's FM4.

19.10.

Liebes Tagebuch, Nachrichten aus der grünen Hölle. Thymian-Terror versus Holunderhype. Seit Chefin Eigensperger ein Buch über die Heilkraft von Gewürzen und Kräutern gelesen hat, gleicht die Redaktion einem Urwald. Überall wuchert grüner Irrsinn, man stolpert über Basilikum und Rosmarin, verfängt sich in Zitronengras und Minze. Ich stinke wie ein gepanschtes Ökoparfum, überall krabbeln Käfer herum – was ist nur aus unserem hippen urbanen Jugendsender geworden? Ein Disneyland für Pflanzenfreunde. Erlaube mir, liebes Tagebuch, den abgeschmackten Wortspielkalauer: Ich selber fühle mich gepflanzt. Mein Schreibtisch ist übersät mit stinkenden Blüten, es riecht nach Humus und feuchter Erde. Wenn ich solche Dinge riechen will, lege ich meinen Kopf unter Stermanns Achsel, dafür brauch ich nicht Eigenspergers Indoor-Hexenkräutergarten.

Liebes Tagebuch, Grissemann ist sauer, weil er sich um das langweilige Bohnenkraut kümmern muss. Die Chefin hat jedem Mitarbeiter Kräuter zugewiesen, die man hegen und pflegen muss. Mit einem kecken Sonnenhut aus Stroh darf ich mich jetzt um das dekorative Heilkraut Mädesüß sorgen. Mädesüß, wie das schon klingt. Ich bin sehr stolz, als FM4-Frauenschwarm das Mädesüß zugewiesen bekommen zu haben. Ich war dabei, als das dämliche, unsensible Bohnenkraut an Grissemann vergeben wurde. Ein Schlag ins Gesicht. Wenn schon Würzkräuter, dann vielleicht ein so lyrisch klingendes wie Liebstöckl, das hätte auch gepasst, weil er doch neulich so lieb zu Barbara Stöckl war – Liebstöckl. Na ja, Grissemann hätte ja auch Königskerze erwischen können, was im Hinblick auf seine Erektionsschwierigkeiten auch unangemessen gewesen wäre. Ich gieß jetzt mal das Mädesüß und schau auch noch nach Edlingers Frauenmantel. Herrlich, ich liebe diese geilen Kräuter. Schade, dass die grünen Dinger meine Anmachversuche nicht erwidern.

22.10.

Liebes Tagebuch, bin ich ein hilfsbereiter Mensch? Ja, ich bin ein hilfsbereiter Mensch, aber auch meine Gutmütigkeit kennt Grenzen. Diese Grenzen sind sehr weit gesteckt, aber es gibt sie. Ich habe nichts gesagt, als ich jahrelang gratis für FM4 das »Morgengrauen« moderiert habe. Ich habe nichts gesagt, als ich gratis für Sendungen von Kollegen meine Stimme verliehen habe; ich habe nichts gesagt, als ich bei unzähligen FM4-Festen gratis aufgetreten bin; ich habe nichts gesagt, als ich bei Messen unentgeltlich wochenlang an FM4-Ständen stand; ich habe nichts gesagt, als ich für Jungfilmer gratis synchronisiert habe; für den »Sumpf« – hab ich mir mal ausgerechnet – hab ich in den letzten Jahren fast 120 000 Seiten aus Büchern vorgelesen, natürlich ohne je auch nur einen Cent Honorar bekommen zu haben.

Hab ich irgendwas gesagt? Ich habe nichts gesagt. Aber jetzt reicht's. Ich soll wie die FM4-Freundin, diese Pappfigur, wochenweise an Hörer vermietet werden. Wieder ohne Bezahlung. Nein. Irgendwann muss auch ich Grenzen setzen. Alles lass ich nicht mir machen, meine momentane Wut auf FM4 ist nicht von Pappe.

Liebes Tagebuch, ich mag meinen Beruf nicht mehr. Ich finde den Umgang mit mir zynisch und menschenverachtend.

Seit zwei Tagen steh ich jetzt schon im Jugendzimmer des 14jährigen Manuels, neben dem Schreibtisch unter dem »Maroon 5«-Poster. Noch fünf Tage, wie soll ich das bloß aushalten? FM4-Freund-Sein ist ein Scheißjob. Manuel benutzt mich als Kleiderständer, er wirft seine Jacke und seine Schultasche über mich, wenn er nachhause kommt, und nasse Handtücher, wenn er aus der Dusche kommt. Von den stinkenden Socken will ich gar nicht reden und dem Waschlappen, den er nachts unter der Decke braucht. Ich fühle mich gedemütigt und hege einen gewissen Groll gegen die Marketingabteilung, die für diese hirnrissige Aktion verantwortlich ist. Der FM4-Freund ist ein FM4-Feind und heißt Dirk Stermann.

25.10.

Liebes Tagebuch, ich war mit Stermann in »Supersize me« und hab während des Films unglaubliche Lust auf einen Hamburger bekommen. Gott sei Dank hatte mein Kollege aus dem deutschen Kohlenrevier eine Riesentüte mit zwölf Big-Mäc-Menüs dabei. Hm, lecker. Schmeckt super zu der Riesentrommel Popcorn. Und während wir laut kauten und uns die Ketchup-Mayonnaise-Sauce aus dem Mund in den Bart tropfte, saß neben uns irgend so eine typische FM4-Hörerin mit Müslibröseln im Mundwinkel und meckerte herum, weil ihr ein Stück Zwiebel aus meinem Mund aufs coole »Franz Ferdinand«-T-Shirt gefallen ist. Ein Benehmen. Tja, man kann sich seine Hörer eben nicht aussuchen. Stermann hat ihr aufs Nasenflügelpiercing gerülpst und die Sache hatte sich!

Liebes Tagebuch, bewahre mich vor fundamentalistischen FM4-Hörern. Ich hab mir bei Cosmos die neue James Last-CD gekauft, als mich so ein 15jähriger mit einem *Spex* in der Hand vor der Kasse zur Rede stellte. Was ich mir da für einen Scheiß kaufe und so. Hab ich ihm eins links und rechts mit meiner zusammengerollten *Bravo* gegeben. Ich lass mir doch nicht vorschreiben, welche Musik ich höre! Und ich lass mir auch nicht vorschreiben, welche Bücher ich lese, von keinem Radiosender und keinem Radiohörer. Ich lese nun mal gern die Pilcher, und nur weil diese verkopften FM4-Hörer kein Herz haben, verzichte ich sicher nicht auf diese romantische Literatur, da können sie mir noch so oft mit ihrem Schundvorwurf kommen! Langsam krieg ich richtig Angst vor unseren ambitionierten Hörern. Hoffentlich sieht uns keiner beim FM4-Ausflug zu »Barbarella«. Wir freuen uns bei FM4 schon wie die Schneekönige darauf.

26.10.

Heute ist Nationalfeiertag und da tanze ich so gerne, Tagebuch. Man muss kein scharfer Beobachter sein, um zu erkennen, dass Männer viel leidenschaftsloser tanzen als Frauen. Es sei denn, sie sind Ismael Ivo. Männer tanzen grundsätzlich kaum, es sei denn, sie sind bis oben hin voll mit Speed und Wodka. Männer lehnen lieber schief an der Bar und schauen den tanzenden Beinen der Girls nach. So ist das grundsätzlich, Tagebuch, aber bei FM4 ist das ganz anders. Alle Männer der Redaktion sind begeisterte Diskothekentänzer. Wenn im »Flex« um fünf Uhr früh die Lichter angehen, sind meist nur noch männliche FM4-Kollegen am Dancefloor und können die zuckenden Bewegungen nicht lassen. Zsutty, Reich, Schindler, Gstettner, Schreiber, Schöllerbacher, Duscher, Pfister usw. – alles schöne Discokonsule und geile Tanzmäuse obendrein. Die FM4-Ladys übrigens tanzen alle nicht, sondern lehnen an der Bar und trinken nur.

Ich selbst, liebes Tagebuch, habe schon den Neun-Live-Tanzmarathon mitgemacht, bin Salsa-Doppelstaatsmeister und wurde Vierter im Hip-Hop-Tanzwettbewerb für über Fünfzigjährige. Außerdem war ich Ende der 70er Jahre kurz als Travolta-Tanzdouble im Gespräch. Ich tanze, um meine Sorgen zu vergessen, liebes Tagebuch. Ich tanze überall. Nicht nur in Diskotheken, auch in Weinstuben, Bahnhofshallen, Herrenboutiquen, Polizeiwachstuben, auf Straßenkreuzungen und im Käfig meiner Papageien – einfach überall. Beim Tanzen kann ich loslassen, ganz ich selbst sein. Und in meiner Männertanzgruppe FM4 fühle ich mich pudelwohl!

Ja, ich gebe zu, Tagebuch, ich bin eine Stimmhure. Mein glockenhelles Timbre setze ich für Bodenreiniger-Werbespots ein und für Afghanistan-Betroffenheitsdokus, für Kaugummi-Messefilme und für Ute Bock. Eine Sprechernutte allerersten Ranges. Ich mache fast alles. Synchronisationen für Kindertrickfilme und Overvoice für Osama bin Laden. Von schmierigen Werbefuzzis werde ich im dunklen Hinterzimmer schwarz bezahlt. Mantelkragen hoch und ab nachhause. Zuhause stelle ich mich dann unter die Dusche und wasche mir den ganzen Sprecherdreck vom Körper. Irgendwann höre ich auf damit, ich verspreche es dir, Tagebuch.

In meinen schlimmsten Zeiten musste ich sogar für Panzerfahrzeuge werben. Das ist Gott sei Dank vorbei. Ich hab das Ärgste hinter mir. Heute leihe ich meine Stimme nur noch Versicherungen, Klopapier und Kinderschokolade. Ich will raus aus der Sprecherprostitution, liebes Tagebuch. Es ist eine sowohl physische – Stimmbänderbelastung – wie auch psychische Qual. Was glaubst du, Tagebuch, wie sehr die Edelhure Grissemann darunter leidet, für den Unterhaltungsrohrkrepierer »Wahre Freunde« die Offstimme zu sein. Nein, Grissemann und ich waren lange genug im Milieu, wir fangen jetzt bald ein neues Leben an. Versprochen, Tagebuch!

Jetzt hat doch glatt wieder die Skiweltcupsaison begonnen, liebes Tagebuch. Für das »Übern-Schnee-fahren-mit-Stöcken« interessiert sich doch kein Mensch mehr, dachte ich, bis mich Senderchefin-Stellvertreterin Claudia Czesch einmal zufällig in ein Gespräch über den fast einbeinigen Hermann Maier verwickelte. Claudia Czesch weiß alles über den Skiweltcup. Sie kann sämtliche Medaillenspiegel runterrattern, weiß, mit welchem Rückstand ein Herr Palander 1997 in Wengen nur Neunter wurde und warum die Meissnitzer leichte Rückenschmerzen hat. Frau Czesch kennt die Blutdruckwerte von Lasse Kjus genauso wie den Zuckerspiegel von Sonja Nef. Ein echter Hardcore-Skisportfan, das Fräulein Czesch. Da war ich echt überrascht, und mir fiel wieder ein, dass dieser kernige »Millionenshow«-Moderatorenkasper früher auch Skirennfahrer war und er mir damals überhaupt nicht auf die Nerven ging.

Dass Grissemann mit Skirennsport nichts am Hut hat, liegt zuallererst an seiner kolossalen Unbegabung, was den weißen Sport betrifft. Die Schulskikurse absolvierte Grissemann ausnahmslos in der allerletzten Gruppe – bei den Dummen und Dicken –, während die Frau Czech ausgezeichnet Ski fahren kann. Ja, fast wäre sie sogar Profi geworden. Mit der legendären Wachter Anita duellierte sie sich in Jugendmeisterschaften, nur ein paar Sekunden trennen unsere Claudia Czesch von der absoluten Weltklasse, Tagebuch, kein Witz! Liebe Claudia, liebe Senderchefin-Stellvertreterin, gut, dass du bei FM4 die Vizechefin machst und nicht, ähm, sagen wir mal, Renate Götschl, der würden wir das irgendwie nicht zutrauen. Na ja, nichts für ungut und sowieso Ski Heil.

30.10.

Feiner Bursche, der Austen Louie, liebes Tagebuch. Habe das komplette »Doppelzimmer«-Spezial letzten Dienstag gehört, mit ihm und der Frau Scharang, die ja auch ein feiner Bursche ist! Bescheiden meinte Österreichs bester Barsänger, dass er die Frauen ausschließlich mit seiner Stimme von der Bar ins Bett lockte. Am Aussehen könne es nicht gelegen haben, so Austen. Dabei ist der Louie Austen auch ein fescher Bursche. Nicht nur ein feiner. Kurz vor der Aufnahme habe ich ihn vorm Studio getroffen. Elegant gekleidet, verschmitzt lächelnd. Ein singender Sir, der Brother Louie. Kann man nichts sagen. Und nachdem ich offensichtlich heute auch nichts wirklich Wichtiges sagen kann, Tagebuch, bin ich schon weg.

Der schlaue Musikproduzent Mario Neugebauer hat den Herrn Austen ja in einem Wiener Boxclub kennen gelernt. Das finde ich interessant, liebes Tagebuch, denn ich boxe ja selbst seit meinem sechsten Lebensjahr in der Boxunion Favoriten. Fünfmal die Woche bestreite ich dort drei zweistündige Trainingseinheiten pro Tag. Meine Gewichtsklasse ist Extremschwergewicht bis 225 Kilogramm. Ein leichter Schlag von mir kann einen untrainierten ausgewachsenen Mann töten. Ich bin eine Killermaschine, will dir aber keine Angst machen, Tagebuch. Am 3. 12. um 16 Uhr kämpfe ich übrigens in der Kurhalle Oberlaa gegen Louie Austen um den vakanten österreichischen Schwergewichts-Seniorentitel. Herr Austen kann schon mal anfangen, sein letztes Lied zu singen.

Ab Freitag, den 12. 11. steht im Rabenhof-Theater wieder der Werner-Schwab-Erinnerungs- und -Vergnügungsabend auf dem Programm, liebes Tagebuch! Das Ensemble besteht zu drei Vierteln aus FM4-Herren. Kapellmeister Fritz Ostermayer, mein Sendungssidekick Stermann und ich selbst. Veredelt wird der ganze Theaterabend durch die Volksschauspielgöttin Hilde Sochor. Wir Männer haben uns selbstverständlich alle vom ersten Moment an in die Sochor verliebt. Ich habe mich allerdings wieder entliebt, weil sie für mich doch ein wenig zu alt ist. Jetzt prügeln sich der olle Stermann und der graue Star Ostermayer um die tolle, aber angejahrte Hilde. Ostermayer beginnt in der Garderobe mit einem peinlichen ostangolischen Liebestanz, um dann mit einer umgeschnallten Sektflasche eine Erektion anzudeuten. Stermann, Kavalier der alten Schule, küsst dann der lieben Hilde beide Hände und Oberarme und überreicht kniend regelmäßig bis zu 500 Rosen. Die souveräne Sochor kostet das alles nur ein Lächeln, zwei Ohrfeigen für Ostermayer und drei für Stermann, und schon ist wieder Sittsamkeit in der Theatro-Garderobe hergestellt …

Es stimmt schon, liebes Tagebuch, Grissemann ist bei dem geriatrischen Theatererlebnis »Seele brennt« der Jüngste und er kann als Einziger auch seinen Text auswendig, aber trotzdem soll er sich seine abfälligen Bemerkungen sparen. Es ist doch nur ein harmloses Geflirte zwischen Ostermayer, Sochor und mir im Gange. Wir haben es halt lustig in der Künstlergarderobe. Während der verbissene Grissemann still im Dunkeln an seiner Interpretation feilt, machen wir der großartigen Sochor Komplimente im Minutentakt, na und? Das hebt die Stimmung. Wirklich letztklassig war Grissemanns Witz letztens bei der Probe. Er fragte in Sochors Anwesenheit: »Was ist der Unterschied zwischen Casanova und Jesus?« Antwort: »Der Gesichtsausdruck beim Nageln!«
Sehr komisch, die Stimmung jedenfalls ist sehr angespannt. Hoffentlich kriegen wir die acht Termine ab 12. November halbwegs über die Bühne.

Wir sind immer noch voll am Proben für die Wiederaufnahme von »Seele brennt« im Wiener Rabenhof-Theater und kommen kaum dazu, uns FM4 zu widmen. Aber ich muss schon sagen, ich bin ein verdammt guter Schauspieler, Tagebuch. Wie ein genialischer Derwisch wirble ich leichtfüßig durch die schweren Schwab-Texte, äußerlich eine Mischung aus Klaus Kinski und Brad Pitt, jede Mimik preiswürdig und die Stimme sowieso mindestens von Gott. Mein Gott, ich hätte mit 18 Schauspieler werden sollen! So hab ich meine besten Jahre im Kellerradio vergeudet. Aber was soll's? Bis Mitte Dezember zeige ich im Rabenhof, dass der Ifflandring schleunigst einen neuen Finger braucht, meinen nämlich. Spüü, Grissemann, spüü! Theater, jaaa.

Grissemann hat sich einen neun Meter langen schneeweißen Maximilian-Schell-Schal um den Hals gewickelt und behauptet auf Puls TV dass wir, Sochor und ich, im Vergleich zu ihm so talentiert seien wie McDonald's-Pappfiguren. Er knallt endgültig durch und trinkt nur mehr den Schnaps, der schon Oskar Werner ins Grab brachte. Bis zur Premiere im Rabenhof-Theater müssen wir ihn wieder hinkriegen. Der Rabenhof-Direktor Gratzer hat aus eigener Tasche einen psychiatrischen Crashkurs für Grissemann berappt. Der hat aber bei Helmut Berger schon nicht funktioniert. Das kann ja was werden.

10.11.

Wir alle hier bei FM4 haben die – by the way – hervorragende ORF-Berichterstattung um die US-Präsidentschaftswahlen mitverfolgt. Im Schneidersitz saßen wir um den winzigen Fernseher herum, reichten uns gegenseitig Chips und Jägermeisterfläschchen. Es war schön. Bis auf den durchgedrehten Komiker Clemens Haipl, der behauptete, dass es »der Clinton schon schaffen werde«, waren wir uns alle sicher, dass das Affengesicht erneut das Rennen macht. Wir sollten Recht behalten. Als der Menschenaffe dann zum Volke sprach, fielen Chefcontroller Blumenau und mir die rattenscharfen Bush-Töchter auf, die sich im Hintergrund debil grinsend aufs Podium stellten. Meine Güte, was sind das für geile, kreuzkonservative Sexgeräte. Blumenaus und meine sexuellen Demütigungsfantasien gingen augenblicklich mit uns durch. Was für eine Nacht, Tagebuch.

Mir persönlich, da ich doch schon gesetzteren Alters bin, gefiel ja eher die Frau vom Affenmenschen, die einen Schritt vor ihren dumm-gelockten Töchtern stand, aber immer brav einen Meter hinter Mr. Monkey-President. Und als Haipl – knallbesoffen vom Jägermeister – irgendwas von »der Reagan wird's schon machen« brabbelte, überlegte ich klammheimlich, ob es möglich wäre, dem amerikanischen Präsidenten seine liebe Frau auszuspannen. Schließlich sehe ich zehn Klassen besser aus als er und bin auch ein wenig intelligenter. Das wäre eine Schlagzeile: »ORF-Komiker verbrachte Liebesnacht mit Präsidentengattin!« Könnte meiner etwas ins Stocken geratenen Karriere neuen Aufschwung geben. Ich fliege mal nach Washington und versuche sie anzubraten. Da geht sicher einiges.

14.11.

Wen sehe ich gestern, liebes Tagebuch, klammheimlich aus einem Hörgerätezubehör-Geschäft kommen mit hochgezogenem Mantelkragen? Den Horwath Florian, vulgo DJ Tschamba Fii. Peinlich war's ihm, als hätte er gerade im Bordell eine haltlose Liebesnacht verbracht. Ja ja, die DJs und ihr Tinnitus. Berufskrankheit Hörschaden. Das komplette FM4-DJ-Team ist annähernd so taub wie eine Gruppe 95jähriger Altersheimopis. Jeder von denen hat so ein kleines diskretes, fleischfarbenes, batteriebetriebenes Hörgerät am Ohr stecken. Das ist zwar reichlich unsexy, aber notwendig, um den Alltag zu meistern. Ich selbst höre ja wie ein Luchs und spiele diese Überlegenheit gerne aus. So spreche ich betont leise mit DJs, sodass diese sich ständig ans Ohr greifen und lauter drehen oder »Hä?« und »Was?« brüllen. Kleiner gemeiner Spaß im todlangweiligen Tagesgeschäft.

Seit ein paar Tagen bietet Grissemann für hörschwache FM4-Mitarbeiter einen Kurs an, in dem man Lippenlesen lernen kann. Für unverschämte 260 Euro die Stunde lernen die armen tauben FM4-DJs nun von Grissemann, von den Lippen abzulesen. DJ Fleance musste in eine kleinere Wohnung ziehen, um sich den Kurs leisten zu können, der Herr Pulsinger hat seine ganze Plattensammlung verkauft, und Makossa, der am längsten im DJ-Geschäft ist, und somit der Taubste von allen, hat tatsächlich Auto, Rolex-Uhr, Ferienhäuschen in der Schweiz und seinen Ehering versetzt, um sich Grissemanns verbrecherischen Lippenlesekurs leisten zu können. Das geht zu weit, vor allem deshalb, weil ich herausgefunden habe, dass Grissemann als Lehrer ausschließlich irgendwelche nicht existierenden Fantasiewörter mit seinem Mund formt und die armen DJs so in den Wahnsinn treibt.

In der letzten »Treffpunkt Kultur«-Ausgabe kam der verkultete Orchesterleiter James Last zu Wort, der ja neuerdings Hansi heißt und versucht, sich 75jährig ein neues Image zu verpassen, indem er mit Grönemeyer und Jan Delay in die Kamera grinst. Die kreisenden Bewegungen von James Lasts linker Hand sind Legende. Weniger legendär ist seine Art zu sprechen. Ich schwöre, Tagebuch, ich habe kein Wort von ihm verstanden. James »Hansi« Last spricht etwa so: »……« Es war unmöglich zu verstehen, und die schwanenhalsige Rett hat es auch nicht übersetzt. Konnte sie auch nicht, sie hat es ja nicht verstanden. Als dann zwei Stunden später Frau Maischberger den Nahostexperten Peter Scholl-Latour zu Gast hatte, wurde es endgültig gespenstisch. Denn aus Scholl-Latour nuschelt es und kracht es noch unverständlicher als aus Last. Scholl-Latour hat irgendwas über Arafat dahergebrabbelt, und zwar so: »… Arafat …« So hat Fernsehen keinen Sinn.

Eine Sprechausbildung ist das Um und Auf, um in den Medien zu arbeiten, liebes Tagebuch! Mich selbst hat ja noch Gustaf Gründgens sprechtechnisch ausgebildet. Trotz dritter Zähne und fehlender Zunge verfügt Ihr Dirk Stermann über eine glasklare, eindrucksvolle Ausdrucksweise, stimmt's? Mit Sprechübungen verschiedenster Art vertreibe ich mir die Zeit zwischen den Sendungen. Zum Beispiel Flaschenkorken zwischen die Lippen nehmen und dann »In Ulm, um Ulm und um Ulm herum« zehnmal hintereinander aufsagen. Ja, ja, Übung macht den Meister. Das sei vor allem den Herren Last und Scholl-Latour empfohlen! Sonst kann an deren Stelle gleich die Leiche von Herrn Arafat sprechen. Macht auch keinen Unterschied.

Nahezu der einzige Prominente, den ich im Boulevardfernsehen neben Hugh Grant ertragen kann, liebes Tagebuch, ist Karl Lagerfeld. Der lispelnde »God of Fashion« hat immer ein schlaues Witzchen parat und eine kleine wunderbare Demütigung für den Interviewer. Nun hat mir Luna Luce gesteckt, dass letzten Freitag der Kleidersupermarkt H & M mit Lagerfelds Mode veredelt wurde. Ich natürlich sofort hin. Habe die ganze Kollektion in fünf Minuten aufgekauft. Vor allen anderen. Lagerfeld ist nichts für dahergelaufene 17jährige Red-Bull-mit-Wodka-Prolls, die mit abscheulichen Arschtattoos unsereins in der U-Bahn auf die Nerven gehen. 100 Hosen, Mäntel und T-Shirts von König Karl habe ich dann an die FM4-Mitarbeiter verteilt. Wir sehen fantastisch aus zurzeit. Lagerfeld nicht für H & M, sondern für FM4!

Die Hose, die mir der großzügige Grissemann geschenkt hat, ist mir neun Nummern zu eng. Und die Stiefelchen bedecken gerade mal den großen Zeh. Der kleine Wortchef Pieper trägt die Lagerfeld-Unterhosen als lange Hosen, und Magister Edlinger hat sich in seinem viel zu großen Lagerfeld-Lackmantel nicht nur ein neues Studio eingebaut, sondern auch noch den Ostermayer reingesteckt. Grissemann hätte halt auf die Größen achten müssen. Wir überlegen die ganze Zeit, wie wir den Lagerfeld-Schnickschnack wieder loswerden, ohne Grissemann zu kränken. Vielleicht Ute Bock spenden? Oder ist das zynisch, Asylbewerber in Lagerfeld-Mode stecken, damit sie was zum Anziehen haben? Na ja, uns wird schon was einfallen.

20.11.

Als ich letztens einmal eine ganze »Doppelzimmer«-Sendung auf dem Studiohoden liegend moderiert habe, da war mein hübscher Joop-Anzug danach ganz schön staubig – und mir kam die Idee, jedes FM4-Studio mit schönen Betten auszustatten, so dass sich der jeweilige Moderator, wenn er akut müde wird, nicht auf den verdreckten Boden legen muss, sondern schön kuschelig im Bett weiter ins Mikro quatschen kann. Nichts, liebes Tagebuch, spricht gegen das Moderieren im Liegen. Es ist auch nicht respektlos dem Hörer gegenüber, der kriegt das ja gar nicht mit. Habe jetzt jedenfalls sechs Doppelbetten bei Interio bestellt. Dieses elende »Wir-sind-dynamisch-und-zeigens-auch-indem-wir-alles-am-Stehpult-machen«-Gequatsche von Ö3 bis Bundesregierung ist nichts für uns; schließlich ist FM4 von jeder Dynamik so weit entfernt wie Sturm Graz vom Meistertitel.

Möbelpacker brachten gestern tatsächlich ächzend sechs schöne rustikale Holzbetten in die Redaktion. Rainer Springenschmid und Albert Farkas durften probeliegen. Für Stuart Freeman und Duncan Larkin wurde ein romantisches Hochzeitsbett in Erotikrosa ins »Morning Show«-Studio gestellt. Das Prunkstück darf auch von mir und Grissemann für »Doppelzimmer« und »Salon Helga« benützt werden. Frische Leintücher muss das Fräulein Landsgesell in der obersten Schreibtischschublade bereithalten. Alle sind begeistert von der Grissemann'schen Bettidee. Auch Senderchefin Eigensperger hat sich ins Chefbüro eine schicke Hängematte gehängt, auf der sie nun ihre Geschäftspartner begrüßt. Wir haben alle eine neue Aufgabe bekommen bei FM4 – wir lernen liegen!

24.11.

Würde FM4 eigentlich auch als Fernsehsender existieren können, liebes Tagebuch? Ich meine, jetzt wo auch die hervorragende Frau Roche aus dem Sender gekickt wurde, da hat man so seine Zweifel, ob Fernsehen, das nicht an die niedrigsten Instinkte appelliert, überhaupt noch irgendwelche Quoten hat. Der Fernsehsender FM4 jedenfalls sollte erfolgreiche Formate, wie der Fernsehtrottel sagt, rotzfrech kopieren. Luna Luce wird unsere »Bachelorette«, aus den »Lugners« machen wir die »Blumenaus«, und die coolste Serie der Welt, »Die Zwei« mit Roger Moore und Tony Curtis, erfährt ein großartiges Comeback mit Stuart Freeman und Duncan Larkin in den Titelrollen. Stermann und Unger könnten eine Art FM4-»Willkommen-Österreich« moderieren, während meine Wenigkeit als hübschester und charismatischster Mitarbeiter des Nachts in sexy Sportclips als Masturbationsvorlage an einer Stange tanzt.

Das stellt sich der kleine Grissemann so einfach vor. Gelungenes Fernsehen muss vor allem durch neue Ideen bestechen und nicht das miese alte peinliche Abkupfern. So könnte ich beispielsweise eine neue Dimension des Ekelfernsehens moderieren: In »Der Kannibale aus dem Ruhrpott« esse ich in einer leichtfüßigen 25minütigen Vorabendshow jedes Mal einen Wiener Straßenbahnschaffner auf, bis auf Mütze und Kartenzwicker; Fritz Ostermayer stellt in »93 – Das Magazin« neueste Errungenschaften auf dem Senioren- und Greisensektor vor, und der geniale Fred Schreiber textet rundherum 15 andere »Sendungen ohne Namen« zu.

Ach ja, so einen »Moneymaker«-Kasper braucht das FM4-Fernsehen auch noch. Das soll der Grissemann im Froschkostüm erledigen.

Die Kälte hat uns wieder, liebes Tagebuch, und viele Mitarbeiter reagieren mit abenteuerlichen Modekreationen darauf. Versteckt in überdimensionierten Fellmützen und vergraben in meterlange Wollschals sehen zum Beispiel Esther Csapo, David Pfister und John Megill aus, als seien sie einem Kältekatastrophenfilm entsprungen. So eingepackt kann man die Leute gar nicht mehr erkennen. Ich wollte gestern Wortchef Pieper ein bisschen an der Nase ziehen, bis ich draufkam, dass es gar nicht er war, sondern der Hörfunkintendant, der zufällig auf Besuch war. Peinliche Angelegenheit, aber das Gute daran war, dass mich der Radiodirektor in meinem Kapuzenanorak und den monströsen Schneebrillen auch nicht erkannt hat. Nach diesem Fauxpas flog ich mit meinem umgeschnallten Fallschirm aus dem Fenster. Hoffe, die anderen Mitarbeiter haben mich nicht verraten.

Viele Verwechslungen passieren dieser Tage, Tagebuch. Als deutscher Exzentriker trage ich in Tagen großen Frosts ja gern meinen noch lebenden Braunbärenmantel und eine einen Meter hohe Elchhaube. Das Geweih hat die Studiodecke ganz schön zerkratzt, bis Chefcontroller Blumenau diverse Tierschutzorganisationen zu Hilfe rief, freilich nicht ohne vorher auf mich zu schießen. Der Blumenau trägt ja immer vier Faustwaffen bei sich, um vorlauten Fans zu zeigen, wo der Hammer hängt. Na ja, ich jedenfalls schreibe diese Zeilen in einem Käfig des Veterinärmedizinischen Instituts, in dem ich blutend kauere. Obwohl ich jetzt nackt bin, kann man mich noch immer nicht einwandfrei als Menschen identifizieren. Die Senderchefin müsste jeden Moment zur Gegenüberstellung kommen. Ich kann nicht mehr.

Jetzt dröhnen wieder Weihnachtslieder von den Decken der Supermärkte, und Bing Crosby und Danny Kaye tauchen verdächtig oft im Fernsehprogramm auf. Die Zeit vor Weihnachten ist die wahrscheinlich schlimmste im ganzen Jahr. Heulende Kinder sitzen am Schoß von nach Wodka riechenden Sozialhilfeempfängern, die sich als Weihnachtsmann verkleidet haben. Auch einige asoziale FM4-Mitarbeiter sind als Mietweihnachtsmänner unterwegs. Hosea Ratschiller stolpert über die Mariahilfer Straße und verteilt Flugzettel von Kleiderbauer, Andreas Ederer steht auf Stelzen als sieben Meter hoher Weihnachtsmann direkt vorm Funkhaus und brüllt »Jingle Bells« durch ein Megafon – zehn Stunden täglich –, um dem sterilen ORF-Gebäude ein stimmungsvolles Ambiente zu verleihen. Der arme Ederer kann nicht mehr. Er hat mir gestern zugeflüstert, dass er sich mit Tabletten umbringen wolle.

Jeder muss Opfer bringen, liebes Tagebuch. Der Ederer Andreas soll sich nicht so anstellen. Rudi Schöllerbacher beispielsweise muss jeden Morgen im Rahmen der Aktion »Bock auf Geld« mit Gerlinde Lang in ein Rentierkostüm schlüpfen. Die beiden hoppeln dann rüber zu Ö1 und treiben Kohle für Ute Bock ein. Der Schöllerbacher reißt das Rentiermaul auf, und das gespendete Geld wird ins Maul geworfen, wodurch es ins Innere des Kostüms gelangt. Die im hinteren Teil des Rentierkostüms kauernde Lang Gerlinde steckt sich die Asche dann in den Ausschnitt, damit nichts verloren geht. Am 24. Dezember wird das Geld natürlich Ute Bock überreicht. Die Alte muss ja im Geld schwimmen, mich frisst der Neid, Tagebuch.

12.12.

So, liebes Tagebuch, wird Zeit, dir mal einiges über die Sternkreiszeichen unserer wunderlichen Mitarbeiter zu erzählen. Es gibt ja zwölf Sternzeichen, du dummes Tagebuch, und das Interessante ist, dass nahezu alle FM4-Leute im Sternzeichen Waage geboren sind, wie meine Recherchen ergeben haben. Kein Wunder, gelten doch Waage-Geborene als geizig, verschlagen, denkfaul und liederlich, wie dir jeder Astrologe versichern kann, du blödes Tagebuch. Es gibt nur wenige Ausnahmen: Hermes ist Union-Geborener, Zita Bereuter ist im Sternzeichen der Armbrust zur Welt gekommen, und Kollege Stermann ist Anker. Ich selbst bin Siamesischer Drilling, ein geradezu genialistisches Sternzeichen, das ausschließlich potentiellen und tatsächlichen Nobelpreisträgern vorbehalten ist, wie meine Studie zeigt. Nicht schlecht, was?

Es stimmt. Ich bin Anker. Genauso wie Ronald Barnabas Schill, Dieter Bohlen und der NPD-Holger-Apfel. Nicht die allerbeste Gesellschaft zwar, aber immer noch besser als im Sternzeichen des Nacktmulls geboren zu sein, wie der Herr Votava. Anker-Geborene sind, wie mir ein Astrologe erklärt hat, meistens Deutsche mit geringer Lebenserwartung und schwacher Auffassungsgabe. Außerdem geldgierig und charakterlos. Was soll's? Ich kann damit leben. Außerdem glauben doch sowieso nur verblödete BWL-Studentinnen an diesen Astrologiescheiß. Mathias Zsutty hat übrigens gar kein Sternzeichen, weil er an einem Tag geboren wurde, den es in unserem Kalender nicht gibt.

15.12.

Warum zum Teufel, Tagebuch, sitzen am »Licht ins Dunkel«-Spendentelefon entweder österreichische C-Prominente wie die Petzl, die Niddl und die Lugner oder aber Soldaten? Brav gescheitelte, entweder in kackbraune oder kotzgrüne Uniformen gesteckte Soldatenbubis? Warum Soldaten? Warum nicht Bäcker, Friseure oder Schornsteinfeger? Nein, Soldaten müssen es sein. Und das, liebes »Licht ins Dunkel«-Team, ist tatsächlich der Grund, warum ich noch keinen einzigen Cent an diese tolle »Licht ins Dunkel«-Sache verschwendet habe. Weil ich – verdammt noch mal –, bevor ich spende, um Gottes willen nicht mit Mausi Lugner oder Mausi Niddl sprechen will und schon gar nicht mit einem dieser vaterlandstreu-doofen Soldatenpfeifen. Überlegt euch was, sonst bleibt's dunkel! Zapfenstreich.

Ich habe letztes Jahr sehr wohl angerufen, bei »Licht ins Dunkel«. Zuerst war der Alfons Haider dran. Mit dem wollte ich aber nicht reden und habe ihn gebeten, mich weiterzuverbinden. Dann bin ich bei Harald Serafin gelandet. Da hielt sich meine Redelust auch in Grenzen. Also: Der Nächste bitte! Das war dann die Kiesbauer. Der habe ich viermal ins Telefon gestöhnt und dann aufgelegt. Beim zweiten Anrufversuch bin ich dann bei den Soldaten gelandet. Die waren eigentlich ganz nett und haben gemeint, dass sie mich standrechtlich erschießen werden, wenn ich nicht mindestens 200 Euro spende. Klare Worte. Habe ich dann sofort gemacht und dem Gefreiten Biermüller auch noch zugesichert, jeden Sonntag sein schickes Schießgewehr zu putzen. Mit mir kann man reden! Hoch lebe »Licht ins Dunkel«!

17.12.

Der sehr sympathische und blitzgescheite Fritz Ostermayer hat kein Handy. Das stimmt wirklich, Tagebuch! Dem Ostermayer muss man entweder ein Mail oder eine Brieftaube schicken, wenn man ihm etwas sagen will. Diese

Handtelefon-Verweigerung kann nicht hoch genug geschätzt werden, vor allem, wenn man daran denkt, von welch elenden Klingeltonbelästigungen man in der U-Bahn heimgesucht wird, wenn knallbesoffene Idiotenkinder mit ihren blitzenden Handknochen hantieren. Die sollen sich alle bis in alle Ewigkeit durch nicht bezahlte Telefonrechnungen verschulden, diese Nokia-Arschlöcher, diese 13jährigen, und dem Herrn Ostermayer sollte man ein Denkmal bauen.

Nicht nur der geschätzte Herr Ostermayer hat kein Handy, liebes Tagebuch. Hier in der Kommunikationszentrale von FM4 läuft noch ein bekennender Mobiltelefongegner herum. Es ist – Applaus! – der großartige, sensationelle Thomas Edlinger! Hat auch keines. Braucht er nicht, sagt er. So kann er weder von der Oma noch vom Finanzamt unangenehm überrascht werden. Recht hat er! Außerdem würde er's beim Plattenauflegen gar nicht klingeln hören. Ich stelle mir gerade ein Vieraugengespräch zwischen Fritz Ostermayer und Thomas Edlinger im Kaffeehaus vor. Die beiden reden und reden über Gott und die Welt, und kein einziges Mal wird diese schöne, niveauvolle Unterhaltung von einem entsetzlichen Klingeln unterbrochen. Hängt die Handys! Wiederhören.

18.12.

Schöne Idee eigentlich, liebes Tagebuch: FM4-Mitarbeiter schenken Weihnachtspunsch vor dem Funkhaus aus. Alles natürlich für den üblichen guten Zweck. Im Stundentakt wechseln die Ausschenker, und feine FM4-Musik dröhnt aus den Boxen. Gestern war es so weit, die Subchefs Pieper und Czesch bestritten die erste Stunde. Und was als schöne Weihnachtsidee geplant war, wuchs sich zur mittelschweren Katastrophe aus. In Minutenschnelle sahen alle, die den FM4-Punsch runterwürgten, im Gesicht so aus wie der arme ukrainische Oppositionsführer. Tiefblaue Chlorakne entstellte die Gesichter, und tatsächlich stellte sich im Labor heraus: Im FM4-Punsch war Dioxin. Ich kann nicht mehr, liebes Tagebuch. Was zu viel ist, ist zuviel.

Grissemann traf es am härtesten, schließlich hat er über vier Liter Punsch weggegluckert. Scarface Grissemann sah allerdings schon vor dem Punsch-Dioxin-Anschlag im Gesicht aus wie der ukrainische Oppositionsführer. Er ist also an Gesichtsentstellungen gewöhnt. Ich habe ihn vorhin im Spital besucht, seine Gesichtshaut sieht aus wie grobkörniges, verfaultes Pflaumenmus. Den anderen, die vom Punsch gekostet haben, geht's nicht viel besser. Martin Pieper braucht keine Brille mehr, weil er die Augen vor lauter Pusteln nicht mehr öffnen kann, und Hermes ist so schwarz im Gesicht, dass er von vorne genauso aussieht wie von hinten. Na ja, die Ärzte kriegen das schon wieder hin, auch wenn wir uns Weihnachten 2004 etwas anders vorgestellt haben.

23.12.

Weihnachtsfeierterror, wohin man schaut, liebes Tagebuch. Knallbetrunkene Abteilungsleiter versuchen schamlos Weihnachtsfrieden und sexuelle Belästigung unter einen Hut zu bringen. Merke: Wenn die Praktikantin deine Hand von ihrem Knie schiebt, dann will sie es so richtig! Ekelhaft. Nein, nein, für mich ist das nichts. Weihnachtsfeiern sind in etwa so langweilig und unnötig wie nach einem Auftritt noch mit dem Veranstalter essen zu gehen. Ich weiß, wovon ich spreche. Bei der FM4-Weihnachtsfeier werden immer sogenannte lustige Einlagen angedacht: Freeman und Larkin singen »Last Christmas«, oder »Projekt X« verkleiden sich als Heilige Drei Könige. Die üblichen viertellustigen Betriebsfeier-Entsetzlichkeiten, wenn du mich fragst, Tagebuch. Die FM4-Weihnachtsfeier wird, wie immer, ohne mich auskommen müssen. Ich muss mich um den Garten kümmern.

Weihnachtsfeiern verbessern das Klima im Team, sind lustig, und dann und wann kann man auch eine bewusstlose Kollegin nachhause führen. Ich liebe Weihnachtsfeiern, liebes Tagebuch! Der miesepetrige Grissemann soll endlich den Mund halten! Bei der Weihnachtsfeier letztes Jahr habe ich mit Stuart Freeman »Last Christmas«-Karaoke gesungen, und etwas später hab ich mich als Balthasar verkleidet. Gute Ideen muss der Mensch haben! Im Bett bin ich übrigens mit einer scharfen Mieze aus der Internetredaktion gelandet. Geil. Ich freue mich wie ein Schneekönig auf die FM4-Weihnachtsfeier und muss jetzt schließen, liebes Tagebuch. Ich muss mir nämlich noch eine Karotte kaufen, dieses Jahr gehe ich nämlich als deutscher Schneemann zur FM4-Weihnachtsfeier. Frohe Weihnachten!

Letztens, liebes Tagebuch, hing ich doch tatsächlich geschlagene 22 Minuten in der Telefonschleife des, wie es großspurig heißt, »Mobilitätscallcenters der Österreichischen Bundesbahnen«. Ich wollte nur wissen, wann der nächste Zug nach Graz fährt, aber bis da eine Pfeife »Einen wunderschönen guten Tag, hier ist das Mobilitätscallcenter der ÖBB, mein Name ist Erwin Dummpichler, was kann ich für Sie tun?« ins Telefon lallt, sind schon vier Züge Richtung Graz abgefahren! Unerträgliche Versagerpartie. Zack, zack muss das gehen! Da lobe ich mir das Hörerservice-Team von FM4! Fräulein Schönwiese und Fräulein Landsgestell oder Landsgesell. Ich weiß nicht genau, wie die zweite heißt. Topausgebildete Rädchen im großen Clockwork FM4. Wenn die Hörer Fragen haben, werden sie bei den beiden Damen bestens bedient. Wartezeit höchstens vier Sekunden. Auskunftskompetenz 1A! Für mich die Mitarbeiterinnen des Jahres, die Landsknecht und die Schönwiese!

Und freundlich sind sie obendrein, die Damen Landsgebell und Schönwiese. Sie verschicken Poster und FM4-Tassen, geben devot darüber Auskunft, welches Lied gerade im Radio läuft, und können auch Fanfragen aller Art beantworten. Welche Schuhgröße hat Herr Rupp? Ist Stermann schwul? War Herr Oswald früher Kleinkünstler? Die wissen alles, die Handsgesell und die Schönwiese. Sie sind das Herz von FM4. Ich kann jedem Hörer nur raten, Kontakt mit diesen beiden Telefongöttinnen aufzunehmen. Beide übrigens blutjung, gutaussehend und noch nicht vergeben! Ran ans Telefon!

Wir, der hipste Radiosender des Landes, haben einen großen Auftrag bekommen, liebes Tagebuch! Wir sollen die traditionelle Rede des Bundespräsidenten am Neujahrstag schreiben und modernisieren. Man kennt ja diese Bilder, die zwischen Neujahrskonzert und dem ersten Durchgang des Bergisel-Springens über die Bildschirme flimmern. Der Bundespräsident mit staatstragender Miene am Schreibtisch, neben ihm der Österreichwimpel, und am Tisch liegt ein Federkiel und wahrscheinlich die Bibel, mindestens aber das Bürgerliche Gesetzbuch. Das ist verstaubt! Wir fordern aufgeklappten Laptop und aus den Ohren baumelnde Handy-Freisprechanlage. Schließlich leben wir im 21. Jahrhundert, lieber Herr Fischer! Weitere Innovationen:

legereres Outfit, Stichwort »Roter Seidenkimono«, und coolere Anrede, etwa »Hey peoples, was geht?«, statt »Liebe Österreicherinnen und Österreicher«. Und: DJ-Tasche am Schreibtisch, denn DJ Heifi hat am Vortag bis fünf im »Flex« aufgelegt.

Auch die alte Deko muss raus und durch eine Skyline ersetzt werden. Die von Mistelbach vielleicht. Kirchturm und Raiffeisen-Getreidespeicher. Das Apparatschik-Nasenfahrrad muss auch schleunigst einem zeitgemäßeren Sehbehelf weichen. Hier raten wir zur lustigen Elton John-Brille oder gleich zu farbigen Kontaktlinsen, wie sie David Bowie trägt. Linkes Auge blau, rechtes grün. Oder zu einer getönten Techno-Sonnenbrille, um die Spuren der letzten Saufnacht zu verdecken. Der Vortrag des Bundespräsidenten sollte sich an David Letterman orientieren. Kurze, prägnante, gag-geladene Oneliner, Studiogelächter vom Band und Tusch von der Begleitband, die »Falschen Freunde« vielleicht. Nach Brüllern Doppeltusch. Applaus, Gelächter. Gegen Ende der Neujahrsansprache steht der Late-Night-Präsident vom Schreibtisch auf, macht zwei, drei lockere Tanzschritte und verweist auf die Sendung im nächsten Jahr. Tusch. Tusch. Doppeltusch. Abspann. Das wäre doch was. Herr Präsident, wir freuen uns auf die Zusammenarbeit.

2005

4.1.

Liebes Tagebuch. Der unkaputtbare Kollege Stermann, nach zehn Jahren FM4 durchaus hart im Nehmen, hat die grausame Flut in Südostasien unbeschadet überlebt und wird in den nächsten Tagen zurück in Wien erwartet. Bis dahin schreibe ich allein in dich hinein. Zweitausend und fünf also. Jetzt geht wieder alles von vorne los. Die ersten Tage des neuen Jahres hier bei FM4 sind, wie immer, geprägt von den Vorbereitungen für das Sender-Geburtstagsfest am 22. dieses Monats. Die dufte Idee, just am vermutlich kältesten Tag des Jahres ein Open-Air-Fest zu veranstalten, steht in der Liste der FM4-Torheiten ja ganz weit oben. Und um uns ein wenig auf das Eisfest einzugrooven, hat Chefcontroller Blumenau seit zwei Tagen die Heizkörper auf null gedreht. Es hat minus elf Grad im Studio. Gestern kam der liebe Christian Davidek unvorsichtigerweise beim Moderieren mit dem Mund zu nah ans gefrorene Mikrofon, jetzt klebt er mit der Zunge an selbigem fest.

Ein Chirurgenteam aus Bregenz wird erwartet, um Davidek aus dieser misslichen Lage zu befreien. Bis die da sind, hängt er mit rausgestreckter Zunge im Livestudio. Die anderen Moderatoren, die ins gleiche Mikro sprechen, an dem die Davidek-Zunge klebt, bitten ihn, so lange ruhig zu sein, bis ihre Sendung vorbei ist. Ein unwürdiges Bild, wenn du mich fragst, Tagebuch. Na ja, wir zittern uns jedenfalls so durch die Tage. Der nächste Frühling kommt bestimmt.

6.1.

Die einzige FM4-Sendung, die keine Hörerzahlen, also keine Quoten in dem Sinn hat, sondern bestenfalls Dunkelziffern, ist die sonntägliche Trinkershow »Im Sumpf«, das seit Jahren geduldete schwarze Schaf der großen FM4-Familie. Ein bewusst antikommerziell ausgerichtetes Minderheitenprogramm, das, um zu überleben, auf Spenden angewiesen ist. So werden die fragwürdigen Macher des »Sumpfs«, Fritz Ostermayer und Thomas Edlinger, direkt aus dem Ute-Bock-Topf bezahlt. Die Ausnahmestellung, die der »Sumpf« im Rahmen von FM4 hat, hat Ostermayer und Edlinger zu schrulligen Sonderlingen gemacht. Der lichtscheue Edlinger arbeitet ausschließlich nachts an seinen seltsamen Sendungen, um niemandem zu begegnen. Und der wackere Ostermayer, der in der Wiener Vorstadt in einem Heim für gefallene Männer lebt, hat ein kaum nachvollziehbares Faible für Sumatra-Tiger, die genauso vom Aussterben bedroht sind wie er selbst. Die beiden, Edlinger und Ostermayer, sind so etwas wie groteske Maskottchen unseres Senders. Wir haben sie lieb gewonnen und wollen sie unbedingt im Team behalten. Deshalb hat Senderchefin Eigensperger jetzt die »Stiftung Sumpf« ins Leben gerufen. Über ein Spendenkonto, das über das Hörerservice bekannt gegeben wird, soll Geld gesammelt werden, damit die beiden sich neue Unterhosen und Frisuren leisten können.

Ach, Tagebuch, hoffentlich bleiben uns die beiden komischen Vögel noch lang erhalten.

8.1.

Wir alle hier machen uns große Sorgen um Gerald Votava, liebes Tagebuch. Früher so ein fescher Bursche, sogar Vierter in der Mister-Floridsdorf-Wahl 1999, durch und durch trainiert, bis vor wenigen Jahren noch eine Augenweide, den göttlichen Körper in mindestens Versace gehüllt, und heute? Der liebenswerte Votava sieht aus, als hätte er auf der Müllverbrennungsanlage übernachtet, seine meterlangen Haare wirken, als würden sie minütlich durch ein Ölfass getaucht, und die Brillen, die der hochsympathische Votava auf der Nase sitzen hat, kriegt man nur mehr in Kölner Scherzartikelgeschäften. Ich hoffe, er hat noch seine eigene Nase, oder hängt die an der Scherzbrille dran? Irgendwie ja auch beneidenswert souverän, sich von allen modischen Trends loszusagen, aber bei FM4-Gruppenfotos für die Presse müssen wir den lieben Votava immer ganz hinten verstecken, damit die Leute nicht erschrecken. Frau Brunner, Frau Unterweger und Herr Pfister haben übrigens zusammengelegt, damit sich der verwahrloste Votava ein neues Hemd kaufen kann. Das war auch notwendig. Schließlich haben immer mehr Öl-Mitarbeiter dem Herrn Votava Kleingeld in den Kaffeebecher geworfen, aus dem er in der Früh in der Kantine seinen geliebten Mocca trinken wollte. Nun, wir alle beten, dass es in Sachen Style mit dem großartigen Herrn Votava im neuen Jahr wieder aufwärts geht.

10.1.

Aua, Tagebuch, ich kann dir sagen, es herrscht totaler Fieberblasenalarm dieser Tage in der Redaktion. Man möchte fast sagen Alarmalarm. Am Studioboden liegen knietief aufgebrauchte Activir-, Zovirax- und was weiß ich für Herpescremetuben. Die gepeinigten Mitarbeiter – allen voran Herpeshengst David Pfister – sehen alle aus wie aus einem unappetitlichen Dermatologen-Schockmovie. Es ist ein Geschmiere und Gejaule, dass es eine Art hat. Die furchtbaren Herpesbläschen haben bei Herrn Larkin und Herrn Freeman nicht nur sowieso die Lippen belagert, sondern auch die Arme und das jeweils linke Bein. Claudia Unterwegers Hinterkopf – inzwischen kahl rasiert – ähnelt einer Weintraube, und Chefcontroller Blumenau ist – um es einmal so auszudrücken – eine einzige blutrote Kruste. Auch Entertainer Hermes ist im Gesicht so entstellt, dass er sich ab nun Herpes nennen will. Viele Moderatoren versuchen, beim Moderieren den Mund kaum mehr zu öffnen, weil's so schmerzt. Dadurch ist man natürlich praktisch nicht mehr zu verstehen. Ach Gott, Tagebuch, lass diesen Kelch an uns vorübergehen, so schnell wie möglich. Ah …

Die kalten, stürmischen Tage verlangen es, sich dann und wann eine Haube über den Kopf zu ziehen, liebes Tagebuch. Schon klar. Aber warum einige Redaktionsmitglieder so aussehen müssen, als wären sie skurrile Ausstellungsobjekte eines durchgeknallten Haubenmuseums, ist mir schleierhaft. Frau Erdmann beispielsweise trägt eine unsäglich orangefarbene Zipfelmütze mit blauen baumelnden Bommeln dran, auch Frau Unger verziert ihren Kopf mit einer infantil-bunten, mehrstöckigen Mützenkreation, die zu allem Überfluss auch noch weiße Wollschlappohren eingenäht hat. So nicht, meine Damen! Dann lieber gleich ein simples Kopftuch. Schließlich ist FM4 ein ernst zu nehmender Radiosender und kein Geburtstagsfest in einer Sonderschule! Die schlimmste Angewohnheit aber haben sämtliche Herren hier bei FM4: Nämlich die Oberidiotie, seine Mütze auch noch im Büro aufzubehalten. Die Herren Pfister, Zikmund und Burstup sind hiermit aufgefordert, diesen Schwachsinn den »DJ Ötzis« dieser Welt zu überlassen, so was Dummes aber auch. Eine Haube ist was für d-r-a-u-ß-e-n. Draußen, alles klärchen? Danke fürs Gespräch und an die Arbeit!

Über die zum Schieflachen lächerliche Unsitte, die Wollmütze auch in geheizten Räumen aufzubehalten – und ich blicke da 50 % der männlichen FM4-Belegschaft scharf an –, war ja letztens schon die Rede, liebes Tagebuch. Jetzt haben meine flinken und strengen Augen aber eine neue Modetorheit ausgemacht. Den sogenannten Handgelenkswärmer. Wird von allen Damen unter 30 hier bei FM4 getragen. Eine Art Handschuh für Handamputierte. So was wie ein verlängertes Schweißband, wenn du weißt, was ich meine, liebes Tagebuch. Socken für die Arme. Meine Güte, alles kann H&M den Jungredakteurinnen hier aufschwatzen. Wie wär's, wenn ihr euch auch noch zwei kleine Wollfetzen an die Backen klebt, falls euch die Wangen frieren? Oder fesche Augenlidschuhe? Oder noch besser: für jede einzelne Wimper ein klitzekleines buntes Mützchen zu 4,35 Euro das Stück? Mein Gott, Tagebuch, da haben wir Jahre gebraucht, um die Entsetzlichkeit, Turnschuhe zu Anzügen zu tragen, hinter uns zu bringen, da kommt schon eine neue Welle Empörungsmode auf uns zu. Über die üble Stermann'sche Angewohnheit, auf riesige, überdimensionierte Zuhälterpelzkrägen zu setzen, wird dann zu reden sein, wenn der Altkomiker von seinem Weihnachtsurlaub zurückkehrt. Für heute schließt das Tagebuch. Mit besten Grüßen, euer Modekonsul Grissemann.

15.1.

Immer wieder, liebes Tagebuch, versuchen durchtriebene Fans an Telefongeheimnummern ihrer FM4-Lieblingsstars zu kommen. Aber unsere Telefonladys bleiben da hart. Bedingungsloses Nichtrausrücken von Privatnummern, lautet die Devise. Ich finde das ungehörig. Unsympathisch. Arrogant. Der Hörer hat ein Recht auch auf das Privatleben des FM4-Moderators. Der Hörer soll den Macher jederzeit 24 Stunden nonstop erreichen können; um ihm zu sagen, was er falsch gemacht hat, ihn bei Bedarf zu loben, mit ihm essen zu gehen, meinetwegen auch mit anschließendem Oralverkehr und – wenn die Hörerin will –, auch Heirat. Der FM4-Moderator als neuzeitliches Tamagotchi des Hörers bzw. der Hörerin. Und deshalb, liebes Tagebuch gebe ich jetzt mal einige Handynummern von FM4-Stars durch. Herrn Edlingers Nummer lautet 0699 999, die 4, die Doppel-2 und die umgekehrte 67. David Pfister hat 0650, die 1, die Doppel-62 und die umgedrehte 29, am Schluss die 5 und die Doppel-34 davor. Weitere Nummern folgen. Schluss mit dieser eitlen Zweiklassengesellschaft!

Grissemanns Öffentlichmachung der privaten Telefonnummern von FM4-Stars stößt auf unglaubliche Ablehnung in der Redaktion. Senderchefin Eigensperger hat ihm mit seinem Diensthandy eine große Beule auf den Kopf geschlagen. Der ORF-Psychologe wurde eingeschaltet. Auch Elisabeth Scharang hat wenig Verständnis für Grissemanns Vorhaben. In ihrer Sendung »Jugendzimmer« hat sie aus Rache Grissemanns Handynummer bekannt gegeben. Die Nation zeigte sich allerdings relativ desinteressiert. Kein einziges Mal klingelte Grissemanns Handknochen nach Durchsage der Nummer. Wir alle haben uns jetzt neue Nummern zugelegt, die wir nicht nur den Hörern nicht, sondern auch dem Grissemann nicht verraten.

17.1.

Liebes Tagebuch, habe gerade erfahren, dass der äußerst reizende Florian Horwath alias DJ Tschamba Fii vor einer Woche in Rio de Janeiro auflegen durfte. Nicht schlecht, wie unsere DJs in der Welt herumfliegen. Peinlich war nur, dass nun herauskam, dass sich der liebe Tschamba Fii auf dein Flug Wien – Rio de Janeiro von blinder Passagier auf Business-Class upgraden ließ, wie es so doof heißt. Das ist zwar hochnotpeinlich, aber cooler Finanzministerstyle. Tschamba Fii legte in einem winzigen brasilianischen Punkclub auf. Ohne Gage, von Flugtickets ganz zu schweigen. Finde die ganze Upgraderei gar nicht übel. Ich selbst versuche mich gerade in Gesprächen mit dem Hörfunkintendanten von »Moderator« auf »Senderchef« upgraden zu lassen. Werde dich auf dem Laufenden halten, Tagebuch.

Upgraden, upgraden … Mein Leben ist ein einziges Downgraden, liebes Tagebuch. Ich habe Geschichte studiert und bin jetzt Witzemacher, wenn ich nach Düsseldorf um sauteures Geld in der Business-Class fliege, dann gradet mich der Kapitän kurzerhand vor Abflug in die prollige Economy-Class zurück. Was soll ich tun? Ich bin offensichtlich der Anti-VIP hier in Österreich, Tagebuch! Wenn ich im Supermarkt acht Flaschen Champagner kaufen will, dann kommt schon der Filialleiter angelaufen und gradet mich erbarmungslos auf acht Liter Billigfusel runter. Wenn ich's so recht überlege, ist ja auch der Wechsel von Deutschland nach Österreich, den ich vor 16 Jahren vollzogen habe, nichts anderes als ein geographisches und soziales Downgraden gewesen. Ich will nicht mehr …

20.1.

I tell you, Tagebuch, das ist vielleicht ein Trubel hier, these days in der Redaktion. Das Büro der Senderchefin ist gerammelt voll mit internationalen Journalisten. Zehn Jahre FM4. Hinter der furchtbaren Flutkatastrophe und der Moshammer-Tragödie immerhin Platz drei in den Weltnachrichten-Charts. Senderchefin Eigensperger wird gerade von Roger Willemsen interviewt. Er fragt, wie das denn so sei, mit so großartigen Menschen wie Stuart Freeman, Robert Zikmund und Claudia Unterweger zusammenzuarbeiten. Gleich danach wird Chefcontroller Blumenau von Larry King in die Zange genommen. Liveschaltung in die Staaten. Starinterviewer André Müller bittet anschließend Esther Csapo und Riem Higazi zum großen *Zeit*-Interview. FM4 wird zehn und die Welt hält den Atem an.

Bei Grissemann und mir hat nur das rührende Puls TV angeklopft. Das liegt daran, dass viele Journalisten glauben, dass Grissemann und ich schon gestorben sind. An Altersschwäche. Aber, nein, wir leben noch! Wir sind faltenzerfurchte FM4-Zeitzeugen. Fragt uns! Wir können alles über diesen Sender sagen. Komm, Heinzel; her mit dir, Koköfer; hopp, hopp, Russwurm; zack, zack, Johannes B. Kerner! Wir haben massig Zeit für ausführliche Interviews. Wir nehmen uns kein Blatt vor den Mund, fragt uns, fragt uns! … Oh, Moment, Tagebuch, das Telefon läutet, ich muss aufhören, Isabella Klausnitzer ist dran. Immerhin. Bis morgen, Tagebuch!

22.1.

Liebes Tagebuch, eine Frage: Muss man, um Frauen in Entzückung zu versetzen, neuerdings so beknackt aussehen wie Adam Green? Dem Burschen, dem der Mund immer so debil offen steht und der von seiner Mutter in viel zu enge Jacken gezwängt wurde? Das wollen also die Ladys. Die Frisur eines Verrückten und den Gesichtsausdruck eines besoffenen Sonderschülers. Also ehrlich, Tagebuch, wenn meine Tochter mit so einer Pfeife nachhause kommen würde, gäbe es vier Jahre Hausarrest und drei Ohrfeigen dazu. Da kann er noch so schön singen. Ich weiß schon, der mit dem Loch im Gesicht ist der Sänger, aber wenn Herr Green nicht bald mal den Mund schließt, dann besteht die Gefahr, dass die Mundhöhle austrocknet. Ich habe den Hausarzt gefragt, ehrlich!

Ja, den Damen gefallen heute ganz andere Männertypen als noch vor zehn Jahren. Damit muss vor allem ich mich abfinden, liebes Tagebuch! Ich, der ich noch ganz uncool das Seidenhemd bis zum Bauchnabel offen trage und auch immer noch Dreitagebart. Aber damit beeindrucke ich nur noch die 60jährige Kellnerin meiner Stammkonditorei. Die jungen Puppen kriege ich mit so einem Styling nicht mehr. »Hau ab, Großvater«, hat letztens so eine freche Göre im »Flex« zu mir rübergeschnauzt. Ich muss umdenken. Zuerst übe ich vorm Spiegel, den Mund weit aufzumachen und ein bisschen zu schielen. Dann kaufe ich mir im Piff-Paff-Kindershop einen winzigen Anorak, und dann können sich alle Girls in Acht nehmen. Dann ist Adam Stermann da und ihr alle liegt ihm wieder zu Füßen!

Liebes Tagebuch, viel wird in diesen Tagen über die Anfänge von FM4 gesprochen. Januar 1995. FM4 geht on air. Wow. Was da verklärt wird, geht auf keine Kuhhaut mehr. Ich war dabei, ich weiß, wie es wirklich war. Also, wir haben früher alle bei Ö3 gearbeitet. Bei der »Musicbox« und bei »Zickzack«. Die »Musicbox« sendete irgendwann in der Nacht vor sich hin und »Zickzack« hatte weniger Hörer als Mitarbeiter. Also wurden wir alle von Ö3 rausgeschmissen. Weil wir nicht gut genug waren. So sieht's aus. Weil man mit uns nichts verdienen konnte. Ein Haufen untalentierter Freaks und Nerds, die es im normalen Radio zu nichts bringen konnten. Also hat der ORF aus humanitären Gründen für uns eine beschützende Werkstatt gegründet, und weil man verständlicherweise nichts zu tun haben wollte mit so einem Sender, hat man uns einen Namen gegeben, der keine Verbindung zum ORF erkennen lässt. FM4. Mit hängenden Köpfen haben wir als Berufsverlierer mutlos zu senden angefangen. Verlierertypen »on air«, verlacht von den Kollegen, die weiterhin beim richtigen Radio arbeiten durften. Wie beim Schulskikurs, wo die Schlechtesten in der Idiotengruppe versammelt werden und keinen einzigen Meter fahren, weil sie zu blöd sind, den Steigbügel der Liftanlage zu packen. Und so ist es bis heute, getreu dem Motto: Never change a losing team!

Liebes Tagebuch, wer bei FM4 arbeitete, durfte von Anfang an mit dem Behindertenaufzug nach oben fahren. Ich kann mich noch an die erste FM4-Sitzung erinnern. Eine Mischung aus Drogensucht, Alkoholismus und Enttäuschung. Leere Gesichter, ihres Selbstbewusstseins beraubt. Es dauerte mehrere Stunden, bis der damalige Chef Mischa Zickler etwas sagte und das furchtbare resignative Schweigen durchbrach. Seine ersten und einzigen Worte waren damals: »Ja, Scheiße!« Und wir anderen nickten einfach nur betrübt. Das war's. Schlurfend verließen wir den Sitzungssaal und sendeten fortan freudlos vor uns hin. Die ersten Hörer schalteten aus Mitleid ein, andere kamen dazu, aus Sensationslust, so wie man fasziniert bei einem Verkehrsunfall stehen bleibt. Es folgten Verlierertypen, Ausgestoßene aus Cliquen, Klassenaußenseiter, Einsame und Verwundete. FM4 wurde zur Karawane des Grauens. Zu einem Sammelbecken der Freaks. Und in dem plantschen wir jetzt seit zehn Jahren. Bis irgendwann irgendwer die Luft aus dem Becken lässt.

Liebes Tagebuch, am Samstag findet das FM4-Fest zum zehnten Mal statt. Und wieder muss man sich eine ganze Nacht lang den Arsch abfrieren. Welcher Vollidiot hatte die Idee, im Winter eine Open-Air-Party zu veranstalten? Ausbildner des österreichischen Bundesheeres? Ich werde mich wieder auf die Bühne auf die große Heizkanone setzen. Dann habe ich zwar Verbrennungen am ganzen Körper, aber immer noch besser als auszusehen wie ein gefrorener Hase im Billa-Tiefkühlregal. Im letzten Jahr haben sich bei mir während des Moderierens Eiszapfen an meinem Zäpfchen gebildet, und Stermann ist mit der bloßen Hand an seinem eiskalten Mikrofon festgepickt. Der resolute Joe Remick hat damals das Mikro mit Gewalt abgerissen, leider sind damals Teile von Stermanns Hand mit abgerissen. Der arme Mathias Zsutty hatte sich unvorsichtigerweise an einen Mikroständer aus Metall gelehnt. Dieser Ständer klebt heute noch an ihm. Vielleicht lehnt er sich am Samstag ja mit der anderen Körperhälfte erneut an einen Ständer. Dann schaut er wenigstens gleichmäßiger aus.

Liebes Tagebuch, in die Redaktion ist wieder ein Brief vom Management von Moby geflattert, mit aktuellen Fotos des Superstars. Ja, Mensch, es tut uns ja auch leid, aber was sollen wir denn tun? Moby ist beim FM4-Fest vor ein paar Jahren in der Arena aufgetreten, während eines Schneesturms, und unvorsichtigerweise hat er seinen Oberkörper während der Show entblößt. Kein Wunder, dass er heute noch Frostbeulen am Bauch, auf der Brust, am Hals und am Rücken hat. Wusstest du, liebes Tagebuch, dass vor zwei Jahren der Schneehase von Eva Umbauer beim FM4-Geburtstagsfest erfroren ist? Und dass Reinhold Messner mehr Zehen im VIP-Bereich des FM4-Fests verloren hat als auf dem Himalaja? Ja, auch der VIP-Raum ist unbeheizt. Vielleicht mit ein Grund, warum bei den letzten Festen keine echte VIP mehr gekommen ist. Im letzten Jahr war das bekannteste Gesicht das von einer Freundin des Bruders des Drummers der Gruppe »Heinz«.

Liebes Tagebuch, seit ich den Kriminalpsychologen Thomas Müller im ZDF in einer Doku über sexuell motivierte Straftäter gesehen habe, fürchte ich mich und habe allnächtlich Albträume. Die Serienmörder waren ja ganz normale Typen, aber Thomas Müller. Wie er mit zusammengekniffenen Augen mephistophelisch leise und eindringlich auf Tirolerisch über die Psyche der Täter spricht, das jagt einem einen Schauer über den ganzen Körper. Uuaah. Thomas Müller ist der einzige Tiroler, den ich kenne, der leise spricht. Normalerweise schreien Tiroler ja selbst beim Flüstern. Tirolerisch ist ein Dialekt, der eigentlich nicht leise gesprochen werden kann. Thomas Müller kann es, und das macht ihn so unheimlich. Wenn ich ein psychopathischer Mörder wäre, und Thomas Müller würde mit mir eine Therapiesitzung machen, mir stünden die Haare zu Berge. Alleine schon um Thomas Müller auszuweichen, bete ich zu Gott, dass ich niemals zum Massenmörder werde.

Liebes Tagebuch, während in Wien am Karlsplatz Drogengeschäfte eher heimlich und diskret abgewickelt werden – »Wüst wos?« –, ist es den Dealern in Innsbruck unmöglich, ihr Anliegen in ruhiger Form vorzutragen. »Wäscht Crack? Desch beschte Crack in Innschbruck!« Kein Wunder, dass in Tirol jeder Drogenring sofort auffliegt. Die Lautstärke beim Sprechen ist wahrscheinlich ein Überbleibsel aus der Vortelefonzeit, als man über Berge hinweg mit bloßer Stimmgewalt miteinander kommunizieren musste. Wenn Tiroler sich im Liebesgeflüster versuchen, klingt es für Nichttirolerohren wie das Brüllen von zwei Ausbildnern der Marines. Liebe Innsbrucker Dealer, nehmt euch ein Beispiel an Thomas Müller, dem FBI-Mitarbeiter. Und übt mal, ganz leise zu sagen: »Crack.« Und noch einmal: »Crack.« Es geht auch unter 50 Dezibel. Und jetzt fleißig üben, rät euch euer öffentlich-rechtliches Jugendradio, das hiermit wieder einmal seinen Bildungsauftrag aufs Beste erfüllt hat.

29.1.

Liebes Tagebuch, ich habe in der Redaktion einen Liter vergorenen Orangensaft getrunken und kann nur sagen: Die Wirkung ist fantastisch. Billiger und besser als Kokain. Den starken Durchfall nehme ich dabei gerne in Kauf. Herrlich, besser als jeder LSD-Rausch. Hätte ich das früher gewusst, ich hätte viel Geld gespart. Der vergorene Orangensaft führt zu intensiven Halluzinationen. Chefcontroller Blumenau zum Beispiel sieht für mich aus wie ein Känguru. Ich hab ihn eben am Beutel gestreichelt und er fühlte sich ganz weich an. Dass Kängurus boxen, wusste ich ja schon vorher, insofern wundere ich mich jetzt auch nicht über mein blaues Auge und das Nasenbluten. Er hat mich kurz bewusstlos gehauen, aber eine bewusstseinserweiternde Bewusstlosigkeit ist großartig. Voll krass, möchte ich sagen.

Liebes Tagebuch, Grissemann ist noch immer voll auf dem Vergorener-O-Saft-Trip. Seine Pupillen sind groß wie Suppenteller und er bewegt sich wie in Super-Slo-Mo, grinst dabei aber wie ein Lebkuchenpferd. Mein Kollege scheint glücklich zu sein. Mich hält er für ein Streifenhörnchen, er wirft mir Nüsse zu, und wenn ich sie esse, sagt er: »Süß, schaut, wie putzig es das Nüsschen mampft.« Na ja. Die Chefin Eigensperger hält er für ein Bärenfell, wahrscheinlich wegen ihrer zotteligen Haarpracht. Er hat sie auf den Boden und sich darauf gelegt und hat im Mistkübel ein Feuer gemacht. »Auf einem Bärenfell vor dem Kamin liegen, herrlich!«, ruft er die ganze Zeit. Dass die Chefin das mitmacht, rechne ich ihr hoch an. Wahrscheinlich macht sie es aus schlechtem Gewissen, denn der vergorene O-Saft stand seit Anbeginn von FM4 in ihrem Büro und sie war zu faul, ihn wegzuschütten.

30.1.

Liebes Tagebuch, der wunderbare Praktikant Albert Farkas hat ja 14-mal den alljährlich stattfindenden »Jugend forscht«-Preis der Republik Österreich gewonnen. Und da er erst 17 Jahre alt ist, kann man sich leicht ausrechnen, dass er schon mit drei Jahren höchstbegabt war. Im Zuge seiner vielfältigen Feldforschungen ist aber jetzt leider ein verhängnisvoller Unfall passiert. Er hat aus Versehen einen halben Liter Gegengift getrunken, und wir müssen jetzt dringend eine passende Giftschlange finden, die ihn beißt. Das ist in Wien gar nicht so leicht. Die ganze Redaktion ist ausgeschwärmt, um eine Schlange zu finden. Stermann und ich suchen auf der Kärntner Straße, die Kollegen von »Projekt X« auf der Mariahilfer Straße, Mathias Zsutty sucht im »Flex« und Andreas Gstettner zusammen mit Robert Zikmund und Martina Bauer am Westbahnhof. Laut Albert Farkas müssen wir innerhalb von 15 Minuten das richtige Reptil finden. Ein Wettlauf gegen die Zeit, es geht um Leben und Tod.

Liebes Tagebuch, in unserer großen Verzweiflung haben wir Susanne Riess-Passer in die Redaktion gebracht, direkt aus einer Wüstenrot-Filiale. Die Königskobra hat ihm in den Hals gebissen, und wir können nur hoffen, dass ihr Biss gegen das Gegengift hilft. Ein Skandal, wie schwer es ist, in Wien eine Giftschlange zu finden. Und dabei soll Wien doch eine Weltstadt sein! Dass ich nicht lache. Der arme Albert ist inzwischen lila angelaufen, seine Ohren sind ganz schwarz und seine Brustbehaarung ist ausgefallen. Susanne Riess-Passer steht entsetzt neben ihm und beißt zur Sicherheit noch einmal zu. Wenn Albert überlebt, hat er zwei Knutschflecken von Riess-Passer am Hals. Auch kein leichtes Schicksal. Wie erklärt er das seinen linksradikalen Freunden im Ernst-Kirchweger-Haus?

1.2.

Liebes Tagebuch, ich kann die große Empörung darüber, dass man am diesjährigen Opernball nicht rauchen darf, nicht ganz nachvollziehen. Ich bin selbst schwerer Raucher, Trinker und Esser; aber an knallharte Verbote bin ich hier bei FM4 gewöhnt und kann mir ein Leben ohne gar nicht mehr vorstellen. Hier eine kleine Liste der Dinge, die momentan bei FM4 verboten sind: Löcher in die Luft starren, mit beiden Beinen gleichzeitig am Boden stehen, Rauchen sowieso, mit Verwandten telefonieren, sich mit weniger als 7 km/h Gehgeschwindigkeit durch die Gänge bewegen, Augen reiben, mit krummem Rücken am Schreibtisch sitzen, Musik hören, Kaffee trinken, mit anderen reden und das allerneueste Verbot: »Guten Morgen« sagen.

Durch das ständige »Guten Morgen«-Sagen gehe nämlich wertvolle Arbeitszeit verloren, meinte der Chefcontroller. Recht hat er. Jetzt nicken wir uns alle zur Begrüßung zu und zwinkern mit den Augen, solange das noch erlaubt ist.

Ist es nicht mehr, liebes Tagebuch. Das weiß der Grissemann noch nicht, aber das allerallerneueste Verbot aus dem Hause Blumenau heißt: Augen schließen verboten! Das ist ganz schwierig und bedarf höchster Konzentration. Die Netzhäute sämtlicher Mitarbeiter sind drauf und dran auszutrocknen. Christian Davidek und Mona Moore haben sich Zahnstocher zwischen die Lider gesteckt. Sobald auch nur mit der Wimper gezuckt wird, kriegt man sofort mit dem Album der Woche eins übergebraten. Und außerdem wird man zur Strafe mit der Plattennadel in die Iris gestochen. Augen auf also, liebes Tagebuch. Es wird nicht leichter!

Liebes Tagebuch, jetzt haben sich die durchgeknallten Herrschaften der Promotionabteilung doch glatt noch ein hochalbernes internes FM4-Faschingsfest einfallen lassen, das nächsten Samstag über die Bühne gehen soll. Teilnahme verpflichtend, selbstredend. Das Motto lautet: Being Martin Blumenau. Wir müssen also alle als Blumenau verkleidet kommen. Roter Rollkragenpullover, ausgewaschene Jeans, runde Brille, Kurzhaarschnitt, dazu mindestens zwölf internationale Tageszeitungen eingeklemmt zwischen linkem Arm und Hüfte und weißer Kaffeepappbecher in der rechten Pfote. Das kann ja heiter werden. Musikchef Makossa übt gerade Blumenaus schlurfenden Gang. Gar nicht leicht, weil man immer ein bisschen Kaffee verschüttet. Ach Gott, ach Gott, es ist und bleibt die größte Pest – das alljährliche Faschingsfest.

Letztes Jahr waren alle als Grissemann verkleidet. Das war leichter. Wir mussten uns lediglich ein paar Aknepusteln ins Gesicht malen und einen schwarzen Pennermantel vom Flohmarkt besorgen – fertig war der Grissemann. Heuer also Blumenau, na gut. Roten Rollkragenpullover besorge ich mir bei Kloucek, die Brille borge ich mir von meinem Opa aus und das Zeitungspaket klaue ich mir aus dem Altpapiercontainer. Trägt der Blumenau nicht immer so komplett ausgelatschte Adidas-Turnschuhe? Na ja, ich kriege die Blumenau-Verkleidung schon noch hin. Blumenau selbst übrigens wird sich wie jedes Jahr als Senderchefin Eigensperger verkleiden. Rote Langhaarperücke, Stöckelschuhe und ständig Glimmstängel im Gesicht. Lei-lei, Tagebuch.

Als der liebe Herr Zsutty gestern mit einem dicken Verband um Hals und Kinn in die Redaktion kam, war die Aufregung groß. Was hat er denn, der liebe Herr Zsutty? Nun, der Herr Zsutty hatte eine komplizierte Doppelkinnoperation gestern Nacht im Wiener AKH hinter sich gebracht. Zsuttys Doppelkinn war in der Tat legendär hier bei FM4. Zwei prächtige, speckig glänzende Hautreifen untermauerten sein Kinn, sodass man ihn bei richtiger Beleuchtung für Alfred Hitchcock hätte halten können. Wir alle zogen ihm immer wieder lachend sein unglaubliches Doppelkinn in die Länge, und nicht wenige Frauen hier bei FM4 sahen in Zsuttys Doppelkinn puren, geilen Sex. Aber Zsuttys Doppelkinn ist Geschichte. Es ist weg. Liegt in einem Müllsack im Wiener AKH. Und das ist irgendwie sehr traurig.

Ein brasilianischer Spitzenchirurg, assistiert von drei belgischen Dermatologen, hat Herrn Zsuttys Doppelkinn den Garaus gemacht. Jetzt ist sein Kinn straff und fettbefreit. Er sieht mindestens 25 Jahre jünger aus und ist damit nicht mehr der Gesichtsälteste bei FM4. Der bin jetzt wieder ich. Ich beglückwünsche Herrn Zsutty zu diesem Schritt, schließlich sind kosmetische Operationen bei Männern immer noch sehr tabuisiert. Ich denke, ich kann mich jetzt endlich auch dazu durchringen, meinem Gesicht Fett abzusaugen. Da stecken in Wangen, Stirn und Kinn gut und gern zwölf Liter drin. Nur am Kopf zwölf Kilo abnehmen, das ist mein Ziel. Mit meinem neuen Vorbild Zsutty werde ich das auch schaffen. Ab ins AKH.

6.2.

Liebes Tagebuch, wird höchste Zeit, endlich einmal ein paar lobende Worte über Chefinterviewerin Elisabeth Scharang zu verlieren. Zu Recht mit Sandra Maischberger verglichen, genießt Scharang bei FM4 absoluten Sonderstatus. Wenn die ganze Welt ein Interview mit der scheuen Nobelpreisträgerin Elfriede Jelinek will, dann muss die Scharang nur mit dem Finger schnippen, und schon sitzt der Weltstar der Scharang im Studio gegenüber. Mit gleichermaßen charmanten wie klugen Fragen spaziert die Scharang durch ihre Sendungen. Elisabeth Scharang ist die Königin von FM4. Junge Mitarbeiter falten aus Respekt kniend die Hände, wenn die Scharang über die Gänge schwebt. Nun, andere Sender haben Reinhold Beckmann oder Johannes B. Kerner, FM4 hat Elisabeth Scharang. Und das ist gut so. Apropos Kerner, hat irgendjemand das unglaublich heuchlerische und unangenehme Gespräch zwischen besagtem Schleimer und dem dummen Schiedsrichterbuben Robert Hoyzer gesehen? Na ja, es kann nicht jeder eine Scharang haben …

Dieser Kerner-Depp hat den sich ohnehin in Grund und Boden schämenden Schummelschiri derart unsympathisch anklagend interviewt, dass man ihm am liebsten durch den Fernseher die Ohren abgeschnitten hätte. Am Schluss fragte Kerner den peinlich berührten Schiedsrichter: »Welche gerechte Strafe haben Sie Ihrer Meinung nach verdient?« Kerner, das war klar, wollte »Todesstrafe« hören. Der gegelte Hoyzer tat ihm den Gefallen nicht, und ich habe mir so sehr die feine Frau Scharang an des Kerners Stelle gewünscht in diesem TV-Moment. Wiewohl ich die Frau Scharang nie ans ZDF verschachern würde. Da kann die kroatische Wettmafia noch so viel auf einen Senderwechsel setzen, die Scharang bleibt hier!

7.2.

Der Großraumkünstler Christo verpackt gerade den New Yorker Central Park, liebes Tagebuch. Er, seine Frau Jeanne-Claude und hunderte freiwillige Helfer tauchen den Park in leuchtendes Safrangelb. Feine, spektakuläre Sache, das. Aber den wirklichen Knaller verriet Christo auf einer Pressekonferenz gestern Nachmittag: Sein nächstes Projekt nämlich führe ihn nach Wien, genauer in die Argentinienstraße, vierter Stock. Ja, er möchte Europas besten Radiosender verpacken. Er selbst höre FM4 seit zehn Jahren übers Internet, sei ein Riesenfan von »Projekt X« und »Frau Anna« und möchte nichts lieber, als FM4 in knallgelbes Geschenkpapier verpacken. Christo führte dann genauer aus, dass sowohl jeder Mitarbeiter als auch der gesamte vierte Stock des Funkhauses von seiner Gattin und ihm höchstpersönlich eingepackt werden. Schere und Klebstreifen bringe er selber mit, so Christo.

Noch wehren sich einige Mitarbeiter gegen die großartige Christo-Idee. Vor allem der Asthmatiker Ostermayer befürchtet, eingepackt schnell zugrunde zu gehen. Senderchefin Eigensperger sprach schlau irgendwas von der Freiheit der Kunst und stimmte dem ganzen Unterfangen zu. Ostermayer wurde prophylaktisch an die Sauerstoffflasche angeschlossen, und eine Atemlehrerin besucht uns ab morgen täglich. Christo will im Mai beginnen. Wir werden also unter dem Deckmantel der Kunst der Lächerlichkeit preisgegeben. Auch der in New York lebende Smash wird übrigens von einem Christo-Mitarbeiter eingepackt werden. Rotifer in London detto. Eine schöne Chance für die beiden, sich als Exzentriker einen Namen zu machen. Jesus Christo, das kann was werden!

9.2.

Liebes Tagebuch, Ute Hölzl, Chefin der Internetredaktion und Fußballwunder gleichzeitig, muss schleunigst Trainerin der Nationalmannschaft werden. Nachdem die Österreicher auch gegen die Fußballgroßmacht Zypern verloren haben, herrscht akuter Handlungsbedarf. Der köstliche Realitätsverweigerer Johann Krankl braucht zumindest medikamentöse Hilfe. Abgesehen davon, dass Krankl für ein wunderschönes sprachliches Bild sorgte, als er meinte: »Durch den Wind is der Faden gerissen«, hat er zum wiederholten Male ausschließlich Trottelsätze vom Stapel gelassen. »Ein Tor in der letzten Minute darf nicht passieren« oder »Erste Halbzeit sehr in Ordnung«. Wir folgern: Tore in der 55. und 79. Minute dürfen also jederzeit passieren und eigentlich war dieser grottenschlechte Kick ja eh in Ordnung. Ute, hilf!

Ich unterstütze selbstverständlich die Idee, Ute Hölzl zur neuen Bundestrainerin zu machen. Aber irgendwie wäre es irregulär, denn schließlich hat sie keine Trainerlizenz, liebes Tagebuch. Aber es muss was getan werden, sonst wird Österreich beim nächsten Vierländerturnier Sechster. Vielleicht sollte neben Hölzl Chefcontroller Blumenau Sportdirektor werden. Der hat erstens gute Kontakte zur kroatischen Wettmafia und könnte zweitens die Knallcharge Mario Haas höchstpersönlich vom Platz ohrfeigen. Also Hölzl und Blumenau zum ÖFB und im Gegenzug verpflichtet sich FM4, Hans Krankls wunderbare Radio-Wien-Sendung »Der Nachtfalke« zu übernehmen. Auch schlimm, aber nicht ganz so.

11.2.

Stuart Freeman ist gestern mit gutem Beispiel vorangegangen und hat sich vorm Funkhaus einem Venencheck unterzogen. Der, so sagt der Arzt, »ist kostenlos, tut nicht weh und dauert nur ein paar Minuten«. Von der Volkskrankheit Venenleiden sind immerhin an die zwei Millionen Österreicher betroffen. Einer davon ist jetzt leider das alte FM4-Schlachtross Stuart Freeman. Im mobilen Venen-Kompetenzzentrum am Funkhausparkplatz hat man im Inneren des sympathischen Morgenmoderators Freeman ausschließlich verstopfte Venen gefunden. Liegt's am ungesunden Sitzen im Studiosessel, am Rauchen, am ungesunden Essen? Wahrscheinlich ein Mix aus allem. Der unkaputtbare Freeman nahm es mit Humor, hat sich zur entwürdigenden Venengymnastik angemeldet und nimmt morgen schon am sexy Vortrag »Alles rund um den Kompressionsstrumpf« teil.

Der Venencheck entwickelt sich zum Dauerthema hier bei FM4. Nach Freeman hat man auch bei Zikmund, Davidek, Umbauer, Pfister, Chefcontroller Blumenau, Springenschmid, Schmoll, Schindler, Lang, Unterweger, Larkin, Unger, Votava und Edlinger eine fortgeschrittene Venendegeneration festgestellt. Senderchefin Eigensperger hat den Notstand ausgerufen. Große Sorge hatten wir alle gestern Vormittag, als Albert Farkas leichenblass vom Studiohocker fiel. Tatsächlich wurde eine Art Nulldurchblutung bei ihm festgestellt. Wir mussten ihn in Anwesenheit zweier finnischer Venendoktoren auf den Kopf stellen, damit das Blut von den Füßen wieder in den Kopf läuft.

12.2.

Die kahlen Redaktionswände sind mir seit je ein Dorn im Auge, liebes Tagebuch. Dieses sterile Büroweiß ist eines lebendigen Jugendsenders nicht würdig, und deshalb habe ich in der Krisensitzung angeregt, man möge doch was an die öde Wand hängen. Was weiß ich: Gemälde, Hirschgeweihe, Tierkalender. Gemütlichkeit an die Wände. Schöner arbeiten. Mein Vorschlag wurde begeistert aufgenommen. Im Büro des Chefcontrollers hängt seit gestern ein riesiger Eisbärenkopf von einem Bären, den Blumenau angeblich letztes Jahr in Alaska nur mit psychischer Gewalt niederstreckte. Die jüngeren Mitarbeiter haben sich süße Teletubby- und Ponyfotos über ihre Schreibtische geklebt, ich selbst klopfe gerade meine originalen Keith Harings an die Wand, die ich mir gekauft habe, als ich noch McDonald's-Werbesprecher war und das nötige Kleingeld dazu hatte.

Die sexuell ausgehungerte männliche Kollegenschaft, ich sage nur Edlinger, Haipl und Duscher, hat sich nahezu ausschließlich in niveauloser Soldatenmanier Pin-up-Fotos an die Wand gehängt. Peinliche Busenbilder, stillose Abbildungen schmollmundiger Blondinen, na ja. Den außergewöhnlichsten Wandschmuck hat sich Andreas Gstettner ausgesucht. Hinter seinem Arbeitsplatz hängt seit heute Morgen ein unglaublich großer getrockneter Mantarochen, den der begeisterte Sportangler Gstettner letzten Sommer sensationellerweise aus dein Neusiedler See gezogen hat. Endlich kommt Leben ins Büro!

Letzten Samstag hat sich der wie eine blondgelockte Wüstenpython gekleidete Unterhaltungskünstler Gottschalk in der Livesendung die Lippe ein wenig aufgeschlagen. und er moderierte zeitweise wie Dracula himself – ein
Blutstropfen lief ihm übers Kinn. Das kann schon mal passieren, liebes Tagebuch. Arbeitsunfälle in der Livesituation sind auch bei FM4 keine Seltenheit. Nachrichtengott Joe Remick wurde 1997 von einer ins Studio fliegenden
Biene achtmal hintereinander in den peinlicherweise frei liegenden Podex
gestochen. Der souveräne Remick ließ sich nichts anmerken und verlas sogar noch das Wetter fehlerfrei. Der schönen Mirjam Unger platzten 2002 die
mit Silikon gefüllten Wangen auf, als sie gerade eine »Strokes«-Nummer an-
sagte, und ich selbst schnitt mir während der Songcontest-Moderation 1998
aus Versehen mit dem FM4-Buttermesser den kleinen Finger ab. Mein Schrei
wurde vom schwedischen Beitrag übertönt.

In die meisten sogenannten Arbeitsunfälle ist Chefcontroller Blumenau verwickelt. Er läuft schon mal ins Studio und würgt und ohrfeigt Kollegen, die
sich unverzeihlicherweise Fehler hinterm Livemikrofon leisten. Dem lieben
Herrn Zikmund biss der Chefcontroller sogar einmal ins Schienbein, als
dieser fälschlicherweise wagte, Thomas Edlinger mit Donald Edlinger an-
zusprechen. Ja, FM4 ist ein Profiladen. Man darf sich nichts zuschulden
kommen lassen. Wie sagt Grissemann so richtig in seinem Sozialspot: »Gib
Acht! 100 000 Arbeitsunfälle pro Jahr sind genau 100 000 zu viel!« und diese
100 000 Arbeitsunfälle beziehen sich ausschließlich auf FM4. Aufpassen, Tagebuch!

Liebes Tagebuch, sind in Lech am Arlberg eingeschneit und können nur telefonieren. Ein plötzlicher Wintereinbruch hat uns bei unserer Snowboard-
tour überrascht. Sind jetzt eingeschlossen in der Hütte »Zum jauchzenden
Kosaken«, der Hütte eines russischen Multimillionärs. Wir sind 16 insgesamt, zwölf deutsche Touristen und zwei australische Ureinwohner, die hier
als Snowboardlehrer arbeiten. Die Nerven liegen blank, wir haben kaum
was zu essen, und die Aborigines reden ständig mit den Geistern ihrer Vorfahren. Es ist kalt hier oben. Ein anwesender Arzt meint, wir sollen viel

Wasser trinken, auch wenn wir keinen Durst haben. Mindestens vier Liter täglich. Aber ich glaube das nicht, man geht ja auch nicht aufs Klo, bevor man muss.

Gott, ist das langweilig, eingeschneit zu sein. Wir halten uns mit albernen Gesellschaftsspielen bei Laune. »Reise nach Jerusalem«, »Mikado« und »Sex«. Ich trinke gegen den Durst jetzt nur noch Magenbitter und Likör. Der Wirt hier oben, Herr Bödele, macht das Geschäft seines Lebens. Man kriegt hier oben übrigens ausschließlich FM4 rein, keinen anderen Sender. Die deutschen Touristen halten sich ständig die Ohren zu. Die wollen »Schnappi« hören. Es ist kalt hier, Tagebuch, sehr kalt. In der Nacht muss ich mich mit einem riesigen Eiswürfel zudecken. Hoffentlich kommt der Rettungshubschrauber bald, sonst drehe ich durch.

17.2.

Liebes Tagebuch, ich verrate dir nun eine absolute Vertraulichkeit und bitte dich, es niemandem weiterzusagen. Aber du bist ja mein bester Freund und ich kann dir vertrauen. Nun, also. Die Senderchefin hat auf ihrem hübschen Allerwertesten ein Nikotinpflaster kleben. Woher ich das weiß? Na ja, ähm … Nicht was du glaubst, Tagebuch. Ich wurde des famosen nackten Hinterteils der Senderchefin noch nie auch nur kurz ansichtig, leider! Nein, sie selbst hat es mir gesteckt. Senderchefin Eigensperger, und das ist ihr hoch anzurechnen, versucht gerade wieder mit dem Rauchen aufzuhören. Vernünftiges Vorhaben für eine Dame, die doch an die 400 weggepofelt hat, pro Tag. Wir drücken ihr alle die Daumen, dass sie endlich von dieser schrecklichen Sucht loskommen möge. Warum sie aber das Pflasterchen gerade dort trägt, wo die Sonne nie hinscheint, wird wohl immer ihr Geheimnis bleiben.

Die Senderchefin ging mit gutem Beispiel voran und viele andere zogen nach. Wortchef Pieper, Dauerraucher seit 25 Jahren, hat sich sein Nikotinpflaster in die linke Kniekehle geklebt. Fred Schreibers Pflaster hat unter seiner Zunge Platz genommen, und wo der exzentrische Entertainer Hermes sein Nikotinpflaster hingeklebt hat, das darf hier unmöglich niedergeschrieben werden, weil auch Kinder dieses Tagebuch lesen. Egal, wo auch immer die hilfreichen Pflaster kleben, das einzig Wichtige ist doch, dass sie dazu beitragen, die FM4-Belegschaft zu grundgesunden Spitzenjournalisten zu machen. Weiter so! Es hat sich endlich ausgehustet!

19.2.

Liebes Tagebuch, im Zuge der Zehn-Jahre-FM4-Feierlichkeiten soll in den nächsten Monaten auch eine FM4-DVD auf den, wie es so heißt, Markt geschmissen werden. Nach Zahnbürste, Tasse und T-Shirt also endlich eine DVD! Bloß: »Was da drauftun?«, fragt sich Christian Davidek, der schlaue DVD-Zusammensteller. Die verzagten Gesichter der Redakteure, ein kleines Filmchen, das das karge Sitzungszimmer zeigt, dazu als Bonusfeature Stermann nackt? Oder was? Eine DVD über einen Radiosender ist echt ein schwieriges Unterfangen. So richtig herzeigbar sind wir ja alle nicht. Na ja, dem Davidek wird schon was einfallen.

Der an und für sich sehr integre und diskrete Herr Davidek hat mich gestern früh angerufen und mich gebeten, nächsten Mittwoch um 17.00 Uhr im Funkhaus-Fitnessraum zu erscheinen, weil er mich für die FM4-DVD abzulichten gedenkt. Auf die Frage, was ich denn zum Anziehen für den Dreh mitnehmen soll, meinte Regisseur Davidek schlicht: »Nichts.« Mmh. Will mich der tatsächlich zur Paris Hilton von FM4 machen? Ist es wirklich so, dass auf der jetzt schon hochgelobten FM4-DVD nichts anderes als ein schmutziges Stermann-Sexfilmchen zu sehen sein wird? Das kann nicht wahr sein, oder? Na ja, ich ziehe mich schon mal aus und gehe ins Funkhaus.

20.2.

Liebes Tagebuch, der Mann der Innenministerin war da und hat mit den Kolleginnen einen Tag lang Handball trainiert. Gunnar Prokop ist eher ein Trainer der alten Schule. »Die Weiber gehören dauernd in den Arsch getreten«, sagte er, als er die Redaktion betrat, und schüttelte den Kopf darüber, dass so viele Frauen bei FM4 arbeiten. »Die Frauen gehören in die Kuchl, sollen die Kinder erziehen und aus!«, tobte er und schickte die Kolleginnen erst einmal laufen. 80 Kilometer Sprint, bergauf, mit schweren Eisenkugeln an den Füßen. Als Claudia Unterweger sich japsend beschweren wollte, schrie er sie an: »Wennst noch reden kannst, kannst auch noch rennen. Erst wer vor Erschöpfung speibt, ist an seine Grenzen gegangen!« Chefcontroller Blumenau stand die ganze Zeit neben dem niederösterreichischen Menschenschinder und himmelte ihn an. Offensichtlich hat er in Gunnar Prokop seinen Meister gefunden.

Liebes Tagebuch, zur Abhärtung knallt Gunnar Prokop schon seit Stunden den Kolleginnen Bälle an den Kopf, sie können sich nicht davor schützen, weil ihre Hände am Rücken zusammengebunden sind. Gunnar Prokop erklärt seine Trainingsmethode so: »Wenn die Madeln nicht anzahn, dann kann man die Mannschaft nicht mehr trainieren, sondern muss sie dressieren. Einen Hund kann man auch trainieren oder dressieren!« Endlich kam Chefin Eigensperger ins Büro und brach diesen Irrsinn ab. Gunnar Prokop hüpfte wie Rumpelstilzchen herum, packte seine Sachen, knallte die Tür und fuhr zurück zu seiner Frau, der österreichischen Innenministerin. Ein denkwürdiger Tag.

21.2.

Liebes Tagebuch, nach dem Schiedsrichterskandal in Deutschland steht für mich fest, dass die österreichische Fußballnationalmannschaft eigentlich Fußballeuropameister wäre, wenn man sie nicht verpfiffen hätte. Es waren schon merkwürdige Entscheidungen, wenn man das mit dem heutigen Wissen noch einmal genauer unter die Lupe nimmt. In der Qualifikation spielte Österreich gegen Tschechien, Holland, Moldawien und Weißrussland, eigentlich eine gemähte Wiese, wenn man mich fragt. Dass Österreich dann gegen Holland 3:0 und 3:1 verloren hat und gegen Tschechien 4:0 und 3:2 und gegen Moldawien auch 1:0, das kann ich mir nur mit Schiebung und illegalen Wettgeschäften erklären. Wenn Österreich gegen Holland verliert, ich meine, wer auf so einen Ausgang setzt, der verdient sich ja dumm und dämlich. Wenn ich Hans Krankl wäre, ich würde die FIFA klagen. Vielleicht werden wir am grünen Tisch ja noch Europameister.

Liebes Tagebuch, dieser Schiedsrichter Robert Hoyzer soll regelmäßige Kontakte zur kroatischen Mafia gehabt haben. Hm. Hat Otto Barić da seine Hände drin? Na ja, so ein Toupet, das kostet ja bestimmt einiges, ich könnte ihm keinen Vorwurf machen. Außerdem, mir wäre es egal, wenn der MSV Duisburg aufgrund von skandalösen Entscheidungen auch einmal Champions-

League-Sieger wird. Wenn es fair zugeht, haben meine armen Duisburger nie eine Chance. Robert Hoyzer sollte bei der WM 2006 eingesetzt werden, dann kommt Österreich ins Endspiel und wir alle setzen auf einen österreichischen 19:1-Erfolg gegen Brasilien und sind die reichsten Alternative-Sender-Moderatoren der Welt. Elf Freunde müsst ihr sein? So ein Quatsch. Mit dem Schiedsrichter befreundet müsst ihr sein. Das ist der Schlüssel zum Erfolg.

22.2.

Liebes Tagebuch, ja was denn nun? Während es heißt, dass die Erderwärmung doppelt so stark ausfallen könnte wie bisher gedacht, nämlich bis zu 11,5 Grad noch in diesem Jahrhundert, leidet Europa unter klirrender Kälte und Wien erlebt den stärksten Schneefall seit 36 Jahren. Da wir clevererweise gerade jetzt unsere Fenster in der Redaktion austauschen lassen, kommt man im Büro nur noch mit Schneeschuhen weiter. Meterhoch türmt sich der Schnee. Schneeverwehungen und ein eisiger Wind. Ich komme mir vor wie in einer Sibiriendoku. Da Handwerker ja gemütliche Typen sind, werden wir unsere Fenster wahrscheinlich erst um die Jahrhundertwende bekommen, wenn's auch im Winter herrliche 30 Grad hat.

Liebes Tagebuch, nur nicht einschlafen, lautet die Devise bei FM4, denn einschlafen kann tödlich sein. Chefcontroller Blumenau sitzt auf seiner kleinen Schneeraupe und räumt den Schnee von seinem Schreibtisch auf andere Kollegen. Ich habe von zuhause meinen Bernhardinerhund »Eselchen« mitgebracht, er soll nach Magister Edlinger suchen, der von Blumenau zugeschüttet wurde. Ich selber habe Erfrierungen an den Fingernägeln und meinem Haar. Lange halt ich's nicht mehr durch. Die Spucke gefriert schon im Mund, was das Moderieren auch nicht leichter macht. Eselchen hat mich eben abgeleckt und ist mit seiner Zunge an meiner Wange hängengeblieben. Menschliche Wärme könnte vielleicht helfen, aber dafür war FM4 noch nie bekannt.

23.2.

Liebes Tagebuch, Stermann war ja die letzten paar Tage in seiner Heimat. Mit Entsetzen habe ich jetzt im WDR gesehen, was er dort gemacht hat. Er ist bei einer Karnevalssitzung der Düsseldorfer Prinzengarde Rot-Weiß aufgetreten und hat als Bockwurst verkleidet eine idiotische Büttenrede gehalten. Ich kann nur hoffen, dass außer mir niemand diesen Irrsinn gesehen hat, wenn doch, ist unser Ruf auf Jahrzehnte ruiniert. Bei diesen Special Olympics der Unterhaltung teilzunehmen, ist unter aller Sau. Als Bockwurst! Mit senfverschmiertem Gesicht! Mit so jemandem kann ich unmöglich in einem Schwab-Stück auf der Bühne stehen, und unser neues Bühnenprogramm »Harte Hasen«, das ich eigentlich angelegt habe irgendwo zwischen Beckett und Ionesco, kann ich mir auch nur schwer vorstellen mit einer Bockwurst, die nach jedem schlechten Witz auf einen Tusch wartet. Magister Edlinger, mit dem zusammen ich die Karnevalssitzung zufällig sah, hat jedenfalls angekündigt, mit Stermann kein Wort mehr zu wechseln, weil er ihm endgültig minderbemittelt erscheint. Stermann spinnt, soll er doch nach Düsseldorf zurückgehen und als Tanzmariechen arbeiten.

Liebes Tagebuch, habe gerade Magister Edlinger am Gang getroffen. Er hat vor mir ausgespuckt und ist grußlos an mir vorbeigegangen. Merkwürdig, aber so ist das Leben. Vor ein paar Tagen noch hab ich mich herrlich amüsiert, kaum in Wien, wird man schon wieder depressiv. In Düsseldorf, wo die Leute immer gute Laune haben, hab ich einen Riesenerfolg bei der Karnevalssitzung der Prinzengarde gefeiert. Schon beim Anblick meines Kostüms lagen die Leute auf dem Boden. Und dann kam meine Rede, Gag an Gag, die Leute haben kaum mehr Luft bekommen vor lauter Prusten. Warum findet man in Kirchen keine Ameisen? Sie sind Insekten! Trärä, trärä, trärä. Was ist der Unterschied zwischen Comediens und Kabarettisten? Comediens machen's wegen dem Geld, Kabarettisten wegen des Geldes. Trärä, trärä, trärä. Ein Ehepaar sitzt kuschelig zusammen auf der Couch. Sagt er: »Erzähl mir was Schmutziges.« Sagt sie: »Küche.« Trärärärä. Ich freue mich schon aufs nächste Jahr, da gehe ich als Currywurst und rede über die Pisa-Studie: »In einer Schule im Ruhrgebiet werden die Artikel durchgenommen. Ein Schüler meldet sich: ›Meine Schwester bekommt ein Kind. Der die das gemacht, ist abgehauen‹«. Ich lach mich schlapp. Düsseldorf, helau. Und Magister Edlinger soll scheißen gehen.

Liebes Tagebuch, ich werde alleine, ohne Stermann auf Tour gehen mit unserem neuen Programm »Harte Hasen«, weil Stermann sich in Zukunft anders orientieren will. Das wird nicht einfach werden, weil »Harte Hasen« ausschließlich aus kurzen Dialogen besteht, aber irgendwie werde ich's schon schaffen. Nächste Woche habe ich in Vorarlberg im Conrad Sohm Vorpremiere und ab 1. März geht's dann auch in Wien und im Rest des Landes los. Werde ich aus dem sechsstündigen Dialog halt einen dreistündigen Monolog machen. Dass Stermann mich jetzt hängen lässt, werde ich ihm niemals verzeihen. Und dass er den Villacher Fasching der Arbeit mit mir vorzieht, schon gar nicht. Stermann wird der Nachfolger vom Apotheker, der ja nach 25 Jahren seinen zweifelhaften Job beim Fasching aufgehört hat. Stermann will ihn ersetzen und als »Der Deutsche« in Villach in die Karnevalsgeschichte eingehen. Er hat einen schleimigen Brief an Jörg Haider geschrieben und sich in Villach bereits eine Wohnung gesucht. Soll er doch. Stermann ist künstlerisch – und für mich auch menschlich – gestorben.

Liebes Tagebuch, eine einmalige Chance. Ich werde eine Kärntner Institution. Haltet euch fest, ihr Kärntner Narren: Der Deutsche kommt. Meinen Job bei FM4 werde ich kündigen, weil ich mich ganz auf die Fernsehsitzung 2006 vorbereiten muss. Das muss sitzen, darf nicht zu hart sein, muss die Politiker ein bisschen auf die Schaufel nehmen und muss zwei Millionen Österreichern an den Bildschirmen gefallen. Herrlich. »Ein Amerikaner will einem Einheimischen in Afghanistan den augenscheinlich gewordenen Fortschritt klar machen: ›Na, man merkt doch, dass eure Gesellschaft etwas offener geworden ist. Früher gingen die Frauen immer tief vermummt und demütig hinter ihren Männern her, heute gehen sie zehn Meter vor ihnen!‹ Sagt der Afghane: ›Ja, aber das ist wegen der Tretminen.‹« Lei-lei. Sie werden mich lieben.

Liebes Tagebuch, Patrick Pulsinger und Kollege Stermann haben einen Sandsack in die Redaktion gehängt, den sie stundenlang mit bloßen Fäusten und blutunterlaufenen Nasen und Augen bearbeiten. Der grazile und gertenschlanke Pulsinger springt dabei parallel noch Seil, während Stermann schnauft wie eine schwangere Seekuh. Immer wieder mal boxt der smarte DJ meinen Kollegen statt des Sandsacks, einfach weil er beide verwechselt. Tatsächlich gleichen sich der Deutsche und der Sandsack wie ein Ei dem anderen, nur mit dem Unterschied, dass der Sandsack keine graue Perücke trägt. Beide haben sich für einen Halb- und Viertelpromi-Boxkampf angemeldet, der von einem kroatischen Wettanbieter veranstaltet wird. Pulsinger wird dort im Feder-und-Papier-Gewicht antreten gegen den deutschen Skispringer Hannawald, Stermann in der Superkolossklasse gegen Landwirtschaftsminister Pröll. Pröll und Stermann bringen zusammen fast 1,8 Tonnen auf die Waage. Pulsinger und Hannawald gemeinsam nicht mal 40 Kilogramm. Obwohl Pulsinger allein schon 39 Kilogramm wiegt. Das wird ein ungleicher Kampf, hoffentlich darf der Skispringer im Ring wenigstens seinen Milka-Helm aufsetzen.

Liebes Tagebuch, ich bin eine Killermaschine. Edip Sekowitsch, der serbische Stier, hat mit mir trainiert und mir eingebläut, dass ich eine Killermaschine sein muss. Etwas enttäuscht ist Sekowitsch über meine geringe Schlagkraft, meine schlampige Technik und die nicht vorhandene Beinarbeit. Aber ich mache das alles mit meiner Entschlossenheit wett. Überrascht hab ich registriert, dass mein Trainer Sekowitsch eine hohe Summe auf den Landwirtschaftsminister gesetzt hat, angeblich bekommt man für 1 Euro nur 1 Euro 10, wenn ich innerhalb der ersten Runde tot umfalle. Das macht mir nichts. Ich nehme mir an Pulsinger ein Beispiel, der seinen Kampf in Rekordzeit gegen Sven Hannawald gewonnen hat. Bei der Begrüßung im Ring hat Patrick mit seinen Boxhandschuhen so fest gegen die Boxhandschuhe des Skispringers geboxt, dass Hannawald zu Boden sank und liegen blieb. Noch vor dem Gong zur ersten Runde. Genauso will ich's auch versuchen. Ich bin eine FM4-Killermaschine.

26.2.

Liebes Tagebuch, wir sind draufgekommen, dass bei FM4 nur drei Mitarbeiter bei österreichischen Nationalratswahlen wahlberechtigt sind. Chefsekretärin Anna Nemeth, Chefcontroller Blumenau und Chefin Eigensperger. Alle anderen sind entweder zu jung oder Ausländer oder das Wahlrecht ist ihnen entzogen worden aufgrund einer kriminellen Vergangenheit oder

Altersdemenz oder großer Verwirrtheit. Wir sind etwa 100 Mitarbeiter bei unserem kleinen Hippiesender, und wir alle werden also von 3% der Belegschaft demokratiepolitisch vertreten. Mir selbst wurde bereits vor fünf Jahren das Wahlrecht entzogen, wegen groben Unfugs und schwerer Urkundenfälschung, weil ich in meinem Pass das Geburtsjahr geändert habe. Auf 1986. Damit ich für mich Kinderbeihilfe bekomme. Außerdem habe ich die Asche meines verstorbenen Goldhamsters in die Wahlurne geschüttet. Urne ist Urne, dachte ich. Seit damals werde ich jedes Jahr auf meinen Geisteszustand überprüft. Bis jetzt habe ich von den Psychologen noch kein grünes Licht bekommen für die Wiederherstellung meines Wahlrechts. Na ja, bis zur nächsten Nationalratswahl habe ich ja noch ein bisschen Zeit. Wird schon werden.

Liebes Tagebuch, in Österreich darf ich nicht wählen, weil ich Deutscher bin, und in Deutschland darf ich nicht wählen, weil ich in Österreich bin. Aber damit bin ich nicht allein. Stuart Freeman ist Engländer und darf auch nicht in England wählen, weil er 1984 bei einer Party im Buckingham-Palast Prince Charles an den Ohren gezogen hat und dessen Freundin Camilla Parker Bowles in die Erdbeerbowle warf. Duncan Larkin hat im Londoner Hyde Park auf einer Bananenkiste stehend jahrelang wirre Reden gehalten, in denen er forderte, dass sein Pudel Malcolm König von England werden solle. Interessanterweise stand damals auf einer Nebenkiste Christian Fuchs, der sich verständlicherweise vehement gegen die Fuchsjagd aussprach. Dort am Speaker's Corner haben sich die zwei kennen gelernt, und so ist Duncan dann auch zu FM4 gekommen. Joe Remick hat erst heuer sein Wahlrecht verloren, weil er bei den US-Wahlen nicht für Bush gestimmt hat und deshalb als Terrorist gilt. Ja, wer bei FM4 arbeitet, hat keine Wahl. Wir trösten uns mit dem alten schönen Satz: Wahlen ändern nichts, sonst wären sie verboten.

27.2.

Liebes Tagebuch, es zerreißt mir das Herz. Die jungen Kollegen Haipl, Puntigam und Schreiber sitzen mit leeren Gesichtern an ihren Schreibtischen. Lange haben sie alle für »Die Sendung ohne Namen« gearbeitet, jetzt arbeiten sie ohne »Sendung ohne Namen« und sind in ein tiefes Loch gefallen. Ohne Sendung, ohne Namen, ohne Perspektive, ohne Sinn. Ich verstehe ja den ORF, wenn Redakteure es jahrelang nicht einmal schaffen, einen Sendungsnamen zu finden, dann ist wahrscheinlich Hopfen und Malz verloren. So gesehen, waren die Fernsehbosse eh unglaublich geduldig mit den Herren. Fernsehsendungen brauchen nun mal einen Namen. Sie müssen »Am Dam Des« oder »ZiB 1« heißen oder von mir aus auch »Zu dritt in kleine Förmchen setzen«, so wie man ja auch Kindern einen Namen geben muss. Würden Kinder keinen Namen haben, dann wäre es in der Schule so: »Mädchen ohne Namen, setze dich neben das Mädchen ohne Namen und hör auf, von dem Jungen ohne Namen abzuschreiben.« Oder im Kaufhaus: »Der kleine Junge ohne Namen sucht seine Eltern.« Oder in der Politik: »Zur neuen Außenministerin wurde vom Bundeskanzler ohne Namen die Frau ohne Namen bestimmt.« Nein, die Herren Haipl, Puntigam und Schreiber mitsamt Regisseur David Schalko müssen sich da schon Kritik gefallen lassen.

Liebes Tagebuch, mein höchstbegabter Kollege Grissemann hat völlig Recht. Man stelle sich mal den Kommentar eines Fußballspiels vor: »Mann ohne Namen passt zu Mann ohne Namen, aber da wird er vom Mann ohne Namen von hinten übel gefoult, und vom Mann ohne Namen wird der Mann ohne Namen jetzt zu Recht vom Platz gestellt.« Wie lang könnte man sich so einen Irrsinn anhören? Ich denke, dass die Herren Schreiber und Haipl und Puntigam schon selbstkritisch genug sind, dass sie das einsehen. Außerdem gibt es so schöne Sendungstitel: »ZDF-Hitparade«, »Die Johannes B. Kerner Show«, »Frisch gekocht«. Ich heiße zum Beispiel Stermann. Auch ein schöner Name, besser als Hassloch oder Morgenschweiß. Da fällt mir mein Lieblingsabspann der deutschen Fernsehgeschichte ein. Bei der idiotischen Musiksendung »Formel 1« vom Bayrischen Rundfunk kamen im Abspann nacheinander folgende Namen: Stefan Morgenschweiß, Beate Frühstück und Kai von Kotze. Namen, die zusammen eine richtige kleine Geschichte ergeben.

2.3.

Liebes Tagebuch. Die strengen Hierarchien hier bei FM4 verlangen es, dass die unwichtigen Mitarbeiter lediglich an kahlen Schreibtischen kauern, während die Chefs echte Zimmer haben und so ungestört sind. Musikchef Makossa residiert ganz hinten und hat sein Reich meist fest abgeschlossen, Senderchefin Eigensperger schnarcht in einem Prunkbüro mit Riesenluster und eigenem Katzengehege vor sich hin, nur den lieben Wortchef Pieper haben sie in einen Glaskäfig gesteckt, der so aussieht, als hätte er ihn direkt von Hannibal Lecter übernommen. In Piepers Glasbüro kann jeder jederzeit reinsehen. Sehr unangenehm. Der Wortchef ist keine Sekunde mit sich allein. Er muss sich fühlen wie im Zoo.

Tatsächlich drücken sich viele junge FM4-Mitarbeiter die Nasen an Piepers Glasbüro platt, ganz so, als wäre unser Wortchef Elefantenbaby Abu. Der Hannibal-Lecter-Vergleich von Grissemann ist übrigens gar nicht schlecht. Manchmal schreckt uns Pieper, der immer der Erste im Büro ist, damit, in Lecter-Manier sehr aufrecht mit am Rücken verschränkten Armen neben seinem Schreibtisch zu stehen und unheimlich aus dem Büro rauszuschauen. Ein Scherz des Wortchefs, der uns ganz schöne Angst einjagt. Ja, die ständige Beobachtung, der er ausgesetzt ist, hat ihn verhaltensgestört gemacht. Er ist kaum mehr in der Lage, normal zu kommunizieren, und wird von Pflegern jeden Abend abgeholt.

4.3.

Nachdem die wie ein afrikanischer König gekleidete, sehr sympathische Lohnverrechnerin Frau Awadalla am Montag eine satte Assinger-Million abgestaubt hat, habe ich mir Gedanken gemacht, wer von FM4 wohl am ehesten an die Million herankommen würde, liebes Tagebuch. Wahrscheinlich der seltsame Herr Edlinger. Er ist der Schlaueste von uns allen. Kennt sich in Wirtschaft, Politik und Kunst aus und hat auch in Geographie, Physik, Sport, Religion und Sexualkunde keine Wissenslücken. Der Edlinger würde die Millionenleiter raufklettern, dass dem simplen Assinger die Luft wegbleibt. Für die anderen FM4-Herren wäre wohl bei 1000 Euro Endstation. Den Damen gebe ich 1000 Euro mehr, aber dann ist Schluss. Nein, den Job müsste schon der »Sumpf«-Edlinger erledigen, mit mir als Telefonjoker für die Millionenfrage, versteht sich.

Als Edlinger das hörte, war er sehr geschmeichelt, liebes Tagebuch, gab aber zu bedenken, dass er bei Sprichwörtern äußerst unbeleckt sei. Er wisse zum Beispiel nicht, was Morgenstund im Mund hat und was eine Schwalbe noch nicht macht. Was die Axt im Haus erspart und was dem passiert, der anderen eine Grube gräbt, das könne er auch nicht mit letzter Sicherheit sagen. Verdammt, so wird's also doch nichts mit der FM4-Million. Im Gegenteil, der Edlinger würde sich unglaublich blamieren und mit 50 Euro gedemütigt vom Stuhl klettern, weil er die Trottelfragen nicht beantworten kann, sondern nur die ganz, ganz schweren. Dann verdienen wir unser Geld halt weiterhin mit ehrlicher Arbeit. Und der Edlinger kriegt zum Geburtstag ein Sprichwörter-Lexikon geschenkt. Aufgeschoben ist nicht aufgehoben!

6.3.

Liebes Tagebuch, man muss sich FM4 als brodelnden Ameisenhaufen vorstellen. Hunderte Mitarbeiter laufen mehr oder weniger übereinander hektisch in die Studios, trommeln Texte in die Schreibmaschinen, interviewen Szenegrößen, werken, schrauben, hämmern bis tief in die Nacht. Nein, sogar rund um die Uhr. Da vergisst der fleißige, karrieregeile Redakteur schon manchmal aufs Essen. Dann knurrt der gastritisgeplagte Magen und der Automat spuckt außer eingeschweißten Extrawurstsemmeln aus dem letzten Jahrtausend so gar nichts aus. Deshalb kleben an allen Türen in der Redaktion Telefonnummern von Pizza-Lieferdiensten. Der Pizzadienst ist der engste Vertraute des FM4-Arbeitstiers. Wir haben die Burschen, die die Kartons in einer Hand jonglieren, richtig lieb gewonnen. Die FM4-Lieblingspizza heißt Diavolo. Ein scharfes, schweißtreibendes Biest, das einen wieder richtig auf Vordermann bringt. Kollege Schindler ernährt sich beispielsweise seit fünf Jahren ausschließlich von 1-m-Durchmesser-Diavolos. Eine zwar einseitige, aber sehr gute Ernährung.

Auch ich habe im Laufe meiner Radiokarriere geschätzte 5000 Diavolos in mich reingestopft. Ein beißender Pfefferonigeruch hängt bleischwer an der Redaktionsdecke. Wir sind alle süchtig nach der Teufelspizza. Gestern, liebes Tagebuch, endete allerdings das Diavolo-Zeitalter. Kollege Schindler hat gestern Abend nämlich die neueste Droge mitgebracht: Pizza Inferno. Zehnmal schärfer noch als die gute alte Diavolo! Chilli, Pfefferoni, Knoblauch, das Ganze flambiert – ein Traum. Unsere Rachen sind verbrannt, aber unsere Gier nach schweinescharfem Essen gestillt. Die Dosis wurde erhöht. Nach Diavolo kam Inferno. Was kommt als Nächstes, Tagebuch? Pizza Apokalypse? Pizza 9/11? O Gott, o Gott, wo führt das hin?

Das milde Wetter draußen hat die gesamte Belegschaft zu einem Friseurbesuch animiert, liebes Tagebuch. Die Winterzotteln wichen einem flotten Sommerschnitt. Wir sehen alle glatte 15 Jahre jünger aus. Und das Allertollste: Man kann bei jedem einzelnen FM4-Redakteur wieder die Ohren sehen, die den ganzen Winter über von fettigen Haaren verdeckt waren. Und FM4-Mitarbeiter haben die tollsten Ohren in der europäischen Radioszene, ich schwör's, Tagebuch! Kollegin Bauers Ohren sehen aus wie Zimtschnecken, die von Frau Unger wie Kastanien, und die Ohren von Herrn Schreiber sind so schön, dass mir gar kein Name dafür einfällt. Ohren ohne Namen sozusagen. Nur die älteren Mitarbeiter haben hässliche Ohren. Groß und verwachsen. Stuart Freemans Ohren sind fast einen halben Meter lang und scheuern an seinen Schultern. Stuart wird schon lang »Elephant Man« von uns genannt. Auch Kollege Stermann hat riesige Altersohren, aber von denen erzählt er am besten selbst …

Meine zarten Öhrchen sind tatsächlich ein wenig prägnant ausgefallen und erinnern entfernt an Betonmischmaschinen, die man versehentlich an den Kopf gehämmert hat. Aber sie sind komplett haarlos. Fritz Ostermayers Hörwerkzeuge wiegen – würde man sie abschneiden – sicher 40 Kilogramm und sind zu allem Überfluss auch noch mit dichtem schwarzem Haar überzogen. Fritz hat eindeutig die erstaunlichsten Ohren. Er muss sie jeden Morgen mit dem Gartenschlauch abspritzen, und beim Ohrenarzt kriecht der Onkel Doktor meterweit in die Lappen rein. Mit so was muss King Kong gehört haben, liebes Tagebuch!

Der bandlose Burstup hat sich in einer Netzgeschichte darüber beklagt, noch nie in dir vorgekommen zu sein, liebes Tagebuch. In einem Posting dazu findet Herr Glashüttner denselben Umstand nur wenig bedauerlich. Womit die beiden grundsympathischen Herren nun doch endlich vorkamen und ein für allemal klargestellt werden muss: Du, Tagebuch, bist kein Who-is-who-Lexikon, keiner wird wichtiger durch einen Eintrag ins Buch der Bücher. Herr Edlinger zum Beispiel ist eher ein 70. Rad am FM4-Wagen, trotzdem wirft ihn die FM4-offair-Google-Maschine als denjenigen aus, der nach

Blumenau und Eigensperger die meisten Erwähnungen hat. Wir sind zu-allererst Gentlemen vorn Scheitel bis zur – eh schon wissen – und keine dumpfen Ausplanderer.

Wir wissen zu viel über euch, Burstup und Glashüttner. Eine Totalaufdeckung könnte unangenehmer werden, als ihr glaubt. Nehmt es als Zeichen allergrößten Respekts …

Das löchrige Gedächtnis gerade von Herrn Burstup ist Legende hier bei FM4. Selbstverständlich kam der mittlerweile bandlose Privatier Burstup in den Tagebüchern vor. Ich erinnere sogar einen ganzen Eintrag nur über ihn. Aber gut, wenn er unbedingt will – wir können auch anders. Wie wär's mit den »Burstup-Powerwochen« oder einem drei Monate langen »Glashüttner-Special«. Wenn wir das realisieren, Burschen, könnt ihr nur noch mit dem Plastiksack überm Kopf über die Straße schleichen. Fragt nach bei Edlinger! Gerade der Glashüttner hat sich im Laufe seiner FM4-Karriere so einiges zuschulden kommen lassen, und nur der grundgütige Grissemann verhindert noch, dass alles rauskommt. Alles. Verstanden, Glasi und Bürste? Alles! und jetzt schön weiterarbeiten …

10.3.

Chefcontroller Blumenau, der ja auf dem zweiten Bildungsweg seine Kammerjäger-Ausbildung nachgeholt hat, erkannte gestern als Erster, dass FM4 vor einer Mottenkatastrophe steht.

Das milde Wetter hat die wie besoffen fliegenden Motten ganz schön aus ihren Löchern rausgeholt. Dem großartigen Joe Remick haben Kleidermotten gestern, als er die »News« mit mächtigem Bass verlas, innerhalb von drei Minuten das gesamte Beinkleid weggefressen. Remick kam mit Hose ins Studio und ohne diese verließ er es wieder. Über jedem Mitarbeiter surrt mittlerweile ein Mottenschwarm, dass es eine Art hat. Es sieht aus wie in einem Insektenhorrorfilm, hier im Büro. An jedem Körper kleben diese ekligen Mottenfallen, an denen die Redakteure hängen bleiben. Der Chefcontroller sieht nichts mehr, weil sich ein ganzer Mottenstamm auf seinem Nasenfahrrad niedergelassen hat. Irgendwas muss passieren und zwar schnell.

Dass tus Schluss macht mit lästigen Insekten, können wir nicht unbedingt bestätigen. Durch das hysterische Gespraye verloren leider nur zwei Internetredakteure vergiftet ihr kümmerliches Leben. Die Motten selbst zeigten sich erstaunlich unbeeindruckt und genossen die Giftbombardierung offensichtlich sogar noch. Wir haben jetzt über acht Milliarden Motten im 100 m²-Büro. Und es werden stündlich Millionen mehr. Wir haben resigniert und wissen nicht mehr weiter. Wortchef Pieper liegt mit dem Gesicht nach unten vor dem Livestudio, abertausende Motten krabbeln über seinen Rücken. Lebt er noch? O mein Gott, vielleicht sollte doch irgendjemand mal kurz das Fenster öffnen …

11.3.

Liebes Tagebuch, in Wahrheit hat FM4 in Bayern mehr Hörer als in Österreich. Darum ist es mal an der Zeit, sich diesen bayrischen Hörern zu widmen. Viele von ihnen hatten jahrelang kein Radio mehr gehört, aus Selbstschutz und teilweise auch, weil es ihnen vom Arzt verboten wurde. In Bayern nämlich, wie auch im übrigen Deutschland, hört man auf jedem Sender bis zu 65-mal am Tag Tina Turner, noch viel öfter Phil Collins und Marius Müller-Westernhagen, den Rest des Tages läuft entweder »Scooter«, Jeanette Biedermann oder Yvonne Catterfeld. Das hat bei vielen Deutschen schon zu freiwilligen Hörstürzen geführt und zu Selbstverstümmelungen des Trommelfells. Tausende von jungen Bayern haben sich mit der Gabel und dem Messer in der Früh Amboss und Steigbügel kaputtgemacht, weil sie das Gedudel aus dem Radio nicht mehr ertragen konnten. Mit Hilfe von FM4 werden sie jetzt ganz langsam und vorsichtig wieder ans gute alte Dampfradio herangeführt.

Liebes Tagebuch, es gab Bayern, die bei einem Österreichbesuch ihren österreichischen Gastgebern die Radiogeräte stahlen, in der Hoffnung, dass sie dann auch zuhause im Freistaat FM4 hören können. Nördlich von München kann man FM4 ja nicht mehr empfangen, es gibt Regensburger, die sich 24-Stunden-Kassetten schicken lassen und dann so tun, als könnten sie FM4 empfangen. Da finde ich es nur recht und billig, wenn wir von Wien aus mal ein kräftiges »Pfüat eich Gott!« über die Grenze rufen. Und einen Rat. Wenn euch euer bayrisches Radio nervt, macht doch einfach euer eigenes. Das ist gar nicht so schwer und geht ohne jede Ausbildung, wie wir bei FM4 es täglich beweisen.

Liebes Tagebuch, kennst du den größten Unterschied zwischen Ö3 und FM4? Kleiner Tipp: Du erkennst den Unterschied, wenn du mal einen Blick auf den Ö3-Parkplatz wirfst und danach auf den FM4-Parkplatz. Bei uns steht kein einziges Auto, während die Kollegen des Erfolgssenders Doppel- und Dreifachgaragen haben. Tatsächlich hat bei FM4 niemand ein Auto, während manche Ö3-Kollegen mehr Autos haben als Auto-Denzel oder Honda-Havelka oder wie diese Firmen heißen, mit denen man als FM4-Mitarbeiter niemals in Berührung kommt. Der Grund für unsere Autolosigkeit ist natürlich zum einen unsere Armut. Die Banken reißen sich nicht gerade um dich, wenn du um einen Kredit anfragst und als Sicherheit nur einen Job bei FM4 anbieten kannst. Tatsächlich reicht ein Durchschnittsverdienst bei uns nicht mal für ein Mofa. Unsere Fortbewegungsmittel sind aus Leder und haben Schnürsenkel. Zum anderen sind wir aber draufgekommen, dass nur drei Mitarbeiter überhaupt einen Führerschein haben. Stermann, Votava und Ostermayer. Ich selber habe nie versucht, den Führerschein zu machen, alle anderen haben die Prüfung nie geschafft. Stuart Freeman hält mit 69 Versuchen den redaktionsinternen Rekord. 69-mal durch die Führerscheinprüfung gefallen, weil er sich als Engländer reflexartig bei der praktischen Prüfung immer auf den Beifahrersitz gesetzt hat.

Liebes Tagebuch, ich habe ja viel Erfahrung als Autofahrer. Seit fast 20 Jahren hab ich den Führerschein, aber ich habe noch nie ein Auto gefahren, auf dessen Dach kein Taxischild war. Kollege Ostermayer musste seinen Führerschein abgeben, nachdem er in den letzten 40 Jahren bei unzähligen Alkoholkontrollen insgesamt die 2000-Promille-Grenze überschritten hatte. Und Gerald Votava hat man den Führerschein abgenommen, nach einem »Projekt X«-Auftritt im Verkehrsministerium, wegen grobem Unfug. Trotzdem sind wir drei Autofahrer eine verschworene Gemeinschaft, wir sitzen am KFZ-Stammtisch in der Kantine und spielen Autoquartett, weil wir die Einzigen bei FM4 sind, die die Regeln heim Autoquartett verstehen. Freeman, wie alle Engländer schwerer Legastheniker, hält die Karten immer verkehrt herum. Mit ihm kann man beim besten Willen nicht seriös Quartett spielen. Alle anderen kennen den Unterschied zwischen PS und km/h nicht. Egal, wir drei sind uns genug, und wenn wir durchs Funkhaus zurück in die Redaktion gehen, spielen wir immer Autorennen. Aäääähhhhh-ähhhhh-ähhh. Herrlich, fast so schön wie wirklich fahren.

13.3.

Liebes Tagebuch, ehrlich, das könnte ich nicht. Jeden Tag im Internetz eine Art Tagebuch führen, so wie Martin Blumenau mit seinem Journal. Dafür wäre ich zu faul und feist. Inzwischen glaube ich, dass Blumenaus Arbeitstag 25 Stunden hat, er steht wahrscheinlich auf, bevor er schlafen geht. Unser Mr. One Million Volt. Auf seinem Schreibtisch liegen meterhoch Zeitschriften und CDs, der Stapel mit Hörerpost reicht von seinem Schreibtisch im vierten Stock bis in den siebten. Sein Postberg wäre die höchste Erhebung in Stermanns Heimat Nordrhein-Westfalen. Blumenau liest am Tag durchschnittlich 400 Magazine und fast 12 000 Tageszeitungen, und im Netz liest er täglich alles, was das World Wide Web neu auswirft. Er ist ein unheimlicher Leibniz, der einzige Lebende, der das gesamte Wissen seiner Zeit intus hat. Ja, von nichts wird man nicht Chefcontroller von FM4, das beweist er minütlich eindrucksvoll.

Liebes Tagebuch, aufgrund der Masse an Information, die Blumenau in sich aufsaugt, ist er dazu übergegangen, parallel zu lesen. Mit der rechten Hand und dem rechten Auge die *Zeit*, mit der linken Hand und dem linken Auge die *Frankfurter Allgemeine Zeitung*, mit dem rechten Fuß und einem Hühnerauge die *New York Times*, mit den fünf Zehen des linken Fußes *Kronen Zeitung*, *Kurier*, *Bild*, *Kicker* und *News*. Faszinierend. Gleichzeitig hört er sich auf drei verschiedenen Discmen drei komplette CDs durch, während er mit der Nase sein Journal in die Tasten hämmert. Trotzdem – und dafür bewundere nicht nur ich ihn – hat er die gesamte Kollegen- und Kolleginnenschaft im Visier, jederzeit bereit, die kleinsten Fehler lautstark anzuprangern. »Multitasking« ist ein Hilfsausdruck für das, was Blumenau tut. Polytasking vom Allerfeinsten, während wir anderen schon stolz sind, an einem ganzen Arbeitstag einen Bleistift fast fertig angespitzt zu haben. Grissemann ist oft schon erschöpft, wenn er sich mal durchs Haar fährt, und ich schwitze schon, wenn ich vom Sessel aufstehe. Der Chefcontroller lebt da in einer ganz anderen Welt. Unheimlich. Ich habe gesehen, dass er sein Journal auf der FM4-Homepage bereits bis 2158 vorgeschrieben hat. Wahnsinn.

15.3.

Liebes Tagebuch, die Roten Nasen waren da. Um uns aufzuheitern. Die Klinikclowns meinten, wir seien die traurigste Jugendredaktion, die sie je gesehen hätten. Nun, sie zauberten und scherzten, aber bei uns blieb jedes Auge trocken. Schließlich hat Chefcontroller Blumenau sie rausgejagt. Kollegen Stermann kann sowieso niemand aufheitern, nachdem er beim Casting für »Quiz Express« Letzter geworden ist. Dabei hatte er sich so viel vorgenommen, ich musste ihm stundenlang gegenübersitzen, als Zuschauerdummy und mich von ihm motivieren lassen anzurufen. Leider war das Urteil der strengen Küniglberg-Caster vernichtend für meinen Freund aus dem Ruhrpott. Ich zitiere: »Dirk Stermann wirkt unkonzentriert und unsympathisch. Sein äußeres Erscheinungsbild ist ungepflegt, er ist zu alt und phlegmatisch, er kann nicht motivieren und sich die Telefonnummer nicht merken. Außerdem scheint er selber zu dumm, als dass man das Gefühl hätte, er selber könne die Fragen richtig beantworten.« Nun, liebes Tagebuch, die gleiche Beurteilung gab es auch damals, als er sich beim Radio beworben hat. Die ORF-Caster haben ihn damals FM4 zugewiesen. Offenbar schien er ihnen als unkonzentrierter, unsympathischer, ungepflegter, alter, phlegmatischer und dummer Mensch prädestiniert für FM4.

Liebes Tagebuch, die Kolleginnen und Kollegen haben viel Häme über mir ausgegossen, nachdem meine Beurteilung beim »Quiz Express«-Casting bekannt geworden ist. Ich verstehe auch nicht, warum die Caster dieses vernichtende Urteil als Rundmail an alle ORF-Mitarbeiter verschickt haben. Man will mich offenbar fertig machen. Ich muss mich wehren. Deshalb bin ich beim Castingbüro im ORF-Zentrum eingebrochen und habe mir im Archiv sämtliche Beurteilungsbögen sämtlicher FM4-Kollegen besorgt. Und siehe da: Auch Grissemann wurde nicht gerade begeistert bewertet. Ich zitiere: »Christoph Grissemann ist unfreundlich, pummelig und verströmt im Casting menschliche Kälte. Er reagiert sehr langsam und ist unkreativ, verstockt und humorlos. Akte weitergeleitet an Monika Eigensperger, FM4, mit dem dringenden Rat, ihn abzulehnen.« Ich habe den Beurteilungsbogen vergrößert und an die Wand im FM4-Foyer gehängt. Wer mich reizt, muss mit meiner Rache rechnen, und allen FM4-Kollegen sei das Glashausgleichnis ins Gedächtnis gerufen.

16.3.

Liebes Tagebuch, um es klar zu machen: Albert Einstein war kein Scientologe, sondern Scientist, Wissenschaftler. Sänger Beck hingegen ist Scientologe, wie seine Frau und seine Eltern auch. Lustig, da glaubt man, eine Slackerikone steht auf der Bühne, und dann entpuppt sie sich als Mitglied einer Karrieristensekte. Ist Marilyn Manson vielleicht aktiver Katholik? Und die zauberhafte Gustav vielleicht in führender Position bei Opus Dei, und sind »Chumbawamba« Zeugen Jehovas? Immer seltener hat man das Gefühl, dass die Realität mit der Realität übereinstimmt. Ö3-Kollege Robert Kratky zum Beispiel ist seit Wochen schwer verkühlt trotz Actimel, und Paris Hilton war heim Frauenarzt, weil ihr Jungfernhäutchen einen leichten Riss hat. Aber wenn alles nur noch vorgegaukelt wird, kann man gar nichts mehr glauben. Wahrscheinlich sind die Hälfte aller muslimischen Terroristen Mitglieder der Katholischen Jungschar und George Bush ist Schiit. Und FM4 ist von allen der kommerziellste Sender, weil er mit dem Mäntelchen »alternative« versucht, Geld zu machen. Hm. Der Musiksender MTV spielt keine Musikvideos mehr und Nelson Mandelas Frau hat reihenweise Leute umbringen lassen. Aber was soll man schon erwarten von einer Welt, in der private Tagebücher öffentlich vorgetragen werden?

Liebes Tagebuch, Attac ist eine börsennotierte Abteilung von Daimler-Chrysler und Greenpeace eine hundertprozentige Tochter von Shell. Jörg Haider finanziert aus eigener Tasche das »Ernst-Kirchweger-Haus« und die Grünen sind eine Jugendorganisation der ÖVP. »Blumfeld« träumen davon, bei »Klingendes Österreich« aufzutreten, und Martin Blumenau hat die Mahatma-Gandhi-Medaille für besonders liebevollen Umgang mit Untergebenen bekommen. Rauchen verlängert das Leben und Vitamine machen impotent und lassen die Haut altern. Alles ist anders. Darwin war ein Scharlatan. Es stimmt das, was in der Bibel steht. Die Bibel wurde von einem Moslem geschrieben. Buddhisten sind aggressiv und haben auf Sri Lanka schon reihenweise Menschen in die Luft gejagt. Die Fernsehserie »Mac-Guyver« ist live und die Schwestern bei »Charmed« können wirklich zaubern. »Charmed« ist eine Doku. Ich hin so verwirrt, liebes Tagebuch. Bin ich wirklich Stermann und habe nur den Bart von Peter Rapp oder bin ich Peter Rapp? Und war deswegen noch nie Kandidat bei der »Millionenshow«, weil der Rechtsweg natürlich ausgeschlossen ist? Ich bin müde. Es ist alles so verwirrend. Ich werde mich betrinken, um endlich wieder einen klaren Kopf zu kriegen.

18.3.

Liebes Tagebuch, für die Regierung kommt's zurzeit knüppeldick. Die FPÖ wirft sich selbst aus der Partei raus und gründet sich auf Trümmern neu, sodass die Neugründung wieder einstürzt, man versteht es einfach alles nicht mehr. Wenn Jörg Haider eine Strategie hat, dann ist es eine furchtbar komplizierte. Aber schlimmer noch für die Regierung: Die Politaktivistin Elfriede Awadalla hat bei Armin Assinger die Million abgeräumt. Sie war eine der Donnerstagsdemonstrantinnen, sie hat als Dichterin Widerstandslesungen organisiert und jetzt die Million dem braven Kärntner Assinger aus der Hand gerissen. Das kann der Regierung nicht recht sein, wenn jetzt schon linke Agitatoren Quizmillionäre werden. Als Nächstes kommen die Asylanten, und wenn der erste Asylant die Million gewinnt, schauen wir mal, wie weit es mit dem österreichischen Charme ist, der von der UNESCO als Weltkulturerbe unter Schutz gestellt werden soll.

Liebes Tagebuch, Frau Awadalla ist in der gleichen Trafik Kundin wie ich. Ich werde jetzt in der nächsten Zeit mal darauf achten, ob sie auch Kleingeld dabei hat oder immer sagt: »Tut mir leid, hab's gerade nicht kleiner!« Und ich werde sie mir anschauen. So, werde ich mir denken, sieht eine Frau aus, die weiß, wer als Bernard Schwartz auf die Welt kam, nämlich Tony Curtis, und was die sogenannten »Schwarzen Raucher« sind, nämlich Heißwasserquellen. Ich fürchte, bei FM4 fände sich niemand, der solche Fragen beantworten kann, und niemand von uns hätte jemanden, der zuhause als Telefonjoker brillieren könnte. Na ja, wir sind halt ein Popmusiksender, wir müssen ja nicht so viel wissen. Obwohl immerhin. Ich werde in der Trafik aber, wenn sie auch gerade drin steht, jetzt immer ein Packerl »Schwarze

Raucher« bestellen und ihr zuzwinkern. Ein Packerl Heißwasserquellen, das wär's, was?

Liebes Tagebuch, bald ist Ostern und da werden gerne Dinge versteckt. Mein Kollege Stermann versteckt das ganze Jahr über Dinge. Nämlich Talent, Intelligenz und Energie. Das bleibt natürlich auch der Chefin nicht verborgen. Inzwischen muss ich fast täglich mit Chefin Eigensperger reden, um Stermanns Rauswurf zu verhindern. Ich mache ihr Geschenke und Komplimente, gebe ihr Recht und appelliere an ihre Menschlichkeit. Stermann hat ja nichts außer FM4. Wenn er das auch noch verliert, kann er sich gleich ausstopfen lassen oder verbuddeln. Aber er muss langsam auch mal was dafür tun. Nur in einer dunklen Redaktionsecke zu liegen und Kollegen anzubrüllen, dass sie ihn nicht wecken sollen, das ist auf Dauer zu wenig.

Liebes Tagebuch, diese widerliche Leistungsgesellschaft macht mich fertig. Ich habe gedacht, FM4 sei da anders, aber nein. Tatsächlich muss man hier für sein mickriges Gehalt genauso arbeiten wie überall sonst auch. Es ist nicht mal möglich, mal ein, zwei Wochen gar nichts zu tun, sich mal hinzulegen und zwei, drei Stündchen aufs Ohr zu hauen, sofort kommen diese Arbeitsspießer an und fordern einen auf aufzustehen. Mannomann. Der beflissene Grissemann liegt mir ständig im Ohr, auf dass ich mich doch einfach nur hauen möchte, dass er mir wirklich aufs Ohr haut, wenn ich mich nicht aufraffe und zu arbeiten beginne. Herrgottszeiten, schon mal was von Frühjahrsmüdigkeit gehört? Kann ich vielleicht was dafür, dass die bei mir direkt auf die Wintermüdigkeit folgt? Und dass es mir im Sommer sowieso zu warm ist zum Arbeiten? Weckt mich, wenn's Herbst wird, und lasst mich einfach mal in Ruhe.

Liebes Tagebuch, wusstest du, dass Stermann, das alte Verkaufsgenie, all sein Gewand aus den 80er Jahren an den ATV Superstar Dominic Heinzl verkauft hat? Und sogar seine Original-Popperfrisur aus dem Jahr 81? Schon toll. Der Deutsche kann aus Scheiße Gold machen. Heinzl trägt Stermanns olle Klamotten stolz im Fernsehen, und Stermann selbst freut sich über sein

Bombengeschäft. Mein Kollege war ja der erste Popper im Ruhrpott, aber nur für zwei Wochen, dann war ihm das Outfit zu affig. Na ja, dass Dominic Heinzl das Gewand 20 Jahre später toll findet, damit konnte keiner rechnen. Aber Stermann, ganz Gentleman, macht sich über Heinzls Geschmack nicht lustig, sondern schweigt und steckt diskret das Geld ein. Ja, mein Kollege ist ein Mann von Welt.

Liebes Tagebuch, ich war ja nur sehr kurz Popper, dann war ich Mod, um dann Punk zu werden. Mein ganzes Outfit von damals habe ich noch. Vielleicht sollte ich das auch dem ATV Star Heinzl anbieten? Meine schwarze Nietenjacke mit dem heute etwas blöd klingenden Graffiti: »Anarchie ist machbar, Frau Nachbar«. Ich weiß nicht, wahrscheinlich passt die Jacke nicht, wenn er dann in seiner Sendung »Hi Society« mit Miss-Wet-T-Shirt-Juroren in einer niederösterreichischen Schaumdisco plaudert. Oder mit Felix Dvorak. Die Sicherheitsnadeln für die Wange will er wahrscheinlich auch nicht haben. Na ja, was soll's. Dass er die Popperklamotten genommen hat, ist ja schon ungewöhnlich genug. Er ist offenbar als einziger Österreicher modisch auf den 80er Jahre-Retrozug aufgesprungen. Und er zieht's durch, obwohl keiner zu ihm aufspringt. Nicht schlecht, das nenne ich Individualismus.

23.3.

Liebes Tagebuch, ich rauche zurzeit im Durchschnitt herrliche 26 Zigaretten am Tag. Eine herrlicher und genussvoller als die andere. Ich bin ausgeglichen und entspannt. Stermann neben mir ist ein nervliches Wrack. Er hat aufgehört zu rauchen. Nach fast 25 Jahren. Klar, wenn man so lange orale Befriedigung in Form einer Zigarette bekam, und das plötzlich aufhört, ist das bestimmt ein Verlust. Stermann steckt sich stellvertretend etwas in den Mund, wie ein Baby, das seine ersten Zähne bekommt. Er steckt sich Stifte zwischen die Lippen, Radiergummis, Lineale, Radioantennen, die Arme von Plattenspielern, Salzstreuer, was halt gerade in der Nähe ist. Ich hab mir allerdings verbeten, dass er meinen Zeigefinger in seinen Mund steckt. Dafür hat er auch Verständnis gezeigt.

Verblüffend einfach, mit dem Rauchen aufzuhören, liebes Tagebuch. Vor allem, nachdem ich mir auf die Unter- und die Oberlippe jeweils ein Nikotinpflaster gepickt habe. Sieht zwar doof aus, erfüllt aber seinen Zweck. Dass ich mir Grissemanns Zeigefinger in den Mund gesteckt habe, ist mir sehr peinlich. So etwas gehört sich nicht, das sehe ich ein. Aber hoffentlich sieht er auch ein, dass ich halt hin und wieder etwas zwischen den Lippen spüren muss. Wenn er mir vielleicht den kleinen Finger zur Verfügung stellen würde. Der ist halt kürzer, aber suggeriert immerhin eine schon halb gerauchte Zigarette. Ich hoffe natürlich, in wenigen Jahren ganz ohne orale Ersatzbefriedigung auszukommen. Nichtrauchen, also etwas nicht tun, kann ja eigentlich nicht so schwer sein.

24.3.

Liebes Tagebuch, all die leeren Sessel. Die Schreibtische, an denen niemand sitzt. Traurig, sehr traurig stimmt mich das. Diese Schnitzeljagd des Grauens hat scheinbar viele Opfer gefordert. Mehr als 20 Kolleginnen und Kollegen irren noch immer durch den Wienerwald, vielleicht werden wir sie nie wiedersehen. Dass Stermann und ich als Erste wieder im Funkhaus sind, haben wir meiner Intelligenz und Stermanns Taxifahrer-Orientierungssinn zu verdanken. Das Letzte, was ich von Thomas Edlinger gesehen habe, war sein tiefer Sturz in ein Dornengebüsch, während Fritzi Ostermayer mit dem Bauch in einem Höhleneingang steckte und sich nicht bewegen konnte. Wie Winnie the Pooh zappelte er hilflos, leider konnten wir alle ihm nicht helfen. Wortchef Pieper hielt sich verzweifelt an einem dünnen Zweig fest, unter ihm ein Abgrund, Claudia Czesch war hysterisch schreiend auf der Flucht vor roten Killerameisen, die schneller liefen als Claudia, und Clemens Haipl hat man vor lauter Zecken im Gesicht kaum mehr erkennen können. Ja, die alljährliche FM4-Schnitzeljagd ist genauso kindisch, wie grausam. Aber Chefin Eigensperger liebt nun mal Schnitzeljagden, wer nicht mitmacht, fliegt.

Liebes Tagebuch, die arme Mirjam Unger hat ja diese panische Angst vor Eichhörnchen, seit vielen Jahren ist sie wegen dieser Angst in Behandlung, mit dem Ergebnis, dass die Angst sich in Panik und riesiges Entsetzen verwandelt hat. Durch großes Pech ist sie aber in einen hohlen Baum gefallen, der von einer Eichhörnchen-Großfamilie bewohnt wird. Sie kauert seit vielen Stunden blass in dem Baum, kalten Schweiß auf der Stirn, mit halb geöffnetem Mund und schreckgeweiteten Augen. Während Christian Davidek und Fred Schreiber von einer Spechtfamilie tyrannisiert werden und der arme Mathias Zsutty im Schlamm mit einer Wildsau ringt. Furchtbare Bilder, die ich im Kopf habe und wohl niemals vergessen werde. Über Grissemanns und meinen ersten Platz kann ich mich nicht freuen. Und der Pokal in Form eines Schnitzels bzw. das Schnitzel in Form eines Pokals, es bleibt mir im Halse stecken. Be afraid, honey. It's FM4.

26.3.

Liebes Tagebuch, ich weiß noch nicht, wie ich stimmen werde. Ob ich für »FM4 neu« bin oder für »FM4 alt«. Diese neuen orangen Schals, ich weiß nicht, das ist doch eher so was Ukrainisches, aber als Jugendsendermoderator mit so einem Yuppieschal? Chefin Eigensperger will eine überzeugende Mehrheit für ihren neuen Kurs und die senderinternen Kritiker loswerden. Und auch Leute wie Stermann, Schreiber und Springenschmid, die Fraktion der Deutschtümelnden. Altlasten raus aus FM4, und wir verordnen uns ein neues Erscheinungsbild, nämlich: lässig, jung und fesch. Der kluge Magister Edlinger hat angemerkt, dass die reine Umbenennung eines Senders ohne inhaltliche Veränderung von den Hörern zu Recht als Blödsinn erkannt würde. Und Menschen, die seit vielen Jahren FM4 machen, könne man laut Magister Edlinger auch nicht plötzlich lässig, jung und fesch darstellen. Nun – wie nicht anders zu erwarten – wurde gegen Edlinger ein Senderausschlussverfahren eingeleitet, und er muss sich zu den Deutschtümelnden an den Eselstisch setzen.

Liebes Tagebuch, mir Deutschtümelei vorzuwerfen ist eine Unverschämtheit. Ich bin nicht deutschtümelnd, ich bin Deutscher. Gleiches gilt für Rainer Springenschmid und Fred Schreiber. Aber bitte, wenn man glaubt, dass es ohne uns besser geht. Wien darf nicht Mannheim werden. Der arme Thomas Edlinger tut mir leid, eine verdammte Mölzerei, ihn so abzuservieren, nur weil er ausspricht, was FM4 denkt. Wir vier können ja einfach »FM4 alt« weiterführen, schauen wir mal, wie wir uns gegen »FM4 neu« behaupten. Ob die sich nicht irgendwann mit ihren orangefarbenen Schals aufhängen. Dass Grissemann bei FM4 neu mitmachen will, trifft mich hart. Ich verstehe ja, dass er gern lässig, jung und fesch wäre, nur: Er ist es nicht. Wenn ein Zwerg sagt, dass er ein Riese ist, wächst er durch die bloße Behauptung nicht einen

Millimeter. Das möchte ich FM4 mit auf den Weg geben. Unter den Blinden ist der Blinde blind.

Liebes Tagebuch, unser armseliges FM4-Redaktionsfahrrad wurde für die Frühjahrssaison überprüft. Zwei strenge ARBÖ-Mitarbeiter begutachteten das Rad, während wir drumherum standen. Einer der langweiligsten Dialoge der Geschichte seit der Erfindung des Rads sollte folgen:

ARBÖ-MANN A: Funktionieren Vorder- und Rücklicht einwandfrei?

ARBÖ-MANN B: *Nein*

A: Ist ein nach vorne wirkender Rückstrahler vorhanden?

B: Nein.

A: Ist unterm Rücklicht ein roter Rückstrahler vorhanden?

B: Nein.

A: Sind an den Pedalen gelbe Rückstrahler?

B: Nein.

A: Funktionieren die Bremsen des Rades einwandfrei?

B: Nein.

A: Funktioniert die Klingel?

B: Nein.

A: Ist das Fahrrad zusammenfassend für den Straßenverkehr gerüstet?

B: Nein.

Kaum waren die ARBÖ-Männer weg, sprangen Stermann, Zikmund, Martina Bauer, Fräulein Landsgesell, Burstup, Joe-Joe, Michael Ho, Andreas Gstettner und Musikchef Makossa aufs Rad und rasten laut schreiend die steile Argentinierstraße hinunter. Darf man zu zehnt auf einem Rad ohne Bremsen eine steile Straße hinunterbrettern, lieber ARBÖ? Nee, was?

Liebes Tagebuch, das muss einem ja gesagt werden. Ich wurde von der Polizei angehalten, weil ich über 60 km/h gefahren bin in einer 30er Zone und weil ich während der Fahrt mein Handy benutzt habe und Walkman gehört habe und ohne Licht gefahren bin und insgesamt zehn Leute auf dem Fahrrad saßen. Beim Fahrradfahren gibt es so viele gesetzliche Auflagen und Schikanen, dass ich jede Lust verloren habe. Wenn ich beruflich unterwegs sein muss, werde ich ab jetzt den E-Dienstrollstuhl von Stuart Freemann und Fips

Ostermayer benutzen. Der hat zwar auch weder Klingel noch Bremse, ist aber meinem Alter entsprechender. Sollen die jungen Kollegen sich mit dem FM4-Dienstrad todesmutig vergnügen. Ich setze mich ab jetzt zu den FM4-Opis in den Krankenversicherungsshopper.

11.4.

Nun werden also wieder die sogenannten »Romys« vergeben, liebes Tagebuch. Die Clericis dieser Welt können sich schon mal die Hände reiben, und wer wird durch die Finger schauen? FM4 natürlich. Obwohl wir mit FM4-TV die fraglos innovativste Fernsehsendung zusammengebastelt haben. Nein, nein, unsere Namen werden nicht fallen, dafür wird Peter Weck für sein Lebenswerk geehrt. Warum dieser Herr Weck und nicht unser lieber Chefcontroller Blumenau, der, etwa im gleichen Alter wie Weck, unermüdlich journalistische Spitzenleistungen bringt in Radio, Netz und TV? Wir erinnern uns an Blumenaus »TALK TV« vor einigen Jahren. Muss sofort die »Romy«-Juroren anrufen, vielleicht lässt sich der lästige Weck auf nächstes Jahr verschieben. Wir hier alle wollen die »Romy« fürs Blumenau'sche Lebenswerk sehen.

Da hat Grissemann eine ganz schöne Lawine ausgelöst, liebes Tagebuch. Tatsächlich überlegen die »Romy«-Macher nun, die »Romy« fürs Lebenswerk Chefcontroller Blumenau zu überreichen, sie wissen nur nicht, wie sie den Weck loswerden sollen. Der ist sicher schon ganz heiß auf die geile »Romy«. Herr Davidek hat sich angeboten, Herrn Weck notfalls am Tag der Verleihung zu entführen. Ein bisschen Chloroform und dann ab in den Kofferraum. Das wurde abgelehnt, wir wollen keine gewalttätige Lösung. Die schlaue Senderchefin hatte die beste Idee. Morgen fahren wir zu Weck ins Hotel und zwingen ihn, sich alle Blumenau-Radio- und Fernsehsendungen anzusehen und auch alle Netzgeschichten, und wenn er ein bisschen Anstand hat, wird er einsehen, dass das Blumenau-Lebenswerk 1000-mal größer ist als sein eigenes. Und dann ist der Weg frei für die »Romy« für Chefcontroller Blumenau!

Der tragische Tod von Harald Juhnke hat eine erneute Alkoholdiskussion bei FM4 ausgelöst. Schließlich teilt die halbe Belegschaft das grausame Laster, das Juhnke ins Grab gebracht hat. Die Senderchefin hat einen Alkoholplan formuliert, an den sich alle halten müssen: Kein Schnaps vor 10 Uhr vormittags und dann und wann ein Gläschen Wasser zwischendurch. Mit dieser harten Anweisung hat keiner hier gerechnet. Viele sind in Tränen ausgebrochen. Hannes Duscher, Rudi Schöllerbacher und Boris Jordan wollten sofort die Entlassungspapiere unterschreiben. Kein Schnaps vor 10 Uhr vormittags. Wie brutal ist das denn, das kann sie doch nicht ernst meinen, die Senderchefin? Will sie uns umbringen?

Tatsächlich hat sich die grundgütige Senderchefin nur einen verspäteten Aprilscherz erlaubt. Sie selbst hat den bösen Witz aufgeklärt, indem sie heute vor versammelter Mannschaft um sieben Uhr früh ein halbes Fläschchen Absinth in zwei Zügen leerte. Mein Gott, was waren wir alle erleichtert! Man kann sich diesen Wahnsinn ja gar nicht ausmalen, wenn sie Ernst gemacht hätte. Was zum Teufel hätten wir zwischen Aufstehen und 10 Uhr denn machen sollen? Hä? Kaffee trinken? Bier? Essen? Dass ich nicht lache. Der stille Schnapskönig Edlinger ist im Zuge des blöden Witzes übrigens in Ohnmacht gefallen. Hoffentlich wacht er bald wieder auf.

Habemus papam. Endlich. Mein Gott, die papstlose Zeit war ja geradezu unerträglich für uns herrenlose Schäfchen, stimmt's, Tagebuch? Der neue Papst ist übrigens wie ich ein konservativer Hardliner und noch dazu am gleichen Fluss geboren wie meine Wenigkeit. Bin also vollauf zufrieden mit der Wahl. Als weißer Rauch aufstieg, habe ich auch kurz aus den Augen geblutet. Wenn das kein Zeichen ist, weiß ich auch nicht. Nur »Benedikt XVI.« finde ich schon etwas arg geschraubt. Hätte es nicht »Papst Ratze I.« auch getan? Das ist doch viel menschennäher und auch stammtischtauglich. Trotzdem wünschen wir von FM4 dem neuen Kirchenoberhaupt alles, alles Gute. Muss jetzt schnell Kirchensteuer zahlen gehen, und dann habe ich Orgelstunde, bis morgen, Tagebuch!

Seit fast 500 Jahren der erste deutsche Papst, was bin ich stolz, gebenedeites Tagebuch! Ähnlich wie die Katholiken dieser Welt hat die FM4-Gemeinde gejubelt, als ich vor 500 Jah…, ach Quatsch, vor zehn Jahren zu diesem Radiosender kam. Wir haben die ganze Nacht in der Musikredaktion Kirchenlieder gesungen, und als Wortchef Pieper auch noch zehn Doppler Messwein von der Kantine nach oben gebracht hat, war des Feierns kein Ende mehr. Was da an außerehelichen Schweinereien in der Redaktion abging, kann hier unmöglich niedergeschrieben werden, Tagebuch, und wird am Sonntag selbstverständlich von den lieben Redakteuren weggebeichtet. Und noch was, Tagebuch: Jetzt wird Deutschland auch Fußballweltmeister, ich schwör's. Amen.

20.4.

Nicht zu fassen, Tagebuch, in zehn Tagen sperren die Freibäder auf, und draußen herrschen bitterkalte Tiefkühltruhen-Temperaturen. Chefcontroller Blumenau ist gestern mit selbstgestrickten Fäustlingen in die Redaktion gekommen, mit denen man nur schwer auf der Schreibmaschine schreiben kann. Er hat sein tägliches Journal Herrn Farkas diktiert, der es mit klammen Fingern ins Netz trommelte. Frau Unger hat ihren scharfen Minirock wieder eingemottet und ist wenig sexy mit der Thermohose ihrer Großmutter zum Dienst erschienen. Bei den Krisensitzungen liegen wir alle eng aneinandergekuschelt übereinander, anders ist die Kälte nicht zu ertragen. Ganz oben am Menschenberg sitzt die Senderchefin mit bunter Pudelmütze und gibt Anweisungen. FM4 ist kalt!

Ich hatte das Pech, als einer der ersten zur Krisensitzung zu erscheinen, und lag demzufolge relativ weit unten im Menschenberg. Unter mir war nur noch Fred Schreiber, der gestern betrunken im Sitzungszimmer eingeschlafen war. Ich habe ihn fast erdrückt. Auf mir lag dann Riem Higazi, deren Haarpracht mich in der Nase gekitzelt hat, sodass ich die ganze Sitzung über durchgeniest habe. Oder heißt es genossen? Was weiß ich. Jedenfalls, auf der Riem lag Genosse Grissemann und auf dem Grissemann wiederum der Votava und auf dem die Julia Barnes und … Ja, dann weiß ich's nicht mehr, weil ich's nicht mehr sehen konnte. Was die Chefin gesagt hat, habe ich auch nicht verstanden, aber das ist das geringste Problem. Ich mache mich jetzt auf ins

AKH, wo Herr Schreiber gerade aus dem Quetschungskoma aufwacht. You're not at home, baby, you're at work!

Liebes Tagebuch, das muss für Gerald Votava sehr schmerzhaft gewesen sein, als ich ihm eben auf den Bart getreten bin. Ich habe mich natürlich sofort entschuldigt, obwohl ich nichts dafür konnte. Sein Bart ist inzwischen länger als der Brautschleier von Lady Di bei ihrer Hochzeit mit Prince »Dumbo« Charles. Seine »Projekt X«-Kollegen Haipl und Knötzl dienen ihm als Scherpen- bzw. Bartträger, auch ein entwürdigender Job. Warum lässt Votava seinen Bart derart wuchern? Ist er Hindu geworden? Ein Hinduhippie? Eher hat er eine eigene Sekte gegründet, denn so lange Bärte kommen in keiner mir bekannten Religion vor. Ich schätze, seine Haarpracht ist 17 Meter lang, sein Gesicht ist vollkommen verhaart, man sieht nichts von ihm, auch die Augen sind hinter meterdicken Haarbüscheln versteckt, deshalb läuft er auch ständig gegen Mauern, Ampeln und Plakatwände. Wenn er auf der Straße läuft, sieht es aus, als hätten alle Wiener Friseure alle geschnittenen Haare eines ganzen Jahres vom Boden aufgeklaubt, zusammengenäht und zu PR-Zwecken auf Reisen geschickt.

Liebes Tagebuch, in Gerald Votavas Bart leben Vögel und Insekten und kleine Nagetiere. Ein Biotop für Flora und Fauna. Strohblumen und Pusteblumen neben Regenwürmern und Silberfischen. In seinem Bart gibt es eine größere Artenvielfalt als in der Hainburger Au, kein Wunder, dass er stolz ist und wie ein Pfau durchs Funkhaus geht. Nur beim Moderieren machen die vielen Tiere Probleme. Das Krabbeln, Summen und Rascheln in seinem Bart macht es fast unmöglich, Geralds Moderationen zu verstehen. Viel zu viele Nebengeräusche. Deshalb hat Senderchefin Eigensperger ihn jetzt vor die Wahl gestellt: Bart oder FM4. Votava hat sich natürlich für den Bart entschieden. Eine Kopf- und Bauchentscheidung. Haipl und Knötzl hoben seine Bartpracht vom Boden auf, und wie Lady Di bei ihrer Hochzeit stolzierte Hairy Gerald Votava aus der Redaktion. Mach's gut, Bart Votava.

Liebes Tagebuch, Albert Einstein hat keine Socken getragen, weder im Sommer noch im Winter. Das ist das Ergebnis einer FM4-Sitzung zum Thema »Was wissen wir über die Relativitätstheorie?«. FM4-Chefin Eigensperger hat getobt, ich finde das Ergebnis eigentlich gar nicht so schlecht. Zu vielen anderen Themen wissen wir überhaupt nichts. Und sind wir uns ehrlich, als Mitarbeiter eines Alternativsenders muss ich auch nicht wissen, was »e = mc zum Quadrat« bedeutet. Da muss ich wissen, dass DJ nicht Datteljoghurt heißt und MC Master of Ceremony. Was aber Master of Ceremony zum Quadrat sein soll, ich bitte dich, Tagebuch. Also gut. »E = mc zum Quadrat« heißt: Ecstasy ist ein MC mal ein MC. Alles klar? Gut, setzen. Nicht genügend, aber gut drauf. Zunge raus und weiter geht's.

Liebes Tagebuch, als Einstein in der Schweiz beim Patentamt gearbeitet hat, hat er nebenbei die Relativitätstheorie entwickelt. Dann hat er von Max Planck einen Brief bekommen mit dem Angebot, in Berlin zu arbeiten und Max Planck schrieb: »Herr Einstein, auf der ganzen Welt gibt es nur zwölf Menschen, die Ihre Theorie verstehen, acht davon arbeiten hier in Berlin, wollen Sie nicht kommen?« Nun, Tagebuch, seit damals sind nicht viele Menschen dazugekommen, die diese Theorie verstehen, aber fast jeder kennt den Begriff. Relativitätstheorie. Und Einstein selbst hat sich schon damals darüber amüsiert, dass ihm Kellner oder Klempner oder Thomas Mann seine Theorie erklären wollen. Das Wissen über Einstein ist und bleibt relativ, und zu glauben, dass man irgendwas versteht, ist sehr theoretisch. Was aber mit Sicherheit stimmt und nicht nur relativ ist, ist die Sache mit den Socken. Darum bin ich, anders als die Chefin, auch sehr angetan von dem Ergebnis der zweitägigen FM4-Einsteinjahr-Sitzung.

Liebes Tagebuch, warum haben Ärzte so eine Sauklaue und warum können Apotheker sie lesen? Warum wird man vom Nichtstun müde? Warum sind Oneway-Flüge teurer als Hin-und-zurück-Flüge? Hilft schnelleres Gehen bei Regen? Schwitzt man beim Schwimmen? Warum wacht man wieder auf? Fragen, an deren Beantwortung ich bis zur Verzweiflung arbeite. Alles Fragen von Postern auf der Wissenschaftsseite von derstandard.at und der Grund dafür, dass ich zu nichts mehr komme. Immer wenn ich eine dieser Fragen beantwortet habe, kommt irgendso ein »Robinson Kruse« oder eine »Anna Blöd« oder ein »Walther von der Vogelweide« oder jemand, der sich »jene dezent bunte Straßenkatze« nennt, mit einer neuen Frage, und ich sehe mich wieder gezwungen, diese neuen Fragen zu beantworten. Ich kann nur sagen: Ja, ich schwitze inzwischen auch beim Schwimmen.

Liebes Tagebuch, herrlich. Inzwischen habe ich über 500 verschiedene Posternamen, unter denen ich Grissemann immer neue Fragen stelle. Ich bin »Lappe ohne Rentier«, nenne mich »Sushi-Pizza«, »Herr der Inge«, »Ziegenproblem« und »Sailor-who-eats-only-fish-heads-and-tails«. Ich poste unter dem Pseudonym »Jesus – I forgive you«, und auf der FM4-Homepage nenne ich mich entweder »Kriechfläche« oder »Mothergarage«. Ich habe mal auf der FM4-Homepage zwei Wochen lang alle Postings geschrieben. Manchmal glaube ich, dass ich in Österreich der Einzige bin, der in Gästebücher schreibt und Notes hinterlässt. Ich gebe gerne zu, dass mein Hobby auch ein bisschen langweilig ist, aber man kann sich seine Hobbys nicht aussuchen.

24.4.

Liebes Tagebuch, das waren noch Zeiten, als der gute Smash Brandschutzbeauftragter von FM4 war. Da er in New York war, hatten wir unsere Ruhe. Seit aber Christian Davidek der neue Brandschutzbeauftragte ist, ist es ungemütlich. Gut, ich sehe schon ein, dass es Bestimmungen gibt, die sinnvoll sind, damit wir im Falle eines Feuers nicht alle abbrennen, aber der gute Christian übertreibt's ein bisschen. Alle drei Meter muss in der Redaktion ein menschlicher Feuermelder stehen und bei Rauchentwicklung »Feuer« schreien. Sodass jeweils 15 von uns sinnlos herumstehen und auf Rauch warten. Dabei haben wir eh hochsensible Feuermelder an der Decke, aber das reicht Christian nicht. »Sicher ist sicher« ist sein Motto als offizieller Brandschutzbeauftragter von FM4.

Liebes Tagebuch, Christian Davidek hat alles Brennbare aus der Redaktion verbannt. Papier, Tische, Stühle, Kästen, Klopapier, Taschentücher, Grissemanns Haarersatzteile, Joe Remicks Pelzmützen, das Holzbein des Einbeinigen, die Hornbrille von Wortchef Pieper und sogar die Rute von Chefcontroller Blumenau. Alles musste abgegeben werden und wurde auf dem Parkplatz verbrannt. Wir mussten uns alle Haare vom Körper rasieren, und unsere Kleidung müssen wir im Foyer ablegen. Nackt und haarlos kauern wir jetzt in der Redaktion auf dem Boden, jeder von uns hält einen Feuerlöscher in der Hand, alle drei Meter steht ein menschlicher Feuermelder. Wir sind bereit. Feuer frei.

25.4.

Liebes Tagebuch, Stermann und ich haben ja auch in Berlin eine Radiosendung, und seit wir die dortige Kantine kennen, sind wir dankbar und glücklich über das Funkhausessen in Wien. Rückblickend muss man sagen, dass die beste Zeit in Berlin die war, als der Koch dort uns nichts zu essen gab, weil er unsere Sendung beschissen fand. Als wir schließlich nach ein bis zwei Jahren ganz normal bedient wurden, fing der lukullische Wahnsinn an. Schnitzel, innen blutig, außen zäh und trocken. Frankfurter, die zu Staub zerfallen, Suppen, zu hart zum Kauen, Fische, die bluten und noch alle Schuppen haben, Brei, aus dem Dämpfe aufsteigen, brennende Eier, flüssige Nudeln, alles in allem: Frankensteins Küche. Interessanterweise wechseln die Köche alle paar Monate, aber das Essen bleibt exakt gleich schlecht. Liebes Tagebuch, es ist dann jedes Mal eine solche Wohltat, die Kantine im Wiener Funkhaus zu betreten, wo sich angenehmste Düfte in die Nase kuscheln, dass man weinen möchte vor Glück.

Liebes Tagebuch, gut, Kochen ist nun mal nicht jedermanns Sache. Jetzt könnte man natürlich im Fall der Berliner Radioköche darüber streiten, warum jemand, der es offensichtlich hasst, zu kochen, ausgerechnet Koch wird, er könnte ja auch Kanalarbeiter oder Tierpräparator werden. Aber gut. Was mich in der Berliner Kantine aber am meisten wundert, ist, dass auch die Getränke grottenschlecht schmecken. Selbst das Wasser stinkt, Orangensaft ist grün und Bier besteht nur aus grauem Schaum. Wie gibt's das? Auch das Geschirr und das Besteck riechen nach Pestiziden. Unheimlich ist das. Davon erzählen wir immer unseren FM4-Kollegen, wenn sie sich in der Kantine lautstark darüber beschweren, dass der Seetang auf dem Sushi nicht so intensiv schmeckt wie sonst und die Trüffeltorte zu klein portioniert ist. Wer je in Berlin beim Radio aß, wird Demut üben, wo immer er isst.

Liebes Tagebuch, Stermann hat mit Hanteln trainiert und kann seine Arme nicht mehr ausstrecken, sein Muskelkater ist so schlimm, dass er vor Schmerzen durchschreit. Er hat mit einer Fünf-Kilo-Hantel gearbeitet, für seinen untrainierten Körper offenbar zu viel. Er war vor neun Tagen in einem Fitnesscenter und stöhnt noch immer. Er schwitzt auch noch immer, obwohl er inzwischen mehrmals duschen war. Ja, er hat sich total übernommen. Mir hat er gebeichtet, dass er eigentlich schon völlig fertig war, als er vom Taxi bis ins Fitnesscenter ging, ohne Pause zu machen. Mehr als zehn Meter. Und dass er mit den Hanteln »gearbeitet« hat, ist vielleicht auch etwas übertrieben formuliert. Er hat sie ja nicht heben können, sondern einfach nur umklammert und auf dem Boden hin- und hergerollt.

Liebes Tagebuch, ich habe mich überschätzt und zu viel auf einmal gewollt. Als ich nach zehn Minuten Training erst den Körper von Markus Rogan hatte, war ich unzufrieden. Ich wollte mehr. Einen wirklich geilen Body. Und als meine Bänder im Bizeps rissen und dann mein Trizeps brach und meine Achillessehne aus der Verankerung schnalzte, habe ich trotzdem weitertrainiert. Erst als mein Ellbogen knackte, habe ich aufgehört. Na ja. Ich kann mich jetzt nur noch kriechend unter großen Schmerzen fortbewegen. Aber habe einen guten Körper. Sogar meine Ohren sind muskulös, Waschbrettohren und Waschbrettzahnfleisch. Und mitten im Gesicht eine Waschbrettnase. Eigentlich bin ich ganz zufrieden. Der Sommer und die Badehosensaison können kommen.

Liebes Tagebuch, Mathias Zsutty und drei Kolleginnen machen zurzeit die *Woman*-Diät. Eine Art Hungerstreik ohne politisches Anliegen. Am ersten Tag isst man ein Butterbrot mit Petersilie. Am zweiten Tag ein Brot ohne Butter mit Petersilie. Und am dritten Tag nur noch Petersilie, ab dann nichts mehr. Der liebe Mathias hat vor 14 Tagen mit der Diät angefangen und sieht inzwischen sehr geschwächt aus, ohne allerdings abgenommen zu haben. Das hat man ja gern bei solchen Diäten, dass man erst nichts abnimmt, aber mit Beendigung der Diät unglaublich viel Gewicht zulegt. Stermann versucht zurzeit die Gewürzdiät. Montags isst er nur Pfeffer, dienstags ausschließlich

Salz, mittwochs Majoran, donnerstags Dillkraut, freitags Fenchel, samstags wieder Salz und sonntags ein Sesamkörnchen. Da man bei der Gewürzdiät nichts trinken darf, sind vor allem die beiden Salztage sehr hart. Stermanns Diät ist auf neun Jahre angelegt, mal sehen, ob er es so lange schafft, nichts zu trinken.

Liebes Tagebuch, natürlich braucht man eiserne Disziplin für eine Diät. Stuart Freeman ist uns allen ein leuchtendes Vorbild. Er kaut seit 1983 an der Rinde von einem Toastbrot. Ihm hatte ein Arzt in England gesagt, dass man jeden Bissen mindestens 25-Milliarden-mal kauen soll. Elisabeth Scharang ist auch radikal. Sie isst ausschließlich die Reste der Salatblätter, die ihr Zwergkaninchen übriglässt. Mirjam Unger ernährt sich nur von Regentropfen, verlässt aber nie das Haus, um noch mehr abzunehmen. Wahnsinn, wie es bei FM4 abgeht. Wir haben als Redaktion allein in der vergangenen Woche durch die verschiedenen Diäten über 970 Kilo abgenommen. Wenn das so weitergeht, ist FM4 noch vor dem Sommer weg.

28.4.

Liebes Tagebuch, Christian Clerici sagt, sein bestes Stück ist sein Gehirn und sein Penis. Wow. Klug und geil, Eigenschaften, die in der FM4-Redaktion nicht mal einzeln vorkommen. Darum moderiert er auch Gassenhauer wie »Wahre Freunde«, während unsereiner seit Monaten in aller Herrgottsfrühe ins Funkhaus kommen muss, um unser tägliches Tagebuch vorzulesen. Ja, die FM4-Tagebücher werden immer live vorgelesen. Weil bei FM4 niemand weiß, wie man aufnimmt, müssen wir alles live machen. Ich bin wirklich erschöpft. Stermann und ich sind ja zurzeit eigentlich auf »Harte Hasen«-Tour. Trotzdem müssen wir jeden Morgen in der »Morning Show« erscheinen, egal ob wir am Vorabend in Klagenfurt, Bregenz, Zürich oder Hamburg waren. Während ich das hier lese, blicke ich Mathias Zsutty als Chef vom Dienst streng an. Wollt ihr uns umbringen? Ich habe in den letzten zwei Wochen höchstens sechs Stunden geschlafen, weil wir ständig zwischen deutschsprachigen Bühnen und dem Funkhaus pendeln mit Stermanns altem Moped, das knattert und aus dem Auspuff brennt.

Liebes Tagebuch, wir sind jetzt seit Tourbeginn mit meinem Moped über zwei Millionen Kilometer gefahren. Inzwischen kommen nicht nur aus dem Auspuff Stichflammen, nein, auch der Sattel brennt und die Reifen und leider auch das Lenkrad, sodass es sehr schmerzhaft ist, mit meinem Moped zu fahren. Aber das ist den Herrschaften bei FM4 ja egal. Hier muss man einfach nur funktionieren, egal wie. Ich muss immer müde lächeln, wenn ich lese, dass Fußballer pausieren, wenn sie einen Kreuzbandriss haben oder ein gebrochenes Schienbein. Bei Mathias Zsutty müssten sie auch spielen, wenn sie künstlich ernährt werden, und Operationen müssten während des Spiels durchgeführt werden. Ich kann nicht mehr. Nachdem wir dieses heutigen Tagebucheintrag gelesen haben, müssen wir sofort mit dem Moped nach Berlin fahren. Das geht sich alles doch nie aus, vor allem, weil wir ständig von der Polizei angehalten werden, weil man scheinbar nicht mit brennenden Mopeds fahren darf.

29.4.

Liebes Tagebuch, Stermann und ich sind in Bayern, in Ingolstadt aufgetreten, und in der *Ingolstädter Zeitung* stand: »Bekannt von SM4.« Deshalb waren im Publikum viele Menschen in schwarzen Lederkostümen, mit Latexmützen, Gewichten an den Brustwarzen, und wollten entweder unsere Stiefel lecken oder hielten uns ihre hin. Vielleicht wäre es ja tatsächlich eine Marktlücke, einen reinen SM-Radiosender zu gründen. Obwohl, Stermann meinte, es gebe ja mit Ö3 bereits einen, aber das war wohl Spaß. Aber den mal beiseite, in Amerika gibt es unzählige Spartensender, warum eigentlich nicht auch bei uns? Ein Jazzsender ausschließlich für Ornithologen oder eine finnische Hip-Hop-Station oder eine Schmusewelle für Hausfrauen bis 14, Beerdigungssender, Spezialmoderatoren, die wissen, was Menschen mit eingewachsenen Zehennägeln hören wollen, Embryofunk, reine Wettersender für Komapatienten. Mein Gott, es gibt so viel, womit man innerhalb einer bestimmten Zielgruppe erfolgreich sein kann. SM4 wäre da nur ein Anfang.

Liebes Tagebuch, Grissemann hat sich mit einem Ingolstädter Sadisten die ganze Nacht herrlich unterhalten. Ich musste ihn in der Früh von den Handschellen befreien, mit denen ihn der Bayer an ein Heizungsrohr gekettet hat. Aber mein Kollege war hellauf begeistert von seinem neuen Bekannten. Er plant, bei unserer Heimkehr nach Wien einen eigenen Radiosender für Reptilienfreunde zu gründen, also für befreundete Schlangen, Echsen und Warane. Er will mich für dieses idiotische Projekt begeistern. Ich weiß nicht, was der Ingolstädter Maskenmann ihm in den Stiefel gegeben hat, den er ausgetrunken hat, aber ich fürchte, dass er verrückt geworden ist. Welche Schlange hört denn Radio? So ein Schwachsinn. Außerdem habe ich ein eigenes Radioprojekt, für das ich alle meine Energie brauche. Ich plane, einen Kirchenmusiksender zu gründen, der von Amazonasindianern für Amazonasindianer in Wien gemacht werden soll. Ich weiß, das klingt jetzt ein bisschen kommerziell. Aber es handelt sich um taube Indianer über 90. Ein interessantes Projekt, für das ich mehr als 30 Millionen Euro an EU-Förderungsgeldern erwarte.

30.4.

Liebes Tagebuch, mein legasthenischer Innenarchitekt hat alle Steckdosen an der Außenfassade meines Hauses angebracht, sodass ich im Freien fernsehen muss. Dafür hat mein legasthenischer Garten- und Landschaftsarchitekt in der Küche einen Kastanienbaum gepflanzt. Und einen Magnolienbaum und eine stolze deutsche Eiche. Sehr hübsch, aber ich passe nicht mehr in die Küche. Höflich, wie ich bin, lass ich mir nichts anmerken, außerdem bin ich durch die Arbeit bei FM4 einiges gewohnt. Dass der Portier ein Mann ohne Gedächtnis ist und seit 15 Jahren jedes Mal, wenn ich das Funkhaus betrete, den Sicherheitsdienst kommen lässt, um mich überprüfen zu lassen, zum Beispiel. Oder dass Stuart Freeman immer in den Kopfhörer spricht und versucht, sich das Mikrofon auf den Kopf zu setzen. Oder dass Senderchefin Eigensperger bei jeder Entscheidung die Praktikanten um Rat bittet, es ist eine verdrehte Welt hier beim Jugendsender mit einem Altersschnitt von 69.

Liebes Tagebuch, weil bei FM4 der Hauselektriker die Installationen gemacht hat und der Installateur die Stromkreise, spritzen die Lampen und das Klo leuchtet. Aber egal. Musikchef Makossa kommt auch eigentlich vom Squaredance und programmiert bei uns das gesamte Musikprogramm. Interessanterweise kommen ja die meisten Kollegen bei FM4 eigentlich vom Squaredance, diesem hübschen Tanzstil aus dem Amerika der Siedler. Fritz

Ostermayer näht in seiner Freizeit Siedlerkleider und flicht Strohhüte für unsere Veranstaltungen.

Thomas Edlinger ist der »Quilter« bei uns, er näht die großen Patchwork-decken. Wunderhübsch. Gleichzeitig ist er Kurator im Lentos in Linz. Tja. Tradition und Moderne. Das ist FM4. Ich freue mich schon auf Burstups Ausstellung im Flex mit dem schönen Titel »Gregorianische Gesänge und Hip-Hop seit dem Zweiten Vatikanischen Konzil«.

1.5.

Liebes Tagebuch, Stermann platzt der Kragen. Weil er so zugenommen hat, seit er nicht mehr raucht. Ich habe in einem Interview gelesen, dass Ottfried Fischer Unterhosenmodel war, als er noch rauchte, und Gisele Bündchen als Nichtraucherin immer Fett absaugen gegangen ist. Dass Stermann fast 400 Kilo zugenommen hat, liegt nicht nur am veränderten Stoffwechsel, sondern auch daran, dass er gar keinen Sport mehr macht, seit er aufgehört hat zu rauchen. Denn der tägliche kurze Weg in die Trafik war die einzige körper-liche Anstrengung in seinem Leben in den letzten Jahren, auch das Führen der Zigarette zum Mund, gut, das verbraucht nicht wahnsinnig viel Kalo-rien, aber Kleinvieh macht eben auch Mist. Vor allem, wenn man bedenkt, dass Stermann etwa 200 Zigaretten am Tag geraucht hat. Im Schnitt hat er dreimal an einer Zigarette gezogen, bis der Filter Feuer fing, er rauchte wie ein Staubsauger. Jedenfalls hat er etwa 600-mal am Tag die Hand zum Mund geführt, das ist ja wohl fitnessmäßig schon was.

Liebes Tagbuch oder Tagesbuch, das darf ja nicht wahr sein. Ich hab verges-sen, wie man dich nennt, liebes Tagerbuch. Du Tagbuche, seit ich aufgehört habe zu rauchen, bin ich etwas fahrig und unkonzentriert, das kannst du Bugtache ja nicht verstehen, weil Buchtage ja nicht rauchen. Das ist, weil das ganze Gift aus dem Körper quillt und alle Funktionen vernebelt, vor allem die im Gehirn, liebes Guten-Tag-Buch. Christmann Grisstoff raucht ja noch immer wie der Ätna und spuckt wie der Vesuv und ist konzentriert wie ein Hochgeschwindigkeitsrechner. Die anderen Kollegen glauben übrigens, ich würde mich jeden Morgen als Rammstein-Sänger verkleiden, weil der im letzten Video mit seiner Band so dick ist. Ich habe ihnen erzählt, dass ich jetzt mit dem Rammstein-Maskenbildner zusammenlebe und der mich jeden

Morgen gratis verkleidet, weil's so lustig ist. Tatsächlich muss ich irgendwas tun, liebe Buchtrage. Ich traue mich inzwischen nicht mehr über Brücken, weil die nur bis zu einem bestimmten Höchstgewicht zugelassen sind. Das ist kein Zustand, liebes Tragetuch, das wirst du ja wohl verstehen.

2.5.

Liebes Tagebuch, wenn's jetzt eine FM4-DVD gibt, plädiere ich dafür, dass es auch eine ORF1-Hör-CD gibt. Warum müssen Radiosender im Bild sein? FM4 ist kein Fernsehsender, den man sehen will, sondern ein Radiosender, den man hören soll. Hochspringer müssen ja auch nicht gleichzeitig weitspringen, jeder soll das tun, was er am besten kann. Fleischhauer müssen nicht backen können und Bäcker nicht schlachten, Fußballer müssen keine tollen Interviews geben, sondern müssen gut Fußball spielen, und Stermann muss mir einfach nur Kaffee kochen, niemand wird von ihm verlangen, dass er ein guter Radiomoderator ist. Mein deutscher Assistent nimmt sich langsam zu wichtig. Vorsicht, Bürschchen, lange schaue ich mir das nicht mehr an! Die Schweizergarde glaubt auch nicht, dass sie der Papst ist, lieber Stermann. Dass Stermann jetzt erstmals auf die Autogrammanfrage eines Hörers mitunterschrieben hat, ist ein Affront. Hier bei FM4 wissen offensichtlich verschiedene Pappenheimer nicht mehr, was sie sind und wo sie stehen.

Liebes Tagebuch, in Deutschland sind jetzt erstmals Stalker verurteilt worden. Hmm, vielleicht sollte ich Grissemann doch noch einmal bei der Polizei anzeigen. Er folgt mir ja jetzt schon seit fast 15 Jahren auf Schritt und Tritt. Ein verrückter Fan, der mich anhimmelt und ständig meine Nähe sucht. Damals, als das anfing, habe ich die Polizei eingeschaltet, aber die konnten mir nicht wirklich helfen. Sie haben Grissemann verboten, näher als 20 Meter an mich heranzukommen, aber er hat sich einfach nicht dran gehalten. Unheimlich. Deshalb habe ich das Beste aus der Situation gemacht und ihn einfach in meine Sendungen eingebaut. Aber langsam reicht's. Er stellt sich ja jetzt auch schon seit Jahren zu mir auf die Bühne, ungefragt, und dass er mir privat auch täglich vor meinem Haus auflauert, ist auch nicht klassisch angenehm. Mal sehen, ob die Drohung mit drakonischen Strafen hilft. So kann's jedenfalls nicht weitergehen, das wurde mir klar, als ich gestern zuhause in die Badewanne stieg und aus dem Schaum Grissemann aufstieg und mich mit einem gequäkten »Servus« begrüßte.

3.5.

Liebes Tagebuch, ich war jetzt im Rahmen unserer »Harte Hasen«-Tour das erste Mal in Stermanns Heimat, in Düsseldorf. Seine Eltern wohnen etwas außerhalb, direkt neben dem Neandertal. Plötzlich wurde mir einiges klar, was Stermanns Primitivität betrifft. Auch was seine Ernährung angeht. Die Neandertaler waren reine Fleischfresser, wie Stermann. Seine dichte Brustbehaarung allerdings deutet daraufhin, dass die Neandertaler, zumindest was das Fell betrifft, bereits weiter entwickelt waren als er. Und wenn ich die Höhlenmalereien der Neandertaler mit Stermanns Kritzeleien vergleiche. Nun, da liegen Welten dazwischen, was Technik und Fantasie betrifft. Stermann reicht den Neandertalern künstlerisch betrachtet nicht einmal annähernd das Wasser.

Ich fürchte, dass mein Kollege in Düsseldorf auf einem Altbiertrip hängen geblieben ist. Er hat meinem Vater ein Fass mit Altbier gestohlen und sich in der Nähe des Hauses meiner Eltern in einer Höhle versteckt. Zwei Tage lang, dann haben wir ihn gefunden. Das 100-Liter-Fass neben ihm war leer. Er brabbelte was von Mammuts und primitiven Werkzeugen. Ich habe kurz überlegt, ihn liegen zu lassen. Und wenn dann in 100 000 Jahren wieder Archäologen im Neandertal graben, finden sie Grissemanns Knochen. Wäre spannend zu sehen, ob sie ihn für einen Homo intelligentes oder auch so eine dumme Neandertalnuss halten. Aber selbstverständlich habe ich ihn nicht liegen gelassen. Ich hab ihn in die Düsseldorfer Uniklinik gebracht, wo ihm der Magen ausgepumpt und die Niere und die Leber und Teile des Gehirns entfernt wurden.

4.5.

Liebes Tagebuch, will ja nix sagen, aber ich feiere Mitte Mai meinen 32. Geburtstag. Das haben sich alle Mitarbeiter längst rot im Kalender angestrichen und sind in höchster Aufregung deshalb. Weil ich irgendwann einmal gemeint habe, dass mir selbstgebastelte Geschenke die liebsten seien, gleicht die FM4-Redaktion dieser Tage einer Bastelwerkstatt. Da wird gehobelt, geklopft, gespachtelt, gebohrt und geklebt. Alle wollen mir eine besondere Freude machen. Chefcontroller Blumenau schnitzt mir eine Obstschüssel, die Senderchefin eine Panflöte, und Musikchef Makossa baut mir aus Streichhölzern den Eiffelturm nach. In Originalgröße selbstverständlich. Nicht so eine Miniaturscheiße. Alle wollen sich mit ihren Geschenken bei mir einhauen. Der Edlinger strickt mir Handschuhe für den Winter, Wortchef Pieper bastelt mir ein Holzkätzchen, und der liebe Herr Freeman hat auch eine Idee, weiß nur noch nicht, welche.

Stuart Freeman, der genau dreimal so alt ist wie der junge Pfiffikus Grissemann, arbeitet seit drei Monaten hinter einem Vorhang neben dem Minidiscschrank am Geschenk für Grissemann: an einer wunderschönen Stermann-Puppe. Also ich in Holz. Im Falle meines Ablebens kann Grissemann sich dann die Stermann-Puppe neben sich ins Zugabteil setzen, sodass alles ist wie immer. Schließlich ist Grissemann sehr an mich gewöhnt und mit einer Stermann-Puppe an seiner Seite braucht er sein Leben auch nach meinem Tod nicht umzustellen. Hach, der Herr Freeman ist ein begnadeter Bastler. Die Stermann-Puppe ist bald fertig, Stuart muss nur noch die Frisur weiß einfärben. Grissemann wird staunen!

5.5.

Der Kannibalenprozess in Deutschland wird neu aufgerollt, liebes Tagebuch. Das interessiert uns alle sehr, liebes Tagebuch, schließlich haben sich viele von uns in Kannibalenforen im Internet kennen gelernt. Herr Fuchs von »House of Pain« ist im Oktober 2002 haarscharf an der gleichen Katastrophe vorbeigeschrammt, die dem deutschen Kannibalen zum Verhängnis wurde. Herr Fuchs hat im Netz einen gewissen Herrn Edlinger kennen gelernt, der, zu allem bereit, unter anderem auch aufgegessen werden wollte. Die beiden trafen sich in einem Keller in Wien-Hetzendorf. Nun, Gott sei Dank konnte ich früh genug einschreiten, sodass nichts weiter passierte. Herr Fuchs hat Herrn Edlinger lediglich drei Zehen seines rechten Fußes abgebissen. Mehr nicht. Heute sind die beiden die besten Freunde und Herr Edlinger durch eine Therapie auch seine bizarre Neigung los.

Christian Fuchs, übrigens ein ausgesucht gutaussehender junger Mann mit besten Manieren und hoher Intelligenz, kommt dann und wann mit blutverschmierten Mundwinkeln in die Redaktion. Vor allem die jungen »Workstation«-Lehrlinge haben Angst vor ihm. Zu Recht, steht er doch auf Frischfleisch, wie jeder anständige Kannibale. Jeder FM4-Mitarbeiter hat ja einen kleinen Kühlschrank, aber den von Herrn Fuchs trauen wir uns nicht zu öffnen. Sind da eventuell die tiefgekühlten Organe von Manuel, dem Fahrradboten drin, der seit Dezember letzten Jahres vermisst wird? Um Gottes willen, da darf man gar nicht dran denken, liebstes Tagebuch …

6.5.

Die Herren Puntigam, Haipl und Duscher haben gestern bei Senderchefin Eigensperger um 16 Euro Gehaltserhöhung angesucht. Ein dreistes Unterfangen, wenn man daran denkt, dass ihr Gehalt nach Sozialversicherungsabgaben und Steuer momentan laut eigenen Angaben 14 Euro beträgt. Unnötig zu erwähnen, dass das unverschämte Ansuchen abgelehnt wurde. Um böses Blut zu vermeiden, hat die liebe Senderchefin den dreien ein hübsches Geschenk gemacht. Jeder hat ein kleines Sparschwein bekommen, wie man es aus der Robert-Lembke-Sendung kennt. Sie mögen doch jeden Monat einen Euro da reinschmeißen. Nach nur zehn Jahren hätten sie dann auf einmal 120 Euro im Schwein, meinte die schlaue Senderchefin. Geblendet von der enormen Summe schlichen die drei entrückt grinsend wieder an ihre Schreibtische zurück.

Das nennt man Verhandlungsgeschick, liebes Tagebuch! Sätze wie »Wer weniger verdient, zahlt auch weniger Steuern, denk mal drüber nach« oder »Geld verdirbt den Charakter« aus dem Mund der Senderchefin sind längst Legende bei FM4. Und tatsächlich ist der durchschnittliche FM4-Redakteur ein Musterbeispiel an Sparsamkeit. Der einzige Luxus, den wir uns gönnen, ist das sogenannte »Stammtischschlemmen« jeden letzten Montag im Monat in der Funkhauskantine. Da werfen alle Mitarbeiter ihre Kohle zusammen, mit der wir uns dann ein Magerjoghurt leisten, das begeistert von allen ausgelöffelt wird. Den leeren Becher nimmt sich immer Herr Pfister mit nachhause und versucht ihn auf eBay zu versteigern. Bislang erfolglos. Aber was nicht ist, kann ja noch werden!

Dieses verdammte Fußballspiel rückt näher, liebes Tagebuch. Ich bin mit Kapitän Stermann zurzeit in Innsbruck, sodass wir beide nicht mit den anderen Leistungsträgern trainieren können. Das ist schlecht, weil es so am Spieltag zu Abstimmungsschwierigkeiten kommen könnte. Stermann und ich trainieren im engen Hotelzimmer, so gut es geht. Ich als bulliger Mittelfeldmotor laufe meine Runden ums Bett, während Stermann als schwerfälliger Ballverteiler wie in Trance Pfirsiche und Ringlotten aus dem offenen Fenster schießt. Mit Sprüchen wie »Dumm kickt gut« und »Stermann Dicki ist homosexuell« versuche ich, immer mit dem Schalk im Nacken, den Stermann ein wenig aufzuheitern. Das Wichtigste ist gute Stimmung im Team. Des Abends sind wir via Bildtelefon mit dem Rest der Mannschaft verbunden, um von Teamchefin Hölzl taktische Feinheiten zu lernen.

Chris Kemmler, Hannes Duscher und Fred Schreiber sind laut Teamchefin Hölzl in atemberaubender Topform, auf die drei wird das Spiel zugeschnitten. Kemmler – intern auch Torwart des Schmerzes genannt – geht grundsätzlich mit gestreckten Armen und Beinen in den Gegner rein. Wenn er es schafft, auch noch eine stramme Erektion zu bilden, dann sind sogar fünf knüppelharte Extremitäten da, um den gegnerischen Stürmer das Fürchten zu lehren. Fred Schreiber läuft schneller, als er spricht und Hannes Duscher ist als eine Art FM4-Beckham sowieso eine Bank. Die anderen FM4-Kicker, vor allem Edlinger und Blumenau, haben noch großen Trainingsrückstand und kommen aus eigener Kraft bislang noch nicht aus dem Mittelkreis raus. Nach zwei Metern fallen sie vor Erschöpfung um. Aber wir haben ja noch Zeit. Und Ute Hölzl, eine Nichte Felix Magaths übrigens, wird's schon richten!

Stermann und ich bereiten uns getrennt von der FM4-Mannschaft in einem Innsbrucker Hotelzimmer auf das Spiel der Spiele am Samstag vor. Zurzeit trainieren wir bei mir im Zimmer. Es ist nur sechs Quadratmeter groß und vollgerammelt mit Koffern. Wir können den Raum also ganz gut eng machen, das wird unsere Trainerin Hölzl freuen. Sie will – wie sie sich ausdrückt – ein schnelles Spiel mit immer nur einer Ballberührung und Viererkette. Ob das klappt, liebes Tagebuch? Ich weiß ja gar nicht, was das genau bedeuten soll. Ich fürchte, wir werden es nicht mal zu einer Ballberührung bringen. Mir schlottern auf einmal die Knie – das Ganze wird ein Viererkettensägenmassaker. Werde zur Ablenkung erst mal Zeitung lesen, den *Standard*, den mir das Zimmermädchen freundlicherweise jeden Morgen vor die Tür legt. Wenn mir Stermann Faulheit vorwirft, sage ich einfach: »Was is? Standardsituationen müssen auch trainiert werden.« Ha, auch Spaß muss sein.

Sollen wir schnell Robert Hoyzer anrufen, liebes Tagebuch? Nein, nein, wir bleiben ehrlich und setzen auf unsere größte Stärke: das Wunder. Die Trainingsmöglichkeiten im kleinen Hotelzimmer sind allerdings ziemlich begrenzt. Mir steht lediglich der Obstkorb zur Verfügung. Habe gestern immerhin fünf Stunden lang Bananenflanken geübt. Grissemann ist schon ganz grün im Gesicht, einerseits aus Angst, andererseits weil ich das Freistoßschießen mit Kiwis trainiere, die allesamt in sein Gesicht knallen und dort aufplatzen. Muss jetzt schließen, Tagebuch, weil ich mit der stacheligen Ananas mein Kopfballspiel perfektionieren muss. Ach, Fußballgott, hilf am Samstag!

9.5.

Herrlich sind die Tage gerade, liebes Tagebuch. Nachdem ja the poor Chefcontroller Blumenau diesmal den FM4-Tourmoderator gibt, haben wir Zeit, dem süßen Nichtstun zu frönen. Die Sonne lacht und so habe ich gestern 15 mintgrüne Badehosen mit Seepferdchenmotiv erstanden und an die männliche Belegschaft verteilt, zusätzlich wurden 15 knappe Fiona-Bikinis an die FM4-Ladys ausgegeben und dann ab – zwar nicht nach Capri, aber immerhin an die Alte Donau. Ministergriffe üben. Zuerst waren Zikmund und Unger dran. Zwei ausgewiesen hübsche FM4-Mitarbeiter, und ich schwöre dir, Tagebuch, von Weitem hätte man die zwei durchaus mit Karl-Heinz und der Kristall-Schnecke verwechseln können. Bei Davidek und Brunner das gleiche schöne Bild. Wahnsinn, beinahe alle FM4-Redakteure taugen als Fiona- und-Karl-Heinz-Doubles, mich eingeschlossen, der ich ja beiden irgendwie ähnlich sehe.

Grissemann und seine idiotische Capri-Nachstellaktion. Ich sollte mit der Senderchefin das Geturtel imitieren. Senderchefin Eigensperger, eine sehr schöne Frau mit Format und Klasse, hat ihren Job hervorragend erledigt. »Fiona, Fiona«, haben sogar Leute von der Straße herübergerufen. Aber als ich dann ins erbsengrüne Höschen stieg und mit der Senderchefin am Herumschnäbeln war, da hat der an und für sich sehr liebenswerte Harmes Duscher was sehr Gemeines getuschelt, ich hab's genau gehört: »Wenn die Swarovski Helmut Kohl heiratet, dann heißt sie nachher Fiona Kohl, und das hört sich nicht sehr jetsettig an.« Hat der Duscher an Helmut Kohl gedacht, als er meines halbnackten Leibes ansichtig wurde? Werde ihn zur Rede stellen müssen, ich, der Flavio Briatore von FM4!

10.5.

Die Regisseurin vom Film »Brothers« heißt Susanne Bier. Bier. Susanne Bier. Was für ein wundervoller Name, Tagebuch. Bier. Vergleiche das mal mit Freeman, Davidek, Lang, Unterweger, Springenschmid oder Grissemann. Bier. So muss man heißen. Und nicht Blumenau, Horwath, Stermann, Gstettner, Bauer oder Eigensperger. Bier. Susanne Bier. Noch dazu Susanne. Susanne Bier. Und nicht Knut Bier oder Helmut Bier, nein, Susanne Bier. Ich bin entzückt. Ich muss diese Frau unbedingt kennen lernen. Ich muss Susanne Bier kennen lernen. Und zwar schnell. Ich bin mit Nachbarn gepeinigt, die Hundsnurscher, Zawradil, Schmanz und Huber heißen. Und da draußen läuft eine hinreißende Regisseurin herum, die Susanne Bier heißt. Ich fass es nicht. Ich muss sie kennen lernen. Bin auch jederzeit bereit, mich für sie in Christoph Maria Aquavit umtaufen zu lassen.

Frauen mit Getränkenachnamen, irgendwie kann ich die Grissemann'sche Obsession ja verstehen, liebes Tagebuch. Auch ich war jahrelang fasziniert von einer gewissen Käthe Krachen, die ich in Grinzing während meiner Zeit als Heurigensänger kennen lernen durfte. Aber ausgerechnet »Bier«? Ich weiß nicht. Ist das nicht ein bisschen sehr gewöhnlich? Was sind da für großartige Kreationen vorstellbar? Agnes Averna, Christin Campari, Maria Mai Tai, Wilma Whiskey Sour oder Chantal Champagner? Susanne Bier fällt da ziemlich ab, liebes Tagebuch, aber es passt zu Grissemann, diesem stumpfen, aus Humpen saufenden Möchtegernmoderator. Ich genehmige mir jetzt ein

345

Gläschen herrlichen trockenen Weißwein aus dem Duisburger Weingut Stermann. Prost auf Deutschland! Ach, Quatsch, aufs Bier meinetwegen!

11.5.

Der rätselhafte Klavierspieler, der völlig durchnässt an einem Strand im Südosten von Großbritannien aufgegriffen worden ist und seither kein Wort geredet hat, ist der FM4-Praktikant Helmut Nestelbaum. Jetzt ist die Katze aus dem Sack und ich bin erleichtert, liebes Tagebuch. Nestelbaum, ein 19jähriger Niederösterreicher, ist nach der Einschulung von Chefcontroller Blumenau in ein schweres Schocktrauma gefallen. Offensichtlich hat Blumenau ihm die üblichen FM4-Gagen verraten, was laut Senderchefin verboten ist und schon den armen Smash 1999 in ein vierwöchiges Trauma fallen ließ. Helmut Nestelbaum hat drei Wochen lang in der Musikredaktion von FM4 gearbeitet, das Klavierspielen hat er übrigens von mir gelernt.

Wir haben ihn auf den Zeitungsfotos sofort erkannt, den lieben Helmut Nestelbaum. Vor seiner Zeit bei FM4 hat er gesprochen wie ein Wasserfall, als er die ORF-Kantine zum ersten Mal sah, wurde er schon eine deutliche Spur schweigsamer, und in der Obhut vom Chefcontroller war's dann endgültig aus mit Reden. Komplett eingeschüchtert schlich er über die Gänge. Um ihn zusätzlich psychisch zu foltern, schnitt ihm der grausame Herr Edlinger alle Etiketten aus dem Anzug raus. Nestelbaum sollte wie ein FM4-Sklave gehalten werden. Ich persönlich habe dem lieben Nestelbaum ein Flugticket nach England besorgt. Offensichtlich ist er während des Fluges aus dem Flugzeug gesprungen. Lieber Helmut, falls du diese Worte hörst: Ich wünsche dir alles Gute und du musst nie mehr wieder zu FM4! Mach's gut, Helmut Nestelbaum.

12.5.

Viele FM4-Redakteure verdienen sich mit einem Nebenjob ein, zwei Tausender dazu. Das ist ihr gutes Recht und niemand wird es ihnen verübeln. David Pfister ist im Sommer zweiter Bademeister im Wiener Gänsehäufel, Clemens Haipl hat einen Blumenladen am Meidlinger Bahnhof und Esther Csapo arbeitet halbtags in einer Fabrik, die Kürbiskernöl in bauchige Flaschen abfüllt. Alles ehrbare, anständige Nebenberufe. Nur der grundverschlagene, sehr geizige Herr Edlinger, Nebenmoderator der verzichtbaren Minderheitensendung »Im Sumpf«, gab kürzlich zu Protokoll, dass er unregelmäßige Einkünfte aus einer gewissen Erotikagentur »Knarz« bezieht. Was soll das heißen, »Erotikagentur«? Ist Edlinger ein verdeckter Zuhälter? Handelt er mit unsittlichem Teufelszeug? Was ist da los, Tagebuch?

Ich kann Licht ins Dunkel der dubiosen Edlinger-Nebengeschäfte bringen, liebes Tagebuch! Auch wenn's mir peinlich ist zuzugeben. Aber ja, ich und der liebe Schreiber Fred, wir …, ähm, wie soll ich sagen? Nun, wir zwei lassen uns seit ein paar Jahren nachts erotisches Spielzeug in die Redaktion schicken, weil uns langweilig ist. Scharfe Herrenunterwäsche, Spielzeugpenisse, Liebeskugeln und Potenzmedikamente. So Sachen halt. Harmloses Zeug, mit dein wir uns des Nachts vergnügen. Und tatsächlich, liebes Tagebuch: der Chef der Erotikagentur Knarz, die uns mit den Liebesspielsachen versorgt, ist kein Geringerer als der seltsame Herr Edlinger! Ich habe im Katalog sein Konterfei erkannt. Mein Gott! Was ist denn so schlimm daran? Das muss doch im toleranten FM4-Umfeld möglich sein! Der Edlinger hat's auch nicht leicht.

13.5.

Liebes Tagebuch, das ist ja mal klassisch. Stermann schimpft wie ein Rohrspatz über die vielen deutschen Gastarbeiter in Österreich. À la: »Die größten Kritiker der Elche waren selber früher welche«. Er hat wahrscheinlich Sorge, dass zu viele Deutsche in unserem herrlichen reichen Land seine Position schwächen und wir irgendwann deswegen einen Grant auf die Piefkes kriegen. So ein Quatsch. Keine Sorge, Stermännchen, gegen Piefkes hatten wir auch schon früher was. Mein Kollege war ja einer der ersten deutschen Gastarbeiter in Wien, inzwischen sind's über 40 000 in Österreich. Die Deutschen putzen unsere Klos, wischen unsere Ärsche und lecken unsere Liftanlagen blitzeblank. Und das alles, um es mal auf Bundesdeutsch zu sagen, »fürn Appel unnen Ei«. Herrlich, fast jeder meiner Freunde hat inzwischen einen Deutschen, der sich um den Haushalt kümmert. Jetzt erst verstehen sie alle, warum ich mir schon seit Jahren Stermann halte.

Liebes Tagebuch, in Deutschland gibt es fast 98 % Arbeitslosigkeit, das durchschnittliche Jahreseinkommen liegt bei knapp über drei Euro. Mein Gott, wenn ich da an früher denke. Als Deutsche in Österreich noch mit ihren 50 Meter breiten Mercedessen mit 1000 D-Mark-Scheinen um sich warfen und ihre fetten, reichen Körper in Österreichs Seen warfen. Vorbei. Wenn jetzt Autos mit deutschen Kennzeichen durch Österreich brettern, kann man davon ausgehen, dass es reiche Österreicher sind, die in Deutschland Konzerne oder Fernsehsender leiten. Während sich um das Gros der Deutschen die Ärzte ohne Grenzen und die Caritas kümmern. Gut, dass ich schon so früh den Absprung geschafft habe, durch meine Sensibilität und mein seismographisches Gespür, habe ich alles schon kommen sehen, als einer der wenigen, schon vor dem Fall der Berliner Mauer. Mein Kind ist jetzt Deutsche der zweiten Generation in Österreich, kaum mehr unterscheidbar von echten Inländern, nur dass sie halt keine Markenprodukte trägt und weniger Gesprächsguthaben auf dem Handy hat als ihre österreichischen Freunde.

14.5.

Liebes Tagebuch, schon mal darauf geachtet? In amerikanischen Filmen und Serien haben Polizisten und Journalisten, wenn sie im Büro sind, ununterbrochen Kaffee im Mund. Die Kaffeehäferln sind geradezu mit den Mundwerkzeugen verwachsen, pro Folge trinken die Monks und Kiefer Sutherlands mindestens 600 Liter Kaffee, zwar den dünnen amerikanischen, aber immerhin. Journalisten sprechen in amerikanischen Serien eigentlich ununterbrochen in eine Kaffeetasse. Sodass sie im Original wahrscheinlich gar nicht zu verstehen sind für den Zuschauer. Bei FM4 ist es nicht anders. Für die 80 Mitarbeiter von FM4 gibt es neun Kaffeeautomaten und zusätzlich noch 24 Kaffeemaschinen. Außerdem acht Espressomaschinen sowie 14 Thermoskannen, die vollgefüllt in der Früh mitgebracht werden. In der Redaktion herrscht ein ohrenbetäubender Lärm, weil die ganze Zeit über Kessel pfeifen und Automaten arbeiten. Wenn um Mitternacht endlich ein weiterer grauenvoller FM4-Tag vorbei ist, haben meine Kollegen durchschnittlich 9350 Liter Kaffee weggemacht. Ob das bei den Polizisten in der angrenzenden Polizeiwache in der Taubstummengasse auch so ist, wie in US-Serien, weiß ich nicht, vermute es aber, weil ich immer öfter Polizisten sehe, die Kaffeeflecken auf der Polizeimütze haben.

Liebes Tagebuch, ja, hier wird viel Kaffee getrunken. Aber nicht weil er schmeckt, und nicht weil er wach hält und nicht weil die Redakteurinnen und Redakteure sich besser konzentrieren können wegen des Koffeins. Die Kollegen trinken Kaffee, um sich von unseren englischen Kollegen abzuheben. Der Teemafia. Wahnsinn, was die wegmachen. Ganze Earl-Grey-Container. Ganze Teeplantagen werden hier in heißes Wasser geworfen und dann mit abgespreiztem kleinem Finger in Teetassen zum Mund geführt. FM4 – das ist Tea-Time nonstop. In Beuteln, ganzen Blättern, als Kraut. Überall, Hochland und Tiefland, Tee mit und ohne Flavour und mit Milch und ohne Milch. Ein Teenirwana. Unsere englischen Kollegen hätten bei der Bostoner Tea-Party den Atlantik ausgesoffen, weil der Tee ins Meer geworfen wurde. Da lobe ich mir Grissemann und mich. Wir sind die Einzigen, die bei diesem Kaffee- und Teequatsch nicht mitmachen. Wir sitzen gemütlich in unserem Zweimann-Kleinraumbüro und kippen Jägermeister im Minutentakt. Ach, das Leben kann so großartig sein.

15.5.

Liebes Tagebuch, immer noch liegt die Hasenklage auf Blumenaus Schreibtisch. Daneben sein Jägerhut, der schlafende Jagdhund, seine Jagdflinte und sein Jagdhorn. Er selber bereitet sich mit seinen englischen Freunden noch unten in der Kantine auf die Hetzjagd vor. Die Engländer lieben ihn, denn diese Art von Jagd mit Bluthunden ist ja in England verboten worden, aber Blumenau hat die Funkhauswiese zum Jagdrevier erklärt und auf den 160 Quadratmetern Gelände hat er hunderte von Tieren ausgesetzt, die er mit den Engländern erlegen wird, wenn wir nichts tun. Stermann und ich, wir sind die größten Tierfreunde bei FM4, was nicht schwer ist, weil wir die Einzigen sind. Die Kollegen halten uns für ein bisschen überspannt, weil wir dafür eintreten, dass Tiere auch wählen dürfen und gewählt werden dürfen und es auch bei FM4 eine sogenannte Tierquote geben muss. Mindestens 40 % aller Mitarbeiter müssen Tiere sein. Wirbeltiere, Säugetiere, Einzeller, Wirbellose, Paarhufer, von allem etwas, paritätisch halt. Blumenau steht philosophisch auf der genau anderen Seite, wobei man einen sehr weit gefassten Philosophiebegriff haben muss, wenn man das Totschießen von Tieren philosophisch nennt.

Liebes Tagebuch, ich habe die Hasenklage verschluckt. Diese kleine Pfeife aus Plastik, mit der Hasen angelockt werden, damit Füchse kommen, die man dann erlegt. Ich hab Blumenau und den englischen Aristokraten einen Strich durch die Rechnung gemacht. Grissemann hat das Horn verschluckt und Blumenaus albernen Jägerhut. Die Flinte haben wir in der Mikrowelle geschmolzen und den Jagdhund zum neuen Chefcontroller gewählt. Wir haben dem Hund erklärt, was fortan seine Befugnisse sind und ihm zugesichert, das FM4-Alphatierchen sein zu dürfen. Er hat uns – wahrscheinlich vor Freude – ins Gesicht gebissen. Ich bin sehr gespannt, wie Blumenau und die Engländer schauen werden, wenn sie den Jagdhund auf Blumenaus Schreibtischsessel sehen, mit runder Brille auf der Nase, vor sich die Musikwünsche für die Sendung »Zimmerservice«, die selbstverständlich ab jetzt der Hund moderieren wird.

16.5.

Liebes Tagebuch, Chefcontroller Blumenau, der alte Angeber, war ja ein paar Tage auf Einladung des neuen Papstes im Vatikan, um dort das katholische Weltjugendtreffen zu besprechen. Ich saß jetzt zusammen mit den anderen Kolleginnen und Kollegen im großen Sitzungssaal und musste seinem Reisebericht lauschen. Blumenau stand in einem kardinalsroten Umhang auf einem Podium und erzählte mehrere Stunden in fließendem Latein. »Venerat iam tertius dies, id est expectatio liberae cenae. Stermann, übersetzen!« Zitternd stand mein deutscher Kollege auf und begann stockend: »Am dritten Tag …« Aber schon schrie Blumenau ihn nieder: »Schon war der dritte Tag da, setzen, du Pfeife! Boris Jordan, weitermachen!« Und Boris Jordan stand kreidebleich auf. »Schon war der dritte Tag da und das hieß: Aussicht auf ein zwangloses Souper.« Blumenau klatschte einmal in die Hände und warf dem klugen Boris Jordan ein Zuckerl zu. »Brav, Jordan. Weiter so! Alle anderen schreiben 45 000-mal: ›Venerat iam tertius dies heißt: Schon war der dritte Tag da.‹« Blumenau selbst spricht ja, wie Papst Ratze auch, fließend Latein. Ihm ist nicht begreiflich zu machen, dass es für die Arbeit bei einem Jugendsender wie FM4 nicht unbedingt erforderlich ist, perfekt Latein zu können. Er prügelt uns alle in diese tote Sprache hinein. Dass es kaum Musik mit lateinischen Texten in den FM4-Charts gibt, ist ihm egal. Aber wünschenswert findet er es.

Liebes Tagebuch, ich habe, um mich beim Chefcontroller einzuschleimen, einen Rap auf Latein geschrieben. Bei der nächsten Lateinstunde werde ich ihn vortragen. Wir haben ja täglich eine doppelte Doppelstunde Latein. Von 5 Uhr früh bis 9 Uhr. Bevor wir dann die Redaktionssitzung in lateinischer Sprache haben. Kleine Rap-Kostprobe, liebes Tagebuch? »In Leone cataphagae nascuntur et imperiosi; in virgine mulierosi et fugitivi et compediti.« Ach, ich hatte vergessen, dass du ja des Lateinischen nicht mächtig bist, liebes Tagebuch. In meinem Rap geht es um Sternzeichen, das hieß jetzt »In Löwen werden Gourmands geboren und Menschen, die immer kommandieren wollen; in der Jungfrau Schürzenjäger und Ausreißer und Kettensklaven. In der Waage Metzger und Drogisten und lauter Leute, die etwas ausbalancieren; im Skorpion Giftmischer und Meuchelmörder, im Schützen Menschen mit Schielaugen, die nach dem Kohl schauen und nach dem Speck greifen.« Und, gefällt's dir? Sag einfach: »Ita est.« Ja. Mein liebes Tagebuch.

Übrigens, angeblich plant Blumenau ab Juni täglich die Nachrichten in Altgriechisch. Mal sehen, wie sich das auf die Quoten auswirkt.

17.5.

Liebes Tagebuch, langsam wird es mir zu anstrengend, Stermann ständig hinter mir herzuziehen. Seit dem FM4-Fußballspiel für »Licht ins Dunkel« gegen diese Anwälte kann er ja nicht mehr selber gehen. Er ist schon in der ersten Minute mit dem Fuß in einem Rasenloch hängen geblieben und hat sich die Bänder im Fuß gerissen. Hans Krankl dachte, Stermann habe einen Krampf, und hat ihm den Fuß bei ausgestrecktem Bein nach oben gebogen. Stermanns Schmerzschrei war bis nach Budapest zu hören. Jedenfalls fällt er noch immer regelmäßig ins Schmerzkoma. In seinen kurzen Wachphasen ziehe ich ihn schnell ins Funkhaus, damit wir unsere Arbeit erledigen können. Auf Dauer ist das ständige Nachziehen des Deutschen aber auch keine Lösung. Die Ärzte sagen, dass der Schmerz so groß war, als Krankl ihm den Fuß umgebogen hat, dass Stermann wahrscheinlich bis an sein Lebensende immer wieder ohnmächtig werden wird. Der Arme.

Liebes Tagebuch, ich bin gerade kurz wach. Komisch, dass ich immer wieder einschlafe, obwohl ich doch gar nicht müde bin, aber das wird wohl … Liebes Tagebuch, ich bin gerade kurz wach. Weißt du, immer wenn ich daran denke, wie weh das tat, als mir der Teamchef den Fuß nach hinten drückte, dann sehe ich sofort Sterne und falle einf... Liebes Tagebuch, nix für ungut, aber ich glaube, heute bin ich eher unpässlich, weißt du, ich ...

18.5.

Liebes Tagebuch, unsere liebe Chefin Eigensperger ist stolz wie Oskar, weil sie schon wieder eine Autogrammkarte von Erich von Däniken für ihre Sammlung ergattert hat. Monika Eigensperger hat mehr als acht Autogrammkarten des UFO-forschers und Alien-Ethnologen in ihrer Sammlung. Wenn man Autogramme sammelt, ist die Arbeit bei FM4 natürlich hilfreich, weil man sich immer wieder mal im Dunstkreis berühmter Menschen bewegt. Claudia Czesch zum Beispiel saß mal auf der Damentoilette neben der deutschen CDU-Chefin Angela Merkel, Burstup hat mal eine Zigarette fertig geraucht, die Fatboy Slim auf die Straße geschmissen hatte. Toll, was? Ich selber bin mal unabsichtlich vom Tennisspieler Roger Federer in einer Tennisgarderobe angerempelt worden, sodass ich umfiel und mit dem Kopf gegen einen Föhn fiel. Ich hab die blutende Beule noch immer. Clemens Haipl hat mal betrunken in der U-Bahn-Passage am Karlsplatz mit einer Frau geknutscht, bis er draufkam, dass es die deutsche Kugelstoßerin Astrid Kumbernuss war. Mein Kollege Stermann wiederum ist das Patenkind von Erich von Däniken und versorgt die Chefin mit Autogrammkarten, aber auch Chefcontroller Blumenau und Fritz Ostermayer sowie Pamela Rußmann, Hal Rock, Wortchef Pieper und Musikchef Makossa. Sie alle sind begeisterte Däniken-Fans und Stermann natürlich für sie, durch seine Nähe zu von Däniken, ein Glücksfall. Allerdings finde ich, dass Stermann seine Position doch zu sehr ausnutzt.

Liebes Tagebuch, Pamela Rußmann und Martin Pieper backen mir jetzt schon seit vier Wochen dreimal am Tag meinen Lieblingskuchen: Erdäpfelkuchen mit Stachelbeerenkompott. Vielleicht erbacken sich die beiden ja noch eine Autogrammkarte mit persönlicher Widmung meines Patenonkels, wer weiß? Hal Rock bietet mir inzwischen den gesamten Ertrag der Ernte seines Schrebergartens der nächsten drei Jahre dafür, dass ich ein persönliches Treffen arrangiere. Dass meine Kollege auf den Quatsch meines Patenonkels derartig abfahren, verwundert mich ein bisschen. Der gute Fritz Ostermayer, eigentlich doch ein intelligenter Herr, glaubt ja wirklich daran. Für ihn ist »Star Wars« eine Doku, die Welt der Außerirdischen so real wie Schattendorf im Burgenland und Erlebnisberichte von Menschen, die von Aliens entführt wurden, journalistisch wie die *New York Times*. Ostermayer hält Onkel Däniken für den klügsten Mann der Welt, für den Botschafter der Ufoianer. Mir soll's recht sein. Der Preis für ein Erich-von-Däniken-Autogramm schwankt zurzeit in der FM4-Redaktion zwischen 2000 und 8000 Euro. Herrlich, ich habe die Dinger stapelweise bei mir liegen. Weil ich ja das Däniken-Patenkind bin, zahlen meine durchgeknallten Kollegen inzwischen sogar für meine Autogramme. So kann's weitergehen.

19.5.

Liebes Tagebuch, das Theater in Berlin, wo Stermann und ich immer auftreten, hat lauter schwule Chefs und eine Chefin, die bi ist, also halbschwul. Der Älteste der Chefs, Rainer, ist um die 50 und hat uns von seinem Coming-out erzählt. Und von seiner früheren Angst vor Lederschwulen. Seiner Panik in Dark Rooms, wenn wieder so ein gepiercter Latexkoloss an ihm vorbeiging. Er hatte so lange Angst vor den Lederjungs, bis er bei einem Christopher Street Day an einem Stand vorbeiging, an dem der offizielle Leder Club Berlin selbstgebackenen Kuchen verkaufte. Apfelkuchen, Bienenstich und Cremeschnitten. Mit Schürzen über dem Lederoutfit. Damals verlor Rainer die Angst vor ihnen. Ich glaube auch: Wer backt, führt keine Kriege. Zumindest nicht, während der Kuchen im Rohr ist. Stermann und ich backen ja nicht. Wir tragen in Berlin niemals Schürzen überm Leder. Vor uns würde ich mich also in Acht nehmen. Uns würde ich nicht gern im Dunkeln begegnen. Vom Hellen ganz zu schweigen.

Liebes Tagebuch, im Flugzeug habe ich ein schönes Zitat gelesen. Da ich ausschließlich Fußballbücher und Fußballzeitschriften und Fußballerbriefe und Fußballerpostkarten lese, ist es natürlich auch ein Fußballerzitat. Ein früherer Trainer vom FC St. Pauli hat einmal auf einer Pressekonferenz den schönen Satz gesagt: »Wir müssen unseren Gegner durch ständiges Toreschießen zermürben.« Das ist eine 1A Philosophie, die sich auch auf anderen Gebieten anwenden lässt. FM4 sollte auch durch ständige Quotenzuwächse alle anderen Sender zermürben. Und der ORF als Ganzes durch eine ständige gelungene Qualitätsoffensive die Privaten zermürben. Menschen, die arm sind, sollten durch ständige Geldzuwächse ihre Sozialarbeiter zermürben. Obdachlose durch ständiges Vergrößern ihrer Häuser Passanten in U-Bahn-Passagen zermürben. Zwergwüchsige durch ständiges Wachsen Riesen zermürben und FM4 uns Mitarbeiter durch ständige Gehaltserhöhungen zermürben. Nur ein Vorschlag zur Güte. Nicht mehr.

20.5.

Liebes Tagebuch, seit feststeht, dass Stermanns Lieblingsverein MSV Duisburg in die erste deutsche Fußballbundesliga aufsteigt, ist mit meinem denkfaulen Kollegen noch weniger los als ohnehin schon. Er beschüttet sich selber seit Tagen laut grölend mit Bier aus einem riesigen Glas und singt in einem fort: »Wer ist die Macht am Niederrhein? Der Meidericher Spielverein.« Das ist mir sehr peinlich. Vor einigen Tagen hatten wir die Ehre, bei der Eröffnung der Ausstellung »Die Sinalco-Epoche – Essen, Trinken, Konsumieren nach 1945« im Historischen Museum der Stadt Wien aufzutreten. Alle waren peinlich berührt, als Stermann in einem MSV Trikot, mit Fankutte und Schal aufs Podium wankte und laut schrie: »Zebrastreifen, Streif und Blau, ein jeder weiß genau, das ist der MSV« Laut rülpsend fiel er um und wurde von mir und Museumsdirektor Kos hinausgetragen. Ich hoffe, dass Stermann jetzt nicht die Besucher vergrault hat, denn die Ausstellung ist wirklich sehenswert.

Liebes Tagebuch, Grissemann versteht das nicht. Er ist ja kein wirklicher Fußballfan. Grissemann wartet immer ab, welche Mannschaft die Champions League gewinnt, und für die ist er dann, sodass er immer auf der sicheren Seite steht. Aber Anhänger des MSV Duisburg zu sein, das ist eben nicht so einfach. Da leidet man, wie vielleicht Musikliebhaber bei der Amadeus-Verleihung. Da gibt's nicht viel zu lachen, das ist so wie »Sieben Tage, sieben Köpfe« schauen. Da hat man's nun mal nicht leicht, da ist es leichter, im Unterschichtenradio eine gelungene und interessante Moderation zu hören. Duisburg-Anhänger sein heißt leiden lernen. Und wenn dann alle fünf oder sechs Jahre mal etwas Positives passiert, Herrgott noch mal, da wird man doch mal 240 Stunden durchfeiern können, zusammen mit all den anderen MSV Duisburg-Fans in Wien, also allein. In einem Jahr werde ich eh wieder alleine trauern, weil die armen Duisburger wieder abgestiegen sein werden. Lasst mir doch meine kurze Freude!

22.5.

Liebes Tagebuch, nachdem Gustav beim Amadeus in ihrer Dankesrede nach dem Gewinn des FM4-Alternative-Preises einfach nur die schöne Tocotronic-Zeile »Aber hier leben? Nein danke« zitiert hat, munkelt man, dass Bundespräsident Fischer, der selber ein großer Gustav-Fan ist, bei seiner diesjährigen Neujahrsansprache genau dasselbe sagen wird. »Liebe Österreicherinnen und Österreicher, das Land ist schön, die Berge sind hoch, aber hier leben? Nein danke. Ihr Bundespräsident.« Das wäre eine echte Irritation. Müsste Fischer dann zurücktreten oder würde er zurückgetreten? Oder wenn Schüssel auf Staatsbesuch in Deutschland ist, könnte er ungestraft Tocotronic zitieren? »Lieber Gerhard Schröder, toi, toi, toi, tolles Land, Deutschland – aber hier leben? Nein danke.« Das würde wahrscheinlich eine ernste diplomatische Krise heraufbeschwören. Auch der Papst wird sich hüten, bei seinen Reisen den Boden zu küssen und dann zum Beispiel in Brüssel angewidert zu sagen: »Amen, was für ein tolles Land, Belgien – aber hier leben? Nein danke.« Gleiches gilt für Kofi Annan und eingebürgerte chinesische Tischtennisspieler, obwohl ja die Schlagers und Jindraks inzwischen so gut sind, dass sie wahrscheinlich schon bald von den Chinesen eingebürgert werden. Und dann dürfen sie auf keinen Fall sagen: »China, Riesenland, aber hier leben? Nein danke.«

Liebes Tagebuch, FM4 – ein toller Sender. Aber hier arbeiten? Nein danke. Bayern München, erfolgreicher Club, aber hier spielen? Nein danke. BZÖ, Orange, schöne Farbe, aber sie wählen? Die FM4-Tagebücher, interessant zu erfahren, wie es hinter den Kulissen zugeht, aber sie jeden Tag schreiben müssen? Red Bull verleiht Flügel, aber es trinken? Sich von Grissemann Geld borgen, okay. Aber es zurückgeben? Tocotronic intelligent finden, die Zeile »Aber hier leben? Nein danke« gut finden, aber sich die ganze Tocotronic-CD anhören? Nein danke. Und diese Reihe endlos fortsetzen? Nein danke, nein danke, nein danke.

Liebes Tagebuch, ein amerikanischer Bibelgroßversand hat FM4 viel Geld dafür geboten, dass wir Trailer spielen, in denen die Evolutionstheorie in Frage gestellt wird. Zum Beispiel mit folgendem Text: »Evolution ist nur eine Theorie über den Ursprung lebender Dinge. Keine Tatsache – FM4.« Drei begeisterte Anhänger des Kreationismus aus Louisiana haben sogenannte Bible-Belts an uns verteilt, Bibelgürtel, Gürtel aus Krokodils- und Büffelleder mit eingestanzten Bibelmotiven. Die amerikanischen Kreationisten glauben, dass das Universum das Schöpfungswerk eines Gottes ist und Darwins Theorie gefährlich und falsch war und ist. Nun, wir werden das Angebot ausschlagen. Nein, nicht mit FM4. Diese amerikanischen Kreationisten sind doch Schlappschwänze, das geht uns alles nicht weit genug, dieses liberale Zeug. Gegen uns sind diese Südstaatler Sodom- und-Gomorrha-Freaks. Diese Schwachmaten fordern ja zum Beispiel nur: Kein Sex vor der Ehe. Wir bei FM4 fordern: Kein Sex vor, während und nach der Ehe. Alles Schweinkram. Wir sind schließlich keine Tiere. Wir stammen nicht vom Schwein ab und nicht vom Affen. Wir sind gottesfürchtig, und wer Gott fürchtet, lässt schön brav die Hose zu.

Liebes Tagebuch, ich bin ja der einzige Atheist bei FM4, ich bin nicht getauft, weil es das in Deutschland nicht gibt. Im Ruhrgebiet gibt es keine einzige Kirche. FM4 dagegen ist eigentlich eine Kirche, nur vielleicht ein bisschen strenger. Grissemann ist wegen seiner schönen Stimme Vorbeter bei den stündlichen Gottesdiensten, bei Chefcontroller Blumenau wird gebeichtet, aber nicht verziehen. Chefin Eigensperger schlägt sich mit schweren Eisenketten ständig auf den Rücken, und Musikchef Makossa beschallt uns mit gregorianischen Gesängen. Wenn man die auf FM4 gespielte Musik rückwärts laufen lässt, hört man alttestamentarische Botschaften von Chefcontroller Blumenau: »Lasst Dornensträucher brennen, geht durchs Meer, es wird sich teilen.« Dass durch diese Botschaften schon etliche FM4-Hörer beinahe im Meer ertrunken sind, wird als Gottes gerechte Strafe empfunden. Für mich ist das alles nix, ich hin nur ein einfacher Trinker im Weingarten, des Herrn. Ich sage lieber »Prost« als »Amen«.

Liebes Tagebuch, »Mir fällt nichts ein« ist der wohl am häufigsten zu hörende Satz bei FM4. Meistens fällt den Kollegen überhaupt nichts ein. Sie starren Löcher in die Decke und in die Wand, aber es fällt ihnen nichts ein, was man zwischen den Platten sagen könnte, oder vor der nächsten Platte, oder über die nächste Platte drüber, oder was man die Band fragen könnte, oder den Erziehungswissenschafter, oder den berühmten Musikkritiker. Nichts fällt einem meistens ein, ich nehme mich da nicht aus, aber ich habe Gott sei Dank noch Stermann an meiner Seite, dem immer etwas einfällt. Ich glaube, er ist ein Genie. Er muss sich nicht mal anstrengen, während wir Minderbemittelten verschiedene Strategien haben, um schneller Geistesblitze zu bekommen. Martin Pieper zum Beispiel gibt beim Nachdenken laute bellende Geräusche von sich, wie eine Schwangere während der Entbindung. Magister Edlinger summt alte Zahnputzlieder aus der Kindergartenzeit vor sich hin: »Ich bin klein und manchmal schmutzig, aber meine Zähne putz ich. Was auch immer kommen mag – Zähneputzen jeden Tag!« Das summt er so lange retardierend vor sich hin, bis er eine Idee hat. Sein Kollege Ostermayer schlägt mit einer Balalaika vor einen Sandsack, wenn er hochkonzentriert nachdenkt, und Andreas Gstettner wirft nachdenkend geschälte Bananen aus dem Fenster. Jeder hat halt so seine Methode. Liebenswerte kleine Macken.

Liebes Tagebuch, sehr putzig. Wenn Grissemann nachdenkt, verzieht er sein Gesicht, als hätte er furchtbare Zahnschmerzen, dann rollen ihm Tränen die Wangen hinunter, er hält die Luft so lange an, bis kleine Äderchen platzen, dann prustet er die Luft raus und beginnt von Neuem. Dabei zwickt er sich ununterbrochen in den Po. Und trotzdem fällt ihm nie etwas ein. So geht es den meisten Kollegen. Mathias Zsutty zum Beispiel brüllt immer: »Hearst. Hearst!«, und schlägt sich mit einem Briefbeschwerer gegen die Stirn. Stuart Freeman macht Bocksprünge und spuckt dabei wie ein geisteskrankes Lama. Vor und zwischen jeder Moderation. Das Studio ist nach jeder »Morning Show« klitschnass. Claudia Unterweger muss immer ein offenes Feuer machen, damit ihr was einfällt, und Gerlinde Lang Pfeife rauchen und dabei »Tja tja tja« sagen. Daddy D. hat Matrjoschkapuppen, die er in Affengeschwindigkeit ineinander und auseinander steckt, Luna Luce kann nur nachdenken, wenn sie dabei David Pfister am Kinn kratzt, der wiederum überhaupt nicht nachdenken kann, wenn er von Luna Luce am Kinn gekratzt wird. Alle haben eigenartige Rituale entwickelt. Nur ich nicht. Wenn mir etwas einfallen soll, denke ich einfach kurz nach, und sofort kommt die Idee. So einfach geht das.

26.5.

Liebes Tagebuch, habe schon wieder Robert Rotifer in der U-Bahn gesehen. Ich sehe ihn seit Jahren täglich in der U-Bahn oder im Supermarkt. Langsam habe ich das Gefühl, er wohnt gar nicht in London. Kann es sein, dass er uns allen bei FM4 seit Jahren ein Märchen auftischt? Dass er Wien nie verlassen hat und von Wien aus so eine Art FM4-Englandkorrespondent ist? Ich fand es immer schon merkwürdig, dass Rotifer niemandem seine Londoner Adresse sagen wollte, dass er nicht genau wusste, wie viel Euro ein Pfund wert ist. Vor allem aber war ich verwundert, dass er verwundert war, als ich fragte, wie es mit dem Verkehr in London ist, weil sie doch Linksverkehr haben. Das wusste er gar nicht und hielt es für einen Scherz. Da war mir klar, so redet nur einer, der noch nie englischen Boden betreten hat.

Liebes Tagebuch, Robert Rotifer ist angeblich gerade auf Wienbesuch. Er war in der Redaktion und hat widerwillig unsere Fragen beantwortet. Immer hat er nur von Madame Tussauds berichtet und vom Buckingham Palace. Ich habe ihn mal zum Spaß nach Piccadilly Circus gefragt und er begann zögerlich zu sagen, dass er dort einmal war, die schönen Pferde und die Clowns, Piccadilly Circus sei toll, so wie Roncalli. Ich stutzte. Er konnte mir außerdem nicht sagen, ob London eine U-Bahn hat, oder wie der Flughafen heißt, oder was man in London so isst, oder wie lange die Clubs geöffnet haben, oder welche Clubs gerade angesagt sind. Kurz, ich bin mir so wie Grissemann sicher, dass Rotifer noch nie in London war, sein klägliches Wissen hat er aus einem billigen Reiseführer. Aber ich bin kollegial und lass ihn nicht auffliegen. Ich schätze Robert Rotifer auch so. Außerdem finde ich es eigentlich schön, dass er in Wien lebt und nicht so weit weg. Und wer hat eigentlich gesagt, dass man immer dort gewesen sein muss, von wo man berichtet? Das ist doch so ein typisch spießiger Publizistikstudium-Satz, den keiner braucht. Und Robert Rotifer schon gar nicht.

Liebes Tagebuch, wahrscheinlich mache ich gerade eine etwas lächerliche Figur, aber es ist eh niemand da, der mich sehen kann. Leider, denn lange halte ich das nicht mehr aus. Immerhin stecke ich jetzt schon mehr als 14 Stunden in diesem Fischteich fest. Ich habe das Gefühl, dass die Karpfen mich auslachen. Die FM4-Chefin Eigensperger hat ja in der Steiermark eine Fischzucht und reihum müssen alle FM4-Mitarbeiter bei der Arbeit mithelfen. Mit Zugnetzen, Teichnetzen und Schleppnetzen im Wasser stehen und die Fische kontrollieren, ihre Größe, ihr Gewicht und die Farben ihrer Kiemen. Und natürlich füttern, füttern, füttern. Die Chefin hat mehrere Teiche in unterschiedlichen Größen. Manche so klein, dass man drüberspucken kann, andere etwa so groß wie der Neusiedler See. In so einem stehe ich gerade, der Boden ist unglaublich schlammig und ich stecke mit den Gummistiefeln meiner Ganzkörper-Watthose fest im Boden. Ich kann mich nicht im Geringsten bewegen, im Arm die Doppelaalreuse und Teichabfischkescher für Jungfische. Ich weiß, dass schon viele Fischteicharbeiter so umgekommen sind. Verhungert, verdurstet oder von den Fischen totgeknabbert. Ich kann nur hoffen, dass Stermann mich aus diesem Todessumpf befreit, aber wie ich meinen faulen Kollegen kenne, liegt er auf irgendeinem Steg und liest »Moby Dick« oder irgendeinen anderen Anglerschmöker.

Liebes Tagebuch, bin nach einer herrlichen Nacht ausgeschlafen und munter wieder mit meinem Fernglas im Schilf und beobachte Grissemann, wie er da im Schlamm zappelt. Ihm ist sicher kalt, nachts wird's kühl auf dem Wasser. Wasserläufer sitzen auf seinem Haar und in seinen Ohren. Libellen krabbeln in seinen Ausschnitt, Würmer kriechen an seinem Hals. So sieht's also aus, wenn coole Radiomoderatoren der Natur ausgeliefert sind. Noch dazu, wenn sie Insektenphobiker sind, wie mein Tiroler Kollege. Immer wieder springen Karpfen und Welse aus dem Wasser und beißen ihm ins Knie. Ich sollte ihm helfen, in solchen Situationen zeigt sich wahre Freundschaft. Ich könnte mich aber auch wieder auf den Steg legen und erneut die »Buddenbrooks« lesen. Und ihm dann erst helfen. Noch ein bisschen an der frischen Luft sein, wird ihm gut tun, der alten Wasserratte. Übrigens schwimmt tatsächlich eine Horde Wasserratten auf ihn zu. Wahrscheinlich wollen sie ihn fressen. Na ja, ich lege mich jetzt hin und lese meinen täglichen Thomas

Mann. Grissemann oder Thomas Mann – die Entscheidung fällt nicht besonders schwer.

28.5.

Liebes Tagebuch, Dänemark hat den Songcontest gewonnen. Zumindest unseren. Wir haben 39 Nacktschnecken gegeneinander antreten lassen, eine pro Starterland beim diesjährigen Grand Prix d'Eurovision de la Chanson. Sie mussten eine Zehn-Zentimeter-Sprintstrecke zurücklegen, und die dänische Nacktschnecke »Jakob Sveistrup« hat knapp gewonnen vor »Wig Warn« aus Norwegen und »Femminem« aus Bosnien. Die österreichische Nacktschnecke wurde fast Drittletzte, wurde aber kurz vorm Ziel noch überholt von der deutschen »Gracia«-Schnecke. Wir wissen nicht genau, wie die österreichischen Teilnehmer dieses Jahr heißen, darum haben wir die österreichische Schnecke einfach wieder Alf Poier genannt, der ja so etwas wie die österreichische Antwort auf Ralph Siegel zu sein scheint. Jedes Mal mitmachen. Jedenfalls hat Alf Poier immerhin die serbische Schnecke »No Name« hinter sich gelassen. Den Nacktschnecken schien es übrigens sehr peinlich zu sein, Songcontest-Starter darzustellen. Einige sind rot angelaufen.

Liebes Tagebuch, das Langweiligste, was es für mich gibt, ist es – so rund um den Songcontest herum – gefragt zu werden: »Warum moderiert ihr den Songcontest, nicht mehr?« Um nicht selber bei der Antwort einzuschlafen, variieren wir inzwischen, wenn wir höflich antworten. Zum Beispiel: Wir moderieren den Songcontest nicht mehr aus Gründen größter Ekstase. Aus Wut. Aus Angst. Aus Berechnung. Aus Lust moderieren wir's nicht mehr. Aus falsch verstandener Eitelkeit. Aus Liebe. Aus einem überwältigenden Kinderwunsch heraus moderieren wir den Grand Prix d'Eurovision nicht mehr. Aus Furcht, Geschichte zu verfälschen. Aus Toleranz. Aus veterinärmedizinischen Gründen und aus Indiskretion. Aus einer Schwamm-drüber-Nostalgie. Aus Interesse nicht mehr. Aus pazifistischer Aggression. Und natürlich aus hygienischen Gründen. Ach, es gibt so viele Gründe, den Songcontest nicht mehr zu moderieren. Da ist für jeden was dabei.

Liebes Tagebuch, die sicherste Methode gegen Hautkrebs ist es, bei FM4 in der Produktion zu arbeiten. Das ist die Abteilung, die für das akustische Layout des Senders verantwortlich ist. Wer in der Produktion arbeitet, wie zum Beispiel der Rudi Ortner oder der Andreas Schindler oder die Barbara Delgado, der oder die sieht niemals die Sonne. Dort wird gearbeitet von Sonnenuntergang zu Sonnenuntergang. Da wird gebastelt und Bässe werden zugunsten von Höhen vermindert, da überlappen Beats, und Stimmen werden gepitcht, das ganze freakige Radiozeugs eben, sodass es am Sender dann so klingt, wie es klingt. Soundtüftler, die kein Tageslicht kennen. Die rote Augen haben, weil sie in der Dunkelheit sehen können. Die dazwischen ein paar Minuten mit den Füßen an der Decke hängen, um sich auszuruhen, und dann schon wieder an ihre Geräte flattern. Ohne die FM4 klingen würde wie TW1 oder »Niederösterreich heute«. Nachtmenschen mit begnadeten Fähigkeiten, die nicht wissen, was man meint, wenn man ihnen sagt: »Ich hab mir eine Sonnenbrille gekauft, weil mich sonst die Sonne so blendet!« Da schauen sie einen fragend an. Und drehen sich um und tüfteln wieder an 1000 Schaltern.

Liebes Tagebuch, die sicherste Methode gegen Hautkrebs ist es, bei FM4 in der Internetredaktion zu arbeiten. Durch das fehlende Sonnenlicht in den fensterlosen Räumen ganz hinten im FM4-Trakt ist natürlich die Skorbutgefahr sehr groß. Aber ohne Gefahren wäre das Leben langweilig. Ute Hölzl zum Beispiel hat noch nie die Sonne gesehen, bis auf digitalisierte Versionen auf Bildern. Sie tastet sich durch die Internetredaktion, wo nur das flackernde Licht der Bildschirme leuchtet. In der Mitte der Internetredaktion stehen große Kübel mit verschiedenen Vitaminen in Pillenform. A, B, C, D, E, alles, was halt in dunklen Räumen so gebraucht wird. Durch die ständige Arbeit an der Maus haben alle hier schmerzende Tennisarme, jedes Anklicken ist mit einem Schmerzschrei verbunden. Alles in allem wirkt es in der Internetredaktion so wie im Ruderraum einer Sklavengaleere. Also bitte mal daran denken, wenn man an FM4.at wütende Postings schickt, weil irgendwas mit dem Livestream nicht funktioniert oder Fotos falsch beschriftet sind. Die Postings bekommen Menschen, die sich den Arsch aufreißen für einen tadellosen Netzauftritt dieses Radiosenders. Vielleicht einfach mal loben. Und dann noch einmal. Zu Händen Ute Hölzl, die reicht's dann weiter an all die anderen. Danke.

1.6.

Der brave FM4-Soldat ist im Sommer begeisterter T-Shirt-Träger. Sind ja auch junge Prachtkörper, die sich unter den hautengen Leibchen abzeichnen. Die Herren Davidek, Schöllerbacher, Gstettner, Duscher, Attia und Ortner könnten problemlos auch eine Schwimmerstaffel bilden, rein korpusmäßig. Schönes Oberkörper-V. Nicht zu viel Muskeln, aber eben auch nicht zu wenig. Stermann und ich bilden da mit unserer sympathischen Bauchwölbung eher die Ausnahme. Wir sind aber auch 40 Jahre älter als die anderen. Und unser Bäuchlein zeigt stolz Lebenserfahrung und, ja, auch Weisheit. Das T-Shirt an sich ist also für uns nichts. Der Dicke trägt Hemd aus Verschleierungsgründen. Dumm nur, dass sich Sprüche auf Hemden modisch nicht durchsetzen wollen.

Grissemann liebt Text-T-Shirts. Steht ja auch auf jedem zweiten Shirt etwas Zwangsoriginelles drauf. Grissemann hat mir gestern gestanden, keine Bücher mehr zu lesen, sondern ausschließlich T-Shirts. Er setzt sich in Floridsdorf in den Gastgarten und liest T-Shirts. »Bier formte diesen wunderschönen Körper« oder was ähnlich Köstliches. Auch wir waren seinerzeit T-Shirt-Literaten. Unser Spruch: »Halt bitte die Schnauze, das interessiert doch keine Sau« fand reißenden Absatz. Man munkelt, millionenfach habe sich das Spruchshirt verkauft. Fernziel muss sein, dass Menschen gar nicht mehr reden, sondern nur mehr über ihre T-Shirts kommunizieren. T-Shirt-Dichter – ihr seid gefordert!

2.6.

Dieser Tage feiert die Kaltspeise Frankfurter 200sten Geburtstag. Herzlichste Gratulation von unserer Seite, liebe Würste! Auch die ORF-Kantine ehrt die Götterspeise mit sogenannten »Frankfurter-Wochen«. Das heißt, es gibt ausschließlich Frankfurter zu essen. Sechs Wochen lang. Für viele von uns ändert sich dadurch aber gar nichts an den Essgewohnheiten; wir haben ja ohnehin auch vorher nie was Anderes gefressen. Die Senderchefin hat jedem Mitarbeiter ein Paar Würstel auf den Schreibtisch gelegt. Chefcontroller Blumenau hat mit geschickten Fingern auf jede Wurst mit gelbem Senf das FM4-Logo draufgemalt. Leider sind einigen Redakteuren beim Versuch des Verzehrs die Würste aus der Hand gerutscht, und jetzt ist der CD-Player verstopft und riecht nach Wurst.

Ich bin total verfrankfurtert, Tagebuch. Meine absolute Leibspeise seit über 45 Jahren. Ich liebe diese elegant geschwungenen Drehzylinder, voll mit köstlichem Schweinefleisch, Borsten, Knorpeln und weiß der Teufel, was da noch so drin ist. Aus Gaggründen habe ich mir am Kölner Karneval 1979 mal eine selbstgemachte Frankfurter-Perücke auf den Kopf gesetzt. Das hat sehr lustig ausgesehen. Eine Perücke aus über 100 Paar Frankfurtern. Ich nehme auch immer ein paar Frankfurter mit ins Bett. Erstens damit ich nicht alleine schlafen muss und zweitens weil es nichts Schöneres im Schlafzimmer gibt als den schweren guten Duft von fein gekochten Frankfurtern.

5.6.

Liebes Tagebuch, heute habe ich wieder sehr staunen müssen. Das Fräulein Brunner stand vor ihrem Schreibtisch und hat konzentriertest in ihr Handy geklopft. Es muss ein sehr langer Satz gewesen sein, den sie da geschrieben hat, und das Unglaubliche: Das Fräulein Brunner hat das SMS-Schreiben mit einer derartigen Affengeschwindigkeit erledigt, dass mir der Mund offen stehen blieb. Sie wirbelt mit ihren zarten Fingern zielsicher über ihren kleinen schwarzen Handknochen und kann zum Beispiel den doch nicht ganz einfachen Begriff »erektile Dysfunktion« in gestoppten 2,8 Sekunden aufs Handydisplay zaubern. Wahnsinn. Ich selbst bin mit meinen dicken, dummen Fingern noch immer nicht in der Lage, das Wort »Ei« in unter 30 Sekunden als SMS zu verschicken. Und fehlerfrei gelingt's mir sowieso nicht.

Ich, liebes Tagebuch, habe mal über einen halben Tag lang den Buchstaben R am Handy gesucht. Ich wollte meiner Schwester die Farbe meines neuen Huts SMSen. Er war rot. Ich war aber zu blöd, das R zu finden. Mit den Nerven komplett fertig habe ich dann, als der Abend anbrach, nicht »rot«, sondern »tot« geschrieben, denn das T habe ich gefunden. Ich hoffe, meine Schwester hat's auch so verstanden. Ich habe seit zwölf Jahren nichts mehr von ihr gehört. Na ja. Wie lange das SMS-Genie Brunner wohl brauchen

363

würde, um das Wort »rot« zu schreiben? Ich schätze, da braucht die Libelle länger für einen Wimpernschlag. Hut ab, Fräulein Brunner!

6.6.

FM4 hat erneut Grund zum Jubel, liebes Tagebuch. Bis auf die äußerst quotenkalte Sendung »Im Sumpf« hat jede einzelne Sendung einen Hörerzuwachs erlebt, der selbst Experten erstaunt hat. Über das Sorgenkind »Im Sumpf« – ein abseitiges Intellektuellenmagazin am Sonntagabend – wird zur Stunde heftigst diskutiert. Senderchefin Eigensperger überlegt einen Sendeplatzwechsel und schlug vor, einfach die »Morning Show« mit dem »Sumpf« zu tauschen. Das hieße jeden Morgen »Im Sumpf« und die »Morning Show« nur mehr am Sonntag in der Nacht. Keine ganz reizlose Idee, wenn du mich fragst, liebes Tagebuch. Viele haltlose FM4-Hörer stehen nach einer durchzechten Samstagnacht erst am Sonntagabend wieder auf, sodass ein Aufweckprogramm am Sonntag um 21 Uhr durchaus sinnvoll erscheint, aber ich gebe zu bedenken, dass der »Sumpf« um 6 Uhr früh täglich vielleicht den Hörer doch ein wenig überfordert.

Papperlapapp, liebes Tagebuch. Grissemann und seine spießigen Bedenken haben jetzt mal Pause. Ich halte den Vorschlag der Senderchefin für geradezu ideal. Mit Ostermayer und Edlinger als Morgenmoderatoren hat FM4 die Chance, endgültig Superkult zu werden. Am Vormittag ist der junge Mensch am aufnahmefähigsten, und mit Ostermayer und Edlinger hat man zwei bärenstarke Pendants zu Raithofer und Kratky am Morgenmikrofon. Endlich keine schleimige, aufgesetzte Morgenfröhlichkeit, sondern bierernste, sperrigste Inhalte schon um 6 Uhr früh und mit einer Ostermayer'schen Obsession, nämlich dem Trauermarsch, wird dann jeder FM4-Tag musikalisch beginnen. Ich bin begeistert. Im Herbst soll es so weit sein. Der »Sumpf« wird ganz Österreich wachrütteln. Die einzigen verzagten Gesichter dieser Tage gehören den Herren Freeman und Larkin, aber da müssen die durch.

8.6.

Chefcontroller Blumenau, liebes Tagebuch, hat sich gestern einen üblen Scherz erlaubt. Er hat im FM4-Büro nicht nur das Rauchen verboten, sondern auch das Nichtrauchen! Die dummen Mitarbeiter wussten im wahrsten

Sinne des Wortes nicht mehr, was sie tun sollten. Nach einer Stunde hat der feixende Chefcontroller das Verbotsschild wieder abgeschraubt. Der schrullige Chefcontroller hat's überhaupt in letzter Zeit mit den Schildern. Letzte Woche hat er über die FM4-Eingangstür ein gigantomanisches Schild mit der Aufschrift »Sie sind hier nicht willkommen« gehängt. Viele dumme Mitarbeiter sind seit letzter Woche tatsächlich nicht mehr in der Redaktion aufgetaucht. Aus seinem Stammlokal hat er außerdem das Schild »An Betrunkene und Minderjährige wird kein Alkohol ausgeschenkt« geklaut und ins Krisensitzungszimmer gehängt. Das wiederum hat vor allem die betrunkenen und minderjährigen Mitarbeiter empört.

Auf Blumenaus blöde Schilderwitze falle ich nicht rein, liebes Tagebuch. Ich saufe mir trotzdem weiter im Krisensitzungszimmer die Birne weich, und ich bin der Einzige, der dieser Tage mit Schuhwerk durch die Gänge wieselt, die anderen haben sich doch tatsächlich die Schuhe ausgezogen, weil Blumenau nicht davor zurückgeschreckt ist, den peinlichen Fußabstreifer mit der Aufschrift »Bitte Schuhe ausziehen« vor die Eingangstür zu legen. Selbst Interviewgast Marilyn Manson hat sich vom Blumenau'schen Fußabstreifer beeindrucken lassen und seine Lackstiefelchen brav vor der Tür ausgezogen, bevor er sich käsefüßig zu Frau Unterweger ins Livestudio verzog. Blumenau wird immer seltsamer, liebes Tagebuch. Der kauzige Chefcontroller sitzt seit Wochen vor einem aufgeklappten Pizzakarton, den er für seinen Laptop hält. Nicht einmal die Senderchefin traut sich, ihn auf diesen Irrtum hinzuweisen, weil er augenblicklich explodiert, der Chefcontroller, der.

10.6.

Man glaubt es kaum, liebes Tagebuch, aber mein lieber Kollege Stermann hat nicht nur mit dem grausamen Rauchen aufgehört, sondern ist seit Wochen auch noch Stammgast in einem Körperbildungszentrum, um das eine oder andere Kilo Hüftgold zu verlieren. Respekt. Bald wird Stermann wieder Deutschlands schönster Entertainer sein. Das Fitnesscenter seines Vertrauens ist leider, leider ziemlich promiverseucht, wie er erzählt. Pfeifen wie Uwe Kröger, Alfons Haider oder Hamee Tarrisson oder was oder wer hängen dort grundstupide am Fahrrad, mit dem man nie vom Fleck kommt. Aber auch weniger peinliche Prominenz, wie Stermann selbst, kommt zum

Stemmen vorbei, Burgtheater-Cheffe Bachler zum Beispiel. Ich habe angeregt, das Fitnesscenter in »Paradies der Ungeliebten« umzutaufen. Damit der, auch etwas zu mollige Herr Menasse ein wenig zufriedener wird, wenn er sich denn reintraut, der beleidigte Dichter.

Herr Menasse war noch nie da. Herr Handke auch nicht, und die Jelinek sucht man an der Saftbar auch vergeblich. Die Arbeit am Körper ist und bleibt eine intellektuellenfeindliche Tätigkeit. Leider, liebes Tagebuch. Mein Fitnesscenter jedenfalls ist mein neues Zuhause, auch wenn entsetzlicher Bordelltechno aus den Boxen dröhnt und man den Clerici hinter jedem Duschvorhang vermutet. Werde mich für ein Fitnesscenter im Funkhaus einsetzen, da sind wir Radiogötter dann unter uns beim Schwitzen. Werde es konsequenterweise »House of Pain« nennen. Aber das ist noch Zukunftsmusik, du kraftloses Tagebuch.

12.6.

In exakt einem Jahr beginnt die Fußball-WM in Deutschland, liebes Tagebuch. Schon jetzt sieht man im deutschen Fernsehen im linken oberen Bildrand Inserts mit der Aufschrift »Noch 365 Tage«. Die Vorberichterstattung beginnt wirklich ein bisschen arg früh, oder? Aber wenn man die Spannung halten kann, warum nicht. FM4 könnte sich auch überlegen, Jingles zu schalten wie »Noch 194 Tage bis zum ›Projekt X‹-Silvesterstadl« oder »Noch 3297 Tage bis zum FM4-ist-20-Fest in der Arena«. Oder »Noch fünf Tage bis zur ›Salon-Helga‹-Wiederholung vom 2.5.1998«. Die Hörer heiß machen ist alles im modernen Radiogeschäft! Auf was, ist eigentlich relativ wurscht. Übrigens: noch drei Sekunden, bis Stermann seine Brummstimme erhebt.

Hier bin ich ja schon, liebes Tagebuch. Ihr habt euch drei Sekunden lang auf mich gefreut, und da bin ich jetzt. Als Ereignis durchaus vergleichbar mit der Fußballweltmeisterschaft 2006, nicht wahr? Na ja, diese blöden Countdowns kennen wir alle ja seit der Kinderzeit: Noch dreimal schlafen, dann ist Weihnachten und so was. Funktioniert allerdings nur bei sympathischen, massentauglichen Phänomenen. Unvorstellbar wäre vermutlich das Fernsehinsert »Noch 19 Tage bis zum Geburtstag von Herrn Gudenus« oder »Achtung, Achtung: Nur noch 256 Tage bis zur verpflichtenden Steuernachzahlung!« So, das war's. Und mir bleibt noch zu sagen: nur noch zwei Tage bis zur nächsten rasend interessanten Tagebucheintragung.

14.6.

Liebes Tagebuch: Zensur. Eine absolute Unverschämtheit. FM4 ist Nordkorea. Maulkorb für Stermann und mich, wir sind Woodward und Bernstein, wir haben FM4s Watergate aufgedeckt. Aber der Reihe nach. Wir haben die Spesenabrechnungen von Chefcontroller Blumenau gefunden bzw. eben nicht gefunden. Nur Angaben darüber, dass Blumenau mehrere hunderttausend Euri in den letzten Jahren ausgegeben hat für Schuhe, Taschen, Partys und seinen Porsche. Ohne Quittungen. Und das haben wir aufgelistet, in einem Tagebuch, das heute Morgen in der »Morning Show« nicht gespielt wurde. Warum wohl? Auf Weisung von Chefcontroller Blumenau natürlich! Wir haben selbstverständlich sofort den obersten Mediengerichtshof in Tauberbischofsheim angerufen. Uns wurde natürlich Recht gegeben, und so konnten wir immerhin erreichen, doch noch heute mit unseren brisanten Aufdeckungen an die Öffentlichkeit zu gehen, auch wenn Blumenau vor der Studiotür steht, flankiert von zwei finsteren Schlägern, die uns zusammenschlagen werden, sobald wir das Studio verlassen. Aber das ist es mir wert.

Liebes Tagebuch, für eine Bahnfahrt von Wien nach Linz hat Chefcontroller Blumenau 29 000 Eurosti verrechnet und für ein Arbeitsessen mit sich selbst 19 975 Eulen. Da ist es ja wohl klar, dass investigative Humoristen wie Grissemann und ich hellhörig werden. Es handelt sich hier ja immerhin um Rundfunkgebühren, mit denen der Chefcontroller sich ein tolles Leben macht. Immer hat er Kaviar im Haar und Langusten am Revers, er gurgelt beim Zähneputzen mit Schampus, während wir anderen uns für unsere Ernährung nur selbstgebrannten Absinth leisten können. Wir sind bei FM4 fast alle erblindet oder auf dem Weg dahin. Aber es ist nicht Neid, der uns treibt, sondern moralische Empörung. Chefcontroller Blumenau soll alles offenlegen müssen und einer gerechten Strafe zugeführt werden. Dass er heute Morgen die Ausstrahlung dieses Aufdecker-Tagebuchs verhindern konnte, spricht gegen FM4, dass wir's jetzt aber doch noch publik machen können, für die Pressefreiheit an sich. Dass Grissemann und ich in wenigen Sekunden verprügelt werden, spricht wiederum gegen den Nutzen der Pressefreiheit.

Wenn ich's richtig sehe, haben die Schläger Baseballschläger in der Hand. Hmm. Werde ich also wohl gleich wissen, wie sich ein Baseball so fühlt.

18.6.

Liebes Tagebuch, früher waren die Ferien einfach nur Erholung. Morgens lange schlafen, ausgedehnt frühstücken, ins örtliche Schwimmbad fahren und abends mit Freunden grillen. Oder vielleicht mit dem Autoreisezug nach Caorle fahren. Jedenfalls: einfach mal zwei, drei Wochen unbeschwert die Seele baumeln lassen, um mal ein von mir erfundenes Bild für Erholung zu gebrauchen. Und heute? Heute ist Urlaub gleichbedeutend mit Stress. Alle versuchen sich mit absurdesten Destinationen und Adventure-Reisen zu übertrumpfen. Thomas Edlinger macht Urlaub im Tunnelsystem der Roten Khmer in Kambodscha, in totaler Finsternis ernährt er sich dort von Wanderheuschrecken und feuchten Steinen. Kollegin Unterweger wird eine Woche lang über den Galapagosinseln paragleiten, ohne zu landen. Fred Schreiber hat drei Wochen gebucht in den alten Umkleidekabinen von seinem Lieblingsclub 1860 München im Grünwalder Stadion, ohne Frühstück kostet die Übernachtung 300 Euro, aber das ist es ihm wert. David Pfister zieht mit seiner Urgroßmutter für drei Wochen in ein Baumhaus in Pommern, Christian Davidek in ein atombombensicheres Erdloch in Graubünden. Die meisten anderen machen Radtouren durch die Sahara. Weil man originell verreisen will. Es ist absurd, du feines, kleines Tagebuch.

Liebstes Tagebuch, mit dem Auto durch rumänische Industrieregionen brettern und leere Fabrikhallen im Regen besichtigen, drei Wochen lang, nein, das Angebot von Clemens Haipl reizt mich nicht. Und ich habe auch Eva Umbauer abgesagt, die auf einem Campingplatz in der Liverpooler Fußgängerzone den Urlaub verbringen möchte. Gerald Votava wohnt den ganzen Sommer über, zehn Wochen lang, auf einem Brettergestell auf einem Elefanten und wackelt so durch Niedersachsen, ein Reiseangebot für Vollidioten, wenn man mich fragt. Ich selbst werde mich wohl wieder für Balkonien entscheiden, Balkonien und einheimische Spezialitäten genießen, Schnitzel und Bier. Satellitenfernsehen gibt's in Balkonien auch, und es kostet nichts. Und dann werde ich von meinem Balkon aus Grissemann mit einer Wasserpumpgun nass spritzen, wenn er auf seinem Balkon im Nebenhaus gerade einnickt. Ich freue mich schon, das werden – wie jedes Jahr – geile Ferien.

20.6.

Dear diary, my English is quite bad, I know. The English speaking colleagues are always laughing at me, although they should sometimes listen, how bad their German is. And I laugh also not about them, but say: »Good, always practise and you will already see – it is still no master from the heaven fallen. Practise makes the master.« That gilt also for my English. I know, that English is the world language because it is so easy to speak. I know naturally, that my English is no Oxford English, must yes also not. At most important is, that man can me understand. When I go in a supermarkt will I that the seller knows, what I mean, when I say: 100 gram worst and a bread. Or at the breakfast in a hotel, with the waiter. There will I also, that he me understands, when I say: »A weak boiled egg and a big brown with no sugar.« Clear. Therefor learns man yes a foreign language. For what then otherwise? »Therefor, that you everywhere in the world that gets what you wants.« How my teacher in Gänserndorf always says. And where he right has, has he right.

Liebes Tagebuch, Stermann kann ja großartig, fließend Russisch sprechen, er war ja in Westdeutschland auf einer DDR-Schule, dafür hatte er nur einen sechswöchigen Englischkurs in seiner gesamten Schulzeit. Und – ohne ihn beleidigen zu wollen – nun, sein Englisch ist in etwa so gut wie das eines durchschnittlich begabten Schimpansen. Aber er bemüht sich, er macht jetzt bereits seit acht Jahren »English Studies« am Shakespeare-Institut in Gänserndorf. Jeden Tag hat er fünf Stunden Englisch, und Fortschritte sind – unverkennbar – noch keine großen gemacht worden. Leider lernt er dort nämlich Englisch bei einem 82jährigen ehemaligen Soldaten, der in der Kriegsgefangenschaft mehr schlecht als recht Englisch gelernt hat. Ich persönlich glaube, dass er ein sehr schlechter Lehrer ist, aber Stermann schwört auf den Autodidakten aus Gänserndorf.

22.6.

Liebes Tagebuch, die hochsympathische Tini Kainrath von den »Rounder Girls« hat einmal im Happelstadion vor einem Fußballländerspiel die österreichische Bundeshymne gesungen und dabei den Text verändert in »Heimat bist du großer Töchter«. Das war eine kluge und bewusste Veränderung des Textes. In München hat jetzt bei der Eröffnung des neuen Fußballstadions das deutsche Popsternchen Sarah Connor die deutsche Hymne gesungen und dabei den Text der deutschen Nationalhymne ordentlich durcheinander gebracht. Aus »Blüh im Glanze dieses Glückes« machte die liebe Sarah Connor »Brüh im Lichte dieses Glückes«. Anschließend war sie zerknirscht, dass sie Millionen Menschen enttäuscht hat. Liebe Sarah, mir ist schon klar, dass du wahrscheinlich nicht FM4 hörst, trotzdem: Ich find's nicht schlimm, sondern eigentlich ganz hübsch: »Brüh im Lichte dieses Glückes!« Das hat so was wie: »Der Kaffee ist fertig, klingt das nicht unheimlich zärtlich?« Das wäre übrigens auch eine hübsche Hymne für ein Land, vielleicht für eins der vielen neuen Länder auf dem Gebiet der ehemaligen Sowjetunion. Dann bekäme der alte, verdiente Popbarde Peter Cornelius auch mal ordentlich Geld, wenn Irdistan oder Urdistan oder Ardistan seine Kaffeehymne zur Nationalhymne machen würde.

Liebes Tagebuch, natürlich ist Deutschland kein Würstchen, das man im Lichte dieses Glückes brühen muss. Schon klar, aber mein Gott, in der Aufregung so einer Livesituation, da scheißt man sich schon mal in die Hose oder macht sich ins Hemd oder vergisst den Text. Das ist nun mal so. Außerdem hat sie den Rest der Hymne ja ganz gut hinbekommen. Einigkeit und Recht und Freiheit sind des Glückes Unterpfand. Ist ja auch schwierig und sie hätte ja auch singen können: »Einige haben Recht – Gemeinheit – für ein Stück des Dosenpfand. Brüh im Glücke dieses Glückes, brühe, deutsches Dosenpfand.« Hat sie aber nicht, die gute Sarah Connor. Außerdem weiß sie zum Beispiel, dass es Deutschland heißt und nicht Dreutschland oder Pfundsrepublik Träumeland. Ich finde, jeder und jede sollte bei der Nationalhymne singen, wie ihm oder ihr der oder die Schnabel oder Schnäbelin gewachsen ist oder sind.

26.6.

Liebes Tagebuch, seit Kardinal Ratzinger Papst Benedikt XVI. ist, macht Stermann die Bibeldiät. Er versucht sich dünn zu beten und liest Bücher wie »Body by God« oder »What Would Jesus Eat?« oder »The Hallelujah Diet«.

Das heißt, nur mehr Fisch essen, Obst, rohes Gemüse und Rotwein, also all das, was Jesus in der Bibel so isst. In Amerika zurzeit der letzte Schrei. Dort haben Statistiken nämlich für gläubige Christen ein peinliches Resultat gebracht. Christen sind die Fettesten, viel fetter als Moslems oder Juden oder Buddhisten. Am dicksten sind Baptisten. Damit man in den schwabbelnden Fettmassen trotzdem noch Jesus erkennen kann, müssen die Wiedergetauften ordentlich abschlanken. Beten, beten, beten und kein Schweinefleisch mehr fressen und keine Tacos und keine Pizza, weil es das bei Jesus zuhause auch nicht gab. Kein Cola, keine Chips, kein Cheeseburger, stattdessen Datteln, Feigen und Orangen. Dazu schwere Bibeln und Gebetsbücher stemmen, fit für den Herrn und fit wie der Herr. Bin gespannt, wie lang der Atheist Stermann das durchhält.

Liebes Tagebuch, ich glaube, Jesus hatte einen besseren Stoffwechsel als ich. Es gibt ja so Leute, die können in sich reinfressen, was sie wollen, und sofort wird's im Körper verbrannt. Jesus war so ein Typ, so wie Michael Ostrowski vom »Theater im Bahnhof« oder Andreas Ederer von der FM4-Musikredaktion. Jesus, Ostrowski und Ederer – Menschen mit einem gesegneten Stoffwechsel. Leute wie ich müssen Zusatzschichten einlegen, um einen göttlichen Body zu kriegen. Blöderweise habe ich die Bibel nie wirklich gelesen, darum weiß ich gar nicht genau, was man bei der Bibeldiät essen darf. Ich esse sicherheitshalber nur mehr Dornenbüsche und Heuschrecken, da weiß ich, dass das in der Bibel vorkommt. Ansonsten sitze ich mit einer großen Flasche Wasser auf einem Felsen und warte, dass Wein daraus wird. Dabei falte ich die Hände so fest, dass ich irrsinnig schwitze und sicher viel Fett abbaue. Da ich leider kein Gebet kann, murmle ich einfach irgendetwas Unverständliches vor mich hin. Am Ende sage ich laut »Amen«, wische mir den Schweiß mit einem Handtuch ab und gehe duschen. In den Händen habe ich vom Beten einen Dauermuskelkater. Ja, es ist nicht ohne, im Fitnesscenter des Herrn.

27.6.

Liebes Tagebuch, schon wieder kommt jemand weinend aus dem Assessment-Center und hat die FM4-Aufnahmeprüfung nicht bestanden. Es ist unglaublich deprimierend. Pro Jahr bewerben sich etwa 25 000 junge, prachtvolle und hochintelligente Menschen bei unserem Pseudopunksender, um ein einjähriges unbezahltes Praktikum zu machen und danach ohne Anspruch auf Weiterbeschäftigung rausgeworfen zu werden. In diesem Jahr wird man von Chefkontroller Blumenau gedemütigt und allen anderen Mitarbeitern ausgenutzt. Man erledigt niedrigste Dienste, die auch ein dressiertes Huhn erledigen könnte, wird nie gelobt und stets getadelt. Dafür hat man kein Wochenende und keinen Urlaub und eigentlich auch keinen Dienstschluss. Für FM4-Feste muss man trotzdem Eintritt zahlen und FM4-Shirts teuer kaufen. Trotzdem bewerben sich alljährlich Heerscharen von gutaussehenden, gesunden, belesenen und originellen Menschen, um sich dieser Tortur zu unterziehen. Und wer das große Glück hat, ausgesiebt zu werden, der dankt nicht seinem Herrn, sondern für den stürzen Welten zusammen. Ich verstehe es nicht, liebes Diary. Ich kann es nicht verstehen.

Der Aufnahmetest, um zum Aufnahmetest zugelassen zu werden, mit dem man sich für die Vorausscheidung zum Aufnahmetest qualifizieren kann, um dann in die engere Wahl zum FM4-Aufnahmetest fürs Assessment-Center zu kommen, nun, dieser Aufnahmetest ist knüppelhart und wird nur noch übertroffen von den folgenden Aufnahmetests. Wer es schließlich tatsächlich his zu FM4 geschafft hat, nun, der weiß mehr, als es zurzeit Wissen auf der Welt gibt. Stephen Hawking ist ein Dummkopf gegen jede FM4-Praktikantin und Rüdiger Safranski ein Analphabet gegen jeden FM4-Praktikanten. Was Musikwissen betrifft: Wer bei FM4 anfängt, weiß nicht nur mehr über Musik als Diedrich Diederichsen, sondern auch mehr über Diedrich Diederichsen als Diedrich Diederichsen selbst. Jeder *Spex*-Journalist wirkt gegen unsere jungen unbezahlten Kollegen wie ein Phil-Collins-Fan, und dass jede Praktikantin eine begeisterte und kluge Cineastin ist, muss ich wohl nicht erwähnen. Gegen unsere Praktikanten ist Wim Wenders ein Anfänger und Lars von Trier ein Soap-Prolet. Und humormäßig sind unsere Praktikanten Kapazunder, so was hat die Welt noch nicht gesehen. Gegen deren schnellen, klugen Wortwitz macht Harald Schmidt absolutes Unterschichtenfernsehen. Nun ja, ich will nicht übertreiben, aber es ist wirklich so. Wie lautet die Steigerungsform von Genie? Muss ich mal nen Praktikanten fragen.

Liebes Tagebuch, Unterhaltung ist kein Honiglecken, sondern harte, knallharte Arbeit. Ich habe mich viel mit Poetik und Hermeneutik beschäftigt. »Das Komische«, erschienen im Wilhelm Fink Verlag, Blumenbergs »Komik der reinen Theorie«, Fuhrmanns »Soziale Grammatik der hellenistisch-römischen Komödie«. Natürlich Jauß, der liebe Hans Robert Jauß »Über den Grund des Vergnügens am komischen Helden«. Alles nicht nur mehrmals gelesen, sondern aufgesaugt. Auswendig gelernt, mir selbst eingehämmert, einen theoretischen Überbau geschaffen, sodass ich einfach weiß, was komisch ist. Das unterscheidet mich eben auch von billigen Komikern auf Sat.1, dass ich mich intellektuell mit Humor auseinander setze. Oft diskutiere ich mit Kollegen Stermann nächtelang Preisendanz und seine feine Arbeit »Zum Vorrang des Komischen bei der Darstellung von Geschichtserfahrung in deutschen Romanen unserer Zeit« und Stermann schlägt mir Wolf-Dieter Stempels Standardwerk »Ironie als Sprechhandlung« um die Ohren. Dabei habe ich doch schon rote Öhrchen, vor Aufregung und Begeisterung über »Satire und Groteske«, die herrliche Arbeit von Dimitrij Tschizewskij. Stermann und ich haben mal 68 Stunden durchdiskutiert, die Zeit haben wir vergessen, trinken, essen, schlafen – alles vergessen, weil unsere Diskussion so anregend war. Nämlich: »Vom Problem der Grenzziehung zwischen dem Lächerlichen und dem Komischen« – Ein unendliches Thema.

Natürlich wirkt es oft so einfach, so »aus dem Ärmel geschüttelt«, ein Witz, eine Pointe, eine Schmunzelei. Dabei ist es vor allem Wissen und Humorbildung, die es braucht, um im Humorbereich tätig zu sein, liebes Tagebuch. Wie ein Arzt, der wissen muss, welche Arterie er ziehen muss, um die Krampfader zu glätten, so müssen auch wir Humorarbeiter genau Bescheid wissen über die Wirkung von Worten, Gestik, Mimik, Pausen und Sprechgeschwindigkeit. Witz gleich 0,4 km / h, dividiert durch 1,4 Dezibel mal Übertreibung zum Quadrat. So habe ich es einmal scherzhaft formuliert. Hahaha. Uns muss einfach die Irrealität der Komödie als utopischer Schein bewusst sein, das lebensweltliche und das fiktionale Komische, die freie Komik. Grissemann ist ja Anhänger der Theorie der mechanischen Ironie. Ich wiederum bin als alter Stempelianer für Blödeln mit System, das Unernste als geschichtliche Qualität. Na ja, das ist jetzt vielleicht alles ein bisschen zu theoretisch, liebes Tagebuch. Jedenfalls ist Humor mehr als: »Kommt ein 90jähriges Paar zum Scheidungsrichter. Fragt der: ›Sind Sie sicher, wollen sie sich wirklich scheiden lassen?‹ ›Ja natürlich‹, sagt sie. ›Und warum jetzt?‹ Sagt er: ›Na ja, wir wollten warten, bis die Kinder tot sind.‹«

Das ist komisch, aber vor allem ein Resultat intensiven Studiums. Seit Grissemann und ich auf der Witzakademie in Danzig unseren Magister der heiteren Künste gemacht haben, wissen wir einfach, was wir da machen. Während die Kollegen vom »Projekt X« zum Beispiel glauben, es reicht, wenn man sich alte Loriot-Sketches anschaut oder Atze Schröder. Nein, Kollegen. Quod erat demonstrandum.

30.6.

Liebes Tagebuch, FM4 ist verrückt. Fast 80 % der gespielten Musik auf unserem Beatsender ist illegal runtergeladen, die O-Töne in den Nachrichten werden ohne Rechteklärung einfach von CNN geklaut und das Schlimmste: Die Filmredaktion setzt sich mit Digicams in Pressevorführungen von Hollywood-Produktionen und zeichnet alles auf. Petra Erdmann, Pamela Rußmann und Christian Fuchs sind mit einem Bein im Gefängnis und mit allem anderen im Kerker oder, nach amerikanischem Recht, auf dem elektrischen Stuhl. In Texas ist eine Filmjournalistin hingerichtet worden, weil sie bei »Dead Man Walking« mit ihrem Handy im Kino Fotos geschossen hat. In den USA wirste inzwischen schon mit der Giftspritze behandelt, wennste nur ein Filmplakat von einem Kinofilm stiehlst. Ich weiß nicht, ob die Damen Erdmann und Rußmann sich der großen Gefahr bewusst sind, in die sie sich mit ihrem Kollegen Fuchs da begeben. Ich würde mich für FM4 nicht standrechtlich erschießen lassen. Und schon gar nicht für einen schlecht bezahlten Filmbeitrag auf FM4.

Ich habe große Angst vor der großen Macht der großen Majorlabels, liebes Tagebuch. Ich habe so große Angst, etwas falsch zu machen, dass ich nicht einmal mehr gekaufte CDs zuhause höre. Ich habe immer öfter den Alptraum, dass ich Kuschelrock höre und plötzlich steht Elton John mit Schaum vor dem Mund vor mir und setzt mir seine Brille auf, die so hässlich ist, dass ich im Traum aus Schaum sofort sterbe. Ich glaube ja auch, dass die Chinesen, die billige DVDs von Kinofilmen verkaufen, in Wirklichkeit alle Agenten von Universal oder Disney oder Sony oder sonst wem sind. Wenn man wirklich eine DVD von ihnen kauft, fallen sofort breitschultrige, bürsten-haarschnittige Ledernacken über einen her und erwürgen einen stante pede vor Ort. Ich gehe auch nicht mehr ins Kino. Weiß ich, ob das Kino alles le-gal macht? Irgendwelche kleinen Programmkinos, die können sich das doch gar nicht leisten, legal zu sein. Oder selbst Cineplex-Kinos, ich traue denen allen nicht über den Weg. ORF schaue ich auch schon lange nicht mehr. So lange nicht, bis ich schwarz auf weiß alle Verträge sehe zwischen dem ORF und Hollywood. Sonst passiert's noch, dass ich einen langweiligen Mel-Gib-son-Film schaue und meine Tür wird aufgebrochen und ich werde von den Hollywood-Ledernacken mit meiner eigenen Chipspackung erstickt und ins Altpapier geworfen. Nein. Ich höre keine Musik und sehe keine Filme – ich will leben.

Die erschütternden Aufzeichnungen
nach zehn Jahren *News*-Verbot

17.4.2012

Bin im Kabarettlokal »Spektakel« vor nur vier Leuten aufgetreten, obwohl doch fünf auf der Gästeliste standen. Die vier waren mein Vater, meine Mutter, mein Bruder und sein Bruder, also mein Bruder (meine Brüder). Also meine Eltern und meine beiden Brüder waren da. Ich bin solo aufgetreten, weil Stermann wieder wegen Mundraub im Gefängnis sitzt. Er hat wieder Knäckebrot gestohlen. Unser Hunger wird immer schlimmer, seit *News* uns ignoriert. Ich hab mir meinen Magen operativ verkleinern lassen. Erfolglosigkeit kann man leider nicht fressen. Ach Scheiße, ohne *News* bin ich rein gar nichts mehr.

18.4.2012

Habe mich gestern hier in der Haftanstalt in der Dusche einem 63jährigen Wärter zur Verfügung gestellt, der mich noch vom Fernsehen und von *News*, von früher, kannte. Habe danach meine täglichen Bittbriefe an die Fellner-Brüder geschrieben. Lege die Briefe hier meinem Tagebuch bei. »Lieber Wolfgang und der andere Fellner! Ich liebe Sie, und ich halte Ihre Zeitschriften für die besten im gesamten deutschsprachigen Raum. Ich sende Ihnen eine Polaroid-Aufnahme, die mich in der Dusche mit einem 63jährigen Wärter zeigt. Ich bin der, der sich bückt, und war, bevor Sie Auftrittsverbot verhängt haben gegen uns, einer der größten im Geschäft. Sie dürfen als Bildunterschrift schreiben, was sie wollen, aber schreiben Sie bitte, bitte was!«

19.4.2012

Habe mit Entsetzen festgestellt, dass ich jetzt nicht mal mehr in der Liste der 5000 wichtigsten Kabarettisten Österreichs bin! Meine Mutter hat mich beim letzten Besuch nicht reingelassen. Sie hat mich vom Balkon aus bespuckt und gerufen: »Über dich Trottel steht in *News* nichts, du bist nicht mehr mein Sohn!« Ich bin völlig am Ende. Ich kriege keine U-Bahn-Fahrkarte mehr, habe überall Lokalverbot, darf nicht in den Zoo, alle Frauen lachen über mich, und die vereinigten Friedhöfe Wiens haben mitgeteilt, dass sie mich bei meinem Ableben nicht bestatten werden. Selbst der Friedhof der Namenlosen macht da mit. Ich hätte nie gedacht, dass *News* so viel Macht hat. Dabei hab ich doch alles versucht! Ich hab mich mit versteckter Kamera im Puff fotografiert, hab Koksdealer bestochen, dass sie *News* gegenüber eidesstattlich aussagen, mich zu beliefern, hab eine Fotomontage gebastelt, auf der ich Jörg Haider auf den Mund küsse! Nicht mal die haben sie gedruckt. Die wollen mich offensichtlich fertigmachen, mich buchstäblich tot schweigen.

20.4.2012

Heute ist Hitlers Geburtstag. Ich habe mich als Adolf Hitler verkleidet und mit einem Champagnerglas fotografieren lassen. Das Foto schickte ich an *News*, samt Bildunterschrift »Irre! Führer lebt und feiert groß! Adolf Hitler lebte jahrelang unerkannt in Österreich und machte unter dem Pseudonym Dirk Stermann große Karriere im ORF. Unglaublich, aber wahr: Adolf Hitler bekam vor zehn Jahren den ›Salzburger Stier‹!« Auch diese Geschichte wurde nie gedruckt. Ich bin ratlos und verzweifelt, und trotte in diesem Moment in die Dusche, wo mein 63jähriger Freund auf mich wartet. Er ist der Einzige, der mich noch wahrnimmt und berührt. Wenn auch nicht mit seinen Händen, so doch mit seiner heißen Leibesmitte. Ich giere nach Zärtlichkeit und öffentlicher Anerkennung.

Die Songcontest-Tagebücher

Habe Grissemann vor vier Tagen das letzte Mal an der Bar gesehen. Stehe seither alleine hier am Tresen und vertreibe mir das Warten durch stilles, ausgeklügeltes Trinken. Aber das »Ausgeklügelte« funktioniert nicht so recht: fürchte, ich bin sturzbetrunken und somit ein willfähriges Opfer unzähliger Manager, Blumenverkäufer und Versicherungsvertreter. Da sich bei mir alles dreht, unterschreibe ich jeden Zettel sofort, damit die Herren weggehen. Ein ganzer Stapel von mir unterzeichneter Verträge liegt vor mir in einer Bierpfütze.

14.10.2001

Stermann hat zwei Hanggrundstücke gekauft und einen ausrangierten Sessellift, eine Palette Rentierschinken, vier *Furche*-Abos und einen mobilen Obststand. Ich hätte ihn nicht alleine zurücklassen sollen, er verträgt nichts, und betrunken ist es immer dasselbe mit ihm. Am meisten aber erstaunte mich, dass ich seine und meine Unterschrift unter einem Plattenvertrag fand. Er hat meine Unterschrift gefälscht. Scheinbar müssen wir beide beim Songcontest antreten. Stermann ist wahnsinnig! Laut meinem Anwalt haben wir keine Chance, aus dem Vertrag auszusteigen. Nüchtern tut es Stermann jetzt natürlich leid. Er hat am Telefon die Plattenfirma Universal angejammert und angefleht, aber die haben nur gelacht. Stermann wollte sich, so wie George Michael, »slave« auf die Wange schreiben. Er war aber wieder betrunken. Jetzt steht mit Kajal geschrieben auf seiner Wange »Slawe«. Ich freu mich schon, wenn er mit seiner Wange in Kärnten auftritt!

29.10.2001

Wir waren heute das erste Mal im Studio. Das »RIAS-Rundfunkorchester« und das »Alban Berg Quartett« warteten dort, um mit uns unseren Songcontest-Beitrag aufzunehmen. Wir selber wurden von Universal-Manager Walter Groebchen in einem von innen und außen versperrten Auto hingebracht, selbstredend gegen unseren Willen. Aber niemand hörte unsere Hilfeschreie. Als wir im Studio eintrafen, schauten uns die Damen und Herren Musiker erwartungsvoll und gleichzeitig angewidert an. Schamesrot mussten wir zugeben, dass wir weder Musik noch Text hatten. Universal-Manager Walter Groebchen behandelte uns daraufhin seinem Nachnamen entsprechend. Mit glühenden, brennen Wangen bemühten wir uns um Deeskalation. Damit nicht alle umsonst gekommen waren, schlugen wir vor, einfach »Wir lagen vor Madagaskar und hatten die Pest an Bord« zu singen, auch weil uns das textlich zum Songcontest passend schien. Noch während der Aufnahme rief das ORF-Songcontest Büro an, um uns zu disqualifizieren, weil es das Lied angeblich schon gibt. »Ja, natürlich gibt's das schon«, versuchten wir uns zu rechtfertigen. »Sollen wir etwa mit einem Lied antreten, das es gar nicht gibt? Luftgitarre oder was?« Wir brachen die Aufnahmesession also ab und betranken uns stattdessen mit den Trompetern des »RIAS-Rundfunkorchesters«. Sie bescheinigten uns beim Trinken weit mehr Talent als beim Singen.

27.11.2001, 15:32 Uhr

Haben heute im Tanzquartier mit einem Ausdruckstänzer unsere Choreographie geprobt. Er verlangt von uns, dass wir uns in einer Affengeschwindigkeit über den Boden rollen. Nackt. Ich habe Prellungen und unzählige Quetschungen, weil ich so oft gegen die Betonwände gekracht bin. Ich frage mich, wie wir bei dieser durchgeknallten Choreographie auch noch singen sollen. Vielleicht singen wir aber auch gar nicht, sondern rollen ganz einfach nach Estland. Scheiß auf Rock. Rollen reicht.

27.11.2001, 22:12 Uhr

Haben Stermann gerade ins Spital gefahren. Er ist bei der Tanzprobe mit dem Gemächt in eine Steckdose gerast. Das ist es doch alles nicht wert. Der behandelnde Urologe war sehr freundlich. Bis er hörte, dass wir beim Songcontest auftreten wollen. Er wandte sich angeekelt von Stermann ab und ließ ihn allein auf der Bahre zurück. Ich hab ihm einfach Aspirin gegeben, scheint aber wenig zu nützen. Eben war er pinkeln, und plötzlich war das Klo von innen beleuchtet. Stermann pinkelt reines Volt. Was soll's? Er wollte ja unbedingt zum Songcontest.

Enge Freunde, die es immer gut mit uns meinen, haben einen Pfarrer und einen Notarzt geschickt, um uns umzustimmen. Der Pfarrer hat uns Fotos und Tonmitschnitte der letzten Jahre vom Songcontest vorgeführt, um uns von unserem »furchtbaren« Vorhaben abzubringen. Er hat zwei Liter Messwein mitgebracht, um uns zu bestechen, und als das nicht wirkte, gab uns der Notarzt Spritzen in den Kopf. Es ist rührend, wie sehr man sich um uns sorgt. Ärgerlich allerdings finde ich es, dass meine Spritze noch immer in meinem Kopf steckt. Wie sieht das denn aus?

Stermann wurde auf der Straße von einer alten boshaften Frau und ihrem Dackel ausgelacht. Er hat die fixe Idee, dass der Songcontest seine letzte Chance ist. Ich allerdings glaube eher, dass es für mich die beste Chance ist, mich von dem durchgeknallten Ruhrpottaffen endlich zu trennen. Es dürfte spätestens nach dem ersten März kein Problem sein, ihn entmündigen zu lassen. Ich bin dann fein raus, und er wird eingeliefert.

Endlich geht es aufwärts. Wir haben einen Text. Gestern hatte man uns gebucht für eine Heizdecken-Verarschungs-Verkaufsveranstaltung als Heizdecken-Verarschungs-Verkaufsveranstaltungs-Moderatoren für Seniorinnen. Wir sind mit 25 Sudetendeutschen-Omas mit dem Bus nach Brünn gefahren. Dort gab es für jede Omi in einer ungeheizten Holzbaracke ein Glas wässrige Limonade und ein Stück alte Wurst. Dafür musste jede von ihnen fünf Heizdecken kaufen, 99 Euro das Stück. Zurück mussten sie per Anhalter fahren, die Heizdecken umgehängt. Wir zwei bekamen pro Arsch und Nase 1000 Euro Gage. Weil wir neu in der Heizdecken-Branche sind, wussten wir nicht so genau, was wir mit den frierenden Sudetenomas anstellen sollen. Da hatten wir die gute Idee, jede von ihnen einen Liedtext für den Songcontest schreiben zu lassen. Die mit dem besten Text bekam als Preis von uns die einzige funktionstüchtige Heizdecke. Die meisten Texte waren unbrauchbar, für manche wären wir spätestens in Tallinn wegen Wiederbetätigung eingesperrt worden. Wir entschieden uns schließlich für »Das schönste Ding der Welt« von der 83jährigen Hertha Äpfelchen, einer gemütlichen Asthmatikerin, die früher einmal Gefängniswärterin in Graz-Karlau war. Hertha Äpfelchen ist sehr verwirrt und benimmt sich sehr kindisch. Sie entwickelt sich geistig und körperlich rapide in Richtung embryonale Phase zurück. Das merkt man ihrem Text an, und deshalb fiel uns die Wahl auch leicht. Jetzt sind alle zufrieden: die Heizdecken-Verarschungs-Veranstalter, Frau Äpfelchen mit ihrer funktionierenden Heizdecke und wir mit einem Text für unseren Songcontest Beitrag.

Die Pubertätstagebücher

Liebes Tagebuch, der Arzt hat heute bei mir einen Ermüdungsbruch im Onaniearm festgestellt. Gleichzeitig läuft die Pickelproduktion auf Hochtouren. Habe auf der linken Schulter einen so großen Pickel, dass ich von hinten aussehe wie ein siamesischer Zwilling. Werde von den Lehrern nur »Akne-August« genannt. Bin jetzt in die dritte Klasse Volksschule gekommen, weil ich achtmal sitzen geblieben bin, obwohl ich unglaublich viel lerne und gar nicht faul bin.

Duisburg, 4.9.1979

Ich muss nur noch sieben Jahre warten, bis ich endlich Taxifahrer werden kann! Es ist jetzt 23 Uhr. Ich lungere noch immer am Bahnhof rum. Meine Mutter hat mir – wie immer – Geld dafür gegeben, dass ich nicht gleich nach der Schule nachhause komme. Morgen ist mein Prozess beim Jugendgericht, wegen der alten Oma von der Bahnhofsmission, die ich gezwungen habe, mich zu küssen. Bin von der Scheißschülerzeitung zum unsympathischsten Schüler gewählt worden.

Wien, 5.9.1979

Liebes Tagebuch, war heute in der Universität. Wurde während einer Dermatologie-Vorlesung von einem Professor den Studenten vorgeführt. Drei Studentinnen mussten rausgetragen werden, und einer hat »Elefantenmensch!« gerufen. Das war ein Spaß! Irgendwie klappt das mit dem Wachsen nicht, ich bin erst 95 cm groß. Mir passt noch immer das Gewand, das ich zur Geburt bekam. Ich bin sehr einsam. Vielleicht antwortet dieser Deutsche. Ich habe auf sein Inserat im *Bravo* reagiert.

Duisburg, 5.9.1979

Mir ist schlecht. Die Waage hier am Bahnhof hat 119 Kilo angezeigt. Damit bin ich wohl Deutschlands dickstes Kind. Ich habe auch ganz graue Haare, und das mit 14! Die Bahnhofsleitung hat mir übrigens Geld angeboten, wenn ich nicht mehr komme. Überall lehnen sie mich ab und bieten mir Geld, wenn ich fernbleibe. Der einzige Ort in Duisburg, wo ich noch hin kann, ist die Müllverbrennungsanlage und ein stillgelegter Schacht im Bergwerk. Aber ich fürchte mich doch im Dunkeln! Ich habe niemanden. Werde wohl oder übel dieser österreichischen Pickelfresse zurückschreiben.

LISTEN

Dinge, die das Leben nicht leichter machen

Die Liste der 1000 besten Phallussymbole dieser Welt

(Angaben ohne Gewähr)

1 – Banane

2 – Ölbohrturm

3 – der schiefe Turm von Pisa

6 – Vibrator

9 – Mikrofon

12 – Essstäbchen

14 – Kran

64 – Kirchenorgel

90 – rechte Hälfte einer Tischtennisplatte

138 – umstrickter Kleiderbügel

144 – Kachelboden

165 – gebrauchter Wick-Nasenspray von Franz Morak

166 – Ottakringer Bierdeckel

167 – Zitronenfalter

256 – Serviette mit dem Monogramm von Peter Alexander

257 – Grille

258 – eine Portion Rucola-Salat

291 – linke Hälfte einer Tischtennisplatte

292 – Schulranzen

293 – Erich Kästners »Das doppelte Lottchen«

295 – Badeschlapfen von Tommi Ohrner (ineinandergesteckt)

296 – Saunabank

297 – Air-France-Kotzbeutel

307 – Duden aus dem Jahr 1964

308 – Zebrastreifen Ecke Kärntnerring/Operngasse

309 – Webstuhl aus dem 17. Jahrhundert

349 – Schweiß

423 – Fußbodenheizung von Bill Ramsey

424 – Strickjacke

425 – Wandteller

480 – Bowlingkugel

515 – Rübenschneider

516 – Kamelmarionette aus dem Augsburger Puppentheater

517 – Nachtkästchen von Roberto Blanco, Einkaufsnetz

518 – Handstaubsauger

519 – Vogel, Ostblock-Warndreieck

521 – Brille von Götz George

522 – Tischtennisplatte

523 – Frisur von Pornojäger Martin Humer, Münchner Weißwurst

529 – die Sondermülldeponie in Kairo

530 – Kohletablette

531 – ÖBB-Seniorenausweis

532 – Brillenputztuch von Salman Rushdie

533 – Moos

534 – Trockeneismaschine

591 – Krawatte von Pornojäger Martin Humer

592 – ein Set falsche Wimpern

593 – Bowlingkugel

602 – Curd-Jürgens-Perücke

603 – Wienerwald-Hähnchen

604 – der Plattensee in Ungarn

609 – Senkgrube

610 – Saddam-Hussein-Faschingsmaske

611 – Karamelgebäck

612 – Gras

613 – Schmetterling

619 – Alkoholleiche

643 – Serbische Bohnensuppe

648 – Kalenderblatt

715 – polnisches Suppenhuhn

716 – Radieschen

717 – Satellitenschüssel

774 – Josef Broukals Kontoauszug

775 – Reisegutschein

776 – Lametta

804 – abgestandenes Glas Tequila
805 – Nutella
806 – getrockneter Schmetterling
807 – naturtrüber Apfelsaft
810 – Glas heiße Milch
811 – Kartoffel, Karottensuppe
812 – Filzhut
843 – Saddam-Hussein-Faschingsmaske
911 – Stermanns Phallus
912 – Senkgrube
924 – Leitung
989 – Aquarium
990 – Stermanns Phallus
991 – Autorückspiegel
992 – griechischer Bauernsalat, Straßenkarte von Slowenien
993 – Husky, Folienkartoffel
994 – Waschlappen, Zahnseide
995 – Erbsensuppe
996 – 1 Kilogramm Meersalz, benutztes Handtuch von Thomas Muster
997 – Zahnspange
998 – Portion Tiramisu
999 – Single von »Modern Talking«, Feuerwehrauto aus Lego
1000 – Moccatasse, Rohkostteller

außer Konkurrenz:

1001 – Grissemanns Phallus
1243 – Kassettenrecorder (ohne Kassette)
500 000 – Alkbottle-CD

Die drei besten Aufreißsprüche von Dirk Stermann

1 – Mal sehen, ob ich diesmal was gewonnen hab
2 – Mal sehen, was Omma mir so geschenkt hat
3 – Mist, schon wieder die ganze Milch aufs Nähzeug geschüttet

Die zehn besten Synonyme für »Nase«

10 – Riechkolben

9 – Zinken

8 – Riechrüssel

7 – Schneuzrinne

6 – Esel

5 – Rotzpfanne

4 – Popelpenis

3 – Schnüffeltröte

2 – Schleimscheißer

1 – Esel

Gründe für Sex

Folge 1: Sex aus Scham

36 war er gestern. Heute ist er 37. Geburtstag nennt man das, man kennt das ja, Kerzen, Kuchen, Küssen, Kacke. Wenn Sie uns fragen, Geburtstagskacke, da scheißt der Hund drauf. Aber er? Scheißt auch drauf, denn beschäftigen tut ihn was Anderes: er kann mit Frauen nur schlafen, wenn er sich geniert dabei, auch davor und danach. Tja, das nennt man Sex aus Scham.

Folge 2: Sex aus Vergesslichkeit

»Heute hab ich die Spendierhosen an.«, sagte er und legte sein Knochenmark, vier Liter Blut und seine rechte Niere auf den Erlagschein auf dem Kassenschalter in der Bank. Vergessen hatte der Bursche aber, dass er nach dem ersten Weltkrieg, so 1984, schon seine linke Niere an die Diskjockey-Initiative »Rettet Vinyl« gespendet hatte. Er wurde etwas blass um die Nase, so völlig nierenlos, und sank vor dem Kassenschalter zu Boden. Eine süße kleine Bankangestellte, von ihren Kollegen geringschätzig »Mutter Gottes« genannt, sah den spendablen Kunden in Todeskrämpfen sich winden und entschloss sich blitzeschnell zu einem bizarren Büro-Fick. Gleichsam entlockte sie ihm auf diese Art noch eine ganz besondere Spende in Form eines Becherchens Samen, der bisher einzige Fall in der Geschichte der Sexualität, in dem ein

Mann Sex hatte, weil er vergessen hatte, dass er schon einmal eine linke Niere gespendet hatte.

Folge 3: Sex aus Neid

»Sagen Sie mal, würden Sie mit mir aus Mitleid schlafen?«, fragte der mittellose Silberschmied. Hornissen und Schnecken umschwirrten sein Haupt. »Sicher nicht!«, antwortete die bezaubernde Punk-Cellistin. »Gut, äh, würden Sie dann eventuell aus Raffgier mit mir schlafen?« »Nein, auf gar keinen Fall!«, gab die Punk-Cellistin unmissverständlich zurück. »Hmm. Aus Eigennutz?« »Nein.« »Aus opportunistischen Gründen?« »Nein, nein.« »Aus Vaterlandsliebe? Aus Naivität? Aus philosophischen Gründen oder militärischen?« »Nein, nein, nein!«, antwortete die Punk-Cellistin, empfand aber langsam so etwas wie Neid auf des Silberschmieds Beharrlichkeit. »Wollen Sie mit mir schlafen, oder bevorzugen Sie es, dabei wach zu bleiben?«, fragte er erneut, und dieser phantastische Wortwitz machte sie noch neidischer, so neidisch dass sie ihn von vorne nahm, so wie man eine Schlaftablette nimmt, wenn man in die Nacht einzutauchen gedenkt.

Dinge, mit denen man sich ganz schlecht abtrocknen kann

1 – ein Liter Bier
2 – Karamelbonbon
3 – Fleischerhaken
4 – Kaffeemaschinen

Die fünf besten Selbermachideen für Weihnachten

1 – am Rücken liegend, die Beine angewinkelt
2 – sitzend, Beine ausgestreckt, linker Arm genießerisch hintern Kopf gelegt
3 – im Stehen, mit beiden Händen
4 – auf einem Bein, mit verbundenen Augen und nur zwei Fingern der rechten Hand
5 – im Hocken, dann mit dem linken Fuß

Besser kochen mit Stermann und Grissemann

Montag: ein brennendes Huhn und ein Bier.

Dienstag: eine brennende Kuh und ein Schnaps. Dann ein Bier.

Mittwoch: ein brennendes Schwein und ein Bier. Dann ein Schnaps und danach ein Bier.

Donnerstag: eine Gans anzünden und gar nichts trinken. Nur vielleicht ein Bier. Und einen Schnaps, unseretwegen!

Freitag: einen Fisch anzünden. Und ein Bier.

Elf goldene Regeln zur Gewichtsreduzierung

1 – vor Betreten der Waage Stuhlgang (bringt im Regelfall 3 bis 4 kg)

2 – vor Betreten der Waage schneuzen (bringt zwar höchstens ein halbes Kilo, aber immerhin)

3 – auf jeden Fall rasieren, bevor man auf die Waage steigt (bringt zwar nur 15 g, aber besser als nix)

4 – Blinddarm rausoperieren (bringt unkomplizierte 250 g)

5 – beide Arme amputieren (bringt lockere 4 kg)

6 – ständiges Spucken vor und während des Wiegens

7 – unbedingt einzelne Zähne ziehen lassen (bedeutet bis zu 200 g)

8 – Schuppen aus dem Haar schütteln (bringt im Schnitt jedesmal 500 g)

9 – für Raucher: vor dem Wiegen Zigarette aus dem Maul nehmen (bringt 3 g)

10 – für alle Junkies: vorm Wiegen bloß nicht koksen (es geht immerhin um 15 g mehr oder weniger)

11 – langes Ausatmen (detto Blähungen, am besten selber ausprobieren, jeder Körper reagiert anders)

Weitere Tips von Doktor Stermann:

- während des Wiegens an nichts denken (in unserem Fall bis zu 7 kg)
- vor dem Wiegen Penisverkleinerung oder Beschneidung, oder beides (zwischen 10 g und 15 kg)
- vor dem Wiegen Brustwarzenpiercings abnehmen (2 kg)

- vor dem Wiegen sämtliche Tumore entfernen (16 kg)
- vor dem Wiegen mit Zahnseide Zähne reinigen (bis zu 1,5 kg)
- vor dem Wiegen Krampfadern ziehen (2–4 kg)
- vor dem Wiegen Fett vom Körper saugen (mit Staubsauger, 0,5 kg)
- vor dem Wiegen Magen rausnehmen (bringt bis zu 42 kg)
- vor und während des Wiegens Nase putzen (je nach Schnupfen oder Rauschmittelrückstand bis zu 2 kg)
- vor dem Wiegen das Schwarze unter den Fingernägeln wegnehmen (15 g)
- vor dem Wiegen Fußnägel schneiden (250 g)
- vor dem Wiegen Ohren putzen (1 kg)
- vor dem Wiegen rasieren (bringt bis zu 75 g)
- vor dem Wiegen ausspucken (bringt zwar nur 125 g, aber immerhin)
- beide Beine amputieren (bringt bis zu 65 kg)
- während des Wiegens keinen Alkohol trinken (bringt bis zu 12 kg)
- vor dem Wiegen Backenzähne ziehen (ein halbes Kilo)

GESPRÄCHE

Stermann und Grissemann privat

Der kleine Trompetenmann

Folge 1: Dreht Grissemann durch?

Stermann.

Grissemann hier.

Ja.

Stermann sind Sie es selbst?

Moment … ja ich bin es selbst.

Mmh.

Ja gut, also dann, Herr Grissemann.

Nein, nein.

Ja bitte?

Nichts.

Ja. Also dann.

Wiederhörn.

War's das?

Nein nein, es ist nur, ich lebe ja allein.

Seit wann? Mit wem?

*Nein nein, ganz allein, Herr Stermann. Da ist ein Kind in meiner Wohnung, das
mir fremd ist, das mir Angst macht.*

Erschreckt es Sie?

Was?

Na das mit dem Kind.

*Ach so, ja ja natürlich, wissen Sie, Herr Stermann, das Kind riecht nach Ge-
schirr.*

Entschuldigung, ich hatte gerade nicht zugehört, ich hatte gerade an mich gedacht.

An was denn, an was genau?

Nichts Genaues, einfach nur an mich. Vielleicht geh ich mal schwimmen irgendwann.

Ja, äh, wegen dem Kind.

Bitte?

Das Kind hört nicht auf, nach Geschirr zu riechen.

Hab ich richtig verstanden, haben Sie gesagt: »Ich habe in meiner Wohnung
ein Kind, das riecht nach Geschirr.«?

Was Sie auch?

Nein nein.

Ja ja, was soll ich tun?

Hat es keine Eltern?

*Moment … ach Quatsch, hat ja gar keinen Sinn zu schauen, wüsste ja gar nicht
wo. Soll ich ihm die Haare schneiden?*

Wieso, hat es so lange?

Nein, ich habe noch nie so kurze Haare gesehen.

Hmm, warten Sie mal …

Hallo? Hallo?

Das Kind riecht nach Geschirr und steht mit sehr kurzen Haaren in Ihrer
Wohnung.

Ja.

Soll ich kommen?

Jetzt? Wohin?

Ach, wo ich an mich denke, ist doch egal. Ich komme. Wiederhörn.

Ich denk an Sie. Wiederhörn.

Folge 2: Was ist mit der Trompete?

Grissemann.

*Waren Sie das, der mich vor sechs Stunden angerufen hat wegen seinem Ge-
schirr?*

Mmh, tja, da müsst ich jetzt nachschauen.

Wo denn, um Gottes Willen?

Mmh, wo würden Sie denn nachschauen?

Wie? … mmh … bei mir natürlich.

Ja dann schauen Sie doch mal nach.

Moment nein, bei mir ist nichts.

Bei mir steht das Kind noch immer und riecht nach Geschirr.

398

Was ist denn da so besorgniserregend daran?

Das Kind riecht nach Tassen, nach Teetassen.

Wie riechen Teetassen?

Wie dieses Kind.

Ach. Ist es Ihr Kind?

Moment … nein. Nein, nein. Sicher nein. Ich habe gar kein Kind.

Gar keins?

Doch zwei oder drei. Höchstens zwei.

Süß. Wie heißen sie?

Grissemann, das wissen Sie doch.

Nein, Ihre Kinder.

Ach so, das weiß ich nicht. Das hab ich längst vergessen. Irgendwas mit …
   Sonja, aber männlich.

Ist ja süß.

Was?

Die Schokolade, ich esse gerade Schokolade.

Ach, welche? Suchard?

Nein nein.

Ritter Sport?

Ja. Ritter Sport. Ich geh bald ins Bassin.

Ja. Hab ich Sie eigentlich angerufen oder Sie mich?

Ich Sie.

Wer ist sie, ist da eine Frau im Spiel?

Oh Moment, Sie hatten doch recht, es ist Suchard.

Das Kind ist so ruhig und redet dauernd von Florida.

Sie spinnen doch.

Es ist nur eins, ein Kind.

Aber Sie haben doch eben gesagt, dass Sie drei haben.

Hab ich, aber nicht bei mir.

Was tut das Kind denn außer riechen wie Tassen?

Es redet kein Wort und schwätzt dauernd von Florida.

Och, wie süß.

Ja stimmt, ganz nett eigentlich.

Ja.

Ja ja.

Ach ja, weswegen ich anrufe: Wie alt ist es denn?

Moment … etwa 3, höchstens 12/13.

Hat es eine Brille?

Ich weiß es nicht, ich könnte es nicht sagen.

Wieso denn nicht?

Es geht nicht.

Ach so, verstehe. Süß, süßes Kind.

Sie kennen es doch gar nicht.

Ich kann es mir schon vorstellen. Ihre Beschreibungen …

Haben Sie selbst Kinder?

Nein, nur eins.

Ach, süß.

Ja ja.

Wie alt ist Ihr Kind denn?

Ach, so wie alle Kinder.

Ja ja. Riecht Ihr Kind auch?

Ja ja, nach Besteck.

Aha, vielleicht ist es Ihr Kind.

*Nein, nein. Mein Kind lebt in Florida mit einem Gerichtsmediziner zusammen.
    Ich glaube, mein Kind spielt Trompete.*

Süß, wie das Kind bei mir.

Was? Spielt Ihr Kind Trompete?

Moment, woran erkennt man eine Trompete?

Am Geruch.

Ja, einwandfrei. Das Kind spielt Trompete. Kommen Sie?

Ich komme. Wiederhörn.

Wiederhörn.

Folge 3: Wer der kleine Trompetenmann wirklich ist

Stermann.

Grissemann hier. Ich weiß es jetzt, ich weiß jetzt mehr.

Ich war gerade schwimmen.

Hmm, das Kind heißt Quadratmeile. Es ist dreieinhalb und wo waren Sie denn
schwimmen, Herr Stermann?

Ich glaube in Köln.

Wieviel Längen?

Ich kann es nicht sagen. Wissen Sie, ich schwimme eigentlich gar nicht.

Ach was.

Ich steh nur.

Sie stehen nur im Wasser?

Ja. Warum denn nicht?

Quadratmeile!

Ist was mit dem Kind?

Es hat sich übergeben.

Vielleicht will es was essen.

Ja vielleicht. Liegen Sie oder stehen Sie wenn Sie mit mir sprechen?

Ich bin in einer Art Hockstellung und Sie?

Ich weiß es nicht genau.

Ja sitzen Sie oder stehen Sie?

Moment … ich knie mit einem Bein und das andere berührt nicht den Boden.

Sonst noch was?

Glauben Sie, bleibt das Kind jetzt für immer bei mir?

Ich glaube nicht. Irgendwann wird es arbeiten gehen.

Ach schade, dann bin ich wieder allein.

Ja, schade.

Wissen Sie, dass das Kind nach Geschirr riecht, das macht mich richtig froh
mittlerweile.

Ja ja, Wiederhörn.

Stermann? Ach Quadratmeile, jetzt hat der Herr aufgelegt.

Folge 4: Die Urkunde

Stermann.

Stermann, Stermann, können Sie auch noch was Anderes sagen?

Ich kann mich auch mit Quadratmeile melden, aber so heißt ja nur Ihr be-
scheuertes Kind, das Trompete spielt und nach Geschirr riecht.

Quadratmeile ist weg.

Oh, Entschuldigung.

Dafür ist jetzt ein anderes Kind da.

Ach, das gibt's ja nicht.

Ein dickes Kind, es riecht nach Besteck und sieht so aus wie Sie.

Ja, das ist mein Kind.

Ach, soll ich's Ihnen bringen?

Nein, nein, behalten Sie's mal ruhig, dann sind Sie nicht so allein.

Aber Sie, dann sind Sie ja ganz allein.

Ich hab immer noch meine Urkunde.

Was denn für eine Urkunde?

Die Schwimmurkunde aus Köln ist gekommen. Ich bin letzter geworden oder
    noch schlechter.

Ach, das tut mir leid.

Nein, nein, schon gut. Hauptsache, man versteht sich, wissen Sie, die Urkunde
    ist wie ein Kind, das ich mir immer gewünscht habe.

Aber Sie haben doch ein Kind, das bei mir hier steht.

Ja, aber das habe ich mir nie gewünscht.

Gut, dann behalt ich's, Sie haben ja Ihre Urkunde.

Ja.

Eine Frage noch, wie heißt's denn? Es ist so verstockt.

Es heißt Helmut, ein sächsisches Mädchen, zwei komma sechs Zentimeter
    groß.

Was? So klein?

Fragen Sie doch nicht so blöd, sie sehen's doch.

Ich bin zu schüchtern, um hinzuschauen.

Soll ich Ihnen ein Foto schicken.

Das wär gut, von Helmut, dem Mädchen.

Nein nein, von meiner Urkunde.

Nein. Wollen Sie noch mit Ihrem Kind sprechen?

Nein.

Gut, also kommen Sie nicht mehr.

Nein nein. Ich glaube nicht.

Wiederhörn.

Wiederhörn.

Die Party

Folge 1: Helmut, das sächsische Mädchen

Stermann.

Grissemann hier.

Ja bitte?

Was machen Sie?

Ich schau mir meinen Fruchtsaft an.

Wie lang schon, wie lang genau?

Was wollen Sie?

Heute hab ich Party … Hören Sie im Hintergrund?

Nein.

Ja, nein. Hören Sie gar nichts?

Nein.

Sie hören von meiner Party gar nichts?

Genau.

Ich bin nicht allein, hören Sie?

Nein.

Stör ich Sie?

Nein.

Sie tun sicher irgendwas.

Nein, ich schau nur meinen Fruchtsaft an.

Ein spezieller Fruchtsaft?

Nein nein.

Warum schauen Sie den Fruchtsaft an, warum trinken Sie ihn nicht?

Ich trink keinen Fruchtsaft.

Meine Party … Helmut ist da. Helmut ist der einzige Gast.

Aha.

Ihre Tochter aus Sachsen.

Ja ja. Warum ist Helmut da?

Herr Stermann, Sie wohnt doch schon seit Jahren bei mir.

Ach so.

Wollen Sie mit ihr reden?

Nein, ich schau mir lieber meinen Fruchtsaft an.

Ach so. Wollen Sie zu meiner Party kommen?

Nein.

Wissen Sie, Helmut würde gerne ihren Vater sehen.

Das ist unmöglich, mein Vater ist in Deutschland.

Nein ihren Vater. Helmuts Vater.

Wer soll das sein?

Sie. Sie sind doch ihr Vater.

Ich bin mein eigener Vater? Sie spinnen doch, Herr Grissemann, Sie haben
zuviel getrunken.

Haben Sie schon mal einen Fruchtsaft angesehen?

Nein, wie ist das?

*Ich weiß nicht, aber es macht einem ein schlechtes Gewissen. Helmut weint, sie
will sich was antun, wenn Sie nicht kommen.*

Ja ja, wie lange haben Sie sie denn nicht mehr gesehen?

Och, wie alt ist sie denn jetzt?

Och, so so lala …

Ja ja.

Sie trägt eine Brille jetzt.

Warum?

Ich weiß es nicht, ich könnte es nicht sagen.

Herr Stermann, wir haben Fruchtsaft auf der Party.

Welchen?

Pfirsich und Orangen.

Kenn ich schon. Alles schon gesehn.

Erwarten Sie noch Besuch?

Nein.

Wollen Sie nicht doch kommen? Denken Sie doch an Helmut!

Ich kenne da übrigens einen Schäfer …

Nein ehrlich, mit Schafen einer?

Nein. Ohne Schafe. Nö. Nur Schäfer.

Mit Hund.

Nur Hund. Schäfer.

Ach, ein Schäferhund.
Ja ja.
Ach so. Ist der Schäfer jetzt bei Ihnen?
Nein.
Soll ich Helmut von Ihnen grüßen lassen?
Nein. Wiederhörn.
Wiederhörn.

Folge 2: Angst und Zerrüttung

Grissemann.
Stermann hier. Haben wir eben telefoniert?
Ich weiß es nicht mehr, ich habe hier eine Party.
Ach Party, ja ja dann waren Sie's vorhin.
Haben Sie sich's überlegt, wollen Sie doch zu meiner Party kommen?
Nein.
Wollen wir morgen zusammen spazierengehen?
Nein, wohin?
Auf den Schäferhundeübungsplatz.
Ja ja ja ja. Wannwann?
Passt es ihnen in einer Stunde um fünf?
Ja ja ja ja.
Und Helmut kommt mit.
Nein, nein, vergessen Sie's, nein, ich gehe nicht mit.
Na gut, dann ohne Helmut, nur wir beide.
Nein, kein Interesse mehr, ich will nicht.
Herr Stermann, interessieren Sie sich nur mehr für Fruchtsäfte?
Nein.
Aber Sie haben doch eben gesagt …
Nein, ich war im Kino.
Ich auch.
Ach. Welchen Film haben sie gesehen?
Keinen. Ich habe keinen Film gesehen. Ich habe gesagt, dass ich im Kino war
und nicht, dass ich einen Film gesehen habe.

Aber im Kino zeigt man Filme.

Nicht immer.

Da haben Sie recht. Und Ihre Party?

Helmut hat sich im Zimmer eingeschlossen. Ich bin jetzt ganz allein auf meiner Party. Ich habe auf alle Wände »Angst« geschrieben.

Ja ja. Ich habe meinen eigenen Namen auf alle Wände geschrieben.

Ach, welchen denn?

Stermann.

Ach so, ja ja natürlich.

Hat sich Helmut ins Zimmer eingeschlossen, nachdem oder bevor Sie Angst auf alle Wände geschrieben haben?

Ich weiß es nicht, ich habe die Kontrolle über meine Party verloren.

Sagen Sie Herr Grissemann, wussten Sie eigentlich dass ich, … hab ich Ihnen gesagt, dass ich … ach egal.

Ja, das ist ja jetzt egal. Haaa!

Was ist denn?

Bei mir hat jemand »Angst« auf alle Wände geschrieben.

Das waren Sie doch selbst.

Ach so. Dann ist ja alles gut.

Och. Och, ist das süß.

Was denn?

Och, ist das süß.

Mein Gott was ist denn da?

Oh, bei mir brennt's.

Och, das ist süß.

Spinnen Sie? Bei mir brennt's, das ist doch nicht süß.

Oh, Entschuldigung, aber Sie sagten doch eben auch …

Was ich sage, kann Ihnen doch scheißegal sein, Sie Mitläufer, bei mir brennt's.

Oh, das ist ja schrecklich, löschen Sie doch.

Jetzt will ich nicht mehr. Wenn's brennt, dann brennt's, da kann man nichts mehr machen.

Sie könnten doch löschen.

Nein. Nein nein. Was Anderes, von Helmut was gehört, Herr Grissemann?

Moment … sie hat ein Lebenszeichen von sich gegeben. Ich habe einen lauten Plumps gehört.

Ja, dann bin ich froh, dass bei Ihnen auch alles in Ordnung ist.
Wiederhörn.
Wiederhörn.

Folge 3: Der ehemalige Schrank

Stermann.
Ja, dings hier.
Grissemann.
Genau hier.
Wieder wegen der Party?
Ja ja.
Ja, bei mir ist alles abgebrannt.
Alles, auch der Schrank?
Ja, alles auch der ehemalige Schrank. Da war alles drin.
Die Fruchtsäfte, ich weiß.
Ja.
Das Foto von dem Schäfer.
Ja.
Die Urkunde.
Ja. Alles weg. Is alles verbrannt.
Kann man nichts mehr machen.
Nein, nichts, nein. Is alles weg. Ich stehe vor dem Nichts, ich sitze jetzt auf
    einem Hocker.
Ach, der ist nicht verbrannt?
Doch, ich sitze auf dem ehemaligen Hocker, ich sitze auf dem Boden. Und
    Ihre Party?
Ach, Herr Stermann, das tut mir aber leid.
Ja ja. Das ist doch auch schon egal. Und Ihre Party?
Und der ehemalige Schrank ist völlig verbrannt?
Ja ja. Alles weg. Auch die Gitarre.
Ach, eine Gitarre haben Sie gekauft? Warum das denn?
Is doch egal, is doch alles verbrannt – und Ihre Party?
Geht auch nicht so gut. Helmut ist weggetragen worden.

407

Ach, von wem denn?

Is doch egal, ich hab fünf Schüsse gehört und sechsmal plumps. Dann is sie rausgetragen worden.

Ja, um Himmels willen, von wem denn?

Das ist doch jetzt wirklich egal.

Ja, hat sie denn noch was gesagt?

Nein nein, sie war ganz ruhig.

Aha, dann ist ja alles gut.

Nein nein.

Ja ja, und Sie selbst?

Ich hab den Plattenspieler angemacht.

Ach was hören Sie denn?

Nichts, ich hab's nicht mehr bis zum Klo geschafft. In dem ehemaligen Schrank war doch Ihre Schwimmurkunde aus Köln drin?

Ja ja.

Sie haben gesagt, wenn die einmal nicht mehr da ist, bring ich mich um.

Sie?

Nein nein, Sie.

Helmut?

Nein nein, ach, ist doch egal.

Ja ja.

Ich überlege, ob ich die Party jetzt beende.

Ist das nicht egal?

Ja ja, scheißegal.

Schreiben Sie doch noch was an die Wände.

Ja, was denn? Ich habe jetzt schon »Angst«, »Einsamkeit«, »Stermann«, »Helmut« und »Fruchtsaft« an die Wände geschrieben.

Ach wissen Sie, Herr Grissemann, tun Sie mir doch den Gefallen, und schreiben Sie noch »Urkunde« an die Wand.

Ja, das will ich gerne machen. Eingedenk des ehemaligen Schranks.

Ja ja, eingedenk des ehemaligen Schranks.

Urkunde. Soll ich Sie dann gleich nochmal anrufen?

Nein nein.

Wollen Sie bei mir vorbeikommen? Sie haben ja keine Wohnung mehr.

Nein, nein, ja ja, ist Helmut noch da?

Nein, sie wurde weggetragen
Schön, dann komm ich. Wiederhörn.
Wiederhörn.

Folge 4: Böse Erinnerungen an den Entenmann

Stermann.
Ja, wo bleiben Sie denn?
Sind Sie es, Grissemann?
Ja, wo bleiben Sie denn?
Ich komme nicht, nein nein.
Warum denn nicht?
Ich komme nicht wegen der bösen Erinnerung an den Entenmann.
Ach, der Entenmann in Rotterdam. Ja ja, ich weiß, mein Gott. Haben Sie sich
doch nicht so, das ist jetzt 17 Jahre her. Unser einziger Ausflug.
Ja, da war dieser Mann, der die Enten mit Brot gefüttert hat.
Ja ja, ich weiß.
Und ich wollte die Enten auch füttern.
Herrgott ja.
Ich hab den Entenmann gefragt, ob er mir auch Brot geben kann für die En-
ten zum Füttern so schön.
Ja ja.
Der Mann hat den Kopf geschüttelt und gesagt: »Nein.«
Ja ja.
Und Sie, Herr Grissemann, haben auch gesagt: »Nein nein«, Sie waren auf
seiner Seite damals.
Ach, das war doch nur so dahingesagt. Es ist 17 Jahre her.
Ja ja, Sie haben »nein, nein« gesagt.
Ja ja, glauben Sie nicht, dass ich mich verändert hab?
Nein nein.
Ach, Herr Stermann. Schwamm drüber.
Nein.
Ich habe »Urkunde« an die Wand geschrieben.
Ja ja.

Wenn ich jetzt »Entenmann« an die Wand schreibe, kommen Sie dann?
Nein.
*Kommen Sie eher, wenn ich »Entenmann« an die Wand schreibe, oder eher
nicht?*
Eher, aber nicht.
Ja. Sonst noch was?
Nein. Auf Wiederhörn.
Stermann? Stermann? ENTENMANN.

Tanzen

Folge 1: Die Wiederwahltaste

Grissemann. Schön, dass Sie so prompt zurückrufen, Herr Sumihisha-Dybek-Witschge-Thüler.

Bitte?

Teilen Sie mir das Ergebnis bitte schonend mit, ich bin so nervös.

Welches Ergebnis? Warum sind Sie nervös, Herr Grissemann?

Ach, Sie sind's, Stermann.

Ach Gott, Sie atmen ja ganz schwer und sind ganz grün im Gesicht, und jetzt blasen Sie Ihre Backen auf.

Haben Sie neuerdings ein Bildtelefon?

Ach, Sie haben recht. Ich Esel, jetzt habe ich den Fernseher mit einem Bildtelefon verwechselt, da läuft gerade eine Dokumentation über Frösche in Malaysia.

Frösche in Malaysia, das erinnert mich an meine beiden Schwestern.

Warum um Gottes Willen?

Beide machten so gern Aerobic, in grünen Trikots hüpften sie herum, leider sind sie 1969 in Malaysia ertrunken, es war ein Unfall, sie hatten sich schwere Steine an die Füße gebunden und sind reingesprungen.

Ich dachte, Ihre Brüder wären das gewesen, die sich umgebracht haben.

Nein, Herr Stermann, da vertun Sie sich. Meine Brüder sind 1970 eines natürlichen Todes gestorben, meine Tante hat sie erschossen und da sind sie natürlich gestorben.

Ach so, und sagen Sie, wer ist dieser Herr Sumi irgendwas Dybek-Witschge-was?

Herr Sumihisha-Dybek-Witschge-Thüler ist mein Tanzlehrer.

Sie gehen tanzen?

Nein, ich tanze gehend. Ein Modetanz aus Asien, der rübergeschwappt ist. Bei diesem Tanz gibt es keine störende Musik, und man tritt auf der Stelle. Mehr was Esoterisches, Herr Stermann.

Aha. Und auf welches Ergebnis warten Sie da?

Im Tanzkurs wollen mich alle nicht dabeihaben. Weil ich doch diesen schrecklichen Hautausschlag habe, der so fürchterlich ansteckend ist, außerdem wissen Sie doch, dass meine Aggressionen manchmal mit mir durchgehen, wenn ich mich bewege.

Und?

Heute wird entschieden, ob ich noch weiter am Tanzkurs teilnehmen darf.

Ja ja.

Alle in meinem Kurs haben eine Tanzpartnerin. Ich nicht.

Ja, mein Gott, Sie haben dafür den Ausschlag und Ihre Aggressionen. Sie sind beim Tanzen doch auch nicht allein. Hören Sie Herr Grissemann, ich kenne doch diese Frau.

Fräulein Rummelplatz, die Sie am Schäferhundeübungsplatz kennengelernt haben?

Genau, wo ich immer Hunde kucke. Fräulein Rummelplatz ist die Besitzerin von Zorro.

Ja und? Das weiß ich ja.

Ich hab ihr doch heimlich meine Telefonnummer auf den Hund geschrieben, und sie hat dann wirklich angerufen.

Ja, aber nur um sich zu beschweren.

Ja und? Immerhin hat eine Frau bei mir angerufen.

Das war drei Jahre nach dem Tod meiner Schwestern. 1972. Die Rummelplatz hat sich doch seitdem nie mehr gemeldet.

Richtig. Und ich habe mir jetzt überlegt, das könnte doch daran liegen, dass sie keine Wiederwahltaste hat. Herr Grissemann, verstehen Sie? Diese Frau ist vernarrt in mich und kann mich seit 26 Jahren nicht erreichen, weil sie keine Wiederwahltaste hat.

Warum haben Sie nie versucht, sie anzurufen?

Wie denn? Haben Sie eine Ahnung wieviel Menschen im Telefonbuch Rummelplatz heißen?

Nein, wieviele?

Drei. Zwei hab ich angerufen, das war sie nicht, dann hab ich's aufgegeben, das ist ein Kampf gegen Windmühlen.

Herr Stermann, ich warte dringend auf den Anruf meines Tanzlehrers. Können wir dieses Gespräch später fortsetzen? Ich ruf Sie an, Wiederhörn.

Wiederhörn.

Folge 2: Das Ergebnis

Stermann.

Rummelplatz.

… Ah, Fräulein Rummelplatz, Zorro …

Ich bin's, Grissemann, kleiner Scherz. Das Ergebnis ist da.

Hu, jetzt bin ich ja fast erleichtert, dass Sie es sind, ich hätte nichts rausgebracht.

Die im Tanzkurs haben eine Entscheidung getroffen. Ich darf nicht nur nicht mittanzen, man hat eine Anzeige gegen mich eingebracht und mir die Gesundheitspolizei auf den Hals gehetzt. Es hat sich ausgetanzt.

Können Sie nicht auch zuhause, allein ohne Musik, Ihren seltsamen esoterischen Tanz machen?

Es ging mir ums Gemeinschaftsgefühl, da tu ich mich allein ein wenig schwer, Sie Klugscheißer.

Ach, Herr Grissemann, ich bin auch so allein.

Sie haben doch wenigstens noch Ihren Schäferhundeübungsplatz.

Papperlapapp, nichts hab ich. Seit ich auf Zorro herumgeschrieben habe, darf ich den Übungsplatz auf Lebenszeit nicht mehr betreten. Moment mal, Herr Grissemann. Da läutet's an der Tür.

Vielen Dank, Herr Stermann, ich mach schnell auf.

Nein, bei mir. Moment mal … Herr Grissemann, Fräulein Rummelplatz ist hier, Sie werden's nicht glauben. Sie sagt, Sie liebt mich seit ich auf ihren Hund Zorro, der heute 31 ist, meine Telefonnummer geschrieben habe, und jetzt raten Sie mal, warum sie mich in all den Jahren nie angerufen hat, in all den Jahren?

Weil sie keine Wiederwahltaste hat.

Doch, hat sie. Nur sie wusste nicht, wie man sie betätigt, sie hat die Wiederwahltaste angeschrien, bemalt, geküsst, dass sie einfach draufdrücken muss, darauf ist sie nicht gekommen, die blöde Rummelplatz. Ich bin sehr glücklich, und wir werden heiraten, in ein Haus ziehen mit Zorro zusammen und dann sterben. Zu meiner Hochzeit hätten wir gern, dass Sie, Herr Grissemann, Ihren seltsamen Tanz tanzen. Dann sind wir alle vier kurz glücklich: Zorro, die Rummelplatz, Sie und ich, der alte Stermann.

Gott, freut mich das. Wo soll denn die Hochzeit stattfinden?

Standesamtlich am Schäferhundeübungsplatz und kirchlich in Malaysia, an dem Teich, wo Ihre Schwestern sich umgebracht haben. Wollen Sie Grissemann?

Ich will, Herr Stermann.

Na dann, Wiederhörn.

Wiederhörn.

Grissemanns Schwestern

Folge 1: Blöde alte Schachteln

Hier ist der automatische Anrufbeantworter von Stermann. Eine Nachricht
für Herrn Grissemann: Ich bin zurzeit zuhause und auch am Apparat. Das
Witzige ist, dass ich den Anrufbeantworter nur imitiere. Piep.

*Zum Schreien komisch, Stermann. Ich komme aus dem Lachen gar nicht mehr
raus. Was Ernstes. Ich erwarte Gäste heute Abend.*

Wer kommt denn?

Meine Zwillingsschwestern.

Sie haben Zwillingsschwestern?

*Ja, ich habe Ihnen nie etwas davon erzählt. Die drei sind wesentlich älter als
ich. Eine ganz andere Generation. Sie leben in Guatemala.*

Ach. Sieh mal einer an … Sitzen auf meiner Kuh im Garten drei alte Frauen.
Haut ab, Ihr alten Weiber!

Wie heißt eigentlich Ihre Kuh?

Esel.

Wie?

Meine Kuh heißt Esel.

Aber Sie haben doch auch einen Esel?

Klar, jetzt raten Sie mal, wie der heißt.

Kuh?

Nee. Auch Esel.

Ja, okay. Jedenfalls kommen heute meine drei Zwillingsschwestern.

Haben die sich nicht vor Jahren umgebracht?

*Das waren meine Schwestern aus Malaysia. Die, die heute kommen, kommen
aus Guatemala.*

Kennen Sie Albrecht Dürer, Herr Grissemann? Das war auch ein guter Maler.

*Hören Sie. Meine Schwestern arbeiten am Jahrmarkt. Als Damen ohne Unter-
leib.*

Ja und?

Ja, äh. Ich möchte abends mit meinen Schwestern spazierengehen. Wie soll das gehen, ohne Unterleib? Jetzt wollte ich Sie fragen, ob Sie mir bis übermorgen jeweils drei Paar Leihbeine, Ausgehvaginas und Reisehintern borgen könnten.

Das gibts nicht … Jetzt reichts! Runter da! Hey! Blöde alte Schachteln! Sitzen die drei alten Weiber doch glatt auf meinem Salamander im Garten im Salamanderstall. Armer Esel!

Ja, was meinen Sie? Ginge das?

Welche Größe denn?

Medium.

Drei Ausgehvaginas habe ich in Medium lagernd. Aber die Reisehintern habe ich momentan nur in XXL. Sehr groß. Leihbeine sind ein Problem. Ich hab nur ein sehr kurzes hier.

Mmh. Dann erkundige ich mich nochmal woanders.

So! Jetzt hol ich die Polizei. Sitzen diese drei Omas doch wirklich auf meinen Habichten und fliegen im Garten herum! Denen werd ich Beine machen!

Haben Sie vielleicht einen Tipp, wo im Dorf ich für meine Schwestern fünf Leih-Beine ausborgen kann?

Versuchen Sie's mal bei Fräulein Rummelplatz. Die hat auch viel so Zeugs. Ohren und so.

Können Sie mir die anderen Teile reservieren?

Ich pack sie Ihnen schon mal ein. Wiederhörn.

Wiederhörn.

Folge 2: Der Zwangshut

Grissemann.

Herr Grissemann, ich sehe nicht ein, warum meine Tiere von Ihren Schwestern weiter tyrannisiert werden. Mein Wild ist total unruhig. Die Rehrücken sind nassgeschwitzt vor Angst. Die Wölfe haben aus Panik Schaum vor dem Mund und die Eber ziehen westwärts. Vom Fledermausgehege möchte ich gar nicht erst anfangen. Die Strauße versuchen, ihre Eier zu beruhigen und die Seehunde verstecken sich hinter den Dünen.

Schrecklich. Aber wie kommen Sie darauf, dass das meine Schwestern sind?

Es sind drei Damen ohne Unterleib mit südamerikanischem Akzent. Sie sind Ihnen wie aus dem Gesicht geschnitten, so derb und hässlich.

Scheiße. Die haben sich in der Tür geirrt. Und ich warte hier mit dem Essen. Das wird jetzt kalt.

Was haben Sie denn gekocht?

Heiße Käsebrote und eine warme Joghurt-Brühe.

Sagen Sie, Herr Grissemann, hatten Sie nicht in den 20er Jahren eine Firma, die sich darauf spezialisiert hatte, Damen ohne Unterleib einzufangen?

Ja, stimmt. Ich hab die ganzen Geräte noch im Keller. Kräne, Sattelschlepper, Nachtsichtgeräte, Infrarotspeere, eine Kühlhalle, Beruhigungsharpunen, Zwangsjacken, Zwangsfräcke und einen Zwangshut. Wo sind meine Schwestern denn jetzt genau?

Moment … Sie sitzen auf den Hyänen, drüben. Zwei Flugstunden entfernt im Froschgehege. Trauen Sie sich zu, die einzufangen?

Ich hab das lange nicht mehr gemacht. Das letzte Mal 1929, als ich zwei Damen ohne Unterleib vom chinesischen Nationalzirkus auf der Nordsee eingefangen habe. Ich bin etwas aus der Übung. Es gäbe aber eine andere Möglichkeit, die mir ein alter, weiser Frauen-ohne-Unterleib-Jäger einst in Peru geflüstert hat.

Nämlich?

Sie müssen eine Wäscheleine im Garten spannen. Und an diese Wäscheleine hängen Sie sämtliche Leih-Beine, Ausgeh-Vaginas und Reise-Hintern die Sie haben. Dazu müssen Sie über Lautsprecher das alte Volkslied »Das Wandern ist des Müllers Lust« spielen. So laut, dass das ganze Gehege dröhnt. Dann kommen Sie angeflogen.

Ach Gott, ist das putzig!

Was?

Ich seh gerade am Monitor, dass im Alligatoren Park, acht Flugstunden südöstlich, etwas Wunderschönes geschieht.

Was denn, Herr Stermann?

Das Schönste, was es auf dieser Welt gibt.

Geld? Glücksspiel? Prostitution?

Nein, Freundschaft! Ihre drei Zwillingsschwestern spielen mit den Alligatorenbabies. Die verstehen sich prächtig. Ist das schön. Ich glaube, Ihre Schwes-

tern sind glücklicher, wenn wir sie lassen, wo sie sind. Außerdem, ähm, wür-
de ich eigentlich ganz gerne die warmen Käsebrote fressen.
Und die warme Joghurt-Brühe saufen, was?
Genau.
Gut. Wollen Sie kommen?
Gern. Bis gleich. Wiederhörn.
Wiederhörn.

Muttertag

Folge 1: Die Gemüsegruppe

Grissemann.

Herr Grissemann, ich mach alles verkehrt. Nicht einmal ein richtiges Geschenk für Mutter kann ich kaufen. Dabei wollt ich's so gut machen.

Herr Stermann, eine ältere Dame ist bei mir, sie trägt den gleichen Namen wie ich und behauptet, ich sei ihr Sohn. Ich bin dabei herauszufinden, ob sie meine Mutter ist. Fassen Sie sich kurz!

Ich hab drei Geschenke für meine Mutter besorgt: eine Holzeisenbahn, zwei Paar Ledersocken und ein Kilogramm Staub für den Staubsauger.

Und? Hat sie sich gefreut, die alte Stermann?

Erst glaubte ich: Ja! Sie hat sich gefreut! Weil sie zu weinen begann. Aber kann man aus Freude sechs Stunden lang im Schlafzimmer eingeschlossen weinen?

Schauen Sie, Sie müssen passende Geschenke kaufen.

Was haben Sie Ihrer Mutter denn geschenkt?

Falls sich die Dame als meine Mutter herausstellt, bekommt sie von mir eine Landkarte aus Afghanistan mit komplettem Tretminenverzeichnis.

Wie wollen Sie denn herausfinden, ob es Ihre Mutter ist?

Dr. Puppenfleisch wird kommen, Sie wissen schon, der Genforscher, mit dem ich ab und zu in der Gemüsegruppe Jazzgymnastik mache.

Jazzgymnastik in der Gemüsegruppe?

Ja, das ist meine Gemüsegruppe, wo wir halt hin und wieder Jazzgymnastik machen, Puppenfleisch und ich. Alles klar?

Moment, ich rekapituliere kurz: Der Genforscher Puppenfleisch ist in Ihrer Gemüsegruppe und macht mit Ihnen dort Jazzgymnastik.

Volltreffer, Stermann. Puppenfleisch müsste gleich kommen. Ich hab dieser älteren Dame schon 2 Kilogramm Blut abgenommen. Es werden umfangreiche Bluttests durchgeführt, und ihre DNA wird mit meiner verglichen. Gibt es Übereinstimmungen, bekommt die Frau einen Kuss und die afghanische

Landkarte mit dem Tretminenverzeichnis. Ein ganz normaler Muttertag, Stermann.

Herr Grissemann, vielleicht sind diese Tests ja überflüssig. Schauen Sie sich diese Frau doch einmal genau an. Hat sie Ihre primitiven Gesichtszüge?

Absolut. Es ist, als würde ich mit langen Haaren, etwas gealtert mir gegenüberstehen. Diese Ähnlichkeit ist beängstigend. Außerdem hat die Dame ein Fotoalbum dabei mit Kinderfotos von mir, auf denen sie auch zu sehen ist. Wenn es ein Schwindel, ist, ist er sehr gut gemacht.

Ist das zufällig dieselbe Frau, die auf mehreren Ölgemälden in Ihrer Wohnung zu sehen ist?

Sie meinen meine Mutter? Das versuche ich ja herauszufinden. Der Genforscher wird gleich hiersein.

Tja, Herr Grissemann. Nachdem Sie ja scheinbar eine glückliche Mutter-Sohn-Beziehung haben, könnten Sie mir vielleicht einen Tipp geben, wie ich meine Mutter aus dem Schlafzimmer kriege.

Schalten Sie das Licht aus in der Wohnung, legen Sie sich vor die Schlafzimmertür und wimmern Sie leise. Das weckt Muttergefühle. Und wenn sie rauskommt, umarmen Sie sie.

Umarmen … Sie meinen, so wie ich die lieben Schäferhunde manchmal umarme, am Übungsplatz, wenn die Herrchen nicht herschauen?

Ja ja, genau. Wiederhörn.

Wiederhörn.

Folge 2: Dr. Raumflasche

Stermann.

Grissemann hier. Die Medizin ist eine ungenaue Wissenschaft. Ich kann nichts tun. Die arme Frau, die vorgibt, meine Mutter zu sein, muss sich leider einem weiteren Test unterziehen.

Wie meinen Sie?

Schauen Sie, Dr. Puppenfleisch und sein Ärztestab haben nach dem ersten Bluttest und der Haarwurzelanalyse verlautbart, dass diese Frau zu 99,995 % tatsächlich meine Mutter ist. Das reicht nicht. Das Restrisiko ist zu groß. Ich will es nicht verantworten, einer möglicherweise wildfremden Frau zum

Muttertag die Tretminenpläne aus Aufghanistan zu schenken, die ich für meine leibliche Mutter gekauft habe. Auch der Lügendetektortest ist zu ihren Gunsten ausgefallen. Trotzdem – ich muss ganz sichergehen.

Was wollen Sie denn noch testen? Herr Grissemann, lassen Sie Ihre Mutter doch in Ruhe.

Spezialisten aus Philadelphia werden eingeflogen. Psychologen, Juristen, Kriminologen, ein Schamane und ein Neurochirurg, außerdem kommen meine Brüder, mein Vater, der Arzt, der mich zur Welt gebracht hat. Ich hoffe, so ein bisschen Licht ins Dunkel dieser Situation zu bringen.

Verstehe. Glauben Sie, wäre es möglich, dass Sie mir jemanden aus Ihrem Ärzteteam vorbeischicken?

Warum denn?

Ich habe Ihren Rat befolgt. Ich habe gewimmert und damit ihre Muttergefühle geweckt. Sie ist rausgekommen und ich habe sie umarmt. Genauso fest und herzlich, wie ich vor 26 Jahren den lieben Zorro umarmt habe, den Schäferhund von Fräulein Rummelplatz.

Ja, und? Wozu brauchen Sie jetzt einen Arzt?

Für meine Mutter. Während der Umarmung krachten ihre Knochen, dann fiel sie in sich zusammen und begann leise zu wimmern. Ich habe vermutet, sie wimmert, um so meine Sohngefühle für sie zu wecken. Ich nahm sie noch einmal fest in den Arm, und jetzt wimmert sie gar nicht mehr.

Vielleicht ist ihr einfach kalt.

Kann nicht sein. Ich habe ihr die Ledersocken angezogen.

Ich schicke Ihnen Dr. Raumflasche vorbei, ihn kenn ich auch aus der Gemüsegruppe.

Was ist das eigentlich für eine Gruppe, diese Gemüsegruppe?

In meiner Gemüsegruppe werden schwere Misstrauensneurosen behandelt. Mit Zucchini, Lauch und Erbsen wird Vertrauen aufgebaut.

Und das funktioniert?

Nein, eigentlich gar nicht. Wir machen jetzt nur mehr Jazzgymnastik.

Aha.

Moment mal … (der Speicheltest jetzt … ja, ich komme gleich) Herr Stermann, es ist schon alles für den Speicheltest vorbereitet. Ich muss aufhören.

Meine Mutter liegt am Boden.

Ja ja. Ich schicke Ihnen Dr. Raumflasche vorbei. Bis er kommt, beschäftigen Sie Ihre Mutter, machen Sie ihr eine Freude.

Au ja. Ich zeig ihr das Hundevideo, das ich heimlich aufgenommen habe. Da sieht man, wie Schäferhunde mit Schaum gewaschen werden. Wiederhörn.

Wiederhörn.

Folge 3: Nanni

Stermann.

Grissemann hier. Die Frau ist meine Mutter! Alle Tests positiv. Kein Zweifel. Ich hab Kaffee aufgesetzt. Puppenfleisch holt Blumen und Kuchen. Wir feiern Muttertag.

Das ist schön.

Es ist – und das hat mich verblüfft – das exakt gleiche Testergebnis wie in den letzten Jahren. Mutter ist noch etwas schwach, aber sobald sie die Augen wieder aufschlägt, wünsche ich ihr alles Gute.

Bei mir ist es auch so wie in den letzten Jahren. Meine Mutter ist im Krankenhaus, und ich bin allein zuhause und kucke Hundevideos.

Was war denn los?

Dieser Dr. Raumflasche hat sie untersucht und sofort ins Krankenhaus überstellt. Meine arme Mutter wird wieder ein ganzes Jahr im Krankenhaus bleiben müssen.

Wollen Sie zu mir kommen?

Nein. Ihre Mutter bedeutet mir nichts. Falls es überhaupt Ihre Mutter ist.

Wie meinen Sie das?

Na ja, Dr. Raumflasche hat da so was angedeutet …

Was?

Der grafologische Test zeigte eine 0,008 %ige Wahrscheinlichkeit, dass diese Frau eine Schwindlerin ist.

(Kaffeemaschine sofort abschalten und das Wasser wieder aus der Vase schütten! In fünf Minuten neuerliche Besprechung im Wohnzimmer!)

Es tut mir leid, Grissemann. Falls sich herausgestellt hat, dass es doch nicht Ihre Mutter ist, können Sie anschließend gern zu mir kommen.

Ein Muttertag ohne Mutter? Nein danke, Herr Stermann.

Herr Grissemann, warten Sie mal, äh, ich hab in meinem Portemonnaie eine Fotografie von Nanni.

Nanni?

Die Mutter von Zorro. Eine treue Schäferhündin.

Sind Sie sicher, dass sie die Mutter von Zorro ist?

Ja, ich war bei der Geburt dabei. Heimlich.

Ich weiß nicht, Stermann. Am Muttertag wäre ich schon gern bei meiner Mutter und nicht bei dem Foto der Mutter irgendeines verdammten Schäferhundes. Nichts für ungut, Wiederhörn.

Wiederhörn.

Das Video

Folge 1: Wenzel-Knattek

Stermann. Wer ist denn da?

Fragen Sie nicht so blöd. Ich bin doch der Einzige, der Sie seit Jahrzehnten anruft. Hören Sie, ich hab doch diesen neuen Kühlschrank, den ich mir 68 gekauft habe, während der Studentenrevolution, einen langhaarigen, rebellischen Kühlschrank.

Ist das nicht der, der damals diese legendäre Kühlschrankdemo organisiert hat?

Ja, es existiert ein Foto, darauf ist er aber nicht genau zu erkennen, weil er vermummt war.

Ja, und?

Ich hab ihn heute zum ersten Mal geöffnet. Ich hab das vorher nie getan. Sie wissen ja, ich esse nichts Kaltes.

Ich weiß. Sie lassen sich ja sogar brennheiße Eiswürfel liefern.

Ja. Und heute hab ich ihn zum ersten Mal geöffnet, weil ich was Kaltes brauchte. Sie wissen doch, dass ich mit Wenzel-Knattek zusammenlebe, der bei mir im Garten wohnt.

Das Reh?

Ja. Ich hab für Wenzel-Knattek einen Spielkameraden gesucht, und da hab ich mich erinnert, dass Sie mir ja damals zur Fußball-WM 70 ein gefrorenes Hühnchen geschenkt und ins Gefrierfach gelegt haben.

Langweilen Sie mich nicht mit diesen öden Geschichten, Herr Grissemann. Ich halte gerade einen Vortrag über Mexiko. Und weil ich immer schon gern etwas über dieses Land erfahren wollte, interessiert mich der Vortrag natürlich.

Sie Spinner halten also diesen Vortrag vor sich selbst?

Genau. Ich stehe vor dem Spiegel, rede und höre mir interessiert zu. Wenn ich etwas nicht verstanden habe, stelle ich Zwischenfragen.

Hm. Ich jedenfalls hab vor zwei Stunden das gefrorene Hühnchen aus dem Ge-

424

frierfach geholt und dafür zum ersten Mal den Kühlschrank geöffnet. Sie werden nicht glauben, was da drin war. Eine Videokassette. Eiskalt. Bedrohlich.

Die mächtigen Bauten von Chichén Itzá auf Yucatán zeugen von der Hochkultur der Maya. Hier fand man auch den Chak Mo'ol, einen Opfergabenträger, ein imponierendes Beispiel für die Fähigkeiten der Mayabildhauer.

Bitte? Herr Stermann. Ich habe Angst, mir diese Kassette anzusehen. Wollen Sie rüberkommen und mir Gesellschaft leisten? Vielleicht ist was über Mexiko drauf.

Nein, der Vortragende hat mich eh schon ermahnt, mich zu konzentrieren und das Telefonat zu beenden. Schauen Sie sich doch Ihre blöde Kassette alleine an.

Wie denn, Sie Schlaumeier? Ich hab doch gar keinen Videorecorder. Das einzige Elektrogerät, das ich besitze, ist der Mandarinenschäler, den Sie mir geschenkt haben anlässlich der EM der transsexuellen Volleyballer 1953.

Da kann ich Ihnen nicht helfen.

Sie haben doch sieben Videorecorder. Könnte ich mir nicht einen ausleihen?

Nein. Die werden alle für den Mexico-Vortrag gebraucht. Hier laufen sieben Mexiko-Videos parallel, dazu 22 Diaprojektoren. Ein großartiger Multimediavortrag, den ich da vor mir halte. Sie müssen sich irgendwie selbst einen bauen.

Ich hab nur ein gefrorenes Hühnchen, einen Hippiekühlschrank und einen Mandarinenschäler. Sonst ist mein Anwesen völlig leer. Wie soll ich so einen Videorecorder bauen?

Versuchen könnten Sie es, Herr Grissemann. Versuchen. Wiederhörn, und viel Glück bei Ihrem Vorhaben. Hasta la vista.

Wiederhörn.

Folge 2: Der Verfolgungswahn

Stermann, muchas gracias por la llamada.

Grissemann hier, sie mexikanischer Volltrottel. Nennen Sie mich ein Genie, und Sie beleidigen mich noch damit.

¿Por qué?

Ich hab's geschafft. Ich hab aus Mandarinenschalen, einem gefrorenen Hühner-flügel und dem Stromkabel vom Kühlschrank einen Videorecorder mit Internetanschluss gebaut. Faxausgang inklusive.

Toll, Herr Grissemann. Ich hab mal aus einem alten Apfel ein Solarauto gebaut. Das Patent hat mir dann VW abgekauft.

Na ja, ich hab es einmal fertiggebracht, aus einer Fischgräte ein Trimm-Dich-Fahrrad zu basteln, das Sie mir dann weggenommen haben.

Weil ich dann aus Ihrem Trimm-Dich-Fahrrad eine Sesselliftanlage gebaut habe.

Ja, und die wiederum habe ich Ihnen abgekauft und daraus sämtliche Häuser unseres Dorfes gebaut. Aber Schwamm drüber.

Moment kurz, Herr Grissemann. Ich muss meinen aztekischen Federschmuck abnehmen, der schmerzt an der Kopfhaut. So. Haben Sie sich die Videokassette angesehen?

Ja. Es ist unfassbar. Mein ganzes Leben ist auf dieser Videokassette festgehalten. Die ganzen 56 Jahre. Szene für Szene. Meine Geburt. Meine frühen Mikadoarbeiten. Mein Selbstmord. Meine Wiederauferstehung, einfach alles. Die Videokassette dauert 56 Jahre. Ich hab's im Schnelldurchlauf gesehen. Die letzte Szene endet damit, dass ich den Kühlschrank öffne und die Videokassette raushole. Ich habe das Gefühl, dass mich irgend jemand filmt.

Mein Gott, Sie leiden unter Verfolgungswahn, Herr Grissemann.

Wahrscheinlich haben Sie recht. Sicher ist alles nur Zufall.

Herr Grissemann, wenn Sie wollen, komm ich mit Popcorn vorbei und wir schauen uns in Ruhe die ganze Videokassette von vorn bis hinten an.

Wer ist denn Popcorn?

Eine Speise, die ich aus Maiskörnern gebastelt habe.

Ja, aber haben Sie denn so lange Zeit, Herr Stermann? 56 Jahre?

Moment, ich schau mal kurz in meinen Terminkalender … ja, geht sich gut aus. Ich hab erst wieder in 58 Jahren einen Termin. Zahnarzt. Sagen Sie, bin ich auch zu sehen auf dem Video?

Einmal ganz kurz gehen Sie durchs Bild. Nach 32 Jahren etwa.

Auf die Szene freu ich mich schon.

Kommen Sie?

Ich komme. Wiederhörn.

Wiederhörn.

Eifersucht

Folge 1: Die Hinrichtung

Momentchen bitte ... (brüllt)
Was ist denn los bei Ihnen?
Ach, Herr Stermann. Der Nachbarsjunge will mir schon wieder selbstgepflückte Kekse bringen. Ich halte diese freundlichen Gesten nicht aus, das wissen Sie doch.
Ja ja, ich erinnere mich, als ich Ihnen einmal Geld borgte für ihre Ohrenoperation, da haben Sie mir ins Gesicht gespuckt.
Ja, selbstverständlich. Was kann ich für Sie tun? Ich bin in Eile.
Es ist 4 Uhr morgens, was haben Sie denn jetzt zu tun?
Um 4.30 Uhr ist doch die Hinrichtung. Das möchte ich nicht versäumen.
Um Himmels willen, das hätte ich fast vergessen, die Hinrichtung. Wissen Sie, ich glaube, ich werde nicht hingehen, ich ertrage das nicht.
Aber Herr Stermann, Sie sind doch Trauzeuge. Die Hinrichtung kann gar nicht stattfinden, wenn Sie nicht kommen.
Sagen Sie mal, Herr Grissemann, seit wann nennen wir zwei überzeugten Junggesellen Hochzeiten eigentlich Hinrichtungen?
Seit August 1914. Da hat meine Hausmeisterin geheiratet. Da ist sie praktisch hingerichtet worden.
Die Ehe ist eine Hinrichtung.
Richtig, Sie scheinen die Grundregeln noch zu kennen. Warum rufen Sie an?
Da ist eine Frau in meinem Bett, Herr Grissemann. In meinem Bett.
Wollen Sie sie hinrichten?
Nee. Ich bin nicht mal richtig verliebt.
Ah ja, gut. Wie kommt diese Frau in Ihr Bett?
Es ist eben nicht ihr Bett, es ist mein Bett.
Ja, es ist Ihr Bett.
Nein, nein, mein Bett.
Ja, sag ich doch: Ihr Bett.

Nein, es gehört nicht dieser Scheißfrau. Dieses Bett gehört Herrn Stermann.
Ich bin jetzt etwas irritiert. Ich dachte, Sie schlafen überhaupt nicht im Bett,
sondern auf dieser riesigen Marmorplatte, die Sie 1948 in den Friedenswir-
ren gestohlen haben.
Hab ich auch bis gestern, aber dann kam diese Frau. Sie hat mich in der
Stadt in der Straßenbahn erwischt, und dann wollte sie sofort mit mir
schlafen.
Aha, und das Bett hat sie auch gleich mitgebracht.
Genau.
Aber dann isses ja doch ihr Bett.
Nein, damit ich mit ihr schlafe, hat sie's mir geschenkt. Es ist mein Bett. Mo-
ment. (»Wilfried, das ist aber lieb, selbstgepflückte Kekse, so ein süßer Bub,
Bussi, Bussi!«)
Ist der Nachbarsjunge gekommen, dieses Dreckschwein?
Ja ja, der liebe Kleine. Ich möchte diese Frau aus meinem Bett haben, sonst
komm ich nicht zur Hinrichtung von Frau Achterbahn und Leschnikov.
Hören Sie, Stermann, Ihre Frauengeschichten in Ehren, in drei Stunden geht die
Sonne auf, in 20 Minuten beginnt die Hinrichtung, ich muss mich hübsch
machen.
Sagen Sie mal, Herr Grissemann, ich beneide Sie so unendlich, ich bin so
eifersüchtig darauf, dass bei Ihnen kein hübsches Frauenzimmer im Bett
liegt. Wissen Sie, Herr Grissemann, manchmal hasse ich Sie richtig da-
für.
Ich kann gegen meine Gefühle nichts tun, das hat gar nichts mit Ihnen zu tun,
dass ich immer allein schlafe.
Wie machen Sie das nur, was haben Sie, was ich nicht habe, Sie Glückskind?
Ich habe eben das gewisse Etwas, das die Frauen so abstößt.
Würden Sie sich bitte etwas einfallen lassen, wie ich die Frau loswerde? Ich
bin so müde.
Okay, ich melde mich in 14 Minuten wieder. Auf Wiederhörn.
Wiederhörn.

Folge 2: Ist Grissemann homosexuell?

Stermann.

Ist die Frau noch immer bei Ihnen?

Nein, die ist weg. Jetzt ist eine andere in meinem Bett.

Schade. Ich hätte nämlich gewusst, wie man die erste rauskriegt.

Ach, wie denn?

Einfach eine zweite Frau reinholen, um so die erste zu brüskieren. Dann geht sie sicher raus.

Aber was mach ich jetzt? Ich hab ja schon die zweite hier. Soll ich noch eine reinholen?

Versuchen Sie's mal. Mal sehen, was passiert.

Moment. (»Die nächste bitte!«)

Und?

Ja, tatsächlich, Herr Grissemann. Jetzt ist die eine weg, aber dafür die andere da. Ihr System scheint mir unausgereift.

Wie viele stehen denn da vor Ihrer Tür?

Moment mal. (»Meine Damen, würden Sie bitte einmal durchzählen?«) Das dauert jetzt etwas, Herr Grissemann (»Danke!«). Es sind 74. Wenn die alle noch drankommen wollen, kann ich unmöglich zur Hinrichtung gehen.

Schauen Sie, in meiner Wohnung steht ein stolzer Mann in einem schwarzen Zweireiher. Den Zylinder elegant aufs wohlgeformte Haupt gelegt, bereit, der Hochzeitsgesellschaft da draußen durch seine pure Anwesenheit den letzten güldnen Schliff zu verleihen. Mein Gott, ich bin so schön. Das sag nicht ich, das spricht der Spiegel.

Das klingt schön, Herr Grissemann. Ich schau Scheiße aus. Mindestens 500 verschiedene Fliegenarten kreisen um mein ungewaschenes Haupthaar. Ich habe das letzte Mal geduscht, als der Vietnamkrieg begann. Vor Erleichterung.

Tja.

Warum war bei Ihnen eigentlich noch nie eine Frau?

Vielleicht bin ich homosexuell, ich weiß es nicht. Woran merkt man das denn?

Na ja, fühlen Sie sich zu Männern hingezogen?

Sehr stark.

Haben Sie Phantasien mit Männern?

429

Ja, ständig.

Dann sind Sie wahrscheinlich homosexuell, Herr Grissemann.

Ja, wahrscheinlich. Können Sie nicht eine dieser Miezen mal zu mir schicken?

Dann sind Sie doch nicht homosexuell?

Offensichtlich doch nicht. Sagen Sie, kommen Sie überhaupt noch aus der Tür raus?

Es ginge gerade. Da stehen inzwischen etwa 300 Frauen. Alle aus der Stadt. Wunderschöne Körper. Da haben Sie's wirklich besser. Sie können einfach in Ihrem schönen Anzug allein zur Hochzeit gehen, und ich muss inzwischen mit … 456 Frauen schlafen. Tja, entschuldigen Sie mich doch einfach bei der Hinrichtung. Sagen Sie denen doch einfach, dass es mir der Verkehr nicht erlaubt hat zu kommen.

Das glaubt mir doch keiner, wir haben doch gar keine Autos im Dorf. Und wer soll Trauzeuge sein?

Irgendein Schlappschwanz, Sie vielleicht? Sie oder irgend so ein anderer Penner. Ich geh jetzt poppen, tschüs!

Herr Stermann …

Der Babysitter

Folge 1: Prophylaxe

Stermann ... Hallo? Wer ist da? Sind Sie es, Fräulein Rummelplatz?

Seien Sie mal ruhig, Herr Stermann. Das ist eine kleine Sensation hier bei mir. Ich starre gerade auf mein Aquarium, und mir verschlägt's die Sprache.

Was ist denn los?

An den Fischen sind die Preisschilder noch dran. Das ist ja wohl die Höhe. Sie haben mir doch die Fische letztes Jahr geschenkt, als Sie Geburtstag hatten. Sie haben es nicht der Mühe wert gefunden, die Preisschilder von den Fischen abzumachen!

Moment mal, die Preisschilder hingen nicht an den Fischen, sondern am Geschenkpapier. Um Himmels willen! Haben Sie die Zierfische nicht aus der Verpackung rausgeholt?

Nein. Hätte ich das tun müssen? Ich finde, das sieht sehr hübsch aus, die kleinen Pakete, wie sie da im Wasser herumzappeln. Egal. Warum ich anrufe: Ich geh doch heute Abend aus.

Ach, heute Abend gehen Sie aus. Und wann gehen Sie dann wieder an? Morgen früh?

Sehr witzig. Ich gehe heute Abend mit Frau Achterbahn aus. Ich will ihr meinen Schützenverein zeigen. Wir haben die ganze Nacht Schießübungen.

Ja, und?

Ja, ich brauch einen Babysitter.

Wofür? Für Ihre Zierfische im Geschenkpapier? Sie haben doch keine Kinder.

Wenn ich am Abend ausgehe, möchte ich gern, dass ein Babysitter bei mir zuhause ist, egal ob ich Kinder habe oder nicht.

Klar, verstehe. Wie wär's, wenn Sie sich auch einen Automechaniker nachhause kommen lassen? Sie haben ja auch kein Auto.

Ich habe für den Babysitterjob an Knut gedacht. Knut kann doch bei mir heute babysitten.

Knut? Geht nicht. Der hat doch einen zweijährigen Sohn, auf den er aufpassen muss.

Sie könnten ja auf Knuts Sohn aufpassen, während Knut bei mir den Babysitter macht, damit ich beruhigt mit Frau Achterbahn schießen gehen kann.

Noch einmal, Grissemann: Sie haben kein einziges Kind zuhause. Wozu zum Teufel brauchen Sie einen Babysitter? Es kann niemandem was passieren, Sie können ganz beruhigt schießen gehen.

Ich will auf Nummer sicher gehen. Schauen Sie, das menschliche Leben ist doch eine Geschichte voller Wunder. Vielleicht entsteht das Kind genau heute Abend, wenn ich schießen bin. Dann wächst es ganz allein auf und ängstigt sich. Ohne Babysitter.

Herr Grissemann, Sie gehen heute Abend schießen!

Wenn ich einen Babysitter finde, ja.

Verdammt, Sie haben kein Baby!

Ja, noch nicht.

Hören Sie, Ihre Wohnung steht heute abend leer. Da kann kein Kind entstehen. Für eine Befruchtung muss der männliche Samen …

Hören Sie auf! Auf dieses Niveau lass ich mich nicht herab. Passen Sie auf Knuts Baby auf, damit Knut heute bei mir babysitten kann, ja oder nein?

Sagen Sie, Knut würde tatsächlich zu Ihnen kommen, sein eigenes Kind alleine zurücklassen, um bei Ihnen ein Baby zu sitten, das es gar nicht gibt?

Noch nicht gibt. Er kommt vorbeugend. Babysitterprophylaxe. Sagen Sie, haben Sie ein Babyfon?

Wofür brauchen Sie Affe ein Babyfon?

Damit Knut hört, was im Kinderzimmer los ist.

In welchem Kinderzimmer?

Ich habe sicherheitshalber 1974 ein Kinderzimmer eingerichtet.

Ich muss jetzt auflegen, Herr Grissemann. Mein Altenpfleger kommt.

Wie alt ist denn Ihr Altenpfleger?

86. Ich muss ihn die ganze Nacht durch pflegen. Wiederhörn.

Wiederhörn.

Folge 2: 1:0 für Stermann

Grissemann.

Stermann hier. Wie war's im Schützenverein mit Frau Achterbahn?

Ich kann kaum sprechen. Die Ereignisse haben mich sehr mitgenommen.

Was ist passiert?

Frau Achterbahn ist von einem Querschläger getroffen worden.

Um Himmels willen. Beim Schießen.

Nein, nein. Beim Kegeln. Wir waren kegeln. Sie ist auf der Kegelbahn von einer querschlagenden Kugel getroffen worden. Die Kugel steckt noch in ihrem Körper. Sie ist im Krankenhaus.

Ist sie sauer?

Sauer ist vielleicht das falsche Wort.

Eine schreckliche Nacht für unser Dorf. Knuts Kind ist ja auch verunglückt. Es ist aus dem Fenster gefallen.

Ja ja, er hat keinen Babysitter auftreiben können. Knut selbst hat ja bei mir aufgepasst.

Auf Ihr Kind, das Sie nicht haben.

Kein Kind? Und was ist das? Ich, halt mal den Telefonhörer ins Gitterbett.

Das sind Sie doch selber. Sie machen das Babygeräusch nach.

Überführt, Stermann. 1:0 für Sie. Kleiner Scherz. Was war bei Ihnen los? Wie ging's mit dem Altenpfleger?

Der ist gestorben gestern Nacht.

Ach so.

Ja ja.

Übrigens, haben Sie mal 'ne Zigarette?

Ja, hier.

Danke.

Sagen Sie mal, Grissemann. Sie wissen aber schon, dass das Krankenhaus, in dem Frau Achterbahn und Knuts Baby jetzt liegen, heute abgerissen wird.

Unser Dorfkrankenhaus wird abgerissen?

Es soll mitsamt den Patienten abgerissen werden. Weil das Geld fehlt für den Abtransport der Kranken.

Das heißt, Frau Achterbahn wird heute abgerissen und Knuts Baby auch?

Die schlechte Nachricht: Die Dorfapotheke wird auch abgerissen. Die gute Nachricht: Das Friedhofsgelände wird erweitert.

Endlich geht was weiter im Dorf. Das war ja eine alte Forderung. Wie viele Einwohner haben wir eigentlich zurzeit im Dorf, Knuts Baby und Frau Achterbahn nicht mehr mitgerechnet?

26.

Mein Gott, wenn man bedenkt, dass wir vor zehn Jahren noch knapp 25 000 Einwohner hatten …

Haben Sie eigentlich die Preisschilder von den Fischen inzwischen entfernt, Herr Grissemann?

Nein, kann ruhig jeder sehen, wie billig die waren. Ich halte es ja seit einiger Zeit auch für große Verschwendung, immer Wasser ins Aquarium zu schütten. Ich hab jetzt einfach mal Karottensaft reingeschüttet. Das soll doch so gut für die Augen sein.

Verstehe. Auf Wiederhörn, Herr Grissemann.

Auf Wiederhörn, Herr Stermann.

Das Atomkraftwerk

Folge 1: Das feine Gespür

Grissemann. Sagen Sie jetzt nichts. Ich möchte diesen Moment der Überra-schung auskosten. Ist es eine aparte junge Frau mit den Taschen voller Geld, bereit, mein Leben in die Hand zu nehmen? Ist's mein längst verloren ge-glaubter Großvater, mit der frohen Kunde, mich, seinen geliebten Enkel, als seinen Haupterben einzusetzen?

Schnauze, Grissemann. Ich bin's.

Oh, Sie sind's. Was wollen Sie?

Mir sind alle Haare ausgefallen. Vielleicht stimmt irgendwas mit dem Atom-kraftwerk nicht.

Ach, das wird schon nichts Schlimmes sein.

Und mein Zahnfleisch ist ganz schwarz. Und es riecht.

Ihr Zahnfleisch riecht? Wonach denn?

Es riecht wie ein Kinderballettschuh.

Interessant, dass Sie wissen, wie Kinderballett-Schuhe riechen.

Wieso?

Was heißt »wieso«? Wissen Sie auch, wie Schwimmreifen und Beißringe rie-chen? Standuhren und Feuerlöscher?

Selbstverständlich. Ich hab eine ausgesprochen feine Nase. Ich kann zum Beispiel mein rechtes Bein von meinem linken Bein nur anhand des Ge-ruchs unterscheiden.

Sie Angeber, ich glaub Ihnen kein Wort. Wenn Sie so einen genialen Riecher haben, dann sagen Sie mir doch, was ich heute zu Mittag gegessen habe. Das müssten Sie ja bis zu sich rübergerochen haben.

Gut. Ihr Haus ist 7,5 km von meinem Anwesen entfernt. Das ist genau die Entfernung, die ich maximal erriechen kann. Also. Sie aßen ein Rindsfilet mit Petersilkartoffeln und Gurken, Tomaten, Eisalat. Der Salat war ein biß-chen versalzen. Getrunken haben Sie Chardonny, mit einem halben Glas

Mineralwasser. Als Dessert erroch ich Zitroneneis mit einem Mandelstückchen drauf.

Quatsch. Auf dem Zitroneneis war ein Stück Pistazie, Sie Vollversager.

Moment mal kurz. Oh, mir steigt da gerade sehr intensiv der Geruch von Goldhamsterpisse in die Nase und ich rieche dazu einen Heizkörper. Schau'n Sie mal kurz, ob bei Ihnen ein Goldhamster unter die Heizung pisst.

Nee, das ist mein Meerschweinchen. Es ist inkontinent. Sagen Sie mal, können Sie denn gar nix richtig?

Sie sollten sich mal wieder duschen, Herr Grissemann.

Also, was ist, Stermann? Schauen Sie, ich hab den ganzen Tag schwer gearbeitet im Meerschweinchenstall. Ich habe sehr geschwitzt und wollte duschen gehen. Fassen Sie sich bitte kurz, ich habe nämlich auch noch Besuch. Ein Herr ist völlig überraschend auf sehr unkonventionelle Weise zu Besuch gekommen. Der Herr ist – stellen Sie sich mal vor – durchs Fenster gekommen, mit einer Pudelmütze auf dem Kopf und einem Maschinengewehr mit abgeschnittenem Lauf in der Hand. Echter Exzentriker. Er sagt, er interessiert sich für meinen Schmuck und alle meine Wertgegenstände. Es ist so schön. Endlich interessiert sich mal jemand für mich. Für mich und für das, was ich besitze.

Aha. Ja, dann will ich Sie nicht stören, wenn Sie so lieben Besuch haben.

Was wollten Sie denn eigentlich?

Ich wollte nur fragen, ob Sie irgendwas gehört haben von einem Störfall im Atomkraftwerk, weil mir doch die Haare ausgefallen sind und mein Zahnfleisch nach Ballettschuhen riecht.

Nee, ist nichts Besonderes. Man brauchte nur vorübergehend ein Zwischenlager für 5000 Kilo Atommüll, und da hat man Ihren Dachboden ausgewählt, weil er doch der größte und hässlichste im Dorf ist.

Ach, und ich werd gar nicht gefragt.

Natürlich nicht, Sie hätten ja doch nicht zugestimmt.

Stimmt, ich bin oft so unkooperativ. Na ja, was soll's. Dann weiß ich wenigstens, warum ich jetzt die Haare vom Boden fegen muss. Schöne Grüße noch an Ihren lieben Besuch. Ich stöbere noch ein bisschen am Dachboden herum.

Ja, Wiederhörn.

Wiederhörn.

Folge 2: Sportsfreunde

Stermann.

Mmh.

Grissemann?

Mmh.

Mein Gott, ich rieche ein Klebeband über Ihrem Mund.

Mmh.

Moment. Passen Sie mal auf. Drehen Sie sich mal um. Hinter Ihnen rieche ich einen rostigen Nagel an der Wand. Versuchen Sie, mit dem Mund über den Nagel zu fahren und so das Klebeband abzukriegen.

Mmh ... aah! Wow! Welch ein Tag, Stermann.

Was ist denn passiert?

Mein Gott, der Herr hat sich für alles begeistern können. Für meine Gemälde, mein Geschmeide, mein Tafelsilber, mein Bargeld, er hat alles geliebt und alles genommen. Ein leidenschaftlicher Mensch. Ein Mann, der keine Kompromisse macht. Diese Einstellung gefällt mir.

Das kann ich verstehen. So etwas beeindruckt mich auch. Ein klares Ziel vor Augen. Hut ab!

Als er mir beim Abschied den Mund zuklebte, wollte er damit wohl zum Ausdruck bringen, dass es nicht immer der leeren Worte bedarf, wenn zwei Menschen gleichen Herzens sich begegnen. Da genügen Blicke und Berührungen.

Mein Gott, ist das schön. Mir kommen die Tränen.

Und als der fremde Mann gehen musste, da entschloss er sich, mich ganz eng und fest ans Heizungsrohr zu binden. Sie verstehen, Stermann? Die Heizung, als Symbol für Liebe, Wärme und Geborgenheit. Als Ersatz für ihn. Er.

Ist das schön, Herr Grissemann. Wird er wiederkommen?

Nein. Er sagte, er wird niemals wiederkommen. Und dann kam der für mich berührendste Moment. Er schrie heraus: »Keine Polizei!« Verstehen Sie, Stermann? Keine Polizei. Präziser und poetischer hat wohl noch nie ein herzensgebildeter Mensch der Hoffnung Ausdruck gegeben, dass eine Gesellschaft irgendwann ohne Kontrolle und Macht imstande ist, sich einzig und allein Brücken zu bauen aus Liebe, ein festes Gerüst, auf dem zu leben erst wirklich leben heißt.

Auch ich bin ein anderer geworden, Herr Grissemann. Ich war auf dem Dachboden und habe zwischen den Atommüllfässern ein wenig herumgestöbert, und ich wurde dort stiller Zeuge einer fremden Welt. Ich sah dort Milben, groß wie Hunde. Spinnen mit Hufen und Ratten mit drei Köpfen. Drei Köpfe! Dreimal so viele Gedanken, dreimal soviel Geisteskraft. Mir selbst ist ein Schuppenpanzer gewachsen, schildkrötengleich. Dafür ist mein Augenlicht erloschen. Ich habe sechs Beine und Fühler.

Aha. Soll ich einen Arzt rufen?

O nein. Sie sprechen mit einer glücklichen Kreatur. Nur eins bedrückt mich. Da ich jetzt Kiemen habe und im Wasser leben muss, ist mein Geruchssinn völlig verkümmert.

Na ja. Ich bin ein wenig ermattet, Stermann. Vielleicht sollten wir erst einmal die Eindrücke verarbeiten.

Sie haben recht. Schlafen wir erst mal drüber. Gute Nacht, Sportsfreund.

Nacht, Sportsfreund.

Karibik

Folge 1: Die drohende Bypassoperation

Stermann.

Grissemann hier. Können Sie etwas auf Spanisch sagen?

Ich weiß nur, was »Beerdigung« auf Spanisch heißt.

Das ist schlecht. Ich brauch was Positives, was Nettes.

Ah ja, ich weiß auch noch, was »überstandene Blasenkrebsoperation« auf
   Spanisch heißt.

Herr Stermann, was können Sie denn noch alles auf Spanisch?

Ich weiß, was »Beerdigung«, »überstandene Blasenkrebsoperation« und
   »Witwenverbrennung« heißt.

Ich wage zu bezweifeln, dass mir das weiterhilft.

Wobei weiterhilft?

Wissen Sie, ich kauf mir doch am Bahnhof immer Karibische Girls.

Ja, dieses Sexkontaktmagazin, ich weiß, ich kauf's doch auch immer.

Ach ja? Haben Sie die neueste Ausgabe auch?

Ich glaube ja. Moment. 13. August 1936. Ist sie das? Diese Magazine erscheinen
   doch immer in so merkwürdigen Intervallen. Gibt's schon eine neuere?

Herr Stermann, wo leben Sie denn? Karibische Girls erscheint wöchentlich.

Im Ernst? Das darf doch nicht wahr sein! Und ich hätte schwören können,
   die Sexgazette erscheint alle 60 Jahre. Da hab ich ja ganz schön viele Ausgaben versäumt.

*Um genau zu sein: 3100! Egal jetzt. Jedenfalls hab ich sie auf Seite 42 gefunden.
   Monique aus Kuba in Dessous oder Dessues oder wie man da sagt.*

Sie meinen, in Unterwäsche!

Reden Sie doch nicht so schweinisch daher, Herr Stermann.

Entschuldigen Sie bitte, manchmal geht es mit mir durch. Was ist mit der
   Frau mit das Dessu.

Monique. Sie meinen Monique. Sie müsste jeden Moment kommen.

Das geht nicht, Herr Grissemann. Ich sortiere gerade meine Arztrechnungen.

Nicht zu Ihnen. Zu mir! Das karibische Girl kommt zu mir. Ich habe sie ange-
schrieben. Sie ist 1,79 und sucht europäischen Mann mit Geld. Vielleicht end-
lich die große Liebe, auf die ich schon so lange warte, Herr Stermann.

Herr Grissemann, was würden Sie mir raten: Schweineklappen oder mecha-
nische?

Hören Sie doch auf, von Ihren Krankheiten zu reden. Das mit Monique ist eine
Herzensangelegenheit.

Das bei mir auch. Ich soll sieben Bypässe bekommen.

Monique hat auch extra einen neuen Pass bekommen, um hierherzukommen.
Wissen Sie, ich möchte sie ganz karibisch empfangen.

Auch ich hoffe, dass die Ärzte bei meiner Bypassoperation sehr akribisch
vorgehen.

Hören Sie doch auf, von dieser beschissenen Operation zu reden. Hier geht es
um mein zukünftiges Leben!

Bei mir auch! Wenn die Operation nicht klappt, bin ich weg.

Wie »weg«?

Ja, weg. Puff.

Ach, wenn die Operation nicht klappt, gehen Sie ins Bordell?

Nein, dann bin ich tot.

Können Sie eigentlich immer nur an sich denken, Herr Stermann? Und nicht
auch einmal an Ihren alten Bekannten, der ein großes Problem hat, weil er
kein Spanisch kann? Und wenn die karibische Dame dann kommt, ist alles,
was ich sagen kann: »Beerdigung«, »Witwenverbrennung« und »überstan-
dene Blasenkrebsoperation«. Das wird ein Fiasko.

Herr Grissemann, ich muss die Arztrechnungen fertigsortieren und mich
dann fürs Krankenhaus zurechtmachen.

Vielen Dank, dass Sie mich in dieser schweren Stunde allein lassen. Wiederhörn.

Wiederhörn.

Folge 2: Schlechte Aussichten

Grissemann.

Stermann hier.

Wo »hier«? Ich versuche Sie die ganze Zeit zu erreichen.

Ich bin im Krankenhaus. Schön zu hören, dass Sie sich um mich sorgen.

Klappe halten, Stermann. Monique ist da.

Herr Grissemann, die Klappe wird nicht halten. Die Ärzte sagen, dass meine Überlebenschance bei 0,4% liegt, aber ich denke, die wollen mir nur Mut machen.

Ja ja, das schaffen Sie schon. Der Hund von Herkules hatte auch mal kreisrunden Haarausfall, und heute geht's ihm wieder richtig gut.

Sie können mich doch nicht mit dem Hund Ihres Gitarrelehrers vergleichen!

Monique, das Caribean Girl, ist seit drei Stunden hier, und wir haben noch kein einziges Wort gewechselt. Sie kann kein Deutsch, ich kein Spanisch. Es herrscht eisiges Schweigen. Was soll ich tun? Sie schläft jeden Moment ein.

Vielleicht zeigen Sie ihr Fotos oder so.

Ich hab nur ein Foto von einem Bowlinghandschuh.

Ist das der Bowlinghandschuh, den Sie 1974 im Preisausschreiben gewonnen haben?

Ja, ich hab ihn Herkules geschenkt und mir das Foto behalten.

Kann denn dieser Junge aus dem Schwerstbehindertenheim etwas damit anfangen?

So. Jetzt ist sie eingeschlafen!

Herr Grissemann, setzen Sie sich zu ihr, und sobald sie aufwacht, zeigen Sie ihr das Foto von dem Bowlinghandschuh. So, nun möchte ich mich schon mal in aller Form von Ihnen verabschieden. Der Narkosearzt ist nämlich gekommen.

Das heißt, Sie schlafen jetzt auch ein.

Ja, aber im Gegensatz zu Ihrer Karibikbraut wache ich wahrscheinlich nicht mehr auf.

Moment, Herr Stermann. Ich möchte Sie noch eines fragen.

Ja, bitte?

Was heißt denn jetzt »Beerdigung«, »Witwenverbrennung« und »überstandene Blasenkrebsoperation« auf Spanisch. Damit ich wenigstens irgendwas sagen kann, wenn sie wieder aufwacht.

Also gut. »Entierro«, »operación de cáncer de vejiga sobrevivido« und »inmolación de viudas«.

Danke.

Moment, Herr Grissemann. Da kommen die Chirurgen. Es geht los. Ich werde am offenen Herzen operiert.

Gut, dann wünschen Sie mir toi, toi, toi, dass das was wird mit meiner karibischen Schönheit, Herr Stermann. Stermann? Hallo?

Folge 3: Emilia

Grissemann.

Hier spricht das medizinische Wunder Stermann. Alle hatten sie mich abgeschrieben, Herr Grissemann. Ich hab jetzt ein Schweineherz und fühl mich saugut. Wie geht's denn immer, Herr Grissemann?

Sie ist weg. Monique ist weg.

Wie, »weg«?

Ja weg. Einfach weg. Puff.

Das tut mir leid.

Die Wahrscheinlichkeit, dass sie wiederkommt, liegt unter 0,4 %. Die Angelegenheit ist wesentlich dramatischer als Ihre Operation.

Das letzte, was Sie mir sagten, war, dass sie eingeschlafen ist.

Ja, wie besprochen hab ich ihr sofort, nachdem sie aufgewacht war, das Foto vom Bowlinghandschuh gezeigt.

Und? Wie hat sie reagiert?

Sie ist sofort wieder eingeschlafen. Dann hab ich Herkules angerufen und ihn gebeten, den Bowlinghandschuh zu bringen, weil ich dachte, sie ist vielleicht beleidigt, weil sie nur das Foto und nicht den echten Bowlinghandschuh zu Gesicht bekam.

Sie verstehen was von Frauen, Herr Grissemann.

Man tut, was man kann. Jedenfalls habe ich dann versucht, mit Monique Konversation zu machen, nachdem sie zum zweiten Mal aufgewacht war und entgeistert auf den Bowlinghandschuh geschaut hatte.

Was sagten Sie denn?

Zuerst sagte ich auf Spanisch »überstandene Blasenkrebsoperation«. Da brach sie in Tränen aus. Ich versuchte sie mit »Beerdigung« zu beruhigen. Da war sie nur noch ein Häufchen Elend.

Seltsam.

Das dachte ich auch. Bis mich Herkules aufklärte. Wissen Sie, Herkules spricht perfekt Spanisch. Er besucht einen Spanischkurs in der Sonderschule. Er hat gedolmetscht.

Ach.

Ja, und jetzt halten Sie sich fest. Monique war bis vor kurzem in Kuba verheiratet, bis ihr Mann an Blasenkrebs starb. Es ist so unendlich traurig.

Wie haben Sie reagiert?

In meiner unendlichen Nervosität und Verlegenheit fiel mir nur dieses dritte spanische Wort ein, das ich von Ihnen gelernt hatte.

»Inmolación de viudas«.

Witwenverbrennung. Das kam nicht so gut. Sie hat mich geohrfeigt und lief kreischend aus dem Haus.

Also kam nie so ein richtiges karibisches Gefühl auf bei Ihnen.

Nicht unbedingt. Wollen wir Bowling spielen? Kommen Sie rüber?

Leider keine Zeit. Ich erwarte Damenbesuch.

Wer kommt denn?

Emilia. Das karibische Girl von Seite 8 aus meinem Magazin. Ich bin Ihrem Beispiel gefolgt und hab sie angerufen. Emilia, 24, sucht einfachen deutschen Raucher.

Ihr Magazin ist doch aus aus dem Jahr 36. Emilia muss demnach 87 sein!

Ich weiß, ich such ja auch nichts für länger. Wiederhörn.

Wiederhörn.

Der Pizzabote

Folge 1: Die Wasserschildkröte

Grissemann.

Stermann hier. Er ist jetzt ins Bett gegangen.

Wer denn?

Der Pizzabote!

Bei Ihnen im Bett liegt ein Pizzabote? Lassen Sie mich in Ruhe mit Ihrem abseitigen Privatleben. Ich muss gerade den besten Freund meiner besten Freundin waschen.

Ach, Sie haben auch Besuch?

Nicht unbedingt. Ich stehe gerade unter der Dusche.

Aber Sie sagten doch, dass der beste …

Der beste Freund meiner besten Freundin bin ich selbst, Sie Arschnase!

Was ist denn, Sie affengesichtiges Dreckschwein?

Hurensohn! Wie kommt der Pizzabote in Ihr Bett?

Vor drei Tagen habe ich eine Pizza ohne alles bestellt. Ohne Tomaten, Käse, Teig und all den italienischen Dreck.

Ich kenn das von Ihnen. Sie bestellen ja auch oft Sushi ohne Fisch und Reis.

Ich mag eben diesen japanischen Dreck nicht, Sie mieses Schwein. Trotzdem hab ich manchmal Lust auf Sushi.

Hören Sie mal, Sie Kotzbrocken. Ich steh seit sieben Stunden nackt unter der Dusche und war kurz davor, endlich das Wasser anzudrehen, da rufen Sie blödes Schwein an und verhindern alles. Fassen Sie sich kurz. Was für ein Problem haben Sie?

Der Pizzabote. Er geht einfach nicht. Er brachte die Pizza ohne alles, und ich hab bezahlt und gesagt »Vielen Dank« und er ging einfach nicht.

Ja und?

Der Mann sitzt seit drei Tagen bei mir in der Wohnung. Er sagt kein Wort.

Oh, ist das süß!

Was denn?

Oh! Na, du?

Bitte?

An meiner Badezimmertür steht eine riesige Wasserschildkröte. Weiß gar nicht,
wie die hier reingekommen ist.

Ja, jedenfalls wollte ich fragen, ob ich bei Ihnen schlafen kann, weil in meinem Bett liegt der Pizzabote, Sie Mistvieh!

Nee, tut mir leid. Sie wissen, ich hab nur zwei Gästezimmer mit vier Gästebet-
ten. Die kann ich unmöglich hergeben für Sie. Ich weiß ja nicht, ob heute
noch irgendjemand zufällig auf Besuch kommt, um bei mir zu übernachten.

Herr Grissemann, seit 15 Jahren hat bei Ihnen niemand mehr übernachtet.

Nein, nein. Schlagen Sie sich das aus dem Kopf, Sie Ratte. Die Betten müssen
frei sein für Leute, die aus irgendeinem Grund nicht zuhause schlafen kön-
nen.

Verstehe. Gut, dann übernachte ich eben im Freien auf dem Schäferhundeübungsplatz.

Platsch, jetzt ist sie hineingefallen.

Wer?

Die Wasserschildkröte. Gott, ist das idyllisch, dieser Teich.

Welcher Teich?

Na, dieser riesige Teich in meinem Wohnzimmer, keine Ahnung, wie der hier
reingekommen ist.

Sind Sie auf Drogen, Herr Grissemann?

Nein, aber ich hab kiloweise Kaviar gefressen. Wenn Sie so wollen, bin ich auf
Rogen.

Gut, ich pack dann mal für die Nacht. Wiederhörn.

Wiederhörn.

Folge 2: Schweinehälften

Stermann.

Wie war die Nacht am Schäferhundeübungsplatz?

Stressig. Ich musste mir zuerst ein Schäferhundekostüm nähen, um an den
Wächtern vorbeizukommen, und dann hab ich mit drei anderen Kötern
in einem Zwinger geschlafen.

Bravo! Noch einmal!

Was?

Die Schimpansen. Großartig, was die für Kunststücke draufhaben.

Bei Ihnen sind Schimpansen?

Ja, fünf. Keine Ahnung, wie die hier reingekommen sind.

Folgendes, Herr Grissemann. Der Pizzabote hat heute Morgen zum ersten
   Mal gesprochen.

*Und, was sagt er? (im Hintergrund: »Huhuhuhu«) Beruhigt euch, ich bin doch
   gerade am Telefon.*

Was ist denn jetzt schon wieder?

Das sind die Eulen. Keine Ahnung, wie die hier reingekommen sind.

Ähm, der Pizzabote hat heute Morgen gesagt, dass meine Wohnung für zwei
   zu klein ist.

Da hat er recht. Au!

Was ist denn?

Der ganze Boden ist voll mit Igeln. Bin gerade auf einen gestiegen.

Igel?

Ja, keine Ahnung, wie die hier reingekommen sind.

Zurück zu meinem Pizzaboten, Herr Grissemann. Um es kurz zu machen.
   Er hat gesagt, ich muss aus meiner Wohnung raus.

Aber das ist doch Ihre Wohnung!

Ja schon, aber ich möchte nicht unhöflich sein. Könnte ich nicht vielleicht
   bei Ihnen wohnen?

*Nein, unmöglich. Das würde die Rehe und die Eichhörnchen verschrecken. Sie
   fürchten sich vor Menschen.*

Aber Herr Grissemann, Sie sind doch auch ein Mensch? Vor Ihnen fürchten
   die sich nicht?

*Nein, ich hab mir zwei Schweinehälften vom Metzger besorgt. Ich hab sie zu-
   sammengenäht und bin reingeschlüpft. Die Tiere denken, ich bin ein echtes
   Schwein.*

Da haben die Tiere nicht ganz unrecht.

*Sehr witzig. Kommen Sie zum Punkt. Ich hab zu tun. Ich muss den Termiten-
   stamm umsiedeln.*

Wie wäre es denn, wenn ich mein Schäferhundekostüm anziehe, kann ich
   dann kommen?

Das wäre gar nicht so schlecht! Dann könnten Sie auf die Schafe aufpassen und
sie vor den Füchsen beschützen. Kommen Sie? Sofort?
Ich komme! Und vielen Dank. Wiederhörn.
Wiederhörn.

Die Adoption

Folge 1: Zeugflicker

Stermann.

Ich war doch gestern bei Ihnen.

Nein.

Aber wer war das denn? Da war doch wer. Ich hab doch Licht gesehen bei Ihnen.

Ein Heiratsschwindler war bei mir. Herr Dr. Zeugflicker. Ich bin auf ihn reingefallen. Er kam in mein Haus, und nach zehn Minuten haben wir überstürzt geheiratet. Ein wunderbarer Mann.

Moment, Stermann. Sie haben einen Mann geheiratet?

Das können Sie nicht verstehen, Herr Grissemann. Zeugflicker ist nicht irgendein Mann. Er hat Erfahrung und Geld. Er war schon über 500-mal verheiratet.

Ja, aber er ist doch ein Heiratsschwindler, sagten Sie.

Ja, perfekt ist niemand. Natürlich hat es mich geärgert, dass er mir mein Erspartes genommen und meine ausgestopften Aale auch eingesteckt hat und dann tschüs auf Nimmerwiedersehen.

Mein Gott, Sie Idiot, Sie gehören ins Geisteskrankenhaus.

Sie sind so kühl berechnend, Herr Grissemann. Dr. Zeugflicker ist ein faszinierender Mann. Er hat mich heute Morgen angerufen und mich gefragt, ob ich heute bei ihm Trauzeuge sein kann.

Wen heiratet dieser Verbrecher heute?

Ihre Mutter.

Zeugflicker, das Schwein, hat meine Mutter eingekocht.

Ich muss die Polizei einschalten – klick. Sagen Sie, Stermann, warum zum Teufel erliegen fast alle im Dorf dem verlogenen Charme Zeugflickers?

Er hat dieses gewisse Nichts.

Wie sieht dieser Mann aus?

Er ist klein, untersetzt, Halbglatze, er hat Flecken im Gesicht und eine leichte

448

Gehbehinderung. Er hat dicke Brillen auf, wegen seiner schweren chronischen Augenentzündung.

Ist er intelligent?

Weiß man nicht. Er spricht ja fast nichts. Kein Mensch hat ihn jemals was Anderes sagen hören als »Ja, ich will«.

Na gut, meinen Segen haben Zeugflicker und meine Mutter. Warum ich eigentlich anrufe: Ich hab einen Brief vom Jugendamt bekommen. Meine Mutter hat mich zur Adoption freigegeben. Mein Gott, zu wem komm ich denn jetzt?

Herr Grissemann, Sie sind 45. Seien Sie doch vernünftig. Das ist unmöglich. Das muss ein Scherzbrief sein.

Leider nein. Hier im Wohnzimmer sitzen drei ältere Ehepaare, die sich für mich interessieren.

Was sind das denn für Leute?

Kalt und unherzlich. Sehr autoritär. Sie haben mich auch schon geschlagen und mir das Taschengeld gestrichen.

Hm, warum hat Ihre Mutter Sie überhaupt zur Adoption freigegeben?

Sie will frei sein und mit irgendeinem Mann durchbrennen.

Dr. Zeugflicker.

Ja, offensichtlich. Für welches Rentnerehepaar soll ich mich entscheiden? Ich mag sie alle nicht.

Sie sind eben in einem schwierigen Alter, Herr Grissemann, in dem man gegen seine Eltern rebelliert.

Das sind überhaupt nicht meine Eltern.

Doch, zwei von denen bald schon.

Gut, dann nehm ich die, die schon etwas taub sind, dann kann ich wenigstens Musik hören, wenn ich schon nicht fernschauen darf.

Ich muss mich jetzt umziehen, Herr Grissemann, ich muss zur Heirat Ihrer Mutter.

Und ich muss lernen, Vater und Mutter zu ehren. Wiederhörn.

Wiederhörn.

Folge 2: Grissemanns neues Leben

Grissemann.

Stermann hier. Sagen Sie, die Leute aus dem Dorf waren alle sehr verwundert, dass Sie nicht zur Hochzeit Ihrer ehemaligen Mutter gekommen sind.

Ja. Tut mir leid. Ich musste mein Zimmer aufräumen, und Mama hat dann mit mir gebastelt, während Papa wieder getrunken hat.

Moment, Herr Grissemann. Ihre Adoptiveltern leben jetzt bei Ihnen?

Natürlich. Wir sind eine Familie, wir halten zusammen. Mama, Papa und ich. Mama hat mich eben gebadet. Ich telefoniere im Schlafanzug mit den Enten drauf, und ein Mickey-Mouse-Telefon hab ich auch. Mama hat mich auch mit Nivea eingecremt. Am Nachmittag gehen wir rodeln, deshalb strickt mir Mama jetzt gerade eine Mütze. Hoffentlich mach ich heute Nacht nicht ins Bett.

Mmh.

Übrigens, Papa hat gesagt, dass ich mit dir keinen Kontakt mehr haben darf, Dirk.

Herr Grissemann, spinnen Sie?

Nein, ich darf nicht mehr mit dir spielen.

Hören Sie mal, mir reicht's, was für eine groteske Infantilisierung geht da bei Ihnen vor?

Was?

Sie sind ein hundertprozentiger Volltrottel, Grissemann.

Äää! Papa! Der Dirk ist total gemein.

Hallo, hier spricht Christophs Vater.

Ja, Stermann hier.

Rufen Sie nie mehr an!

Hallo? Hallo?

Die Eiskristalle

Folge 1: Der Lieferant

Stermann.

Grissemann. Folgendes, wie finden Sie das?

Was denn?

Die Grimasse! Na, wie finden Sie die?

Herr Grissemann, am Telefon kann man unmöglich Ihre Grissemann-Grimasse sehen.

Hab schon verstanden. Übrigens, die Geste, die Sie da gerade gemacht haben, die war gut. Bitte? Ich bin verzweifelt, Herr Stermann. Mein Gesicht riecht nach …

Ich weiß.

Was wissen Sie? Sie wissen's auch schon. Wonach riecht mein Gesicht?

Ihr Gesicht riecht nach Auspuffgasen.

Sie meinen, mein Gesicht riecht nach Auspuffgasen? Da liegen Sie gar nicht so verkehrt. Ich habe versucht mich umzubringen.

Ach deshalb. Warum denn diesmal? Waren Sie wieder so tieftraurig und verzweifelt und völlig vereinsamt wie beim letzten Mal?

Nein, gestern roch mein Gesicht nach Blei.

Ach so. Und vorgestern roch Ihr Gesicht nach Schlaftabletten.

Das stimmt.

Herr Grissemann, ich weiß, ich sollte mich um Sie kümmern, damit Sie keine blöden Sachen machen, aber ich hab einfach keine Lust.

Das versteh ich natürlich, Herr Stermann, dann sind Sie entschuldigt, Sie können sich auch nicht um jeden Scheiß kümmern, wenn Sie keine Lust haben.

Herr Grissemann, da ist doch irgendjemand bei Ihnen.

Nein, nein, Moment, tatsächlich, Herr Stermann, bei mir ist jemand.

Ich weiß, fragen Sie doch mal, wer's ist.

Wer sind Sie denn? … Er sagt, er ist der Lieferant.

Was sagen Sie? Ein Lieferant? Ich wart die ganze Zeit auf meinen Lieferanten. Fragen Sie mal, was er liefern will.

Moment. … Er liefert Pappaugen für Blinde. Was will der denn hier? Ich seh wie ein Adler. Hat sich offensichtlich in der Tür geirrt.

Er hat sich tatsächlich in der Tür geirrt, er will zu mir.

Bitte?

Ja, ich hab die Pappaugen bestellt.

Wieso das denn? Das sind Pappaugen für Blinde.

Ja, ich bin doch blind, seit meiner Geburt.

Ach, deshalb können Sie die Grimassen nicht erkennen, die ich mach.

Herr Grissemann, Sie haben in den 40 Jahren nie bemerkt, dass ich blind bin?

Nee. Woran soll man das denn merken. Das sieht man ja von außen nicht.

Und der Stock und der Hund und die Brille?

Ja ja.

Und die Bücher in Blindenschrift, die ich mir von Ihnen zum Geburtstag gewünscht habe?

Tut mir leid, ich bin manchmal ein wenig unaufmerksam. Sagen Sie, was Anderes, sind bei Ihnen an der Scheibe auch so hübsche Eiskristalle, ist wunderschön anzusehen.

Ich bin blind, Herr Grissemann.

Ach so, das können Sie auch nicht sehen. Das ist ja Scheiße. Sagen Sie, können sie überhaupt irgendwas sehen?

Nein, ich bin blind.

Aber wenn jetzt im Fernsehen irgendwas Interessantes zu sehen ist …

Klar, das kann ich natürlich sehen. Könnten sie mir jetzt bitte die Pappaugen rüberbringen?

Ich komme.

Folge 2: Tokio

Grissemann.

Wo bleiben Sie denn?

Entschuldigen Sie, ich hab mir noch die Haare gefärbt.

Ach, in welcher Farbe denn?

Das kann Ihnen doch egal sein, Sie blinde Nuss.

Für wen färben Sie sich denn die Haare?

Ausschließlich für den Gerichtsmediziner, Herrn Prof. Zosch.

Herr Zosch?

Ja, Herr Zosch, dieser begabte Arzt.

Den kenn ich doch, der ist doch auch bei mir im Karnevalsverein für Blinde.

Prof. Zosch ist auch blind?

Natürlich, er ist der Blindeste von uns.

Das kann nicht sein, Herr Stermann. Prof. Zosch ist Arzt, da braucht man gute Augen.

Deswegen hat man ihn ja in die Gerichtsmedizin gesteckt, da ist es doch schon egal.

Aber dann hab ich mir ja umsonst die Haare für ihn gefärbt.

Ja, dann waschen Sie's halt wieder aus.

Gut, wasch ich's wieder aus. Was wollen Sie überhaupt?

Wo sind die Pappaugen, verdammt? Mein Faschingsfest beginnt in, Moment, muss kurz auf die Uhr schauen, in 48 Minuten und 12 Sekunden.

Ach, Sie haben Faschingsball heute.

Ja.

Wer kommt denn?

Zosch und all die anderen Blindgänger aus meinem Karnevalsverein. Und deshalb brauche ich alle Pappaugen, die Ihnen versehentlich geliefert worden sind.

Wozu brauchen Sie denn Pappaugen beim Faschingsfest für Blinde? Die kann doch sowieso keiner sehen.

Können Sie das vielleicht unsere Sorge sein lassen, Herr Grissemann?

Gut, ich setz mir jetzt noch schnell den Strick an die Schläfe, und wenn das wieder nicht klappt, komm ich. Haben Sie eigentlich ein Motto für Ihren Faschingsball?

»Tokio«. Das Motto ist »Tokio«.

Wieso denn »Tokio«?

Lassen Sie auch das bitte unsere Sorge sein. Wiederhörn.

Folge 3: Katerfrühstück

Stermann.

Grissemann. Ich wollt mich nur entschuldigen, dass ich die Pappaugen gestern nicht mehr vorbeigebracht habe, wissen Sie, ich hatte nichts zu tun, und mir war so langweilig, ich wusste einfach nicht, was ich mit meiner Zeit anfangen sollte.

Macht nichts, es ist keinem aufgefallen.

Wie war Ihr Faschingsfest für Blinde?

Ganz nett, nur blöderweise ist das Licht für 20 Minuten ausgefallen, das hat uns alle so irritiert.

Wie war denn Herr Zosch verkleidet?

Er hat gesagt, er sei als Bär verkleidet, und da hat er den Preis für die beste Verkleidung bekommen.

Was war denn der Preis?

Ein Blindenhund.

Was? Das ist doch sehr teuer, so ein Blindenhund!

Nee, der war billiger, weil er selbst blind ist.

Ach.

Und Sie? Haben Sie heute schon versucht, sich umzubringen?

Noch nicht, aber am Nachmittag versuch ich in den Stromkreis zu kommen, sprechen Sie mir Mut zu.

Toi, toi, toi, hoffentlich klappt es.

Danke, Herr Stermann, Sie haben doch gesagt, wenn im Fernsehen was Interessantes läuft, dann können Sie das sehen.

Ja, das stimmt.

Ich habe die wunderhübschen Eiskristalle bei mir am Fenster auf Video aufgenommen. Wenn Sie rüberkommen wollen, können wir sie uns ansehen.

Eiskristalle, das ist doch was für Weiber, nee, danke. Wiederhörn.

Stermann wird's schon richten

Folge 1: Der Homöopath

Stermann. Mutter, wir heißen Stermann. Stermann.
Um Gottes willen, ist Ihre Mutter bei Ihnen?
Ja ja, ein letztes Mal noch, sie füllt gerade das Altersheimformular aus.
Ach, wo ist denn dieses Altersheim?
Wieso?
Ich hab meine Mutter ja auch ins Altersheim gesteckt, aber ich hab vergessen, in welches.
Können Sie sich denn an nichts mehr erinnern?
Doch, da waren lauter alte Leute, Essen auf Rädern, Spritzen, Gebisse und Pfleger, warten Sie mal, ich bin jetzt gar nicht mehr sicher, ob's meine Mutter war oder mein Homöopath Brendel.
Sie haben Ihren Homöopathen Brendel ins Altersheim gesteckt?
Ja, ich glaube. Ja, ich wusste nicht, wohin ich ihn sonst stecken sollte, er hat mich so genervt.
Mein Gott, Brendel ist doch höchstens Mitte 20 … Nein, Mutterkreuze an: kein Ausgang am Wochenende und keine Angehörigenbesuche.
Mein Gott, Herr Stermann, ich sehe gerade hier im Schrank diese Tinktur, die mir Brendel 1946 kurz nach Kriegsende gemischt hat gegen meine Bachblütenphobie.
Moment, das war doch Brendel senior.
Nein, Sie Schlaumeier, es war sogar Brendelsupersenior.
Ach, der Brendel, der 1947 85jährig von Ihrem Bruder umgebracht worden ist?
Ja ja, genau.
Und? Was ist mit Ihrer Bachblütenphobie?
Ich such diese Tinktur seit 53 Jahren, Sie wissen doch, sobald ich Bachblüten schmecke, rieche oder Menschen über Bachblüten reden höre, kriege ich diese Angstzustände.

Kein Einzelzimmer, Mutter. Und kreuz an, dass du auch tagsüber die schweren Valium nehmen willst. Und hier, lass mal lesen, Mutter: »Wer soll verständigt werden bei Unfall, Krankheit oder Tod?« Ach, Mutter, was weiß denn ich? Schreib hin, Zivildiener. Ja, Grissemann?

Ja, ich beginne dann zu zittern und zzzzu ststststottttern.

Ach so, ich verstehe, Sie sehen gerade diese Tinktur gegen Bachblüten und werden wieder an Ihre Bachblütenangst erinnert. Mein Gott, Sie armes Schwein.

Karghtjesstkkrrr.

Moment, ich weiß doch auch nicht, was du so isst, Mutter. Brei, schreib einfach Brei. Nein, kein Obst. Schreib hin: Brei und billig.

Kargthioie.

Herr Grissemann, jetzt reißen Sie sich mal zusammen, Sie sprechen ja schon wie meine Mutter. Passen Sie auf, ich schicke Ihnen Mutters Arzt vorbei, den hab ich für Mutter auch schon ausgesucht, Herr Dr. Hassknecht. Ein Schulmediziner der ganz alten Schule. Schwört auf Chemiebomben. Spritzt auch gern und viel, sehr hohe Dosen, hält jede Kritik an harten schulmedizinischen Praktiken für Weicheierei.

Hahehhee.

Jau, gut. Grissemann, ich ruf Hassknecht für Sie, falls er zurzeit überhaupt auf freiem Fuß ist. Es stört Sie doch nicht, dass dem Mann die Lizenz entzogen worden ist?

Krkrk.

Gut, hab ich mir gedacht. Mutter! Matratze? Ich glaub, ich spinn. Kommt überhaupt nicht in Frage, du liegst am Boden, da kannst du auch nicht aus dem Bett fallen, und für mich ist das viel billiger. Wiederhörn. Grissemann, rufen Sie mich an, wenn's Ihnen wieder besser geht.

Kkkk.

Folge 2: Noch Platz im Altpapier?

Stermann.

He.

Grissemann?

Dieser Doktor, den Sie mir auf den Hals gehetzt haben, der ist ein Verbrecher.

Hassknecht, das stimmt. Der ist siebenmal verurteilt worden wegen Behandlung mit plötzlicher Todesfolge, dreimal wegen Hochstapelei, der Mann
hat ja nie studiert, und elfmal wegen Kaufhausdiebstahl.

*Boa, Wahnsinn, Stermann, ich kann mich kaum auf den Beinen halten. Wissen
Sie, was der gemacht hat mit mir?*

Nee, was hat er denn gemacht?

*Der hat mir vier kleine Partyleberwürste in die Venen gespritzt, und dann hab
ich einen Einlauf bekommen mit Odol-Mundwasser. Dann hat er mir vier
Zwei-Minuten-Steaks auf die Brustwarzen gelegt. Ich hab meinen Bruder
geholt, der hat den Mann sofort totgeschlagen. Das geht doch nicht.*

Verstehe, war ja auch nur so 'n Tip von mir, ich hab ihn ja eigentlich für meine Mutter organisiert, und dafür brauch ich ihn eh nicht mehr.

Ist Ihre Mutter jetzt im Altersheim? Wie alt ist Ihre Mutter eigentlich?

Sehen Sie, das hab ich sie nie gefragt, ich schätz mal, irgendwas zwischen 50
und 90, 99 wahrscheinlich.

*Ja, wahrscheinlich. War nur so eine Frage von mir. Ich hab Ihre Mutter ja nie
kennengelernt. Als ich Sie einmal besucht habe und ihre Mutter gerade da
war, haben Sie sie im Altpapier versteckt.*

Ja, ich fand immer, dass Mutter viel zu wenig liest, jetzt kann's mir ja egal sein.
Grissemann.

Hörst du auf.

Grissemann.

Ja, hörst du auf endlich!

Grissemann, ich will gar nicht wissen, was bei Ihnen zuhause gerade los ist.

*Mein Patenkind aus Aserbaidschan ist da, es will sich ständig auf meine Wohn-
landschaft setzen.*

So eine Frechheit.

Ja ja, nichts als Ärger hat man tagein, tagaus.

Wenn er sie nervt, soll ich Ihnen vielleicht die Adresse vom Altersheim geben?

*Nein, nein, der bleibt nur eine Woche bei seinem Patenonkel, dem guten alten
Grissemann, dann fliegt er zurück nach Aserbaidschan, so lang kann er hier
im Wohnzimmer ruhig stehen.*

Ja.

*Vielleicht komm ich später zu Ihnen rüber und esse Bohnenkuchen. Bei mir ist's
ein bisschen unheimlich mit diesem seltsamen Patenkind.*

Ja, jetzt wo Mutter weg ist, ist ja wieder Platz im Altpapier.

Jou. Dann bis später.

Jou.

Die Bodenturnerin

Folge 1: Die kleine Kapelle

Stermann.

Hallo, hier ist Anita.

Anita? Spinnen Sie, Herr Grissemann?

Ach, kommen Sie, Herr Stermann! Erinnern Sie sich nicht an unser kleines Spielchen gestern Nacht auf der Wiese vorm Dorfgasthaus?

Bitte?

Sie haben mich die ganze Nacht befummelt und Anita zu mir gesagt. Wann sind Sie denn nachhause gekommen? Ich bin alleine und nackt auf der Wiese aufgewacht heute Morgen. Mein Gott, Sie haben mich ganz schön zugerichtet, ich hatte überall blaue Flecken. Sie haben ja ganz schön was zusammengesoffen gestern Nacht, ich hab zwölf leere Literflaschen Kirschschnaps auf der Wiese gezählt.

Herr Grissemann, ehrlich, jetzt haben Sie sich in mich verliebt.

Ich bitte Sie, natürlich nicht, aber ich musste ja mitmachen, Sie haben doch gedroht, mich umzubringen.

Ach so, ja ja, natürlich. Sagen Sie, haben Sie Lippenstift aufgelegt gestern? Mein Körper ist über und über mit Lippenstift bedeckt, vor allem an den Füßen.

Das war der Schnapslieferant Kotwinkel. Sie hatten ihm doch Geld gegeben, damit er Sie am ganzen Körper abschleckt. Mein Gott, das war vielleicht was gestern.

Ich kann mich an gar nichts mehr erinnern.

Tatsächlich? Auch nicht daran, dass Sie Schlamm, Fleisch und Bier in die Mischmaschine gegeben haben und dann alles auffressen wollten, wie Sie sagten, und dann mit dem Kopf steckengeblieben sind? Knut musste Sie mit einem Schweißbrenner befreien. Dann haben Sie sich ausgezogen und sind laut grölend in die Kläranlage gesprungen. Wir mussten Sie mit dem Dorfkran rausziehen.

Das ist ja schrecklich! Wenn das irgendjemand im Dorf erfährt …

Keine Angst, Kotwinkel und Knut halten dicht; der einzige Unsicherheitsfaktor ist die Bodenturnerin.

Wer bitte?

Die Bodenturnerin, die kleine vom Zirkus, die ihren Hund gestern Nacht noch ausgeführt hat und dann leider auf Sie gestoßen ist. Vor allem leider für den Hund.

Oh Gott, oh Gott, Herr Grissemann, was hab ich mit dem Hund der Bodenturnerin gemacht?

Sie haben ein Häufchen gemacht und den Hund gezwungen hineinzutreten. »Rache!«, haben Sie dann in die Nacht gebrüllt.

Ach, das geht ja noch, ist ja gar nicht so schlimm.

Das ja. Aber dann haben Sie die Bodenturnerin gezwungen ein Häufchen zu machen, und Kotwinkel, Knut und mich gezwungen reinzutreten.

Was ist dann passiert?

Ja, äh, die Bodenturnerin hat laut um Hilfe geschrien, und dann kamen sie angelaufen aus dem Zirkus: die Clowns, die Akrobaten, die Illusionisten und Feuerschlucker, die Elefanten und Ziegen und und und.

Mein Gott, ich sollte aufhören zu trinken.

Dann haben Sie, Herr Stermann, die Wiese in Brand gesetzt, Gott sei Dank haben die Feuerschlucker das Ärgste gleich geschluckt, die Messerwerfer haben Messer auf Sie geworfen, und Dumbo, der Elefant, hat Sie zu guter Letzt in die Trauerweide geschleudert. Sie waren längst bewusstlos zu diesem Zeitpunkt, zu Ihrem Glück, Sie sind ja dann 14 Meter tief von der Trauerweide auf den Asphalt geplumpst, mit dem Kopf voran. Blöd, dass genau da der Lastwagen kam, an das Krachen Ihrer Knochen müssen Sie sich doch erinnern.

Ich schwöre, dass ich, noch nie so etwas … mir ist das furchtbar peinlich, Herr Grissemann.

Sie haben Unmengen Blut verloren, Ihre Halsschlagader war wohl gerissen, das Blut spritzte auf die kleine weiße Kapelle, die ist jetzt ganz rot, ein von mir eingesetzter Putztrupp versucht jetzt, die Kapelle wieder zu waschen, damit keiner etwas merkt.

Das ist sehr nett von Ihnen. Komm ich ins Gefängnis? Sind Menschen zu Schaden gekommen?

Nein, Sie Blödmann. Gott, sind Sie doof. Wir haben gestern doch einfach nur gemütlich beisammengesessen und Federball gespielt. Ich hab gelogen.

Ich hab gar kein Häufchen gemacht?

Nein.

Nicht die Wiese in Brand gesetzt und nicht mit dem Kopf in der Mischmaschine festgesteckt?

Nein. Dazu sind Sie doch gar nicht fähig, Sie Langweiler. Sie haben ein kleines Bier getrunken und sind sofort schlafen gegangen, sie fade Arschnase.

Ah, da bin ich aber froh, dass Sie das sagen. Moment mal, kurz. Bei mir läutet's … Komisch, Herr Grissemann. Das war eine Schweizer Putzfrau, sie hat mich gefragt, wo sie die Blutkübel ausschütten kann. Was wird denn hier gespielt, Herr Grissemann?

Okay, Herr Stermann, jetzt sag ich Ihnen die endgültige Wahrheit, also: Halten Sie sich fest.

Moment mal, Herr Grissemann … Sind Sie wahnsinnig, das ganze Blut hier auf den Teppich zu schütten? Herr Grissemann, es geht gerade nicht, ich ertrinke hier gerade im Blut. Können Sie später noch mal anrufen?

Wiederhörn.

Wiederhörn.

Folge 2: Stermanns Zusammenbruch

Grissemann.

Hören Sie, Grissemann. Sie haben mir vorhin so angst gemacht, dass ich mir in die Hose gemacht hab. Gott sei Dank habe ich nur die eine.

Wie – Sie telefonieren jetzt nackt?

Nee, ich hab meine Hose an.

Schauen Sie, mir ist das doch egal, was Sie zuhause für einen Schweinestall haben. Ich will in nächster Zeit möglichst wenig mit Ihnen zu tun haben.

Wieso? Das verstehe ich nicht. Ich bin doch Ihr treuer Kamerad seit vielen Jahren. Und jetzt hab ich mir halt einmal in die Hose gemacht. Das tut mir leid, aber es ist nicht mehr zu ändern, und mit Verlaub, Sie haben doch auch schon häufiger in die Hose gemacht.

Das stimmt nicht, Herr Stermann.

Das stimmt, Herr Grissemann.

Wie? was stimmt jetzt? Dass es stimmt oder dass es nicht stimmt?

Natürlich stinkt das, wenn Sie sich dauernd in die Hose machen, Herr Grissemann.

Das ist mir zu niveaulos, Herr Stermann, ich habe Frauenbesuch und das Telefon auf laut gestellt, Sie können sich vorstellen, wie peinlich mir das jetzt ist, ich habe mir vor Peinlichkeit jetzt auch in die Hose gemacht. Bravo, Herr Stermann, das haben Sie gut hingekriegt.

Welche Frau ist bei Ihnen?

Die Bodenturnerin.

Die von gestern Nacht? Was will sie denn? Es stimmt doch gar nicht, was Sie mir da alles unterstellt haben, oder?

Dann erzählen Sie das mal der Bodenturnerin. Sie hört ja mit, das Telefon ist auf laut gestellt. Moment mal. (»Dragica, hörova le telefonov da Dirkas Stermannov erzählic von Nachtusch. Kapelli blutov mischmaschinovskaja.«) Okay, sie weiß jetzt, wer Sie sind.

Mmh, liebes Fräulein Dragica, ich bin ein großer Bewunderer Ihrer Bodenturnkunst. Der Alkohol ist ein Teufel und ich ohne den Alkohol ein eigentlich ganz anständiger Bursche aus dem Ruhrpott mit Abitur. Ich möchte mich entschuldigen. Bitte verzeihen Sie mir, und nehmen Sie bitte eine kleine Summe von mir an, als Schweigegeld. Sie werden verstehen, liebes Fräulein, dass ich unmöglich weiter im Dorf leben kann, wenn das rauskommt. (leise:) Herr Grissemann, wie reagiert sie?

Sie gibt mir gerade Zeichen. (»Dobre, Dragica.«) Jau, sie will 500 000 Dorftaler, in kleinen Münzen, dann hält sie dicht. Sie sollen das Geld auf mein Dorfkonto überweisen, Bankleitzahl 1, Kontonummer 2.

Das mach ich gern. Sagen Sie, Herr Grissemann, nur noch einmal zur Sicherheit: Stimmt die ganze Geschichte auch? Weil ich dann sofort mit meinem Irrenarzt sprechen muss, dass der mich niederspritzt, dass ich mal für ein paar Jährchen aus dem Verkehr gezogen bin.

Nun, haben Sie mir das Geld schon überwiesen?

Ja, wie denn? Da müsste ich erst zur Bank reiten.

Tja, dann kann ich Ihnen auch noch nicht sagen, dass es nicht wahr ist und ich nur geldgierig bin und alles erfunden habe, auch die Bodenturnerin, es gibt sie nicht, und die Putzfrau, das war Herkules, verkleidet, und es war auch

kein Blut sondern Gulaschsuppe aus Knuts Gulaschkanone, aber ohne das
Geld kann ich Ihnen noch nicht sagen, dass es nicht stimmt.
Verstehe. Gut, ich reite zur Bank. Wiederhörn.
Wiederhörn.

Blassbauch

Folge 1: Déjà-vu

Stermann.

Grissemann hier.

Gut, dass Sie anrufen, sagen Sie: Aus welchem Tier kommt die Butter?

Ah, Sie frühstücken und stellen sich wieder diese Fragen, deren Antwort jedes Kind weiß. Sind Sie allein?

Hören Sie mal, Sie Klugscheißer, in meinem Garten wohnt Lassie, das Pferd, ich hab es heute Morgen gemolken und aus der Pferdemilch Butter gemacht, die ich mir zum Frühstück aufs Brot geschmiert habe.

Wie macht man denn aus Milch Butter?

Okay, Sie haben gewonnen. Ich wollte Sie wieder reinlegen, wie letzte Woche.

Als Sie mir weismachen wollten, dass man aus Hühnern hervorragenden Blattspinat machen kann? Und vorletzte Woche behaupteten Sie, dass es keinen besseren Kaffee gibt, als den, den man aus Froschschenkeln gewinnt. Das Schlimmste war, als Sie mir gemeinerweise sagten, dass das Frühstücksmüsli schmackhaft wird, wenn man statt Rosinen Fischaugen nimmt und Kleister statt Joghurt. Ich hab das alles ausprobiert. Aber jetzt reicht's. Ich geh Ihnen nicht mehr auf den Leim!

Haben Sie schon mal frischgepressten Knoblauchsaft probiert?

Hören Sie, ich bekomme Besuch heute Abend. Mein alter Turn- und Sexualkundelehrer kommt. Der alte Blassbauch.

Ist der wieder draußen?

Ja, er ist gestern nach 17 Jahren Knast entlassen worden.

Um Gottes willen, was will er denn von Ihnen?

Keine Ahnung. Er hat angerufen und gefragt, ob ich Küchenmesser, Flachbeile, Säge und Axt zuhause hab.

Ja, das haben Sie.

Ja, das hab ich ihm auch gesagt. Dann hat er gelacht, und gesagt er kommt.

Warten Sie, das ist ein Déjà-vu. Genau dieses Gespräch haben wir beide doch vor exakt 17 Jahren schon einmal geführt. Danach ist Blassbauch zu Ihnen gekommen.

Ja ja, das stand ja damals alles in der Zeitung. Blassbauch hat sich damals auch ein Küchenmesser, ein Hackebeil, eine Säge und eine Axt von mir ausgeliehen, und dann wie ein Wahnsinniger alle Sportplätze und Turnhallen, sowie alle Orte, an denen wir Buben und Mädchen Sex hatten, kaputtgemacht – Betten, Autos, Flipperautomaten, Büsche, Aufzüge, Heuböden, Teppiche, Waschmaschinen, Flussufer, Flüsse, Discotheken, Hotels, Straßenbahnen, Schuhgeschäfte, Supermärkte, Zelte, Luftmatratzen, Mofas, Fahrräder –, alle Orte, an denen wir Sex hatten, kurz- und kleingeschnitten. Bürgersteige, Gasthausküchen, Kegelbahnen, Friedhöfe, Schwimmbäder, die Vogelwarte, das Sägewerk, den Bahnhof, das einzige Dorftaxi – kurzum: Er hat eigentlich alles im Dorf kurz- und kleingesägt und -gehackt. Wir waren ein sexuell sehr aufgeschlossenes Dorf damals, und der gute Blassbauch hatte ein ziemlich gestörtes Verhältnis zu seinem Beruf gehabt.

Herr Grissemann, was hat Ihnen denn Blassbauch im Sexualkundeunterricht beigebracht?

Hm. Das Einzige was ich von ihm gelernt habe war beidseitiger oraler Verkehr, freihändig auf einem Fahrrad. Heute noch die einzige Möglichkeit für mich Sex zu haben.

Sagen Sie mal, Grissemann, diese wilde Zeit im Dorf ist doch vorbei. Das letzte Kind im Dorf ist vor sechzehn Jahren auf die Welt gekommen. Keiner im Dorf hat noch Sex, und Sport macht auch niemand. Blassbauch hat gar keinen Grund, wieder alles niederzumachen. Das müssen Sie ihm klarmachen, wenn er kommt.

Ganz stimmt das ja wohl nicht, Herr Stermann – das Dorf zerreißt sich doch heute noch das Maul, weil Sie im Sommer vor acht Jahren Fräulein Rummelplatz auf die Wange geküsst haben.

Ja, das war schön, damals am Schäferhundeübungsplatz.

Der Schäferhundeübungsplatz!

Sie meinen …

Ja. Blassbauch hat offensichtlich vor, den Schäferhundeübungsplatz kurz und klein zu hacken. Ich muss versuchen, das Schlimmste zu verhindern. Ich rufe Sie wieder an.

Wiederhörn.
Wiederhörn.

Folge 2: Anti-Atomkraft

Grissemann.
Ich bin glücklich, Herr Grissemann. Versuchen Sie's doch auch einmal, es ist
  köstlich.
Was meinen Sie?
Ich meine den Frühstückskaffee. Ich bin doch so ein Süßer. Und jetzt hab ich
  einfach mal statt Zucker einen Hasen in den Kaffee getan. Köstlich! Ich
  werde jetzt Hasen in Würfel schneiden und Cafés beliefern.
Herr Stermann, mich wundert ein bisschen, dass Sie so fröhlich sind.
Wieso das denn? Jeder wäre ja wohl glücklich bei der Aussicht, mit Hasen
  in Würfelform das große Geld zu machen.
*Aber Blassbauch hat doch im Hasenstall alle Hasen in tausend Stücke gesägt
  und gehauen.*
Darum bin ich ja überhaupt erst auf die Idee gekommen. Ich muss Ihrem
  Herrn Blassbauch auf ewig dankbar sein.
*Wieso hat er eigentlich Ihre Hasenzucht auch kurz- und kleingehauen? Dass
  er den Schäferhundeübungsplatz zerstört, war ja klar. Immerhin haben Sie
  damals dort Fräulein Rummelplatz geküsst, aber die Hasen ...*
Na ja, das geht schon in Ordnung, ich hab mit ihr auch manchmal im Ha-
  senstall gefickt.
Was, Herr Stermann? »Ge«- was?
Gebumst, gevögelt, genagelt.
*Sie können mit Wörtern umgehen, Herr Stermann. Ich bewundere Sie. Sie und
  Fräulein Rummelplatz sind die Einzigen, die in den letzten siebzehn Jahren
  Liebe gemacht haben im Dorf.*
Liebe gemacht? Quatsch! Gestoßen, genudelt, gezwirbelt, frottiert, gepolstert,
  gezottelt, frisiert, gerohrt ...
*Schon gut, Herr Stermann. Ich fasse zusammen: Mein alter Turn- und Sexu-
  alkundelehrer Blassbauch hat die umstrittene Neigung, alle Orte kurz und
  klein zu sägen, an denen Liebe gemacht worden ist.*

… genommen, gelötet, gestochen …

Ja ja, schon gut. Und Sie sind der Einzige, der in unserem friedlichen Dorf Sex hatte. Sie lieben unser Dorf doch auch, diese öde Trauer, die von diesem langweiligen Kaff ausgeht. Sie lieben alles, bis auf das Kernkraftwerk, das 98 % der Fläche unseres Dorfes ausmacht.

Ich könnte heulen, wenn ich an dieses scheußliche Kraftwerk denke.

Hatten Sie schon mal im Kernkraftwerk Sex?

Nein. Wo denken Sie hin?

Laden Sie Fräulein Rummelplatz heute abend ins Kraftwerk ein, ziehen Sie sich Netzstrümpfe an. Sie wissen schon, und dann machen Sie Liebe mit ihr.

Aber, Herr Grissemann, Blassbauch …

Richtig, Blassbauch wird das ganze Kernkraftwerk in Stücke reißen.

Sie sind ein Genie!

Tja. Gehen Sie schon mal Ihren Brennstab löten.

Ach ja. Ich bums das Dorf kernkraftfrei.

Sie werden ein Held der Anti-Atomkraftbewegung. Und auf dem freigewordenen Gelände errichten wir einen gigantischen neuen Schäferhundeübungsplatz, und das gewaltigste Reiserattengehege der Welt. Also Stermann, Kopf hoch, Glied hoch, alles hoch. Wiederhörn.

Wiederhörn.

Folge 3: Der Tiefpunkt

Stermann.

Wie lange waren wir befreundet, morgen nicht mehr mitgerechnet?

Moment, ich schau kurz nach. … Wir kennen uns seit exakt 41 Jahren, vier Monaten, 21 Tagen und viereinhalb Stunden.

Schnauze, Stermann! Haben Sie heute schon aus dem Fenster geschaut?

Nein, ich war ganz versunken in meine Ballettübungen. Was ist denn so toll, da draußen?

Das ganze Dorf liegt in Schutt und Asche. Das Einzige, was noch steht, ist Ihr Haus und das Atomkraftwerk. Und danke auch noch, dass Sie's nicht auch in der Telefonzelle getrieben haben, wo ich gerade steh.

Ja, Fräulein Rummelplatz hatte ein sexuell sehr aktives Wochenende. Wir haben's überall getrieben. Nur nicht in meinem Haus und in der Telefonzelle am Rand des Dorfes.

In der steh ich jetzt, Sie Arschloch. Um mich herum Schutt und Asche, aufsteigender Rauch. Die Apokalypse. Ich kann's nicht fassen, Herr Stermann. Blassbauchs Zerstörungen zufolge, müssten Sie und Fräulein Rummelplatz an diesem Wochenende an folgenden Orten Sex gehabt haben: im Schwerstbehindertenheim von Herkules, am Schäferhundeübungsplatz, im Wald, in Knuts Gulaschkanone, am Friedhof, im Reiserattenkäfig, in Schabowskys Haus, bei Leschnikov, bei der alten Rummelplatz und bei der jungen, in der Kirche, in sämtlichen Telefonzellen …

Nee, eine haben wir extra ausgelassen, weil ich wusste, dass Sie mich heute anrufen.

Schnauze, Stermann! Ich hatte Ihnen einen klaren Auftrag gegeben. Sie sollten im Atomkraftwerk mit Fräulein Rummelplatz Liebe machen, damit Blassbauch das Ding zerstört. Stattdessen haben Sie unser schönes Dorf zerfickt. Zervögelt, zerstoßen, zerrammelt, zerbumst.

Herr Grissemann, ich fühl mich so leer. Ich hatte immerhin 112 Höhepunkte in zwei Tagen.

Und Ihre 112 Höhepunkte ergeben insgesamt den absoluten Tiefpunkt in der Geschichte unseres Dorfes. Was ich nicht verstehe, Stermann: Wenn Sie schon so unfassbar viel Sex hatten, warum um Gottes Willen nicht auch im Atomkraftwerk?

Ich wollte ja. Ich war bereit für den 113. Orgasmus, aber im Atomkraftwerk überfiel Fräulein Rummelplatz ihre Migräne und wir sind nackt im Atomkraftwerk nebeneinander eingeschlafen und haben am nächsten Morgen dort zusammen gefrühstückt. Es tut mir leid. Sagen Sie, haben Sie von Blassbauch etwas gehört?

Ja, ich habe die Polizei angerufen, aber man kann ihn nicht einsperren, weil Sie und Fräulein Rummelplatz auch im Gefängnis miteinander geschlafen haben.

Ach ja, stimmt. Das war spitze. Mit Handschellen und Uniform.

Ja. Wegen Ihnen müssen wir alle aus der Dorfgemeinschaft ins Nachbardorf ziehen, wo noch Häuser stehen.

Ich glaube, das können Sie sich sparen. Ich bin um 17 Uhr mit Fräulein Rummelplatz im Nachbardorf verabredet. Ich geh dann schon mal meinen Brennstab löten. Wiederhörn.

Stermann, Stermann!

Alternativmedizin

Folge 1: Mm

Mmh.

Grissemann hier, schlafen Sie?

Mmh.

Hab ich Sie geweckt?

Mmh.

Ich brauche jemanden zum Sprechen. Ich weiß nicht, wen ich um diese Zeit sonst anrufen soll. Jeder Freund von mir wäre zu Recht sauer auf mich, wenn ich ihn mitten aus dem Schlaf reiße. Bei Ihnen ist das egal, es stört mich nicht, wenn Sie auf mich sauer sind, darum hab ich Sie angerufen um 4 Uhr früh.

Mmh.

Stellen Sie sich mal vor, ich hätte Rensenbrink geweckt, wie wütend der geworden wäre! Oder Leschnikov, der Mann würde einen glatt umbringen, wenn man ihn aus den schönsten Träumen reißt! Haben Sie gerade etwas geträumt?

Mmh.

Und, was haben Sie geträumt? Jetzt machen Sie doch mal das Maul auf, Ihnen muss man ja alles aus der Nase ziehen.

Zwei wunderschöne Frauen schliefen um die Wette mit mir, sie stritten sich, wer besser mit mir schlafen kann, dann hat's kurz vor der Ejakulation geklingelt.

Das war ich. Hören Sie, Stermann, ich hab gestern morgen nach dem Frühstück Notfallstropfen getrunken, vorsorglich, es ist aber überhaupt nichts passiert, verstehen Sie? Ich hab mich nicht verletzt, ich hab mir nicht wehgetan, nichts. Jetzt hab ich diese Notfallstropfen in mir, rumorend, sie wären bereit, können aber nicht eingreifen, weil's nichts gibt, verstehen Sie? Ich habe Angst.

Ich bin müde.

Ich wälz mich im Bett hin und her, ich kann unmöglich einschlafen, aus Furcht, dass ich einen riesengroßen Fehler gemacht habe.

Mm, ich würde gerne weiterschlafen.

In meinem Körper rumoren Tropfen und Sie wollen schlafen? Sie lassen mich hier krepieren, Sie helfen mir nicht, weil Sie müde sind? Was sind Sie für ein Mensch, sind Sie überhaupt einer?

Hören Sie mal, Herr Grissemann. Es ist 4 Uhr früh, Sie haben mich aus einem sexuell aufgeheizten Traum gerissen, weil Ihnen nichts passiert ist. Dann hören Sie mir mal gut zu. Mir ist auch nichts passiert, Sie können auflegen.

Sie haben auch keine Notfallstropfen getrunken.

Warum auch? Mir ist ja nichts passiert.

Was passiert, wenn man ein Gegengift verabreicht bekommt, aber keine Schlange zubeißt, hm? Daran kann man krepieren, wenn Sie mich fragen. Mein Leben ist Ihnen nicht mal eine Überlegung wert.

Grissemann, ich hab mit Ihnen zusammen die ganze Stadt nach einem passenden, hübschen Toupet abgesucht, für den Fall, dass Ihnen eventuell einmal die Haare ausfallen. Das war vor drei Jahren, und Ihnen ist kein einziges Haar ausgefallen. Ich glaube kaum, dass man mir mangelnde Solidarität vorwerfen kann. Gute Nacht.

Glauben Sie, dass ich ein Unglück provozieren sollte, sodass die Notfallstropfen doch noch zu ihrem Recht kommen?

Notfallstropfen haben kein Rechtsempfinden, aber wenn Sie wollen, gern, lassen Sie sich aus dem Fenster fallen, legen Sie sich mit dem Kopf auf die Herdplatte, schneiden Sie sich mit dem Rasiermesser in den Unterschenkel, machen Sie, was Sie wollen. Gute Nacht.

Vielleicht sollte ich doch beim Dorfdoktor anrufen.

Und was wollen Sie dem sagen? »Entschuldigen Sie die Störung, aber mir geht's gut, mir ist nichts passiert«? Der Onkel Doktor braucht seine Ruhe, der Mann hat seit 186 Stunden nicht mehr geschlafen, wegen dem Fall im Nachbardorf.

Was für ein Fall?

Das halbe Dorf ist homöopathisch gestorben. Schlimme Sache. Gepantschte Bachblüten. Der Heilpraktiker hat sich mit Rosenöl umgebracht. Ertränkt. Mit solchen Mittelchen darf man nicht spielen. Gute Nacht.

Folge 2: Rr

Grissemann.

Herr Grissemann, Stermann hier.

Oh Gott, es tut mir leid, ich hab das Foto von Ihnen in der Zeitung gesehen. Das sieht ja furchtbar aus.

Die Globolibeulen meinen Sie? Ja ja, unappetitlich. Aber ich werde wahrscheinlich sowieso sterben, ich habe eine Überdosis Placebo-Pillen geschluckt. Und dann mit meinem völlig verseuchten Eigenurin runtergespült. Deswegen wollte ich auch für heute absagen. Ich kann nicht mit Ihnen prophylaktisch Glasaugen kaufen gehen, falls Ihnen bei einem Unfall einmal ein Auge kaputtgehen sollte. Ich habe nämlich eine Pilzinfektion in und auf den Füßen, ich passe in keinen Schuh.

Schade.

Ja, schade. Ich hab übrigens am Mund ein Ekzem, das Geräusche macht, wollen Sie es mal hören?

Gerne.

Rr.

Großartig. Wann ungefähr werden Sie sterben?

Die Schulmedizin gibt mir noch 24 Stunden, aber Sie wissen ja, wie ich zur Schulmedizin stehe. Skeptisch, sehr skeptisch.

Ich weiß, nach dem Unfall, als Sie von der Straßenbahn überfahren wurden, da haben Sie's ja auch abgelehnt, behandelt zu werden. Und sich selbst Reiki gegeben. Hat ja nicht so gut funktioniert, Sie haben beide Füße verloren. Die im Krankenhaus haben gesagt, eine einzige Spritze hätte gereicht, und Sie wären ohne jeden bleibenden Schaden aus dem Krankenhaus getanzt.

Da prallen einfach zwei Denkschulen aufeinander, Herr Grissemann. Vor meinem Haus steht ein Sanitäter mit einer Cortison-Creme. Er behauptet, wenn ich die auf meinem gesamten Körper großzügig auftrage, würde ich mit Sicherheit heute Abend schon geheilt sein. Cortison, Herr Grissemann!

Ja, natürlich. Gut, geh ich eben alleine einkaufen.

Rr.

Hallo?

Das war mein Ekzem, es hat sich auch verabschiedet. Also, machen Sie's gut.

Ja, Sie auch. Wiederhörn.

LYRIK

Frivoles und Frommes

für Blixa Bargeld

Muh, muh, mu-hu-hu.
Eine Kuh steht auf der Weide,
vor ihr ein Stückchen Kreide.
Ich mal die Kuh mit Kreide an,
das ist die Kuh mit Kreide dann.

Erotische Fischgedichte & fromme Gemüselyrik

Der Zierfisch

Ziert der Zierfisch sich beim Lecken,
springt der geile Stör ins nächste Becken.
Dort wartet schon die scharfe Flunder
und reißt sich rasch das Höschen runder.

Der Broccoli

Ein Wort des Fluches hört man nie
vom gottgefäll'gen Broccoli.
Er hurt nicht, säuft nicht, engelsgleich,
dem Broccoli das Himmelsreich!

Der Oktopus

So fickrig ist der Oktopus,
dass er am Tag fünf-, sechsmal muss.
Er bumst den Stör, den Hai, den Aal,
und auf die schnelle
noch von hinten die Sardelle.
Und ganz zum Schluss mit Zungenkuss
sich selbst, den geilen Oktopus!

Das Radieschen

Es macht den Kirchgang, betet, pflügt,
noch nie hat es ein Mensch gerügt.
Unser braves fleiß'ges Lieschen,
ein dreifach Hoch auf das Radieschen!

Die Muscheln

Die geilen Muscheln woll'n nie kuscheln,
von langem Vorspiel halten sie nicht viel.
Die Muscheln kommen gleich zur Sache,
ob im Meer oder im Bache.

Die Möhre

Die frommste Frucht hab ich gesucht,
und ich schwöre, es ist die Möhre,
denn sie schenkt der Tomate
jeden Tag 'ne Oblate.

Die Muräne

Am liebsten macht es die Muräne
im Wasser ganz mit sich alleene.
Sie onaniert, sie masturbiert
und ist dabei ganz ungeniert.

Die Bohne

Bei jeder Marienprozession
kriecht sie auf Knien für Gottes Lohn.
Für den Vater und den Sohne
tut sie alles, die Bohne.

Der Rochen

Seit Wochen bumst der Rochen
seine Frau sogar beim Kochen.
Kann er nicht mehr, ruft sie den Zander,
und die beiden treiben's miteinander.

Der Lauch

Wer hält sich fromm an jeden christlich Brauch,
wer kümmert sich um all die Armen auch?
Wer predigt hinter jedem Strauch?
Du weißt es längst, es ist der Lauch.

Der Kabeljau

Ganz zärtlich macht's der Kabeljau
heimlich dem Pottwal seiner alten Frau.
Der Pottwal selbst ist impotent,
wie gut, dass sie vom Jau das stramme Kabel kennt!

Der Rhabarber

»Ach, ist das schwer«,
hört man sie sich laut beschweren,
»Menschen zum rechten Glauben zu bekehren!«
»Das ist doch leicht!« ruft der Rhabarber
und bekehrt im Handumdrehen zwo, drei Araber.

Der Hecht

Im Karpfenteich der flotte Hecht
bumst alle Karpfen durch,
nicht schlecht!

Adriana Zartl: Herbstgedicht

Harald
Banane
Auto
und Nuss

Schade
super
Sonne
Schluss

Adriana Zartl: Liebesgedicht

Harald
Auto
Banane
und Seil

Ich
bin so doof,
aber Du
bist so geil

Ode an den Kampfhund

Du lieber Kampfhund, du,
kommst nie zur Ruh.
Musst ständig morden, töten, beißen,
dich von Eisenketten reißen!
Das ist nicht leicht, du hast es schwer.
Das alles kommt ja nicht von ungefähr.
Dein Herrchen hat das aus dir gemacht,
hat das Feuer erst in dir entfacht,
dich getreten und gequält,
deinen süßen Körper unendlich gestählt.

Du lieber lieber Kampfhund, du,
kommst niemals, niemals mehr zur Ruh,
beißt Kinder, Rentner, and're Tiere,
die Beinchen sind vom Laufen müde, alle viere!
Dein Gesicht, so schön und reizend friedvoll,
und dein Gebiss, so gut, doch voller Groll.
Dein Herrchen hat Kettchen aus purem Gold,
bezieht aus Zuhälterei seinen Sold,
ist ständig betrunken und dumpf in der Birne.
Ja, so stumpf sind Kampfhundehaltergehirne.
Komm, leg dich zu mir,
komm nur ins Bett.
Ich will mit dir schlafen.
Jeder kriegt ab sein Fett,
von dir.
Ach Monster, Bestie,
du liebes Getier!

Ode an den Schlachtschussapparat

Ganz schön in Fahrt
ist heut der liebe Schlachtschussapparat.
Er tötet Schweine, Ziegen, Rinder
und von den Kühen auch die Kinder!
Der liebe Schlachtschussapparat
ist ganz agil und aufgeweckt,
schießt wild um sich und alles tot,
er ist in full effect!
Da bluten Hasen, röcheln Igel,
Enten, Esel und auch ein Hund, ein Beagle!

Der liebe Schlachtschussapparat,
Gott, ist der schön, so groß und stark,
trifft jeden Knochen, jedes Mark!
Das Schaf kippt um und auch der Hahn,
erst fällt der Ochs, dann fällt der Schwan,
dann wird der Wal zu Lebertran.
Er hört nie auf, uns wird nie fad.
Danke,
lieber, lieber Schlachtschussapparat!

Schafgedicht

Ein fettes Schaf steht auf der Weide
und grämt sich über sein Gewicht.
Man hört es klagen, weinen, fluchen:
Für Diät ist es zu spät!
Ich fettes Schaf, ich SCHAF es nicht!

Durstlied

mir gont nit heim
mir ham noch durscht
mir blim no do

Perulied

In Peru, in Peru, in den Anden,
steht 'ne Kuh, steht 'ne Kuh, die muss wandern.
In der Nacht, in der Nacht kamen Diebe
und stahlen der Kuh das Getriebe!
SABOTAGE, SABOTAASCHE!

Sinnsprüche

Regeln und Knochen,
beides gehört gebrochen.

Nicht immer alles zerhandeln – auch mal reden.

STÜCKE UND HÖRSPIELE

Stermann und Grissemann,
Sir Peter Ustinov und Ö1

Perlmutt

Ein Theaterstück von Dirk Stermann, Christoph Grissemann und Sir Peter Ustinov.

Ort der Handlung: ein schwedisches Möbelhaus

Die beiden Tagediebe Stermann und Grissemann schleppen den bewusstlosen Körper von Sir Peter Ustinov durch das Möbelhaus zu dem Kieferregal »Figge«. Anschließend klopfen sie den Körper von Sir Peter Ustinov mit dem Perlmuttgriff ihres Revolvers in das Regal, unterstützt von dem freundlichen Ikea-Mitarbeiter Sven und einem älteren Ehepaar, die sich »Vater« und »Mutter« nennen. Neben dem Kieferregal befindet sich ein Münzfernsprechgerät, Insidern auch als »Telefon« bekannt.

(Klopfen)

GRISSEMANN: Eh, guteste Kumpel Stermann, du dufteste, ich guteste Kumpel Grisse von guteste Kumpel Sterma denkte, du wolle schieße mitte Pistol auf guteste Kumpel Grisse.

STERMANN: Eh, Grisse, du volle Trottel!

G: Jo, Grisse, volleste Trottel.

SVEN: Meine Herren, weiter geht Herr Ustinov nicht ins Regal Figge hinein, ich fürchte, es hat sich ausgeklopft.

G: Du volle Ikea Trottel, eh, kucke ma de Bauch vonne Ustinove hängte volle raus, Mann.

SVEN: Ja, schon. Aber wie sollen wir denn den Bauch hineinklopfen?

MUTTER: Der passt einfach nicht hinein, Sir Peter ist zu dick für Figge, Vater sag doch auch mal was!

VATER: Mutter, komm wir gehen.

S: Du volle Vater Trottel, du nixe gehn, du klopfe, bisse Bauch inne Figge!

G: Sonste kloppe dich alte Sacke windelweich. Stermann, eh, was mache? Angste volle vore Bulle.

S: Eh? Bulle Komme?

G: Ne, guteste Kumpel, nur Angst vor de Bulle komme, wenn Bulle komme, guteste Kumpel, was mache?

S: Wenn Bulle komme, guteste Kumpel Grisse, dann kucke ma da.

Der Tagedieb Stermann zeigt dem Tagedieb Grissemann einen Sack voll mit Pistolen, die alle einen feingearbeiteten Perlmuttgriff haben. Leider verstellt der Ikea Mitarbeiter Sven dem Tagedieb die Sicht auf den Sack.

S: Na kucke ma da.

Mutter: Vater, schau mal, der Sack von dem Herrn!

Vater: Mutter! Wie redest du denn?

S: Sven, volle Trottel, verstelle guteste Kumpel Grisse nick de Sicht auffe Pistole-Sacke!

Endlich erblickt Grissemann den Pistolensack.

G: Jesus Maria, willse erschiesse guteste Kumpel Grisse mitte 500 Pistole?

S: Du volle Trottel, Jesus Maria. Wenne Bulle komme, mache Angst mitte Pistol.

G: Oh, du nix erschiesse guteste Kumpel Grisse …

Sven: Meine Herren, ich fürchte, mir bleibt nichts Anderes übrig, als jetzt die Polizei zu verständigen, angesichts dieses Arsenals an Faustfeuerwaffen. Sagen Sie mal, was haben diese Pistolen für einen hübschen Griff?

G: Isse Perlmutt, volle Trottel.

In diesem Moment läutet das Münzfernsprechgerät. Erschrocken fahren die beiden Tagediebe hoch. Am anderen Ende meldet sich ein Ikea-Kunde.

Kunde: Ich hätte mal eine Frage, ich steh gerade im ersten Stock bei der Stehhilfe Melker und würde jetzt gerne das Kieferregal Figge begutachten.

G: Eh, guteste Kumpel Stermann, isse volle Trottel am Telefono, wille Figge, aber isse ja de Ustinove inne Figge.

S: Hm, wille volle Trottel figge mit de Ustinove?

G: Eh, volle Trottel, willse Figge mit de Ustinov?

KUNDE: Sie sind wohl nicht bei Trost. (legt auf)

Die beiden Tagediebe öffnen eine Flasche Absolut-Vodka und betrinken sich aufs Fürchterlichste. Vorhang, lang anhaltender Applaus.

Kupfer

**Ein Theaterstück von Christoph Grissemann, Dirk Stermann
und Sir Peter Ustinov.**

Ort der Handlung: eine »Hartlauer«-Filiale.

*Die beiden angeheiterten Tagediebe Stermann und Grissemann ziehen den
bewusstlosen Körper von Sir Peter Ustinov durch das Fotogeschäft. Sie suchen
eine neue Brille für den UNICEF-Botschafter und Märchenerzähler.*

STERMANN: Wasse losse guteste Kumpel Grisse?

GRISSEMANN: Wie wasse losse?

S: Wisse wolle wasse losse isse?

G: Nixe losse isse was isse. Isse kaufe kuckekucke Brille für die Ustinove.

S: Brille, no wos is Brille?

G: Volle Trottel Sterre nixe wisse wasse isse Brille.

S: Isse mitte de Brille mache klicke klicke oder nixe?

G: Du volle Trottel isse Brille füre kucke kucke.

S: Ah. Gut kucke.

G: Wenn gute kucke kucke nixe Brille brauche wenne nixe gute kucke nache
Brille musse kucke.

S: Oh, Jesusmaria viele viele Brille, sinne kleine Brille ganze große Brille
Alles volle Brille inne Geschäft. Runde Brille isse mitte Brille auche klicke
klicke.

G: Nixe mitte brille klicke klicke, klicke klicke klicke mit de Fotoaparatte.

S: Wo isse Ratte? Haue Viech kaputte. Ficke ficke Ratte.

G: Oioioi, du volle Trottel.

*Der törichte Strolch Stermann zieht aus seinem Mantel eine Axt mit einem
massiven Kupfergriff, um die vermeintlichen Ratten zu erlegen. Wie ein Berser-
ker schwingt er die Axt durch die Regale. Ein ganzer gläserner Schaukasten mit*

Sofortbildkameras stürzt auf den am Boden liegenden besinnungslosen Schauspieler und Briten Ustinov.

G: Oioioi, jetze Schlusse, volle Trottel ganze Geschäfte ruiniert. Isse nixe
    Ratte isse Fotoapperatte.

S: Foto vonne Ratte, isse guteste Kumpel Grisse komme mitte Ustinove füre
    mache Foto vonne Ratt.

G: Du halte Fresse jetze, sons komme Bulle.

S: Bulle wo?

*Angsterfüllt blicken sich die hinterhältigen Strolche um. Tatsächlich kommt
jemand auf sie zu. Es ist kein Polizist, sondern ein Praktikant der mittlerweile
halb zerstörten »Hartlauer«-Filiale.*

PRAKTIKANT: Geben sie mir bitte sofort die Axt, bevor hier Schlimmeres
    passiert.

S: Gutte Kumpel Praktikante, kannste helfe jage Ratt.

G: Nixe Schnauz. Volle Trottel Stere. Nixe gebe volle Trottel Praktikante Axte.
    Ruhe jetze. He Stere kucke ma da!

S: Na wo?

G: Na da!

S: Na wo?

G: Na da!

Der Strolch Grissemann zeigt seinem Kumpanen voller Stolz eine hübsche Kinderbrille. Sie ist rosarot und auf den Bügeln sind Kätzchenmotive.

S: Oh Grisse, guteste Kumpel mitte schönste Geschmacke vonne alle …

G: Isse dasse nichte gute Brille füre Ustinove?

S: Isse guteste Brille. Glaubste passte?

G: Ustinove dicke Kopfe glaube nixe passte Brille. Oioioioioi.

PRAKTIKANT: Kein Wunder, dass sie nicht passt, das ist eine Kinderbrille,
    meine Herren, und ich rufe jetzt die Polizei.

G: Du hoit die Goschn, Trottel. Passe auffe Stere klopfe mitte Kupferknaufe
    vonne Axte Brille auffe Kopfe klopfe.

S: Kucke ma da!

G: Na wo?

S: Na da!

G: Na wo?

S: Na kucke ma, da isse Ratt!

G: Oioioi …

Verblüfft entdecken die beiden Tagediebe eine Ratte, die an Ustinovs Kopf knabbert. Während der Praktikant die Polizei ruft, holen die beiden Strolche aus ihren Mänteln riesige Flaschen Absolut-Vodka und betrinken sich aufs Fürchterlichste. Vorhang. Lang anhaltender Applaus.

Zinn

Ein Theaterstück von Dirk Stermann, Christoph Grissemann und Sir Peter Ustinov.

Ort der Handlung: eine »Hennes & Mauritz«-Filiale.

Die betrunkenen Strolche und Tagediebe Stermann und Grissemann ziehen den bewusstlosen Körper von Sir Peter Ustinov, dem UNICEF-Botschafter und Märchenerzähler, durch die Herren und Young Fashion Abteilung, um den alten Briten neu einzukleiden. Mit dem Zinnknauf eines Messers versuchen die Hallodris, einen viel zu kleinen Kinderschuh auf den viel zu großen Fuß des Briten zu klopfen.

GRISSEMANN: Jesus Maria, Stermann, guteste Kumpel, kucke ma: isse Sweater-shirt, koste 149e, isse volle billig.

STERMANN: Volle Trottel, kucke ma da!

G: Na wo?

S: Na da!

G: Na wo?

S: Na da, isse fette Bauche Ustinove, isse Sweater-shirt zu enge, kurze. Musse finde für de Ustinove riesengroßes Bluse.

G: Isse Bluse, Titte vonne große Titte.

S: Nixe Bluse, nixe figge figge, musste kaufe Bluse, immer du denke, äh, arme mieze mieze.

G: Oh, là, là! Guteste Kumpel Grisse Kumpel vonne Stermann nixe denke immer figge figge, denke auch an glucke glucke vonne Wodka. Wo isse falsch!

S: Volle Trottel, Grisse, nixe so laute sein, nix schreie, Bulle. Musse finde neue Kleid für Ustinove.

G: Jesus Maria, kumpelste Kumpel Stere isse heute strenge mitte kumpelste Kumpel Grisse.

Die beiden törichten Strolche ziehen den bewusstlosen Körper zielstrebig in die Damenabteilung, wo sie nach Übergrößen Ausschau halten. Der Tagedieb Stermann wühlt in der Damenunterwäsche, um etwas Passendes für den Sir zu finden.

S: Grisse, kucke ma, isse gut füre Ustinove? Tanga Slippe?

G: Jesus Maria, isse gute Tanga Slippe. Kaufe kaufe, gute Tanga Slipe.

S: Oioioi, Grisse sicher gute Slipe?

G: Oioioi, guteste Kumpel Stermanne, isse beste Slippe, beste Tanga, isse wie de Slippe vonne Uschi.

S: Uschi?

G: Ja, Uschi, dein Frau.

S: Jesus Maria. Oioioi, woher kennste du volleste Trottel de Tanga Slippe vonne meine Frau guteste Fraue Uschi?

G: Oioioi, hatte volle Trottel Grisse Maul zu weit offe niche halte könne, isse guteste Kumpel Stere draufgekomme auffe Grisse Uschi.

S: Oioioi, dasse gäbe volle Ärger fetzte.

Der gehörnte Tagestrolch Stermann weiß sich in seiner großen Erregung nicht mehr anders zu helfen, als seinen Mantel zu öffnen, in dem sich etwa 30 Messer befinden. Er entscheidet sich für ein Messer mit einem hübschen Zinnknauf.

G: Oioioi, Jesus Maria! Jetz isse aus, jetzt ersteche guteste Kumpel Stermann guteste Kumpel Grisse inne Hennes unde Mauritz. Oioioi. hhhhhhhhhh! Kucke ma da!

S: Nixe kucke, bisse tote Manne wegen Tanga Slippe vonne Uschi.

G: Na kucke ma da!

S: Na wo?

G: Na da!

S: Na wo?

G: Na da isse Ustinove wegge.

Die beiden Strolche haben in der Aufregung nicht mitbekommen, dass mehrere Kinder den bewusstlosen Leib Sir Peter Ustinovs weggezogen haben und nun

auf ihm herumspringen und herumtollen. Die beiden Tagediebe eilen mit ge-
zückten Messern in die Spielecke zu den Kindern.

S: Wegge! Volle Trottel Kinder wegge!

G: Oioioi, faste verlore die Ustinove. Aber happy ende. Isse wieder Ustinove
da, isse wieder alles gute inne Ordunung, du nix mir böse sein guteste
Kumpel Grisse wegen die Slippe vonne Uschi?

S: Nix böse guteste Kumpel Stermann, isse vergesse, aber kucke ma guteste
Kumpel Grisse, isse Schuh, isse hübsche bunte Kinderschuh. Bisse klein,
aber superr Schuch.

G: Müsse kucke obbe passe Ustinove Kinderschuh.

Mit dem Zinnknauf des Messers klopft der Tagedieb Grissemann den viel zu
kleinen Kinderschuh auf den viel zu großen Fuß von Sir Peter Ustinov.

G: Jesus Maria, isse viele zu groß.

S: Volle Trottel Grisse, isse nix zu groß, isse viel zu klein de Schuch.

G: Nixe, guteste Kumpel Stermann. Isse beste Kumpel Grisse rede über Ustinove Fuß.

S: Nixe immer rede, musste klopfe, feste klopfe.

G: Eh, hatte volle Trottel Grisse guteste Idee, warum isse Fuß so groß? Wegen de Strumpfhos, hatte de dicke Ustinove dickte Strumpfhose an, zieh
ma aus, ah, jetzt kucke ma da, isse Fusse volle nixe mehr so dick eh!

S: Volle gute super Idee, guteste Grisse, bisse voll der clevere kluge Grisse.

Die beiden Strolche versuchen nun erneut, den Kinderschuh auf den Fuß des
UNICEF-Botschafters zu schlagen, aber auch ohne Strumpfhose will dieses
Vorhaben einfach nicht gelingen. Eine junge Mutter gesellt sich zu Ihnen.

Mutter: Entschuldigen Sie, meine Herren, aber ich glaube, Sie sind in der
falschen Abteilung, das hier ist die Kinderabteilung.

S: Du blöde Kuh, eh, isse Ustinov, isse UNICEF-Botschafter. Isse UNICEF
füre Kinder.

G: Isse alles inne Ordnung, Frau.

Mutter: Aber dieser Schuh ist doch viel zu klein für den schlafenden Herrn.

S: Du nix rede, du helfe klopfe, he!

MUTTER: Bitte? Womit soll ich klopfen?

G: Volle Trottel Frau, mitte hier, kucke ma.

MUTTER: Oh, das ist ja ein Messer.

S: Stimme, un das inne Zinnknauf vonne Messer, isse super für klopfe. Hier du klopf de Fuß vonne Ustinove inne Schuch.

MUTTER: Das ist ja Wahnsinn, Hilfe!

G: Nixe schreie, Frau. Sonst Bulle.

MUTTER: *(schreit)*

Um das Schreien der jungen Mutter abzumildern, ziehen ihr die beiden ange-trunkenen Tagediebe Stermann und Grissemann die Altherrenstrumpfhose von Sir Peter Ustinov über den Kopf. Die beiden wirken etwas ratlos, angesichts des zu kleinen Kinderschuhs, des bewusstlosen Sir Peter Ustinovs und der jungen schreienden Mutter in den Strumpfhosen.

S: Isse volle Mist, guteste Kumpel Grisse.

G: Klappte nixe, eh. Isse Größe von Schuh 26, isse einfach nix gut. Oioioi …

S: Oioioi.

G: Oioioi, oh, Stermann, kucke ma da!

S: Na wo?

G: Na da!

S.: Na wo?

G: Isse volle schöne Mütz!

S: Oh, isse wunderschöne Mütz.

G: Isse gute Mütz, eh.

S: Isse super Mütz.

G: Gute Mütz für de Ustinov?

S: Isse guteste allerbeste Mütz.

Die beiden törichten Strolche ziehen den bewusstlosen Körper von Sir Peter Ustinov und die schreiende Mutter in Ustinovs Strumpfhose zu dem Regal mit den Kindermützen. Sie haben sich für eine rosafarbene Babymütze mit Enten-motiv entschieden. Aber auch die Mütze will nicht recht passen auf den viel zu großen Denkerkopf des Briten.

S: Was isse mitte Kopf vonne Ustinove? Isse volle groß.

G: Viel zu große Kopf für de Entenmütz.

S: Oioioi, müsse wir mitte Knauf Messer viel klopfe.

G: Kucke ma, de Entenmütz pass volle gut auffe Kopf vonne Frau mit de Strumpfhose vonne Ustinov.

S: Volleste Trottel Grisse. Isse Mütz für de Ustinov, is nix Mütz für Frau. Komm, klopfe, klopfe mit den Zinnknauf.

Mit dem Zinnknauf des Messers klopfen die Tagediebe die viel zu kleine rosafarbene Entenmütze auf den viel zu großen Kopf des Schauspielers und Märchenerzählers. Das Licht erlischt. Vorhang. Lang anhaltender Applaus.

Speichelfäden in der Buttermilch

Ein Hörspiel von Sybille Rocksau van der Bibber
und Manuel Brechbad-Massenschwein

Es ist Nacht. Eulen singen traurige Weisen über Sinn und Unsinn des Daseins. [huhuu, huhuu] Eine Ratte beißt ins Rattengift. Ein Lachs verendet am Ufer des Bachs. Im Unterholz regt sich etwas. Es ist Ursula, die höchstbegabte Diplomatentochter, die die Diplomatenfamilie beim Ausflug im Wald vergessen hat. Sie hat seit Tagen nichts getrunken, aber interessanterweise keinen Durst. Da kreuzt der Mann der Reinemachefrau des Försters ihren Weg. Er ist betrunken und führt stolz sein erigiertes Glied spazieren. Ursula erschrickt beim Anblick der monströsen Eichel. Die 36jährige Ursula übergibt sich stumm ins nasse Laub. Da lässt die Erektion des Mannes der Reinemachefrau nach.

»Ja, wer kotzt denn da ins Unterholz, was?«

Ursula ist sich dessen bewusst, dass das Kotzen ins Unterholz nicht zum guten Ton im Wald gehört. Sie beginnt zu weinen. Da nimmt sie der Mann der Reinemachefrau zuerst von hinten und dann in den Arm, beides, um sie zu trösten.

»Na komm mal her, Mädchen! Wird schon wieder, was? Meine Frau, weiß du, is Reinemachefrau, die putzt die Kotze ratzeputze wech! Wir gehen am besten zu mir nachhause und machen dort was Hübsches!«

Gemeinsam gehen Ursula und der Mann der Reinemachefrau ins Appartement, wo es sehr unordentlich ist. Ursula muss lachen. Ein so schmutziges Appartement hätte sie bei einer Reinemachefrau nicht erwartet! Da betritt die Reinemachefrau den Raum. Wütend gibt sie dem Mädchen mit dem Besen eine Ohrfeige. Ursula bricht schwer verletzt zusammen. Der Mann der Reinemachefrau versucht, sich zu rechtfertigen, denn die Reinemachefrau ist eifersüchtig.

»Da war überhaupt nix, die hat einfach ins Unterholz gekotzt, als ich mit meinem erigierten Glied des Weges kam, mehr war da überhaupt nich!«

»Du Exhibitionistenschwein! Und wer muss das Unterholz wieder reinigen? Ich! Du mit deinen magenkranken Unterholzweibern, scher dich zum Teufel!«

Noch einmal drischt die Reinemachefrau mit dem Besen ins Gesicht der Diplomatentochter. Sie stirbt sehr schnell. Um die Gemüter abzukühlen, schenkt sich die Reinemachefrau ein Gläschen Buttermilch ein. Sie schlürft genussvoll, während aus ihrem Mund lange Speichelfäden hängen, die sich mit der Buttermilch vermischen. Ihr Mann indes ist längst schon wieder auf Wanderschaft im Wald, auf der Suche nach dem nächsten Opfer seiner sexuellen Begierde. Er kommt an dem Unterholz vorbei, in das sich Ursula vor kurzem übergeben hat. Schöne Erinnerungen steigen in ihm auf. Der Mann der Reinemachefrau lächelt.

Kleinschusters Vermächtnis

Ein Einakter von Christoph M. Münzer

Es spielen: Christoph M. Münzer als Kleinschuster und Otto Wummer als Siebenhühner

Ein hochmodernes Krankenhaus. Acht Betten. Nur zwei sind belegt, die zwei äußeren. Erich Kleinschuster ist an die Dialyse-Maschine angeschlossen. Siebenhühner ist bis zum Hals eingegipst.

KLEINSCHUSTER: Entschuldigen Sie die Störung. Wissen Sie, wann Besuchszeit ist? Ich würde gerne meine Zwillingsschwester besuchen.

SIEBENHÜHNER: Wie heißen Sie?

K: Erich Kleinschuster. Wissen Sie, wann Besuchszeit ist?

S: Nein, Herr Kleinschuster.

K: Ihr Name? Ihr Gebrechen?

S: Siebenhühner. Wirbelsäulenfraktur. Ihr Gebrechen?

K: Nierenversagen, Herr Siebenhühner.

S: Aha. Wer ist mehr krank? Ferner der Gesundheit? Näher bei Gevatter Tod? Herr Kleinschuster.

K: Herr Siebenhühner. Ich will ehrlich zu Ihnen sein. Ich habe gerade eben, während Ihrer Frage, Ihrer vollkommen sinnlosen Frage nach unserer aktuellen Positionierung im zeitlosen Raum zwischen Himmel und Hölle, während Ihrer überflüssigen Frage, dieser Verschwendung wertvollen Buchstabenmaterials, dieser Verhöhnung des Alphabets schlechthin, als Antwort darauf, als Zeichen meiner Ablehnung und um Ihnen zu zeigen, was Sie mir bedeuten, aus all diesen Gründen und noch 1000 mehr, die ich mir aber nicht die Mühe mache, aufzuzählen, weil Sie unwürdiger Wicht es nicht wert sind, habe ich das Bett von Kopf bis Fuß von oben bis unten vollgeschissen. Herr Siebenhühner.

Herr Kleinschuster stirbt, und Herr Siebenhühner ruft per Knopfdruck die Schwester. Kleinschuster wird aus seinem Bett gehoben, die Bettwäsche wird abgezogen und auf den Boden gelegt. Kleinschuster wird hinausgetragen. Zurück bleibt Siebenhühner, der im Angesicht der vollgeschissenen Bettwäsche Trompete spielt.

S: Alles was bleibt. Ein vollgeschissenes Bett. Kleinschusters Vermächtnis.

Vorhang. Lang anhaltender Applaus.

Pizza go home

Ein Hörspiel von Christian Mundblut-Morgensack
und Dieter Dieter von der Rußbrut in der Kot

Es ist noch nicht ganz Nacht. Um genau zu sein, 17.10 Uhr. Eine Eule ruft heiser. Ein letztes Mal, denn gleich wird sie von einem blutrünstigen Jagdhund kaputtgerissen. Stolz beäugt Dragan Novevanović die Eulenleiche: »Prima Töle. Eule ratzefatz in Stücke gerissen. Brave Töle.«

Der Hund, den Novevanović »Töle« genannt hat, schnüffelt zuerst am Schritt der toten Eule, um dann in den Schritt seines Herrchens zu beißen. Herr Novevanović ist zurecht verärgert über den Genitalbiss des herrlichen Jagdhundes.

»Drecks-Töle. Beißt der Drecksack mir doch glatt in Penis! Oioioi, was schrecklicher Schmerz. Meine stolze Eichel!«

Aus dem Unterleib des Serben tropft Blut auf das Unterholz und auf des herrlichen Jagdhunds Nase, was die nicht gerade trockener macht. Dragan schleppt sich mit letzter Kraft in die nahegelegene Wald-Pizzeria mit dem unglücklichen Namen »Pizza go home«. Hier arbeitet seine Frau Dragica, die wieder mal nur Augen für ihren herrlichen Jagdhund hat und ihn ängstlich untersucht, sich darum sorgend, dass der Hund aus der Nase blutet. Sie versorgt ihn und stellt ihm eine Schale Budweiser auf den Boden.

»Jedem Tierchen sein Bierchen! Prost, Töle!«

Inzwischen verblutet leise Dragan Novevanović. Erst die Eule und jetzt Dragan. Für Töle ein ganz schön aufregender Tag, den er mit Gerstensaft im »Pizza go home« fröhlich ausklingen lässt.

Das Blütenstaubzitronenkästchen

Ein Hörspiel von Uwe Ochsendorfer-Ziegenknecht

»Moin moin, ich hol's Blütenstaubzitronenkästchen für Frau Rattenwurst ab!«

»Jou, is hinten im Dings, Sie wissen schon.«

»Jo jo, Chef. Tschüüs!«

Zwei Stunden später im Wald. Der Knecht mit dem Blütenstaubzitronenkästchen für Frau Rattenwurst hat sich im Wald verirrt. Er ist hungrig und blutet aus dem Anus.

»Och, Mensch, Mensch du, die Hämorrhoiden und das schwere Blütenstaubzitronenkästchen, ich weiß auch nich. Wenn ich mich hier man nicht verirrt habe!«

Vier Stunden später. Frau Rattenwurst irrt im Wald umher, geistig umnachtet und betrunken.

»Och, Mensch, Frau Rattenwurst! So'n Zufall aber auch! Hier, da hab ich Ihr Blütenstaubzitronenkästchen, Ihr Dingsda, nich!«

»Dange.«

»A wissen'se was, Frau Rattenwurst? Alkohol is keine Lösung!«

»Doch.«

Frau Rattenwurst torkelt mit dem Blütenstaubzitronenkästchen nachhause. Der Knecht verblutet überraschend schnell im Unterholz.

Des Sängers Kronleuchterkapuze

Ein Hörspiel von Ewald Schnittwund-Hahn
und Rosa Kranzhahn-Hubesaftorak

Es ist Nacht. Ein Mann pfeift wie eine Eule. [huhuu, huhuu] Der Mann ist Andy Music, ein mongoloider Schlagersänger aus dem Mongoloidenheim in der Pustekuchenstraße. Andy Music ist auf dem Weg zur Mehrzweckhalle, wo er als Mitternachtseinlage sein einziges Lied »Sexy Lady Rechtsruck« singen soll.

»Kuckuck, sexy Lady Rechtsruck! Look look, sexy Lady Rechtsruck!«

Andy Music springt vergnügt über Stock und Stein. Er hat das Gefühl, die Regenwürmer lächeln ihm zu, und die Grashalme verneigen sich vor ihm im Wind. Plötzlich stolpert Andy Music. Was ist denn das? Was ist denn da?

»Ja, was ist denn da?«

Da ist tatsächlich was. Im Unterholz liegt die verkohlte Leiche seiner rechtsradikalen Gesangslehrerin Trude von Neger-Koscharowski, die sich während einer Bücherverbrennung versehentlich selbst in Brand gesteckt hat. Der mongoloide Schlagersänger kniet sich nieder und steckt betreten seine lange Nase in die Asche seiner armen ehemaligen Gesangslehrerin.

»Trudchen! Trudchen, hast mir's Singen beigebracht! Trudchen, grad heut, wo ich meinen großen Auftritt hab! Ach Trudchen, heut Nacht sing ich nur für dich, Sexy Lady Rechtsruck!«

Behutsam füllt Andy Music die Asche seiner geliebten nationalsozialistischen Gesangslehrerin in die Kapuze seines Anoraks und macht sich mutig auf den Weg in die Mehrzweckhalle. Es ist 23.35 Uhr. Keine Turmuhr schlägt. In zehn Minuten beginnt sein Auftritt. Die letzten Meter läuft er. Den Text seines Liedes »Sexy Lady Rechtsruck« summt er beim Laufen vor sich hin. [vorsichhinsumm] Endlich erreicht Andy Music die Mehrzweckhalle, die bis zum Bersten gefüllt ist. Einige Zuschauer hängen sogar vom Kronleuchter herab, um besser sehen zu können. Alle freuen sich auf Andy Music. Keinem fällt die Asche in seiner Kapuze auf. Da passiert es. Der Kronleuchter kann das Gewicht nicht mehr halten, reißt aus der Verankerung und donnert auf den direkt darunter stehenden Andy Music, der gerade zu singen beginnen wollte. Sofortiger Tod tritt ein. Die Stimmung in der Mehrzweckhalle ist getrübt. Die Polizei findet unter dem Kronleuchter nicht nur den zerquetschten Andy Music, sondern auch die geheimnisumwitterte Kapuze mit der rechtsradikalen Gesangslehrerinnenasche. Dieser Fall sollte nie gehört werden.

Die Dame, der Dachs, der Mann und die 16 Wunderkerzen

Ein Hörspiel von Elias Krenzhahn-Musterfusch und Renate Quintusch-Fillerstadt

Es ist Nacht. Die stillste Nacht des Jahres. Keine Hyäne heult, weil in diesen Breitengraden Hyänen keine Heimat finden können. Über diesen Umstand könnten Hyänen tagelang heulen. Der hiesige Wald bietet Schutz und Heimat für Würmer, Ameisen, Igel und andere Blutsauger wie Mücken und Gelsen, stechende Tierchen, denen der Busen der Natur Vaterland ist. Es ist Weihnachten 1994. Eine Dame guckt aus dem Försterhaus heraus. Es ist Liliane Roth-Rothenhorst, die Gespielin des Oberförsters Helmut Horst Horstenhorst. Sie hält die Nase an den Ofen. Hmm! Da riecht es aber gut heraus, findet die übergewichtige Hausdame aus Oberschlesien.

»Boa, lecker lecker Dachsbraten! Hm, Helmut Horst, was?«

Helmut Horst Horstenhorst ist ein großer Fachmann auf dem Gebiet der Dachszubereitung. Die beiden haben heute schon ausgiebig gefickt und freuen sich jetzt auf den idyllisch-lukullischen Weihnachtsbraten. Da klopft es an der Tür. [klopf klopf klopf]

»Helmut Horst, da klopft's! Wer klopft denn da?«

Helmut Horst weiß es nicht. Auch Helmut Horst kann ja nicht riechen, wer da vor der Tür steht! Er reagiert ungehalten.

»Mensch, Puppe, ich kann auch nich riechen, welches Oberarschloch hier die Weihnachtsstille zerreißt!«

Beseelt von heftigen Masturbationsgedanken öffnet Liliane die Tür. Sie erblickt das dicke gewalttätige Nachbarskind Rufus. In den Nasenlöchern hat Rufus jeweils acht brennende Wunderkerzen stecken. Er verbrennt lichterloh innerhalb von Sekunden.

»Helmut Horst, es war nur der dicke Rufus!«

»Und was will das Schwein?«

»Nichts mehr, er is verbrannt!«

»Dann is ja gut. Frohe Weihnachten!«

Glücklich verzehren Liliane und Helmut Horst den Dachsbraten. Dann vereinigen sie sich mehrfach, satt, glücklich und geil.

Der verklebte Fuchs

Ein Hörspiel von Hardy Manuel Häußermann und Renata Ringschiss von der Angstmaul-Martinez

Es ist Nacht. Ein Bussard fliegt mit Frau und Kindern westwärts. Eine Schnake schält sich aus dem Unterholz und sagt dem Tag adieu. In der Waldpension »Zum schlauen Fuchs« sitzt Ronny Becker, der schwerreichste Industriellensohn Wuppertals. Er überlegt, den Wald zu kaufen, um dort ein riesiges Erotikzentrum zu errichten, Kostenpunkt: mehrere Milliarden. Ihm gegenüber, mit Skepsis im Gesicht, der Förster Rudi Rudimann und seine von einer eineinhalb Meter großen Hasenscharte verunstaltete Tochter Renate Rudimann. Der deutsche Großindustrielle und Industriekapitän tritt übertrieben großspurig auf.

»Pass ma auf, du Waldscheißer, ich kack dich zu mit Knete!«

Rudi Rudimann weiß dem nichts zu entgegnen. Hilflos blickt er seine Tochter Renate Rudimann an, die allerdings aufgrund ihrer extremen Hasenscharte nur Geräusche hervorzubringen vermag, die eher unheimlich sind, als dass sie der Diskussion förderlich wären.

»Mhrmmmhmöuhhhmmroeoömmmn«

Ronny Becker, der alles hat, aber keine gute Kinderstube, beleidigt die behinderte Försterstochter so sehr, dass sie in ein plötzliches Schockkoma fällt.

»Maul halten, du hässliche Hasenschartenschnepfe!«

Die Stimmung ist zum Zerreißen gespannt in der guten Stube der Waldpension »Zum schlauen Fuchs«. Wird das verlockende Geld siegen oder der Umweltschutzgedanke, den Rudi Rudimann unermüdlich ins Treffen führen will?

»Mensch, die Bäume und die Käfer, was soll'n denn die in' Erotikcenter?«

Eine schallende Ohrfeige [klatsch] beendet die Diskussion, und der gedemütigte Förster unterschreibt die Kaufverträge. Sofort beginnen die Bauarbeiten, und nach wenigen Minuten schon, ruckzuck, ist der Wald nicht wiederzuerkennen! Ein riesiges Erotikzentrum raubt den Tieren ihren Lebensraum und nimmt der Natur viel von ihrem Charme. Der Förster tauscht den Jagdanzug gegen einen Reinigungsanzug und muss fortan in den Solokabinen das achtlos Hingewichste wegwischen. Traurig tritt er ans Krankenbett seiner rekonvaleszenten Hasenschartentochter.

»Ach, Renate, der ganze Wald ist vollgewichst. Die Füchse haben Wichse im Fell, und auch die Kuckucke haben ein ganz verklebtes Federkleid.«

So abartig ist es, wenn der Mensch mit seiner Profitgier jegliches Idyll zerstört.

Simsalabim, die Zauberstraßenbahn

Ein Hörspiel von Hans-Dieter Hummelfang
und Agnes Anus van der Vehn

Wir befinden uns im Jahre 1976. Das viktorianische Zeitalter ist lange vorbei, aber seine Mythen leben noch heute. Und da kommt sie auch schon angefahren: töff töff töff, Simsalabim, die Zauberstraßenbahn! Ganz vorne blickt der Schaffner Ernie aus dem Fenster raus, auf seinem Kopf die kunterbunte Zauberstraßenmütze.

»Moin moin, ich bin Ernie mit der kunterbunten Zauberstraßenmütze, und ich fahr jetzt in' Wald!«

Ernie ist auf dem Weg in den Waldbahnhof, wo es in der Gaststätte jeden Tag leckere Süppchen gibt. Der Koch Bert wartet schon auf ihn.

»Hallo Bert!«

»Hallo Ernie. Komm rein, ich hab heiße Apfelsuppe im Ohr.«

»Was, im Ohr? Du meinst doch sicher ›Rohr‹!«

»Nein, Ohr.«

»Ohr?«

Ernie, der Schaffner, löffelt die heiße Apfelsuppe aus Berts Ohr.

»Hm, is die lecker! Gibt's noch mehr im andern Ohr?«

»Nein, mehr gibt es nicht. Hab nur in einem Ohr gekocht.«

»Na gut, egal! Wofür hab ich denn meine Zauberstraßenbahn! Simsalabim!«

Mit Hilfe der Zauberstraßenbahn zaubert Ernie heiße Apfelsuppe in sämtliche Körperöffnungen des Kochs. Bis spät in die Nacht leckt Ernie den Koch leer.

Blasrohrromantik im Zuckerschränkchen

Ein Hörspiel von Adam Aslan Sichelmaus und Gerda Pissen-Rostfisch

Es ist kalt. Ein Vogel kreist am Himmel und gibt Vogelgeräusche von sich. [krah, krah] Im dichten Unterholz gehen Ameisen fröhlich ihrem Tagwerk nach. Die Blätter sind von den Bäumen gefallen, es ist Herbst. Da hört man Husten und Schritte. [hust, stampf] Es ist Knut, der schwerbehinderte Neffe von Metzgermeister Gunther Schwanzhund. Knut Schwanzhund ist 34 und auf dem geistigen Stand eines 22jährigen, ein aggressiver Faulpelz, der mit seinen gefährlichen Blasrohren den ganzen Landstrich in Angst und Schrecken versetzt.

»A he'lich, das neue Blasrohr is arschgeil, Mann! Jetz' irgendeiner alten Schachtel 'n Pfeil in Arsch schießen, ach das wär he'lich! Am besten geh ich einfach mal inne Konditorei, da sitzen doch so 'ne alte Schachteln immer, Mensch he'lich! Ah, 'ne Omma 'n Arsch abschießen, he'lich!«

Knut Schwanzhund eilt mit großen ausladenden Schritten in die Konditorei »Tortendreck«, die in dritter Generation geleitet wird von der 89jährigen schwerhörigen Dorothea Furchtmund. Durchs Schaufenster sieht sie den Nichtsnutz Schwanzhund kommen, in seinem Maul das monströse Blasrohr. Sie schlägt Alarm.

»Achtung, meine Damen, da kommt Knut mit seinem Blasrohr! Alles ab ins Zuckerkästchen, wir müssen uns verstecken!«

Die älteren Damen springen von ihren Plätzen auf und verschanzen sich im Zuckerkästchen hinter der Tortenvitrine. Alle zittern vor Angst. Knut stürmt in die Konditorei und ruft:

»Puff puff, blas blas, bum bum! Wo sind die fetten Ommas? Knut will blasrohrschießen in Arsch! Puff puff, blas blas, bum bum!«

Die älteren Damen fühlen sich im Zuckerkästchen sicher. Doch Knut weiß von dem Versteck. Er öffnet die Tür und drängt sich zwischen die zitternden Omas.

»Oh, Mensch, ganz schön eng hier, Mensch! Kommt man gar nicht zu den Ärschen runter, zu eng zum Blasen!«

Knut fehlt der nötige Platz zum Blasrohrschießen. Stundenlang verharren alle Beteiligten stumm im Zuckerkästchen. Dann überkommt Knut ein liebestolles Gefühl. Er küsst die alten Damen, eine nach der anderen. Die alten Damen sind froh, nichts in den Arsch bekommen zu haben. So wird der Nachmittag doch noch richtig romantisch.

»Ja also dann, Ommis, macht's gut, nich? Tschöös!«

Cholesterin oder: You can't always eat what you want

Ein Hörspiel von Heimo Bowling-Brunswick
und Konstanze Kegelbahn

Teil 1

Es ist Nacht. Heilige Nacht. Die Biber putzen eilig ihr Gefieder, die Otter singen ihre Lieder. Im Meinungsforschungsinstitut »Circa« ist Weihnachtsfeier. Meinungsforschungsinstitutsleiter Edmund Rundmund hat mit über 800 Gästen gerechnet, es sind aber nur vier gekommen: ein serbischer Pizzabote und die drei als Heilige Drei Könige verkleideten Nachbarskinder. Das sind mehr oder weniger Zufallsgäste. Über 6000 Brötchen und 34 Kaninchenrücken warten auf Verzehr, der sich – das kann Edmund Rundmund sich an vier Fingern abzählen – wohl nicht einstellen wird. Peinliches Schweigen macht sich breit zwischen den einander vollkommen unbekannten Gästen. Aber hören Sie selbst:

»…«

Bei allem Bemühen will keine rechte Stimmung aufkommen. Ja, wie denn auch? Wo noch dazu gerade jetzt ein unglaublicher Kurzschluss für eine unglaubliche Dunkelheit sorgt! Rundmund kommentiert das Pech der kurzschlussbedingten Dunkelheit mit den völlig berechtigten Worten: »Das konnte ich doch nicht riechen, dass ausgerechnet jetzt ein Kurzschluss durch das Haus zuckt!« Aber hören Sie selbst:

»Das konnte ich ja nicht riechen, dass ausgerechnet jetzt ein Kurzschluss durch das Haus zuckt!«

Rundmund erkennt den Ernst der Lage und eilt in kleinen Schritten in den Heizungskeller, wo sich auch der weiße Sicherungskasten befindet, direkt neben der Waschküche, wo die dunkelhäutige Näherin gerade zugange ist.

»Ach Amanda, du gazellenhafte Perle Afrikas, du siehst doch gar nichts im Dunkeligen!«

Ein eilig herbeigeflattertes Glühwürmchen erhellt die romantische Szenerie. Man erkennt, dass Amanda ein T-Shirt mit der Hand wäscht. Auf dem

T-Shirt ist zu lesen: »Kelly-Family«, darunter die Abbildung von acht grauenhaften Fratzengesichtern. Plötzlich fällt ein Schuss, der aber Gott sei Dank für dieses Hörspiel keine Bedeutung hat. Wie wird es denn weitergehen? Was wird denn noch weiter geschehen? Das können Sie nicht wissen. Sie können das ja schließlich nicht riechen! Fortsetzung folgt.

Teil 2

Wir befinden uns noch immer auf der Weihnachtsfeier des Meinungsforschungsinstituts »Circa«, wo statt der erwarteten 800 Gäste nur vier anwesend sind: ein serbischer Pizzabote und die als Heilige Drei Könige verkleideten dicken Nachbarskinder. Ein Stromausfall veranlasste Meinungsforschungsinstitutsleiter Edmund Rundmund, in den Keller zu trippeln, wo sich neben dem Sicherungskasten auch Amanda, eine afrikanische Näherin, befindet.

»Amanda, ich werd jetzt die Sicherung reintun, und dann kommste mit nach oben aufe Weihnachtsfeier, da warten 6000 Brötchen und über 40 Kaninchenrücken auf uns, hm lecker, Mädchen!«

Amanda hat aber kein gesteigertes Interesse daran, mit dem heruntergekommenen Meinungsforschungsinstitutsleiter Rundmund auf die Party zu gehen. Mit hängendem Kopf schleicht der Meinungsforschungsinstitutsleiter mit klitzekleinen Schritten nach oben in den großen Saal, wo der serbische Pizzabote eingeschlafen ist und über einer Pizza Funghi hängt. Von den Kindern ist nur noch der als Balthasar verkleidete Nachbarsjunge da. Er kauert stöhnend mit einem unglaublich aufgeblähten Bauch vor dem von ihm ratzeputz leergefressenen ehemaligen kalten Buffet. Rundmund ist fassungslos.

»Das gibt doch gar nich, das fette Kind hat alles wech 'eputzt! 6000 Brötchen, ein Wahnsinn!«

Das Kind gibt keine Antwort, sondern rülpst erbarmungswürdig und zerreißt mit ohrenbetäubenden Blähungen die festliche Stimmung der Weihnachtsfeier.

»Gibt doch auch gar nich! Den armen Kleinen in Balthasarkostüm zerreißt das ja, der explodiert mir hier noch wech!«

In diesem Augenblick bricht der vermeintliche Balthasar zusammen und röchelt zuckend am Boden. Der Meinungsforschungsinstitutsleiter hat kein gesteigertes Interesse daran, in seinem Meinungsforschungsinstitut ein Kind platzen zu lassen, deshalb liest er das unglaublich aufgedunsene Kind vom Boden auf, um es ins Spital zu bringen. Der zuständige Arzt diagnostiziert bei dem Kind einen Cholesterinwert, der so hoch ist, dass die Messlatte birst. Der Kleine stirbt sehr schnell, und Edmund Rundmund trippelt mit kleinen Schritten traurig nachhause. Dort legt er sich neben dem schnarchenden serbischen Pizzaboten auf die kalte Pizza Funghi. Leise flötet er ihm ins Ohr:

»Schlaf gut, und frohe Weihnachten, du lieber Pizzamann.«

Das Tonnenkinn

**Ein Hörspiel von Ferdinand Aromahammerammer
und Beatrice Pankraz-Pankreas-Ballermann**

Es ist Nacht. Eine Eule ruft. [huhuu] Die Sternlein funkeln. Da ruft die Eule schon wieder. [hu huhu huu] Im Waschsalon arbeiten der 38jährige Exilkubaner Ernesto Wolm, der sich um die Schmutzwäsche der Witwe seines Bruders kümmert, und Angela, eine bildschöne, leider hörgeschädigte Angestellte der hiesigen Zeitarbeitsfirma. Ernesto Wulm leidet an einer fürchterlichen Krankheit. Er hat ein sogenanntes Tonnenkinn, ein über 150 Kilogramm schweres Geschwür im Kinn. Aus Versehen gerät Ernestos Tonnenkinn in den Trockner.

»Oh, Mensch!«

Ernesto ist verzweifelt. Eingeklemmt in den Trockner weiß er keinen Rat. Angela sitzt ihm abgewandt auf einer Bank und liest in einem medizinischen Handbuch begeistert einen Artikel über Tonnenkinne. Sie hört das verzweifelte Schreien von Ernesto nicht, der mit dem Leben ringt.

»Oh, ne du, Mann, so'n Schiet!«

Ernesto stirbt. Angela aber weiß nun alles über die Krankheit Tonnenkinn. Die Moral von der Geschicht? Ich weiß es nicht.

Der Brei der Liebe

**Ein Hörspiel von Prof. Dr. Günther Hulde Huemar-Haunhut
und Frieda Beckmann-Blechbrust**

Es ist Nacht. Ein Habicht lacht wie ein Mensch. [hahahahaha] Der Mond
schwimmt wie ein gelber Faustball im Schwanenteich. Drei Schwäne putzen
sich ihr Federkleidchen. Den Schwänen schwant Böses. Ein lautes Knurren
zerreißt die Stille der Nacht. [grrrrrrr] Es ist der leere Magen der verzweifelten 60jährigen Waldprostituierten Annemarie Moser-Pröll, die seit Jahrzehnten keine Freier mehr hatte. Die in ihrem Beruf erfolglose Annemarie
wurde von ihrem Zuhälter Kalbfleisch-Kalle immer tiefer in den Wald geschickt.

»Annemarie, du bis das lahmste 'ferd in mein Stall! Ich kann dich nich
mehr brauchen, ich brauch dein Nuttenplatz für die jungen Hühner!«

Annemarie Moser-Pröll bricht verzweifelt zusammen. Ihre Welt liegt in
Schutt und Asche. Sie weiß nicht mehr weiter und entschließt sich, ohnmäch-
tig im Unterholz liegen zu bleiben. Da kommt der nierenkranke Vater des
Försters des Weges und stolpert über die ohnmächtige Waldprostituierte.

»Gibt ja gar nich! Wie? Ne Waldhure in Wald von mein Sohn? Das wollten die Kuckucke und Spechte aber garnich so gern! Is ja nun kein Rotlicht-
wald!«

Ob der freundlichen Stimme des Förstervaters schlägt Annemarie die Augen auf und der Förstervater sie zusammen.

»Ah! Da is jetzt mal einfach mit mir durchgegangen, 'tschuldigung Frau
Waldhure! Als Zeichen meiner Freundschaft bring ich ihnen jetzt 'n Brei und
mich dann anschließend um.«

Tatsächlich, der geistig verwirrte Förstervater bringt Annemarie einen Teller Brei und erschlägt sich vor ihren Augen mit der blanken Faust. [klatsch]
Ruhe kehrt wieder ein im Areal der Kuckucke, Habichte und Fuchse (und
Dachse). Ab diesem Tag isst Annemarie aus Dankbarkeit und tiefem Gefühl
heraus jeden Morgen des Försters Vaters »Brei der Liebe«.

Die Försterbürste

Ein Hörspiel von Daniel Demut-Deppenzer
und Regine Mösenlechner-Pannenpein

Es ist Nacht. Zwei Bussarde weinen wie zwei echte Männer. [heul] Eine schlanke Seeschlange onaniert verträumt den Mond an. Der Wald ruht in sich selbst. Die Bäume stehen nebeneinander wie fröhliche Sardinen. Da plötzlich fällt ein Schuss. Ein Kuckuck stöhnt verletzt auf [argh] und plumpst von seinem Nest herab ins nasse Unterholz. Zufrieden grunzt der junge Förster Bobby Konrad. Der zwölfte Kuckuck in vier Sekunden! Sein Schießgewehr glüht und seine Wange auch. Seine eine Wange, denn die andere Wange hatte ihm während seiner Försterausbildung ein Wildkuckuck weggebissen. Verständlich also, dass Bobby Konrad auf Kuckucke nicht so gut zu sprechen ist.

»Scheiß Kuckucke! Drecksvögel! Ich knall se alle ab, scheiß auf Artenschutz!«

Kopfschüttelnd erscheint die Försterlegende Martin Maria Sacksatz auf der Bildfläche. Ihm, dem großen Kuckucksfreund, missfällt Bobby Konrads Hass auf Kuckucke sehr. Der einwangige junge Förster ist ihm ein Dorn im Auge.

»Drecksack! Drecksack! Lassen Sie mir meine Kuckuck in Ruhe! Wenn Sie noch ein Kuckuck von Nest runterknalln, dann knall ich Ihnen ein auf kaputte Wange!«

Bobby Konrad lacht nur über den langmähnigen alten Förster Sacksatz.

»Du eitler alter Sack! Leck mich!«

Mit diesem Satz wirft er die alte Försterlegende ins Unterholz, reißt ihm die grüne Försterjacke auf und bemächtigt sich der mächtigen Bürste des Altförsters. Mit weit aufgerissenen Augen beginnt der eitle Altförster um sein Haarpflegeutensil zu betteln:

»Bitte Bürste, bitte Bürste, bitte bitte Bürste Bürste!«

Doch unerbittlich, wieder mit glühender Wange, zerbricht Bobby Konrad die mächtige Bürste. Sacksatz stirbt sofort an gebrochener Bürste und gebrochenem Herzen. Bobby Konrad aber lädt sein Schießgewehr durch und rottet weiter nach Herzenslust die Kuckucke im Wald aus.

Die Normalzeituhr der Metzgerin

Ein Hörspiel von Heidelinde Braunau-Besenböck
und Hartmut Nussgesicht

Es ist Nacht. Ein Pferd wiehert auf der Koppel, angewidert. [wieher] Ein Regenwurm wird von einem Kleinkind zerschnitten und kriecht in zwei Richtungen davon. Das Kleinkind heißt Ralf und lebt normalerweise in einem Heim für geistig abnorme jugendliche Rechtsbrecher. Übers Wochenende ist er zu seiner Mutter in die Waldmetzgerei gekommen, um mit ihr gemeinsam seinen zehnten Geburtstag zu feiern. Nach einer gerichtlich angewiesenen Hormonbehandlung ist der 1.30 m große Metzgerssohn ganzkörperbehaart und von Krampfadern übersät. Mit einer Axt erschlägt der Bub das Pferd und betritt fröhlich die gemütliche Metzgerei.

»Mama, ich bin's, Ralf! Ich bring die Axt zurück!«

»Brav, hast du Holz gehackt?«

»Nee, ich hab den blöden Gaul gehackt!«

Marianne, die fleischhackende Mutter, ist über ihren Filius entsetzt. Sie hatte sich ein Kind gewünscht, das brav lernt und an der Fleischuniversität studiert, um ein angesehener Fleischarzt zu werden.

»Ralf, du bist 'n Drecksack, eine einzige Enttäuschung.«

Sie schlägt ihn mit einem Schweinskopf windelweich. Doch dann siegt die Mutter in ihr. Sie nimmt den ohnmächtigen ganzkörperbehaarten Ralf in den Arm und drückt ihm einen Kuss auf die haarige Stirn. Sie blickt auf ihre Uhr, die weder die Tokio-, noch die New York- oder Sydneyzeit anzeigt, sondern nur die Waldzeit.

»Meine liebe Normalzeituhr! 11.53 Uhr, vor genau zehn Jahren wurde der kleine Ralf geboren. Ach!«

Verträumt, von schönen Erinnerungen gerührt, blickt sie auf die Holzuhr. Der Zeiger springt auf 11.54 Uhr. Sie legt den Buben wieder auf den Boden.

»Geburtstag vorbei, du missratenes Stück Scheiße.«

Mit dem Schweinskopf bearbeitet sie ihren Sohn bis spät in die Nacht. Am nächsten Morgen wird Ralf wieder ins Heim für geistig abnorme jugendliche Rechtsbrecher gebracht. Bis zum nächsten Geburtstag!

Faschingsgirlanden in der Sargfabrik

Ein Hörspiel von Rainer Werner Froschkopf
und Anja Manuela Marx-Mistelbach

Es ist Nacht. Eine Eule spricht wie ein Mensch.

»Halo. Wigedesdia?«

Es ist ein Mensch im Eulenkostüm, der 47jährige ehemalige Schlagersänger Benjamin »Benny« Bumsmann, der heute als Sargfabrikant sein tristes Dasein fristet. Er ist im Wald unterwegs, um ein wenig Luft zu schnappen. In der Sargfabrik, 200 Meter entfernt, tobt ein schönes Faschingsfest. Die Luft dort ist für Bumsmanns ohnehin angegriffene Lungen Gift. Er legt sich ins nasse Unterholz, um ein wenig durchzuatmen, da erschreckt er sich. Was ist denn da?

»Ja, hoppla, was is denn da? Ja wenn das nich der darmkranke Leichenbeschauer is!«

Bumsmann hat recht. August Freiherr von Sodkotze liegt unter ihm im feuchten Unterholz. Sodkotze hatte scheinbar die gleiche Idee wie Bumsmann gehabt. Der darmkranke Leichenbeschauer nickt dem auf ihm liegenden Sargfabrikanten freundlich zu. Doch da passiert es. Durch das Gewicht des 130-Kilo-Mannes Bumsmann entweicht dem armen Leichenbeschauer ein mächtiger Herrenfurz.

»Oh nee, Herr Freiherr von Sodkotze, muss das sein? Ich extra im Wald wegen de gute Luf' gekomm'!«

Bumsmann läuft Amok. Er erschlägt mit einer toten Eule den furzenden Adeligen. An den wenigen Haaren zieht er August Freiherr von Sodkotze zur Faschingsparty zurück. Bumsmann zersägt den Leichenbeschauer in viele schmale Streifen, die er anschließend bemalt und als unheimliche Faschingsgirlande um die Särge drapiert.

Dostal und der Dunkelzifferapparat

Ein Hörspiel von Friedrich Arthur Kramer-Schopf und Renata Gartenkaiser-Schnabelhof

Teil 1

Es ist Nacht. Eine alte Eulenmutter singt traurig die *Internationale* [huhuhuu huu huhuu huu], wohl wissend, dass selbst im Wald ein Rechtsruck stattgefunden hat und die marxistischen Ideale für Fauna und Flora Utopie bleiben. Eine Ameise weicht im letzten Moment einem Range Rover aus und wird trotzdem überfahren. Der Range Rover hat viel zu breite Reifen, sodass die Ameise gar nicht weit genug ausweichen konnte. Wieder ein trauriger Verkehrsunfall mehr im Wald. Er geht auf das Konto von Doktor Tobias Schädel, der in der Stadt ein Insektenspray-Imperium sein Eigen nennt. Der Herr der Schädlingsbekämpfung bringt den Range Rover laut bremsend zum Stehen und steigt aus.

»Scheiße aber auch, schon wieder! Schon die dritte Ameise in diesem Monat! Hoffentlich hat's keiner gesehen!«

Fahrerflucht. Doktor Tobias Schädel hält sich nicht an die vorgeschriebene Verhaltensmaßregel bei Verkehrsunfällen sondern flirtet, statt erste Hilfe zu leisten, mit Fräulein Dostal, dem jungen Ding, das am Beifahrersitz schon die Beine gespreizt hat, bereit von Tobias Schädel »durchgebumst« zu werden, wie er sich uncharmant ausdrückt.

»Scheiß auf die Ameise, Dostal! Du weißt genau, warum wir in Wald sind, ne?«

»Ja, Chef.«

»Jetz is bumsen bumsen bumsen!«

Die friedlichen Waldbewohner lauschen dem ordinären Treiben. Spechte, Kuckucke, Raupen, Tausendfüßler, Füchse und Dachse sind entsetzt, sind sie doch alle gut befreundet mit Fräulein Dostals Mann, dem tierlieben Förster Herrn Dostal, der sich seit Jahren für die Rechte der Waldbewohner, auch der kleinsten und schwächsten, einsetzt. Herr Dostal ist ein erbitterter Gegner

527

des Ameisenmörders Doktor Tobias Schädel. Alle Tiere des Waldes schlagen auf einmal Alarm und krähen, scharren, pfeifen und klopfen, um Herrn Dostal zu alarmieren, der fünf Meter vom sündigen Range Rover entfernt in einer Hängematte ein Schläfchen hält. Tatsächlich erwacht der Förster.

»Jo, Sakrahaxn, wos homs denn, die Viecher? Jo, wos isch'n des? Jo, des isch jo es Auto vom Schädel! Jo, sowos, der dearf do ned do afoch in Wold einefoahrn!«

Die Tiere haben ihr Ziel erreicht. Der herzensgute Herr Dostal erhebt sich erbost und schreitet zielstrebig zum wackelnden Range Rover.

»Schädel, kim ausse do! Wos moch'schn do drin? Duasch schnaxln do, ha? Geh, foahr weida!«

Als Herr Dostal durch die Scheibe erkennt, dass es sich bei der Frau um seine eigene handelt, wird sein Ton ein wenig schärfer.

»Des gibt's jo ned! Gabriele, bisch du des? Mei, des hätt i ma nit von dir gedacht!«

Doktor Schädel gibt auch seinen Senf zu der pikanten Situation ab.

»Hau ab, du Penne! Siehst du denn nicht, dass ich gerade am Bumsen bin?«

»Schatzi, leg dich doch wieder hin, ich bums nur schnell fertig, dann komm ich eh nachhause!«

Traurig wendet Herr Dostal sich ab. Die Tiere im Wald sind fassungslos. Mit hängendem Kopf will Dostal zur Hängematte zurück. Da entdeckt er am Boden die Ameisenleiche. Eindeutig stammen die Reifenspuren auf dem Ameisenkörper von dem inzwischen wieder heftig wackelnden und sich fast überschlagenden Range Rover.

Teil 2

Es ist immer noch Nacht. Auf dem kleinen Försterweg herrscht Aufregung. Im Range Rover des Pestizidenfabrikanten Doktor Tobias Schädel sind der Industrielle und die Frau des Försters Dostal heftig sexuell ineinander verstrickt, während der Förster vor dem wackelnden Range Rover eine überfahrene Ameise findet, die eindeutig von Dr. Tobias Schädel überfahren worden ist. Nicht das erste Ameisenopfer in diesem Herbst.

»Schädel! Schädel, lang dauert's nimma, und i hob di, du Verkehrsrowdy! Auf dem Fell von der Ameise, des isch der Beweis, du Mörder! Des woar ned die erste Ameise!«

»Du Flasche wirst mir nie nachweisen können, wie viele Ameisen ich überfahren habe! Und jetz lass mich in Ruhe, ich bin gerade deine Frau am Fertigpimpern!«

Was Tobias Schädel nicht weiß, ist, dass Förster Dostal in seiner kargen Freizeit einen Dunkelzifferapparat gebaut hat. In Windeseile verschwindet Dostal im Försterhaus, um dort den Dunkelzifferapparat zu aktivieren. Wenige Tage später kommt es in der Stadt zu einem aufsehenerregenden Prozess in Sachen Waldtiere, vertreten durch Förster Dostal, gegen Doktor Tobias Schädel, Fabrikant. Der Richter Doktor Harald Vater eröffnet den Prozess mit einem für die Kläger niederschmetternden Satz:

»Uns liegen keine genaue Zahlen über tote Ameisen vor. Darum ist der Prozess hiemit beendet.«

Zufrieden lächelt Doktor Tobias Schädel. Aber er freut sich zu früh, denn jetzt kommt der große Auftritt von Herrn Dostal.

»Einspruch, euer Ehren! Keine genauen Zahlen? Doch, die hob i!«

»Herr Dostal, es gibt da nur eine Dunkelziffer.«

»Hohes Gericht, des hier isch mein Dunkelzifferapparat. Wenn Sie bitte schau'n möchten, es isch eine genaue Dunkelziffer zu sehen, nämlich die 17. Herr Schädel hat also 17 Ameisen überfahren und dann Fahrerflucht begangen.«

Ein Raunen geht durch den Gerichtssaal. Doktor Tobias Schädel erbleicht. Fräulein Dostal, des Försters Frau, die unter der Anklagebank hockte, um dem Fabrikanten während des Prozesses sexuelle Dienste zu erweisen, kriecht ebenfalls kreidebleich unter der Bank hervor. Mit einem Hammer schlägt der Richter aufs Pult, um den Tumult zu beenden. [klopf, klopf, klopf]

»Ich verurteile Doktor Tobias Schädel zum Tode.«

So kehrt im Wald wieder Ruhe ein. Politisch wie gesellschaftlich, und für die Försterin auch sexuell. Wie oft Fräulein Dostal und Herr Dostal in den nächsten Jahren sexuell mit einander verkehren werden, weiß nicht einmal der Dunkelzifferapparat. Und auch nicht die Eule, die stolz auf ihrem Baum sitzt und kräftig die »Internationale« bläst.

KLEINE PROSA

Kurz und gut

Wie Nacht und Tag

Die Dunkelheit legte sich derart inzestuös über die Stadt, wie ein widerlich Betrunkener über seinen Bruder. Die Nacht brach ein, wie ein asthmatischer Sumoringer auf den letzten Metern eines Freak-Marathonlaufs im November. Die Sterne leuchteten wie die mandelförmigen Augen einer persischen Wassertänzerin im Angesicht ihres kuwaitischen Prinzen. Die Eulen pfiffen unfair, wie ein griesgrämiger Schiedsrichter in der dritten bulgarischen Jugendliga Mitte der ersten Halbzeit. Die Blätter an den Bäumen rauschten wie ein sizilianisches Wasserklosett bei Taormina nach der Benutzung durch zwei schwarzgekleidete Katholikinnen während der Fronleichnamsprozession. Der Straßenlärm verstummte langsam, wie ein 43jähriger Bankbeamter während eines Überfalls von drei, mit Kopftüchern vermummten Halbstarken aus Neuguinea. Was blieb, war eine Stille, eine Stille wie der Hilfeschrei eines Zierfisches während des Ausleerens eines Aquariums in einer Neubausiedlung, die einen üblen Leumund genießt aufgrund zahlreicher Missstände, die zu lösen ein ohnmächtiger Bürgermeister nicht imstande ist, so still. Tja, und dann, dann wird's wieder Tag, und der Tag ist halt genauso Scheiße wie alle andern auch.

Pop

Er war Professor für abgewandte Kunst. Er malte mit dem Rücken, und wenn das Bild fertig war, schaute er es nicht an. Er war 36, etwas größer als er, aber durchaus schmächtiger Statur, ein Fettwanst eben, mit gelbem Haar und pechschwarzen Locken; er war Künstler. Dann wachte er auf und ging zur Arbeit. Es war genau wie im Traum! Seine Arbeit bestand tatsächlich darin, auf irgendeiner Akademiegalerievernissage mit dem Rücken Bilder zu malen, die er dann nicht anschaute. Und er war tatsächlich 36; und er war tatsächlich etwas größer als er selbst, das hatte er abgemessen, drei, vier Zentimeter! Auch das mit den Haaren stimmte, er hatte prachtvolle schwarze Locken, aber doch nur dünnes gelbes Haar. Seine Eltern – ja, da war die Sache mit seinen Eltern –, seine Eltern leiteten einen Safaripark mit 300 Quadratmetern Gelände. Das einzige Tier im Safaripark war ein Pudel. Aber auch kein richtiger: ein Mensch steckte in dem Pudelkostüm. Es war ein schlechtes Kostüm, Arme und Beine hingen raus aus dem zerschlissenen Pudelkostüm. Er war das in diesem Pudelkostüm, er, der Sohn seiner Eltern. In diesem Kostüm verbrachte er seine Kindheit. Als er neun war, trennten sich seine Eltern, aber von ihm. Sie hatten ihn immer nur mehr »Pudelarschloch« genannt, dabei waren sie es doch, die ihn gezwungen hatten, als Pudel in diesem lächerlichen Safaripark auf allen Vieren die Gäste zu unterhalten, die sowieso nicht kamen. Pudelarschloch wurde zur Adoption freigegeben. Genommen haben ihn acht Jahre später wieder seine Eltern, die betrunken zur Adoptionsstelle kamen und ihn ohne Pudelkostüm nicht mehr erkannten. Jetzt ging der ganze Scheiß von vorne los. Der einzige Unterschied: Den Safaripark, den gab's nicht mehr. Stattdessen hatten seine Eltern einen Adlerhorst, nur Adler gab's natürlich keine. Musste also wieder er herhalten, auf Häuser steigen, runterspringen und so tun, als könnte er fliegen, und das ganze aus Kostengründen natürlich im uralten zerrissenen Pudelkostüm. Das machte er bis er 35 war. Er hasste verständlicherweise seine Eltern mittlerweile, liebte aber mit Hingabe Vater und Mutter! Denen, also Vater und Mutter, erzählte er immer, wie schrecklich seine Eltern waren, und bekam dafür Prügel. Als er erfuhr, dass die Eltern den Bau eines riesigen Aquariums in Auftrag gaben, riss er aus und entdeckte die Popmusik von Schobert und Black. Diese Musik inspirierte ihn zum Rückenmalen. Er lebt inzwischen ganz gut vom Verkauf seiner Bilder. Und an all das, an sein Leben, musste er denken, als er in dieser Akademiegalerievernissage stand und mit dem Rücken zur Leinwand aus dem Fenster schaute. »Um Himmels willen!«, dachte sich Pudelarschloch, »Die Alten!«. Er sah sie kommen, seine Eltern, die im Arm sein altes Pudelkostüm hielten. Das Aquarium war also fertig. Er würde in wenigen Stunden schon in einem uralten, völlig verrotteten Pudelkostüm in einem Aquarium ertrinken. »Na dann«, sagte sich Pudelarschloch, legte zum letztenmal die Pop-Platte von Schobert und Black auf und fügte sich seinem Schicksal.

Die Tragik, die dahintersteckt

In Worte kleiden – ihr Leben, das aus den Fugen gerät; ganz aus dem Häuschen sein, wie junge Mädchen, die das Krankenhaus verlassen, nach einer Magen-Darm-Spiegelung –, in Worte kleiden, das überließen sie dem Herrenausstatter Kloppenburg in völliger Verkennung ihrer erbarmungswürdigen Situation. Stermann und Grissemann, zwei Nachkriegseier mit Vorkriegshirnen oder kürzer: Hirn mit Ei. Nur, wer ist Hirn? Und wer ist Ei? Der väterliche Freund Kloppenburg entschied: Grissemann, du bist das Hirn, und Stermann, du bist das Ei. Da weinten beide alten Gäule bitterlich. 30 waren sie gestern geworden, nur vergleichbar mit einem halben Liter Milch, der seit 1968 auf Krk in der prallen Sonne steht. Und das stinkt! Do not ask. Ist das ein Jammer: Ihr Leben ist die Pointe of no return. Torten ins Gesicht, Kaspern bis zum Abwinken, den Affen machen, Bananen in die Augen und auf Haftschalen ausrutschen. Sie könnten ja viel mehr als blöd herumzualbern, aber sie können nicht, es ist ihnen nicht gegeben. Das wussten sie, als sie dasaßen und weinten, während der Herrenausstatter Kloppenburg ihr Elend in Worte kleidete. Fuck Chirac und Greenpeace go home! Dann machten sich Stermann und Grissemann hübsch für die Rampe. Rampe, ein Kultwort für Traumfrau. Im Publikum saß unter anderem das 30. Jahrhundert und knöpfte sich schon mal die Bluse auf. Was wollte man mehr?

Stermann und Grissemann in der Oper

Stermann und Grissemann hatten einen genauen Plan. Erst schön spazieren gehen, dann gut japanisch essen gehen und dann noch in die Oper gehen. Den Plan hatte sich der dicke Stermann ausgedacht. Erst spazieren gehen, dann japanisch essen gehen und dann noch in die Oper gehen. »Dreimal gehen?«, warf der filigrane Grissemann ein, »So oft gehen? Will man denn nicht irgendwann auch einmal sitzen?« »Genial«, murmelte Stermann und küsste Grissemann viermal auf den Mund. Und dann sagte er sehr unfein und stillos: »Scheißen wir doch einfach aufs Spazierengehen und scheißen wir aufs japanisch Essen gehen. Gehen wir, oh Grissemann, doch einfach nur in die Oper!« »Und was«, warf Grissemann erneut ein, »wenn wir auch auf die Oper schissen und einfach nur zuhause blieben?« »Genial«, murmelte Stermann erneut, der Tag war gerettet.

Die meisten legten auf

»Das erleichtert die Arbeit«, sagte Marcel als er entlassen wurde. Marcel Maulschlacht von der Mundkriegtöte, so hieß er. Ein Kultname. Maulschlacht von der Mundkriegtöte war Zahnarzthelfer bei Herrn Doktor Rachenfeldzug-Gaumenschuss, so war's. Rief jemand in der Zahnarztpraxis an, meldete sich Marcel mit folgenden Worten: »Maulschlacht von der Mundkriegtöte Praxis Doktor Rachenfeldzug-Gaumenschuss«.

Die meisten legten auf.

Der Eulenarsch

Schon in der Früh, wenn er aufwacht, verspürt er diese Lust, diese Lust auf Eulen. Peterle Fittipaldi, ein gewalttätiger Zivildiener fürs Grobe. Er war Rausschmeißer in einem Heim für Arteriosklerose-Patienten und dort von den Patienten gefürchtet wie die Krankheit selbst. Was Peterle Fittipaldi zur Weißglut trieb war das »le« von Peterle. Es machte ihn so harmlos und viel netter als er war. Auf die Idee, sich einfach nur Peter zu nennen, kam der blöde Südtiroler Zivildiener nicht.

Seit sechs Monaten geht es mit Peterle Fittipaldi durch. Seit sechs geschlagenen Monaten – im wahrsten Sinne des Wortes »geschlagen«, was seine Patienten betrifft – denkt das brutale Zivildienerschwein Peterle Fittipaldi also nur noch an Eulen. Aber die Eulenlust ist sehr diffus, er hat – Zitat – »keinen Bock diese Scheißvögel zu sehen!« Wenn ihm, dem Peterle, einmal eine Eule begegnete würde er, der Peterle Fittipaldi – Zitat – »dem Eulenarsch sofort eine reinsemmeln.« Trotz seiner unerklärlichen Abneigung muss er nicht nur andauernd an sie denken, sondern verspürt obendrein auch fortwährend diese Lust auf Eulen.

Die Arteriosklerose-Patienten wissen um Fittipaldis diffuse Eulenlust und ärgern ihn. Sobald der gefühlsarme Peterle das Arteriosklerose-Zentrum betritt, ahmen 40 Arteriosklerose-Patienten Eulen nach. »Hu Huuuu!«, dröhnt es höhnisch Peterle entgegen. Dann klebt Fittipaldi jedem Patienten eine, das ist schon Tradition. »Der Eulenarsch ist wieder da!«, jubelt dann die ganze kranke Belegschaft, denn endlich ist was los; da vergeht die Zeit wie im Eulenflug, wenn Peterle Fittipaldi jedem Patienten eine klebt, und schon ist Mittagspause. Während der Mittagspause sind alle ganz unruhig vor Freude, was nach dem Mittagessen wieder auf den Eulenarsch zukommt. Kaum ist der letzte Bissen nämlich unten, ziehen sich die Arteriosklerose-Patienten unter den Blicken des kreideweißen Südtirolers Peterle Fittipaldi selbstgenähte Eulenkostüme an und machen, wie sie es nennen, die »Eulen-im-Rollstuhl-Show«. Da wird geeult und geohrfeigt, bis es dämmert. Und der Eulenarsch geht gerädert und verheult nachhause. »Bis morgen! Eulenarsch!«, rufen ihm vierzig vor Vergnügen kreischende Arteriosklerose-Patienten im Eulenkostüm vom Rollstuhl aus nach.

Das Blut

Das Blut ist das Mehl in der Bäckerei Mensch. Ohne Blut geht gar nichts. Das Faxgerät nicht, das Telefon nicht und das Warmwasser nicht. Entscheidend sind die traditionellen Blutwerte wie Anstand, Disziplin und Sauberkeit. Die Blutwäsche ist vor allem im Alter unerlässlich, doch Vorsicht: Das Blut nie mit der Hand waschen, sondern immer in die Maschine stecken und bei mindestens 60 Grad kochen. Anschließend das Blut mit Wäscheklammern auf die Leine hängen. Wenn es trocken ist, sofort zur Blutabnahme schreiten. Blut eignet sich hervorragend als Spende. Wenn man kein Kleingeld dabei hat, den Pennern einfach Blut in den Hut schütten. Die Medizin unterscheidet verschiedene Blutgruppen: A, B, ABBA und ADAC. Wenn ein Verbrecher seine Pistole mit Blut geladen hat und abdrückt, kann es passieren, dass einem das Blut ganz schön in den Kopf schießt. Das Blut hält sich mit Leichtathletik fit. Es macht kurze Sprints auf der Blutbahn, wenn's stolpert, spricht man von Blutsturz. Wenn man dem Blut ordentlich Druck macht und sagt: »Wennst nicht bald zahlst, fliegst zum Monatsende raus!«, dann spricht man von Bluthochdruck. Daher das Sprichwort: Wer dreimal lügt, dem glaubt man nicht, und wenn er auch die Wahrheit spricht. Tja, das ist schon ein tolles Ding, unser Blut.

Roy Schenkel

Vati Schenkel hatte zwei Söhne, Rex und Roy. Rex Schenkel war Ober in der Bar »Bundesheer«, dem ehemaligen liberal-extremen Szenelokal »Gewaltwaffe«. Man nannte Rex im Lokal nur Ober-Schenkel. Aber er starb dann irgendwie schnell und wir können ihn sofort vergessen. Sein Bruder Roy Schenkel boxte im Federgewicht. Das »Federgewicht« war eine andere Kneipe, zwei Straßen weiter. Er galt dort als Schläger. Er war aber ganz nett, wenn man ihm Geld gab. Roy Schenkel war ein Phänomen. Er wusste alles über Pinzetten – Größe, Länge, Gewicht, Geschichte, einfach alles. Er organisierte 1976 die erste Pinzettenausstellung im »Gewaltwaffe«. Sie war ein Riesenflop. Man warf Roy Schenkel Schwächen im Pinzettenkonzept vor, hatte er die Pinzetten doch gar nicht mitgebracht zur Ausstellung, sondern einfach zuhause vergessen, aber Roy war der Fehler damals nicht aufgefallen. So begrüßte Schenkel zur ersten Pinzettenausstellung der Geschichte ohne Pinzetten. Die Ausstellung lief vier Wochen, dann wollte Schenkel zusammenpacken, aber da war ja nichts. Die Arbeit war in drei, vier Wochen erledigt. Dann schlief er mit Veronica Ferres. Die war aber gar nicht dabei, so schlief er allein. Aber Roy Schenkel hat es gar nicht gemerkt. Erst als er sie nach dem gemeinsamen Frühstück rausschmeißen wollte, stellte er fest, dass sie nie da war. Wütend griff er zum Telefon, um sich bei Heiner Lauterbach zu beschweren. Die beiden quasselten eine dreiviertel Stunde lang, bis Roy Schenkel merkte, dass am anderen Ende gar keiner war. So ging's dahin mit Pinzetten und leeren Betten. Bis er sich eines Tages umbringen wollte. Da machte man ihn darauf aufmerksam, dass das sinnlos sei. Roy Schenkel war nämlich schon längst tot.

Der zerplatzte Sohn

Denkt Pocke an seine lächerliche Kindheit in Prag zurück, dann hat er sofort die Worte seiner wolfsrachigen Prager Ziehmutter im geistigen Ohr: »Brotzeit, Pocke!«, rief sie, ihren Arbeiter- und Angestellten-Busen aus dem gewaltigen Fenster hängend, dem Buben Pocke zu. Sie rührte ihn so, dass er lachen musste. Damals, als Pocke in Prag ein Kind war, verhielt er sich oft wie Kind. Er füllte Sozialversicherungsformulare aus und flog mit Lufthansa nach Bumsland. Er sah wie ein Adler, hatte aber eine Brille mit 16 Kalorien. Alles war so lächerlich. Seine Mutter und ihr lächerlicher Arbeiter- und Angestellten-Busen, sie behauptete: »Pocke, dein Vater wählte Freitod.« Dabei wusste Pocke genau, dass er während der Arbeit gestorben war und nicht als er frei hatte. Sein Vater war Dildo-Bauer. Ein durch und durch lächerlicher Beruf, aber er nährte Pockes lächerliche Sexualphantasien, die er im Bumsland verwirklichte. Pocke war ein dünner Bub, er wog nur 14 Kalorien, zwei weniger als seine Brille. Seine Mutter hatte eine lächerliche Krankheit. Sie war binnenkrank, ihr wurde schlecht an Land, sie konnte nur auf See leben. Das Dildo-Geschäft deflorierte und Pocke trat in die Fußstapfen seines Vaters. Einmal im Schnee … nicht wirklich. Als er einmal eine Tasse Kaffee trank, explodierte sein Herz. Der Optiker konnte nichts mehr für ihn tun.

Und so sieht man heute, 20 Jahre später, Pockes Mutter noch immer ihren Arbeiter- und Angestellten-Busen aus dem gewaltigen Fenster hängen und ihren zerplatzten Sohn rufen: »Brotzeit Pocke!«

Henry

Henry war Hochseefischer, aber einer von der modernen Sorte. Nicht so einer mit Ozean und Wasser und Wind und Backbord und Netz und so, nein, einfach zuhause. In der Küche am Tisch. In seiner Freizeit war Henry Großwildjäger, aber auch hier einer von der schlauen Sorte. Nicht mit Panthern, Löwen, Krokodilen, Afrika und Schießgewehr, nein, einfach zuhause. In der Küche am Tisch. In seinem Pass steht unter »besondere Kennzeichen: Hufeisen im Gesicht«. Ein Pferd hatte ihn getreten, mitten in die Fresse, aber ohne Koppel, Wiehern, Schmerzen und Galopp, nein, einfach zuhause. In der Küche am Tisch. Vorgestern ist Henry mit dem Flugzeug abgestürzt, aber echt. Mit Feuer und Angst und Schreien und tot. Jetzt sitzt keiner mehr einfach zuhause. In seiner Küche am Tisch. Tja Henry, im Leben läuft's oft Scheiße, wenn man die eigenen vier Wände verlässt.

Dirk Stermann und Christoph Grissemann haben sich – entgegen der öffentlichen Wahrnehmung – nicht aus dem dialektischen Kampf zwischen Kunst und Kommerz zurückgezogen, sondern suchen die literaturwissenschaftliche Debatte, sind bereit, ihre Arbeit einer fachlichen Prüfung zu unterziehen. Die Literaturwissenschaftlerin Mag. Inge Sämann stellt freundlicherweise Ausschnitte aus ihrer bislang unveröffentlichten Promotionsschrift »Abschwellender Bocksgesang. Kulturkritik im Schweinehälftenkostüm« zur Verfügung. Zu »Henry« schreibt sie:

Auf den ersten Blick zählt diese frühe Prosa-Miniatur zu den unscheinbareren, weniger exaltierten Texten der beiden Autoren, verzichtet sie doch fast gänzlich auf die sonst übliche grelle Metaphorik und auf jene manieristische Form der Wortspielerei, die ansonsten zu den konstitutiven Merkmalen des Grisse- und Stermann'schen Frühwerks zählt. Hier haben wir es mit einer überraschend wenig verspielten, einer Parabel von nachgerade existenzialistischer Schlichtheit zu tun. Ihr tieferer Sinn erschließt sich im Zweifel erst bei einer zweiten oder gar erst bei der dritten Lektüre. Dann aber beginnt sich die unheimliche Suggestivkraft der Figur des Henry zusehens des Lesers zu bemächtigen und lässt ihn den heroischen Zug in dessen stoischem Widerstand gegen das Nützlichkeitspostulat des neoliberalen Werk- und Freizeittäters erkennen. Dieser Henry hat sich aus den Tätigkeiten (»Hochseefischerei«) und Tätlichkeiten (»Großwildjagd«) der spätmodernen Welt- und Wirtschaftsordnung zurückgezogen und an seinem Küchentisch ein, wenn auch – wie der Ausgang der Geschichte zeigt – nur vermeintlich uneinnehmbares Refugium wider die sekundäre Welt gefunden. Von der Auslotung eines existenziellen Problems, von der unerbittlichen Konsequenz des Erzählablaufs, von der gleichzeitig gegenständlich und opaken Symbolik und von der bei aller Sparsamkeit und Disziplin ungemein suggestiven Sprache dieser Erzählung ließe sich eine direkte Linie von Henry über Kafkas »K.« bis ins 19. Jahrhundert zu Melvilles »Bartleby« verfolgen. Dieser Henry ist das zu spät gereifte oder zu früh gepflückte Früchtchen am Stammbaum der heldenhaften Verweigerer und Versager. Ein Mann, der seine Ruhe haben will, der keine Abenteuer erleben mag, der sich – wie sein literarischer Ahnherr Bartleby – den Erwerbs- und Erlebniszwängen der Außenwelt »lieber nicht« aussetzen möchte. Und der, wie seine Vorgänger, keine Chance hat, diese Utopie der schuldlosen Untätigkeit lebend zu erreichen.

»Tja Henry, im Leben läuft's oft Scheiße, wenn man die eigenen vier Wände verlässt.« Hierin liegt mehr Realitätssinn denn Zynismus.

Dose

Mit dem Leben wieder Schritt halten, dachte sich der Tennisspieler Dosedel, verdrückte zwo, dro Tränen und machte sich auf die Strümpfe nach einem Journalisten, der seinen Vornamen kennt. Kent, soviel stand fest für Dose, wie er sich selbst manchmal zärtlich vorm Kamin nannte, war nicht sein Name. »Nein Kent, so heiß ich nicht. Ich bin ja Tscheche oder was, Bulgare, Pole gar. Tennis spiel ich, Dose nenn ich mich, im Gesamten Dosedel. Kein Mensch kennt mich, keiner hat mich je bemerkt. Wie soll ich alte Dose da mit dem Leben wieder Schritt halten? Mein Gott, ich dosedel halt so vor mich hin.« Dann ist es arg geworden. Dose schmiss sich auf den Boden, warf hektisch Knoblauchkapseln ein, zerbrach seine Holzkrawatte und flüsterte unangefochten: »Tie Break.«

Da stolperten Alice Cooper und Andrea Gaudenzi über Dosedel, der, nach Knoblauchkapseln stinkend, folgenden legendären Satz von sich warf: »Hey, ihr zwei Trachtweiber, Pracht Prügel gefällig?« Au ja, freuten sich Alice und Andrea, schlugen Dose erst windelweich, dann zusammen, um ihn zu guter Letzt wieder auseinanderzunehmen. Dosedel erwachte krankenhausreif im Krankenhaus. »Gar nicht schlecht, so ganz ohne Matura, wenigstens krankenhausreif zu sein«, redete sich Dose die traurige Situation schön. Dosedel überstand mit Mühe die ersten drei Runden im Krankenhaus, schied aber dann im Viertelfinale gegen Doktor Kafelnikov bei einer Milzoperation leider aus. 6:0, 6:0, auch mit dem Liebesleben war's aus. Dose konnte mit dem Leben einfach nicht mehr Schritt halten. Nach einer Überdose war alles aus. Tschüs, Dosedel.

Der Hundesänger

Der ehemalige Skiflieger Akki Illipulli fiel 1978 von der Berg-Isel-Schanze derart unglücklich auf ein zufällig dort stehendes spitzes UNICEF-Plastik-

Gummischwert, das in Wahrheit der Verbrecher Willi Pürstl vorsätzlich dort plaziert hatte, damit es dem aufgeräumten Skiflieger Illipulli direkt in seine kritischen Punkte schoss und stieß. Dem Skiflieger Illipulli mussten operativ die »balls« entfernt werden, es war im Jahre 1978. Der Skiflieger Illipulli wollte aus Angst vor dem Verbrecher Pürstl, der immer noch sein UNICEF-Plastik-Gummischwert-Unwesen treibt, nicht mehr Skifliegen.

So musste der Skiflieger Illipulli beruflich umsatteln und wurde aus einer üblen Laune heraus Kontratenor. Weil der wegen Pürstls verbrecherischen UNICEF-Plastik-Gummischwertsanschlags, bzw. durch Pürstls verbrecherischen UNICEF-Plastik-Gummischwertanschlag ins gleichsam Hodenlose gefallene Skiflieger Illipulli – es war im Jahre 1978 – sich stimmhöhenmäßig in ungeahnte Fistelfipshöhen entwickelt hatte. Kurzum, aus dem Skiflieger Illipulli wurde ein Kontratenor, aber auch kein guter, weil seine Stimme derart hoch ist, dass sie nur mehr bellende Vierbeiner, also das, was wir alle heimlich abschätzig als »Hunde« bezeichnen, hören können. Die Frequenz von Illipullis Stimme ist so bestürzend hoch, dass seine Ehe zerbrach, wie seine Träume im Wind. Heute lebt der Kontratenor Akki Illipulli verarmt als Hundesänger in Moskau – weiß Gott kein gutes Pflaster für Hundesänger.

Der große Bellheim

In Deutschland wohnt ein Hund. Der Hund von Marius Müller-Westernhagen: Elstner. Ein österreichischer Hund. Benannt nach dem österreichischen Sportreporter Peter Elstner. Der Hund ist 34, ein gutaussehender Bastard mit Staupe und Pest. Der Müller Sänger-Westernhagen liebt Elstner, seinen blinden, vierbeinigen Freund. Der Westernsänger Müllerhagen lebt mit Elstner in einem schmucken Tonhaus aus Keramik bei Gütersloh. Grundsätzlich wäre alles in Butter, wäre da nicht dieser Berg bei Gütersloh, den der Köter Elstner jeden Abend bei Dämmerung besteigt, um ihn zu markieren. Kein Problem an sich, wäre Elstner nicht so blind, pestkrank und orientierungslos wie er nun mal ist. Der Sänger Marius Müller-Westernhagen wollte schon einen Blindenhund für seinen blinden Hund kaufen, verwarf die Idee aber wieder in der Annahme, der Blindenhund sei auch blind. Der blöde Sänger.

542

So haben Elstner und der Sänger Müller-Westernhagen ein Agreement getroffen, wann immer der pestkranke, blinde Hund am Berg sein Geschäft erledigt hat, solle er, der Elstnerhund, doch bitteschön laut nachhause bellen. Er, der Sänger, käme dann schon ihn zu holen. So macht der brave Hund Elstner jeden Tag pünktlich um 15.45 Uhr auf dem Berg bei Gütersloh den großen Bellheim.

Das nasse Gesicht

Sich berühren ist wie Afrika, fremd und kalt. Und »Au clair de la lune« ist ein Gute-Nacht-Lied. »Und was hat das alles mit mir zu tun?«, fragte sich Vico Torriani, als er mit nassem Gesicht vor einer Kathedrale stand.

»Altes Haus, warum ist mein Gesicht seit 75 Jahren nass? Nass wie die See. Ich schwitze nicht, ich dusche nicht, aber, oh weise Kathedrale, mein Gesicht ist nass, wie der feuchte Po einer Hammerwerferin.«

Vico kniete nieder. Ein Tourist aus der Schweiz wusch sich die Hände in Vicos Gesicht. So ging es ihm oft. Und seit 75 Jahren fragt er sich, woher die Nässe kommt. Gut, einen Vorteil hatte die wundersame Nässe, das räumte auch Vico ein. Wo seit 75 Jahren Feuchtigkeit regiert, entsteht neues Leben. Vico Torrianis Gesicht ist seit 1967 ein anerkanntes Schweizer Feuchtbiotop. Auf Vicos nassem Gesicht tummeln sich Molche, Algen, Seerosen und seit kurzem auch ein Schwan. Auf einem Schildchen werden potentielle Angler zurechtgewiesen: »Fischen verboten«. Geht Vico spazieren im Wind, dann hat er stürmische Gesichtssee. Skrupellose Investoren errichten im Mai 1993 eine Hotelanlage neben Vicos Nase mit Minibar und Satelliten-TV. Zimmer mit Augenblick. Herr Torriani wurde gar nicht gefragt. Wenn er sich das vor Augen hält, muss er weinen. Dann ist Gesichtsflut und Urlauber ertrinken. Gleichzeitig entsteht wieder neues Leben in Torrianis nassem Gesicht. Kraniche, Aligatoren und Neandertaler mit Lendenschurz. The circle of life. Vicos ganzer Stolz ist Wicki, ein 200 Meter langer Blauwal, der es sich in Vicos Gesicht bequem gemacht hat. Von Wicki hat Vico gelernt, wie man Geräusche machen kann, die in 45 000 Kilometern Entfernung noch zu hören sind. Aber Wicki und Vico leben in ständiger Angst vor den Walfängern von Greenpeace, die mit ihren Schlauchbooten und Harpunen über sein Gesicht rasen, dass es eine Art hat. Das alles sauste Vico Torriani durch den Kopf, als er 75jährig mit nassem Gesicht vor einer Kathedrale kniete.

Im Hobbyraum

Im Hobbyraum, wo seit 18 Jahren ein gelber Tischtennistisch steht – Wer sagt, dass Tischtennistische immer grün sein müssen? – kommt der honorige Stermann plötzlich ins Grübeln, ob Tischtennis tatsächlich sein Hobby ist. Als Hobby schwebe ihm schon so etwas vor mit Netz, kleinem Ball und bis 21. Aber in Wahrheit, so stellt Stermann da im Hobbyraum kleinlaut und beschämt fest, durchjagen ihn, den großmäuligen Afro-Deutschen, seit 47 Jahren ausschließlich sexuelle Gedanken. Und die haben – mit Verlaub – mit Tischtennis rein gar nichts zu tun. Na ja, denkt Stermann traurig, zieht sich aus, legt sich auf den Tisch und denkt an etwas ganz Anderes.

Andreas und seine Freundin

Andreas staunte nicht schlecht, als ihm seine Freundin vorgestellt wurde. Eigentlich wollte er mit Gerald trampen gehen. Und jetzt das. Jetzt hatte er also eine Freundin. »Was kann man damit machen?«, fragte sich Andreas und begann zu überlegen. Als er den Michelfeit-Schrank zum Geburtstag seiner Mutter bekommen hatte, hatte er zuerst auch nicht gewusst, was er damit tun sollte. Bis er sich entschloss, Bücher hineinzustellen. Das war eine gute Idee gewesen. Aber jetzt, bei dieser Freundin, da konnte man wenig reinstellen, und die Gebrauchsanweisung verstand er nicht. Sie hieß Friederike Mayröcker und schrieb Bücher, die Andreas in seinen Michelfeit-Schrank stellen konnte. So hatte sie doch eine Art Funktion.

Schuhhirsch

»Suppe, Suppe …« brach es aus Schuhhirsch heraus, als er versuchte, über sich selbst zu reden. Seine Frau wollte das. Sie beklagte sich seit Jahren darüber, dass Schuhhirsch nie über sich selbst sprach. Sein »Suppe, Suppe …« machte die alte Schuhhirsch nur noch wütender. Schuhhirsch selbst schlug resignierend die Hände über dem Kopf zusammen und murmelte über einem Sturzbach an Tränen: »Wie man's macht, macht man's verkehrt.«

Die Schuhhirschs trennten sich. Statt seiner Frau nahm er sich eine kleine Wohnung. Als er seinen letzten Kaffee verbraucht hatte, sagte Schuhhirsch zu sich selbst: »Jetzt bin ich ganz allein.« Er schlief im Stehen ein und stand am nächsten Morgen wieder auf. »Nennt man das auch aufstehen, wenn man im Stehen geschlafen hat?«, fragte Schuhhirsch in die kleine Wohnung hinein. Dann sprang er aus dem Fenster. Das war 1978. Da er aber die oberste Wohnung eines sehr, sehr hohen Hauses bewohnt hat, kann man leider noch nicht sagen, ob Schuhhirsch beim Sprung aus dem Fenster gestorben ist. Seit mittlerweile 18 Jahren rast Schuhhirsch im freien Fall Stockwerk für Stockwerk dieses unvorstellbar hohen Hauses hinunter. Er kann nichts mehr dagegen tun. Das ist ihm seit drei, vier Jahren klar geworden. In seiner alten Wohnung wohnt längst die alte Schuhhirsch, die laut lachend aus dem Fenster furzt.

Dazu schreibt Mag. Inge Sämann in ihrer bislang unveröffentlichten Promotionsschrift »Abschwellender Bocksgesang. Kulturkritik im Schweinehälftenkostüm«:

Ecce Schuhirsch, Ecce Homo. In seiner Unfähigkeit, die Aporien seiner Existenz auszuhalten, ja überhaupt zu artikulieren, wird dieser Grisse- und Stermann'sche Protagonist als tragikomischer Prototyp des spätmodernen Durchschnittsmanns kenntlich, eine Figur, die der eigenen körperlichen und geistigen Impotenz zum Opfer fällt … und fällt und fällt und fällt. Seine Welterfahrung ist – wie die vieler seiner Leidensgenossen – geprägt von der als unüberbrückbar erlebten Diskrepanz zwischen Ich (»Schuhhirsch«) und Nicht-Ich (»Suppe«), zwischen Hoffnung und Wirklichkeit, Intention und Ergebnis. Gleich zu Beginn des Textes wird Schuhhirschs Versagen, dieses existenzielle Scheitern, sprachlich manifest – und zwar in jenem ohnmächtigen Aufschrei, welcher der Trennung der Ehepartner vorausgeht und diese schließlich besiegelt.

Anders als seinen etwaigen literarischen Vorläufern – Albert Camus' »Fremder« ist hier nur einer von vielen – will es Schuhhirsch nicht mehr gelingen, seine »transzendentale Obdachlosigkeit« affirmativ umzudeuten und aus der Absurdität seiner Existenz neue lebensbejahende Energien zu ziehen. Er ist der resignierte

Mensch, der Mensch *nach* der Revolte, ein endloser Untergeher, dem nichts mehr glückt, nicht einmal der eigene Suizid. Er ist der Mensch der Posthistoire.

Doch nun vom »Ende der Geschichte« zum Ende *dieser* Geschichte: Diese Geschichte endet mit einem Furz, vielmehr muss man sagen, sie endet *nicht*, kann nicht enden, weil Furz und Sturz gleichermaßen über ihr Ende hinausreichen. Das Motiv des endlosen Sturzes, wie auch des nicht-enden-wollenden Furzes evoziert den Gedanken der »ewigen Wiederkunft.« Freilich brechen die Autoren an entscheidender Stelle mit der bejahenden Emphase der nietzscheanischen Vorlage. Bei ihnen wird der Lebenskreis, das Zyklische quasi gewaltsam aufgebogen in die Vertikale und somit transformiert in einen endlosen Vektorpfeil ins Bodenlose. Vor diesem Hintergrund nimmt sich der Furz der Ex-Frau in der Tat wie ein verzerrtes Echo des Hohnlachens der zynischen Vernunft aus, wobei uns, den Lesern dieses Lachen im Halse steckenbleiben muss: Wir können uns nicht entleeren, erleichtern wie die alte Schuhhirsch, wir müssen – wie der scheiternde Selbstmörder – weiterleben, weiterstürzen, nicht wissend, ob am unteren Ende des Hochhauses eine mitfühlende Seele das Auffangkissen einer neuen Ethik für uns bereit gelegt hat.

Grissemanns 40. Geburtstag

Der rothaarige Nahostösterreicher mit dem Hang zum Klettern – er hatte hinter seiner Scheißangeber-Protz-Kotz-Villa einen eigenen kleinen Hang zum Klettern. Dieses kleine Frauenzimmer Grissemann war zu seinem 40. Geburtstag schick und aufdringlich gekleidet, mit amerikanischem Siedlerkleid aus Exilkuba und Trockenhaube gegen die Alkoholsucht. Die Protz-Kotz-Villa hatte er geschmückt mit Wildlederhandschuhen und halbtoten Rauhhaardackeln. Er selbst fühlte sich wohl oder übel, er konnte es schon seit Jahren nicht mehr unterscheiden. Er brach das Brot und wischte alles auf mit einer Füllfederpatrone. Als das Aufwischen mit der Füllfederpatrone nicht so richtig klappen wollte, stellte er einfach ein Paar Schuhe auf das Erbrochene, dass man es nicht mehr sehen konnte. In seiner Protz-Kotz-Villa standen 54 Paar Schuhe auf Erbrochenem. Das war also die Ausgangsposition an Grissemanns 40. Geburtstag.

Stermanns 60. Geburtstag

Der sehr rosinenhafte Ekel- und Angstdeutsche Stermann war an seinem 60. Geburtstag sehr schlecht drauf und fürchtete sich vor sich selbst. Denn gestern, als er gut drauf gewesen war, hatte er sechsmal versucht, sich aufzuhängen. Heute hatte er also schlechte Laune. Wie in Trance beobachtete er sich dabei, wie er zuerst einen Pflock durch seine Kniescheibe hämmerte, dann eine Pistole lud und sie sich in den Mund steckte. Gott sei Dank siegte seine Fresssucht: Er fraß die Pistole. Da lag der Rheinländer also pistolensatt und mit einem Pflock durchs Knie in seinem Schmelzzimmer. Neben ihm ein kleines weißes Zwergkaninchen. »Na dann«, grummelte Stermann, packte das Tier und begann es zu schmelzen. Das also war die Ausgangsposition an Stermanns 60. Geburtstag.

Filip de Wulf

Er hatte nur noch Augen für diese Frau, sagte sich der Glasaugenmacher Filip de Wulf, als er erkannte, dass in seiner Verkaufsvitrine nur mehr zwei Glasaugen waren. Mit »diese Frau« war Katarina Habsudova gemeint, eine blinde Melkerin, die jetzt vor ihm im Geschäft stand und nach Milch roch. Filip de Wulf wusste, dass mit dem Verkauf der beiden letzten Glasaugen ein neues Leben für ihn beginnen würde. Er schlug sich einige Jahre als Glasohren- und Glasnasenverkäufer durch. Es funktionierte nicht. Es gab einfach keinen Bedarf an Glasohren und Glasnasen. Er zog sich dann ganz zurück. Bei seiner Beerdigung spielten drei, vier Glasbläser eine traurige Melodei. Ihm selbst war zu diesem Zeitpunkt alles scheißegal.

Verhärmte alte Frauen

Da sitzen sie zur Weihnachtszeit in ihren Stuben. Tycoone. Models. Weltrekordler. Menschen wie du und ich. Der eine sagt zum anderen, der andere nicht zum einen. Und schließlich nicken alle ein. Und nebenan ein Kind, ganz groß und alt und weise. Macht sich auf die Reise, ins Innere zu sich nachhause. Auf einmal kippt die Geschichte und erzählt von einer Genossenschaftswohnung, in der sich zwei verhärmte alte Frauen mit einem kleinen Stück Holz vergnügen. Eine Erinnerung an bessere Tage. Hicke und Nudel kannten sich seit Tagen, und von Anfang an litten sie unter ihren lächerlichen Vornamen. Deshalb riefen sich Hicke und Nudel ausschließlich Johanna und Nudel. Also Hicke wurde Nudel genannt und Nudel Johanna. Alles klar? Dann weiter. Sie arbeiteten beide bei der Frauen-Zeitung *Matterhorn* als Setzerinnen. Als Setzerin bestand die Aufgabe darin, neuen Redaktionsmitgliedern ihren Sitz zu zeigen. Das *Matterhorn* war ein niveauloses Blatt mit klassischen Frauenthemen, wie Frauen, Schießen und Bier. Die beiden waren schon über 60 und liebten Tolstoi, einen Kellner aus ihrer Stammkneipe »Zum heiteren Dackel«. Hier trafen sich jeden Mittwoch Tierärzte und Tiere. Hicke und Nudel gehörten eigentlich nicht dazu, waren sie doch weder Arzt noch Tier, sondern einfach nur zwei verhärmte alte Frauen. Die Tische im »Zum heiteren Dackel« waren aus massiver Eiche gezimmert. Am Stammtisch saßen jeden Mittwoch Vögel, Hirsche, Kraken, Krabben und Veterinärmediziner. Wie gern hätten Hicke und Nudel auch mal am Stammtisch Platz genommen, doch vor allem die Krabben verspotteten die alten Frauen, als sie einmal allen Mut zusammen nahmen und an den Tisch traten und nach Freundschaft gierten. Ein betrunkener Vogel beleidigte sie, und die anderen Tiere und Ärzte brachen in Gelächter aus. Arme Hicke. Arme Nudel. Aus tiefster Verehrung vor dem Stammtisch nutzten Hicke und Nudel letzten Mittwoch kurz vor Sperrstunde die betrunkene Stimmung am Stammtisch für ein gewagtes Manöver. Auf allen Vieren krochen die alten Frauen unter den Tisch und bissen ein Stück Holz heraus. Dieses Stück Holz gibt ihnen seither das Gefühl, Teil der oberen 10 000 zu sein. Ein Arzt oder ein hohes Tier. Hicke und Nudel, wir erheben unser Glas und stoßen auf auf euch.

Der Darm

Der Darm ist der Bauknecht in der Küche Mensch. Wie muss man sich den Darm vorstellen? Der Darm arbeitet in der gleichen Branche wie D. Copperfield. Der Darm ist ein Zauberer. Er kann Essen in Scheiße verwandeln. Manche sind so berühmt, dass sie den internationalen Darmdurchbruch schaffen. Die Kinder finden Därme super. Erfolgreiche Kinderfernsehsendungen wie »Am Darm Des« belegen das. Auch für Tennisschlägerinnen ist der Darm wichtig. Um den Schläger zu bespannen, ziehen die Spielerinnen den Darm aus ihrem Körper raus und wickeln ihn um das Racket herum. Darum können sie während des Spiels nichts essen. Es gibt einen berühmten Satz, der den Darm am besten erklärt:

Schnappt der Fisch den Wurm vom Köder

ist am Köder ebendort, der Wurm

der vorher da war – fort.

Das ist der sogenannte Wurmfortsatz. Alle Menschen bis auf Stevie Wonder haben keinen Blinddarm mehr. Wenn man seiner Liebsten einen Strauß Blumen schenken möchte, aber alle Blumenläden zu sind, kann man sich in der eigenen Darmflora einen hübschen Strauß pflücken. Dass nicht andere Leute in deinem Darm Tulpen und Nelken stehlen können, dafür gibt's den Darmverschluss. Oliver Hardy hatte einen Dickdarm. Stan Laurel einen Doofdarm. Bei Darmgrippe sollte man sich dreimal am Tag den Darm schneuzen und dem Darm einen warmen Schal um den Hals legen. Wenn man das Geschirr nicht selbst abwaschen will, kann man es auch aufessen, runterschlucken und den Darm machen lassen. Das ist die sogenannte Darmspülung. Daher das Sprichwort: Andere Länder, andere Sitten. Der Darm ist ein offenes Buch. Allein ein Rätsel wird wohl für immer ungelöst bleiben. Wie geht Anal-Verkehr bei künstlichem Darmausgang?

Das kleine Bürschchen

Das kleine Bürschchen ist eigentlich die große fette Frau eines Mundmalers aus Prag. Der Titel (»Das kleine Bürschchen«) ist zugegeben ein Fehler. Jedenfalls wollte diese große fette Frau ganz nach oben, Karriere machen. Sie trennte sich von ihrem Mann. Denn Gattin eines Mundmalers – was ist das denn für eine Ausgangsbasis, um Karriere zu machen? Ihr Ex-Mann übrigens machte kurze Zeit später eine Bombenkarriere als Mundmaler. Die große fette Frau ernährte sich ausschließlich von Spargel, wegen der Potenz, trotzdem konnte sie nie einen Mann zum Höhepunkt bringen. Sie überlegte lange, wo sie Karriere machen könnte, und entschied sich dann dafür, auch

Mundmalerin zu werden. Mit dem einzigen Unterschied, dass sie es mit den Händen machte. Das floppte. Dann fing sie an zu schielen, auch damit kam sie nicht nach oben, sie ließ sich dichte Koteletten wachsen und trat bei Raves als Fuß-Kabarettistin auf. Auch damit machte sie keine Karriere. Versuchen Sie mal, mit den Füßen Witze zu machen. Und dann fiel sie eine Treppe runter; das war ihr Glück. Sie bemerkte nämlich, dass kleine Staubpartikel von der Treppe an ihr hängengeblieben waren. Sie stand auf – überlegte kurz und ließ sich noch einmal die Treppe runterfallen. Und siehe da – wieder war Staub hängengeblieben. Nachdem die fette Frau 123-mal die Treppe runtergeflogen war, war die Stiege deutlich sauberer. Das war der Startschuss für ihre Karriere. Heute arbeitet sie im Stiegenhaus des ORF als vielleicht ungewöhnlichste Gebäudereinigerin der Welt.

Das Gehirn

Das Gehirn ist eine Art Direktor in der Werbeagentur Mensch. In ihm liegen das Sprach- und das Nervenzentrum, Atome und Neutronen tummeln sich, Membranen und Kartoffeln, Synapsen und kleine Nagetiere. Man muss sich das Gehirn vorstellen wie Mallorca, viele kleine Bungalows und betrunkene Touristinnen, deren T-Shirt nass ist. Befehle erteilt die Großhirnrinde schriftlich mit extrem vielen Druckfehlern, die linke Gehirnhälfte ist zuständig für Gemeinheiten und die richtige Einschätzung der erforderlichen Holzkohlenmenge fürs Grillen. Die rechte Gehirnhälfte merkt sich maximal eine Internetadresse und wird sonst gar nicht genutzt. Auch das Sehzentrum liegt im Gehirn, gleich neben dem internationalen Zentrum für Bodenkultur. Das Gehirn kann auch trainiert werden, indem man es aus dem Kopf herausholt und wahlweise auf eine Hantel legt oder auf ein Trimm-Dich-Fahrrad setzt. Ein gesundes Gehirn kann sich an Dinge erinnern, die länger als eine halbe Stunde zurückliegen, daher das Sprichwort: Wer andern eine Grube gräbt, fällt selbst hinein. Der Gehirnstamm steuert die Motorik, 80 PS und Spitzengeschwindigkeiten bis zu 8 km/h Celsius. Das ist schon ein tolles Ding, unser Gehirn.

Melanies Mütze

Die Uhr zeigte sieben vor vier. Erst. Dann sechs vor vier. »Feine Sache, so eine Uhr!«, dachte Melanie. »Tut sich immer was.« Melanie war begeisterte Taucherin. Dass sie Nichtschwimmerin war, kam ihrem Hobby zugute. Sie konnte das Tauchen zwar nicht in dem Sinn beeinflussen, aber Tauchen ist Tauchen. Die überzeugte Katholikin ersoff vor den Seychellen und ist jetzt im Taucherparadies. Ihre Mütze aber, Melanies Mütze, lag noch am Strand. Gefunden wurde sie von einer gewissen Pamela Ganz, die früher Pamela Anderson hieß, aber nach der Heirat mit Bruno Ganz Pamela Ganz hieß. Sie setzte sich die Mütze auf und wurde kurze Zeit später Burgtheaterdirektorin. Aber nicht in Wien, sondern auf den Seychellen, wo man für Pauschaltouristen eine Art Scherz-Wien nachgebaut hat. »Wo ist die Mütze, Bruno?«, fragte Pamela oft. Und Bruno sagte: »Auf dem Kopf, Pamela! Auf dem Kopf!« Dann griff Pamela ihm auf den Kopf. Aber da war nix. »Auf deinem Kopf, du blöde Ganz!«, schrie dann Bruno immer und hatte Schaum vorm Mund. Sie ließen sich scheiden. Das Gericht sprach Bruno Melanies Mütze zu. Was ihre Brüste betraf, entschied man, dass Bruno die Hälfte des Silikons bekommt, die andere Hälfte wurde der »Aktion Sorgenkind« zugesprochen. Aber Bruno Ganz, ganz Fuchs, vereinbarte mit der »Aktion Sorgenkind« eine Tauschaktion: Melanies Mütze gegen die Silikonhälfte. Jetzt war Bruno glücklich. Er hatte das ganze Silikon, mit dem er seinen Ifflandring ausstopfen konnte. Heute trägt der stolze Schweizer Ganz den Ifflandring um den Oberschenkel. Und Melanies Mütze? Melanies Mütze, zu was war die noch nütze? Nur zu Blütze, Blütze, Liegestütze.

Willie und Mink de Ville in Andalusien

Willie und Mink de Ville sind irgendwie miteinander verwandt. Sicher ist: Mink ist der Bruder von Willie, was Willie ist, das wissen beide nicht. Was Willie ist, das ist doch wurscht. Willie und Mink de Ville sind einfach da. Da kann man gar nichts machen. Das ist halt so. Willie und Mink de Ville sind, so wie sie sind, ganz normale Rocker, wie es Tausende gibt. Gary Glitter zum Beispiel. Seit Jahr und Tag fragen sich Willie und Mink de Ville was mit ihren Ohren los ist. Sie haben nämlich keine. Wo normale Menschen – wie Gary Glitter zum Beispiel – die Ohren haben, haben Willie und Mink de Ville Tiramisu. Es ist immer das gleiche Spiel in der andalusischen Villa, wo sich die beiden Rocker seit ihrer Beinamputation ein zweites Standbein aufgebaut haben. Wenn das Telefon läutet und es ist für Willie, dann darf Mink anschließend den Telefonhörer abschlecken. Wenn es für Mink ist, darf Willie schlecken.

Tja, so ist das bei Willie und Mink de Ville in Andalusien.

Trauer in der Scharlach-Weltrangliste

Jahrelang gehörte Swip Schniss zu den Top Ten der Scharlach-Weltrangliste, nur ein einziges Mal, es war im Herbst 1987, fiel Schniss nach einem kurzen gesundheitlichen Hoch auf Platz 270 der Scharlach-Weltrangliste. Aber er kämpfte sich wieder ganz nach oben, mit der Hilfe seines Trainers Sick Bolitieri. Er siechte sich nach vorn. Erst spät ist der Scharlachspezialist darauf gekommen, dass er auch in anderen Kinderkrankheiten international Spitze war. Beim Windpocken Open in Rotterdam kam er ungesetzt ins Viertelfinale, um kurz darauf beim Feuchtblattern/Masern-Indoor Gstaad als Sieger das Krankenbett zu verlassen. Swip Schniss hat es allen gezeigt. Er war der Profi-Kinderkranke schlechthin. Mit 87 holte er sich den Kinderkrankheiten-Gesamt-Weltcup, und mit 89 landete er während der Scharlach-Weltmeisterschaft in Japan seinen letzten, großen Erfolg. Er starb als erster 89jähriger den plötzlichen Kindstod. So groß der Jubel über Schniss' Sieg war, so herrscht doch Trauer in der Scharlach-Weltrangliste. Sein letztes Interview gab Swip Schniss vorletzten Dienstag in der Sportsendung »Zu dritt in kleine Förmchen setzen« – zugegeben ein etwas sperriger Name für eine Sportsendung.

Magistra Inge Sämann schreibt zu diesem Text in ihrer Promotionsschrift »Abschwellender Bocksgesang. Kulturkritik im Schweinehälftenkostüm«:

Auch dieses frühe Prosastück haben wir als politische Parabel zu lesen, denn – bei aller philosphischen Reduktion auf die existentielle Grunderfahrung des Absurden – Handlung und Setting sind durchaus transparent auf die demografischen und gesellschaftlichen Realitäten: Im ebenso erfolgreichen wie vergeblichen Ringen des greisen Protagonisten zeichnen sich die psychosozialen Folgen gegenwärtiger demografischer Entwicklungen ab: Swip Schniss ist Produzent und Produkt einer zugleich überalternden wie dem Jugendlichkeitswahn verfallenen Gesellschaft. Wer, wenn nicht er, ein 89jähriger mit nachgerade verzweifelter Affinität zur Kindheit und ihren Krankheiten, könnte die Aporien der gerontokratischen Gesellschaft trefflicher verkörpern?

Gleichzeitig findet sich auf dem Krankenblatt dieses Repräsentanten der vergreisenden Infantilgesellschaft noch eine weitere, eine historisch ältere Signatur: Die Art und Weise, in der Swip Schniss seine scharlachwunde Haut zu Markte trägt, folgt bis ins Kleinste den Regeln des kapitalistischen Wirtschaftssystems. Der alte Schniss hat den Wettbewerbsgedanken so weit internalisiert und auf alle Lebensbereiche – gar auf den Bereich des Körperlichen – ausgedehnt, dass er für eine, mit dem höheren Weltranglistenplatz verbundene Statusaufwertung tatsächlich sein Leben opfert, ein Leben, dessen Wert er eben nicht anders als im Wettbewerb mit anderen, jüngeren Kontrahenten glaubt bemessen zu können. Das ist sie, die totale, die globale »Ausweitung der Kampfzone«!

Vorerst ließe sich daher folgendes Fazit ziehen: Mit dieser kleinen Parabel um Leben und Leiden des Scharlach-Weltmeisters Swip Schniss, schießen die beiden amoralischen Moralisten den »Süßen Vogel Jugend« ab – und das ist wahrscheinlich gut so, bevor er ihnen und uns noch als altersschwaches Küken in die Suppe plumpst.

Das Herz

Das Herz ist der Portier im Hotel Mensch. Durch es fließen Blut, Schweiß und Tränen. Das Herz ist zuallererst eine Pumpe, die, anders als beim Fahrrad, nur schwer gestohlen werden kann. Das Herz hat vier Kammern, die Kammer für Arbeiter und Angestellte, die rechte, die linke, die strenge und eine Zusatzkammer, wo man Besen, Kübel und Speisevorräte für den Winter reinstellen kann. Im Herz treffen Venen und Arterien aufeinander, daher das Sprichwort: Eine Schwalbe macht noch keinen Frühling. Das Herz muss man sich vorstellen wie das pulsierende Nachtleben von Ibiza. Geile Weiber und Bier. Wichtig ist es, den Herzmuskel zu trainieren. Dazu muss man den Brustkorb öffnen, das Herz herausnehmen und in ein Hallenbad werfen. Ausdauerndes Schwimmen ist für's Herz das Beste. Herzrasen ist an sich kein Problem, solange das Grün gepflegt und geschnitten wird. Wenn das

Herz gut drauf ist, Witze erzählt und Frauen untern Hintern greift, also ganz schön in Fahrt ist abends im Wirtshaus, dann nennen Ärzte das Herzinfahrt. Wenn das Herz aufhört zu schlagen, ist man nach spätestens sechs Jahren tot, und zwar mause. Man kann aber Gott sei Dank Herzen transplantieren. Man nimmt ein Stück Haut vom Gesäß und näht es in den Brustkorb. Noch ein Tipp: wenn das Herz klopft, so tun, als wär man nicht zu Haus, auf keinen Fall reinlassen.

George Michael

George Michaels Hose war offen wie der staunende Mund eines Strickers im Regenwald Brasiliens, als er als einzigen potentiellen Kunden einen Kakadu erblickte und mit ihm nach kurzem Raufhandel in einem Mobil-WC der Firma Schratt verschwand. George Michaels Lust war relativ groß, nicht wie Peter Muff-Ei, der so wenige Zentimeter von Mutter Natur geschenkt bekam und der immer noch wie auf Kindesbeinen sich fortbewegt, bekleidet mit einem Strampler aus Leder. George Michael machte es, wie ein Tischler seinen Tisch, der gedeckt werden sollte, zum Muttertag, wie eine Stute von einem Hengst aus dem Gestüt von Paul Schockemöhle, die währenddessen so versonnen auf der Weide stand, als ginge sie das gar nichts an, wie es doch wohl nicht angehen kann, dass diese halbe Million »Brother Louie Louie Louie«-Käufer ungestraft davon kommen darf, wie ein Art Director, der auf eine solche Art Direktor war, dass die von ihm beworbenen Produkte sich gar nicht mehr verkaufen wollten. George Michael wurde festgenommen, was ihm eh nicht so unrecht war, fest genommen zu werden, wie Leonardo di Caprio bei »Show Royale«, der sich dankenswerter Weise den Hörern zur Verfügung stellt, wie man ein schlechtes Buch ins Regal stellt, dessen Seiten zwar bedruckt, aber inhaltslos sind, wie der Kopf von Dieter Bohlen, dem man wünschte, auf einer Herrentoilette erwischt und abgeführt zu werden mit schweren Abführmitteln, die man nimmt bei hartnäckiger Verstopfung, was Gott sei Dank bei dem kalifornischen Klo nicht der Fall war, dessen Rohre frei waren, wie George Michael in der Wahl eines Anwalts, der ihn aus dem Gefängnis rausholt, wie andere anderen einen runter.

Kosmetik und Chanson

Leander Olirach war hungrig, er hatte nichts zu beißen. Alles was ihm blieb, waren Gewissensbisse. Doch davon wurde er nicht satt. Leander war stumm. Er konnte nur ganz leise reden. Er lungerte den ganzen Tag so herum, in der Lungenheilanstalt. Leander und sein Arzt spielten oft auf seinem Lungenflügel vierhändig Klavier, was Leander weh tat. Der Arzt war taub. Er konnte nur Menschen verstehen, die ganz leise sprachen. Menschen wie Leander. Die beiden wurden Freunde. Aber nicht sehr gute. Als Leander einmal dem Arzt sein Herz ausschüttete, war der voll Blut, und Leander musste alles wegwischen. Das war Leander eine Lehre, und er verbrachte jede freie Minute im Kosmetiksalon »Ronnie Hornschuh«, wo Ronnie Hornschuh, der Chef, selbst bediente. Die beiden wurden Freunde, wussten aber nicht, was sie miteinander reden sollten. So sangen sie, um das peinliche Schweigen zu durchbrechen. Man hörte nur Ronnie Hornschuh singen, denn Leander sang viel zu leise. Ronnie sang Chansons, Leander auch, aber Leander hätte auch Death Metal singen können, es war egal, man hörte ja nichts. Irgendwann fiel Leander um im Kosmetiksalon. Das war schade. Wie er da so lag, am Boden, zwischen künstlichen Fingernägeln und einem Berg abgeriebener Hornhaut, das war schon ein trauriges Szenario. Vergleichbar nur mit der Situation als Ronnie Hornschuh fünf Jahre später starb. Ronnie fiel nämlich einem Raubmord zum Opfer. Der Maskierte hatte ihn nicht beunruhigt, trug er doch eine Gurkenmaske, als er den Kosmetiksalon überfiel. Ronnie und Leander – die Geschichte einer ungewöhnlichen Freundschaft. Man wird die beiden nie mehr gemeinsam Chansons singen hören. Das hat man aber sowieso nie, denn Leander sang immer viel zu leise. Insofern ist eigentlich alles ganz egal.

Arbeitstexte fürs Romantik-Seminar

Duft durchdringt das Haar der Magd. Der Mondschein lässt es gülden glitzern. Sie trägt nachhause die Körbe voller Frucht. Sie stolpert über Stock, dann Stein. Da guckt der Ziesel. Ist der Abendstern noch wach? Und da, im Bach – muh, muh – bumst der Dorfdepp seine Lieblingskuh.
Von ferne schon hört man die Kindlein singen, glockengleich die Kinder-

stimmen, die Bäcklein rosarot. Die braungebrannten Beinchen, hurtig auf dem Weg zur Schule. Schnell schnell, ihr Lieben. Husch husch. Kräht da nicht schon der Hahn? Von Ferne töfft die Eisenbahn, da heißt es winken. Winke winke. Die Sonne blinzelt freundlich nieder, die Ränzlein wackeln frech im Wind. Gütig sieht man Lehrer Hampe blicken, er selbst denkt immer nur ans Dorfdepp-Ficken.

Schneeflöckchen fallen sanft und leicht. Vöglein zwitschern, ein Bächlein rauscht und das Reh streckt frech sein Köpfchen in den Wind. Ein Glockenspiel erklingt von weit, der Duft von Heu erfüllt die Luft, die klar und rein dem Füchslein Atem gibt. Der Frühling zeigt sein zärtlich Kleid, dort springen Forellen und hier summen die Bienchen. Auf den Blättern liegt Tau und dem Bauern seine Frau, wird, während der Mond durchs Himmelsdach blickt, vom Dorfdeppen ordentlich durchgefickt.

Dazu schreibt Magistra Inge Sämann in ihrer Promotionsschrift »Abschwellender Bocksgesang. Kulturkritik im Schweinehälften-Kostüm«:

»Oh Wildnis, oh Schutz vor ihr« – möchte man nach der Lektüre dieses kleinen Prosa-Gedichts gemeinsam mit der großen österreichischen Nobelpreisträgerin Elfriede Jelinek ausrufen, welche wohl zu den prominentesten Vertreterinnen jener postmodernen Anti-Heimat-Literatur zählt, in deren Traditionslinie sich unsere beiden Autoren mit diesen Arbeitstexten fürs Romantik-Seminar eingeschrieben haben. Oder sollte man sagen: eingeschrieben zu haben scheinen? Denn bei genauerer Lektüre wird diese leichterhand vollzogene Einordnung zusehends problematisch. Zwar dient die pastorale Idylle den Autoren Grisse- und Stermann offenkundig nur mehr als Staffage für ihr satirisch ideologiekritisches Verwechslungsspiel. Ihre Aussage- und Wirkungsabsichten lassen sich allerdings – anders als bei der Kollegin Jelinek – nicht ganz eindeutig auflösen. Hier bleibt ein inkommensurabler Rest. So scheinen insbesondere jene formelhaft wiederkehrenden derben Schlusspointen einerseits in klar desillusionierender, also satirisch-kritischer Absicht auf die Anachronizität und Fragilität jenes Wunschbildes vom naturverbundenen Dasein bedürfnisloser friedlicher Landbewohner zu verweisen. Andererseits ließe sich aus denselben Formeln genausogut das Lob ländlicher Promiskuität heraushören, ist doch nicht zuletzt die Figur des so genannten Dorfdeppen als Verdichtung, wenn nicht gar als Apotheose einer naiven und damit unschuldigen, also positiv konnotierten Sexualität lesbar.
Sollten unsere Autoren etwa weniger an einer kritischen Demontage als vielmehr

an der emphatischen Rekonstruktion eines überkommenen Naturbildes interessiert gewesen sein?

(Hierauf kann es an dieser Stelle keine Antwort geben. Zumal die Topoi Ehebruch, Sodomie, Homoerotik und sexuelle Beziehungen mit Abhängigen – sofern deren literarische Ausgestaltung von vergleichbaren Topoi in der erotischen Hirtenpoesie der Anakreontiker abweicht – keinesfalls zu meinen Fachgebieten zählen. Sehr unangenehm.)

Nassfratz und Kleinrensing

Beim Vögeln zwitscherten sie wie blöde Gänse, es war ihnen unmöglich, cool Sex zu haben. Hysterische Narreteien und exaltierte Kasperliaden beim Geschlechtsverkehr mit Krankenschwestern oder manchmal auch gesunden machten sie zum Spitalsgespött. Primar Nassfratz und Doktor Kleinrensing, zwei königlich vertrottelte Groteskärzte vom Krankenhaus am Rande der Stadt, sie waren die einzigen Ärzte, die am Computer mit einer echten Maus arbeiteten und einen internen Wettstreit laufen hatten, den – wie Nassfratz ihn nannte – »Im-Körper-des-Patienten-während-einer-Operation-Gegenstände-vergessen-Wettbewerb«. Kleinrensing lag vorne. Primar Nassfratz hatte letzte Woche bei einer Nierentransplantation geschickt ein Kleinkalibergewehr, eine Espressomaschine und einen ausziehbaren Esszimmertisch aus Eichenholz im Bauch der Rentnerin Hannelore plaziert und wieder zugenäht. Kleinrensing nickte bewundernd beim Anblick der Röntgenbilder, und Nassfratz sah sich schon als Sieger. Da aber geschah das Unglaubliche: Kleinrensing zog seinerseits Röntgenaufnahmen aus der Tasche, die ihn zum Sieger des »Im-Körper-des-Patienten-während-einer-Operation-Gegenstände-vergessen-Wettbewerbs« küren sollten. Während einer Mandeloperation vergaß Doktor Kleinrensing im Hals der 13jährigen Schülerin Manuela sage und schreibe ein Klappfahrrad, sechzehn Dosen Hundefutter und eine Einbauküche von Regina im Gesamtwert von 84 000 Schilling.

Dagegen waren die von Nassfratz im Bauch der Rentnerin vergessenen Gegenstände im Gesamtwert von 12 500 Schilling ein Witz. Natürlich brennt Primar Nassfratz nun auf eine Revanche in der nächsten Runde des »Im-Körper-des-Patienten-während-einer-Operation-Gegenstände-vergessen-Wettbewerbs«.

Wie Mann und Frau

Die Dame legte ihren Arm um den Herrn wie der kalte Nebel Venedigs einem kleinen Berufsoffizier sein feuchtes Kleid. Der Herr schaute verliebt wie ein einbeiniger Sportvolontär, der auf die Resultate der dritten Schweizer Hockeyliga blickt. Ihre Hand schob sich zu ihm hin wie ein mexikanischer Güterwagen in der knarrenden Remise Cancúns um fünf Uhr früh, wenn die Bäcker ihr Teigwerk beginnen. Er drückte sie zärtlich, wie ein pubertierender Elektronikfachhändler seine blutgetränkte Akne im Rückspiegel eines von einem Vietnamesen gestohlenen Citroën GS mit umklappbaren Rücksitzen und ABS. Sie stöhnte leise auf wie der verletzte Stolz eines portugiesischen Schallplattenhändlers, dem bei der Abrechnung klar wurde, dass wieder nur Elton John über die Ladentische gegangen war, die ihm ein befreundeter Schreiner aus Bethlehem zu Weihnachten gezimmert hatte. Seine Zunge irrlichterte in ihrem Mund, wie eine Insektenschar auf den Tragflächen einer Aeroflotmaschine kurz vor dem Absturz über Ruanda, bei dem bis auf die Besatzung alle überleben sollten, weil König Zufall es so wollte und die Passagiere nichts dagegen hatten. Der Herr erregte die Dame, wie die Restplatzbörsenmitarbeiterin Beate ein öffentliches Ärgernis, indem sie dem Exilkubaner Miguel ein Feuerzeug aus taiwanesischer Produktion und echtem Fleisch statt eines Tickets nach Ibiza ausstellte, was der Kubaner mit einem Geschrei quittierte, das man zum einen nicht von der Steuer absetzen konnte und man zum anderen zuletzt im Brüsseler Heysel-Stadion gehört hatte, von einem italienischen Fußballfan, der daheim in Turin eine Kuh sein eigen nennen durfte. Die Dame verließ den Herren, so plötzlich und überraschend, wie ein salmonellenvergiftetes Ei den Körper einer zierlichen Cartoonistin aus dem Sudan, deren Stift gerade über ein Blatt Papier flitzte, als es über sie kam, wie eine neue Technologie über ein archaisches Bergvolk Turkmenistans im April des vergangenen Jahres. Bertolt Brechts 99. feierte man da. Der Herr stand also wieder ganz allein da und holte sich munter einen nach dem anderen runter.

Wie alle guten Geister

Das Kind verließ den Schulhof wie alle guten Geister einen von einem grippalen Infekt geschüttelten Rentner, der ohne Kopfbedeckung im eiskalten Regen auf der Straße sitzend Tiefkühlfisch kaut. Endlich war die Schule aus wie das Leben eines Waldläufers, der von einer vom Baum gefallenen, ohnmächtig gewordenen, sechs Kilogramm schweren Eule erschlagen, nun also tot, mit verdutzten Augen im Unterholz liegt, gleich dem feuchten Nebel, der auf der Place Pigalle in den Unterrock einer mehr- oder minderjährigen portugiesischen Prostituierten gekrochen war, um dort leise zu verweilen. Das Kind traf seine Freunde am Fußballplatz, wie die schlechte Nachricht gleich einem Blitz die Tanzkursteilnehmer, nachdem sie erfahren hatten dass der Fleischerball abgesagt worden war, auf den sich alle gefreut hatten, wie der Transsexuelle auf das neue Geschlecht und der Kommunarde – erster Sohn und Erbe eines Schweizer Bonbonfabrikanten – auf den Biss ins erste Konfekt am frühen Morgen eines verhangenen Sonntagnachmittags. Die Buben traten das Leder, bis die Sonne unterging wie der leise freundliche Hinweis eines tamilischen Zigarettenverkäufers am Markt von Colombo inmitten des betrunkenen Getöses bundesdeutscher Antichristen, der warnend seine kleine Stimme erhob ob der drohenden Autobombe, die in zwei Minuten dreißig zu explodieren gedenke, allein, sie hörten ihm nicht zu und flogen durch die Luft, genau wie der zerplatzte Ballon des Kindes, das nach dem Spiel gedankenschwer den Heimweg zur Mutter antrat.

Wie Erich

Hans-Joachim Kulenkampffs Sendung wurde abgesetzt wie ein halbvolles oder – wie der Pessimist es ausdrückt – halbleeres Glas Rotkäppchen-Sekt auf dem Tresen eines Nachtklubs in Linz. Kulenkampffs Sendung war so unmodern wie ein neugeborenes Fohlen, das in einem Tierkalender abgebildet war und von einem ungebildeten Tankwart achtlos tagelang angestarrt wurde, so wie man Grashalme anstarrt, während man zuhause in der Küche steht und Bücher liest von längst verstorbenen Autoren. Kuhlenkampff ist jetzt beleidigt wie Erich Schleyer, als er in den späten Siebzigern erschossen wurde, so hinterhältig wie ein Kartentrick beim Strip Poker, bei dem sich Männer auszogen, um Frauen das Fürchten zu lehren. Kuhlenkampff ist so alt und müde wie die Snowboardgeneration, die über schneebedeckte Hügel springt wie ein wildgewordener Königspudel in sein Unglück, weil er ungeschützten Verkehr mit einer Bernhardinerwitwe hatte und die Last der Alimente nicht tragen wird können wie der Bombenbastler Fuchs den Einkaufskorb am Samstagmorgen. Kuhlenkampff will sich jetzt zurückziehen wie Wale sich selbst, wenn sie's könnten, an Land gestrandet zurück ins Meer, das so aufbrausend ist wie Giovanni Trappatoni, der wie Flasche leer ganz hat fertig.

Wie alle dummen Lümmel

Das Tor in Madrid brach ein wie Albert Drach ins Leben des lieben Reemtsma. Die Aufregung war groß wie das Verlangen eines verzagten Brasilientouristen, der sich in Rio de Janeiro einen Bandwurm zugezogen hatte, diesen wieder loszuwerden, loszuwerden wie Dieter Bohlen Verona Feldbusch, die so schmählich unterschätzte, wie man die Entfernung zum Horizont unterschätzt, wenn man am Fenster steht und springen will wie Sven Hannawald vom Schanzentisch in Bischofshofen. Der Schiedsrichter schickte die Spieler zurück in die Kabinen wie Peepshowgäste, nachdem verlautbart wurde, dass Frau Mag. Lolo Ferrari noch einmal tanzen wird, so wild wie ein anatolischer Derwisch auf glühenden Kohlen, die so heiß sind wie Graciano Rocchigiani auf einen Wiener Hausmeister mit Hund. Mehr als 75 Minuten mussten alle warten, wie man im Garten wartet, auf längst vergangene Zeiten, die einem durch die Finger geronnen sind wie frisches Blut, das man vergossen hat nach einem Frontalunfall auf der Landstraße bei Fieberbrunn, an dem man unschuldig war wie Natalie Imbruglia an der Ermordung von John F. Kennedy, dessen Tod die Welt beschäftigte wie RTL Gerhard Zeiler, der stolz den ORF verlässt wie ein Duft die Tulpe nach einem warmen Frühlingsregen, der Kühlung versprach, so wie sich alle dummen Lümmel beim Privatradio in jedem einzelnen Satz versprechen. Mit neuem Tor ging es wieder los, wie Bruce Springsteen in dem Philadelphia-Video, der den Mund beim Singen kaum noch öffnet, wie junge Menschen die Bücher großer Denker, Dichter, Demokraten kaum noch öffnen, sondern lieber Pillen schlucken, wie man Kinder schluckt bei der Impfung gegen Masern, vor der man sich so fürchtet wie der Antichrist vor dem Papstbesuch und Dortmund vor einem Tor der Madrilenen.

Oma Belästiger, Udo und Ziegenhemd I

Oma Belästiger, diese kleine alte Frau, stand drei Tage mitten auf der Straße und soff Bier vom Fass. Am Schluss hatte sie 42 Promille. Vor so viel Trinkfestigkeit zog sie ihren eigenen kleinen Hut und wurde zurück ins Altersheim getragen. Im Altersheim wohnte ihr 69jähriger Sohn Udo. Sie selbst hieß Oma Belästiger und war schon viel zu alt fürs Altersheim. Die beiden liebten sich, leider so wie es verboten ist. Noch immer legte die Alte ihrem Sohn Udo jeden Morgen die Kleider auf seinen Sessel, so dass er sich sehr von ihr angezogen fühlte. Er, der kleine alte Udo, war sehr stolz auf Oma Belästigers Alkoholismus und empfand eine tiefe innere Zufriedenheit, wenn seine alte Mutter betrunken hereingetragen wurde. Die Alte wurde immer aggressiv, wenn sie betrunken war. Das machte Udo, den Sohn, sehr glücklich, richtete sich ihre Aggressivität doch ausschließlich gegen ihn. Einmal im Suff, so erzählte Udo immer wieder gern mit einem bewundernden Unterton in der Stimme, einmal im Suff habe sie versucht, ihm mit seinem Kaschmirmantel die Augen auszustechen. Lieber Leser, was so unmöglich klingt, gelang! Sein Vater übrigens, Udos Vater, ist gestorben, als er drei war – der Vater. Oma Belästiger war im herkömmlichen Sinn keine Oma, weil ihr Sohn Udo keine Kinder hatte. Udo hatte einen Hund, einen toten Hund, und zwar einen ehemaligen Vorsteherhund. Udo kaufte den Hund lebend 1974, als er beim Hundezüchter anfragte nach einem Hund, der zu seiner Prostata passte. Udo nannte den Hund Ziegenhemd, und Ziegenhemd starb 1976 an Prostatakrebs. Seit damals zog Udo Belästiger den toten Hund an der Leine hinter sich her, wenn Udo glaubte, dass Ziegenhemd Gassi gehen musste. zuhause im Altersheim steckte Udo Ziegenhemd in eine antike Vase, die mit Formalin gefüllt war, damit Ziegenhemd nicht vom Fleisch fiel. Zweimal im Jahr ging Udo mit Ziegenhemd zum Tierarzt, der jedesmal aufs neue Ziegenhemds Tod feststellte. Als Udo 1986 einmal drei Monate im Knast war, weil er einen vollbesetzten Passagierdampfer in die Luft gejagt hatte, musste Oma Belästiger sich um den toten Vorsteherhund kümmern. Im Suff steckte Oma Belästiger Ziegenhemd nicht in Formalin, sondern in flüssiges Koffein. Die Brühe war so stark, dass der seit acht Jahren tote Ziegenhemd wieder erwachte. Im Suff erschoss sie ihn. Als Udo, aus dem Knast entlassen, mit Ziegenhemd zum Tierarzt ging, konnte dieser wieder nur den Tod feststellen. Oma zog inzwischen den Hut vor sich selbst, weil sie trotz 142 Promille noch immer auf der Straße stand und in der prallen Sonne Bier vom Fass trank. Udo Belästiger fand es eigentlich nur lässig, vor Gericht fand man es aber fahrlässig, alle Pfleger in Udos Altersheim mit dem toten Ziegenhemd zu erschlagen. Man verurteilte ihn zu zwei Wochen Knast. Oma Belästiger musste sich währenddessen wieder um Ziegenhemd kümmern. Im Suff rief sie den Tierarzt, weil Ziegenhemd beim Schlagen kaputtgegangen war. Der Tierarzt kam zu ihr auf die Straße, wo Oma seit Jahren Bier aus dem Fass soff und 198 Promille hatte. Der Tierarzt aber konnte den toten Vorsteherhund nicht finden. Da hatte Oma Belästiger den Tierarzt aber ganz schön an der Nase herumgeführt, hatte sie doch den toten Ziegenhemd in ihrem Bierfass versteckt! Als Oma Belästiger das Fass ausgesoffen hatte, zog sie erst – wie immer – den Hut vor sich, vor so viel Trinkfestigkeit, und fiel dann – wie immer – auf der Straße um. Der Tierarzt trug Oma zu Udo in den Knast. Ziegenhemd aber, der auf der Straße im Fass versteckt lag, kaputt und tot, wurde vergessen.

Was passierte mit dem armen Ziegenhemd? Udo wusste nichts, weil er ja im Knast war. Oma wusste auch nichts, weil sie ja im Suff war. Der Tierarzt selbst wusste ja gar nicht, dass Ziegenhemd im Faß versteckt ist. Wie die Geschichte weiterging und ob Ziegenhemd je wieder gesund wurde? Das erfährt man vielleicht auch irgendwann.

Oma Belästiger, Udo und Ziegenhemd II

Als Oma aus ihrem dreiwöchigen Koma erwachte, schnappte sie japsend nach Luft, weil der tote Vorsteherhund Ziegenhemd auf ihrem Gesicht lag. Ein scharfer Geruch nach Verwesung stieg in ihre rotgeäderte Nase, Udo hatte wohl länger vergessen, Ziegenhemd in Formalin zu stecken. Nein, Udo hatte es nicht vergessen, er war einfach verhindert. Udo war im Knast. Udo hatte aus einem glücklichen Gefühl heraus einen vollbesetzten Touristenbus in die Luft gesprengt und mehrere Passanten auf offener Straße hingerichtet. Klar musste er dafür Strafe ausfassen, drei lange Wochen im Gefängnis. Und es war ihm untersagt, seinen toten Vorsteherhund Ziegenhemd mit in die Zelle zu nehmen, also musste er Ziegenhemd irgendwo lassen. Er entschied sich für Omas kleines Zimmer im Altersheim. Er legte Ziegenhemd drei Wochen direkt auf Omas Gesicht, damit er sich die Füße nicht dreckig machte und Oma Ziegenhemd sofort sah, wenn sie aufwachte. Heute wurde Udo aus der Haft entlassen. Sein erster Weg führte ihn sofort zu seinen Liebsten, zu Oma und zu Ziegenhemd, doch beide waren weg. Oma hatte sich längst besinnungslos gesoffen und lag auf Ziegenhemds Gesicht in einer leeren Fabrikhalle am Rande der Stadt.

Oma Belästiger, Udo und Ziegenhemd III

Als Udo mit dem Tierarzt in die leere Fabrikhalle trat, in der es nach Bier und Verwesung roch, japste er vor Freude nach Luft, als er Oma da auf dem Gesicht des toten Vorsteherhundes Ziegenhemd liegen sah. »Oma!« rief er stolz, als er neben der besinnungslosen alten Frau ein lebensgroßes leeres Fass Bier fand. »Das hat sie selber ausgesoffen!«, rief er mit stolzgeschwellter Brust dem ängstlichen Tierarzt zu, der sich sofort daranmachte, zum wiederholten Male Ziegenhemds Tod festzustellen. »Ich weiß!«, lachte Udo glücklich, als er den Befund hörte, und befahl dem Tierarzt unter Androhung körperlicher Gewalt, sofort Formalin über den Hund zu gießen, damit der Verwesungsprozess ein wenig eingedämmt werde. Weil die besoffene Oma aber mit ihrem schweren Körper auf dem toten Hundeaas lag, wurde sie vom Veterinärmediziner gleich mitbegossen, was Udo gar nicht gefiel. »Oma in Formalin?!«, brüllte er und prügelte auf den Akademiker ein, dass dem Hören und Sehen verging, und zwar wirklich. Der Tierarzt wurde blind und taub, weil Udo ihm beide Ohren abriss und in die Augen biss. Als Oma Tage später erwachte, war Udo längst im Knast (zehn Tage Gefängnis wegen schwerer Körperverletzung). Oma selbst sah gesünder und lebendiger aus als je zuvor, wahrscheinlich lag's am Formalin. Glücklich stand sie auf, zückte einen Flachmann, trank den in einem Zug aus und fiel um, aber nicht ohne kurz vorm Aufprall noch den Hut vor sich selbst zu ziehen, vor solcher Trinkfestigkeit!

Für die lesende Dame

Im Delphinarium ist es ganz feucht.
Hört, wie dort die Qualle keucht!
Der Delphin in Leder und Lack
greift der Qualle
an den prallen Quallensack

Mutter und Kind

»Wo kommen Sie denn her?«, fragte die junge Frau ihr neugeborenes Kind im Kreißsaal. So begann eine zwar höfliche, aber doch immer sehr distanzierte Mutter-Kind-Beziehung. Die beiden hatten getrennte Schlafzimmer, jeder kochte für sich selbst, und sie fuhren auch nie gemeinsam auf Urlaub. Es war toll, jeder hatte seine eigene Privatsphäre, von Anfang an! Als das Kind drei Jahre alt war, schlug die Mutter vor, doch einmal gemeinsam zu Abend zu essen, aber das Kind hatte schon gegessen. »Vielen Dank, ich bin bereits satt«, wehrte das Kind freundlich ab. »Allerdings wär ich Ihnen sehr verbunden, wenn Sie mir endlich einen Namen geben könnten.« »Suchen Sie sich doch selbst einen aus«, schlug die Mutter vor. Dann verließ sie das Haus und kam drei Wochen später zurück.

Das Kind hatte sich in der Zwischenzeit den Namen »Pissnelke« gegeben, wozu die Mutter herzlich und aufrichtig gratulierte. »Übrigens, Mutter«, sagte Pissnelke etwas später, »ich nehme mir eine eigene Wohnung, nur dass Sie's wissen und sich nicht unnötig Sorgen machen.« »Schon in Ordnung, Sie sind dreieinhalb und können tun und lassen, was Sie wollen, Pissnelke.« Zum Abschied legte die Mutter eine Platte der »Goombay Dance Band« auf, und zwar die B-Seite von »Limbodance«. »Alles Gute also! Lassen Sie mal wieder etwas von sich hören!«, sagte die Mutter und reichte dem Kind die Hand. Ein kräftiger Händedruck beendete die stets freundliche, aber doch auch immer ein wenig distanzierte Beziehung zwischen Mutter und Kind.

Die Wurst des Zufalls

Paul Auster ist verschlossen wie eine Auster. Es war im Regionalzug nach Mürzzuschlag, als Paul Auster sein Buch »Die Wurst über Manhattan« las. Er war begeistert, der Schriftsteller, der schöne. Dann aß er sein Buch und hörte dazu im Walkman Musik von »Waterloo und Robinson«. Paul Auster hat einfach keine Beziehung zu Literatur. Er hat keine einzige seiner Zeilen selbst geschrieben. Paul Auster ist Bayer und: Er ist Kellner beim Münchner Oktoberfest. Das ist sein erlernter Beruf. Außerdem war Paul Auster lange Jahre zuständig für die Toiletten auf der Wiesn. Damals nannte man ihn »Ronnie Urini«. Im Februar 1956 besuchte der damals noch junge Robert Lembke das Münchner Oktoberfest. Lembke und Auster kamen ins Gespräch. Das »Gespräch« war damals die angesagteste Hütte am Münchner Oktoberfest. Lembke und Auster sprachen vier Jahre miteinander; durchgehend, ohne schlafen, nur mit Küssen. Im Verlauf dieses langen Gesprächs wechselte wie von Zauberhand Lembkes Krankenkassabrille 842 000-mal die Nase. Von Lembke zu Auster und wieder zurück. Sie konnten es sich beide nicht erklären. Na ja, nach exakt vier Jahren unentwegter Diskussion sprang Paul Auster wie vom Mantel gestochen auf und brüllte Robert Lembke zu: »Welches Schweinderl hättstn gern?« »Dich«, flüsterte Lembke zärtlich. Und sie liebten sich. Aber nur sexuell, platonisch ging bei Lembke gar nichts mehr. »Welches Schweinderl hättens denn gern?«, dieser Satz schrieb Fernsehgeschichte. Der Autor des Satzes »Welches Schweinderl hättens denn gern?« heißt Paul Auster. Mehr hat Paul Auster nie geschrieben. Seine Bücher hat Robert Lembke verfasst, aus Dankbarkeit für den genialen Satz. Jedes einzelne Auster-Buch, sei es »Wurst über Manhattan«, »Am Wurststand der letzten Dinge« oder »Die Wurst des Zufalls«.

Das ist ein Ding: Seit Robert Lembke gestorben ist, lebt er nicht mehr und ist tot. Austers legendärer Schweinderl-Satz ist in Vergessenheit geraten, und Lembkes Ghostwriterdings hat sich erlederitzt. Der völlig untalentierte bayrische Toilettenangestellte Paul Auster soll jetzt also ohne Lembke weitere

Romane schreiben. Dr. Kiepenheuer und Frau Witsch wollen das. Sie wissen nicht, dass Auster früher Ronnie Urini hieß, gar nicht schreiben kann und Bayer ist.

Meister Lampe

Der 69jährige deutschstämmige Jess Bringer wuchs im Herzen Ohios auf, das er auch nie verlassen sollte. Der unauffällige Bringer arbeitete seit seinem elften Lebensjahr bei Broinger, einer kleinen Firma in Ohio, die nichts Besonderes herzustellen vermochte, lediglich kleine Dinge. Die Firma Broinger gehört noch heute Brock Broinger, einem Mulatten, der heftig für die Rechte der Ohioer Mulatten einzutreten vermochte, aber geschäftlich mit seiner kleinen Firma Broinger nichts weiterzubringen vermochte. Broinger war es auch, der aus einer Bierlaune heraus den 14jährigen Bringer einzustellen vermochte, woraus allerdings die Firma Broinger kein nennenswertes Kapital zu schlagen vermochte. Während Brock Broingers einzige Beschäftigung den Rechten der Ohioer Mulatten galt, vermochte Jess Bringer in der Firma allein nichts weiterzubringen. Tatsächlich beschränkte sich Jess Bringers Tätigkeit bei Broinger auf das morgendliche Ein- und das abendliche Ausschalten der Firmenbeleuchtung. Aufgrund der Ausschließlichkeit von Jess Bringers Tätigkeit bei Broinger, nämlich das Licht ein- und auszuschalten, verpassten ihm die Ohioer Mulatten den liebenswerten Nickname »Meister Lampe«.

Das Ende einer großen Utopie

In der Biozuhälterszene war der Teufel los. Dinkel-Dieter und Vollkorn-Volker hassten sich bis aufs Blut, sie hassten also alles, nur das Blut des anderen nicht. Sie hatten faszinierende und liebenswerte Blutkörperchen, pralle, knackige, geile, knappe, sexy Blutkörperchen, sie schliefen mit ihnen. Sie nannten es den »Rhesus-Fuck«. Kennengelernt haben sich Dinkel-Didi und Vollkorn-Volker bei einer Bordellbesetzung in den siebziger Jahren. Damals hatten die beiden gelernten Tischtennisschiedsrichter eine Vision. Der Afro-afrikaner Dinkel-Dieter träumte von einem Ökopuff, und der Italoitaliener

Vollkorn-Volker wünschte sich ein Bordell mit freilaufenden und glücklichen Prostituierten. Die beiden wurden ein Team mit einer gesunden Geschäftsidee. Nachdem sie sich letzte Ratschläge von Puff Daddy geholt hatten, eröffneten sie im Spätherbst 76 das legendäre »Rübenritze«. Damit trafen sie genau den Nerv der Friedensbewegung damals. Im Rübenritze vergnügten sich Vegetarier, Veganer und Wehrdienstverweigerer, während sich Fleischfresser, Menschenfresser und die Soldaten drüben im »Ochsenschwanz« vollaufen ließen (das »Ochsenschwanz« übrigens erhielt 1987 in der Kategorie »bester Bordellname« den Adolf-Grimme-Preis). Zwei Bordelle also mit völlig verschiedener ideologischer Ausrichtung. Das konnte nicht gutgehen, ging aber gut. Vollkorn-Volker half manchmal im »Ochsenschwanz« aus, und im Gegenzug schickte Kalbfleisch-Kalle manchmal verirrte Hippies rüber in die »Rübenritze«. So paradiesisch hätte es noch lange gehen können, hätte nicht die transsexuelle Startänzerin aus der »Rübenritze«, Radieschen-Rudi nämlich, Dinkel-Dieter dabei ertappt, wie er die erzreaktionäre amerikanische Edelnutte CSU-Ute befummelte. Das war politisch nicht korrekt. Vollkorn-Volker schrie es in der »Rübenritze« herum: »Dinkel-Dieter hat gepennt mit einer vom Establishment!« Dinkel-Dieter hatte ausgeschissen. Er wurde geviertteilt, gehenkt, vergiftet, in die Luft gesprengt, überfahren, erdrosselt, aus dem Fenster geschmissen, und blieb dabei völlig unverletzt. Aber wie durch ein Wunder starb er an den Folgen dieses »Unfalls«! Das war das Ende der Ökopuff-Bewegung. Vollkorn-Volker arbeitet heute unter dem Namen »Volker Rühe« als deutscher Verteidigungsminister. Das war das Ende einer großen Utopie.

Zwei Dosen Seerosen

»Zwei Dosen Seerosen, und wer soll das bitte schön alles essen?« Dieser Satz wird nie in die Geschichte eingehen, in keine. Sätze wie »Ick bin ein Berliner« oder »Ein kleiner Schritt für mich, aber ein großer für die Menschheit«, diese Sätze sind selbstverständlich Legende, aber »Zwei Dosen Seerosen, und wer soll das bitte schön alles essen?«, dieser Satz scheint in keinem Buch auf, so als wäre dieser Satz nie ausgesprochen worden. So als wäre er nur trivialer Quatsch. Dieser Satz – und das ist mehr als offensichtlich und gleichsam das Tragischste seit der Entwicklung der Atombombe – dieser Satz hat keine Lobby. Baumeister Peter Golaschewsky, Sachverständiger für Bewertung von Grundstücken und Bauwerken und begeisterter Mädchenmörder, sagte diesen Satz. Sein Freund Milan Stübel-Schrems, kastrierter Schriftführer im Verein der Wiener Mädchenmörder e. V., hatte diesen Satz provoziert. Er deckte den Tisch mit 18 blutjungen Blutwürsten und zwei Dosen Seerosen, die er noch schnell am Gemüsemarkt gekauft hatte. Genau in diesem Moment sagte Peter Golaschewsky, der auch am Tisch saß: »Zwei Dosen Seerosen, und wer soll das bitte schön alles essen?« Kein Chronist der Welt hielt es für notwendig, diesen Satz zu verewigen. Mussten wieder wir herhalten. Als hätten wir nicht schon genug um die Ohren mit Autogrammstunden und Karriere. Alles muss man selber machen, auch Karriere. Es ist zum Heulen.

Neues aus dem Hospital für Nebenrollen

Franz Suhrada hatte es schon lange befürchtet, eigentlich schon seit seiner Rolle als Polizist in »Kottan«, und jetzt hatte er es schwarz auf weiß: eine Überweisung ins Hospital für Nebenrollen. Suhrada wusste, was einen dort erwartet. Es war ein Gesprächsthema unter vielen beim großen Nebenrollen-Kongress in Mainz. Eddi Arent hatte eine Rede gehalten, er hat also den Zettel gehalten, von dem Martin Semmelrogge vorlas. Und er las: »Eddi, mein Kumpel, und ich, wir stehen stellvertretend für eine ganze Reihe von Schauspielerkollegen, die im Hospital für Nebenrollen behandelt und schikaniert worden sind. Ich will hier nur die Geschichte von Fritz Wepper erzählen: Fritz wurde im Hospital für Nebenrollen von betrunkenen Krankenschwestern das Blut rausoperiert und in einen kleinen Kühlwagen geschüttet, den er fortan seitlich neben sich herziehen musste, bis er es nicht mehr aushielt und sich den Kühlwagen aufschnitt. Rolf Zacher, mein Kollege Rolf Zacher, dem haben sie das Fleisch ausgetauscht gegen Fischfleisch. Rolf lebt jetzt mit einem Hecht zusammen und in ständiger Panik vor Katzen. Und mir selbst, mir selbst hat das Hospital für Nebenrollen den Hals entfernt und ersetzt durch eine sogenannte ›Kopfkordel‹. Die Kordel wurde ursprünglich für die Spülung des Wasserklosetts verwendet im Hospital für Nebenrollen. Wir müssen endlich was tun gegen diese unangenehmen Schikanen für Nebendarsteller!« Wenige Tage nach der Rede schnitt sich Semmelrogge die Kopf-kordel durch. Und jetzt also Suhrada. Die Operation dauerte zwei Stunden und wurde unter Fernkose durchgeführt. Narkose gab's nur drüben, im Hospital für Hauptdarsteller, und Chirurgen zum Saufuttern gab's drüben auch, aber hier, im Spital für Nebenrollen, führten die betrunkenen Kran-kenschwestern alle Operationen durch. Für Suhrada hatten sie sich etwas Besonderes ausgedacht: Zunächst einmal tauschten sie dem Nebendarsteller Ober- und Unterschenkel aus. Damit nicht genug, krönten sie die Körper-schikane damit, dass sie seine Ohren mit seinen Händen vertauschten. Alles geschah unter Fernkose, also bei vollem Bewusstsein. Fortan war es für ihn unerträglich laut, wenn man ihm die Hand gab, und wenn er bei Theater-aufführungen klatschen wollte, schlug er sich unentwegt aufs Gesicht. Jetzt war er nicht mehr gut zu sprechen aufs Hospital für Nebenrollen. Er wollte seinen guten Freund Peer Augustinski warnen. Suhrada hatte von einer betrunkenen Krankenschwester aufgeschnappt, dass man plante, Peer Au-gustinskis gesamte Wintergarderobe ins Innere des Körpers zu stecken. Kalt würde ihm dann trotzdem sein. Leider war besetzt, als Suhrada bei Augus-tinski anrief, denn Peer Augustinsky hatte schon wen dran. Richtig, das Hos-pital für Nebenrollen. Es ging um den Operationstermin.

Keine Tiere müssen nicht Menschen sein!

K. T. m. n. M. s., man denke nur an Telefone oder Tanz. Man kann ein Jahr nicht kürzer machen, nur Hosen. Der Fuchs Ernst Maler war deshalb oft verzweifelt und kauerte an irgendeinem Kaugummi in irgendeiner Akade-miegaleriebrummi. Ansonsten war alles wie immer. Sein Pinsel stand gen Norden, genau auf junge Eskimomädchen. Im Fernsehen lief »Einsatz in Manhattan«. »Nur ein Satz? Sicher so ein Kunstfilm!«, dachte Fuchs und schob eine Videokassette rein. Wim Wenders, Prädikat besonders wertvoll. Der Film war aus Gold. Fuchs liebte diesen Film, erinnerte ihn doch der Hauptdarsteller stark an Bruno Ganz. Was Wunder, war's doch Bruno Ganz! Und da schoss es Ernst Fuchs in den Kopf: Es war einer dieser gefährlichen interaktiven Krimis. Bruno Ganz erschoss Ernst Fuchs aus dem Fernsehen heraus. Aus Rache, hatte doch Ernst Fuchs 1972 die Gattin des Schauspielers

Bruno Ganz, Gattin Ganz, entführt und sie bis heute nicht zurückgebracht. Obwohl Ganz immer wieder flehte: »Gib sie wieder her!« Er aber gab sie eben nicht her. Nur einmal, 1978, wäre der Maler Ernst Fuchs bereit gewesen, Bruno Ganz seine Gattin zurückzugeben, aber da meinte Ganz aus Versehen: »Scheiß drauf!« 1986 wollte er sie wieder, aber da wollte Fuchs nicht mehr. Gattin Ganz schien aus dem Spiel völlig raus zu sein, sie wurde gar nicht mehr gefragt, sondern saß seit vierzehn Jahren eng zusammengeschnürt mit einem Apfel im Mund in einem feuchten Keller. Vor zwei Jahren erkundigte sich Ganz höflich bei Fuchs, ob es sich tatsächlich noch immer um den gleichen Apfel handle, der da seit einundzwanzig Jahren im Mund seiner Gattin stecke. Das sei ja interessant, ein Apfel, 21 Jahre alt! An seiner Frau habe er jegliches Interesse verloren, aber den Apfel, den hätte er gern gehabt, wenn geht.

Willi

Willi hatte seinen ersten echten Orgasmus. Vorher waren alle gebluff. Es gefiel ihm, »aber einmal reicht«, dachte er und gründete erst ProSieben und dann die Jugendzeitung »Willi«. Wilhelm Piek, vor fünf Jahren noch Verteidiger bei Grashoppers Zürich, er war der Rechtsanwalt des Clubs, und jetzt also »Willi«, dachte Wilhelm Piek, der vor dem großen Problem stand, eine Jugendzeitung herausgeben zu müssen, die er zum einen ganz gern behalten würde, und die sich zum anderen an taube und schaltragende Jugendliche richtete. Zielgruppe für Willi: taube und schaltragende Jugendliche. So lautete der Auftrag von Wilhelm Pieks Auftraggeber, von dem, was er zwitschernd zwischen den Beinen hatte, zwei taube Nüsse und einen schlaffen Schal. Wilhelm Piek im Zitat: »Für Taube schreiben – das schwerste, man muss sehr laut schreiben!« Und wie er da so laut vor sich hinschrieb, 1974 in Krefeld, konnte er nicht damit rechnen, dass zwei verfeindete Termitenstämme ihm die Arme wegfraßen. Aber so war's! Es war schlecht für ihn und die Jugendzeitung »Willi«.

Aus Verzweiflung darüber, dass seine Arme in Windeseile aufgefressen worden waren, wollte der tapfere Wilhelm sich schneuzen. Allein, er konnte nicht, um nicht zu sagen, er konnte es nicht allein. Und so ging er als »der

Schneuzenlasser« in die Krefelder Stadtgeschichte ein. Er schneuzte nicht, er ließ schneuzen. Die Krefelder Regionalliteratur legt heute Zeugnis darüber ab, dass Wilhelm Piek, »der Schneuzenlasser«, für Krefelder und Krefelderinnen mehr ist als jemand, der sich von jemand anderem die Nase putzen lässt.

Gedichte, wie das des gebürtigen Krefelders und Krefelderinns und heutigen Eurosport-Kommentators Volker Höttge legen Zeugnis darüber ab, dass Wilhelm Piek, der Schneuzenlasser, für Krefelder und Krefelderinnen mehr ist, als jemand der sich von anderen die Nase putzen lässt. Das Gedicht lautet:

> Der Willi,
> der Willi,
> der Willi
> lässt schneuzen,
> der Willi.

Zitas Zithern rochen

Wer kennt das nicht? Wer hat das nicht schon mal erlebt, dass einem die Zither ins Aquarium fällt? Das ist Alltag, nichts Besonderes, verliert man normalerweise kein Wort darüber. Unserer Kaiserin Zita passierte genau das. Ihr, der begeisterten Hobbyzitherspielerin fiel die Zither täglich mehrmals ins Fischaquarium. Kaum saß sie an dem wackligen Zithertischchen neben dem Guppy- und Neonfischaquarium, schon plumpste das Instrument auf die Zierfische und erschlug die armen gefiederten Freunde. Was für ein grausamer Tod, von einer Zither im Aquarium erschlagen zu werden, das hat die Schöpfung doch gar nicht vorgesehen, so ein Ende für einen Zierfisch. Ein kurioses Ende, etwa so, wie wenn eine Eintagsfliege von einem Damenbarthaar erstochen wird. Kaiserin Zita nannte 34 überwiegend nasse und tropfende Zithern ihr eigen. Um zu verhindern, dass die kleinen Fischtiere weiterhin von ihrem Spielgerät zertrümmert werden, beschloss die Kaiserin, Lebewesen im Aquarium anzusiedeln, die so groß waren, dass sie das Gewicht der ins Aquarium fallenden Zither überleben konnten. Zita entschied sich nach reiflicher Überlegung für einen Zitterrochen. Das eineinhalb Meter große Tier steckte im 80 x 80 cm großen Becken und wurde also mehr als artgerecht gehalten. Zita war glücklich mit ihrem neuen Haustier, das sie Zitas Rochen nannte. Stundenlang saß sie an dem wackligen Zithertisch und musizierte verträumt vor sich hin, den eingeklemmten Zitterrochen Zitas Rochen fest im Blick.

Manchmal spielte sie vierhändig auf zwei Zithern und da passierte es. Beide Zithern verselbständigten sich und fielen ins Aquarium des Zitterrochens Zitas Rochen. Plumps. Zitas Rochen spürte den Aufprall kaum, aber Zitas Zithern rochen fortan nach Zitterrochen Zitas Rochen.

Nicht mehr, aber auch nicht viel weniger wollten wir mit dieser Geschichte sagen, als dass es sich so verhielt, dass seit diesem unglücklichen Tag Zitas Zithern rochen wie Zitas Zitterrochen Zitas Rochen.

Plusquamperfekt

Immer wenn er aus dem Fenster schaute und spielende Kinder sah, dachte er wehmütig an seine eigene, verlorene Kindheit zurück. Mit drei Jahren hat er zum ersten Mal eine Plattenspielernadel in der Hand gehalten und den Tonarm hin- und herbewegt, immer wieder, trainiert von seinem Vater, der von Anfang an nichts Anderes im Sinn gehabt hatte, als aus seinem Sohn einen Top-DJ zu machen. Jeden Tag musste er auf der DJ-Kanzel sieben Stunden lang üben und anschließend in einer Privatdisco Zusatzschichten einlegen, sein fanatischer Vater immer dabei. Wenn er nicht mehr konnte, weil er durch die Überanstrengung einen DJ-Arm bekommen hatte, legte ihm sein Vater eine auf. Mit fünf gewann er sein erstes DJ-Battle, mit sechs galt er als Wunderkind, und seine Mixes sorgten für Aufsehen. Mit sieben Jahren wurde er für ein Jahr in das DJ-Camp von »MC Sick Politieri« gesteckt. Es war ein sehr harter Stundenplan: 11.00 Uhr wecken, 11.30 Ecstasy schlucken, 12.30 bis 13.30 Hip-Hop-Mützen auf- und wieder absetzen, 13.30 bis 18.00 in Plattenläden in affenartiger Geschwindigkeit Platten stöbern, 18.00 bis 4.00 Uhr früh auflegen, von 4.00 früh bis halb 11 Drogen nehmen und Groupies ficken. Ein hartes Leben für einen Jugendlichen. Seit er zwölf ist, fliegt er als »DJ Plusquamperfekt« mehrmals am Tag um die ganze Welt. Er gilt auf allen neun Kontinenten als Megastar, Barbesitzer lassen sich von ihm ihre besten Longdrinks mixen, aber glücklich, nein, glücklich ist er nicht. Er würde so gerne eine Freundin haben, Hip-Hop-Mützen aufhaben und Ecstasy schlucken wie die anderen Kids und sich in Discotheken zu guter Musik bewegen! Tja, das Lied ist aus. DJ Plusquamperfekt, von einem fanatischen Vater betrogen um seine Kindheit.

Abendbrot bei Pischhorns

Im Mai 1986 hielt es der 17jährige deutschstämmige Snif Pischhorn nicht mehr aus. Die bestialischen Zustände in seinem Elternhaus zwangen den sensiblen Sniff, im Police Department Ohio eine Aussage zu machen, die ganz Ohio erschüttern sollte. Der Bub gab an, von seinem Vater, dem 93jährigen Anästhesisten Rock Pischhorn, jahrelang gegen seinen Willen zum Verzehr von Menschensuppe genötigt worden zu sein. Der junge Pischhorn führte unter Tränen aus, dass ihn sein Vater, der 93jährige Anästhesist Rock Pischhorn, genötigt habe, Menschensuppe zu verzehren, aber das hatte er ja schon gesagt. Rock Pischhorn, so die Ermittlungen, kocht seit zwölf Jahren jeden Freitagabend für seine Familie Menschensuppe, die, durch phantasievolle Fischgewürze angereichert, »einfach lecker schmeckt, ich weiß gar nicht, was Sie haben!«, so Rock Pischhorn wörtlich bei seiner Vernehmung. Über die Entrüstung seines Sohnes bezüglich der Menschensuppe zeigte sich der Hobbykoch Pischhorn nicht sehr überrascht. Zitat: »Snif ist in Suppensachen immer schon etwas wählerisch gewesen.«

Bernhard Russi, Gustav Thöni und FM4

»Russi?«, sagt Thöni immer. »Ja, Thöni?«, sagt dann Russi immer. So beginnt jedes Gespräch zwischen Bernhard Russi und Gustav Thöni, mit Thönis »Russi?« und Russis »Ja, Thöni?«. Dann wissen die zwei Schischnaken meist nicht weiter, außer Schweizer Schischnaken halt einfach nichts gelernt! Obwohl einer ja Italiener ist, Russi oder Thöni, das wissen die beiden nicht so genau. Na ja, also ist es jetzt so, dass die Russi- und Thönischnaken alt geworden sind, so alt wie der Mensch. Einen sensationellen Fund machten Archäologen letzte Woche in der Wüste Äthiopiens, als sie mehrere Millionen Jahre alte Knochen von Bernhard Russi fanden. Zeitgleich entdeckten Raucher, Quatsch, Taucher an einem Riff vor Kap Verde zwischen Schnecken- und Schnakenfossilien auch Gustav Thöni, in Fels eingewachsen. Die Schischnaken Russi und Thöni sind also wirklich ordentlich alt, sie überlebten die Eiszeit, die Steinzeit und auch Ö3. Jetzt wollten die alten Schischnaken Russi und Thöni noch einmal ordentlich Gas geben und bewarben sich beim neuen Jugendsender FM4. Sie möchten bitte gerne eine Sendung machen, und zwar die »Musicbox«.

Beuys meets girl

Eine der drei »Bananarama«-Sängerinnen und der Anstreicher Joseph Beuys hatten Pech. Nach einem Kartenspiel mussten beiden beide Beine amputiert werden. Dazu gesellten sich schnell Hepatitis A bis Z, TBC, HSV und Borussia Dortmund, eine Krankheit, wie sie sonst nur Kicker bekommen. Außerdem wuchsen dem Anstreicher Joseph Beuys und einer der drei »Bananarama«-Sängerinnen Wasserköpfe, und ein anständiger Herzinfarkt sollte auch noch drin sein. So lagen sie also da, nebeneinander im Hospital, und verliebten sich ineinander, die beiden, wie zwei, die sich verlieben, sehr zur Freude von Frau Doktor Zeit, der Chefärztin Angela, einer berühmten Ärztin, von der es hieß, die Zeit heile alle Wunden.

So war alles nicht so schlimm. Eine der drei »Bananarama«-Sängerinnen, die auch Hobbygärtnerin war, und der Anstreicher Joseph Beuys verließen gerngesund die Klinik, nachdem die Zeit alle Wunden geheilt hatte. Der erste Weg führte die beiden Turteltauben in den schön gepflegten Garten der einen »Bananarama«-Sängerin. Sie wollte dem Anstreicher ihr Beet zeigen.

Costa Brava

Zehn Kontinente in vier Tagen, dieses Reiseangebot reizte den Schlagersänger Benjamin »Benny« Bumsmann, und er betrat das Reisebüro, in dessen Auslage ein Toter lag, eine Leiche in spanischer Tracht, die Lust auf einen netten Costa-Brava-Urlaub machen sollte. Benny Bumsmann zeigte sich natürlich ein wenig pikiert ob der provokanten Werbestrategie dieses Reisebüros. Muss das denn sein, mit einem toten Spanier im Schaufenster Passanten anzulocken? »Menschenskinder, ihr habt Ideen!«, sagte Bumsmann augenzwinkernd, als er auch noch ein paar Tote an der Wand hängen sah, die nur mit »Neckermann«-T-Shirts bekleidet waren. »Sie wünschen?«, fragte die Besitzerin des Reisebüros, deren kleines Schildchen auf der Brust verriet, dass sie Mechthild Bumsmann hieß. »Wie, Sie heißen auch Bumsmann?«, fragte Benny irritiert. »Was, Sie etwa auch?«, fragte Mechthild zurück. »Ja sicher, ich bin Benjamin Bumsmann, der Schlagersänger! Sie kennen mich bestimmt, mein letzter Hit hieß ›Ich bin Bumsmann, wer bist du?‹, kennen Sie den?« Nein, kenn ich nicht.«, sagte sie, »Kennen Sie von Gabi Schlickwurst den Titel ›Ich schluck die Wurst, und du?‹?« »Nein«, antwortete Benny Bumsmann errötend und stieß mit dem Rücken gegen eine Leiche, die einen Cowboyhut trug und so Lust auf einen Amerikatrip machen sollte. Daneben stand ein Skelett mit einer PanAm-Stewardessenuniform. Wie der Zufall es wollte, betrat in diesem Moment Gabi Schlickwurst das Reisebüro. »Oh, wow, Frau Schlickwurst!«, rief Mechthild Bumsmann begeistert, »Ich bin ein großer Fan von Ihnen! Vor allem ›Ich schluck die Wurst, und du?‹, ein toller Hit, Frau Schlickwurst!« Mechthild Bumsmann schob Benny Bumsmann an die Seite zu den Leichen mit den Schottenröcken und kümmerte sich nur noch um das alternde Schlagersternchen Gabi Schlickwurst. Plötzlich wurde es Benny unheimlich. Er spürte den Herzschlag einer vermeintlichen schottischen Leiche. Lebte der Mann noch? Wie kamen all die Leichen in dieses Reisebüro? »Was zum Teufel wird hier gespielt, und wo bleibt die Polizei?«, flüsterte der Interpret von »Ich bin Bumsmann, wer bist du?«. Sätze, die man sonst nur im Kino hört. Mit seinen zittrigen Händen wählte er die Polizeinotrufnummer auf seinem Handy. »Schlickwurst!«, meldete sich ein Polizist am anderen Ende der Leitung. »Schlickwurst?«, fragte Bumsmann flüsternd zurück. »Yo, Schlickwurst, wie die berühmte Schlager-Schlickwurst!«, triumphierte der Polizist am anderen Ende. »Kennen Sie zufällig ihren Hit ›Ich schluck die Wurst und du‹?« »Ja ja«, antwortete Bumsmann, »kenn ich. Hören Sie: Ich bin in einem seltsamen Reisebüro, und ich wollte fragen …« Doch Benny Bumsmann sollte diesen Satz nie vollenden. Denn just in diesem Moment entpuppte sich die noch lebende schottische Leiche, auf der

Bumsmann lag, als der ekelhafte ZDF-Moderator Thomas »Tommi« Ohrner, der Bumsmann reingelegt hatte für seine »Versteckte Kamera«-Show. »Na, verstehen Sie Spaß?«, krächzte die ZDF-Sau mit breitem Grinsen. »Nein, überhaupt nicht. Kein bisschen«, antwortete Bumsmann und biss vor laufender TV-Kamera und 50 Statisten dem ZDF-Star Tommi Ohrner die Halsschlagader durch.

Brunos Abgang

Bruno und Bruno sind zwei Brüder, die beide Bruno heißen. Sie sind Wehrdienstverweigerer, beide bei der Army und als Panzerfahrer in Ohio stationiert. Bruno und Bruno sind tief religiös und fromm und können keiner Fliege etwas zuleide tun. Daher verwunderte es niemanden, als Bruno und Bruno in Gewissensnotstand den Kriegsdienst verweigerten. Der Gewissensprüfer Dr. Goran Ivanišević attestierte Bruno und Bruno Humanität und Friedfertigkeit. Dr. Ivanišević erkannte die Brüder als Kriegsdienstverweigerer an. Wie freuten sich Bruno und Bruno über die Aussicht, alten Menschen zu helfen, Kranke zu pflegen und anderen Dienst am Mitmenschen zu leisten, anstatt säbelschwingend in den Krieg zu ziehen. Um so härter traf sie Goran Ivaniševićs Entscheidung, sie als Panzerfahrer einzusetzen, so kurz vor dem Vietnamkrieg. War das ein Heulen und Schluchzen im Hause Bruno, war das ein Schock! Bruno und Bruno, die beiden langhaarigen Wehrdienstverweigerer, sind die einzigen Kriegsdienstverweigerer, die Panzerfahrer sind. Aber sie erfüllten ihre Pflicht, die Goran Ivanišević ihnen auferlegt hatte, und wurden zu den gefürchtetsten Killern, die Vietnam je gesehen hat. Die Tränen standen den überzeugten Pazifisten bei jedem Mord in den Augen. Auf dem Ohioer Soldatenfriedhof ruhen Bruno und Bruno heute in einem Brunograb. Als Inschrift ist zu lesen: »Hier ruhen Bruno und Bruno, die einzigen Wehrdienstverweigerer, die Panzerfahrer waren.«

Arztarzt Dr. Szenemieze

Arztarzt Dr. Szenemieze ist Arztarzt, besser Ärztinnenarzt. Dr. Szenemieze, der rotwangige freundliche Gynäkologendoktor, trägt ständig ein kleinkalibriges Gewehr am Arztgürtel, trinkt gern einmal ein Glas Montana-Haustropfen zuviel und ist privat ein Bastler in Unterhaltungselektronik. Bekannt wurde Szenemieze in Ohio aber vor allem wegen seiner Fähigkeit, Frauen zu Babys zu verhelfen, die keine Neugeborenen sind. Arztarzt Dr. Szenemieze hat im Verlauf seiner Karriere als interessanter Geburtshelfer bereits 64 Babys zur Welt gebracht, die bei ihrer Geburt älter als 28 waren! Seine Patientinnen, ausschließlich Ärztinnen aus Columbus, schätzen Szenemieze und nennen ihn liebevoll »Old Baby Doc«.

Dance, Detlef, dance!

Es sollte eine Weltreise werden oder ein Auto oder eine Wohnlandschaft, etwas ganz Besonderes eben, aber schmeck's, alles was Mag. Rufspeck zum Tode seiner Frau, seinem großen Jubeltag, von seinem besten Vater geschenkt bekam, war ein Gutschein für einen privaten Tanzkurs. »Da hätte meine Alte ja genausogut weiterleben können! Nochn elendes, fades Jährchen oder so! Schönen Dank, Papa!«, zeigte Rufspeck sich unwirsch im Angesicht des öden Gutscheins, nicht ahnen können, dass der Kurs mit dem primitiven Titel »Dancing with Detlef« sein Leben mindestens so verändern sollte wie eine neue Wohnlandschaft. Rufspeck zerriss den zuvor von ihm verbrannten, bespuckten und bekoteten Gutschein auf der Stelle und wandte sich wieder dem Pfirsich zu, den Rufspeck sich als Ersatz für seine tote Frau am Obstmarkt gekauft hatte. Die Phrase »Dancing with Detlef« hatte er sofort aus seinem Gedächtnis gelöscht. Er hasste Tanzen, er hasste diesen Schmus aus »Trallala«, »Tatü« und »Darf ich bitten?«, er war ein Mann! Der scheißt sich in die Hose, wenn er muss! Der pfeift auf Konvention, der stinkt, wenn alle Tänzer duften. Schluss aus, Pfirsich her! Doch dann läutet's an der Tür, an einem Märztag im Spätherbst. Draußen stand Tanzlehrer Detlef und sagt: »Hallo Rufspeck, willst du mit mir tanzen?« Vorsichtig schaute Rufspeck durch den Spion und traute seinen Augen nicht. Da draußen stand eine Art

Mensch, dessen moosbelegte Zunge bis zum Boden hing, voll mit Taubenkot und Fischgräten. »Ich bin's, Detlef!«, schrie der Narr, dem die Beine fehlten, so dass er sich auf einem Uraltskateboard fortbewegen musste. »Das kann unmöglich mein Tanzlehrer sein«, flüsterte Rufspeck, dieweil sein Herz so laut schlug, dass Detlef folgerichtig fragte: »Oh, stör ich Sie gerade beim Trommeln, Rufspeck? Komm raus, komm, tanz mit mir den Slowfox im Stiegenhaus!« »Momentchen, ich zieh mir schnell was a-han!«, rief Rufspeck durch den Briefschlitz. Schnell sprang er unter die Dusche, warf sich in Schale, parfümierte sich und öffnete die Tür mit den Worten: »Darf ich bitten?« Seit diesem trüben Märztag tanzen die beiden durchs Stiegenhaus, Mag. Rufspeck gebückt und Detlef flink auf dem Behindertenwagen. Schon bald war der Pfirsich verfault. Mag. Rufspeck hatte längst einen Ersatz für seine viel zu spät verstorbene Frau, nämlich den Tanzlehrer Detlef.

Der Scharfe, den sie Knüller nannten

Küsschen Mord hat vergessen, dass er tot ist und lebt einfach weiter in den Tag hinein, so als wäre nichts gewesen, post mortem. Früher, als er noch lebte, hatte Küsschen Mord eine Augenbrauenfirma, zusammen mit seinem Bruder, den sie Wellblech nannten. Wellblech Mord kam leider schon tot auf die Welt und konnte deshalb nie mehr Salsa tanzen, was eigentlich sein Hobby gewesen wäre. Die Augenbrauenfirma ging pleite, als Küsschen Mord feststellte, dass er Norweger war – Scheiße, das! Er starb, und damit wäre die Geschichte von Küsschen Mord, dem Scharfen, den sie Knüller nannten, aus, hätte Küsschen nicht vergessen, dass er tot ist, was ich jetzt zum zweiten Mal erwähne und mich schäme. Zurück zu Mord, der heute als Double beim Film arbeitet, aber niemandem ähnlich sieht und deswegen noch nie Geld gesehen hat. Ja, meine Damen und Herren, sind wir nicht alle Norweger, die irgendwann einmal mit einer Augenbrauenfirma scheitern, sterben und das dann vergessen? Tja, wie sage ich immer: »Hey you, the rock-steady crew!« Sie wissen, wie ich's meine. Alle acht!

Das Auge

Das Auge ist der König der Tiere im Zoo Mensch. Mit einem Auge kann man gut sehen, praktisch alles sehen, bis auf das andere Auge. Vom Flugzeug aus kann man mit dem Auge rausschaun, dann sehen die Menschen aus wie Ameisen. Wer sehr gute Augen hat, der kann aber auch die Ameisen vom Flugzeug aus sehen. Die sehen dann auch aus wie Ameisen! Wenn das Auge abbricht oder Durchfall hat, dann muss es zum Augenarzt. Wenn man nachts schläft und also die Augen zu hat, aber trotzdem noch etwas lesen will, dann kann man das Augenlicht anmachen. An erweiterten Pupillen kann man sehen, dass die Augen Drogen nehmen. Aber wenn man sie darauf anspricht, dann streiten sie es oft ab, man kann also seinen eigenen Augen nicht trauen! Es sind so schlechte Augen. In der Augenhöhle wohnt Iris. Die Augen sind nicht stubenrein, sie gehen nachts aufs Klo, und morgens hat man den Dreck in den Augen. Und so beginnt jede vernünftige Körperpflege mit der Augenauswischerei. Sehbehinderte ziehen oft ein Auge nach oder schieben es in einem Rollstuhl vor sich her, daher das Sprichwort: Morgenstund hat Gold im Mund. Gute, gesunde Augen sind in der Lage, hell und dunkel zu unterscheiden und die Silhouetten von Menschen zu erkennen, die direkt vor einem stehen. Vorsicht beim Essen: Man muss seinen Teller verteidigen, denn das Auge isst mit! Tja, das ist schon ein tolles Ding, unser Auge.

Der Mann, der früher aufsteht

Ärmel Mais (wie das Getreide) ist der Mann, der früher aufsteht. Die Sekretärin Ginger Wreck (wie das Wrack auf Englisch) stand heute um 7.30 Uhr auf, so wie immer, um rechtzeitig zur Arbeit zu kommen. Der Werbegrafiker Büffel Winter (so wie die Jahreszeit) stand kurz vor Ginger Wreck auf, so gegen 7.15 Uhr, weil er noch baden und trotzdem noch rechtzeitig zur Arbeit kommen wollte. Die Stenotypistin Fricky Spray (so wie das für die Haare und die Achseln und ein reizendes österreichisches Plattenlabel), Fricky Spray stand heute schon um 6.50 Uhr auf, um noch Frühstücksfernsehen zu schauen und dann pünktlich zur Arbeit zu gehen. Und Ärmel Mais? Wann stand der gute Ärmel Mais heute auf? Um 6.49 Uhr! Denn: Ärmel Mais ist der Mann, der früher aufsteht!

Ärmel Mais (wie das Getreide) ist der Mann, der früher aufsteht. Schnaus Käfer (so wie das kleine Tier) stand heute schon um 6.05 Uhr auf, weil er noch ein Rendezvous hatte und dann zur Arbeit ging. Die Karikaturistin Lippi Hagel (so wie das Wetter) musste schon um 5.50 Uhr aus den Federn, weil sie noch den Mäusekäfig reinigen musste, bevor sie zur Arbeit ging. Die Plakatkleberin Plush Frustration war schon um 5.33 Uhr unter den Wachen, um aus falsch verstandenem Ehrgeiz früher als ihre Kolleginnen zu affichieren. Und Ärmel Mais? Wann stand Ärmel Mais heute auf? Um 5.32 Uhr! Denn: Ärmel Mais ist der Mann, der früher aufsteht!

Die Kasperldarstellerin Körper Spiegel (wie das, was im Bad hängt, wenn man eitel ist) stand heute schon um 3.10 Uhr auf, um das Krokodil schon mal vorzuprügeln und dann blöd ab 6.00 Uhr herumzukaspern wie immer. Die Hinterglasmalerin Käthe Mist (so wie der Abfall) stand heute schon um 2.58 Uhr auf, um hinter einem Bierglas sitzend irgendwas zu malen, was keinen Menschen interessiert. Der Knecht Matthias Schuh (wie das, was man unten hat) stand heute schon um 2.40 Uhr auf, um seinem Herrn noch schnell ein folgsamer Diener zu sein und danach windelweich geknechtet zu werden, und natürlich stand er deswegen so früh auf, um Ärmel Mais ein Schnippchen zu schlagen und als erster aufzustehen! Und Ärmel Mais? Wann stand der gute alte Ärmel Mais heute auf? Um 2.39 Uhr, eine Minute vor Matthias Schuh, denn: Ärmel Mais ist der Mann, der früher aufsteht!

Ärmel Mais (so wie das Getreide), Ärmel Mais ist der Mann, der früher aufsteht. Die Henry-verwandte Bridget Fonda (so wie das Mofa, nur mit F) steht jeden Morgen bereits um 3.20 Uhr auf, um sich selbst zu malen und dann rechtzeitig bei Henry, Peter und Jane zu sein und vor allem, um früher aufzustehen als Ärmel Mais. Der Satanist Peter Rette (so wie das, was man raucht, nur ohne Ziga-) stand heute schon um 2.55 Uhr auf, um ordentlich rumzuteufeln, aber vor allem stand er deshalb auf, weil er die Hoffnung hatte, früher aufgestanden zu sein als der gute alte Ärmel. Der Organhändler Volker Rilke (so wie der Dichter) sprang heute schon um halb drei aus den Federn, um so früh wie möglich Nieren zu verhökern, aber auch und vor allem, um endlich früher dran zu sein als der ausgeschlafene Mais. Und was machte Ärmel Mais? Wann stand Ärmel Mais heute auf? Ärmel Mais stand heute schon um 2.29 Uhr auf! Denn: Ärmel Mais ist der Mann, der früher aufsteht!

Der Pastetenchauffeur

»Sie bleiben schön hier«, sagte die Dame am Lufthansa-Schalter, als der Pastetenchauffeur sein Ticket nach Rio vorzeigte. Vor seinen traurigen Augen zerriss die resolute Dame den Flugschein und winkte den nächsten Passagier heran, den sie anstandslos abfertigte und der heute überglücklich in Rio de Janeiro lebt.

Mutlos hinkte der 62jährige Pastetenchauffeur zu seinem grauen Lieferwagen und weinte dort vier Zentner Gänselberpastete nass. 61 Jahre hatte er auf dieses Flugticket gespart. Er wollte in Rio auf der Straße leben, am Wochenende Armensuppe essen und den Rest der Zeit vor der Fremdenpolizei flüchten. Er wollte das Leben spüren. Oft malte er sich entzückt aus, wie es wäre, zu verhungern oder erschlagen zu werden. Das waren häufig feuchte Träume, aber nicht im sexuellen Sinne, sondern weil das Schiebedach des Lieferwagens nicht mehr zuging, und er schlief oft im Wagen zwischen seinen Pastetenlieferungen.

Resigniert startete er den Motor. Während er fuhr, erfuhr er, dass die nächste Fuhre nach Erfurt führte. Er sollte dort eine 49jährige spleenige Nonne mit 20 Kilogramm Gänseleber mästen. Sein Spezialgebiet: eine SM-Fahrt. Er war der einzige Sado-Maso-Gänseleber-Zulieferer Europas, und er hasste seinen Beruf. Aber er war prädestiniert für diesen äußerst schwierigen Lehrberuf, denn seine dünnen Beine ermöglichten es ihm, in jeden noch so kleinen Hals mit dem Fuß hineinzufahren, um die Gänseleberpastete nachzustopfen. Mein Gott, wie viele verirrte Seelen hatte er auf diese Art und Weise schon gemästet? Und wie rochen seine Beine? Der Mann war fertig! Er wollte mit allem abschließen, nicht nur mit dem Schlüssel, wie sonst. Er fuhr auf den Pannenstreifen, schaltete das Radio ein, und zur Musik von »Gans und Roses« begann er sich mit dem rechten Bein Pastete in den Hals zu schieben. Ein Kilo Pastete nach dem anderen.

Als die Polizei ihn fand, war er selbst kaum noch zu erkennen. Er hatte die ganze Ladung Gänseleberpastete in sich reingestopft. Im Handschuhfach, also im Fach seines Arbeitshandschuhs, fand der Inspektor einen Abschiedsbrief, darauf stand, mit Pastete geschrieben: »Na, mal was Anderes, Herr Inspektor, als sich einfach öd in den Kopf zu schießen, was? Ich wette, das ist der spektakulärste Selbstmord, den Sie Schießbudenfigur je erlebt haben!« Der souveräne Inspektor gähnte und zerriss den Abschiedsbrief. Wohl wissend, dass das nur ein weiterer Routinefall war, hatten sich doch in den letzten Wochen über 82 Menschen auf diese Art das Leben genommen.

Was blieb vom Pastetenchauffeur, war der zum Himmel stinkende Lieferwagen, in dem heute die Band »Rammstein« von Konzert zu Konzert fährt.

Frauenarzt Dr. Markus Merthin – sämtliche Folgentitel:

»Mechthilds Baby« (Pilotfilm), »Vorbereitungen«, »Geburtstag«, »Blechschaden«, »Konstantin«, »Bettruhe«, »Ein Leben«, »Der Besuch«, »Abschied«, »Liebhaber«, »Überfall«, »Zweiter Versuch«, »Ehe auf Probe«, »Urlaub«, »Gekündigt!«, »Beziehungen«, »Babys«, »Alte Bekannte«, »Pläne«, »Träume«, »Jockel«, »Notfall«, »Neue Hoffnung«, »Die Amerikanerin«, »Hochzeit«, »Glaube, Liebe, Hoffnung«, »Unverträglichkeiten«, »Schatten der Vergangenheit«, »Neubeginn«, »Das Ende einer Safari«, »Langfingers Baby«, »Gott nimmt, Gott gibt«, »Liebe, längst vergessen«, »Die Duftnase«, »Der Unfall«, »Die Geburt«, »Besuch bei Alois«, »Heimkehr der Tochter«, »Wollwurst«, »Nach der Fete«, »Verwechslung«, »Gut beraten«, »Was gestern war«, »Die neue Praxis«, »Diagnose: positiv«, »Die Krise«, »Eine Entscheidung«, »Freunde«, »Ohr auf Bohnen«, »Kirchenasyl«, »Das Wunschkind«, »Unschuld«, »Noch einmal leben!«

Das kleine gelbe Haus

Das kleine gelbe Haus da unten auf der Straße sieht sehr putzig aus. Doch wer weiß, was sich drin tut? Sind Herzen draufgemalt, auf die Türen vom kleinen gelben Haus dort unten auf der Straße. Ein Hündchen und ein

Söhnchen spielen Ball davor, vor dem kleinen gelben Haus da unten auf der Straße. Doch wer weiß, was sich drin tut? Da kommt ein Mann daher, nervös gekleidet, fröhlich pfeifend, schnellen Schritts, geht links am kleinen gelben Haus vorbei. Schaut er durchs Fensterchen hinein? Sieht er, was sich drin tut, im putzig kleinen gelben Haus da unten auf der Straße? Er geht vorbei. Schaut nicht hinein. Will gar nicht wissen, was sich drin tut. Da fällt ein Schuss. Peng! Drei Damen fallen um, drei alte Damen. Sie wohnen rechts vom Haus, im Altersheim. Vielleicht die letzten drei, die wussten, was sich tut im kleinen putzig gelben Haus da unten auf der Straße. Da steckt ein Mann sein Köpfchen raus, aus dem kleinen gelben Haus. Ja, Kruzifix und Sodom und Gomorrha! Es ist der Jörg, der Jörg Wontorra, der von »ran« und »Bitte melde dich«! Der wohnt da drin im putzig kleinen gelben Haus und steckt jetzt nicht nur das Köpfchen raus, der Jörg Wontorra. Jetzt hält er auch den Kerner raus, das hältste ja im Kopf nicht aus! Der Wontorra Jörgl ist schlicht durchgeknallt. Hat wohl zuviel Fuß geballt!

Die Wirklich ist es, die uns täuscht

»Die Wirklichkeit ist es, die uns täuscht!«, sagte Norbert Nigbur, dem man solche Sätze gar nicht zugetraut hätte. Normalerweise hörte man von Norbert Nigbur eher so Sätze wie: »Schnauze, Arschloch!«, oder: »Arschloch, Schnauze!« Nigbur hat sich offensichtlich geändert, er haut nicht mehr alle doud. Nigbur lässt jetzt leben! Das macht Nigbur zu einem Außenseiter in unserer brutalen Mediengesellschaft. Norbert Nigbur ist seit zwei Wochen Redakteur beim Wiener Lokalsender W1. Er betreut dort die Sendungen »Reden wir über Umgebung« und »Reden wir über Musical«. Auf die Titel dieser Sendungen ist er ganz besonders stolz. Als er vor zwei Wochen von einem Senderverantwortlichen in einer Wiener Branntweinstube angesprochen wurde: »Herr Nigbur, hätten Sie Lust, bei unserem Faschings- und Scherzsender W1 die Sendungstitel zu erfinden?«, sagte Norbert erst »Schnauze, Arschloch!«, überlegte es sich aber dann und meinte zehn Minuten später: »Arschloch, Schnauze!« Gekränkt schlich der W1-Verantwortliche zur Tür, da brüllte Nigbur völlig betrunken: »Die Wirklichkeit ist es, die uns täuscht!« Norbert nahm den Job an und erfand sturzbesoffen innerhalb von zwanzig Sekunden sämtliche Titel des Wiener Realsatiresenders W1. »Reden wir über Umgebung« ist für einen, der sechs Promille im Blut hat, gar nicht schlecht. Hut ab, Norbert Nigbur!

Die Hand

Die Hand ist die Spülung in der Toilette Mensch. Die Hände sind sehr empfindlich und ekeln sich oft, dann müssen sie sich schütteln. Vor allem ekeln sie sich vor sogenannten »guten Bekannten«, das ist dann ein Händegeschüttle ohne Ende. Oft brechen die Hände dabei sogar, so zum Kotzen finden sie das! Der Handrücken ist oft verspannt, weil man seine Hände so krumm hält, dann muss die Hand so blöde Gymnastikübungen machen oder zum Masseur. Wichtig ist für die gute Handhaltung deshalb auch das richtige Schuhwerk. Handschuhe sollten keine zu hohen Absätze haben. Viele Menschen haben zwei Hände, alle anderen sind entweder sogenannte »Linkshänder« oder »Rechtshänder«. Oft verdienen Menschen sich noch etwas dazu, indem sie neben ihrer eigenen Tätigkeit auch mit zusätzlicher Handarbeit den einen oder anderen Schilling machen, ohne der Hand ihr Handgeld abzugeben. Das führt dann oft mit der eigenen Hand zu einem handfesten Streit. Das Lieblingsspiel der Hände ist Handball, oft sieht man in verschwitzten Turnhallen viele alleinstehende Hände so ihre Freizeit verbringen. Weil Hände aber zu extremen Schweiß neigen, sollte man schauen, dass die Hände nach dem Spiel, wenn sie nachhause kommen, auf jeden Fall duschen gehen. Hände gehen einem oft auf die Nerven, weil sie kindisch sind und Unfug machen. Wenn Hände also einen Handstreich machen, dann muss man durchgreifen und sofort ein paar auf die Finger geben. Das einzig Gute an Händen ist, dass man vorm Einschlafen noch ein bisschen in der Hand lesen kann. Insgesamt sind die Hände faule Säcke, schlafen ein oder liegen den ganzen Tag auf dem Sofa. Mit einem kräftigen »Hände hoch!« kann man versuchen, sie zu Aktivitäten zu bewegen, daher auch das Sprichwort: Die dümmsten Bauern haben die dicksten Kartoffeln. Wenn man seine Hand nicht mehr mag, dann kann man einem anderen seine Hand geben, soll der doch gucken, wie er damit klar kommt! Tja, das sind schon tolle Dinger, unsere Hände.

Im Wald 1976

Im Wald 1976, der Trommler Ringo Starr ging schießen, mit der Absicht, die vier Beatles ordentlich zu vermorden. Ringo versteckte sich im Baum und harrte der Beatles. Da kamen sie, die Beatles, aus einem Massagesalon im frühnebligen Wald und sahen die Nase von Ringo nicht vor Augen. Ringo hat aus der Nase geschossen, und alle vier waren doud!

Das mathematische Frühstück mit Ansgar und seiner Mutter

»Ansgar, sei nicht so garstig! Geh in die Garage, und hol das Gartengerät!«
Ich kürze »gar«:
»Ans, sei nicht so stig! Geh in die age, und hol das tengerät!«
»Halt's Maul, Mutter!«
Ich kürze »m«:
»Halt's aul, utter!«

Die Welt, wie sie sich Bohne präsentiert

Bohne, dieser schüchterne, in sich gekehrte Aufreißertyp aus Ohio, der als Traktorimitator in einem heruntergekommenen Zirkus arbeitet, dieser Bohne, gelb im Gesicht wegen einer seit Jahren nicht behandelten Hepatitiserkrankung, ist wohl der einzige Traktorimitator der Welt, der immer genau das Gegenteil dessen erlebt, was unsereins erlebt. Für Bohne ist die Welt nur mehr verwirrend, und dass er noch ganz dicht ist, spricht für ihn. Obwohl, kann man jemanden noch als ganz dicht bezeichnen, der sein Geld als Traktorimitator verdient? Das nur nebenbei, zurück zu Bohnes verdrehter Welt. Bohne raucht nicht und hat Lungenkrebs. Bohne trinkt nicht, ist aber ständig besoffen. Wenn Bohne Handstand macht, dann ist der Kopf ganz oben, und wenn Bohne sich rasiert, dann sieht er nachher aus wie Vadder Abraham! Aufgefallen ist Bohne seine verkehrte Welt schon früh, als er kurz nach seiner Geburt seine Mutter stillen musste. Und so stolpert Bohne, der Traktorimitator aus Ohio, bis heute von einer verdrehten Situation in die nächste.

Weihnachten mit Albert Fortell in der Ohrfeigenanstalt

»Eigentlich«, schmunzelt Dr. Kafelnikov, »sollte Matthieu Carrière bei uns in der Ohrfeigenanstalt behandelt werden, aber aus Versehen haben meine Mitarbeiter Albert Fortell eingeliefert, und, unter uns gesagt, es ist doch Jacke wie Hose, wer von den beiden eine geschmiert bekommt.« Ja, es ist eine besondere Art, Weihnachten zu feiern, hier, in der Ohrfeigenanstalt von Dr. Kafelnikov!

Die Henry-Maske-Maske

Boxen ist wie Kotzen, schön und warm, und wird von Werner Schneyder kommentiert. Geboxt wird nur im Winter oder in Alaska, deshalb tragen die Boxer Handschuhe (vielleicht schon mal gesehen). Boxer kämpfen in einem Ring. Sie können sich also vorstellen, wie klein diese Wesen sind! Meistens kämpfen Max Schmeling und Henry Maske gegeneinander, die beiden einzigen Boxer auf der Welt. Durch das ständige Schlagen auf den Dummkopf sind beide blöd geworden, der Max und der Henry (auch schon so blöde Namen). Aber sie sind beide sehr populär, populärwissenschaftlich gesprochen. Privat können sie nur Fliegen etwas zuleide tun. Max Schmeling vergewaltigt seit Jahren ein und dieselbe Obstfliege, und Henry Maske misshandelt seit Jahren den deutschen Fernsehtalkmaster Jürgen Fliege. Beide scheuen die Öffentlichkeit und wollen nicht erkannt werden. »Was kann man da tun?«, fragte Max Schmeling den dümmeren der beiden, Henry Maske, und fügte hinzu: »Unsere Gesichter sind zu prominent!« »Da hilft nur eins«, sagte Maske, »Maske kaufen!«. Doch der dummgedoofte Henry Maske war so doofgedummt, dass er sich im Maskengeschäft eine Henry-Maske-Maske kaufte, und wundert sich seitdem darüber, dass er als Henry Maske mit Henry-Maske-Maske immer noch als Henry Maske erkannt wird, trotz Henry-Maske-Maske, der Trottel der Nation!

Johnnys Traum

»Bist du es, Mutter?«, fragte Johnny, als er seine Mutter Kreuzworträtsel lösend im Ohrensessel sitzen sah. Sie wohnten seit 46 Jahren zusammen in einer sehr, sehr kleinen Wohnung, ein halbes Zimmer und ein Viertel Klo, Wohnzimmer, Schlafzimmer und Arbeitszimmer am Gang. »Frag doch nicht so blöd!«, antwortete seine Mutter. Zufrieden lehnte Johnny sich zurück in der Wohnung, die einen halben Quadratmeter groß war. Johnny hockte auf der Lehne des Ohrensessels der Mutter. Er musste dort sitzen, denn der Ohrensessel nahm den gesamten Platz der günstigen Halbzimmerwohnung ein. Die Wohnung war so klein, dass Johnny sich letzten Herbst seine abstehenden Ohren operativ anlegen lassen musste, weil die Ohren sonst ständig an den Wänden gescheuert hätten, an allen vier Wänden, je nachdem, wie er seinen Kopf hielt.

Johnnys Mutter hatte sich bereits vor 14 Jahren aus Platzgründen die völlig gesunden Beine amputieren lassen. Ja, der Wohnungsmarkt in Tokio war hart! Die Luft des fensterlosen Lofts war knapp bemessen, so knapp, dass Johnny und seine Mutter nicht gleichzeitig atmen konnten. Immer schön einer nach dem anderen. Die Wohnung verlassen ging gar nicht, weil die Tür clevererweise nach innen aufging. »Ach ja, natürlich, tut mir leid, Mutter. Von hier oben, Mutter, siehst du manchmal aus wie Yul Brunner«, sagte Johnny verzagt. Johnnys Mutter hätte ihn gern geohrfeigt, aber es war zuwenig Platz um auszuholen. Mutter hatte eine Glatze, ja, aber aus Platzgründen, weil ihr dicker Zopf nicht mehr in die Wohnung passte. Mutters Zopf und die Beine hingen im Arbeitszimmer am Gang, für die beiden unerreichbar, genauso wie Johnnys Schädeldecke. Er hatte sich selber die obere Hälfte seines Schädels entfernt, auch aus Platzgründen. Jetzt stieß er direkt mit den Augen an die Zimmerdecke. Im Inserat war die Wohnung vor 46 Jahren als – Zitat – »gemütliches Schnäppchen für Impotente« angepriesen worden, denn eine Erektion war verständlicherweise aus Platzgründen unmöglich. »Gut, Mutter. Dann schönen Tag noch, Mutter«, flüsterte Johnny. »Moment noch, Johnny! Anderes Wort für räumliche Begrenztheit mit vier Buchstaben?« Sie löste grundsätzlich nur Kreuzworträtsel die maximal vier Buchstaben hatten, denn längere Wörter wären sich aus Platzgründen niemals ausgegangen. »Enge, Mutter! Enge!«, antwortete Johnny stolz und schloss die Augen. Er träumte von einem zweiten Ohrensessel. Aber er wusste, das würde wohl für immer einfach nur Johnnys Traum bleiben.

Dimitri, Igor, Pjotr und František

Dimitri, Igor, Pjotr und František, vier hochintelligente bescheidene junge Ostblock-Universitätsdozenten, erleben tagein, tagaus die ganze fancy Ostblock-Party. Alles grau in grau, Fellmützen, Essensmarken, Holztisch mit drei Beinen, und jeder nur eine einzige Ostblock-Socke, eben die ganze fancy Ostblock-Show! Ja, da sitzen sie blass und ausgezehrt, gebeutelt vom Polithorror um sie herum, sympathisch und belesen, Dimitri, Igor, Pjotr und František, vier schöne junge Menschen aus dem Ostblock. Erbse unterm Weihnachtsbaum, teilen, teilen, teilen, altruistisch, kommunistisch, cool, die ganze fancy Ostblock-Party eben! Dimitri und Igor, Freunde, bärtig, gutmütig, noch nie im Ausland gewesen, aber kreuzgescheit und musisch, genau wie Pjotr und František! Zweistreifiger Trainingsanzug, Schlapfen, gute Mütter, gute Mütter, dicke Brillen, die ganze fancy Ostblock-Party geht ab, wenn Dimitri, Igor, Pjotr und František im Türkensitz still in einer Ecke kauern! Wodka aus dem Fingerhut, Castro-Poster, Honecker-Büsten, Krankenschein und Mausoleum! Gute Nacht, František! Schlaf gut, Igor!

Schneewittchentorte

»Das stinkt«, dachte die Siebenkämpferin, als es stank, und »Hm, da riecht's aber gut«, als es duftete. Sie war brillant, konnte alles sofort auf den Punkt bringen. Im Siebenkampf musste sie in fünf verschiedenen Disziplinen antreten: Hochsprung, Weitsprung, Stabhochsprung, Eisprung, Bernd Herzsprung und Vorsprung. »Das sind ja sechs Disziplinen«, sagte die Siebenkämpferin, und das Internationale Olympische Kommikaffee Komitee beschloss, den Siebenkampf der fünf Disziplinen zum Fünfkampf der sechs Disziplinen zu machen. Sportlich war sie am Zenit, aber privat ging alles drunter. Sie hatte sich in ein Pferd aus der Pferdefleischhauerei verliebt. Eine 69jährige süddeutsche Stute mit leichter Gehbehinderung. Die kranke

Stute und die Siebenkämpferin gingen oft zusammen spazieren, schwimmen, bummeln oder ins Autokino. Sie verstanden sich toll, beide liebten den Schlagersänger Benny Bumsmann, und beide interessierten sich für das chinesische Horoskop, denn im chinesischen Horoskop war die Siebenkämpferin ein Pferd. Das Pferd übrigens auch wieder Pferd. Das verband sie.

Bei Sportveranstaltungen sah man die lahme Stute oft auf der Tribüne sitzen und Hufeisen drücken.

1995 war ein düsteres Jahr ihrer Beziehung. Der Fleischermeister entschied, dass die inzwischen 74jährige lahme Stute geschlachtet und zu 38 Leberkässemmeln verarbeitet werden sollte.

Während die Siebenkämpferin nichts ahnend beim Siebenkampf-Meeting in Götzis im Eisprung verdiente 34. wurde, endete ihre Freundin in der Vitrine der Fleischhauerei, in 38 Stücke geteilt.

Als die Siebenkämpferin erfuhr, was ihrer Freundin widerfuhr, fuhr sie sofort in die Fleischhauerei, erschoss den Fleischermeister und kaufte der glücklichen Witwe ihre in 38 Stücke zerrissene Freundin ab. Mit den 38 Leberkässemmeln sah man sie fortan bei jedem Benny Bumsmann-Konzert. Warum denn auch nicht? Wo leben wir denn, dass man nicht mit 38 Leberkässemmeln zusammenleben kann? Das ist doch ein aufgeklärtes Land, wir leben nicht mehr in den 50er Jahren!

Nur beim Sex gab's wegen dem Senf manchmal Probleme. Oder muss man korrekterweise sagen »wegen des Senfes«? Fragt man die Siebenkämpferin, sagt sie klar und eindeutig: »Wegen des Senfes. Genitiv!«

Der Genitiv von Schneewittchentorte übrigens ist »Schneewittchentorte«.

Mag. Inge Sämann dazu in ihrer Promotionsschrift »Abschwellender Bocksgesang. Kulturkritik im Schweinehälftenkostüm«:

Dieses kleine Prosa-Stück aus der mittleren Schaffensperiode des österreisch-deutschen Autorenkollektivs zählt zweifellos nicht zu seinen stärksten. Nichtsdestotrotz darf es in dieser literaturwissenschaftlichen Dissertation zur Erreichung des akademischen Grades Dr. phil. nicht fehlen, verfolgt diese doch einen dezidiert interdisziplinären Ansatz und sucht den engen literaturwissenschaftlichen Fokus nach Möglichkeit um literatursoziologische, historische und kulturwissenschaftliche Perspektiven zu erweitern. Grisse- und Stermanns »Schneewittchentorte«

verdankt ihren Platz in dieser Gesamtdarstellung eben jenem fächerübergreifenden Anspruch. Jüngste lebensmittelhygienische und verbraucherpolitische Entwicklungen gaben und geben dieser Prosa-Miniatur um die Verarbeitung einer 69jährigen kranken Stute zu 38 ungekühlten Leberkässemmeln ohne Zweifel eine ganz besondere Aktualität. Gerade vor dem Hintergrund der jüngsten Ekel- respektive Gammelfleisch-Skandale beweisen die kultur- und zivilisationskritischen Gleichnisse der beiden Autoren ein weiteres Mal deren ausgeprägtes antizipatorisches Gespür.

Freilich mag es an dieser Stelle durchaus angeraten scheinen, aus genderwissenschaftlicher Perspektive vom Einsatz der Sodomie-Metapher als Sinnbild einer sich von ihrem Reproduktionszweck emanzipierenden weiblichen Sexualität zu handeln. Die Topoi Homosexualität und platonische Liebe zu Tieren – insbesondere wenn deren literarische Ausgestaltung von vergleichbaren Topoi in der erotischen Hirtenpoesie der Anakreontiker abweicht – zählen indes nicht zu meinen Fachgebieten. Ich werde wohl Kontakt zu den Kollegen vom Berliner Institut für Geschlechterforschung aufnehmen müssen, um dann gegebenenfalls zu einem späteren Zeitpunkt ausführlicher von den entsprechenden Phänomenen handeln zu können.

Elke, Elke Ladenhüter!

Elke kann kein Best-of-Album machen. Nix und nix und wieder nix. Elke war noch nie in love, es hat noch nie so richtig zoom gemacht. Elke ist normal, nur: Das kann man so schlecht aufs Best-of-Album geben. Elke, Elke Ladenhüter! Bei ihr ist immer alles irgendwie so lala und glimpflich. Ihr Hund ist elf, ihr Bruder zwölf und ihre Glückszahl dreizehn, nur: Das kann man so schlecht aufs Best-of-Album geben. Wenn sie Zahnweh hat, dann sind's die Zähne; Elke sagt zurecht: »Was sonst?«. Ja ja, schon klar, Elke, nur: Willst du das aufs Best-of-Album geben?

Elke, Elke Ladenhüter! Elkes Traum wär einmal eine Tasse Cappuccino, wie die Italiener! Ja ja. Elke ist schon einmal in einem Volvo mitgenommen worden. Elke hat »Sport am Montag« früher zwei-, dreimal gesehen. Elkes Globus ist von innen beleuchtbar. Schon recht, Elke, aber das kann man so schlecht aufs Best-of-Album geben. Elke sieht so aus wie Whoopie Goldberg, nur: Sie ist ganz weiß, und das schaut – mit Verlaub – sehr Scheiße aus. Das sagt sie selbst und weiß genau, man kann es nicht aufs Best-of-Album geben! Elke, Elke Ladenhüter! Der schreiende Plattenproduzent Edvard Munch kann Elke vielleicht helfen.

STERMANN (schreiend): Elke!

GRISSEMANN (mit Frauenstimme): Ja?

S: Elke, überlegen Sie doch mal! Da muss doch irgendwas in Ihrem Leben gewesen sein, das man aufs Best-of-Album pressen kann!

G: Einmal hab ich mit meiner Freundin telefoniert.

S: Und?!

G: Nichts weiter.

S: Nein, das geht unmöglich! Denkense mal nach, warn Sie mal im Ausland?

G: Einmal, ja, in Argentinien.

S: Gut! Und was ist dort passiert?

G: Ich war Gast in einer Familie.

S: Und?«

G: Und da war die Omi. Sie hatte einen großen Ruf in Argentinien, man nannte sie ›Omi Argentina‹.

S: Oh! Und was ist mit dieser Omi passiert?

G: Oh, schlechte Dinge.

S: Was für schlechte Dinge?

G: Sie wurde das Opfer sexueller Belästigung.

S: Wie?

G: Männer griffen auf Omi Argentina, und ich sagte immer: ›Nicht! Don't greif Omi Argentina!‹

(im Hintergrund das gleichnamige Lied): *Das isses doch!*

Die Knochen

Die Knochen sind das Zünglein in der Waage Mensch. Um die Knochen hat der Mensch das Fleisch herumgeklebt. Bei sehr starken Regenfällen wird der ganze Körper samt allen Innereien nass, bis auf die Knochen, die knochentrocken bleiben. Zu viele Knochen darf man nicht essen, sonst wird einem schlecht, und man muss Knochen brechen. Also aufpassen, auch wenn man Knochenmark.

Es gibt etwa 15 000 Knochen im menschlichen Körper, aber nur vier sind bekannt: die Elle, die Speiche, der Sattel und die Klingel. Die Knochen sind untereinander sehr zerstritten und bilden keine einheitliche Gruppierung, immer wieder kommt es zu Knochenabsplitterungen, zum Beispiel bei der Frage NATO-Beitritt ja oder nein. Normalerweise liegen Knochen den ganzen Tag in der Knochenpfanne, aber zu kochen begonnen wird nie, da kann man lange warten und muss doch hungrig vom Tisch aufstehen. Daher das Sprichwort: Morgenstund hat Gold im Mund.

Falsch ist auch das Gerücht, man könne in den Knochen Gold finden. Knochenabschürfungen beweisen das Gegenteil. Früher waren die Knochen insgesamt wichtiger. Unseren Vorfahren reichten für die Jagd Ellbogen und Pfeil. Damals hatten die Menschen aber auch noch kein Fleisch um die Knochen herum, ihnen schien der Knochen das Bein zu sein, der sogenannte Schienbeinknochen. Tja, das sind schon tolle Dinger, unsere Knochen.

Die Ziege brennt

»Aus der Traum«, dachte sich Oma Schön, als er aufhörte zu träumen. Dann stand er auf, der grobschlächtige, derbe Mörder. Wie immer stellte er sich dann vor den Spiegel und begann, sich zu verniedlichen: »Ich kleiner, blasser, zarter Mann, tirili!« Ein psychologischer Trick von Oma Schön, um von seinen schrecklichen Taten abzulenken. In einer Sauna auf dem Land brachte Schön am 7. Juli 1974 18 kleine blasse Männer in kleinen schwarzen Mänteln um. Bei der Gerichtsverhandlung rechtfertigte sich der bullige Schön mit den Worten: »Herr Richter, ich habe die 18 kleinen Männer nicht ermordet, sondern lediglich umgebracht.« Das überzeugte den Richter, und er setzte Schön auf freien Fuß. Drei Jahre saß Schön auf dem Fuß des Richters, und seit 1977 lebt er auf dem Land in einem Häuschen, wo an der Garderobe achtzehn kleine schwarze Mäntel hängen. Ja, und jetzt ist er ganz schön old geworden. Er ist ein Pflegefall geworden, und ein gewisser »Bruno« kümmert sich um ihn, der 16jährige Sohn von Elton John. Der Bub geht auch für ihn einkaufen.

Helgas kleine Instrumentendiffamierung: der Dudelsack

»Der Dudelsack besteht aus einem sackartigen Luftbehälter aus Leder, in den
der Spieler durch ein Röhrchen Luft bläst.« Es ist so unvorstellbar ekelhaft,
liebe Eltern, wenn man sich das mal genau überlegt, dann ist das doch Dro-
genmissbrauch! Hau ab, du Dudelsack! Du lächerliche kleine Sackpfeife! Du
mit deinem widerlichen Doppelrohrblatt! Und, Dudelsack: Wer spielt dich
denn? Ja, Dudelsack, das sind doch vorzugsweise Männer in Röcken! Das ist
ja wohl ein Skandal, du bist ein Tunteninstrument! Und dich sollen unsere
Kinder lernen zu blasen? Unsere Buben sollen sich Röcke anziehen und Dudelsack pfeifen lernen? He, Dudelsack, das kann doch nicht dein Ernst sein!
Da kann man sich ja wohl gleich die Kugel geben! Nein, nein, du Mistvieh,
hau bloß ab, du dreckiger Dudelsack! Dudelsack, verpiss dich, keiner vermisst dich!

Dünner Jauch und dicker Strack

Ein dunkler Schatten lag über Kiemen-City, dem Anglerparadies an der Ost-
küste im Nordwesten des südlichen Amerikas. Dort, im Herzen der USA,
in der Schaltzentrale der Machtlosigkeit, wo sonst nur dicke Angler dünne
Fische angeln, dort in Kiemen-City, wo die Schwangeren fröhliche Umständ
feiern, dort im sorglosen Kiemen-City waren auf einmal selbst die dünnen
Fische baff, als bekannt wurde, dass der 48jährige Hilfssheriff Sri Lanka,
der bis dahin als unbescholtener Sportangler gegolten hatte, 134 Bürger der
200-Seelen-Gemeinde Kiemen-City eramselt, erdrosselt, erfinkt und erstart
hatte. Sri tötete 134 Menschen und ist damit der größte Massenmörder aus
Kiemen-City. Für Statistiker sei erwähnt, dass die Nummer zwei in der
Massenmörderrangliste Kiemen-Citys der gutaussehende 24jährige Exilkubaner und leidenschaftliche Sportangler Sunny Marino ist. Sunny hat es
immerhin – und vor allem in sehr kurzer Zeit – auf 62 Opfer gebracht. Kiemen-City hat zurzeit also nur noch vier Einwohner, von denen zwei Massenmörder sind. Außer Sri Lanka und Sunny Marino leben in dem ursprüng-
lichen Anglerparadies, das inzwischen zum Fischparadies geworden ist, auch
die beiden Brüder Günther Jauch und Günther Strack, »der Dünne und der

Dicke«, wie man sie auch nennt. Die beiden leben in ständiger Angst, laufen doch die beiden Serialkiller Sri und Sunny noch immer frei herum. In Grätentown, auf der anderen Seite des Flusses, ist man erstaunt darüber, dass Günther Jauch darum bemüht ist, eine Wohnung in direkter Nachbarschaft zu Sri Lanka und Sunny Marino zu bekommen. Seinem Bruder Strack erklärt er seine vermeintlich schlauen Beweggründe: »Die Nachbarn von Massenmördern sagen immer: ›Massenmörder? Nö, kann ich mir nich vorstellen, nie was gemerkt. Der war immer so nett!‹«)

Magistra Inge Sämann schreibt zu »Dünner Jauch und dicker Strack« in ihrer bislang unveröffentlichten Promotionsschrift »Abschwellender Bocksgesang. Kulturkritik im Schweinehälftenkostüm«:

In diesem kleinen Prosa-Stück aus der mittleren Schaffensperiode gibt sich das österreichisch-deutsche Autorengespann ganz dem postmodernen Spielchen mit Erzähl- und Darstellungscodes des »hartgesottenen« Genres hin und steckt seine uns wohl vertraute satirische Medienschelte – hier gegen die Fernseh-Stars Günter Jauch und Günter Strack als Repräsentanten der saturierten Mittelschichtsformate gerichtet – ins Gewand der so genannten »hardboiled-novels«, gibt ihr also jene literarische Form, die in den USA der 30er Jahre düstere Urständ feierte und seitdem aus der Geschichte der Genre-Literatur nicht mehr wegzudenken ist.

Gewohnt anarchisch-humoresk, wortwitzig im Stile der konkreten Poesie eines Ernst Jandl wie auch an die neusachliche Gebrauchslyrik der 20er Jahre, etwa an die »Galgenlieder« des älteren Christian Morgenstern gemahnend, werden Sinnzusammenhänge destruiert, neu konstruiert und wieder demontiert und der Bildgehalt erstarrter sprachlicher Metaphern gegenwärtig gemacht (Beispiel: »eramselt, erdrosselt, erfinkt und erstart«).

Diese Verfahren sind uns, wie gesagt, von früheren Prosastücken der Autoren her bekannt und vertraut. Wir haben andernorts bereits ausführlich davon gehandelt.

An dieser Stelle möchte ich es daher mit dem Hinweis auf einige voran gegangene Abschnitte – insbesondere auf Kapitel II, Punkt 3 der vorliegenden Arbeit, dort vor allem 3, Punkt 1 bis 4, Seite 384 bis 403 und Seite 408 ff., sowie Kapitel IV, Punkt 4, dort inbesondere die Abschnitte 4, Punkt 1, 4 Punkt 2 und 4 Punkt 4, sowie 4, Punkt 17 bis 20, Seite 871 bis 930, sowie Fußnote Nummer 10 675, Seite 942 unten – bewenden lassen.

Die Ohren

Die Ohren sind die Kiemen im Fisch Mensch. Es gibt das rechte Ohr, das linke Ohr und das mittlere Ohr, das ständig entzündet ist. Die Ohren sind mit Steigbügeln am Kopf festgemacht, damit der Ohrenarzt nicht runterfällt beim Reiten. Alte Leute, die kein Geld haben, können sich nur schlechte Ohren leisten. Der junge Mensch hat Ohren mit sechs Gehörgängen plus Rückwärtsgang und Servolenkung, darum kann er viel schneller hören, von 0 auf 280 Dezibel in 9 Sekunden. Auf Reisen wird Ohren oft sehr langweilig, weil sie nur so öd am Kopf herumhängen. Um sie zu unterhalten, kann man ihnen kleine Videorecorder umbinden und ihnen Musikvideos zeigen, sogenannte Ohrclips. Asiaten haben übrigens Schlitzohren. Wenn die Ohren runterfallen, spricht man von Hörsturz, und sie müssen sofort zum Hals-Nasen-Ohren-Arzt, wo im Wartezimmer schon viele andere runtergefallene Hälse, Nasen und Ohren sitzen. Wenn Ohren operiert werden, brüllt der Anästhesist unerträglich laut in die Ohren rein, um sie zu betäuben. Wir Menschen können mit den Ohren hören, die Ohren selbst sind taub, weil sie selbst ja keine Ohren haben, oder haben Sie schon einmal Ohren mit Ohren gesehen?

Wenn man zuhause schmutzige Wattestäbchen hat, kann man sie mit den Ohren wieder sauberputzen. Wenn man kurz vor Ladenschluss vergessen hat, Wattestäbchen einzukaufen, kann man auch schnell die Ohren sausen lassen. Die Ohren sind auch wichtig für den Gleichgewichtssinn. Machen Sie den Selbstversuch. Sie werden sehen, wenn Sie sich das linke Ohr abschneiden, werden Sie nach rechts umkippen. Vorausgesetzt, Sie haben sehr schwere Ohren. Zum Schluss noch ein belangloses Sprichwort: Wer morgens die Kirchenglocken nicht mehr hört, ist garantiert schwer hörgestört.

Esches Abschied

Mädchen Esche ist noch klein und Brustschwimmen ihre große Leidenschaft. So schwimmt sie als Schwimmerin verkleidet in Schwimmseen und Schwimmmeeren, die kleine Badenixe Mädchen Esche. Einmal, am Tag des Herrn, zog sie wieder ihre Froschhaut an und schwamm im Titicacasee, als sie auf einmal von weit her das Jaulen und schauderhafte Krächzen eines ertrinkenden betrunkenen Kleinkinds vernahm. Mädchen Esche, nicht faul, schwamm hin, um dem breiten Kleinkind. zu helfen, Das wie ein Loch besoffene Kleinkind lag bereits auf dem Boden des Schwimmsees und japste seine letzten Züge und fast schon seinen letzten Zug, wäre Mädchen Esche nicht gewesen, die das asoziale nichtschwimmende Waisenkind rettete. »Ich danke dir«, lallte die Dreijährige, wieder in der Atemluft angekommen, und da schossen Mädchen Esche die Freudentränen in die Augen. Plötzlich kam Kapitän Dr. Petr Korda und legte der verblüfften Mädchen Esche Handschellen um die Schwimmhandgelenke. Ruckzuck kam es zum Prozess, den Kapitän Dr. Petr Korda selbst führte, ohne Anhörung von irgendeinem Zeugen, einem Angeklagten oder sonst wem, er sprach sofort das Urteil: »Ich verurteile Mädchen Esche zum Tode durch Ertrinken, so wie es dem besoffenen dummen Kleinkindmodel Kate Moss fast passiert wäre, hätte Mädchen Esche sie nicht gerettet!« Da wurde die begeisterte Schwimmerin Mädchen Esche zu einem Meer von Tränen. »Wie ungerecht! Ich habe das Supermodel Kate Moss doch gerettet! Wieso, Dr. Korda, werde ich bestraft?« Korda schwieg, und Esche fügte sich ihrem Schicksal. Auf dem Grabstein steht noch heute zu lesen: »Hier ruht Mädchen Esche, zum Tode durch Ertrinken verurteilt wegen Rettung eines betrunkenen nichtschwimmenden Models.«

Die Redaktion

»Knallhartweichwobbelwoppwopp.« Mit diesen unreifen Bemerkungen beschreibt der geistig behinderte Rocky Mastur seinen Bruder Dr. Mastur. Tatsächlich trifft aber nur der erste Teil dieser Charakteristik auf Dr. Mastur zu, das »knallhart«. Das »weichwobbelwoppwopp« kannste vergessen. In der Rangliste der knallharten Redaktionsleiter nimmt Dr. Mastur unangefochten Platz Eins ein, vor Dr. Markwort und Dr. Falk. Dr. Mastur ist der härteste und knall! Dr. Mastur ist inzwischen 63, und zwar Stockwerke geklettert, denn die Redaktion ist seit gestern im 63. Stock eines Hochhauses untergebracht. Als er endlich die Redaktionsräume erreicht hatte, spuckte er Blut und Brühe vor Freude auf den knallharten Arbeitstag. »Da kommt er, der Piepmatz«, flüsterten bibbernd die Redaktionsmitglieder. »Piepmatz«, ein Spitzname, der zu Dr. Mastur so gar nicht passen wollte. Es war 9.00 Uhr, als Dr. Mastur sich

mit dem Ärmel die Brühe aus dem Gesicht wischte und seine Mitarbeiter an-
brüllte: »Redaktionssitzung, Blödmänner! Hat irgend jemand ›Piepmatz‹ gesagt? Dann werde ich Hengst und Schnecken verbreiten!« »Sie meinen wohl
Angst und Schrecken?«, warf Molkentien von der Chronik kleinlaut ein, da
war er auch schon tot. Erschossen vom knallharten Dr. Mastur, der sich verständlicherweise solche Frechheiten nicht bieten lässt. »Engvist, ihr Artikel
über Schiebetüren war Scheiße! Kommen Sie vor zur Zerquetschung!« Es
war wie immer. Um 9.05 Uhr waren zwei Redaktionsmitglieder tot. Kreidebleich und noch einmal dem Tod von der Schaufel gesprungen warteten sieben andere Journalisten auf die Befehle des knallharten Dr. Mastur.

Halt die Schnauze, Chinesenbein!

In der Zigarettenbar »Durstbunker« sitzen seit 18 Jahren ein Elmshorner
Tennisspieler, ein Leimener Tennisspieler und eine Brühler Tennisspielerin.
Die drei sitzen getrennt und doch irgendwie zusammen und beobachten seit
18 Jahren einen knabenhaften Fleischhauermeister aus Istrien, Ecke Mun-
ingworth / 32te, der heftig gestikulierend auf Chinese macht. Wie man heftig
gestikulierend auf Chinese macht, weiß keiner so recht in der Zigarettenbar
»Durstbunker«. Die drei Elmshörner warten übertrieben zähneknirschend
auf das, was sich seit 18 Jahren tagtäglich um 23.00 Uhr im »Durstbunker«
abspielt, auf den Rabenvater und seinen isländischen Aasgeier, der auf Rabenvaters Schultern hockt und heftig gestikulierend auf Papagei macht. Und
genau jetzt beginnt ein Gestikulierwettstreit, wie ihn der Durstbunker noch
nie gesehen hat, vielmehr jeden Tag sieht. Bei näherem Hinsehen entpuppt
sich der knabenhaft aussehende Fleischhauermeister aus Istrien als der Blödmann Klaus Wildbolz, der heftig gestikulierend auf Chinese macht, während
der isländische Aasgeier auf Rabenvaters Schultern etwas schlechter heftig
gestikulierend auf Papagei macht. Wieder hat der blöde Wildbolz alle mit seiner Chinesennummer in seinen Bann gezogen, was der Rabenvater pünktlich um 23.30 Uhr, heftigst akklamiert vom Tennisgesocks, mit den Worten
quittiert: »Halt die Schnauze, Chinesenbein!« Erst dann kehrt wieder Durst
ein in der Zigarettenbar »Ruhebunker«, irgendwo.

Götz nimmt's krumm

Nach einem Freilichtkonzert der deutschen Rockgruppe »Pur« im Stuttgarter Gottfried-Daimler-Stadion, anlässlich einer Mercedes-Gala des Ueberreuter-Verlages, zertraten die beiden in Deutschland zu Recht völlig unbekannten Entertainer Dirk Stermann und Christoph Grissemann Götz Georges gesundes Bein, was ihnen in der deutschen Presse nicht viele Sympathien einbrachte. Niedergeschlagen befummelten sie Passbilder von sich selbst in der Haftanstalt Kummermonika, benannt nach der 1911 tödlich verunglückten Monika Kummer. Da saßen sie jetzt also im Gefängnis. Die *Bild*-Zeitung klagte sie an als »irre Komiker aus Wien«, die Götz Georges gesundes Bein zertrümmert hatten. Ihre Karriere war so zertrümmert wie Götz Georges Bein. Der ORF weigerte sich, die Kaution zu bezahlen, und auch 3sat ignorierte sie schon seit Jahren. Der Jugendsender FM4 distanzierte sich augenblicklich von diesen – Zitat – »kranken Menschen«. Aus der *Bild*-Zeitung erfuhren die bis auf die Beinzertrümmerung Götz Georges eigentlich sehr harmlosen und nichtssagenden Zweite-Klasse-Moderatoren, dass ihre Frauen sehr glücklich seien, diese – Zitat – »Knallchargen jetzt endlich verlassen zu können«. Der Anstaltspsychologe Dr. Leander Pajees behandelte die Depressionen der beiden Entertainer mit Weltrekordeinläufen unter 9,80. Gefängnisalltag trat ein. Die Lektüre der täglichen *Bild*-Zeitung war der einzige Lichtblick. Bis auf die Serie von Herrn Schack, der fünf Jahre lang jeden Tag über die »Götz-George-Beinzertrümmerer aus Wien« einen miesen Artikel schrieb. Nur einmal in all der düsteren Zeit im Gefängnis bekamen sie Besuch, und zwar von Götz George, der, seine beiden zertrümmerten Beine in der Hand, weinerlich fragte: »Warum habt ihr das gemacht?« Ohne ihren Blick von der *Bild*-Zeitung zu wenden, traten sie den Darsteller raus. Der österreichische Gefängnisdirektor Gerhard Zimmer bot den beiden tätowierten Exhumoristen nach acht Jahren an, Führungen durch die Monika-Kummer-Anstalt zu machen. Und sie machten es nicht schlecht. Wegen guter Führung wurden sie entlassen. In Österreich bekamen sie eine neue Fernsehshow.

Jon Bon Jovis Tabaksbeutelgesäß

Der Hintern ist für einen Rockstar so wichtig wie der Ellenbogen in unserer Gesellschaft, die geprägt ist von Zwängen, Ängsten und Rhododendren, das ist die Mehrzahl von Rhododendron, nur damit dieses Wort auch mal im öffentlich-rechtlichen Radio fällt, nicht immer nur bei der privaten Konkurrenz. Zurück zu Jon Bon Jovi, oder vielleicht doch noch schnell zwei, drei Worte zu Rhododendren, am besten eine Eselsbrücke, um sich ein für allemal den Plural von Rhododendron ins Hirn zu brennen: »Einen Rhododendron hat Hermann van Veen schon; kauft er einen dazu, hat Hermann van Veen zwei Rhododendren.« Meine Damen und Herren, Sie waren nun Ohrenzeugen einer kleinen Radiosensation. Noch nie zuvor fiel in einer Geschichte über Jon Bon Jovi sechsmal das Wort »Rhododendron« respektive »Rhododendren«! Jetzt achtmal! Zurück zu Jon Bon Jovi: Seit der Zweibeiner und amerikanische Sänger Jon Bon Jovi denken kann, leidet er unter einem Tabaksbeutelgesäß, also seit er 22 ist. Vielen Dank für Ihr Verständnis!

Kind sein in Ohio mit Ink Röhr

Brentsy und Fist Röhr, ein deutschstämmiges Frührentnerehepaar aus Ohio, trauten ihren Augen nicht, als Chefarzt John Stencel im City Hospital Ohio ihnen ihr Neugeborenes zeigte. Brentsy, die Frau von Fist und nunmehr auch Mutter von Ink, spricht noch heute vom schwärzesten Tag ihres ohnehin schon leidvollen Lebens. Brentsy war Prostituierte gewesen, hatte aber nie in ihrer Karriere auch nur einen einzigen Freier gehabt. Schließlich heiratete sie ihren damaligen Zuhälter und nebenberuflichen Blechschmied Fist. Das Blechschmiedgeschäft Röhr ging schnell pleite, als Fist nach fünf Jahren bemerkte, dass er noch kein einziges Blechmodeschmuckstück verkauft hatte. Also gingen beide, Fist und Brentsy, in Frührente. Sie lebten in einer von Fist selbst gebauten Blechhütte am Rande Ohios und hatten keine Freude mehr am Leben. Alle waren sie tot, Wonk, Stenk, Steinitzer und Stepanek, die gemeinsam im Juli 1963 badeten, Mitte der 80er Jahre also, und dann fiel der Fön von Steinitzer ins Wasser. Und zu allem Überfluss jetzt also auch noch ihr Sohn Ink. Ink war und ist das mit Abstand häßlichste Kind Ohios. Beide

Brillengläser Inks sind seit Geburt mit Hansaplast verklebt, so dass Gott sei Dank Ink sich nicht im Spiegel sehen kann. Das aber ist auch schon das einzig Positive im Leben der Röhrs.

Hinter der Kühlschranktür

Ein eisiger Wind blies ihm entgegen, als er die Kühlschranktür öffnete. Was ist das für eine kalte, fremde Welt, die sich hinter der Kühlschranktür von Miele verbirgt? Da sitzt der Käse, dort hockt die Wurst, hinten stehen beisammen die Butter und die Wurst. Einträchtig beisammen liegen im Eierfach Eier und Wurst, und dort, dort wo normalerweise die Milch kniet, schläft die Wurst. Er kroch hinein und schlug zum ersten Mal in seinem Leben die Kühlschranktür von innen zu. Endlich lernte er sie alle näher kennen, die Eier, die Milch, die Butter und die Wurst. Leider musste er nach drei Tagen hinaus, weil es an der Tür läutete. Es war ein Herr vom Architekturbüro Plärrwurst, der kein Anliegen hatte. »Was wollen Sie?«, fragte er. »Nichts«, antwortete der Herr vom Architekturbüro Plärrwurst. »Ach so, verstehe.« So standen sie 44 Minuten zwischen Tür und Angel, ohne ein Wort zu sagen, und ihre Augen irrlichterten umher, ohne ein Gegenüber zu finden. »Moment mal«, sagte dann der Herr aus dem Architekturbüro Plärrwurst. »Ich glaub, ich hab mich in der Tür geirrt. Nichts wollte ich ja eigentlich von Ihrem Nachbarn, nicht von Ihnen.« »Ach so, na dann, nichts für ungut«, sagte er erleichtert und schlug die Tür von außen zu, wie er es jahrelang von seinem Miele-Kühlschrank gewohnt war. Da stand er jetzt also draußen im Stiegenhaus, und neben ihm schwieg der Herr vom Architekturbüro Plärrwurst seinen Nachbarn an, eine entsetzlich beklemmende Situation im dritten Stock seines Wohnhauses. Aus dem Gangklo drangen merkwürdige Kratz-, Scharr- und Schabgeräusche. Der Herr vom Architekturbüro Plärrwurst, sein Nachbar und er selbst ängstigten sich sehr. Die Angst war begründet. Zu dritt machten sie sich auf, die geheimnisvollen Geräusche aus dem Gangklo zu erforschen. »Und?«, fragten er und der Nachbar den Herrn vom Architekturbüro Plärrwurst, der in das Gangklo spähte. »Was scharrt, schabt und kratzt denn da so geheimnisvoll am Gangklo?« »Nichts.« »Gar nichts?« »Doch, doch, natürlich, eine klitzekleine, klitzekleine, große, klitzekleine Maus schaut aus der Gangkloklomuschel heraus.« Fasziniert beobachteten die drei Herren die Unternehmungen der kleinen Maus. War die klitzegroße Maus doch glatt durch die Kanalrohre ins Gangklo gegangen! Das Kratzen, Scharren und Schaben wurde aber immer lauter. Da kam noch etwas Anderes aus dem Klo heraus. Entsetzt erspähten die drei Herren eine Ratte, die aus der Toilette kam, und einen Dackelhund und ein Maultier, eine Eule, noch eine Eule, und da kam auch der Chef vom Architekturbüro Plärrwurst heraus aus dem Klo, der alte Plärrwurst selbst. »Morgen«, murmelte Plärrwurst. »Morgen«, »Morgen«, »Morgen«, antworteten die drei Herren. »Irgendwas Besonderes?«, fragte Plärrwurst seinen Assistenten, während er sich von Kot, Urin und Eulenfedern befreite. »Nein, nein«, antwortete der Herr vom Architekturbüro Plärrwurst. Dann gingen alle wieder an ihre Arbeit. Ein seltsamer Morgen, über den alle Beteiligten noch lange grübeln mussten.

Magistra Inge Sämann schreibt über dieses kurze Prosastück in ihrer Promotionsschrift »Abschwellender Bocksgesang. Kulturkritik im Schweinehälftenkostüm«:

»Was ist das für eine kalte, fremde Welt, die sich da hinter der Kühlschranktür von Miele verbirgt?«, fragt sich der namenlose Held dieses kleinen Prosastücks aus der mittleren Schaffensperiode des österreichisch-deutschen Autorenduos. Und zunächst möchte man ihm sein kindlich-unschuldiges Erkenntnisinteresse sogar abnehmen, so überzeugend sind der naive Stil und Erzählduktus, der Märchenton, den unsere beiden Diskurs-Jongleure – einmal angeschlagen – unter Aufwendung der typischen rhetorischen Mittel und Verfahrensweisen quasi bis zur Rückkopplung verstärken.

Die dominantesten der hier aufgewendeten Wort- und Sinnfiguren sind Parallelismus, respektive Anapher, sowie Anthropomorphisierung, soll heißen Vermenschlichung der unbelebten Dingwelt. Beide finden im ersten Abschnitt von »Hinter der Kühlschranktür« nachgerade inflationäre Anwendung. Ich zitiere: »Da sitzt der Käse, dort hockt die Wurst, hinten stehen beisammen die Butter und die Wurst. Einträchtig beisammen liegen im Eierfach Eier und Wurst, und dort, dort wo normalerweise die Milch kniet, schläft die Wurst.«

Die Wirkungsweise dieser syntaktischen Parallelismen und Anaphern – ich zitiere nochmals: »da sitzt der Käse, dort hockt die Wurst, hinten stehen beisammen…, einträchtig beisammen stehen…« etc.pp – ist von Alters her bekannt und belegt. Weder die antike Rhetorik, noch der heidnische Animismus, ebenso wenig die christlichen Liturgiker wollten sich der Suggestivkraft und des mnemotechnischen Potentials dieser Stilfiguren enthalten. Sie dienen der *amplificatio*, strukturieren und rhythmisieren die Rede und verleihen ihr Nachdruck. Die Zugehörigkeit zur Figur der Wiederholung profiliert sie als Pathosformel.

Und doch geht dieses Pathos – wie so oft im Œuvre unserer Autoren – ins Leere. Es diffundiert in die kühle Nichtigkeit einer modernen, durchbürokratisierten Welt. Allein der Kot und die Eulenfedern am Anzug des dem Gangklo entstiegenen Dr. Plärrwurst verweisen noch metonymisch auf jene archaische Vorzeit, in der der tragische Konflikt zwischen Freiheit und Notwendigkeit noch die Möglichkeit tragischen Pathos barg.

Was uns und unserem namenlosen Ich-Erzähler heute bleibt, ist nur mehr Zitat, »eine entsetzlich beklemmende Situation im dritten Stock eines Wohnhauses.«

How to act in a Badewanne

Es sind ganz aufgeräumte und ausgewaschene Typen, unsere Herren Verhaltensforscher, Irenäus Eibl-Eibesfeldt, Konrad Lorenz und der Antal Festetics. Immer wissen: Wie verhalten? Cool. Gehen bei Grün; schlafen, wenn Nacht; und klettern, wenn Berg. Immer richtig verhalten. Nicht unsouverän, meine Herren! Aber was war da los 1973 in der schäbigen Sitzbadewanne von Eibl-Eibesfeldt? Da wusste keiner von euch dreien weiter! »Kommt da Wasser rein oder Salat?«, fragtest du, Irenäus, deine nackten Verhaltensforscherkumpels. Und die anderen beiden wussten keine Antwort. Aber Hauptsache, schamesrote Forscherköpfe! Mein lieber Scholli!

Hildes Hände

Sie war sehr schlecht im Kopfrechnen, aber auch mit den Fingern zählen, machte ihr Probleme. Bis fünf war nicht schwer, aber dann? Tja, seit sie ihre rechte Hand bei einem Sasha-Konzert verloren hatte, da waren alle Zahlenkombinationen über fünf für sie praktisch ein Ding der Unmöglichkeit. Ihre Wut auf Sasha war verständlich. »Dieses Arschloch!«, dachte sie oft. Hätte Sasha damals nicht versucht, sie an der Hand auf die Bühne zu ziehen, sähe ihr Leben heute vielleicht anders aus, sie könnte eventuell symmetrisch töpfern und nicht nur so krumme Vasen einhändig, sie würde nicht so viele rechte Handschuhe unnötig im Schrank liegen haben! Ohne Sasha könnte sie sich endlich mal wieder die Hände reiben, aber so?

Hilde war ein unglückliches Mädchen. Ihre Schlagzeugausbildung hatte sie abbrechen müssen, so ganz ohne rechte Hand, da wollte sie keine Band haben. Beim Schwimmen wurde sie fast immer nur mehr disqualifiziert, da konnte sie schwimmen, so schnell sie wollte. »Mit beiden Händen anschlagen!«, brüllte es von der entnervten Betreuerbank. Leichter gesagt als getan! Sasha hatte ihr Leben zerstört. Und wenn sie ihn im Fernsehen bei »Bravo-TV« sah, dann rief sie: »Na, bravo! Und wieder kann ich nicht mit beiden Fäusten auf den Bildschirm schlagen!«

Hildes Freundin Hilde, der bei einem Rock-'n'-Roll-Akrobatik-Auftritt von ihrem Partner ein Bein ausgerissen worden war, war die Einzige, die Hilde wirklich verstehen konnte. Sie verstand die Rachegefühle ihrer Freundin. Zum Geburtstag schenkte sie ihr eine Eintrittskarte für ein Sasha-Konzert, hier sollte es zur großen Abrechnung kommen! Hilde kam rechtzeitig, um ganz vorne stehen zu können. Sasha betrat die Bühne. Er begann zu singen und wie immer Ausschau zu halten nach einem Mädchen, das er auf die Bühne ziehen konnte, sein Blick fiel auf Hilde. Er trat an den Bühnenrand, zog an ihrer Hand, die Hand riss ab, und Hilde konnte nur noch sehen, wie Sasha ihre Hand auf den Berg von Teddybären und anderen Händen warf. Tja, ab diesem Zeitpunkt war Hilde ein Teenager, der echt Scheiße drauf war.

Horst Franks letzte Rollschuhfahrt

Horst Frank arbeitete als Tunte am Praterstrich. Man nannte Horst dort »die Tintentunte«, denn er war immer so blau im Gesicht. Horst wurde von jedem verprügelt, der größer war als 1,52 m. Diejenigen, die kleiner waren als 1,52 m, verprügelten Horst aber auch. Horst hatte deswegen manchmal das Gefühl, er sei der Prügelknabe der Nation. Horst liebte seinen Beruf und nahm die Prügel in Kauf. Horst nahm Tabletten gegen die Prügel, es waren so Lutschtabletten, die nichts halfen, aber Horst schwor drauf. Eigentlich war Horst der Sohn einflussloser Eltern. Sein Vater war gelernter Kaninchenmasseur und seine Mutter katholische Arbeitsbrause, zwei Berufe, die völlig

zu Recht in Vergessenheit geraten sind. Schon als Kind litt Horst unter Bett-
nässe, aber nicht seiner, sondern der seiner Mutter, die über ihm im Stockbett schlief. Kurz nach seiner Geburt hörte Horst Stimmen, es waren die seiner Eltern, trotzdem wurde er eingeliefert. Es war die schönste Zeit seines
Lebens. Nach 30 Jahren wurde Horst mit 31 Jahren entlassen. Er war sehr
groß und trug Schuheinlagen, die ihn kleiner machten. Am Praterstrich feierte Horst mit 38 Jahren Hochzeit, allein, ohne Gäste und Braut und so 'n
Scheiß. Horst bot seinen Körper fremden Frauen an, die als Männer verkleidet waren. Sexualität war etwas, zu dem Horst »Nein!« schrie, weil er ein dis-
kreter und eleganter Bursche war. Rollschuhfahren, ja Rollschuhfahren, das
entsprach Horstens Elegance! Und so schnallte sich der 52jährige diese Rollen an, diese Rollen an die Füße und fuhr in ein anderes Leben, ein Leben,
das es mit Horst, so hoffen wir, etwas besser meint.

Kopfarzt Dr. Brasiliana

»Ich«, sagt Kopfarzt Brasiliana immer, »bin Kopfarzt Brasiliana immer«,
Kopfarzt Dr. Brasiliana, dieser brünette 82jährige Psychiater aus Ohio, wo er
im Grandhotel »Excelsior« lebt und auch heute noch ordiniert. Der Mann ist
eigentlich geistlicher Ballettänzer, ein Beruf, der heute praktisch ausgestor-
ben ist, leider! Brasiliana wäre auch heute noch Ballettänzer, wäre ihm nicht
im August 1917 ein Wunder widerfahren. Nach einer durchzechten Nacht mit
dem schwedischen Einwanderer Ingemar Stenmark in der Bar »Ombuds-
mann« war er auf einmal Kopfarzt, mit weißem Mantel und so Sachen. Er
verlor seine Identität, über Nacht, wie ein Handtuch seinen Preis, wenn es alt
geworden ist. Eine Nacht lang weinte er wie ein Kolibri, also gar nicht, Vögel
können ja nicht weinen. Es war ihm vielmehr scheißegal, dass er jetzt halt
Kopfarzt war. »Arzt! Mein Gott, das ist doch das mit Kranken!«, schoss es
Brasiliana durch den Kopf. »Nicht mit mir! In meine Praxis kommen nur Gesunde rein!« Und so hält es der alte Kopfarzt Dr. Brasiliana heute noch, der
einzige Doc der Welt, der alle behandelt, nur nicht Kranke.

Kleider machen Leute

Nämlich Schneider, Näherinnen, Modedesignerinnen, diese Leute machen Kleider. Das sind die Kleiderleute, die die Kleider machen. Aber soll man das als aufgeklärter, kurz vor dem Millennium stehender Europäer einfach so hinnehmen? Sollte sich nicht jeder sein eigenes Kleid machen können, so wie das eigene Süppchen? Na ja. Fernando Melingini und Manuel Orantes besaßen ein kleines Binnenhafenrestaurant in Duisburg. Ihre Spezialitäten waren Torte und Tortellinitorte. Das Restaurant hieß »Torte«, die angeschlossene Bar hieß »Tortellinitorte«. In der »Tortellinitorte« saßen nach Dienstschluss Fernando und Manuel in ihren Kochkitteln und schlürften erschöpft Tortensuppe; Fernando Schwarzwälderkirschtortensuppe und Manuel aß Haselnusscremetortensuppe mit Buchstabennudeln. Sie verwerteten einfach die Reste vom Vortag, denn gestern hatte es Buchstabensuppentorte und Leberknödelsuppentorte gegeben. Sie hatten wie immer ein schlechtes Gewissen, wenn sie Suppen aßen. Hatten die Suppen denn nicht auch ein Recht auf Leben? Man muss sich das vorstellen, wie grausam! Skrupellose Jäger erlegen Suppen im Wald, dann werden die Suppen geschlachtet und landen auf einem Teller. Und wie schlecht steht es um die Suppen, die zusammengepfercht in Suppenfarmen ihr trauriges Dasein fristen müssen, in engen Käfigen? Schrecklich. Vor allem Hühnersuppen haben Schreckliches zu erleiden. Fernando und Manuel haben einmal eine kleine Ochsenschwanzsuppe vor der Schlachtung retten können. Heute lebt die mittlerweile ausgewachsene Ochsenschwanzsuppe artgerecht im Garten ihres Duisburger Reihenhauses, sie hat letzten August fünf kleine, süße Tellerchen geworfen. Als sie also so dasaßen und traurig Tortensuppe aßen, betrat Hans-Dietrich Navrátilová die Bar, einer der besten Modedesigner Duisburgs. Er hatte 1914 den Camembert-BH und die lange Harzer Käseunterhose entworfen, Dessous für Käsefreunde. Hans-Dietrich Navrátilová kam nicht zufällig, nein, er hatte ein Anliegen. Er wollte, dass Manuel und Fernando für ihn Rindsuppen züchteten, und zwar glückliche und freilaufende Rindsuppen. Aus deren Fell wollte er, der berühmte Modemacher, Rindsuppentangas für Raver machen. Die Kollektion hieß »sexy Supersuppe für die sexy Superpuppe«. Die einzigen Arschnasen allerdings, die tatsächlich Rindersuppenslips kauften, waren die Mitglieder der von vorne bis hinten vollvertrottelten Snowboardgemeinde.

Landarzt Inge

Der gutaussehende 69jährige Chefarzt Dr. Landarzt Inge leitet das Dialyse-krankenhaus in Sachsen-Anhalt. Die tägliche Blutwäsche von Chefarzt Dr. Landarzt Inge beschreibt sein Lieblingspatient Norbert Nigbur als – Zitat – »prima, richtig prima«. Chefarzt Dr. Landarzt Inge versteht es, die Blutwä-sche zu einem solch angenehmen Erlebnis zu machen, dass viele Sachsen-Anhalterinnen zur Blutwäsche kommen, obwohl sie kerngesund sind. Warum in der Dialyseabteilung von Chefarzt Dr. Landarzt Inge immer so dufte Stimmung herrscht, ist leicht erklärt. Inge unterhält die Patienten wäh-rend der Blutwäsche mit interessanten Rechenaufgaben. Rechnen und Blut-waschen ist das Einzige, was Dr. Inge und seine Patienten überhaupt noch interessiert. Nur der mittlerweile bein- und armamputierte blinde Exbeatle George Harrison kommt nicht auf seine Rechnung.

Kurze Hosen 1904

In Ohio wuchs die Birne, und mit jeder Ernte die Hochachtung vor Hot Di Braeme, dem knorrigen Erfindermann. Pünktlich zum Wiener Kongress ge-bar die alte Braeme erst einen Kater und dann den Erfindermann. Den Kater nannte sie »Volker Lechtenbrink« und steckte ihn hastig in eine Schlager- und Schauspielschüssel und verlor ihn, so schnell es ging, aus den Augen. Den Erfindermann aber herzte und küsste die alte Braeme, was das Mutter-zeug hielt, und nannte ihn liebevoll »Hot Di«. Hot Di sollte wie sein verstor-bener Vater Kellermann werden, so wie alle im Dorf der Braemes damals Kellermänner waren, ein ehrbarer Beruf, der heute in Vergessenheit geraten ist. Hot Di Braeme im Zitat: »No. Kellermann ist nichts für mich. Ich möch-te, dass es zwackt, zwickt und zieht im Schritt, wenn ich die Birne ernte, und damit basta!« Mit 67 Jahren ging Hot Dis Traum in Erfüllung, etwas in der Leibesmitte zu tragen, was zwackt, zwickt und zieht, wenn er die Birne ern-tet. Um es kurz zu machen: 1904 erfand Hot Di Braeme die heute vor allem bei Katzen beliebten »Hot's Pants«. Wenn Großvater Hot Di Braeme heute mit 180 Lenzen die Birne erntet, dann trägt er mit Stolz und Ehrfurcht sei-nen (!) silbernen Hot's Pants, der zwackt, zwickt und zieht, wenn er die Birne erntet. Ein Spruchband, gleichzeitig Werbespruchband, ziert des Erfinder-manns Hot Di Braeme Hot's-Pants-Erfindergeschäftsladenbürogebäude. Um es verständlicher zu sagen: Reklame macht den Meister. Und Hot Dis Re-klameslogan lautet: »Hot's Pants für 10 Pence, damit es zwackt, zwickt und zieht im Schritt, wenn Sie die Birne ernten!« Vor neun Jahren wurde Groß-vater Braeme Großvater. Es wurde ein Engel, ich verbessere mich: ein Enkel; ein Enkelmann, der es heute bei den CBS-News bis zum Enkelmann ge-bracht hat, und das mit 7! Der Bub ist auf Wunsch seines Vaters nach seinem Opa benannt.

GRISSEMANN (schreit): Was machst du hier? Hau ab!

STERMANN (schleimig): Ist das dein Büro? Is ja riesich …

G: Hau ab hier! Komm nie hierher und besuch mich! Geh weg!

S: Und hier bist du … Enkermann?

G: Hau ab!«

S: Toll, wir sind alle so stolz auf dich, du bist doch noch so klein und schon so erfolgreich.

G: Hau ab, Vater!

S: Was ist denn?

G: Hände weg von meinem Schreibtisch!

S: Ich will ja nur mal angreifen. Toll, alles deins. Aus dir ist wirklich was ge-worden.

G: Hau ab!

S: Warum bist 'n so?

G: Weil du mich nach deinem Vater benannt hast!

S: Nach deinem Vater, na und? Er war ein toller Mann!

G: Du Schwein, ich heiß jetzt Opa!

Miroslav Mečiar

Miroslav Mečiar. Er wurde geboren auf einer einsamen Insel, die noch nie ein Mensch zuvor betreten hatte. Ohne Eltern, ohne Ärzte, ohne Kreißsaal, ohne Abtrennen der Nabelschnur. denn wovon hätte man ihn auch abtren-nen sollen? Auf der Insel war es unfassbar langweilig, so ganz ohne Flipper-automaten, Sitzkissen, Frauen und Bier. Es gab nur ödes Wasser, Pflanzen und Tiere, all das, was einem die Natur so unendlich vermiesen kann. Mit 18 verließ er sein Elternhaus, weil er aber keine Eltern hatte, war das wenig spektakulär, und niemand auf der Insel nahm davon Notiz, weil ja niemand da war, der Notiz hätte nehmen können. Miroslav war mit 18 ein Rebell, aber gegen wen hätte er rebellieren können? Oft sagte er: Scheiß aufs Establishment. Er prägte damals den Spruch »Wer einmal mit derselben pennt, gehört schon zum Establishment«. Er wollte Steine werfen gegen das System, aber es gab weder ein Schaufenster als Ziel noch ein System. Er ließ sich die Haare lang wachsen, um zu provozieren. Aber wen konnte man da schon mit langen Haaren provozieren? Kakadus? Seeigel? Palmen? Für einen Revolutionär war die Insel ein beschissener Ort. Um seinen Protest dagegen zu untermauern, kettete er sich an einen Baum und trat in einen Hungerstreik. Nach fünf Tagen war er verhungert. Die Insel tat so, als wäre nichts gewesen.

Logik

Der Mann mit dem rosigen Gesicht und den schneeweißen Haaren sieht aus wie ein Mann mit rosigem Gesicht und schneeweißen Haaren. »Immer noch besser als ein schneeweißes Gesicht und rosige Haare«, denkt sich der Mann mit dem rosigen Gesicht und den schneeweißen Haaren. Er pfeift sich eins, bleibt kurz stehen, trinkt acht Tequilas, fällt kurz um, wird immer stiller.

Da liegt er jetzt, mit rosigem Gesicht und schneeweißen Haaren. Halt! Wir wollen Näheres über ihn erfahren. Was wir bisher wissen: Er hat ein rosiges Gesicht, schneeweiße Haare, acht Tequila getrunken und liegt am Boden. Und das reicht bereits, um sich eine eindeutige Meinung zu bilden: Dieser Mann ist zwischen 15 und 26, Schwarzafrikaner und wahrscheinlich eine Frau. Meine Damen und Herren, nichts geht über Logik und gesunden Menschenverstand, man muss nur eins und eins zusammenzählen können! Gezeichnet: Konrad Tönz und seine Bullen von Tölz.

Lotti

Lotti, ein Telefon mit einem menschlichen Gesicht, das Tulpe eigenhändig aufgemalt hatte. Sozial vereinsamt und psychosexuell geschädigt, war Lotti die einzige Bezugsperson für Tulpe, obwohl, kann man sagen »Person«, wenn es sich um ein Telefon handelt mit einem aufgemalten Gesicht? »However«, sagte er zu sich, »hau immer!«

So schlug er Lotti halb kaputt. Da läutete es plötzlich an der Tür. Er hörte auf mit dem fröhlichen Hauen und öffnete. Eine Frau vom Team »Zeugen Jehovas« stand da und schwafelte in einem fort vom Paradies und bald und wenn nicht und so. Als sie fertig war, sagte Tulpe mit der Güte und der Souveränität eines wahnsinnigen Amokläufers: »Red keine Girlanden, Baby!« Er schlug die Zeugin zu und anschließend die Tür zusammen. So vergnügt wandte er sich pfeifend an Lotti, und dann hatten die beiden zum ersten Mal in ihrem Leben heftigen Telefonsex, zum Ortstarif!

Mickey de Dou

Es regnete schon seit vier Minuten, und der Handstandperformer Mickey de Dou ärgerte sich darüber, wieder keine Gummihandschuhe zu tragen. Er trainierte für eine kleine Handstandperformance, die er vor einer Handvoll Haftentlassener im Bewährungshilfezentrum darbieten sollte. Mit seiner Kunst auf Händen wollte er symbolisch den Knackis zeigen, dass man sich ruhig die Hände schmutzig machen kann für ehrliches Geld. Ja, Mickey war ein Idealist, Mickey de Dou. Schon als Dreijähriger trat er der Bewegung AFSF bei, der »Antifaschistischen Schornsteinfegerei«. Mit sieben gründete Mickey die Aktion IFSUGGFBAA, »Ikebana, Feng Shui und Glasblasen gegen Frauenbenachteiligung am Arbeitsplatz«, und im Alter von 19 Jahren die Plattform »Pu-Erh-Tee und Eigenurin statt Alkohol und Nikotin«. Tja, Mickey de Dou ist eine Legende, »a legend«, wie der indonesische Handstandguru Puma Lalobalala Ngamirudin einmal sagte. Dieses Lob aus dem Mund von Puma Lalobalala Ngamirudin gab Mickey die Kraft, weiterzugehen auf den Händen. Mittlerweile kann de Dou besser auf den Händen gehen als mit den Füßen! Wenn er Kampfgenossen von früher trifft, von der AFSF oder der IFSUGGFBAA, dann schütteln sie ihm den Fuß zur Begrüßung. Kaum jemand würde vermuten, dass Mickey de Dou ein eigentlich sehr bürgerliches Leben führt. Er spielt Golf, wobei er den Golfschläger zwischen die Zehen klemmt; er spielt Handball, Mickey selbst nennt es allerdings »Fußball« – zu Recht –, und Mickey führt eine glückliche Partnerschaft mit der Fußpilzaktionistin Zaza von Vorn, einer adeligen Ex-Ausdruckstänzerin für makrobiologische Ernährungstheorien. Zazas Hund, den sie Hund nannten, weil sie gegen die Benennung von Hunden ohne deren vorherige Einwilligung waren, Hund war Maskottchen der Initiative »Bäume beschneiden nur aus religiösen Gründen e. V.«. Im Sommer aber, im Sommer fahren Mickey und Zaza und Hund nach Majorka, um sich dort die Birnen vollaufen zu lassen, in »Ballermann 6«. Alles klar. Gut. Bitte, danke. Setzen. Fünf.

Obstgarten

Da ist er jetzt, der Scheißobstgarten. Erst pflanzt man ihn, dann ist er da, aber leider hat man da schon jedes Interesse an ihm verloren. »Kirschbäume, Apfelbäume – das ist doch alles nichts, was soll der Scheißdreck?«, dachte sich der 43jährige hochaufgeschossene Theaterliliputaner und Hobbybasketballer Hendrik Dreekmann. Auf der Bühne immer nur Zwerge oder Kleinkinder spielen oder bestenfalls menschliche Kanonenkugeln und jetzt auch noch dieser verfickte Scheißobstgarten – das setzt doch der Krone das Fass auf den heißen Stein. Am meisten hasste er den Birnbaum, den er nur Drecksau nannte, den Himbeerstrauch scholt er Hurensohn, die Bananenstaude Pissnelke und den Marillenbaum Wichser. Hendrik Dreekmann war ordentlich geladen, als er da so saß inmitten seines Obstgartens, zwischen, wie er fand, all den Drecksäuen, Hurensöhnen, Pissnelken und Wichsern. Also ging er runter in die Stadt, der 1,20 m große Kleingärtner, und erschlug den Kellner, der ihm auf die Frage »Was empfehlen Sie als Nachspeise?« »Obstsalat« antwortete. Es gibt so Tage, da ist man irgendwie nicht so gut drauf.

Im Keller

Als bei ihm zuhause einmal alle Kerzen ausfielen, da war er froh, dass er noch ein bisschen elektrischen Strom vorrätig hatte. Er tappte im Dunkeln in den Keller, und tatsächlich, zwischen Konservendosen, Spinnweben und Marmeladegläsern fand er einen Lichtschalter. Er drückte ihn, ging nach oben und frühstückte weiter. »Immer wieder samstags kommt die Erinnerung«, sang er fröhlich vor sich hin und erinnerte sich daran, dass er seit genau einer Woche Witwer, arbeitslos, hoch verschuldet und todkrank war. »Tja, ein Unglück kommt eben selten allein«, schmunzelte er, als er bemerkte, dass aus dem Keller dichter Qualm emporstieg und sein halb verbrannter Kater hustend verendete. Als er dann auch noch Schluckauf bekam, sagte er: »Jetzt ist alles aus.« Viele andere wären in diesem Moment zerbrochen, nicht so er! Er setzte sich an die glühendheiße, zischende Schreibmaschine und verfasste einen langen Brief an Paul Watzlawick, in dem er einige Verbesserungsvorschläge für dessen Buch »Anleitung zum Unglücklichsein« machte. Während sein rechter Fuß Feuer fing, blätterte er noch kurz in der Bibel, in der Apokalypse. Ob der Harmlosigkeit des Geschilderten musste er erneut schmunzeln. Als die Wände barsten und sein Schnurrbart schmorte, da legte er eine Langspielplatte auf, Rudi Carells »Wann wird's mal wieder richtig Sommer?«. Ein letztes Mal sah er in den Spiegel und zwinkerte sich kokett zu. Hatte er von Mutter Natur einen Schuss zuviel Eitelkeit mitbekommen? fragte er sich, als das Haus explodierte und ihn in Stücke riss. Tja Junge, pack die Badehose ein, das wird eine lange Reise!

Scheck und Scharlie inner Stadt

Scheck und Scharlie, zwei hünenhafte asiatische Cousins, beide Mitte 30, aber Scharlie schon an die 50 (er ist der Jüngere der beiden), Scheck und Scharlie sind Ohios erfolgreichste Imker. Gelang ihnen doch 1954 die schicke Zucht der Pferdebiene, eine aufsehenerregende Kreuzung zwischen Araberhengst und gemeiner Biene. Die Pferdebiene oder, wie es der Angelsachse umständlich wie immer formuliert, »the horsebee«. Den Prototypen nannten sie Bruce, Bruce Horsebee. Er singt heute Liebeslieder. Die Imkerarbeit von Scheck und Scharlie ist, wie in einer Imkerei zu arbeiten. Entspannung finden die beiden Provinzimker bei Onkel Geier, der in der Stadt lebt und seit Jahren gegen ein kleines Entgelt den beiden Imkern Scheck und Scharlie mit einer Creme die Popos einreibt. Das macht den Imkern Freude, haben sie doch vom vielen Stehen einen ständig geröteten Po. »Am schönsten ist es«, sagt Scharlie immer und Scheck nickt dazu, »in die Stadt zu fahren und mit eingecremten Popos nach einem Edith-Piaf-Konzert Kabinensex zu machen.« »Inne Stadt, Scharlie, inne Innenstadt fahren wir jetzt, und die Bienen kommen alle mit!« »Yo, Scheck, dann mal los!« sagt Scharlie. Und dann, dann geht's los.

»Bsssssssssssssssssssssssssssssssssssssssssssssssssss«

Total Recall mit Schoss und Fink

Die einarmigen Trafikanten Ohios hatten es gar nicht so schlecht. In Wahrheit hatten sie es ganz dufte, obwohl es natürlich relativ uncool war, lediglich einen Arm zu haben. Die gesamte einarmige Trafikantenszene Ohios traf sich im Februar 1944 an Bord eines Kreuzfahrtdampfers, um eine Randgruppenreise anzutreten. Es war nur blödes Herumschippern und einarmiges Geschwätz auf See. Nichts, aber auch gar nichts wäre erwähnenswert von dieser Scheiß-Schiffsreise, wären da nicht Schoss und Fink gewesen, die beiden Trafikantenkönige, die überhaupt keinen Arm mehr hatten, aber trotzdem jeden Abend Skat spielten. Fragen Sie mich nicht, wie, ich weiß es doch auch nicht! So wenig Schoss und Fink oberkörperextremitätenmäßig zu bieten hatten, so prima waren sie im Erinnern. Schoss und Fink, diese einmaligen nullarmigen Trafikantenkönige, hatten die unfassbare Fähigkeit, sich punktpräzise jede vergangene Situation ihres Lebens noch einmal vor Augen zu führen. Wegen dieser Fähigkeit sind Schoss und Fink sehr eingebildet, und einige andere Ohioer Trafikanten sagten »Arschlöcher« zu ihnen.

Wenn Sarah Kirche-Kirsche therapiert

Nein, es war keine gute Ehe. Das konnte man schon daran erkennen, dass Seisuke Ueshima von seiner Frau als »mein Angstgegner« sprach. Margot Ueshima wiederum nannte ihren Gatten schon in der Verliebtheitsphase »Erzfeind«. Das konnte einfach nicht gutgehen. Bei gewöhnlichen Ehepaaren kommt der Streit oft erst nach Wochen, aber bei den Ueshimas herrschte von Anfang an Kriegszustand. Auch für Außenstehende sichtbar wurde ihr Hass aufeinander bei der entsetzlichen Trauung. Sie trug eine albanische Bauerntracht und er eine serbische Tschetnik-Uniform. Sie wurden von einem kriegsversehrten Militärpfarrer getraut, der auf Wunsch des Brautpaares aus den Ohren blutete und über das Bibelzitat »Auge um Auge, Zahn um Zahn« predigte. Dann tauschten sie die Schlagringe und schworen auf die Bibel, dass sie selbstverständlich nicht im Traum dran denken würden, in guten, geschweige denn in schlechten Zeiten zueinanderzuhalten. Die Flitterwochen verbrachten sie in Sibirien, nicht im Hotel, sondern am Boden liegend bei Minusgraden, immer auf den ersten Fehler des Gegners lauernd, um dann gnadenlos zuzuschlagen. In der ersten Nacht vergewaltigten sie sich gegenseitig. Sie bekamen Zwillinge, die sie zweisprachig erzogen. Das eine Kind lernte Hebräisch, das andere Arabisch. Sie nannten die beiden Kain und Abel. Sie hatten keine glückliche Kindheit. Die Wohnung glich einem Hochsicherheitstrakt mit Schutzwällen, kleinen Bunkern, Stacheldraht und jeder Menge elektrischer Stühle. Die Räume waren ständig verdunkelt, und vorbeugend kauften sich die Eheleute riesige Mengen Arm- und Beinprothesen, Verbandskästen und Pinzetten, mit denen man sich selbst Kugeln aus dem zerschundenen Körper ziehen konnte.

Kain und Abel machten gute Minen zum bösen Spiel, vor allem ihre Tretminen waren ausgezeichnet im Badezimmer versteckt. Dutzende Putzfrauen wurden auf diese Weise in Stücke gerissen.

Als Margot draufkam, dass Seisuke nicht nur sie, sondern auch andere Frauen verprügelte, reichte sie die Scheidung ein. Daraufhin wurde die Familientherapeutin Sarah Kirche-Kirsche eingeschaltet. Sarah Kirche-Kirsche schlug den Eheleuten vor, Gemeinsames zu erleben, denn hier sah die Expertin das größte Defizit der Ueshimas.

»Yo!« sagten Margot und Seisuke und erwürgten vierhändig die Familientherapeutin. Das war das erste Mal nach 20 Jahren Ehe, dass sie gemeinsam etwas unternommen hatten. Das schweißte sie zusammen, und bis heute leben sie glücklich und ohne gröbere gewalttätige Auseinandersetzungen in der Heimatstadt Mozarts, Salzburg Stadt.

Rupp, Prey, Rapp und Frey

Auf einer Parkbank irgendwo im Park sitzen sehr gedrängt – denn es handelt sich um eine Zweierparkbank – die Moderatorin Martina Rupp, der Sänger Hermann Prey, der Moderator Peter Rapp und die Moderatorin Nora Frey. Rupp, Prey, Rapp und Frey sitzen sehr gedrängt, aber so, als wäre nichts gewesen, auf einer Zweierparkbank irgendwo im Park. Rupp, Prey, Rapp und Frey sitzen da und tun so, als wäre nichts gewesen, irgendwo auf einer Parkbank im Park, Prey neben Rupp, Rapp neben Prey und Frey neben Rapp, Rupp, Prey, Rapp und Frey, und wünschen sich wen herbey? Toni Rey, den Zauberer, auf dass er sie endlich in Menschen verwandle!

Schabrunsky, Eva und Wilhelm 2

»Zusammenhalten ist für euch jetzt das wichtigste in dieser Situation«, sagte der Kinderarzt zu den siamesischen Drillingen Schabrunsky, Eva und Wilhelm 2, ein verwirrender Name für die meisten, weil es doch gar keinen Wilhelm 1 gab. Die drei waren Schwestern, und sie waren interessanterweise nicht von Geburt an siamesische Drillinge, sondern erst im Alter von sechs oder sieben zusammen gewachsen, eine ganz üble Laune der Natur. Schabrunsky, die Neunjährige, wachte eines Morgens auf und war plötzlich mit ihren Wangenknochen an Evas Kniekehlen festgewachsen. Zuerst war Schabrunsky noch überrascht, dann wurde sie kurz sauer, schließlich musste sie aber doch lachen, als sie im Spiegel sah, wie ulkig das aussah! Wilhelm 2 wuchs dann drei Monate später mit der Hüfte an jeweils eine Ferse von Schabrunsky und Eva. Zwei Wochen später hatten sie zusammen nur mehr ein Ohr, dafür aber an jedem Handgelenk eine zusätzliche Leber und im Rachenraum den Dickdarm des jeweils anderen. In der Leistengegend wuchs

Eva ein modischer kleiner Ziegenbart. An einem Montag im Mai des Jahres 1963 stellten die drei fest, dass es fast unmöglich geworden war, ein normales Mädchenleben zu führen, weil Schabrunsky mittlerweile an der Zimmerdecke festgewachsen war, Eva an das Peter-Kraus-Poster und Wilhelm 2 an dem Zeugen Jehovas, der ihnen unvorsichtigerweise zu nahe gekommen war. Natürlich waren das Schicksalsschläge, aber die Mädchen dachten sich: »Was soll's? Hauptsache gesund!« Mit der Zeit wuchsen sie mit allem nur Erdenklichen zusammen, mit der Kommode, der Hauskatze, dem Nachbarpitbull und dem Käse im Kühlschrank. Es war ein richtiges siamesisches Disneyland! Oft sagten Schabrunsky, Eva und Wilhelm 2: »Na ja, an irgendwas muss es ja alles hängenbleiben!« Also dann, liebe Siam-Sisters, macht's gut, und tschüssikovsky!

Seine größten Erfolge

Als er da so 75jährig lag auf dieser jungen Frau, die viel zu jung war, um seine Urenkelin zu sein, und sie seinem langweiligen Genital zumurmelte: »Na, du alter Sack«, da packte ihn die Wut auf seine jahrelange falsche Ernährung. Hatte er sich doch in den letzten vier Jahrzehnten ausschließlich von Presswurst ernährt. Auschließlich. Immer Presswurst. Das hatte ihn müde gemacht. Zu sagen, er wäre impotent, das wäre eine maßlose Übertreibung seiner sexuellen Fähigkeiten gewesen. Er war so matt, dass seine Putzfrau in der Früh nicht nur die Betten aufschlagen musste, sondern ihm auch seine Augen. Seine größten Erfolge im Leben sind schnell aufgezählt: Einmal hatte er aus Versehen eine Ameise zertreten, ein anderes Mal hatte er einen Teller Cornflakes ganz aufgegessen. Aus, das waren sie. Ameise zertreten und Teller Cornflakes aufgegessen. Meine Herren, war der Mann unzufrieden mit sich! Er schob alles auf die schlechte Ernährung. Klar, es ist so einfach, ein verhunztes Leben einfach auf ein ödes Stück Wurst zu schieben. Mensch, Junge, krempel die Ärmel hoch, mach noch was aus deinem Leben, es ist nie zu spät! Man ist so alt, wie man sich fühlt, du bist jung im Kopf, leb dein Leben!

Das alles schoss ihm durch den Kopf, als er da auf dieser kleinen Frau lag. Er öffnete den Mund und verschlang eine große Wurst. »Das wäre doch gelacht«, sagte er auf die Frage des jungen Mädchens: »Willst du nicht auch wieder einmal lachen?«

So war er. Nicht mehr, aber eben auch kein Stückchen weniger.

Sein schönster Tag

Es war noch dunkel, als er erwachte. »Schön rund«, dachte er, als er sich auf dem Bauch liegend mit der flachen Hand übers Gesäß fuhr. Komm, Welt, lass dich umarmen, welch ein Tag! Sich mit der Hand über den dicken Po zu fahren, ein unvergleichlich guter Start in den Tag.

Zu diesem Zeitpunkt konnte er noch nicht ahnen, dass er in genau 16 Minuten einen tragischen Tod erleiden würde.

»Jawoll«, rief er nach dem ersten Bissen ins Jagdwurstbrot. Er tänzelte durch die Wohnung, gab dem Hund eine wohlmeinende Ohrfeige, trank das Glas Karottensaft in einem Zug leer, um nachher ein zufrieden kehliges »Ah« auszustoßen, nicht ahnend, dass er in genau zwölf Minuten nicht mehr unter den Lebenden weilen würde.

Im Radio spielten sie sein Lieblingslied, während er sich ausmalte, wie es wäre, die freche Verkäuferin vom Supermarkt zu küssen. Er gab dem Hund eine weitere gutgemeinte Ohrfeige und pfiff den Refrain seines Lieblingsliedes laut mit. »Das Leben ist ein Hit«, fand er in diesem Moment, während er im Spiegel den Bizeps seines linken Oberarms bewunderte. Das Training zeigte Wirkung. Er beschloss, die Frau seines Abteilungsleiters anzumachen, nicht ahnend, dass er in acht Minuten schon unter den Seligen weilen würde.

»Na gut«, lachte er zum Hund und gab ihm eine kleine Ohrfeige. Er entschied sich für den grünen Benetton-Pullover und die Buntfaltenhose von Daniel Hechter. »Oh, là, là«, flüsterte er verführerisch, als er sich Sir Irish Moos auf die Wangen klopfte. Er fühlte sich wirklich großartig und gab dem Hund eine aufmunternde Ohrfeige, nicht wissend, dass in genau zweieinhalb Minuten der Sensenmann ihn holen würde.

»In drei Minuten«, sagte die freundliche Dame der Taxizentrale. Er gelte sich sein Haar, schnürte sich die Schuhe zu und, wie um seine Morgenfreude zu teilen, gab er dem Hund die sechste Ohrfeige in zwölf Minuten.

Der kluge Hund benötigte nur 20 Sekunden, um dieses Arschloch, das ihn, den Hund, jahrelang mit demütigenden Ohrfeigen versehen hatte, in aller Ruhe totzubeißen. Als es an der Tür läutete, öffnete der fröhliche Hund und nahm das Taxi, um irgendwo anders noch einmal ganz neu zu beginnen.

Voodoo und Kakao

»Voodoo und Kakao« antwortete der Schauspieler Burt Lancaster stereotyp auf die Frage, was er dufte finde, »nicht!« Also eben nicht Voodoo und Kakao. Alles andere, bloß nicht Voodoo und Kakao, das sei eben undufte. Er, Lancaster, finde es so was von undufte, in Kinderpüppchen Stecknadeln zu stecken. Und was das andere betreffe, Kakao, das sei ja wohl am unduftesten überhaupt, das Ovomaltine, Benco und Nesquik, das dufte ja ihn, den Schauspieler, überhaupt nicht an, das Voodoo und Kakao. Immer wieder fragten ihn, den Schauspieler, *Brigitte*-Journalistinnen, was er denn dufte fände, und er antwortete stereotyp: »Voodoo und Kakao nicht, eben nicht!« Eben nicht! Alles gerne, alles dufte, bloß nicht Voodoo und Kakao. Am 4.3.1994 führte die *Brigitte*-Journalistin Esther in einem fahrenden Auto das letzte Interview mit Burt Lancaster.

»Und?« fragte sie, nicht auf die Straße, sondern in das panische Gesicht von Lancaster stierend. »Voodoo und Kakao? Finden Sie das prima, dufte, knorke?«

»Nein, eben nicht. Eben überhaupt nicht!«, brüllte der Mime. »Ich finds eben nicht gut, weder Voodoo noch Kakao. Vorsicht, da ist Gegenverkehr. Da kommen Autos!« Ängstlich rutschte der Hollywoodmann in seinem Sessel hin und her.

»Ach, nicht? Sie mögen nicht Voodoo und nicht Kakao?« beharrte die *Brigitte*-Journalistin Esther revolverjournalistisch, die Augen von der Straße gewandt. Ihnen kamen Dutzende Autos entgegen und ganze Wälder.

»Lenk, Esther!«, schrie Lancaster.

»Weder Voodoo? Noch Kakao?«

»Lenk, Esther!«

Als sie sowohl in die entgegenkommenden Autos krachten als auch in den Wald, bohrten sich die Stämme der Eichen wie dicke Nadeln in den Körper des Weltstars. Esther blieb unverletzt und wechselte zur *Cosmopolitan*.

The fresh vomit of a purulent Königspudeldame oder:
Das bestialische Stinken des Keanu Reeves

Die Flasche Keanu Reeves legt sich gern auf den Boden, scheinbar völlig ohne Grund. Oft verhöhnen ihn Schüler vom Hollywood-Gymnasium Beverly Hills Cop 43 98 47 mit den Melrose Blazern, und sie halten sich beim Lachen nicht nur die Bäuche, sondern auch die nose zu. Der Grund, warum vor allem den Negerschulkindern die Crackpfeife vor Lachen aus dem Mund fällt beim Anblick der am Boden liegenden Keanu-Reeves-Flasche, ist der beißend scharfe Geruch des Jungmimen. Keanu Reeves stinkt seit seiner Geburt wie das frisch Erbrochene einer eitrigen Königspudeldame, und das ist relativ katastrophal für einen Mädchenschwarm. Verzweifelt darüber, so zu riechen wie das frisch Erbrochene einer eitrigen Königspudeldame, legt sich die Flasche Keanu Reeves auf den Boden. Ja, so ist das. Betritt die Flasche Keanu Reeves eine Bar, so müssen sich alle die nose zuhalten, wer hätte das gedacht? Gedacht hatte es sich immer schon River Phoenix, der andere Blödmann, hatte sich aber nie getraut, was zu sagen, weil er ein höflicher Typ ist. Er ist einfach ein höflicher Typ, unser River! Als die beiden einmal im Aufzug steckenblieben und Mr. Phoenix eine geschlagene Stunde Reeves' Ausdünstungen ausgeliefert war, starb er leider. Ihr letztes Gespräch im Aufzug gehört wahrscheinlich zu den bewegendsten Gesprächen, die je zwei blöde Männer geführt haben.*

Takato, Wung Yi, Yasaki und Haihito

Takato, Wung Yi, Yasaki und Haihito, vier Reismänner aus Asien, kleingewachsen, mandeläugig und gelbgesichtig, erleben jeden Tag den ganzen pa-

---

* Reaktion eines weiblichen Fans (Name d. Red. bekannt): Der Text über die »Ausdünstungen« von Keanu Reeves ist nicht nur a) eine bodenlose Gemeinheit und b) der reine Neid, wenn ich mir die Trümmer-Gestalten angucke, die das verzapft haben. Statt hundsfiese und saublöde Texte über Schauspieler zu schreiben, würde ich an deren Stelle mal einen Schönheitschirugen konsultieren (mir aber wenig Hoffnung machen). Wie wär's in Zukunft mit dem schönen alten Sprichwort vom »Dreck vor der eigenen Tür« und so. *Ein Keanu-Fan*

ckenden Asien-Thrill! Reis ernten, Reis essen, Reis kochen, Reiswein, eben das ganze pulsierende Asien-Fieber! Reis pflanzen, Reis kaufen, kaum reisen, Naturreis, der ganze packende Asien-Thrill! Takato, Wung Yi, Yasaki und Haihito, da sitzen sie, Asienschulter an Asienschulter, gelb und klein, mit dem ganzen fernöstlichen Philosophie-Schabernack im Rücken, Tai Chi, Kung Fu, Bruce Lee und Ding Yi! Ding Yi? Knie. Knie blau, Knie blau vom Asien-Hocken, beim Essen hocken, beim Beten hocken, beim Hocken hocken, das ganze pulsierende Asien-Fieber eben! Takato, Wung Yi, Yasaki und Haihito, vier Sympathieträger aus der Asien-Hütte, Stäbchen, Shinto, Sushi, Reis! Lebende Fische, die ganze Eskimo-Scheiße! Anorak, ewiges Eis, Kajak, Robben und Reinhold Messner, der ganze asiatische Bergsteiger-Scheiß! Himalaya, Yeti, Ziegenbart und Bubblegum, die ganze verrohte Ami-Scheiße! Karacho, George, Yasaki und Sullivan, Juhuu-jippie-jippie-eyjey und Gelbfieber, die ganze große Welttragödie! Francesco, Luigi, Roberto, der Schachspieler Karpov, Indiana, Schusters Rappen, Rap und Wilder Kaiser, die ganze österreichische Bergsteiger-Scheiße! Bubendorfer, Freegeclimbe, Karabiner, Karajan und Moll-Concerto, die ganze gediegene Klassik-Scheiße! Klavier, Canasta, Kaviar, Puppen, Pasta, Paradeiser, der ganze Obst-Mist eben! Quallen, Qualen, Wale, die ganze stinkende Fischsuppe! Afrika, Australien, Asien und Amerika, ihr vier Inkontinente, ach leckt uns doch am Arsch!

Zwei Frauen reden offensichtlich Blödsinn

»Frau Eberhard-Engelrehringer, kein Turban ohne Ablaufdatum und Kult der letzten Jahre ohne die Brigade simplen Rummels. Mirdaka somnambuler Suppenkaspar, ich bin empört und mache Bocksgesang!«

»Kaliber satisbak, Frau Neufeld-Kalupa, nicht mehr und nicht von bizarrer Diktatur! Der Bock als indigenes Volk der subalternen Gremien. Nicht ziehen und nicht kokett dahinvertrauen, wer sind wir denn, dass sie zelebrieren?«

»Ausgewanderte Kollegen, Frau Eberhard-Engeljehringer, sind Früchte hinduistischer Vibration. Easy-Listening, o Gott, schnell weiter, Bock und Hack zum Gruß!«

»Bunte Schweine küssen mich als Oberhaupt des Kräutersalzersatzes. Halleluja und goodbye!«

Wolf-Ulf Wulfrolf

Als er von seinem Arzt erfuhr, dass er nur noch 61 Jahre zu leben hat, da begann für den 34jährigen Gelegenheitsersatzaushilfshilfskellner Wolf-Ulf Wulfrolf auch kein neues Leben. Er war weiterhin der Gelegenheitsersatzaushilfshilfskellner Wolf-Ulf Wulfrolf, der erst zweimal in seinem kümmerlichen Leben überhaupt in die engere Wahl gekommen war, um in der miesesten Kaschemme der Stadt eventuell als Kellner einzuspringen, wenn alle anderen ausfielen. Er war so unfassbar schlecht als Kellner, er konnte Essen und Trinken kaum auseinanderhalten, hatte einen furchtbaren Gehfehler, der es ihm unmöglich machte, sich zu bewegen, er war stocktaub, stumm wie Stockfisch, und pro Minute übergab er sich vier- fünfmal in die zu servierenden Teller, kurzum, er war einer der schlechtesten Gelegenheitsersatzaushilfshilfskellner der Welt. So einer kriegt keinen Job in der Gastronomie. Tja, meine Lieben, erst wenn alle Kellner der Welt tot sind, wird der große Moment von Wolf-Ulf Wulfrolf kommen. Da das aber nie und nimmer passieren wird, wird Wolf-Ulf Wulfrolf in 61 Jahren zu Grabe getragen werden, auf einem silbernen Tablett, unter einer Käseglocke. Und beim Leichenschmaus werden fünf arrogante, flinke, gedächtnisstarke und gutaussehende Arschlochkellner zu Werke sein und so noch dem toten Gelegenheitsersatzaushilfshilfskellner Wolf-Ulf Wulfrolf demonstrieren, dass in dieser perfekten Welt offensichtlich nur das Perfekte zählt! Und so bleibt für uns alle nur zu hoffen, die wir auf der Seite der Schwachen stehen, dass Wolf-Ulf Wulfrolf sich in diesem Moment noch einmal aus dem Himmelszelt beugt, um all den Affenkellnern tüchtig in die weißen Teller zu kotzen. Bittedanke.

Mistvieh und Mandarine

Immer wenn er das dunkelrote Brillenetui betrachtete, dachte er an den Tod. In so ein Brillenetui würde man ihn legen, wenn's aus wäre. Er war Brillenträger. Er trug die Brillen seines Chefs und die von dessen Familie. Er trug acht Stunden am Tag 12 optische und 24 Sonnenbrillen im Arm. Er selbst sah gut, aber nicht aus. Volker Mama war Brillendiener. Sagen wir mal so: Sein Beruf bestand darin, ständig hinter der Familie des Chefs herzugehen und im richtigen Moment der richtigen Person die richtige Brille auf die Nase zu setzen. Das war nicht einfach, denn wenn Monica und Maskulin, die beiden Jüngsten, ein Buch zur Hand nahmen, musste Volker blitzschnell den beiden Kleinen gleichzeitig die richtigen Brillen aufsetzen, ohne dabei den Rest der Familie aus den Augen zu verlieren. Chef Männchen, seine Frau Maultier, Oma Morsch, Opa Memme, Mistvieh, den Ältesten, die zurückgebliebene Mandarine und die Zwillingsbrüder Mensch und Maschine. Die Dioptrienanzahl schwankte zwischen 1,8 (Mistvieh) und 36 (Oma Morsch). Chef Männchen hatte 12,5 plus Hornhautverkrümmung, Maultier, seine Frau, 4 weitsichtig, 6,75 kurz und grauer Star, Opa Memme 32, Pupillenverkleinerung und beidseitigen grünen Star. Monica, Maskulin, Mensch, Maschine und die zurückgebliebene Mandarine hatten in etwa gleich starke Brillen zwischen 2 und 16 Dioptrien. Das musste Volker alles wissen und bedenken, wenn er ihnen die Brillen aufsetzte. Alle Brillen hatten das gleiche Design und die gleiche Farbe, was erschwerend hinzukam. Vier Jahre lang hatte Volker den Job tadellos erledigt, und das bei durchschnittlich 800 Einsätzen pro Tag als Brillenträger. Am 4. Juli 87 passierte das Unglück. Maschine (14 Dioptrien) traute seinen Augen nicht, als er trotz Brille seinen Bruder Mensch nur verschwommen sah und gleich darauf seine zurückgebliebene Schwester Mandarine mit Maskulin verwechselte. Volker hatte einen riesengroßen Fehler gemacht. Er hatte Maschine versehentlich die Brille von Opa Memme aufgesetzt!

Die Familie beriet sich, was mit Volker Mama geschehen sollte. Oma Morsch (36 Dioptrien) setzte sich durch: »Mandarine soll ihn erschießen. Sie ist zurückgeblieben und somit nicht straffähig!« Die zurückgebliebene Mandarine (4 Dioptrien) setzte sich die Brille auf und schoss. Aber daneben – sie hatte aus Versehen die Brille von Maultier auf. Nach mehreren missglückten Versuchen, immer mit der falschen Brille, meldete sich Volker zu Wort. »Mir wird das alles hier zu bunt, hier ist die richtige Bille!« Es war Volkers letzter ehrenvoller Dienst. Mandarine traf. Das Leben ging weiter, und Volker ruht heute, genau wie er es vorausgesagt hatte in einem großen dunkelroten Brillenetui unter der Erde. Auf dem Grabstein steht: »Volker Mama, du könntest noch leben, hättste Maschine die richtige Brille gegeben. Deine zurückgebliebene Mandarine und Mistvieh«

Der Pianist

Dass er kein Klavier spielen konnte, war für seine Pianistenlaufbahn nicht besonders förderlich. Als er wieder einmal vorspielen sollte im Wiener »Konzerthaus«, saß er einfach nur da, traurig vor einem Bösendorfer-Flügel, ohne eine Taste zu berühren. Nach 25 Minuten stand er wortlos auf und verließ grußlos das Gebäude. Am Nachmittag rief er an, um sich zu erkundigen, ob er es geschafft hatte oder nicht. Er hatte es nicht geschafft. Verzweiflung stieg in ihm hoch.

RTL-»Explosiv« – Radiostar quält Bruder! Hamburger Penner Opfer jahrelanger Gewalt! Täter: ORF-Starkomiker

So die Aufmacher von *Bild*-Zeitung und *Hamburger Morgenpost* am Samstag. Die Aufregung um die Bekenntnisse von Hasso Stermann (46), einem verwahrlosten Penner aus Hamburg-Altona, haben für viel Zündstoff innerhalb der Medienbranche gesorgt. Die erschütternden Details: Der 43jährige Exildeutsche Dirk Stermann hat es in Österreich geschafft und ist nicht mehr wegzudenken aus den Society- und Klatschspalten der Alpenrepublik.

Der gemütlich wirkende, dicke Radiokomiker des ORF moderiert seit einigen Jahren eine Radioshow zusammen mit seinem österreichischen Partner, dem 47jährigen Christoph Grissemann. Beide sind schillernde Figuren des österreichischen Gesellschaftslebens. Hier sieht man sie beim Wiener Opernball im Gespräch mit Sophia Loren.

Alles Fassade! Aus den beiden Spaßvögeln ist ein Fall für die Kriminalpolizei geworden. Denn das, was der Bruder Hasso Stermann von den beiden zu berichten weiß, passt so gar nicht zu dem Bild, das sich die österreichische Öffentlichkeit von Stermann und Grissemann gemacht hat.

Hasso Stermann: »Mein Bruder, die Originale, sagt immer: ›Hasso, du bist der Trottel der Nation!‹, und dann haut er mir eine rein, mitten in die Fresse. Dann fall ich um und bin halbtot, aber dann geht's erst so richtig los, dann kommt dieser Grissemann, das miese Schwein, und haut mir mi'm Vorschlaghammer die Knabberleiste auf!«

Hasso lebt seit 16 Jahren in diesem Männerheim in der Hamburger Vogelstraße. Einst borgte er seinem Bruder Dirk sein letztes Geld, damit der in Wien die große Karriere machen konnte. Das Einzige, was ihm Stermann und sein grausamer Assistent zurückgeben, sind Schläge und Demütigungen, auch seelischer Natur.

Hasso Stermann: »Er ist ja jetzt wohl erfolgreich und hat sogar eine eigene Sendung im Österreichischen, zusammen mit diesem Grissemann, dem brutalen Schwein. Mein Bruder, die Originale, hat mir ein Foto geschickt von seiner Villa. Ist ja riesengroß, 30, 40 Zimmer! Ich freu mich für ihn. Ja, und ich? Ich teil mir mein Zimmer im Männerheim mit vier anderen! Ich hab ja praktisch nur ein Bett! Mein Bruder, die Originale, sagt immer: ›Bei mir ist immer Geld im Bett, und bei Hasso ist immer Gelb im Bett!‹, weil ich ein Bettnässer bin.«

Sein Bruder, das Original. Immer wieder spricht Hasso stolz von seinem Bruder, dem Original. In ihrer Hietzinger Nobelvilla nehmen Stermann und Grissemann nun zum ersten Mal exklusiv Stellung zu den Vorwürfen. Die beiden Starkomiker tragen Versace-Anzüge und Gaultier-Krawatten, Extraanfertigung! Als unser Team im Prunksaal Platz nimmt, ist die eisige Kälte spürbar, die von den beiden ausgeht. Stermann versucht, die Greueltaten zu verharmlosen, und macht – welcher Zynismus! – auch noch in dieser Situation einen Scherz.

Dirk Stermann: »Na ja, also zu meinem Bruder fällt mir nur ein: Das Schweigen der Lämmer, das wäre in seinem Fall auch besser gewesen! Aber jetzt werde ich wohl meinen Anwalt einschalten müssen. [klick] Ich lasse mir doch von so einem Arschloch meine Karriere nicht kaputtmachen! Und selbst wenn's wahr ist: Nachweisen ist das Zauberwort!«

Christoph Grissemann, hier bei der Abrichtung seiner vier Pitbullterrier im villaeigenen Park, auf die Frage, ob er mehrmals mit einem Vorschlaghammer auf Hasso Stermann eingeschlagen habe: »Schauen Sie das Kaninchen hier an, das Kaninchen, das meine Pitbulls gerade zerfleischen, ja? Tut Ihnen das leid? Eben. Und so ein mieser Penner, der mit dem Vorschlaghammer was auf die Zähne kriegt, das ist für euch dann gleich eine Riesengeschichte!«

Solange keine weiteren Zeugen des grausamen Spektakels auftauchen, bleiben die beiden Schlägerkomiker aus Wien weiter auf freiem Fuß. Wir werden Sie auf dem Laufenden halten.

Grissemann: »Wie berichtet, wurden ich und mein Assistent Stermann auf widerliche und ekelhafte Art und Weise beschuldigt, den Bruder von Stermann, nämlich Hasso Stermann, geschlagen zu haben. Und nur weil die Geschichte stimmt, muss man damit noch lange nicht zur Presse gehen, so sind unsere Meinungen darüber!«

Die *Münchner Abendzeitung* schrieb unter der Überschrift »Schlägerkomiker im österreichischen Fernsehen« – Zitat – »Die Deutschen haben den niedlichen, harmlosen, humorigen Dirk Bach, diesen putzigen, pummeligen Spaßmacher aus Köln, und was hat Wien? Wien hat Dirk Stermann, ein brutales, asoziales Arschloch, das mit seinem nicht minder gewalttätigen Schläger- und Brutalokollegen Christoph Grissemann einen minderbemittelten Verwandten von Dirk Stermann schlägt und quält.« Soweit die *Münchner Abendzeitung*.

Grissemann: »Und Hasso Stermann wurde jetzt geholfen, von der Stadt Hamburg wurden ihm 438 DM Sozialhilfe genehmigt. Das erscheint Stermann und mir ein bisschen viel für einen Penner und Dummkopf wie Hasso! Das Landesgericht Altona hat uns untersagt, aufgrund Paragraph ›Schlagen und Witz‹, in Hassos Nähe zu kommen. Das heißt, wir dürfen nicht in Hassos Nähe kommen. Ist die Studiotür offen? Die mach ich kurz zu bevor ich weiterlese. Wir dürfen Hasso also nicht in die Nähe kommen, und Hasso ist jetzt seit vier Wochen nicht mehr von uns verprügelt worden, das bitte auch einmal zur Kenntnis zu nehmen! Wir beschränken uns derzeit auf seelische Qualen. Wir schreiben Drohbriefe, und Hasso sitzt genau jetzt im Männerheim in Altona, und, Stermann, warum redest du eigentlich nichts mehr? Ah, er ist eingeschlafen. Hasso sitzt jetzt genau im Männerheim im Altona, und wir versuchen, ihn jetzt zu erreichen.«

Stermann: Hasso, bist du da?

Hasso: Ja, geht's, kann ich schon reden?

Grissemann: Grissemann hier, du Drecksack! 438 Mark kriegst du jetzt von der Sozialhilfe, stimmt das?

H: Ja, das ist richtig, jetzt bin ich zum Sozialamt gegangen, und die haben gesagt: Das ist eine Sauerei, was Ihr Bruder da mit Ihnen macht.« Die haben das gelesen in der *Hamburger Morgenpost*, in der *Münchner Abendzeitung*, überall haben sie das gelesen, die Leute!

G: Hasso, ich komm mit dem Vorschlaghammer, wenn du weiter so aus-
packst!

H: Warum schon wieder?

G: Du weißt, Hasso, was dann passiert?

H: [hust hust] Ich bin völlig erkältet. Ich hab nachts fast nie ein Dach über
dem Kopf, und ich hab Angst. Ich hab Angst, immer diese Briefe zu kriegen, von Ihnen, Grissemann.

G: Harhar, Hasso.

H: Ich hab noch eine Frage.

G: Ja?

H: Da ist zu mir ein Produzent gekommen, ein Buchproduzent, ein Verle-
ger.

G: Der will, dass du ein Buch schreibst?

H: Ja, der hat das gelesen in der *Bild*-Zeitung und hat gesagt, schreib doch
ein Buch, ich schreib das auch für dich, nenn es »Der Stermann-Clan«.

G: Und willst du das Buch rausbringen, Hasso?

H: Ich weiß eben nicht, was mein Bruder dazu sagt, die Originale.

G: Haha.

H: Kann ich meinen Bruder, die Originale, sprechen, Grissemann?

G: Hasso, der schläft. Ja!

H: Dann lass ihn mal schlafen, der wird ja wohl müde sein. Ist das wirklich
wahr mit den 30, 40 Zimmern?

G: Hasso, natürlich ist das wahr! Hasso, pass auf, wenn du das Buch schreibst,
schwör ich dir, dass du in drei Tagen ertrunken bist!

H: Ich muss mich setzen, weil ich bin so hungrig.

G: Hasso, und pass auf, die 438 Mark Sozialhilfe, die du kriegst, ja? Die überweist du auf unser Konto!

H: Die hat schon mein Bruder sich selbst zurücküberwiesen, die hab ich gar
nicht mehr.

G: Die kriegst du gar nicht?

H: Ne, mein Bruder hat, klug wie er ist, sein eigenes Konto angegeben bei der
Sozialbehörde. Ich seh davon keinen Pfennig.

G: Hasso, dir geht's schlecht, hoffe ich?

H. Mir geht's verdammt schlecht.

G: Gut, Hasso, dann lege ich jetzt auf, und ich kann dir eines versprechen …

H: Schöne Grüße an meinen Bruder, die Originale, ja?

G: Ich werd's ausrichten. Und Hasso, ich komm mit dem Hammer in zwei Wochen.

H: Grissemann, du mieser Hund, bitte nicht!

G: Doch, Hasso!

H: Nicht wieder mit dem Vorschlaghammer auf meine Knabberleiste!

G: Und jetzt legen wir auf!

H: Ja. Grüß Sie.

Hektor

Hektor war ein hässliches Kind. Mit sechs Jahren wackelten seine Milchaugen und fielen kurze Zeit später aus. Dann schielte er und bekam eine Augenspange. Mit 12 Jahren fielen ihm alle Haare aus, mit 13 aber Gott sei Dank alle wieder ein. Die Ärzte diagnostizierten eine sogenannte »Kurzzeitglatze«. Hektor konnte zwar schreiben, aber nicht lesen. Er sprach fließend vier Fremdsprachen, doch seine Muttersprache beherrschte er so gut wie gar nicht. Am liebsten war Hektor draußen, im Freien. An der Natur liebte er die eigenen vier Wände am meisten. Tja, insgesamt war Hektor ein ganz spezieller außergewöhnlicher, unverwechselbarer Durchschnittsmensch. Sein Pass ist 1922 abgelaufen. Verlängert hat er ihn bis heute nicht. »Meinen Pass verlängere ich niemals, mein Pass gefällt mir so wie er ist! Würd ich ihn verlängern, passte er nicht mehr in die Sakkotasche!« Vielleicht ist es an dieser Stelle jetzt angebracht, zwei, drei Worte über Hektors Großmutter zu verlieren: »Feierabend«, »Traktor« und »sind«. Das sind nur ein paar Worte, die mit Hektors Großmutter jetzt nicht so viel zu tun haben, aber dass »Feierabend«, »Traktor« und »sind« in dieser Reihenfolge endlich einmal in einer Geschichte auftauchen, das ist doch auch ein Ding!

Gestern starb Hektor übrigens. Er wurde im Bauch seiner eigenen Mutter tot aufgefunden. Die Fenster waren offen, und ein plötzlicher Windstoß hat ihn da reingeweht. Ja, wie das Schicksal halt so spielt, durch Mutters Wehen kam er raus, durch Mutter Erdes Wehen wieder rein! Das alte Reinraus-Spiel, man kennt das doch. Hektor! Hektor, eins sei dir nachgerufen: du wirst uns nicht fehlen! Du wirst uns allen nicht fehlen, die meisten kannten dich ja gar nicht. Und die, die dich kannten, denen ist es wurschtegal, du alter Mistfuchs!

Das Haarnetz Lord

»Mannomann, Manno-, Manno-, Mannomann!« stöhnte der homosexuelle Kürschner und Apotheker Manfred Ulfig-Dunse-Wrampelmeyer, als er in seiner Spucke fremde DE-EN-A-Spuren fand. Er hatte sich einfach nur so in die Hände gespuckt, wie er es immer tat, bevor er einem Kunden die Hand gab. Da sah er sie, mit bloßem Auge: fremde DE-EN-A-Spuren, so groß wie Golfbälle. Zur Kontrolle spie er noch einmal in seine Handfläche und wieder: tellergroße fremde DE-EN-A-Spuren. Dazu, wie er feststellte, klebten an seiner linken Schulter Salatreste eines Salates, den er nie gegessen hatte.

»Scheiße auch!«, ächzte Ulfig-Dunse-Wrampelmeyer und schoß sich zur Beruhigung einen Liter Tranquilizer in die künstliche Holzhüfte.

Vielleicht sollte man an dieser Stelle erwähnen, dass der 71jährige gehbehinderte Apotheker und Teilzeit-Kürschner Ulfig-Dunse-Wrampelmeyer seit Jahren im homosexuellen Milieu keine Partner finden konnte. Ein langes Rasta-Schamhaar wuchs ihm aus dem Unterbauch, es war nicht seins. Er begann zu schwitzen und taumelte vor die Kürschnerei-Apotheke, so dass seine Fußspuren im gelb pepinkelten Schnee sichtbar wurden. Es waren Moonboots-Abdrücke. Schuhgröße 46. Er konnte es kaum glauben, trug er doch seit 12 Jahren links eine Sandale und rechts einen Stöckelschuh, beide Größe 39.

Im Schaufenster der Apotheke spiegelte sich sein Ebenbild, er sah aber nicht sein Gesicht, sondern das einer afrikanischen Rentnerin, die ein merkwürdiges Haarnetz trug. Er schaute sich das Haarnetz genauer an. Es war ein belgisches Herrenhaarnetz gegen Inkontinenz. Vor Aufregung machte er es sich in die Hose.

Der Schnee wurde immer gelber und er sah wie die Afrikanerin im Schaufenster überlegen lächelnd den Kopf schüttelte. Seine Identität schien sich von Innen heraus verändert zu haben. Er fiel um. Er schloss die Augen. Im vollgepissten Schnee lag es sich gemütlich wie im Korbsessel von Wintroppetz, seinem einzigen Bekannten, der in Thailand einen Jahrmarkt für Herren führte. Könnte Wintroppetz ihn hier so liegen sehen, er würde ihm das sagen, was Wintroppetz immer sagte, wenn er was Ungewöhnliches sah, nämlich: »Nanu, nu, nu, nu, nu!«

So war Wintroppetz.

Mit allerletzter Kraft kroch Manfred Ulfig-Dunse-Wrampelmeyer ins homosexuelle Milieu, das sechs Meter weiter sein unmoralisches Unwesen trieb. »Geiles Haarnetz, Puppe!«, rief ihm ein 22jähriger Skandinavier zu, und bot ihm beidseitigen Oralverkehr an, den Ulfig-Dunse-Wrampelmeyer höflich dankend annahm. Dank seiner urplötzlich veränderten DE-EN-A-Struktur nannte man Manfred Ulfig-Dunse-Wrampelmeyer kurze Zeit später schon »den geilsten Monsieur im homosexuellen-Milieu«.

Als Wintroppetz Jahre später zufällig am Homo-Strich seine Liebesdienste anbot und seinen alten Kumpel Manfred glücklich am Boden stöhnen sah, quittierte er das, wie immer, wenn er etwas Ungewöhnliches sah, mit den Worten: »Nanu, nu, nu, nu, nu!«

Alle Beteiligten dieser Geschichte sind heute längst tot, doch die Moral dieser Geschichte, die lebt fort, in jedem Einzelnen von uns, und nur so wird diese Welt einst einmal die Welt, die wir für unsere Eltern und Kindeseltern uns erträumt. Erst dann ist Frieden in allen Herzen und das Gewissen rein und alle Seelen weiß. Wie Schneeflöckchen, die leise in den Himmel fallen. Wenn's einst so werden wird, und Wintroppetz durchs Himmelszelt herniederblickt, dann werden seine Worte sein: »Nanu, nu, nu, nu, nu!« Diese Geschichte ist hier zu Ende, doch was ihr innewohnt, lebt morgen fort. Und übermorgen und immerzu und immerfort, ganz weit, so weit, wie Mutter Erde diesen Erdenball gebaut, so laut wie Ruh.

Nanu, nu, nu, nu, nu!

Lieselotte Pulver

Einmal hatte er aus der Entfernung Lieselotte Pulver gesehen, und zwar am 13. Juli 1979, während der Aufzeichnung des »ZDF-Fernsehgartens«. Das war schön. Aber dass es rückblickend der schönste Moment seines Lebens bleiben sollte, damit war auch bei größtem Pessimismus 1979 nicht zu rechnen. Bis auf das Pulver-Ereignis am 13. Juli 1979 während der Aufzeichnung des

»ZDF-Fernsehgartens« war in seinem Leben wirklich nichts passiert! Mit dem Bild von Lieselotte Pulver vor Augen starb er. Die Beerdigung war relativ kurz, vor allem der Teil, in dem der Pfarrer über das Leben des Verstorbenen sprach. Hier die gesamte Rede im wortwörtlichen Zitat: »Er hat nicht viel erlebt und hinterlassen, aber am 13. Juli 1979 hat der liebe Verstorbene während der Aufzeichnung des »ZDF-Fernsehgartens« aus großer Entfernung Lieselotte Pulver gesehen. Amen.« In seinem Fall verkniff man sich die Grabsteininschrift »Jeder Tag war kostbar«.

Feuchtigkeit

Beim Reden spuckte und sabberte er so viel, dass die anderen Köche fanden, er rede wie ein Wasserfall. Wenn's im Restaurant darum ging, lecker Süppchen zu kochen, forderten ihn die anderen Köche einfach auf, »Die Glocke« von Schiller zu rezitieren, und hielten ihm dabei einen leeren Bottich unters Maul, um Wasser zu sparen. Er selbst litt sehr unter diesem Fehler. Wie gern hätte er trocken gesprochen! Mit Frauen traute er sich nur beim Tauchen zu reden. Da ist nicht viel Romantik und kaum ein nettes Wörtchen drin. Er goss seine Blumen, indem er mit ihnen sprach, einer der wenigen Vorteile. Doch die Nachteile überwogen. Bei seinem Auto hatte er mühsam die Scheibenwischer innen angebracht. Das bisschen Regen draußen war kein Problem. Ein Meer der Worte, ein Ozean der Kommunikation. Literweise rann das Wasser ihm den Hals hinunter, bei jedem »Hallo«, jedem »Wie geht's?«. Auf Befehl der Gesundheitspolizei musste er allein auf einer stillgelegten Bohrinsel leben. In vielen Ländern der Welt, die ohnehin von Überschwemmungen heimgesucht werden, hatte er Einreiseverbot. Als sogar Wüstenstaaten ihn auf die schwarze Liste setzten, fühlte er sich als Aussätziger. Er holte aus der Bohrinselbibliothek Hemingways Klassiker »Der alte Mann und das Meer« und las es sich selber laut vor, bis die Bohrinsel überflutet war, und er selbst ausgetrocknet und verdurstet. Im Restaurant kocht man seitdem auch nur mit Wasser.

Der Gesichtsälteste

Er hatte das Werk von Marx und Engels ins Plattdeutsche übersetzt, und Kylie Minogues Hit »Your Disco Needs You« ins Hessische. Rocke beschäftigte sich ausschließlich mit linguistischen Nutzlosigkeiten. So hatte er zwölf Jahre damit verbracht, das Wort »ich« in der gesamten deutschsprachigen Literatur seit der Romantik zu zählen. Nach neun Jahren hatte er sich verzählt und musste wieder ganz von vorne anfangen. Sein Doktorarbeit hieß »Wie viele Wörter kann man maximal aus all den Buchstaben bilden, die in der Bibel vorkommen«. Rockes Eltern, die beide in der fleischverarbeitenden Industrie als Dummies für Schlachtschussapparate arbeiteten, waren stolz auf ihren fast drei Meter großen Sohn Rocke. Rocke war ein geistiger Leuchtturm in der verblödeten Münchner Schickeria. Rocke zählte noch keine 30 Lenze, sah aber nach einer überstandenen Geisteskrankheit und anschließender Kopfoperation wie der Großvater von Luis Trenker aus. So nannte man ihn zwischen Altötting und Schwabing schnell »den Gesichtsältesten«. Im Krankenhaus verliebte er sich in eine pensionierte Rotkreuz-Sanitäterin aus dem ersten Weltkrieg, der nach einem Kunstfehler die Hirnanhangdrüse aus dem Ohr hing. Oft zog Rocke neckisch daran, so lange, bis sie lächelte. Sie war die einzige Frau, die er kannte, die älter war als er aussah. Rocke sah so alt aus, dass er mehrere Angebote hatte, in Schulen als Zeitzeuge vom Dreißigjährigen Krieg zu berichten. Mit der Zeit wurde er reich, unser bayerischer Gesichtsältester. Er wurde das offizielle Gesicht zur Tut-Ench-Amun-Ausstellung. Weltweit hing sein Portrait in Museen. Als Gesichtsältester hatte er schnell so viel Geld verdient, dass er sich nur noch der Linguistik widmen konnte. Er beschäftigte sich ausschließlich mit seinem Lieblingsprojekt: Er versuchte, mit nur einem einzigen Buchstaben eine ganze Sprache zu kreieren, mit einem Konsonanten. Sehr schwierig, aber das reizte ihn. Kurze Zeit später starb sein Gesicht an Altersschwäche, 45 Jahre vor ihm selbst. Die letzten 45 Jahre seines Lebens musste er also mit geschlossenen Augen und heraushängender Zunge weiterleben. In der Münchner Schickeria nannte man Rocke fortan nur noch »den Gesichtstoten«. Er gründete die Elektro-Trompetenband »Facedeath« und plazierte sich 90-mal hinter einander weit vor Platz 1 in allen Welthitparaden. Rocke, falls du zuhörst: Wenn du nicht so bleibst, wie du bist, werden wir so, wie du uns nicht haben willst.

Richtig schenken

Rusty konnte es nicht glauben: eine Ratte als Geschenk zum ersten Schultag. Solche Dreckseltern. Eine tote Ratte für ein sechsjähriges Kind, mit Nadeln drin, nein, nein, das kann nicht Liebe sein. Traurig steckte er die tote Ratte zurück in die Schultüte. Solche Dreckseltern, es ist doch nicht zu glauben. Das ist doch einfach nicht zu fassen! Dabei war Rusty ein äußerst liebenswürdiges, süßes Kind. Er suchte die Aussprache mit seinen Eltern. »Liebe Eltern«, sagte er, »ich empfinde euer Geschenk zu meinem ersten Schultag als Zumutung. Die anderen Kinder haben Uhren und Süßigkeiten bekommen.« »Ja, Rusty, und du eine tote Ratte. Was dagegen?« Sein Vater roch grauenhaft nach antialkoholischen Getränken. Diese grüner Tee-Fahne war nicht auszuhalten. Von hinten umwehte Rusty der Leichengeruch seiner Großmutter. »Rusty!«, krächzte sie und warf dem lieb gescheitelten Buben ein Diaphragma an den Kopf. »Für dich, zum ersten Schultag!« »Was soll ich denn damit?« flüsterte Rusty traurig. Sein ganzes Leben lang hatte er immer nur unpassende Geschenke bekommen. Zu seinem ersten Geburtstag ein Korsett und eine Packung Tranquilizer, zum Namenstag vor drei Jahren einen Sack Kohlen, und zu Weihnachten als Vierjähriger ein Beatmungsgerät der deutschen Bundeswehr. Und jetzt also die Ratte und das Diaphragma. Wollten ihn seine Eltern fertigmachen? Nein, sie hatten einfach nicht die Gabe, gut zu schenken. Es war nicht so, dass sie sich keine Gedanken machten. Sie entschieden sich einfach falsch. Zur Einschulung schwankten sie lange zwischen der toten Ratte, einem Motorradhelm und einer Enthaarungscreme. Auch die Oma hatte sich die Diaphragma-Entscheidung nicht leicht gemacht. »Was schenkt man einem Sechsjährigen?«, hatte sie sich gefragt. »Nikotinpflaster vielleicht? Oder den Bestseller ›Endlich über 40‹? Ein Originalautogramm von Konrad Adenauer? Nein, dann doch lieber das Diaphragma.« Damit konnte man nichts falsch machen, dachte sie. Elf Jahre später brach Rusty entnervt die Schule ab, aus Angst vor einem Maturageschenk. Schade, fanden seine Eltern, hatten sie doch eine so gute Idee für das Geschenk gehabt. Was schenkt man einem 18jährigen zur Matura? Richtig, eine schöne Klarsichtfolie für den Schülerausweis.

Ludwig Nahverkehr

Ludwig Nahverkehr war Chorherr. Der Einzige im Kinderchor, der die 40 längst überschritten hatte, ein ausgewachsener Mann. Das Durchschnittsalter bei den »Leipziger Kirchenkrähen« lag bei elf Jahren. Ludwig Nahverkehr stach da natürlich heraus. Bei Auftritten der Kirchenkrähen gab es oft ein großes Hallo, wenn der schmerbäuchige, grobschlächtige Nahverkehr in seinem Matrosenanzug zwischen den zerbrechlichen angsterfüllten Knaben stand, singend. Ludwig war bei den Kindern gefürchtet, vor allem, weil sie beim gemeinsamen Duschen alle die Tätowierung gesehen hatten. Auf seinen gewaltigen Bauch hatte er sich seine Lieblings-Internetadresse tätowieren lassen: www.knackigejungs.de. »Rutsch mal!«, hörte man oft im dunklen Schlafsaal Ludwigs tiefen Bariton. Und dass der Chorherr da nicht nur die Stimmbänder massierte, kann man sich fast denken! Auch der Chorleiter der Kirchenkrähen wusste, dass Ludwig Nahverkehr besser nicht Teil eines Kinderchores wäre. »Aber was willste machen«, sagte er resignativ. Schuld waren die alten Meister, die in ihren Kinderchorwerken auch immer eine so tiefe Stimme eingebaut hatten, die unmöglich von Elfjährigen gesungen werden kann! Das wiederum war das Glück des Päderasten Nahverkehr und das Pech der blassen Buben. »Rutsch mal!«, brummte Nahverkehr im Schlafsaal wieder. Den Matrosenanzug hatte er halb geöffnet. Aber diesmal sollte es anders kommen, alles sollte anders werden. Denn der zehnjährige Manuel rutschte nicht, sondern stach dem nach Alkohol stinkenden Chorherren Nahverkehr eine Stimmgabel gewaltig ins Gemächt! Alle kleinen singenden Matrosen klatschten Beifall, überglücklich. Und der so kastrierte Ludwig Nahverkehr verlor nicht nur seine tiefe Stimme, sondern auch seinen Job. Denn einen 46jährigen dicken Mann mit Kinderstimme, den brauchte keiner bei den Kirchenkrähen!

Im Vitrinengeschäft

Für sein Bügeleisengeschäft brauchte er eine neue Vitrine. Er ging ins Vitrinengeschäft und betrachtete all die schönen Vitrinen in den Vitrinen. Da musste er an diese russischen Puppen denken, in denen immer noch eine drin ist, und dann noch eine und noch eine … »Kann ich ihnen behilflich sein?«, riss ihn der Vitrinenverkäufer aus seinen russischen Puppentagträumen. »Ja, gerne. Ich hoffe, mein Anliegen ist nicht zu aufdringlich, aber würden Sie mir freundlicherweise in die Hose greifen und mir einen runterholen?« »Selbstverständlich, dafür bin ich ja da!«, antwortete Viktor, griff dem Bügeleisenverkäufer in die Hose und befriedigte ihn. »Dankeschön«, sagte der Bügeleisenverkäufer. »Ach, keine Ursache! Zufriedene Kunden sind immer die besten Kunden! Empfehlen Sie uns weiter!«, sagte Viktor und der Bügeleisenverkäufer verließ das Geschäft, zwar ohne Vitrine, dafür aber mit großer Genugtuung.

Spaß

»Na, und? Wo hast du ihn hingehängt?« »Ins Wohnzimmer.« »Ach. Und, wie sieht er aus?« »Na ja, noch etwas ungewohnt.« Wenige Tage später schon hatte sie sich an den Anblick ihres tot von der Decke hängenden Gatten gewöhnt. Wenn sie staubsaugte, kitzelte sie mit ihrem Dutt ab und an seine kalten Beine und lächelte versonnen in sich hinein. Das war ja einmal eine gute Idee gewesen, den alten Langeweiler zuerst im Garten er- und dann im Wohnzimmer aufzuhängen. Manchmal, wenn sie sich jung genug fühlte, sprang sie nach oben und hielt sich mit den Händen an seinen Füßen fest und schwang frech hin und her. Herrgottnochmal, war das eine gute Idee gewesen, den alten Langeweiler endlich im Wohnzimmer aufzuhängen! Gelegentlich, im Überschwang, sprang sie gemeinsam mit ihren drei Bridge-Freundinnen der baumelnden Leiche an die Beine, und dann sah man vier tollkühne Weiber kreischend vor Freude durch die Wohnung segeln. Immer wilder wurden die Flug- und Turnversuche, immer heftiger rissen sie an den Beinen, immer hysterischer schrien sie dazu. »Warum tun die das?«, fragte der rüstige Nachbar seine Frau. Er hatte das makabre Schauspiel seit Wochen durchs Fenster beobachtet. »Warum die das tun?« fragte seine Frau zurück, »Na weil's Spaß macht, weil's einfach riesengroßen Spaß macht! Aber von Spaß hast du altes Sackgesicht nicht einen Dunst!« Mit diesen Worten legte sie ihm einen schönen Strick um den Hals.

Der Weg ist das Ziel

Veronique zog sich aus, bis sie im Adamskostüm vor ihm stand. »Nein, zieh dich doch ganz aus«, schnurrte er. »Gerne, mein Dicker«, säuselte sie zurück und zog sich auch noch das alberne Adamskostüm aus. Sie legte sich zu ihm. Mit seinem erigierten Glied schaltete er das Licht aus. Im Dunkeln zogen sich beide wieder an. Das ist geglückte Sexualität, wussten beide, die Vorfreude. Der Akt an sich ist sowieso enttäuschend. So handhaben sie ihr glückliches Leben. Alles war auf Vorbereitung und Spannungsaufbau ausgerichtet. Sie kochten großartige Speisen, nur um sich an dem herrlichen Duft zu erfreuen. Nie nahmen sie auch nur einen Happen davon zu sich. Sie fuhren in die atemberaubendsten Schi-Gebiete, um sich am Gipfel nur kurz die Schier anzuschnallen. Nach einem kalten Winterspaziergang ließen sie sich ein heißes Schaumbad ein. Als die Wanne voll war, ließen sie, noch immer vor Kälte zitternd, das heiße Wasser wieder aus. Tja, der Weg ist das Ziel und die Freude auf das Glück schöner als das Glück selbst. Von grauenhaften Zahnschmerzen gepeinigt, gingen sie wimmernd zum Zahnarzt. Als der liebe Herr Doktor fragte »Haben Sie Schmerzen?«, sagten sie »ja,« drehten sich stante pede um und gingen unverrichteter Dinge und mit dicker Backe wieder nachhause. Beim Korallentauchen machten sie die Augen zu. Zur Weihnachtszeit freuten sie sich wie die Tiere auf die Bescherung, um dann kein einziges Geschenk auszupacken. Sie bewohnten ein bezauberndes 14-Zimmer-Schlösschen, kauerten aber immer nur in einer Küchenecke. »Die anderen Zimmer sind sicher wunderschön,« stellten sie sich vor. Mit unglaublicher Hingabe bereiteten sie ein ganzes Jahr lang einen Rumtopf vor. Als er fertig war, schütteten sie ihn ins Klo. Ihnen ging es darum, die Phantasie zu speisen, die schöne Braut der Realität. Als sie also da so hocherregt und wieder angezogen im Bett lagen, machte Dicker einen folgenschweren Fehler. Er berührte sie leicht. Da war alles aus. Verstehen Sie die Geschichte? Nein, ne. Alles klar.

Das Geräusche-Girl

Zum zweiten Mal hatte sie geträumt, dass sie sechs wildfremde Menschen erschoss, um ihre eigene Haut zu retten. »Der Traum hat Gott sei Dank nichts mit meinem wirklichen Leben zu tun!«, versuchte sie sich zu beruhigen. Schließlich saß sie im Zuchthaus, weil sie sieben Menschen umgebracht hatte, und nicht nur sechs. Sie hatte alle sieben Logopäden, bei denen sie in Behandlung war, ermordet. Alle sieben Spezialisten waren nicht in der Lage gewesen, ihr Sprachproblem in den Griff zu kriegen. Seit der Pubertät litt Arielle unter dem Klang ihrer Stimme. Machte sie den Mund auf, so entstand ein Geräusch, dass sich anhörte, als liefe eine Waschmaschine im Schleudergang. Für eine junge Frau im Labello-Alter wahrlich kein Vergnügen, wie man sich vorstellen kann. Aus Scham traf sich Arielle bei ihren seltenen Rendezvous ausschließlich in Waschsalons. Aber sinnlos, kein einziger Mann verliebte sich in das knatternde Geräusche-Girl. Ihr einziger amouröser Erfolg bestand darin, Schmutzwäsche in den Mund gestopft zu bekommen. So vereinsamte sie. Ihre letzte Hoffnung war die Logopädie. Und tatsächlich, der siebte Logopäde, den das Geräusche-Girl aufsuchte, vollbrachte ein kleines Wunder! Nach zwei Jahren täglicher Behandlung und unzähligen Operationen am Gaumenzäpfchen zeigte sich eine Veränderung. Neben den Waschmaschinengeräuschen war es Arielle nun möglich, alternativ auch das Geräusch hervorzubringen, das entsteht, wenn ein Weißbrot aus dem Toaster springt. Ein kurzes, knappes, metallenes »Flap!« neben dem ewig monotonen, einschläfernden »Womwumwum«. Immerhin: ihr nächstes Rendezvous fand bei ihr daheim am Frühstückstisch statt. Nach ein paar nervösen Flaps und verzweifelten Womwumwums endete das Liebesfrühstück doch wieder mit einem Paar Stinkesocken im Mund. Inzwischen ist Arielle 65 Jährchen alt. Aus ihrer Zelle in der Zuchtanstalt dringen leise Wasch- und Toastgeräusche. Mensch, Sachen gibt's, die gibt's gar nicht.

Der Weckruf

17 Stunden und 34 Minuten, mitgestoppt, über 17 ½ Stunden also hing er in der Warteschleife der österreichischen Inlandsauskunft. Es war 22.00 Uhr, als er gestern die Nummer der Auskunft wählte, um für den nächsten Morgen 6.00 Uhr einen Weckruf zu bestellen. »Das hat sich ja jetzt wohl erledigt«, murmelte er seine Armbanduhr an, als er bemerkte, dass es bereits nach drei am Nachmittag war. Vor neun Stunden also hätte er geweckt wer-

den sollen, aber so hing er immer noch mit längst abgestorbenem Arm in der Warteschleife der Inlandsauskunft. Er legte auf. Besonnen schritt er zur Vitrine, in der sein Onkel, der Vorsitzender im Schützenverein war, seine Gewehre liebevoll aufbewahrte. Zwölf Kleinkalibergewehre schulterte er, griff erneut zum Telefon, um ein Taxi zu bestellen. Nach 6 ¾ Stunden kam der Wagen, wo zu allem Unglück auch noch ein nüchterner Inländer drin saß, wo er doch einen rauchenden Ausländer bestellt hatte! Er ließ sich mit dem Taxi zur nächsten Telefonzelle führen. Es war ein Wertkartentelefon. Da kam er aber erst drauf, nachdem er sich 3 Sunden und 11 Minuten angestellt hatte, und da stand er jetzt, die Gewehre geschultert, mit hassrotem Gesicht und extra vorbereiteten Münzen in der zittrigen Faust. Er ging zurück zum Taxistand, um die Rechnung zu begleichen, die inzwischen 4450 Schilling ausmachte. Er gab dem Taxler einen 5000-Schilling-Schein, aber der Taxifahrer lachte nur und sagte, er könne einen so großen Geldschein nicht wechseln. »Na gut. Dann führen Sie mich, bitte, um 550 Schilling zu dem Büro, in dem die Auskunftsmädchen sitzen!«, brüllte er hassbetrunken. Inzwischen war es Winter geworden und sein Bart hing drei Meter aus dem Taxifenster raus. Die Gewehre schienen langsam zu verrosten. »Was wollen Sie Irrer eigentlich mit den Gewehren?«, lallte der unsympathische inländische Taxler. »Na ja, erst Sie mit einem Genickschuss erledigen und dann bei der Telefonauskunft energisch Amok laufen«, antwortete er höflich aber extrem bestimmt. In diesem Moment löste sich ein Schuss von einem der zwölf umgehängten Gewehre und traf ihn selbst in den Rücken. Der Notarzt traf auch, aber mit sechsstündiger Verspätung ein. Da schlummerte unser Hero bereits den ewigen Schlaf, das traurige Ende eines Mannes, der eigentlich einfach nur in Österreich geweckt werden wollte.

Ex-Po 2000

Im Krieg hatte man dem heute 83jährigen Wilhelm Brennbus mit einer Granate beide Gesäßhälften weggeschossen. Seit damals muss er sich in der Straßenbahn auf den Bauch setzen. Heute verdient Brennbus mit seiner Behinderung gutes Geld. Er ist das einzig gutbesuchte Ausstellungsobjekt der Ex-Po 2000 in Hannover.

Extremfressen

Montagmorgen, 8.00 Uhr früh, Hongkong. Er blickte auf die Uhr. »Na, wart mal ab«, sagte er ungeduldig zu sich selbst wie zu sich selbst. Seit 20 Minuten war er jetzt schon in Hongkong, und noch immer kein Hirn aus einem lebenden Affen gegessen, keine gesalzene Schäferhundprostata und auch keine Insektenpenisse in Aspik. Randy Goldsack, der Fieberthermometertester aus Rotterdam, hatte genug von der westlichen und nahöstlichen Küche, er wollte Abenteuer fressen, Aufregung auf der Zunge spüren, den Gaumen-Kick. Und nicht immer nur Kartoffelpuffer und Püree fressen. Wie glücklich war Randy, als er in der Zeitung ein Inserat mit der Überschrift »Extremfressen« sah. Goldsack lief sofort das Wasser im Schlund zusammen, hatte er doch bei einem hässlichen Unfall sein schönes Gesicht verloren, oder, wie seine Frau fand, bei einem schönen Unfall sein hässliches Gesicht, alles Auslegungssache. Seitdem war seine einzige Möglichkeit der Nahrungsaufnahme sein riesenhafter sabbernder Schlund, der statt seines Gesichts aus dem blut-eitrigen Hals herausragte. Ein Schlundhygieniker aus Ungarn hatte ihn operiert, ohne Werkzeug und Watte, nur mit den bloßen Händen. Goldsack hatte jetzt ein funktionierendes Gebiss auf dem Schlund sitzen, das nach Essen gierte und furchterregend klapperte. Er wollte all diese im Inserat angepriesenen Köstlichkeiten einer bizarren Esskultur kosten: Hummerhoden, Rattendärme und Nashornnebenhöhlen, Braunbärbrustwarzen, Euleneuter und Amselärsche. 8.10 Uhr: Goldsack hinkte ins nächste Spezialitätenrestaurant und verdrückte als zweites Frühstück acht Gebärmutterkrebse in Cannabissauce, dazu ließ er drei, vier Froschfurunkel in den gierigen Schlund sausen. Zu trinken gab es Dalmatinerdünnschiss und frisch gepresstes Dackelblut, das Inserat hatte nicht übertrieben. Extremfressen. Er lächelte zufrieden, während er die Kadavercracker in Pinguinpisse dipte. Er lehnte sich zufrieden zurück und studierte die Dessertkarte, wo ein verwackeltes Schwarzweißfoto Lust auf »Bandwurmparfait in Lebendläusenest, garniert im Kakerlakenkotmantel« machte. »Einmal das Bandwurmparfait!«, brüllte Goldsack glücklich. Es schmeckte wunderbar. Er verließ das Restaurant tänzelnd und setzte sich die Sonnenbrille auf den Schlund. Randy Goldsack war in diesem Moment der glücklichste Schlund der Welt.

Henriettes Geburtstag

Genau so hatte sie sich ihren 80. Geburtstag vorgestellt. Kein Schwein da. Sie, allein in diesem Grufti-Lokal, der grindige Alleinunterhalter mit leerem Blick vor seiner Hammond-Orgel, die Platzkärtchen an der reich gedeckten Tafel wie zum Hohn in Reih und Glied vor leeren Stühlen. Wie viele Einladungen hatte sie verschickt? 200, 250? Und dann dieses Desaster. »Alles Arschlöcher«, dachte Henriette Mett. Sie schlug in Ermangelung eines anderen Gegenübers dem vertrottelten Alleinunterhalter die Faust in den Unterleib. Er fiel stöhnend auf die Tasten, und die Melodie, die so entstand, gefiel ihr so gut, dass sie gleich noch einmal zuschlug. Wieder brach der entnervte Alleinunterhalter über seinen Tasten zusammen. Diesmal aber entstand eine andere Melodie, keine schöne. Zornig schlug Henriette Mett noch einmal zu und setzte sich unter ihr Geburtstagsfass Bier. Sie trank das Fass auf ex. »Da lebt man 80 Jahre, geht zu jeder Party von jedem Arschloch, zu jeder verfickten Taufe und jeder beschissenen Hochzeit, aber wenn es um einen selber geht, wenn es ums Ihnchen geht, sind sich die Damen und Herren Wixer wohl zu fein!«, dachte sie. Seit 60 Jahren hatte sie sich auf diesen Tag gefreut, sich nie etwas gegönnt, alles Geld gespart für dieses Fest. Nie im Urlaub gewesen, nie Fleisch gegessen, nie eine warme Mahlzeit, keine Brustvergrößerung, nicht einmal für eine Spirale Geld zum Fenster rausgeschmissen, von der Pille ganz zu schweigen. Ihre zwölf Kinder zuhause bekommen, ohne Hebamme, sie alle zur Welt gebracht, während sie für ein Callcenter arbeitend Geld verdiente, immer dieses Ziel vor Augen: ein rauschendes Geburtstagsfest zum 80er! Und jetzt? Jetzt lag sie allein und besoffen zwischen Kaviarbergen und glibberigen Austernmassen. Was für ein Reinfall! Was für eine Riesenenttäuschung! Um 22.00 Uhr, als der verbrunzte Alleinunterhalter längst schnarchend auf seiner Orgel und Henriette in einer Lache aus Tränen und Bier lag, öffnete sich die Tür des Restaurants. Verschwommen erkannte Henriette die Stargäste des Abends. Das hätte die Überraschung sein sollen für ihre Gäste, die nicht gekommen waren, eine Band, nicht irgendeine, nein, die »Flippers«! »Frau Mett, sind wir hier richtig?«, rief der kleinwüchsige, dickleibige Schlagzeuger der »Flippers«. »Tolle Party!«, sagte er und übergab sich fast vor Lachen. Fast eine halbe Million Mark hatte sie sich die »Flippers« kosten lassen, und jetzt wurde sie auch noch von diesem Zwerg mit Minipli verarscht! Schamesrot sah sie dabei zu, wie die »Flippers« ihre Instrumente aufbauten und eine langsame Nummer zum Tanze spielten. Da sonst niemand da war, musste sie mit dem schmierigen Alleinunterhalter vorliebnehmen. Sie tanzte eng mit ihm und wurde ob seines Mundgeruchs fast ohnmächtig. Sie kam der Ohnmacht zuvor indem sie ihm mit der Faust in den Unterleib schlug, sodass er zusammenbrach. Henriette stellte sich mit einem Feuerzeug an den Bühnenrand und wippte verträumt im Rhythmus mit. Als das Konzert beendet war, überreichte sie dem Schlagzeuger einen vorbereiteten Strauß Blumen. »Danke, Oma« lispelte er und schrieb auf einen Serviette ein Autogramm. Verschämt steckte sie die Serviette ein. Hatte sie also doch noch ein Geschenk zu ihrem 80. bekommen. Erst als die »Flippers« weg waren, las sie, was der kleine dicke Schlagzeuger ihr als Widmung überreicht hatte. Da stand in krakeliger Legasthenikerschrift: »Sie können sich als gefickt betrachten.« »Irgendwann reicht's«, dachte Henriette.

Ingo Eggert

Er wachte auf, schlenderte schlaftrunken in den Stall seines Nachbarn und schlachtete alle 14 Milchkühe. Er häutete sie und schulterte die blutenden Tiere. Wieder daheim, legte er die Kühe auf sein Frühstücksbrett, und während er die Zeitung las, schlang er die 14 toten Tiere hinunter. »Was die immer schreiben«, schüttelte er seinen Kopf. Manchmal hatte er den Eindruck, die Welt spiele verrückt. »Alles Verrückte«, resümierte er und warf die Zeitung wutentbrannt ins offene Feuer, Ingo Eggert, 62 Jahre alt, Parodontosepatient aus Wolfsburg, der Erfinder der Milchschnitte für Kinder. Ingo Eggert gähnte und knackte so lange und stark mit seinen Fingern, bis sein Daumen brach. Widerwillig und angeekelt fuhr er ins Spital. »Oh, der alte widerliche Eggert!«, begrüßte ihn die geile Krankenschwester. »Hat das alte Schwein sich wieder was gebrochen, hä?« Ingo Eggert errötete. Um die peinliche Situation zu überbrücken und der jungen Frau zu imponieren, donnerte er seine Faust einem Stationsarzt ins Gesicht. »Ich habe die Kindermilchschnitte erfunden, vielleicht bekannt?«, fragte er in die verdutzte Patienten- und Götter-in-Weiß-Runde. In diesem Moment betrat sein Nachbar das Spital. Schweigend hielt er ein selbstgebasteltes Transparent in den Händen, auf Kuhhaut stand dort geschrieben: »Ingo Eggert raus aus Wolfsburg«. Ingo Eggert legte sich schwitzend auf ein Krankenbett und schloss die Augen. Sein Leben lief vor seinen Augen ab wie ein schlechter Sat.1-Film: Geburt, Schule, Sex, die Erfindung der Kindermilchschnitte, aus. Sein Leben, geopfert einer Zwischenmahlzeit, alle Energie aufgewandt für so eine Scheiße! Angsterfüllt riss er die Augen wieder auf. Über ihm kniete die geile Krankenschwester. Sie riss sein Hemd auf, wie Millionen Kinder täglich die Verpackung einer Kindermilchschnitte aufreißen. »Nur damit sie es richtig einschätzen, wenn ich jetzt mit Ihnen ficke, ist das für mich nicht mehr als etwas Sex für zwischendurch!« Am nächsten Morgen las er am Frühstückstisch im Wolfsburger Boten:

»Irre: Geile Krankenschwester und Erfinder der Kindermilchschnitte treiben's im Krankenhausfoyer!«

»Alles Verrückte«, dachte Ingo Eggert, während aus seinem kranken Zahnfleisch dicke Blutstropfen auf den Honig fielen.

Karel und Junta

Karel und Junta waren ein Brüderpaar, wie es unterschiedlicher nicht hätte sein können. Karel wurde 1953 zu zwölf Jahren Gefängnis verurteilt wegen schwerem Raub, Junta aber im gleichen Jahr zu 13 Jahren Kerker wegen schwerer Körperverletzung. Oft kam Olga von Dolega-Koscharowski ins Gefängnis, um ihre Söhne zu besuchen, die beide wegen schlechter Führung in Einzelhaft waren. Sie lächelte und sprach viel mit den anderen Gefangenen, weil sie ihre eigenen Söhne ja nicht sehen durfte. »Ich hab da schon zwei ganz verschiedene Söhne großgezogen!«, sagte sie oft zu den Mithäftlingen von Karel und Junta. »Wissen Sie, Karel hat die Schule abgebrochen, und Junta hat keinen Schulabschluss. Karel ist schwul, aber Junta interessiert sich nicht für Mädchen, na ja.« Für Olga von Dolega-Koscharowski war es ein unerklärliches Phänomen, so verschiedene Söhne aus ihrem dicken Bauch heraus in die Welt gezaubert zu haben. Den Mithäftlingen war es aber scheißegal, was sie erzählte. Sie hatten gehofft, die dicke alte Frau hätte das Gespräch begonnen, um ihnen ihre Liebesdienste anzubieten. Weit gefehlt, ihr Knackis! Wisst ihr, Olga wollte reden, sich die Seele aus dem Leib reden und keine fremde, zusätzliche Seele in ihrem Körper spüren! So kam es, dass Olga bald schon allein im Besucherraum saß und leise vor sich hin redete. Karel war zu anderen Kindern schon früh sehr gemein, und Junta wurde im Kindergarten von allen gehasst, weil er so widerlich war. »Wie geht das zusammen?«, fragte sie sich. Beide hatten doch das gleiche Zuhause gehabt, die gleiche Mutter und den gleichen Vater, der als Gelegenheitstransvestit die Familie über Wasser hielt in ihrer feuchten Wohnung; aber richtig über Wasser hielt, das Regenwasser stand zimmerdeckenhoch! Ihr Mann hatte den Kleinen doch alles geboten, zwar nichts, was sich Menschen wünschen, aber immerhin! Ihre beiden Töchter waren auf der Strecke geblieben, von einem Zug überfahren auf der Strecke Lima-Santiago. Sie hatte doch nur noch ihren Mann im kurzen Röckchen und die beiden Söhne, zu denen sie nicht vorgelassen wurde. In ihrem Muttertrieb steckte sie ihren dicken Kopf durch das engmaschige Drahtgitter im Besucherraum. So fest und so verzweifelt drückte sie mit aller Kraft ihren Kopf durch das engmaschige rostige Drahtgitter, dass ihr Kopf auf der anderen Seite in 64 Teilen ankam. Da lag er jetzt, ihr 64teiliger Kopf, auf der Sträflingsseite. Am Abend kam die Putzfrau und kehrte alles weg. In der Zeitung des nächsten Tages stand nichts darüber. Darüber weint Lateinamerika noch heute. Und Österreich? Österreich ist sich wieder mal zu gut. Na, bravo.

Raritäten

Ihm war von Anfang an klar gewesen, dass es schwierig werden würde, aber es war nun mal sein Lebenstraum, in der City ein Raritätengeschäft zu eröffnen. Bloß, wo kriegt man diese verdammten Raritäten her? Das ist ja alles nicht so einfach! Wo gibt's denn aztekische Nasenhaarschneider oder mongolische Schrumpfköpfe malaisischen Zuschnitts? Alles natürlich aus dem Jahr vor Anno scheiß der Hund drauf! Nein, er hatte weder Lust noch Zeit an die Popocatépetl-Ausgrabungsstätten zu fahren, wo irgendwelche Rauschebärte nach uralten zersprungenen Vasen buddeln, in die einmal eine Königstochter reingeschissen hat! Das kostet ja auch so viel, erst mal die Reise, und dann auch noch die Rarität! »Ich bin ja nicht blöd«, sagte sich der 29jährige haftentlassene Frauen-, Kinder-, Männer- und Tiermörder Oskar

Fontane. Der zuckerkranke und von Feuermalen im Gesicht entstellte Bluter Fontane war soeben nach einer 27jährigen Haftstrafe aus der Jugendstrafanstalt entlassen worden. Er hatte im Alter von zwei Jahren einen zoologischen Garten zerstört und mitsamt allen Lebewesen ausgelöscht. Er war ein wütendes Kind, zornig bis in den Schnuller, hasserfüllt bis in die noch nicht vorhandenen Milchzähne und niederträchtig wie sein flüssiger Windelschiss. Aber im Gefängnis war aus Oskar Fontane ein anderer Mensch geworden: Dumm, träge, mundfaul und 40-mal brutaler als zuvor. Am Arbeitsamt war für ihn nicht mal ansatzweise was zu holen, also musste er sich selbständig machen. Er wollte daher ins Raritätengeschäft einsteigen, aber – vorher schon erwähntes Problem – wo kriegt man den ganzen Scheißdreck her? Dieses Neandertalerwerkzeug oder Lendenschürze von bolivianischen Pygmäen? »Eben«, dachte Oskar Fontane und eröffnete im Februar 1989 das schlechteste Raritätengeschäft der Welt. In seiner Auslage befanden sich ganze drei sogenannte »Raritäten«, und zwar eine Ausgabe der *Bild*-Zeitung von gestern, eine Ray-Ban-Sonnenbrille und ein Lederfußball, den er damals im Zoo einem von ihm ermordeten Kind gestohlen hatte. Er wurde zunehmend depressiv, weil sein Raritätengeschäft nicht so gut lief, um nicht zu sagen gar nicht. Im März 1989 setzte sich Oskar Fontane die Ray-Ban-Sonnenbrille auf, verdeckte sein Gesicht mit der *Bild*-Zeitung und schoss sich den Lederfußball in den Kopf, ein spektakulärer Selbstmord in einem Raritätengeschäft. Das war eine absolute Seltenheit!

Reinald und Raunhild

»Sind Sie sich sicher, dass Sie sich scheiden lassen wollen?« »Nö.«, antworteten unisono Reinald und Raunhild. Damit war der Termin beim Scheidungsrichter wieder zu Ende. Die beiden stiegen ins Taxi, und kaum dass sie saßen, stiegen sie auch schon wieder aus, denn nach Taxifahren war ihnen in Wahrheit heute überhaupt nicht. Eine unglaubliche Unentschlossenheit zeichnete die beiden aus. Entscheidungsblockaden durchpulsten die beiden seit sie lebten. Kinderwünschen folgten Abtreibungssehnsüchte, und bevor man zum Italiener essen ging, musste man auch noch sicherheitshalber beim Japaner, Griechen und Aserbaidschaner mehrere Tische bestellen, um dann letztendlich doch zuhause zu bleiben. »Gar nichts essen, wegen der Linie. Das ist das beste!« meinte Raunhild und stopfte sich Sekunden später eine ganze Tube Mayonnaise in den Rachen. Buchungen für Wellness-Wochenenden und Selbstmordseminare wechselten im Affentempo. Hetero- und homosexuelle Neigungen, gnadenlose Treue und gleichzeitig verbissener Ehebruch lieferten sich ein nicht enden wollendes Rennen. Bei einem Kamelausflug in der Wüste Sinai verdursteten Reinald und Raunhild, weil sie sich tagelang nicht entscheiden konnten, von welchem der beiden freundlichen Beduinen sie Wasser annehmen sollten. Man ließ die beiden Körper übrigens in der Wüste liegen, weil unser Pärchen sich im gemeinsamen Testament nicht hatte entscheiden können, auf welche Art sie bestattet werden möchten. Und die Moral von der Geschicht? Ich weiß es nicht.

Steckschweins schwerster Fall

Bis spät in die Nacht saß Steckschwein zusammen mit fünf seiner besten Mitarbeiter im Kommissariat und ging den Fall rauchenden Kopfes ein ums andere Mal durch. Eine alte Frau war ihrer Handtasche beraubt und anschließend mit bloßer Hand in Stücke gerissen worden. Neben den Leichenteilen lagen ein Reisepass und zwei Herrenschuhe. Eine blutige Fußspur führte in das nahegelegene Schirmgeschäft des mehrfach vorbestraften geistig abnormen Rechtsbrechers Walter Spaßmann. Mehrere Passanten hatten die Tat fotografiert und auf Video festgehalten, außerdem hatte Spaßmann ein Geständnis abgelegt. Auch das Motiv war eindeutig: die Ermordete war seine verhasste Schwiegermutter, die er seit Jahren regelmäßig mit dem Tod bedroht hatte und insgesamt 14-mal bisher auch versucht hatte umzubringen. »So weit, so gut.«, resümierte Steckschwein, was allerdings für eine Anklage fehlte, war ein eindeutiger Beweis. Steckschwein wusste, alles was sie bisher herausgefunden hatten, würde vor Gericht niemals für eine Anklage reichen. Steckschwein, der alte bullige Oberhauptkommissar, verzweifelte und beschloss resigniert, den Fall Spaßmann zu den unerledigten Fällen abzulegen. Dann aber, Wochen später, trat unerwartet und plötzlich Kommissar Zufall auf den Plan. Ein Barthaar Spaßmanns wurde auf seiner eigenen Wange gefunden, und der Samen, der ihm bei einer Routine-Verkehrskontrolle entnommen wurde, stammte laut DNA-Analyse mit an Sicherheit grenzender Wahrscheinlichkeit von ihm. Jetzt saß Spaßmann wirklich in der Klemme. Als dann auch die Speichelprobe aus seinem Mund eindeutig als Speichelprobe aus seinem Mund erkennbar war, atmete Steckschwein erleichtert auf. Wieder einmal hatte Steckschwein einen aussichtslos erscheinenden Fall gelöst!

Die Blumenverkäuferin

Die Blumenverkäuferin war müde. Sie hatte den ganzen Tag Hyazinthenstengel und Chrysanthemenblätter geschnitten, Muttertagssträuße zusammengestellt, Stiefmütterchen gewaschen und Kakteen gefickt. Ja, auch Blumenverkäuferinnen brauchen Liebe und Zärtlichkeit. Und wir Pflanzenfreunde wissen: Der Vibrator der Blumenverkäuferinnen ist und bleibt der Kaktus, der mit seiner penisähnlichen Form prädestiniert dafür zu sein scheint, in Mußestunden als dornenreicher Liebespfeil zu dienen. Nun war sie also erschöpft, erschöpft vom Einsetzen der Maiglöckchen, vom Umtopfen der Yucca-Palmen und vom Zuschneiden der Gerbera und vom vielen Kaktusficken. Es war kurz vor 18.00 Uhr und die Blumenverkäuferin war rechtschaffen müde. Müde vom Flechten der Grabkränze, vom Sonnenblumen-in-die-Vasen-Stecken, vom Regenwürmer-aus-der-Erde-Ziehen, vom Anpreisen der Dahlien und vom stundenlangen Kaktusficken. Nun also war sie wirklich müde, die Blumenverkäuferin. Müde vom Holzentchen-in-die-Töpfe-Stecken, vom Schleifchen-um-die-Blumen-Binden, vom Grüß-Gott-was-hätten-Sie-denn-gern-auf-Wiedersehen-Gesage und vom ausufernden Kaktusficken. Jetzt war sie also ordentlich ermüdet. Sie hatte Lilienblüten eingesprüht und Magnoliensamen eingesetzt und Tulpenstiele neu geformt und hatte kurz vor Ladenschluss das schöne Gefühl, im prachtvollsten Blumenladen der Welt zu arbeiten. Alles strahlte, duftete und blühte. Nur die zehn Kakteen sahen etwas mitgenommen aus.

Gerti

Die Putzfrau war – gelinde gesagt – überrascht, als sie auf dem Frühstückstisch diese Botschaft der Hausherrin fand: »Liebe Gerti! Mein Mann schläft noch in der Waschmaschine. Bitte ausräumen, danke. Und bitte Spinnweben vom Körper wegmachen! Geld liegt auf dem Tisch. Gruß, Roberta«. Gerti setzte sich erst mal hin und genehmigte sich ein Gläschen Bier. Und dann ein Fläschchen, und dann noch ein Gläschen. Roberta hatte inzwischen so viel Dreck am Stecken, dass es einem Hohn gleichkam, nur einmal die Woche eine Putzfrau kommen zu lassen. Soviel wie hier in diesem Haus unter den Teppich gekehrt werden musste, da hätte man eine 24-Stunden-Putzkolonne gebraucht! Gerti stand auf und ging zum Kühlschrank. Ein Fläschchen Weißwein lachte sie an. Mit dem Weißwein und der Karaffe Portwein setzte sie sich wieder resigniert an den Frühstückstisch. »Mein Mann schläft noch in der Waschmaschine«, diese arschgesichtigen Yuppies! Gerti sah sich um: der Parkettboden versifft, rohe Fischstücke und getrockneter Seetang, Sojabohnen, auf dem Holztisch ein Wasabi-Rest. Drecksgesindel. Früher hatte es noch echten Schmutz gegeben, Brotkrümel, Saucenflecken, Gulaschstücke auf den Fliesen, Sauerkraut im Bustier, gestandener Dreck eben. Und nicht dieser ostasiatische makrobiologische Sondermüll ihrer Fitnessdreckschweinarbeitgeber. Aus ihrer Tasche holte Gerti den Absolut-Wodka und nahm erst mal einen kräftigen Schluck. In ihrer Schürze fand sie einen Joint. In tiefen Zügen inhalierte sie ohne auszublasen. Erst, als sie fertig geraucht hatte, genehmigte sie sich zwei, drei Schnäpschen, und dann erst den vierten. Bestimmt war Roberta wieder um 6.00 Uhr aufgestanden, joggend ins Fitnessstudio gelaufen und hat dann erst am eingelegten Ingwer genippt. Roberta musste mit ihrem Filofax auf die Waage steigen, damit die Waage wenigstens ein bisschen ausschlug! Narzisstische Drecksau. Prost. Gerti blieb erst mal sitzen und trank ein Gläschen Aquavit. »Und bitte Spinnweben vom Körper wegmachen«. Wahrscheinlich! Soll sie sich doch um ihren Arschlochmann kümmern! Soll sie sich doch selbst drum kümmern! Bin ich hier die Putzfrau oder was? Gerti biss in das große Stück Käseleberkäse, das sie sich mitgebracht hatte. Schwerfällig erhob sie sich vom Küchentisch und wankte zum Telefon. Sie rief ihre Schwester Trine in Buenos Aires an, die dort vor 20 Jahren als Putzfrau während der Militärdiktatur Karriere gemacht hatte und jetzt in der Scheißdemokratie tief gefallen war. Drei Stunden telefonierten die Schwestern miteinander. In Buenos Aires gab's auch nichts Neues. Gerti sah auf die Uhr. Noch eine Stunde, dann war ihr Job beendet. Aus reiner Neugier ging sie in den Waschraum. Tatsächlich, aus der Waschmaschine kamen Schnarchgeräusche. Ekelhaft. Irgendwann hatte auch Gerti genug, irgendwann ist Schluss! Die Spinnweben von fremden Männern abmachen. Irgendwann reicht's! Sie schüttete eine ganze Packung Omo auf den Penner, schloss blitzschnell die Trommel und stellte die Maschine auf 90° ein. Mit einem Fläschchen Jägermeister saß sie vor der Maschine und betrachtete ihren Arbeitgeber, der jetzt offensichtlich wach geworden war. »Ach, auch schon wach der Herr, was? Während unsereiner hier seit Stunden schuftet, ist der Herr sich ja scheinbar zu fein aufzustehen! Wohl was Besonderes, der Herr!« So redete Gerti vor sich hin, bis es Zeit war zu gehen. Sie nahm ihre Tasche und das Geld vom Tisch und ging zu ihrem nächsten Job, nicht ohne zuvor noch einmal höflich in den Waschraum zu rülpsen.

Der Dutt

Es war verheerend peinlich. Über Nacht war ihm ein Dutt gewachsen. Ein unzerstörbarer, unabrasierbarer, steinharter, aschgrauer, 30 Zentimeter dicker Dutt! Und das ihm, dem österreichischen Justizminister Doktor Dieter Böhmdorfer. Ein straußeneigroßer Dutt aus dichtem, drahtigem Haar. Doktor Dieter Böhmdorfer sah aus wie seine eigene sudetendeutsche Großmutter. »Oh mein Gott! Mein lieber Scholli!«, dachte Doktor Dieter Böhmdorfer, als er sich im Spiegel verquält betrachtete. »Was macht das denn jetzt für einen Eindruck auf der Bude, beim Mensurfechten, beim Bierkrugstemmen, beim Singen der schönen nationalen Liederchen, beim Prost auf Deutschland? Verdammte Scheiße noch mal, so ein Drecksdutt! So ein Hurendutt! Ich bin geliefert!«, ereiferte sich der im wahrsten Sinn des Wortes verdutzte Justizminister Doktor Dieter Böhmdorfer. Der Dutt thronte wie ein weibisches Kainsmal auf seinem Haupt. Er riss und zerrte und zog und rüttelte an seinem Dutt, aber vergebens. Schweißgebadet stand der liebe Justizminister nackt in seinem Badezimmer und ergab sich resignativ der Situation, fügte sich gleichsam in sein seltsames Schicksal. »Immerhin«, murmelte Doktor

Dieter Böhmdorfer leise vor sich hin, »Immerhin ein Dutt. Ein schöner deutscher Damendutt. Ja, ein Dutt! Keine Negerzöpfe!«, sagte er pragmatisch, schälte sich in Anzug und Krawatte und schritt mit stolz geschwellter Brust und keckem Dutt ins Parlament, wo er sich, wie immer, im Justizausschuss vehement gegen eine Änderung des Homosexuellen-Paragraphen im Strafgesetzbuch aussprach. Dutt sei Dank, business as usual.

Doktor Paulchen staunt nicht schlecht

»Oh, wow, das gibt's ja nicht! Unglaublich!« Er riss die Augen weit auf. Ja, Doktor Hermann Paulchen staunte nicht schlecht. Wenn Doktor Paulchen etwas konnte, dann war das staunen, nicht schlecht staunen. Doktor Paulchen staunte jedesmal so, als sähe er alles zum ersten Mal. Wenn die Ampel von Rot auf Grün sprang, hörte man Doktor Paulchen erstaunt rufen: »Darf das wahr sein? Das gibt's doch alles nicht!« Für die Semmeln, die in der Bäckerei lagen, hatte er ein »Ich fass es nicht, wie gestern und vorgestern! Jeden Tag gibt's hier S-E-M-M-E-L-N!« Oft forderte er die irritierte Bäckerin auf, ihre Semmeln zu fotografieren, damit Leute, die nicht dabei sind, das auch glauben! Ohnmächtig vor Erstaunen wird Doktor Paulchen dann, wenn seine Mutter bei Regen einen Regenschirm aufspannt oder abends mit einem Wurstkranz nachhause kommt. »Das gibt es einfach nicht! Das gibt's nicht! Wo ist der Fotoapparat, Mutter?« Wenn Mutter Paulchen dann den Fotoapparat herauskramt, ist es um Doktor Paulchen restlos geschehen. »Was ist das denn? Unglaublich, ein Fotoapparat! Das hat die Welt noch nicht gesehen!« Ein Kind mit Brille, ein Hund an der Leine, nur eine Brille, nur eine Leine, ein Schatten, elektrisches Licht, ein Mann, eine alte Frau, Käse, ein Esel und so weiter, die Liste der stauneswerten Dinge und Zustände ist so lang wie die Liste der Dinge und Zustände auf der Welt. Mangelnde Begeisterungsfähigkeit konnte man Doktor Paulchen also beileibe nicht vorwerfen. Künstler liebten Doktor Paulchen. Kabarettisten spielten ihm vorab ihre Stücke vor, um sich einen Motivationsschub zu holen. Architekten hielten ihm reihenweise ihre neuesten Entwürfe unter die Nase, ganze Heerscharen von verzichtbaren Experimentalfilmern zeigten ihm ihre Werke, Tanztheater spielten nur für ihn, von den Zauberern ganz zu schweigen. Doktor Paulchen staunt nicht schlecht. Am 13. November 1998 geschah etwas, das zum ersten Mal alle anderen zum Staunen brachte. Etwas Unglaubliches geschah: ein sechsköpfiges Wesen, halb Mensch, halb Kaffeemaschine, riss den Himmel mit ohrenbetäubendem Geschrei entzwei und landete, begleitet von Millionen weißen Tauben, auf dem Dach der Bushaltestelle, an der Doktor Paulchen stand. Doktor Paulchen blickte nur kurz mit dem linken Auge auf, murmelte »Tag.« und stieg in den Bus. Da wussten alle, es war vorbei. Bye bye, Staunemann. Bye bye, Doktor Paulchen.

Eineiige Zwillinge

Da saßen sie am Frühstückstisch, mit hochroten Köpfen und wütendem Blick Messer wetzend. Die Zwillinge Erika und Barbara tobten. Sie hatten sich nie gemocht. Erika hasste die blonde Barbara, und Barbara verabscheute die klein gewachsene brünette Erika. Nichts deutete darauf hin bei den beiden, dass sie Zwillinge waren. Und das war aus Sicht der Mädchen auch gut so. Sie waren halt wenige Minuten nacheinander auf die Welt gekommen, aber ähnlich? Ähnlich sahen sie sich nicht. Die blonde Barbara hatte unter schwerer Akne zu leiden, während Erikas Haut zwar tadellos, dafür aber ihr linkes Bein kürzer als das rechte war. Um die Hälfte kürzer, was zur Folge hatte, dass Erika furchtbar schief ging. Die beiden 17jährigen Mädchen waren auch im Wesen unterschiedlich. Barbara war eine aggressive begeisterte Töpferin und Nationalsozialistin, die sich vehement dafür einsetzte, dass auch in Slowenien alle Ortstafeln die Ortsnamen auf deutsch angeben, während Erika mit anderen schief gehenden Mädchen eine Autonomengruppe gegründet hatte. Die schiefen Mädchen beklebten österreichweit Ortstafeln mit achtsprachigen Aufdrucken. »Das Albernste sind Zwillinge, die sich so ähnlich sind, dass man sie nicht unterscheiden kann!« Darin immerhin waren sich die kugelrunde Barbara und die gertenschlanke Erika einig. Es gibt ein Menschenrecht auf Individualität! Und dann das: nur ein Frühstücksei für die Twin-Girls. »Was soll das, Mutter?«, schrie Barbara. »Haben sie dir ins Hirn geschissen, Mutter?«, brüllte Erika. »Nur ein Ei für uns beide?«, schrien und brüllten sie im Chor so laut, dass der Nachbarshund starb. Hunde haben ja ein so unfassbar empfindliches Gehör. »Wir sind doch keine eineiigen Zwillinge, Mutter!« »Ach, leckt mich doch am Arsch!«, antwortete ihre Mutter ruhig und stopfte sich das ungeschälte Ei in den Mund. Die Schalen knirschten laut. »Ach, Zwillinge!«, stöhnte sie genervt.

Alltag in Kabul

Herrlich, diese neue Freundin! Wer eine starke Raucherin zur Freundin hat, braucht keinen Wecker. Mahmut wurde auch so wach. Punkt 7.00 Uhr rasselte ihre Lunge so stark, dass es ihn aus den tiefsten Träumen riss. Herrlich, dieses Rasseln! Mahmut zog sich den Kaftan mit den Leuchtstreifen an und verließ das Haus. Mahmut war Schülerlotse in Kabul. Auf dem Weg zu seiner Straßenkreuzung las er seine Lieblingszeitung, die zensierte Ausgabe der *Bravo*. Herrlich! Die Sittenwächter hatten alle Seiten rausgerissen bis auf das Foto eines Schafs. Die unzensierte Ausgabe der *Bravo* hatte Mahmut immer nervig gefunden. Diese idiotischen Fotostorys, und die blöde Doktor-Sommer-Seite! Jede *Bravo* lässt sich auf ein Schafsfoto reduzieren und gewinnt dabei noch. Musik zu hören hatten die Sittenwächter ja Gott sei Dank auch verboten, nachdem im Taliban-Fernsehen ein Video von »DJ Ötzi« gelaufen war. Sein Job als Schülerlotse war gar nicht mal so leicht. Ständig verfingen sich Bärte in den Speichen von Motorrädern. Am gefährlichsten waren Frauen am Steuer. Dadurch, dass sie vollkommen verschleiert waren, auch im Gesicht, konnten sie beim Fahren überhaupt nichts erkennen und fuhren deshalb regelmäßig vor andere Autos, vor Häuser, vor Menschen, vor Tiere und auch vor den armen Mahmut. Wie Mahmut da so an der Kreuzung stand, in seinem martialischen Schülerlotsenkaftan, und seinen heldenhaften Kampf mit dem verrückt gewordenen Verkehr führte, wäre niemand auf die Idee gekommen, dass hier jemand war, der nachts in Frauenkleidern geht! Mahmut nämlich war Kabuls einziger Hobby-Transvestit. Nach der Arbeit kaufte er Zigaretten für seine Freundin. Während sie dann die ganze Nacht Milde Sorte rauchte, zog er sich ihren blauen Ganzkörperumhang an, mit dem engmaschigen Sichtfenster aus Draht vor den Augen, und zog freudestrahlend um die Häuser. Herrlich, diese Frauenmode! Zumindest für Transvestiten, die nicht erkannt werden wollen. Mahmut war glücklich. Und so verging der friedliche Tag eines ganz normalen Mannes in Kabul.

Lass die Maus aus, Marie!

Pensionistenheim Amstetten. Das Ende eines Lebens, in einem Heim am Arsch der Welt. In Ketten mit Tabletten in Amstetten. Ein leeres altes Gesicht spiegelt sich wirr im Bildschirm einer virtuellen Welt. Traurige Gichtfinger tappen furchtsam über Tasten. Matte, müde Augen mühen sich blinzelnd durch die Zeilen einer viel zu neuen Welt. Maria Koppendorfer, wenn du uns hörst, du Seele eines Menschen: aus alt mach neu? Aus alt mach neu, das geht nicht. Aus neu wird alt, aus warm wird kalt, Maria. Soll der Cyberspace dir jetzt den lieben Enkelsohn ersetzen? Da werden Tränen tropfen auf die Tastatur. Wo sind die Menschen? Wo die Freunde, die dir dein Leben fröhlich machten? Maria, du brauchst doch zwitschernde Vögel, du brauchst aufgehende Sonnen, ein kühlender Regenguss, wenn dir heiß ist in deiner Haut, für die du ja nichts kannst, aus der du ja nicht fahren kannst. Die Tür im Altersheim Amstetten, an die nie wer klopft, einzig einmal der Herr von Microsoft zum Installieren und Abkassieren. Und dann? Dann fällt sie zu. Und über allen Rollstuhlkissen ist dann Ruh. Zahnlos im Internet, schwerhörig trotz Real Audio. Darf ich vorstellen: Maria Koppendorfer, Pensionistenheim Amstetten, Zimmer 14. Mach das Licht aus, wenn du gehst, Maria. Wer stürzt zuerst ab, der Computer oder die Menschlichkeit? Nächstenliebe oder »Datei Maria verloren«? Codewort: Einsamkeit. Zimmer an Zimmer, neben Maria Olga, neben Olga Anna, neben Anna Paul, neben Paul Adolf. Und wenn Maria den Chatraum dann für immer verlässt, dann dreht Adolf noch seine bizarren Runden durch die Neonaziseiten, als altes wirres virtuelles Oberarschloch, und Maria sagt »adieu« und »mfg«. Die Schwester drückt das Kissen immer fester dir aufs Gesicht, vielleicht, ich hoffe nicht, ich will nichts unterstellen. Klick auf »Hilfe«. Klick auf »Hilfe«, Maria! Error, Exit, aus der Traum, weggeworfen. Druckerstau im Papierkorb der Gefühle, in Amstetten, Pensionistenheim, wo das Surren des Computers das einzige Lebenszeichen ist. Ein Leben seit 1898, ein Name. Klick auf »Dokument«, gespeichert, abgehakt, keine Links zu irgendwem. Suchprogramm hat nichts gefunden. Suche erweitern sinnlos, zwecklos, klick. Diskettensarg. Kalte Festplatte, an der niemand sitzt. Webmaster goodbye. Maria! Maria, hörst du uns? Maria, Stermann und Grissemann betreten betreten den Raum. Wir sind echt, nicht Lara Grissemann und Dirki Croft, echte Menschen, weißt du? Fleisch und

Blut, dein eigen vielleicht! Man weiß es nicht, ich will nichts unterstellen. 1898, viel ist passiert seither. Zwei Jahre warst du alt, Mariechen, als das Jahrhundert sich gewendet, 102 beim zweiten Mal. Lass die Maus aus, Maria. Lass die Maus aus. Leg dich her, erzähl uns von k.-und-k. und FKK, von Breschniew und Thomas Mann, von Schnitzler, Zweig und Alma Mahler. Die Geschichten sind Geschichte. Lass die Maus aus, Maria. Ein Klick in die Vergangenheit, in die Verfangenheit. Wer war's, der sich verfing in deinem Lachen, der Kinder dir geschenkt, die heut zu dir wie Blinde sind? Du denkst manchmal an sie, doch, Alzheimer sei Dank, erinnerst du dich nie. Mach dir's bequem, Maria. Nimm die Zähne raus und lausche deinen eigenen Gedanken, für die du kein Gebiss mehr brauchst. 1898, Zeit der Ritter und der Handwerksleut, Zeit der Huren, Diebe, Räuber, der Allmacht der Fürsten und der Industrie, mittendrin Marie! Zeugin einer Welt aus Lug und Trug, aus Wahrheit, Mut und Handgepäck. Wie oft fuhrst du im Zug, Marie, töff töff, von Danzig bis nach Posen, von Warschau bis nach Prag, von Wien bis nach Salzburg? »Guten Abend, gnä' Frau!«, tönt's noch so in deinen Ohren, Marie? Der hübsche Kellner mit dem schönen Knie, er stieß mit diesem Knie an deins. Ihr wurdet Mann und Frau, 1921, Spätherbst, Vollmond, Liebestaumelei, vielleicht, ich mein, wir wissen's nicht. Komm, lass die Maus aus, Marie. Datenbanken sind in dir, hol die heraus. Aus. Lass die Maus aus, Marie. Aus deinem Herzen. Na, sag, wo hielt der Zug, Maria Koppendorfer, der Zug der Zeit? Das Internet kann dich nicht retten, dein Zug blieb stehen in Amstetten, Verladebahnhof für verlorene Seelen. Nimm die Perücke ab, Maria, und hol aus unsrer Manteltasche ein Fläschchen Gin. Den Tee schütt ins Klosett, und auch das Scheißinternet! Ein Stückchen Schokolade? Ein Zug von Stermanns Zigarette? Erzähl, Marie, erzähl aus deiner Welt! Wie war das, 1941? Fünf Buchstaben: NSDAP. Warst du dabei? Dafür? Dagegen? Was dachtest du? Erzähl es uns! Warst du im Widerstand oder, wie die meisten damals, nicht bei Verstand? Und dann, als alles abgebrannt, hast du gelöscht? Mit Wasser oder Tränen? Erzähl es uns, ich deck dich zu, Stermann macht die Kerze an. Komm, wir trinken auf dein Wohl, Marie! Kino, das bewegte Bild, und du, eine bewegte Frau in bewegten Zeiten. Komm, Marie, lach noch einmal über Charly Chaplin, Buster Keaton! Was sagst du, die Hindenburg? Du warst dabei? Im Zeppelin über New York, Neu Amsterdam, du Trümmerfrau? Und zur Musik von Johann Strauß gab's Karotten unterm Weihnachtsbaum. Die Zeit war schwer, dein Leben lang. Und dann die Kinder: Johann, Albert, Clara, ohne Kreißsaal, auf dem Land. Im Kindbett starb dir Albert weg. Suchst du ihn jetzt im Internet? Stichwort »Albert«, Suche negativ. Lass die Maus aus, Marie, lass die Maus aus. Erzähl uns weiter. Lass sie raus, die Maus. Komm, lass sie aus. Koch doch für uns, Marie! Koch, Marie, genau, koch für uns noch einmal Sauerkraut und Eisbein, wie damals einst für deinen Mann, »Eisbein für den Einbein«, sagtest du im Scherz, weil er im Krieg ein Bein verlor, in Weltkrieg Nummer 1, in Nummer 2 verlorst du ihn dann ganz, nicht nur das Bein. Du warst fortan dann ganz allein. Haushalt, Kinder, Mühsal, Elend, voller Mühsal, die Münchner Republik, Revolution war damals schick! Viktor Adler und der Doppeladler, Radler sah man auf den Straßen, Autos manchmal auch. Und die Pferde, sagst du, zogen immer seltener durch die Stadt, dafür, sagst du, in Fleischhauereien, weil auch von Gäulen wird man satt. Steig auf, Maria. Steig auf, steig auf. Steig auf, Maria, ein letztes Mal, und reite mit uns durch die Datenautobahn, log dich ein, in deine eigene Vergangenheit! 1962: du wurdest große Mutter. Johann schenkte dir den Enkelsohn, den Edi. Edi, du weißt schon, der der dich ins Altersheim und um dein Geld gebracht, der heute in der metallverarbeitenden Industrie den Vizechef gibt. Sag mal, Marie, wann hast du dich verliebt?

Lass die Maus aus, Maria, hast es selbst gehört. Lass sie aus und denk an früher. Denk daran, wie es war. Weißt du noch? Wann hast du dich verliebt, ein zweites Mal, du stolze lustige Witwe, du? 1951 in Graz, die Hochzeit 52, Mai, und im August, da war er tot. Ein Blitzschlag hinter der Garage. Das Auto war schon drin, nur er, der Gilbert, biss ins Gras. Du natürlich wieder allein, kummervoll, neue Falten. Wer sollt' es dir verdenken, Marie? Und dann die neue Hüfte und der erste Aufenthalt im Krankenhaus, da war's wie heut, Marie. In deinem Zimmer, Nummer 14, roch's nach Aniskraut, von dir selber angebaut, du Gärtnerin deines Geschicks! Statt deiner Hüfte hattest du Tomaten, Bohnen und das Zwiebelkraut. Mit künstlicher Hüfte zurück zur Natur! Der Drahtesel war dir Begleiter, über Wiesen, über Stock und Stein, durch Wälder, Äcker, Ländereien! Marie, was ist? Wach auf, Marie. Marie, wach auf und reib dir deine Augen, die der Bildschirm ruiniert. Du bist ja ganz downgeloadet, Marie! Musik, Marie, Musik! Wir wollen tanzen! Stermann ist ein Galan und tanzt mit dir den Cha Cha Cha rund ums Krankenbett, cha cha cha …

Jetzt ruh dich aus, Marie, mein Schatz. Ich hol ein Glas mit Wasser dir. Pass auf, trink dein Gebiss nicht mit. Grissemann, was sagt sie? Wie hieß Marias beste Freundin? Friederike, Dirk, so hieß sie. Friederike, gell Marie, du weißt es gut, durch dick und dünn und Pferdestehlen, und weißt du noch, die gemeinsamen zwei Tage in Venedig? Nicht mit Gilbert oder Edi, nein, der Freundin! Zwei Tage Urlaub in 100 Jahren, das ist nicht viel, Maria. Du weißt vielleicht, Maria, heutzutage bucht man zack zack im Internetz, Dom. Rep., all inclusive, alles inklusive, auch das Schlimme. Das ist nicht mehr deine Welt, Maria, in solchem Chatroom kannst du nur verlieren. Was du erzählst, wird niemanden interessieren. Dort musst du sprechen über Modernes, während du doch moderst. Verzeih, Marie, doch ich mein's gut. Sieh nur, Marie, Stermann wäscht sich die Hände. Wie du damals in Unschuld 1972, als Friederike, bei dir zu Besuch, kopfüber von der Terrasse flog. Hinter der Garage kam sie auf, genau dort, wo Gilbert einst der Blitzschlag traf! Marie, gabst du ihr einen Stoß? Nein, Marie, wir wissen, nein. Doch das Jahr in Untersuchungshaft hinterließ Spuren. Deine Warzen wurden mehr, du, 74 Jahre alt, in U-Haft. »Im Zweifel für die Angeklagte«, sagte der Richter. Du kamst frei und feiertest den 75ten allein, die Nase plattgedrückt am Glas deines Terrariums, ein Geschenk von Edi. Das zeigte dir sofort, wie wenig er dich kennt, du hast doch Angst vor Krokodilen! Wie nanntest du sie? Fressende Handtaschen. Mein Gott, dein Sinn für Humor, Marie, ein eigenes Kapitel wert. Friederike, kurz vor ihrem Tod, sie schwitzte, weil ihr war so warm, sie sagte: »Puh, im Schatten 30 Grad!«, und du dann drauf die Pointe: »Dann geh doch aus dem Schatten raus!« Was haben wir gelacht, Marie. 100 Jahre haben wir mit dir gelacht, Marie, geweint, Marie, geliebt, Marie. Oh Marie, sieh nur, Stermann weint! Es ist, weil, Marie, du weißt es selbst, seit du 80 Jahre alt geworden bist, da fing sie an, die Altersbosheit. Du hast das Krokodil vergiftet. Warum? Das Röcheln des gepanzerten Tiers drang bis auf die Straße, Marie. Man dachte, du bist es. »Die stirbt!« Und der Notarzt fand das verendete Krokodil, während du schallend lachend im Ohrensessel saßt. Aber dann, Marie, du erinnerst dich, die Jahre in der Psychiatrie, bis 95, 15 Jahre, eineinhalb Jahrzehnte. Das war der Preis, Marie. Medikamente stellten dich ruhig, du wurdest leise. Komm sing, Marie! Sing, Marie! Sing für mich noch einmal ein Lied aus längst vergangener Zeit, Paulchen Kuhn, oder das »Grüner-Kaktus«-Lied! Mit Schalmeien werd ich dich begleiten! Marie, lass die

Maus aus, Marie, und denk an all die Freunde aus der Psychiatrie! Da war der Knut, der Hermann und der Manfred, die Else und die Ruth, ach, wie gut das tut, das Denken an Früher, Marie! An deinem hundertsten Geburtstag, Marie, gab dir der Bürgermeister seine Hand. Du hast ihn nicht erkannt, hast einfach aus dem Mund getropft. Hast einfach aus dem Mund getropft. Hast einfach aus dem Mund getropft. Wir gehen jetzt, Marie. Wir gehen jetzt, Marie. Lassen 100 Jahre 100 Jahre sein. Fass die Maus an, Marie! Schalt den Computer ein, Marie! Kennwort: Einsamkeit. Bei so viel Ruhe möcht man schreien, Marie. Marie. Schrei's durchs ganze Internet: world wide weg. Marie tut alles weh weh weh. Maria.aus-schluss.ad. Ade.

Pummel

»Ui. Uije, uijemine!«, sagte er, als er versehentlich einem alten Rind ins giftige Rückenmark biss. »Was für ein Fehler, was für ein Riesenfehler«, dachte er. Von einem Fettnäpfchen tapste er ins nächste. 1986 war er auf Frischluftkur in Tschernobyl; im Jahr 2000 war er in Paris besoffen auf der Startbahn des Flughafens Charles de Gaulle, wo ihm ein großes Metallstück aus der Jacke fiel. Die Folgen sind bekannt. Und hätte er in Galtür mit der rechten großen Zehe nicht wütend in den Schnee gestampft, hätte sich auch das eine oder andere verhindern lassen. Menschenskinder, es gibt Leute, die ziehen das Pech richtig an. Pummel war so einer. Der dicke Knecht Pummel, der in einem Agrarbetrieb sein tristes Dasein fristete, wollte einmal im Leben auch was Kreatives tun und schrieb das Drehbuch zu »Ternitz, Tennessee«. Und hätte Pummel 1969 nicht in Afrika diesen perversen Sex mit einem Rudel Affen gehabt, na ja, wer weiß, ob dieser teuflische Virus uns allen nicht erspart geblieben wäre. Dass Pummel kein einziges Fußballspiel der österreichischen Nationalmannschaft in den letzten 50 Jahren versäumt hat, kann auch kein Zufall sein. Geh weg, Pummel.

Kennwort »Steiler Zahn«

Mein Name ist Roger Rusche. Kann ich noch mal anfangen?

Hällöchen, ich bin der Roger. Das ist doch alles Scheiße! Kann ich noch mal anfangen? Oder soll ich gleich abhauen?

Hello, hier sitzt der Roger. Ein Mann, der… so ein Dreck: »ein Mann«… – das bin ich doch verdammt nochmal selbst. Hören Sie auf, mich so blöd anzugucken, ich hau Ihnen gleich … Ich beginne noch einmal.

Ich heiße Roger und bin 32 Jahre alt und ich … das bringt ja überhaupt nichts. »Ich heiße Roger…« – das klingt doch total blöd. Rudi, sag diesen beiden Moderatorenarschlöchern, wenn sie nicht sofort aufhören, so blöd zu gucken, dann hau ich sie windelweich!

Guten Abend, Rusche mein Name, ich bin nach einer schweren Krankheit kurz vor einer Erholungsreise nach Tunesien und suche für diesen Urlaub eine weibliche Begleitung. … Das ist doch affig. Glaubt hier irgendjemand im Ernst, dass auf mich irgendeine Braut da draußen scharf ist? Rudi, das ist doch lächerlich, ich kann mir beim besten Willen nicht vorstellen, dass es irgendjemanden gibt, der auf Typen ohne Zahnfleisch steht. Ich fange noch einmal an. Ich heiße Rudi, Quatsch, Roger Rusche, und ich leide unter einen ekelhaften Parodontose. Meine Zahnhälse sind bis zur Zahnwurzel sichtbar, also völlig freistehend. Um es klar zu sagen: ich habe kein bißchen Zahnfleisch mehr und mein Zahnfleischschwund ist so stark, dass sogar meine Lippen davon befallen sind und sich mehr oder weniger aufgelöst haben. Um die Wahrheit zu sagen: Meine Lippen sind weg. Ich hab stattdessen zwei rotgefärbte Nacktschnecken auf den Zahnhälsen oben und unten picken, sodass ich trotzdem küssen kann. Wenn du in der Ausbildung zur Mundhygienikerin oder Dentistin bist, solltest du dich melden. So eine Bildungsreise in Sachen Zähne und Zahnfleisch wirst du so schnell nicht wieder machen können. Melde dich unter »Steiler Zahn« bei FM4.

Kennwort »Siegfried«

Mein Name ist Hans Jürgen Brockmeister und ich suche eine weibliche Person für eine Bildungsreise nach Worms.

Ich bin 53 Jahre alt und Justizvollzugsbeamter im verschärften Strafvollzug für sexuell motivierte Straftäter. Meine Interessen sind Uniformen und das Leben des SA-Führers Röhm. Meine bei einem Jagdunfall verstorbene Frau hat mir sieben brave Kinder hinterlassen. Wahnfried, Wolf und Wilgunde werden uns auf der Reise durch deutsche Lande in gelockerter Bundesheer-Uniform begleiten. Ich selbst werde im Original-Offiziersmantel des SA-Führers Ernst Röhm über deutsche Erde schreiten. Für diese Unternehmung suche ich eine anständige Frau zwischen 40 und 52, für die Treue und Mut Werte sind, für die es sich zu leben lohnt. Wenn Sie die starke Verpflichtung spüren, mich und meine Kinder zu begleiten, melden Sie sich unter dem Stichwort »Siegfried« an FM4.

Kennwort »Urlaubsflirt«

Mein Name ist Bertram Eisensack. Ich bin 29 Jahre alt und mache seit drei Jahren eine Lehre bei einem Beerdigungsinstitut. Durch einen Gendefekt bin ich seit meiner Geburt vollkommen haarlos und durch eine Pigmentstörung ist meine Körperfarbe gelblichgrün. Ich suche eine weibliche Begleitung für meinen vierwöchigen Urlaubstrip in das niederösterreichische Gruben- und Höhlengebiet Hohe Wand, wo ich mich mit dir ohne fremde Nahrungszusätze ausschließlich von dem ernähren möchte, was der Boden zur Verfügung stellt. Molche, Olme, Insekten und Gewürm. Entgegen der herrschenden Meinung ist das eine äußerst eiweißreiche Nahrung. Kriechend werden wir in ewiger Dunkelheit ohne Kopflampe etwa zehn Meter unter der Erde auf feuchtem Stein robbend das schöne Niederösterreich von unten erleben. Meine sehr starken, sexuellen Triebe werde ich selbstverständlich ausleben. Du solltest nicht unter 60 und stark behaart sein. Melde dich unter »Urlaubsflirt« bei FM4.

Kennwort »Bestie«

Hallo, ich bin der Christoph. Ich bin 33 und suche auf diesem Weg eine neue Stelle. Ich muss vorausschicken, dass ich noch nie gearbeitet habe. Ich hab die letzten 18 Jahre wegen einer Mordserie in Verbindung mit Volksverhetzung und Geiselnahme im Gefängnis verbracht. Ich suche einen gemütlichen Übergangsjob bis Februar, weil ich ab dann in Den Haag vor Gericht stehe, wegen Verbrechen gegen die Menschlichkeit. Ich akzeptiere keine Autoritäten und auch keine Widerworte. Ich möchte im Team arbeiten, weil mein Psychiater sagt, dass, wenn ich alleine bin, die Gefahr einer bestialischen Selbsttötung sehr groß ist. Ich bin ein rechtsradikaler Trinker und möchte gerne im Bereich New Economy arbeiten. Wenn ich genau der Richtige für ihre Firma bin, dann schreiben sie mir. Kennwort »Bestie«.

Kennwort »Bübchen«

Guten Tag, hier spricht der Dirk Stermann. Kurz zu meinem Vorleben: Ich hab bis zum Sommer in Belgien eine Pfadfindergruppe geleitet. Ich bin auch in der Videobranche tätig. Bis vor kurzem konnte man sich meine Filme angucken unter »Pimmelvideo.dot.com«. Ich suche auf diesem Weg eine Tätigkeit im Österreichischen Fußballbund. Am liebsten würde ich die U14 betreuen. Wenn Sie mich brauchen können, dann schreiben Sie. Kennwort »Bübchen«.

Kennwort »Chemiekasten«

Wir sind der Bruno und der Bertram Molker. Wir sind Brüder, 40 und 42 Jahre alt. Wir wohnen noch bei unseren Eltern und üben keinen Beruf aus. Wir helfen der Mama im Haushalt. Da ist immer was zu tun, weil Mama ja zwei Kinder hat. Der Bruno hat zum Geburtstag einen Chemiekasten und 200 Mark bekommen, und ich habe noch die 70 Mark von der Oma, die sie mir zum Namenstag 77 geschenkt hat. Macht zusammen 270 Märker und einen Chemiekasten. Morgen wird der Bruno den Chemiekasten auf dem Kirchenflohmarkt verkaufen, dann haben wir über 270 Mark – aber leider keinen Chemiekasten mehr. Mit dem Geld wollen wir die erste Urlaubsreise unseres Lebens machen. Eine Tagesreise mit dem Bus zur Wiederaufbereitungsanlage in Gorleben, weil wir uns sehr für Chemie interessieren. Wir suchen eine Dame mit Fotoapparat, die uns beide vor der Wiederaufbereitungsanlage fotografiert. Die Dame sollte so aussehen wie Mama oder Oma, damit wir uns wie zuhause fühlen. Sie sollte sehr streng sein und uns herumkommandieren, wenn wir Fehler machen, zum Beispiel ins Bett machen, damit wir uns wie zuhause fühlen. Und sie sollte darauf achten, dass wir immer warm genug angezogen sind. Unsere Reisebegleiterin sollte nichts von antiautoritärer Erziehung halten, und uns auch Ohrfeigen geben, wenn wir schlimm sind, damit wir uns wie zuhause fühlen. Wir versprechen, dass wir nur den Mund aufmachen, wenn man uns etwas fragt. Wenn Sie sich für diese Reise interessieren, schreiben Sie unter »Chemiekasten« an FM4.

Zwei ältere Herren und ihr Hase

Wir schreiben das Jahr 2045. Der früher als schönster Komiker Deutschlands zu Weltruhm gekommene Dirk Stermann vegetiert heute mit dem ehemals intelligentesten Komiker Wiens, Christoph Grissemann, in einem heruntergekommenen, ungezieferverseuchten Pensionistenheim in Miami. Die beiden von Altersbosheit zerfressenen Greise sind längst vergessen. Von Geld und Ruhm ist nichts mehr über. Beide leiden an einem monströsen Kehlkopfkarzinom und wurden gegen ihren Willen vom hundsgemeinen Heimleiter an den Rollstuhl gefesselt, obwohl sie noch ganz gut gehen können. Der 79jährige Stermann hat von seinen schlechten Eigenschaften nichts eingebüßt. Er ist sexbesessen, unsensibel, eitel, gierig und geizig. Grissemann (78) leidet unter furchtbaren Verhaltensstörungen. Der kurzsichtige Soziopath trägt ein peinliches Haarersatzteil. Die beiden sitzen in ihren von Motten zerfressenen Rollstühlen. Auf den Rollstühlen hängen Schilder, auf denen groß »Lunge« steht. Die meiste Zeit schweigen sie aggressiv und knurren höchstens vor sich hin. Ein uralter Hase kauert bandwurmgeschädigt in der Ecke. Einmal am Tag durchbricht der übertrieben dandyhaft gekleidete Grissemann das eisige Schweigen:

STERMANN: Stermann. Früher hattest du schwarze Haare.
GRISSEMANN: Ja. Schwarze Haare.
S: Wann wurden sie grau?
G: Ja. Grau.

S: Wann kam die Glatze?
G: Ja. Glatze.
S: Und die ist jetzt auch grau geworden.
G: Ja. Grau.
S: Als nächstes wird dir wahrscheinlich die Glatze ausfallen.
G: Haha.

Friendship

This story is a story written in english, so that as many people as possible on our mother earth can understand the story, because the story is brilliant, and it would be so sad, if only german speaking people could understand it. It is a story about the friendship between a slaughter (!) and a horse. Their friendship started ten minutes after the slaughtering. That was a pity, because the horse was already dead, and that's why they missed many opportunities which normal friendships usually have. They couldn't watch movies in cinemas together. It would have sounded strange at the cachier, when the slaughter would have said: »Two tickets for me and my dead horse which is cut into many parts. I cut it into many parts.« Usually friendships end, when one of the friends dies or both die. This friendship ended, because the poor horse was slaughtered. Some people might say: »This was no friendship at all, because the horse was already dead, when the friendship began!« Okay, that's a fact, which can't be denied. But, on the other hand, we tell you, that this is a very old-fashioned attitude! For example: our very best friend Helmut died in 1961, after we slaughtered him on open street. Although he is now dead for almost forty years, he is still our best friend! We slaughtered him, because he sang on open street several Frank-Zander-songs. Beside that, Helmut was a very unsympathetic man when he was alive. But as a dead man all his bad sides disappeared! He was laying (!) slaughtered on open street, and we started a deep warm relationship to this cold body. When we are depressed, and even in the middle of the night, we can telephone him. He never picks up the phone. That's what friends are for! And one thing we love especially about Helmut, he never expects anything from us. A friendship without pressure. Think about it, and don't laugh about the slaughter and his best friend, the slaughtered horse. We are sure, that you now understand, why we want, that this english written story reaches many people. For the Southamerican and Spanish market we are planing to write the story down in Spanish. Soon it will be available in Spanish, Sanskrit and French. This story will be translated into all languages of the mother earth! And when all mankind has read our story, there will be a new thinking in the world!

Quietschvergnügt in den Freitagabend

STERMANN: Na? Quietschvergnügt in den Freitagabend?

GRISSEMANN: Mmm. Ohne eine gewisse Quietschvergnügtheit geh ich doch nicht in den Freitagabend. Und du?

S: Ich? Nö, ich bin nicht sehr quietschvergnügt. Ich bin so knarrdepressiv, dass ich seit heute sogar aus den Ohren heule.

G: Ach so. Dann bist du wohl nicht ein geeigneter Partner für einen quietschvergnügten Freitagabend.

S: Nö.

G: Na dann, servus.

S: Servus.

Malte Olschewski

Einem Komapatienten Unaufmerksamkeit vorzuwerfen, ist eine Unverschämtheit, aber es entbehrt nicht einer gewissen Wahrheit. Tatsächlich neigen komatöse Menschen dazu, schlecht zuhören zu können und einen relativ abwesenden Eindruck zu machen. Fast meint man, man rede gegen eine Wand. Komapatienten könnten es sich jetzt einfach machen, indem sie auf medizinische Ursachen verweisen. Aber selbst das tun sie nicht, sondern schweigen einfach nur souverän vor sich hin. Natürlich gibt es auch hier Ausnahmen, die aber nur die Regel bestätigen. Marc Rennbein ist so eine Ausnahme. Rennbein ist Mitte 30 und nach einem Mofa-Unfall vor 12 Jahren ins Koma gefallen, was ihn aber nicht daran hindert, weiterhin ständig die Klappe offen zu haben und mit seinem Megafon die anderen Patienten im Krankenhaus zu terrorisieren. Er hat drei Handys und eine Faxmaschine. Kürzlich gewann er einen Redewettbewerb und arbeitet seitdem im öffentlich-rechtlichen Fernsehen bei der »Zeit im Bild«, dort nennt er sich Malte Olschewski.*

Meredith

Er setzte sich ins Auto und heulte los. Meredith, seine Tochter, hatte auf allen Linien versagt und heute Morgen ihren Job als Straßenbahnerin verloren. Das junge Mädchen war für eine Entgleisung nach der anderen gut gewesen. Meredith war eine Enttäuschung. Erst das Studium der Kernphysik, in dem sie nur bis zum Pfirsichkern kam, dann wurde sie bildende Bratwurstkünstlerin in der Künstlergruppe »Klobasse 2000«. Er schämte sich. Wenn Nachbarn ihn fragten: »Was macht Meredith denn so?«, und er dann antworten musste: »Sie ist bildende Bratwurstkünstlerin in der Künstlergruppe ›Klobasse 2000‹«, wäre er am iebsten im Erdboden versunken. Also ging er dazu über zu sagen, Meredith sei Operationsschwester, denn ihr Bruder war Chirurg, und so stimmte die Bezeichnung irgendwie. Ihr Bruder, sein Sohn, also von ihrem Bruder der Sohn, verstarb während eines von ihr organisierten Überlebens-Camps. Sie hatte einfach zu nichts Talent. Meredith war zu nichts zu gebrauchen. »Irgendwas musst du doch können, Meredith!«, brüllte er sie an. Und das stimmte irgendwie. »Ja genau, Meredith, du kannst mich mal«, sagte der Vater und fuhr in seinem Volvo tochterlos davon.

Publizistik

»Schreiben können, so wie der, der den *Standard* schreibt«, dachte sich der Publizistik- und Kommunikationswissenschaftsstudent Roger-Federle-Calatrava, »oder wenigstens so singen können, wie Wolfgang Ambros, der Tom

---

* PS: Herr Malte Olschewski legt Wert auf die Feststellung, dass er und Marc Rennbein nicht identisch sind. Malte Olschewski besitzt weder Handy noch Faxgerät und hatte selbstverständlich keinen Motorradunfall.

Waits singt. So gut kochen können wie Michael Schanze, der im Fernsehen ein Rezept seiner Mutter nachkochte. So große Brüste haben wie Sabrina Setlur. Oder Setlurch?« Verdammt, er wusste nicht einmal genau, wie die Setlurch heißt. Wie sollte er da auch nur im Traum daran denken, zu den oberen vier Milliarden zu gehören? Nicht genau zu wissen, wie Sabine Setlurch heißt, ist unter den verschiedenen Fähigkeiten, die Menschen haben können, die, die an allerletzter Stelle aufscheint, ein unverkäufliches Talent. Wenn das Einzige, was du weißt, ist, dass du nicht weißt, wie Sabrina Setlur heißt, dann bist du geliefert. Schieß dir in Herz, Mund und Brust gleichzeitig. Du, lieber Roger Federle-Clatrava, wirst niemals Daimler-Chrysler-Chef oder Fernsehkoch, auch nicht Bassist bei der Band »Pustekuchen Unlimited« oder Pflichtverteidiger. Garantiert wirst du auch nie Pressesprecher der Mailänder Scala oder Ministerpräsident von Nordrhein-Westfalen. Das Einzige was du werden kannst, wenn dein einziges Talent ist, nicht genau zu wissen, wie Sabrina Setlur heißt, ist Handmodel für Palmolive. Handmodel für Palmolive ist übrigens auch der einzige Beruf, für den ein Studium der Publizistik- und Kommunikationswissenschaften nicht schadet.

Schonkost

Mit Hängen und Würgen hatte der Berufshenker sein Leben hinter sich gebracht und freute sich jetzt auf seine wohlverdiente Pension. Natürlich war Berufshenker nie sein Traumberuf gewesen. Ursprünglich hatte er einen Schonkostladen eröffnen wollen, wo er Waren führen wollte, die etwas kosteten. »Kost schon was!«, hätte er dann immer zu den Kunden gesagt, die die Ware kostenlos mitnehmen wollten. »Schon-kost-Laden, heißt's ja schon.« Wenn der jeweilige Kunde trotzdem etwas mitgenommen hätte ohne zu zahlen, hätte er ihn sofort umgebracht. Insofern war sein Beruf Henker gar nicht so weit weg von seinem Traumjob Schonkostladenbetreiber. »Es läuft ja sowieso jede nur erdenkliche Tätigkeit letztendlich immer aufs Ermorden hinaus«, dachte sich der pessimistische Henker. Er war Witwer, warum, braucht man wohl nicht zu erwähnen. Auch kinderlos, dreimal raten warum. Auch ohne Eltern, na, geklingelt? Er hatte keine Nachbarn mehr und war der einzige Dorfbewohner. Manchmal überkam ihn Trauer. Dann setzte er sich hin und malte mit Farben ein Hackebeil und eine Schnur, manchmal auch nur bloße Hände. Die Bilder konnte er niemandem zeigen, hatte er doch auch keine Freunde und Bekannten mehr. Tja, traurig so was, aber irgendwie auch konsequent. Respekt.

DIVERSES

Durch das Jahr und durch das Leben
mit Stermann und Grissemann

Hi Man

Hi, Man, I am the barman, man. So what do you want? Do you want a whiskey, man?

No thanx. I just want to put my little dog on your tresen.

Oh. Why do you want to put your dog on my tresen, man?

Because my dog has no legs.

Oh. Poor dog. No legs. Has the dog a name?

No. No name.

Oh. Double poor. No legs and no name. Why no name?

Because if I called him, he couldn't come anyway!

Weihnachtliches

Die Schneeflöckchen tänzeln hinterm Fensterglas.
Der Braten duftet und der frisch gefangene Lachs.
Im Wald daneben ruht der Dachs.
Oma freut sich auf Geschenke und auf Opas zehnten Todestag.

Die Kindlein haben rote Bäckchen.
Was hat das Christkind wohl im Säckchen?
Den Gameboy, die Eisenbahn?
Das Baby kriegt den ersten Zahn.

Oh schau, Mama!
Leg doch die Schürze einmal ab und komm zur Ruh.
Was kriegst denn du?
Vielleicht vom Papi neue Schuh?

Bald ist Bescherung.
Wo ist der Papi denn, wo ist sein Jäckchen?
Oh, siehe da, er steht im Garten, man erkennt ihn ja am prallen
   Hodensäckchen.
Er steht dort mit den Nachbarsfrauen
und bumst sie durch den Gartenzaun.

Frohe Weihnachten!

OH, WAS HAT die Schneeballschlacht im Garten vorhin Spaß gemacht!
Doch irgendwann ist's Spiel vorbei, Schluss mit dem fröhlichen Geschrei!
Jetzt werden in der guten Stube Keks gebacken.
Zieht aus die feuchten Jacken!
Die Mädchen kneten Teig, die Buben trinken Himbeersaft,
und der stille, dicke Onkel Mike hat's wieder nicht zum Klo geschafft.
Er hat in dieser heil'gen Nacht mal wieder in die Hos gemacht.

Doch nicht nur das, bald werdens alle wissen,
der stille, dicke Onkel Mike hat ganz beflissen und sehr gerissen
in jedes einzelne Geschenk geschissen.
Bei der Bescherung sieht die Familie rot.
In jedem Packerl ist des Onkels Kot!
Die Kinder weinen,
Oma stirbt, sie hatt es schon lange an den Beinen.

Mama versteht die Welt nicht mehr.
Sie hatte alles eingepackt!
Wie hat der Mike da reingekackt?
Wir werdens nie erfahren,
Mike nimmt das Geheimnis mit ins Grab.
Denn der Papa hat den Mike vor Wut im Garten totgefahren,
mit dem nagelneuen Saab.

Frohe Weihnachten!

Die Oma backt die Plätzchen,
und Mama, dieses Schätzchen,
schmückt den Baum mit Schokoladenkätzchen.
Schau, Papa übt schon »Stille Nacht«,
er hat sichs Trompetenspiel selbst beigebracht!
Die Kindermädchen kochen leckre Suppe,
und Natalie, im Arm die Puppe,
zieht dem Karpfen einzeln jede Schuppe!
Die kleine Liebe.

Alles ist in stiller Eintracht.
Der Baum ist schöner als im Jahr zuvor,
der Braten duftet aus dem Rohr.
Die Kinderwangen glühn wie Tee,
und auf dem Dach fünf Meter Schnee!
Da läutets dreimal an der Tür.
Wer mag das sein?
Das Jesuskind? Der Nikolaus? Der Weihnachtsmann vielleicht?
Nein.

Da steht, oh Graus,
der Onkel Klaus.
Besoffen torkelt er ins Haus.
Was hat er an, wie sieht er aus?
Was soll die Ledermaske vorm Gesicht?
Als Festgewand ziemt sich das nicht!
Und die Peitsche und die Zangen?
Den Kindern wird ganz blass um ihre Wangen!

Der Onkel kotzt die Tanne voll,
und bald wird klar, was denn die Peitsche soll.
Er drischt auf Oma, Opa und den Papa ein,
die Kinder schrein!
So macht Weihnachten nur wenig Spaß.
Und Papa, der sonst immer um die Zeit
die Weihnachtsgeschichte mit schöner Stimme las,
beißt röchelnd und verschreckt ins Gras.

Frohe Weihnachten!

Ach, ist das schön!

DER OPA ZÜNDETS Kerzlein an,
die Oma steckt am Baum das Sternchen dran.
Die Kinder haben ganz feuchte Hände
und malen Schneeflöckchen an die Wände.

Bald wird gesungen, bald gegessen.
Großvater hat die Erschießungen im Krieg ganz kurz vergessen.
Die Mama packt Geschenke ein.
Ach, der Abend heut, der wird so fein!

Zum Essen gibts Forelle blau,
und Onkel Hans, die blöde Sau,
hat in dieser heilgen Nacht
sich durch Erhängen grad in der Küche umgebracht.

Die Stimmung ist nicht sehr getrübt,
denn Onkel Hans war nie beliebt.
Der Papa hängt den Onkel Hans
einfach an den Baum zum Weihnachtskranz.

In des Onkels Ohren stecken die Kinder Wunderkerzen.
Onkel Hans ist tot! Man kanns verschmerzen.
Heut wird gesungen, getanzt und geschenkt,
auch wenn der Onkel tot am Weihnachtsbaum hängt.

Frohe Weihnachten!

Nach Tannennadeln duftets Haus,
und eiderdaus,
man glaubt es nicht,
fehlerfrei und ohne Stocken spricht
Kevin heute das Gedicht.

Die Narben der Pocken in seinem Gesicht
sind heute vergessen.
Im Kerzenlicht sitzen Opa, Papa, Mama und Gary,
der freundliche Herr vom oberen Stock.

Kevin, das hast du fein gemacht.
So schön zum Vortrag das Gedicht gebracht!
Mama ist stolz,
die Oma auch.
Sie sitzt vor der Krippe aus echtem Holz,
zufrieden im Räucherstäbchenrauch.

Da denkt sich Gary: »Jetzt oder nie!«,
der freundliche Herr vom oberen Stock,
und greift der Mama untern Rock.
So ein schöner Weihnachtstag!
Ob Mama des Herren Hand da mag?

Kevin muss lachen.
Was macht denn der Nachbar da für Sachen?
Auch Oma glaubt es kaum.
Ehebruch unterm Weihnachtsbaum?
Was macht die Mama da? Sie ist ja nackt!
Und während Papa die Geschenke auspackt,
liegt seine Frau auf Gary drauf.

Sie stöhnt ganz laut und ruft ganz laut:
»Machs mir Gary! Machs mir, schnell!«
Sie winden sich am Bärenfell.
Kevin muss weinen.
Er bewirft den Nachbarn mit Dominosteinen.

Der Papa schluchzt leise in sich rein.
Nein, Mama, so etwas muss doch nicht sein!
Doch Mama wills wissen. Sie ist ganz verschwitzt.
Und wie sie da so auf dem Nachbarn sitzt,
kommt sie mit ihm, oh ihr Kinderlein kommet!

So hat in dieser Weihnachtsnacht
der Gary der Mama ein Kind gemacht.

Frohe Weihnachten!

ONKEL FRIEDRICH HAT den Tannenbaum direkt aus dem Wald gebracht.
Die Oma hat den ganzen Tag im Ohrensessel zugebracht.
Das Glöckchen zur Bescherung steckt tief in ihrer Schürze.
Mama steht am Küchenherd und neben ihr Gewürze,
fürs feine Weihnachtsmahl.
Oh schau, Opas Schädel ist schon kahl!
95 wurd er gestern,
und seine Schwestern
auch.

Aschfahl und bis oben voll mit Parkinson,
die Glieder kalt und das Leben fast schon ausgehaucht.
Schaffen sie's noch bis zum Christkind?
Beide sind blind und taub und stumm
und durch die Krankheit auch noch unendlich dumm.
Klingeling, kling Glöckchen kling,
Peter und Martha, die süßen Kleinen,
sitzen beim Vater und weinen.

Der Anblick der drei Alten und ihrer Schläuche
und ihrer faltigen Hängebäuche
lässt die Kinder verzweifeln.
Die Katheter, wie sieht das denn aus,
das kommt ja Eiter, Harn und Blut heraus!
»Papa, ruf bitte den Arzt!«, schreit Peter,
und Papa sagt:
»Später.«

Erst werden die Geschenke ausgepackt,
die Krawatten, die Socken, die Füllfederhalter.
Und Opa Walter,
was hat der gekriegt?
Nen Schlaganfall! Und die Oma ist für immer eingenickt.
Die Schwestern fallen auf Bethlehems Stall,
tot liegen sie zwischen Esel und Schaf.
Dem Papa ist das alles ganz egal.

Vier Menschen im ewigen Schlaf!
Und während sich alle munter die Geschenke reichen,
wurden ruckizuck aus Opa, Oma und den Schwestern
vier eiskalte alte Weihnachtsleichen.

Frohe Weihnachten!

Briefe ans Christkind

Liebes Christkind, du kommst nicht aus Deutschland, oder? Dir kann ich vertrauen. Mach bitte, dass ich endlich einen Scheißkabarettpreis kriege und dass Stermann von der Bundeswehr eingezogen wird und das erste deutsche Opfer im Afghanistan-Krieg wird.

Liebes Christkind. Ich weiß, dass du evangelisch warst, bevor du aus der Kirche ausgetreten bist. Darum fühl ich mich dir verbunden. Ich wünsche mir von Dir, dass Du die Bordellpreise senkst, und dass meine aktuellen Vaterschaftsprozesse positiv für mich verlaufen.

Außerdem soll Grissemann von zwei österreichischen Sicherheitsbeamten mit dem Flugzeug nach Afrika gebracht werden. Der alte Trotzkopf wird sich sicher wehren, und die Beamten werden einen Weg finden, ihn ruhig zu stellen, und Du weißt, was ich meine, liebes Christkind.

Für FM4, liebes Christkind, wünsche ich mir neben mir wenigstens noch einen guten Moderator und für Österreich noch zwanzig Peter Westenthalers, damit ich weiter was zu lachen hab in diesem Land. Außerdem – ich weiß nicht, ob ich's schon gesagt hab – würde ich gerne einen Scheißkabarettpreis gewinnen.

Ich weiß nicht, ob es möglich ist – liebes Christkind – aber ich würde körperlich gerne expandieren. Ich hätte gerne mehrere Geschlechtsteile, weil die Auftragslage grad so gut ist. Und könntest Du Österreich noch etwas kleiner machen? So klein, dass ich als einzelner Deutscher die Mehrheit in diesem Land hätte? Danke Christkind.

Briefwechsel zwischen Mutter Grissemann
und Mutter Stermann

Sehr geehrte Frau Stermann,
ich freue mich auf das Abendessen im »Imperial« mit meinem Christoph, Ihrem Sohn und Ihnen selbst. Ich weiß nicht, ob Ihnen bewusst ist, wie stolz Sie sein können, mit meinem Sohn an ein und demselben Tisch sitzen zu können. Immerhin ist mein Sohn Christoph von dem interessanten Nachrichtenmagazin *News* zum zweihundertsechsundsiebzigstwichtigsten Österreicher gekürt worden. Dass er trotzdem die kostbare Zeit, die er ja auch für seine kreative Arbeit nützen könnte (ich sage nur die Schlagworte Buch, Fernsehen, Funk, Kabarett und Theater, ja, Theater, er bereitet gerade ein hochinteressantes Theaterprojekt vor!), dass er sich trotzdem mit Ihnen und Ihrem bemühten Sohnemann treffen will, spricht für ihn, für seine Toleranz und seine unendliche Geduld.
Mit freundlichen Grüßen,
Mutter Grissemann

Sehr geehrte Frau Grissemann,
vielen Dank für Ihren freundlichen Brief. Vielleicht ist Ihnen entgangen, dass auch mein Sohn Dirk zum zweihundertsechsundsiebzigstwichtigsten Österreicher gewählt worden ist. Von Ihrem Sohn, wusste ich das nicht. Verzeihen Sie, ich dachte ja auch immer, Sie hätten eine Tochter. Diese helle Stimme. Gar nicht so schlecht, aber eben doch wie ein Mädchen, nicht? Dass Ihr Sohn auch kreativ tätig ist, ist sicher auf den großartigen Einfluss meines Sohnes zurückzuführen. Wird Dirk ihm wohl die Kunst schmackhaft gemacht haben. Soweit ich weiß, ist Ihre Tochter, verzeihen Sie, Ihr »Sohn«, ja nicht gerade das, was man einen Künstler nennt. Zumindest hier in Deutschland kennt Ihren Sohn kein Mensch.
Bis bald,
Mutter Stermann

Sehr geehrte Frau Stermann,
vielen Dank für Ihr Antwortschreiben. Wir haben viel gelacht über Ihren Brief. Christoph Mark meint, Sie wüssten gar nicht richtig Bescheid über Ihren Sohn Dieter und ich solle Sie nicht ernst nehmen, ohne Ihnen zu nahe treten zu wollen. Es sind so herrliche Gespräche, die ich mit Christoph Mark führe. Er erfindet mir mit seinem sprühenden Geist jeden Abend die Welt aufs Neue. Ich habe übrigens ein Bild Ihres Sohnes in der Zeitung gesehen, er stand neben meinem. Sagen Sie, das muss auch nicht immer einfach gewesen sein. Dieses Gesicht, hat er das von Ihnen? Na ja, es kommt ja doch auch immer irgendwie auf die inneren Werte an.
Bis bald in Wien,
Mutter Grissemann

Sehr geehrte Frau Grissemann,
mein Sohn hat einen Abiturschnitt von 2,8 und ist vor wenigen Wochen in der von Ihnen bereits früher zitierten Zeitschrift *News* zum vierundzwanzigsterotischsten Mann Österreichs gewählt worden. Wo war Ihr Sohn in der Liste? Das dünne Haar, hat er das von Ihnen? Na ja, mein Sohn konnte schon mit sechs Jahren reden und bekam mit acht sein erstes Beißerchen. Den Topf brauchte er mit 13 längst nicht mehr, und die 100 Meter lief er in 17,41. Kein weiterer Kommentar.
Bis bald, ich freue mich,
Ihre Mutter Stermann

Geehrte Stermann,
Christoph Mark war zweiter. Im Skikurs 78 in Saalbach-Hinterglemm. Er ist mit 19 alleine nur von seinem Vater begleitet einen Tag lang auf Interrail gefahren. Er ist mit 30 Jahren ausgezogen und kann problemlos zwei kleine Biere trinken, ohne aufzustoßen. Er kauft sich die Kleider, die ich ihm aussuche selbst und mit Mädchen tut er sich ganz fein. Letztens hat eine gewisse Julia hier angerufen. Julia arbeitet in einem Marktforschungsinstitut und wollte wissen, was er und ich vom Iglo-Chefmenü hält und halte. Tja, mein Kleiner ist ein richtiger Tausendsassa. Morgen ist ja unser Treffen im »Imperial«, dann kann ich Ihnen noch einiges über meinen Prachtsohn erzählen.

Telegramm von Mutter Stermann
Frau Grissemann. Stop. Dirk besser. Stop. Sieht besser. Stop. Kein Brillenträger. Stop. Und sieht besser aus. Stop. Kann »Glocke« auswendig. Stop. Kann jede Frau zum Orgasmus bringen. Stop. Will Ihren Flaschensohn überhaupt nicht kennenlernen. Stop. Blöde Kuh. Stop.

Telegramm von Mutter Grissemann
Tisch abbestellt. Stop. Schlampe Stermann. Stop. Christoph Mark inzwischen teure Kontaktlinsen. Stop. Und Haare voller. Stop. Super. Stop. Dirk immer fetter. Stop. Fette Sau. Stop. Wenn Sie mich fragen. Stop. Schwanz von Christoph Mark viel länger. Stop. Sicher länger als der von Ihrem. Stop. Blöde Saukuh. Stop.

Etwas später:
Sehr geehrte Frau Stermann,
verzeihen Sie meine Wortwahl der letzten Briefe. Ich hoffe, Sie nehmen meine Entschuldigung an. Ich bin der gleichen Meinung wie Christoph, dass wir stolzen Mütter einen Neuanfang wagen sollten. Ich selbst bin auch bereit, Ihre Untergriffe zu vergessen. Vielleicht ist es im Sinne einer Annäherung gut, Ihnen, Frau Stermann, einiges über mich und mein unvergleichliches Kind Christoph Mark zu erzählen. Sicher wird Sie interessieren, woher Christoph Mark seine Bildung und seine Liebe für alles Schöne hat. Nun, ich ermöglichte ihm früh den Kontakt mit der Literatur und der klassischen Musik. Brahms, Tschaikowsky, Jacques Brel, Anneliese Rothenberger. Ich seh ihn noch heute vor mir: zweijährig, in der Hand die Partitur von Mozarts »Zauberflöte«, sein seidig-goldnes Haar im Takte hin und her wiegend. Und, liebe Frau Stermann, vergessen Sie niemals die Kraft der Gene, schließlich trägt er meine in sich, und ich sage nicht ohne Stolz: Ich war Souffleuse am Tiroler Landestheater. Auch sein soziales Umfeld ist nur mit dem Wort »hervorragend« zu beschreiben. Sein Vater, mein Mann, der ehemalige Direktor des österreichischen Hörfunks, Moderator des einzigartigen Neujahrskonzerts. Sein Bruder einer der versiertesten Filmkritiker der Welt. Das alles im goldenen Wien. Ihr Sohn Dirk soll ja im Ruhrgebiet groß geworden sein. Dieses einfache Milieu …
Mit freundlichen Grüßen,
Mutter Grissemann

Sehr geehrte Frau Grissemann,

vielen Dank für Ihren Brief. Auch ich finde, wir schaden der Karriere unserer Söhne nur, wenn wir nicht weiter Kontakt halten. Schön, dass Sie Ihren Fehler auch einsehen. Wissen Sie, Dirk ist ja niemals sitzengeblieben. Mein Sohn erzählte mir, Christoph sei gleich zweimal sitzengeblieben. So was ist in Deutschland ganz selten und wird mit Sonderschule geahndet. Aber in Österreich ist ja alles anders. Mein Gatte übrigens ist der ehemalige Chef der Ratinger Stadtwerke, ein stadtbekannter, kluger, gutaussehender Mann. Dirks Bruder, falls das Ihrer Aufmerksamkeit entgangen sein sollte, ist Lyriker und Träger des Stipendiats des Landes Nordrhein-Westfalen. Nordrhein-Westfalen hat übrigens doppelt so viele Einwohner wie Österreich. Ihre kleine Spitze gegen das Ruhrgebiet ist mir nicht entgangen. Wessen Wiege stand hier nicht, gute Frau? Gustaf Gründgens, Robert Schumann, Heinrich Heine, Wim Thoelke. Geht es Christophs Haut besser? Das muss für einen jungen Mann ja schrecklich sein.

Mit freundlichen Grüßen,

Mutter Stermann

Frau Stermann,

ich will Ihnen nicht zu nahe treten, aber Sie haben bestenfalls das Niveau einer verbitterten Friseuse. Sich über Christoph Marks Hautunreinheiten auszulassen, zeugt von letztklassiger Primitivität. Christoph Mark besitzt eine wunderschöne schmale Nase, romantische, kluge Augen, und seine Denkerstirn zierte gar manche Illustrierte. Und die Figur eines Balletttänzers – aber immer männlich heterosexuell. Ihrem Dirk werden Kontakte zum homosexuellen Milieu nachgesagt, vielleicht kriegt er mit seiner Figur keine Mädchen mehr. Na ja. Ihr Dirk war, bevor ihn mein Sohn von der Straße geholt hat, Taxifahrer. Ist Taxifahrer nicht ein Beruf für Gescheiterte? Wie schön, dass Sie trotz allem zu Ihrem Sohn Dirk stehen. Andere Mütter verstoßen solche ekligen Kinder und geben sie froh zur Adoption frei. Ich muss jetzt schließen, denn die Blumen auf dem Altar, den ich für Christoph Mark errichtet habe, brauchen frisches Wasser.

Grüß Gott,

Mutter Grissemann

Frau Grissemann,

hören Sie auf, sich lächerlich zu machen. Alle fünf Damen meines Kaffee-
kränzchens haben heute sehr gelacht über Ihren Brief. Neid ist ein schlechter Ratgeber. Versuchen Sie einfach die Tatsache zu akzeptieren, dass mein
Sohn Dirk intelligenter und geiler ist als Ihrer. Dirk hat's schon mal mit meiner Fitnesstrainerin gemacht. Haben Sie ihn übrigens schon mal im Anzug
gesehen? Das kaschiert das eine oder andere Fettpölsterchen ganz gut. An-
züge, die Eiterpickel verdecken, sind leider noch nicht erfunden. Ach, tut mir
das leid. Wussten Sie eigentlich, dass Ihr primitiver Sohn schwerer Alkoho-
liker ist? Leider muss ich den Brief schließen, denn eine Redakteurin des
Magazins *Bild der Frau* erwartet mich für ein Interview zum Thema »Mütter berühmter Söhne«. Die gute Frau schien am Telefon ganz hingerissen von
meinem Dirk zu sein.
Guten Tag,
Mutter Stermann

Telegramm an Frau Stermann
Blöde alte Schlampe Stermann. Stop. Hirnschiss. Stop. Dirk Schwuchtel. Stop.
Christoph Mark gestern mit Damenfußballteam gebumst. Stop. Besser. Stop.
Arschlochkaffeekränzchen soll scheißen gehen. Stop. Fuck you. Stop.

Telegramm an Frau Grissemann
Pissnelke Grissemann. Stop. Dirk bumst gerade Frauenorchester. Stop. Fantastisch. Stop. Ihr Sohn Christoph hässliche Sau. Stop. Leck mich. Stop.

Die *Wiener*-Kolumnen

Vordenker

Ein alter Serienkiller-Witz besagt, dass es vernünftiger ist, wenn in deiner Stadt ein Massenmörder sein Unwesen treibt, nicht zu fliehen, sondern, im Gegenteil, sein Nachbar zu werden. Denn Nachbarn sagen in Interviews immer: »Komisch. Mir ist überhaupt nichts aufgefallen. Er war immer so nett und freundlich.« Da ist etwas Wahres dran, und deshalb umgeben wir uns ausschließlich mit irren Verbrechern. Wir schalten Inserate im Fachblatt für geistig abnorme Straftäter *Mord und Totschlag* und bieten komfortable Zimmer in unserer Kabarettisten-WG an. So sind wir bis jetzt von heimtückischen Attentaten und unsympathischen Amokläufern verschont geblieben. Aus Angst Nähe suchen. Bei genauerer Betrachtung sind eigentlich wir ein Fall für den Irrenarzt.

Wenn man nun bald in der U-Bahn jemandem begegnet, der Tinte am Daumen hat, dann fühlen wir uns deswegen nicht sicher. Werden wir nämlich von demjenigen in Stücke gerissen und, in viele Einzelteile zerlegt, in einen Müllcontainer geschmissen, dann bringt es uns als Leiche nichts, dass man durch die Fingerabdrücke eventuell herausfinden kann, wer der Herr Mörder ist. Leichen sind so anspruchsvoll, mit nichts können sie sich anfreunden, was die Art und Weise betrifft, wie man sie um die Ecke gebracht hat. Den einen stört der Luftzug, der andere jammert, weil er ein Messer auf sein Herz zukommen sieht, ein Dritter empört sich darüber, dass das Gift so bitter schmeckt. Viele Verbrecher prangern die Mimosenhaftigkeit ihrer Opfer an. Man muss ihnen also nicht noch zusätzlich das Leben mit Fingerprints schwer machen, haben sie doch auch so schon genug um die Ohren. In Gesprächen mit Tätern wird immer wieder klar, dass sie sehr wütend darüber sind, dass immer nur sie verfolgt und vor Gericht gestellt werden. Nie aber das Opfer, obwohl das doch auch in den Mord verwickelt war.

Bei aller Skepsis über das Ende der persönlichen Freiheit durch Überwachungsmaßnahmen wie Fingerprints, Irisdurchleuchtung und täglichen

Speichelabstrich wollen wir doch auch die positiven Seiten der totalen Überwachung nicht unerwähnt lassen. Für einsame Menschen ist das Fernrohr auf der anderen Straßenseite Symbol einer Anteilnahme und eine willkommene Abwechslung im kargen Alltag. »Endlich interessiert sich wer für mich!« Außerdem kann man sehr viel über sich selbst erfahren, wenn man vereinbart, einmal im Jahr in seine Akten schauen zu dürfen. Was den Speichelabstrich betrifft, werden sich Menschen ohne Sexualpartner freuen, weil das ja auch eine Art bizarrer Erotik bedeutet.

Was wir allerdings im Zuge der Terrorismusbekämpfung anprangern, sind die verbindlichen Deutschkurse und Österreichtest für Ausländer. Wenn nämlich jeder arabische Extremist plötzlich redet wie ein Meidlinger Wurstverkäufer und dazu einen Floridsdorfer Jogginganzug trägt, wird es natürlich umso schwieriger, die Spreu vom Weizen zu trennen; den Inländer vom Ausländer, den Täter vom Opfer.

Man sollte das Pferd von der anderen Seite aufzäumen: Alle Inländer sollten die Heimatsprache jedes einzelnen Ausländers in einem Crashkurs lernen, um schon im Vorfeld Gespräche verstehen zu können, die verdächtige Ausländer miteinander führen. Das würde innerhalb von wenigen Jahren zu einem unglaublichen Bildungsniveau in der Alpenrepublik führen. Stellen Sie sich einmal vor, jede Billa-Verkäuferin könnte 130 Sprachen sprechen plus Gebärdensprache und Esperanto! Die könnte schon am Eingang die beiden Bulgaren, die sich über den nun folgenden Lippenstiftdiebstahl unterhalten, dingfest machen. Nach und nach sollte das öde Deutsch ganz aus dem Sprachgebrauch verschwinden, was den Vorteil hätte, dass man den lieben Herrn Ingenieur Westenthaler oder den lieben Herrn Magister Hannes Jagerhofer nicht mehr verstehen kann. Aber für diese brillante Idee, für die wir übrigens im Jahre 2011 den Friedensnobelpreis kriegen werden, sind zurzeit selbst die Grünen zu rechtskonservativ. Utopien werden am Anfang immer verlacht – das war schon beim Bügeleisen so – doch das ist dem Vordenker egal.

Drogen

Die besten Witze entstehen unter Drogeneinfluss. Daran können Sie erkennen, dass wir drogenfrei sind. Und weil wir vor jedem Schreiben einer *Wiener*-Kolumne duschen gehen, sind wir sogar richtig clean.

Drogen sind wie Eier: es gibt harte und weiche, mit dem einzigen Unterschied, dass es in Wirtshäusern keine Drogenspeis gibt. Außerdem gibt es keine Eierberatungsstellen und keinen Eierstrich. Obwohl man den Homostrich umgangssprachlich durchaus als »Eierstrich« bezeichnen könnte.

Daraus folgt: man sollte seine Drogen ausschließlich von glücklichen und freilaufenden Dealern kaufen. Das geht aber nicht, wenn man Dealer einsperrt. Dann werden sie nämlich traurig, einsam und können nicht mehr fröhlich gackernd herumlaufen. Woran soll sich dann unsere Jugend noch orientieren? Es gibt drei wichtige Erziehungssäulen für unsere kleinen, gefiederten Freunde, die Kinder: Mutter, Vater, Dealer. Man darf diese Triangel der Liebe und Zuwendung nicht zerstören. Wo lernen unsere Kinder denn, mit verschiedenen Gewichtseinheiten umzugehen? Wo kriegen sie denn einen praxisorientierten Chemieunterricht? In dunklen Hauseingängen auf der Straße. Und für kurze Momente sind unsere Kinder wirklich glücklich.

Das sagen wir nicht alles so dahin, nein, wir haben uns informiert und teilweise wörtlich abgeschrieben aus der offiziellen Werbebroschüre des Medellín-Kartells. Aber natürlich hat jede Kehrseite auch eine Medaille, wenn Sie meinen, was wir verstehen. Drogen sind zum Beispiel sehr teuer, die Wirkung hält nicht sehr lang an, und manchmal sehen beide Unterarme so aus, als hätte man sie an eine Imkerei verliehen. Dass viele Drogensüchtige im Stehen schlafen können, ist wiederum als klarer Vorteil zu werten. Man spart das Bett. Die stark verlangsamte Motorik der lieben Drogensüchtigen verhindert hektische, überstürzte Entscheidungen, was für eine berufliche Karriere noch nie ein Fehler war. Das extrem verwahrloste Äußere vieler Drogensüchtiger reduziert die Berufschancen allerdings auf Journalismus und Werbung.

Merkwürdig ist, dass der Beruf des Drogendealers auf keiner Berufsinformationsmesse vorgestellt wird, bietet diese Tätigkeit doch unverhältnismäßig viele Vorteile. Solides, steuerfreies Einkommen, frische Luft und Kontakt mit jungen, interessanten Menschen. Außerdem braucht man keine langwierige

Ausbildung. Der Aufstieg vom Drogenkurier zum Drogenboss ist ein zusätzlicher Jobanreiz. Ein boomender Markt, gegen den die new economy alt aussieht. Da nimmt man dann auch gerne mal die unangenehme Form des Drogenschmuggels auf sich. Leider darf man 60 Kilogramm Kokain ja nicht im Samsonite-Koffer transportieren, sondern muss mit After, Darm und Mund Vorlieb nehmen. Wenn dem Dealer auf einer seiner spannenden Geschäftsreisen einmal das Kokain unbemerkt aus After oder Mund fällt, dann kann er die Drogenfahndung anrufen, und die bringen ihm das kostbare Gut wieder zurück.

Ein spektakulärer Fall ereignete sich vor wenigen Wochen am Wiener Flughafen, als 40 Kilogramm Kokain gefunden wurden. Anders ausgedrückt: Kate Moss war in Wien.

Viele Sportler und Modells nehmen Drogen. Vor allem Tennisspieler, oder wie erklären Sie sich sonst den Begriff »Tennis-Crack«? Sie merken, das war ein Witz. Und wie bereits erwähnt: die besten Witze entstehen unter Drogeneinfluss.

Wir wollen ja nichts sagen, aber Tony Wegas war eigentlich nur erfolgreich, als er Drogen und Handtaschen genommen hat. Mit dem Drogenentzug kam der Absturz. Nicht zuletzt, weil die Drogen, die man ihm entzogen hat, natürlich sehr wertvoll waren. Drogenentzug ist Diebstahl. Und da sind wir mit Helene Partik-Pablé einer Meinung: »Kriminalität – auch wir wollen sicher leben«. Denn schließlich sind auch wir drogensüchtige Mütter.

Dalai Lama

Sagt man eigentlich, »der« Dalai Lama oder »das« Dalai Lama? Sie ahnen schon, wir meinen das Orange mit der Brille, einer von den fünf Tibetern. Ein durch und durch unsympathischer Mann. Verlogen und unfreundlich. Wir haben ihn mal im Speisewagen kennengelernt, zwischen Amstetten und Sankt Valentin. Dalai hat die ganze Zeit irgendwelche Angebergeschichten aus Tibetanien erzählt, dass er der Oberindianer dort sei, und dass er gescheiter sei als Roger Willemsen. Solche Sachen hat der erzählt. Wir haben ihm dann gesagt, dass wir die Kabarettisten Österreichs sind und außerdem eine Kolumne in einer Zeitgeistzeitung haben, genauso wie Umberto Eco.

Damit haben wir der Brillenschlange den Wind ein bisschen aus den Segeln nehmen können. Völlig entnervt ist der Pagageienfarbene dann in Sankt Pölten ausgestiegen, wahrscheinlich um ein wenig in der Erotik-Messe herumzuschnüffeln. Er wird sich schon ordentlich einen runtergebetet haben. (Oh Gott, Oh Gott, das wird wieder erboste Leserbriefe hageln. Na und?)

Hätten Sie gedacht, dass der oder das Dalai Lama die *Kronenzeitung* liest, wenn er in Österreich ist? Was tut der noch alles? Geht der ins »Schnitzelhaus« essen? Schaut der sich in seiner Freizeit Steinböck und Rudles neues Kabarettprogramm »Killerkipferl 3« an? Geht der ins »Wettpunkt-Cafe« und verspielt seine ganzen tibetischen Dollar am Pokerautomaten? Wahrscheinlich, er ist ja auch nur ein Mensch, der orange Otto aus Tibetien.

By the way: hat irgendjemand die ORF-Übertragung vom *Kurier*-Stadthallenturnier auf Video aufgenommen? Wir zahlen Höchstpreise für ein Video der Begegnung der Partie Unterstinkenbrunn gegen Mattersburg. Aber das nur – wie schon gesagt – nebenbei.

Warum wir soviel über den Dalai Lama schwätzen? Der Lalai Dama kommt nicht zum Opernball. Wie jedes Jahr geht er am Tag des Opernballs ins »Flex«: saufen und tanzen. Der Opernball findet heuer übrigens zum ersten Mal nicht in der Staatsoper statt, sondern in der »Lugner City«. Aus diesem Anlass hat Richard Lugner eine ganze Palette an Superstars eingeladen. Ein ekelhaftes Promipaket, angeführt von Mathias Rüegg oder so, dem Chef des »Vienna Art Orchesters«, das ist angeblich so eine Art Orchester. Außerdem am Opernball 2001: Dumbo der Elefant, Astrid Lindgren, Ingemar Stenmark, Meinrad Knapp und Johann Nepomuk Nestroy. Kaspar Hauser wird sagen: alles Walzer. Wenn er's über die Lippen bringt, der autistische Hansel. Mal gucken, ob Adolf Hitler wieder kommt. Seit Reinhard Lugner offizielles Mitglied des Personenkomitees (Hartes Wort. Wissen Sie, wie man »Komitee« schreibt? Nee, Sie wissen wahrscheinlich gerade mal, wie man »Tee« schreibt, stimmt's?) ist, wird der verstaubt-verschnarchte Ball wieder zu einem glamourösen Superball. Jeder Gast bekommt am Eingang von dem »Taxi Orange«-Türsteher Oliver Auspitz eine Ausgabe des Max Frisch-Meisterwerks »Mein Name sei Gantenbein« in die Hand gedrückt. Max Frisch ist nämlich der diesjährige Sponsor. Man kann dann also – literarisch ausgedrückt – stundenlang das Gantenbein schwingen. Hübsche Idee.

Um Mitternacht kommt der Vierschanzentournee-Sieger Adam Małysz in die »Lugner-City« gesprungen. 39 Kilogramm groß und nur ein Meter schwer, der kleine, törichte Zwerg aus Polen. Meine Güte, muss das sein? Vielleicht bringt er ja als Tanzpartnerin den Deutschen Ronny Hornschuh mit, der bei der Vierschanzen-Tournee Letzter wurde oder noch schlechter. Können Sie sich vorstellen, mit jemandem zu tanzen, der Hornschuh heißt, das klingt so verdächtig nach Klumpfuß. Das wäre ja nachgerade so, als verliebte man sich in jemanden, der Hans Hass heißt. Nein, Opernball, das ist nichts für uns. Zu schillernd, zu groß. Schuster, bleib bei deinen Leistenhoden. Wir wissen, wo unser Platz ist in der Welt. Wir gehen am Tag des Opernballs in die Disko. Ins »Flex«, wo wir uns lieber weitere Angebergeschichten von unserem neuen, exzentrischen Kumpel Malai Dama anhören. Prost.

Ostern

Wir alle sehnen uns in diesen Zeiten nach Ruhe, Gelassenheit und Idylle. Stimmt's? Wir zwei sind sozusagen die personifizierte Harmonie in unruhigen Zeiten. Grissemann hat Würmer, und Stermann angelt gern, und alle unsere Katzen wohnen im Miezhaus. Soweit so klar und schön. Jetzt aber zum eigentlichen Thema: Ostern geht ja vielen auf die Eier, dieses harmonisch-gelassene, ruhige, idyllische Mistfest, wo man ein Geschenk nicht einfach überreicht bekommt, sondern es demütigenderweise auf allen vieren mühsam kriechend suchen muss. Das war schon immer so, einen Schuss ins Knie für den, der das erfunden hat. (Oh, Gott, wollen sie jetzt den nächsten erschießen? Wenn Sie weiterlesen, machen Sie sich laut Paragraf 1 der Westenthalerschen Gesetzgebung strafbar und enden direttissima am ungemütlichen elektrischen Stuhl.)

Lesen Sie nun, geneigte B-Schicht-Leserschaft, den rührenden Dialog zweier Entertainer in spe, geführt am Ostersonntag des Jahres 1968, und entdecken Sie die in diesem Dialog versteckten Spracheier.

GRISSEMANN *(zum ersten Mal kurz nüchtern seit dem Dreißigjährigen Krieg, im Ohrensessel auf dem Bauch liegend)*: Stermann, heute ist Ostern. Was feiert man da?

STERMANN *(mit Strickarbeiten beschäftigt, sehr genervt)*: Herr Grissemann, ich bin mit Strickarbeiten beschäftigt und sehr genervt!

G: Ach so, ja, was Sie in der Strickerei nicht schaffen, erledigen Sie daheim.

Seit zwölf Jahren führt der Angst- und Ekel Deutsche Stermann die Strickerei »Stermann«. Die Geschäfte gehen sehr schlecht.

S *(legt den halbfertiggestrickten, wollenen Eierwärmer beiseite und stellt durch einen geschickten Blick in den gestrickten Spiegel fest, dass er aussieht wie der Sänger der Band »Judas Priest«)*: Wissen Sie, Grissemann. Am Karfreitag ist Jesus Christus gestorben, und am Ostermontag ist er wieder auferstanden.

G: Mist. Dann hat Jesus ja am Samstag gar nicht »Ran« auf Sat.1 sehen können.

S: Stimmt, aber am Montag hat er sich sicher sofort den neuen »Kicker« gekauft.

G: Ja, genau. Danke, jetzt weiß ich, was Ostern ist. Ostern ist eigentlich eine staatlich genehmigte und von der Kirche forcierte Ablenkungsaktion von der Volksdroge Fußball.

S: Nein, Herr Grissemann. Diese Erklärung findet sich unter Garantie in keinem Lexikon.

G: Schluss mit Ihrem Geschwafel, was ist mein Ostergeschenk?

S: Etwas zum Stricken!

G: Ich kann doch gar nicht stricken!

S: Ich hab Ihnen zwei Stricknadeln gestrickt.

G: Aber die sind doch viel zu weich, damit kann man doch gar nicht stricken.

S: Ja, Sie können ja sowieso nicht stricken, und womit Sie nicht stricken können, ist doch egal.

G: Ja. Ich schenke Ihnen etwas sehr Persönliches. Ihr Freund, der Tierpräparator ist doch gestorben. Ich hab ihn zum Tierpräparator-Präparator gebracht und ihn ausstopfen lassen.

S: Schade. Ich hatte gehofft, Sie schenken mir ein paar Betten. Ich habe doch diesen unfassbar hohen Bettenverschleiß. Jeden Tag ein neues Bett.

G: Warum tun Sie das, Stermann?

S: Ich erkläre mich mit den Studentenprotesten solidarisch und setze eine

Forderung konsequent um: »Wer zweimal in demselben pennt, gehört schon zum Establishment«!

Der noch immer sturznüchterne Grissemann und der schwer asthmatisch schnaufende Stermann kriechen auf allen vieren durch ihre Wohnung auf der Suche nach den hübschen Geschenken. Als sie ihre Geschenke finden, werfen sie sie wortlos in den Mistkübel. Stermann macht sich daran, den Eierwärmer weiterzustricken, und Grissemann leert eine Flasche Eierlikör und lernt parallel dazu die Ergebnisse der zweiten deutschen Fußball-Bundesliga auswendig.

S: Ja, dann. Frohe Ostern.
G: Ja ja. Sie auch!

Sonnwendfeiern

P.S.: das ist doch mal eine kuriose Sache, das P.S. an den Anfang zu stellen, was? Wussten Sie übrigens, dass P.S. die Initialen von Paul Schockemöhle sind, dem womöglich längst verblichenen deutschen Springreiter? Verzeihen Sie, dass wir nicht genau wissen, ob er tot ist oder nicht, aber Recherche wird in diesem Wurstblatt nicht bezahlt. Pauls Gaul hieß übrigens auch Schockemöhle, wie seine drei Kinder und sein Lieblingsgericht, das ist nachrecherchiert und wird auch nachverrechnet. Wir hätten so gerne einmal eine ganze Kolumne über Paul Schockemöhle geschrieben, aber dafür scheint die Zeit noch nicht reif zu sein. Kennen Sie übrigens die Wiener Internistin Frau Doktor Ursula Zeit? Wir lernten sie kennen, als uns einmal Peter Westenthaler in Stücke gerissen hat. Wir wurden ins AKH eingeliefert, und sie flickte uns wieder zusammen. Seitdem heißt es ja: die Zeit heilt alle Wunden.

Kleiner Scherz am Rande des Nervenzusammenbruchs. Unser Nervenkostüm ist zwar von Versace, aber zum Reißen gespannt. Die Herren Tyrannen vom *Wiener* haben uns nämlich ein Thema für unseren Aufsatz befohlen, zu dem einem weniger als gar nichts einfällt, und das ist noch übertrieben. Es lautet »Sonnwendfeier«.

Puh.

Schreiben Sie mal zwei Gags pro Halbsatz zum Thema »Sonnwendfeier«. Um ehrlich zu sein, wissen wir zwei Kosmopoliten überhaupt nicht, was das ist. Und für Recherche fehlt das Geld. Also einfach aus dem Bauch heraus.

Wir vermuten, bei Sonnwend-Feiern muss man mit dem Vater von Jörg Haider über glühende Hakenkreuze laufen und anschließend mit Kriemhild Trattnig das Hakenkreuzworträtsel aus der Nationalzeitung lösen. »Germanischer Wurfspeer mit drei Buchstaben« und so. Nee, nee. Bei so einem Nazidreck machen wir nicht mit. Ist uns doch viel zu links und warmduschig. Wir sind echte Kerle. Schlappschwänze feiern Sonnwend-Feiern. Die, die auch das Handy im Flugzeug ausschalten. Oder Beim-Ertrinken-um-Hilfe-Rufer. Oder Zweite-Weltkrieg-Bombe-Entschärfer, Beim-Pinkeln-Hose-Öffner. Die Welt wird an diesen Sonnwend-Softies zugrunde gehen.

Wir, die wir schon zehn brennende Flugzeuge wieder auf den Boden gebracht haben, können darüber nur lachen. Wir haben auch schon mal ein Hochhaus während der Sprengung mit unseren Armen zusammengehalten und wohnen heute drin. Außerdem haben wir vor drei Jahren etwas gegen Schwerelosigkeit erfunden. In diesem Land werden Ideen bezahlt und nicht Recherchen. Alle Leute, die ernsthaft Sonnwend feiern, sollte Herr Endemol in einen fensterlosen Container sperren. Keiner darf raus, und das Ganze wird auch nicht im Fernsehen übertragen. Das wäre herrlich.

Als wir beide noch nicht die Elektrizität erfunden hatten, galt der 21. Juni als der längste Tag des Jahres. Heute kann man einfach 24 Stunden lang das Licht anlassen. So kann sich inzwischen jeder seinen eigenen längsten Tag machen.

Ist das nicht poetisch? Nein, überhaupt nicht. Was soll denn an kaltem Neonlicht poetisch sein, Sie Nase!

Poetisch sind Lagerfeuerromantik und gitarrespielende Langhaarige, die, während sie die eine Frau vögeln, einer anderen bei Kerzenlicht einen Liebesbrief schreiben. Oder Uniformierte, die Karten spielen und dazu leise ein bisschen furzen. Das ist für uns das romantischste Bild zurzeit, das uns einfällt. Womit wir eigentlich wieder bei der Sonnwendfeier sind, wo langhaarige, gitarrespielende uniformierte Frauen vögeln, Karten spielen und furzen.

So ist es.

Worauf Sie einen lassen können!

Sex im Freien

Wir sind die führenden Satiriker dieses Landes. Satyriker fast. Das sei an dieser Stelle noch einmal jenen hinter die Ohren geschrieben, die in dieser Machogazette ständig hasserfüllte Leserbriefe gegen uns verfassen. Es wird nichts nützen, hören Sie endlich auf damit. Falls Sie nicht damit aufhören, fordern wir hiermit die *Wiener*-Redaktion auf, solche Briefe nicht mehr zu veröffentlichen. Gleichzeitig verlangen wir, dass einzelne *Wiener*-Redakteure unter Pseudonymen Leserbriefe voll des Lobes über unsere Kolumne schreiben. Jeder Kolumnist dieses Landes wird mit Liebe und Lob überschüttet, nur wir nicht. Uns würde die geneigte Leserschaft am liebsten vierteilen und anschließend in Stücke reißen. Na ja, das ging Karl Kraus damals mit seiner *Fackel* auch nicht anders. Wahre Qualität wird immer erst viel später erkannt. Wir möchten Sie zum wiederholten Male auffordern, unsere Kolumne mit denen von Sir Peter Ustinov zu vergleichen. Dieser Vergleich macht sicher. Des Sirs Geschreibsel ist todlangweilig, unsere sprachlichen Spielereien hingegen jedes Mal ein Fest der Sinne.

Vielleicht ist die Ablehnung auf unsere Kolumne Folge der Themenwahl. Dazu möchten wir bemerken, dass unser Chef Doktor Peter Mosser in Absprache mit führenden Redakteuren uns die Themen telefonisch mitteilt. Wir haben kein Mitspracherecht und müssen uns fügen. Versuchen Sie sich doch bitte einmal unser Entsetzen vorzustellen, als führende Satiriker des Landes vor wenigen Tagen mit folgendem Thema alleingelassen zu werden: »Sex im Freien«!

Das ist eine Frechheit. Das ist was für Jürgen Drews oder René Weller. Vielleicht kann auch Sir Peter Ustinov was damit anfangen, aber wir sind keine Schmuddelkolumnisten. Bei uns steht jedes Mal ein Weltruf auf dem Spiel. Thomas Bernhard hätte in der *Praline* auch nie übers Bumsen auf der Motorhaube geschrieben. Das ist eine Stilfrage. Haben Sie jemals von Joachim Ringelnatz den Aufsatz »Rudelsex im Ruhrpott« gelesen? Nein, haben Sie nicht, weil Ringelnatz so etwas ablehnt. (Lebt der eigentlich noch?)

Wir könnten jetzt sagen: »Lieber Doktor Mosser, ›Sex im Freien‹ ist uns, die wir die führenden Satiriker des Landes sind, als Thema zu banal und würdelos. Hiermit verweigern wir zum ersten Mal die Mitarbeit.«

Tatsächlich haben wir zu Doktor Doktor Peter Mosser am Telefon gesagt:

»Sex im Freien? Geil, super, die Idee. Das brennt uns schon unter den Fingernägeln und woanders auch. Wir setzen uns sofort hin und werden mit dem Gemächte selbst schreiben!«

Na ja, wir trauen es uns halt nicht, den Menschen alles direkt ins Gesicht zu sagen. Vor allem weil der Herr Direktor Mosser ein liebenswerter und gescheiter Mensch ist, der auch so schon genug um die Ohren hat und sich nicht auch noch mit renitenten, führenden Satirikern des Landes herumschlagen möchte.

In der Badener Bahn haben wir vorgestern den Lyriker Christian Morgenstern getroffen und ihm von unserer heiklen Situation erzählt. Von Sprachkünstler zu Sprachkünstler. Er meinte, Ingeborg Bachmann habe im letzten Jahrhundert eine regelmäßige Kolumne im Branchenblatt *Busen* verfasst, das man heute noch verschämt am Westbahnhof kaufen kann. Morgenstern überzeugte uns, über unseren Schatten zu springen und uns dem Thema »Sex im Freien« zu stellen.

Sex im Freien ist wesentlich besser als Sex im Gefängnis. Bei den Recherchen für diese Kolumne sind wir drauf gekommen, dass wir beide unabhängig voneinander 1978 am Strand von Jesolo mit Daliah Lavi geschlafen haben. Allerdings unter Wasser, am Meeresgrund, um den Paparazzi zu entfliehen. Insofern sind wir uns nicht ganz sicher, ob diese Art des Geschlechtsverkehrs als Sex im Freien bezeichnet werden kann.

Es hat uns auch nicht gut gefallen. Erstens hat sich ein Hammerhai dem lustigen Treiben angeschlossen, außerdem mussten wir nach dem Akt via Mund-zu-Mund-Beatmung wiederbelebt werden. Deshalb hatten wir auch beide seit damals keinen Sex mehr. Einmal ist genug.

Wir kennen auch niemanden, der Sex hat, geschweige denn im Freien. Uns ist bei unseren ausgedehnten Spaziergängen in Altaussee mit Klaus Maria Brandauer noch nie jemand aufgefallen, der den Akt im Freien vollzog. Bis auf zwei Cocker-Spaniels.

Aber über Sex von Hunden im Freien zu schreiben, das geht zu weit. Das geht endgültig zu weit. Sagt auch Morgenstern.

Isolation

Unser heutiges Aufsatzthema lautet: die österreichische Isolation und ihre Auswirkungen auf Wien und den Wiener. Nachdem die neue österreichische Bundesregierung angelobt worden ist, griff der 39jährige Entertainer-Papst zum Telefon und wählte die Nummer seines 38jährigen Kollegen Christoph M. Grissemann, ein hoffnungsloses Nachwuchstalent des österreichischen Kabarettismus.

Hier ein Auszug des hochinteressanten Telefonprotokolls der beiden Welthumoristen, das zeigt, dass politische Diskussionen nicht nur auf Stammtisch-Niveau geführt werden müssen.

(GRISSEMANNS ANRUFBEANTWORTERMASCHINE): »Guten Abend. Sie werden verstehen, dass Sie nicht der Einzige sind, der mit Herrn Grissemann kommunizieren will. Sie kommen jetzt in die Warteschleife. Richten Sie sich auf eine durchschnittliche Wartezeit von sechs bis sieben Stunden ein. Und überlegen Sie in der Zwischenzeit, ob ihr Anruf wirklich nötig ist!«

STERMANN *(zu sich selbst)*: Scheiße… Mist… Mit dem dicken Stermann kann man's ja machen.

Stermann schläft im Stehen auf der Straße ein, während die anderen Demonstranten mit dem schlafenden Stermann mehrmals auf Polizisten werfen.

Sechs Stunden später.

G *(zart angetrunken und unwirsch)*: Ja!

S *(der von mehreren Radikalen als Rammbock benutzt wird, um die schwere Eingangstür der Präsidentschaftskanzlei aufzubrechen)*: Äh, ja, jetzt ist gerade ungünstig, Herr Grissemann. Man versucht gerade, mich zum Spielball der Innenpolitik zu machen!

G: Stermann! Sie sind Ausländer, hören Sie Dreckschwein auf, sich in innere österreichische Angelegenheiten einzumischen.

S: Dreckschwein ist eine Beleidigung. Entschuldigen Sie sich sofort!

G: Meinetwegen entschuldige ich mich bei Ihnen für diese Äußerung, die mir von Ihnen zugeordnet wird, Sie Stinkstange!

S: Stinkstange?
G: Stinkstange!

Stermann kramt, mittlerweile aus Ohren, Augen und Haaren blutend, eine Urkunde aus seinem blutigen Hosensack hervor

S: So, jetzt hab ich sie, Herr Grissemann. Die Präambel, die wir vor zehn Jahren, als wir begonnen haben, zusammenzuarbeiten, feierlich unterschreiben mussten. Ich zitiere: »Die Unterzeichner verpflichten sich, sich nicht gegenseitig Stinkstange zu nennen und dürfen sich selbst und andere niemals eigenhändig erwürgen.« Ihre Beschimpfung ist ein eindeutiger Verstoß gegen diesen Vertrag.
G *(immer betrunkener)*: Na und? Nicht an meinen Worten, sondern an meinen Taten sollen Sie mich messen.

Mit einem lauten Krachen gelingt es den Radikalen, die schwere Tür des Präsidenten mit dem schweren Körper des deutschen Entertainers zu durchbrechen. Stermann fällt in den Schoß des weinenden Bundespräsidenten, der, wie immer, betreten schaut.

S *(waidwund blutend, trotzdem in dieser Extremsituation Höflichkeit bewahrend)*: Verzeihen Sie, Eure Exzellenz.

Bundespräsident Klestil schaut immer betretener und jammert leise vor sich hin. Stermann wird festgenommen, und Grissemann hört am anderen Ende mit, wie Stermann von zwei Polizisten durchs Fenster zurück auf die brennende Straße geworfen wird. Während des Fluges führt Stermann mit Grissemann das Telefonat zu Ende.

S: Ich weiß nicht, wie das passieren konnte. Es ist eine Schande für Österreich. Ich bin froh über die Gnade meiner deutschen Geburt, Herr Grissemann.

Grissemann hört über Telefon mit, wie Stermann auf die Pflastersteine des Ballhausplatzes kracht.

G *(komplett betrunken)*: Ach, es hieß doch, dass deutsche Chaoten mit Pflas-
tersteinen auf Polizisten werfen. Dabei werfen Polizisten deutsche Chaoten auf Pflastersteine.

*Grissemann legt auf und erwürgt sich eigenhändig, nachdem er sich mehrmals
in den Kopf geschossen hat.*

Zwei Nachrufe

Gestern Nacht ist Dirk Stermann gestorben. Ich kannte ihn seit über 25 Jahren als einen fleißigen, freundlichen Kollegen. Er hinterlässt 23 Frauen und 23 Kinder, seine eigenen nicht mitgerechnet. Er hat einen Schuss deutsche Fröhlichkeit in den österreichischen Schmäh mit eingebracht, auch wenn seine Fernsehauftritte immer seltener und seine Haare immer grauer wurden. Liebe Freunde, es geht kein Großer von uns, mehr ein kleines Rädchen, aber jede Kette ist nur so stark wie ihr schwächstes Glied. Das schwächste Glied der österreichischen Unterhaltung hatte all seine Kraft verbraucht und ist gestern in einem Flugzeug erschlagen worden. Nun, ich denke, wir können es verkraften. Und, lasst es mich so sagen, es trifft nie Unschuldige. Beerdigung findet keine statt, man hat den Körper auf Wunsch der Familie einfach im Flugzeug liegenlassen. Dass es mir überhaupt gestattet wurde, auf FM4 einen Nachruf auf meinen Kollegen halten zu dürfen, war erst nach langen Diskussionen mit den FM4-Gewaltigen möglich, lieber hätte man an dieser Stelle einen Skateboard-Event in Attnang-Puchheim beworben oder eine Motorola-Werbung geschaltet. Stermanns Postfach übrigens hat direkt nach Bekanntwerden seines Todes ein junger Kollege übernommen. Als Ersatz für Stermann in der Radiosendung »Salon Helga« wurde der Ex-Schisprungweltmeister Jens Weisflog engagiert.

Christoph Grissemann war ein leuchtender Stern, ein eigenes Planetensystem, ein eigenständiges Universum, zu groß und strahlend für diese Welt. Ich weigere mich zu sagen, »Christoph Grissemann ist tot«. Ein Mann wie er kann niemals tot sein. Er lebt in mir, in uns. Sein Werk lebt als er selbst stets weiter. FM4 hat seinen einzigen Star und sein Gewissen verloren. Der ORF trauert um seinen größten Sohn. Österreich ist wieder zu einer Fußnote im Weltatlas geschrumpft. Es ist kalt ohne dich, Christoph! Unsere eigene Dummheit bläst uns ins Gesicht, wenn wir ohne dich, den stets mahnenden, ewig kritischen Geist, dahinvegetieren müssen. Du starbst, nein, vielmehr gabst du deine körperliche Hülle gestern an den zurück, der nach deinem Ebenbild geschaffen wurde, Gott. Christoph Mark Grissemann ging gestern für immer von uns, nachdem er im Alkoholrausch an meinem Erbrochenen erstickt ist. Ich hatte mich in sein Gesicht übergeben, als er mich nach der Uhrzeit fragte. Vorbei. Geschehen ist, was geschehen ist. Der Leichnam wurde sofort in den Vatikan überführt, weil Grissemann auch nach seinem Tod noch immer als Papstnachfolger im Gespräch ist. Es trauerten nicht nur die Erde, auch der Mond und Grissemanns Herkunftsplanet Uranus. Die Sonne wird zwei Tage lang nicht mehr scheinen, und danach immer nur ein kleines bisschen. Allen Erdenbürgern ist ein Schweigejahr verordnet worden. Wir alle sind mit ihm gestorben, nur weil ich alter Esel ihm ins Gesicht gekotzt habe.

www.tropen.de

Frank Kelly Rich
Die feine Art des Saufens
Ein Handbuch für den
modernen Trinker

Aus dem Amerikanischen von
Gunter Blank
198 Seiten, Halbleinenband,
zahlreiche Abbildungen,
Lesebändchen, farbiger Vorsatz
ISBN 978-3-608-50400-2

Das ideale Mitbringsel für stilvolle Trinker

»Ein Prosit auf den Weltfrieden und einen Toast auf
das spritzige und erfrischende Trinkerhandbuch aus
dem Tropen Verlag. Respektlos und zupackend offen,
mit teilweise herrlich skurrilem Humor, bereitet das
Buch die Leserschaft auf alle, aber wirklich alle
Situationen rund um das Trinken vor. Nur nicht auf
den eventuellen Kater danach – aber daran denkt
Frank Kelly Rich voller Lebenslust keine Sekunde und
überlässt ihn fröhlich den Fängen von Sitten-
wächtern und Entziehungskliniken.« *literature.de*